心理学译丛

U0853306

Statistics for the Behavioral and Social Sciences:
A Brief Course, 5e

行为与社会科学统计

（第5版）

亚瑟·阿伦
[美] 埃利奥特·库珀斯 著
伊莱恩·阿伦

林丰勋 等 译

Arthur Aron
Elliot J. Coups
Elaine N. Aron

中国人民大学出版社
·北京·

致教师

本书的主要内容创作于巴黎圣费迪南的一个小公寓里，其实最早的构思是在附近的咖啡馆里以及去布洛涅森林①的路上形成的。书中的内容主要是基于多年的教学经验、科学研究和写作。就如同繁华的巴黎较之于古城庞贝，这本《行为与社会科学统计》也截然不同于其他传统的统计学教材。

我们的教学方法源于多年成功的教学经验——这里所说的成功不仅仅是让诸多学子的毕业成绩单里的这门学科的成绩优异（请记住，这可属于比较难学的统计学科），也包括当和他们再次相见的时候，他们会说："您当年教给我们的统计学知识已经让我远远超前于我的研究生同学。"或者："即使我不做研究，这门学科也能帮我更好地理解我所在领域所涉及的相关统计问题。"

在第5版中，我们将继续保留之前版本里的经典内容，并根据大家的反馈、我们自己的经验以及统计学知识的最新发展和更新对部分内容做出调整。（在第5版的修订过程中我们也深刻地意识到本教材需要不断更新，因为我们不想让它成为过时的统计学教材，同时我们也对前言部分进行了修订以期能够更好地帮助大家学习。）在进入第5版之前，在这里还是要重申这本书从第1版开始就不同于其他统计学教材的地方。

本书的独特之处

这本统计学教材优于其他同类书籍的地方在于：弱化了数理知识，强调更直观的统计理念，对内容的解释更直接、简单。

1. 强调定义公式的核心地位。因为定义公式是对每一特定计算过程的逻辑原理所做的最简洁明了的归纳总结，我们所有的解释、示例、练习题、测验题库（Test Bank）都是基于这些定义公式。

为什么要这样做呢？即使是2010年的统计学教材，也还没有正视这个技术现实问题。对于学生而言，重要的不再是学会怎样亲自手工计算庞大数据背后的相关系数，因为这些完全可以用类似SPSS这样的统计软件在几秒的时间内加以解决。对于学生来说更重要的是在解决统计问题的过程中能够不断地意识到这些工作背后的逻辑原理。例如，总体方差就是离差平方和的平均数。那么我们通过定义公式就能一目了然地理解这个概念（一旦学生掌握了相关的符号）：总体方差$=[\sum(X-M)^2]/N$。反复使用这个定义公式来解决问题则会让这个概念根深蒂固地印在学生的头脑里。相反，普通的公式，即总体方差$=[\sum X^2-(\sum X)^2/N]/N$总会让学生对这个概念的理解更晦涩。而对这个公式的反复使用除了能让学生知道$\sum X^2$和$(\sum X)^2$的不同之处外，就再也没有其他意义了。

如果今天我们还在教授这些无聊的计算公式，那就太落伍了，而且至少已经落伍40年了。现在很多学者都是在电脑上完成他们的数据处理，对统计软件的应用使得对统计基本原理的理解显得尤其重要，而定义公式恰恰能够凸显这一优势。虽然统计软件能够帮助我们解决很多问题，但学生还是需要亲自解决一些问题才能学到知识，这时就需要定义公式，因为它们可以强化学生对概念的理解；而运用那些过时的计算公式，只会让学生更困惑。（鉴于有些老师仍然需要这些计算公式，在必要的章节我

① 布洛涅森林是法国巴黎西郊的一个著名公园。——译者注

们也会以脚注的形式呈现这些公式。）

2. 每一个统计步骤都会分别从语言、数字两个方面为大家做出解释，有时甚至还会以直观的视觉形式来呈现。事实上，我们介绍每一个公式时，都会用语言对这个公式进行阐述。（本书中的主要公式以及阐释见书后所附。）通常，每一个公式都会用例题、语言（通常包含计算步骤），包括公式、文字和图形加以解释。练习题和测试题库需要学生计算结果，并写一个简短的说明好让那些非专业人士看明白到底做些什么工作（例如涉及 t 检验的分布）。

多年的经验告诉我们以多种不同的方式诠释一个概念对学生永久性地深入掌握某个定义是至关重要的。很多行为与社会科学专业的学生对数字并不敏感，他们对文字更感兴趣。实际上有些学生对数学还有恐惧心理。所以以文字的形式解释公式能让学生更好地学习统计学知识。

3. 在行为与社会科学领域，多数入门级的统计学教材都是为了让学生能够读懂研究文献。但是研究文献中提到的统计方法和学生从教材里学到的有时不太一样，例如 t 检验和卡方检验。所以在这本教材里我们不但教授一种统计方法，而且还会给你举例说明最新的期刊文献里是如何呈现这些方法的。不仅如此，在练习题和测验题库中我们还会从期刊文献里摘录一部分内容让学生自己去解释。

4. 这是一本与时俱进的教材。由于一些其他的原因，很多入门级的统计学教材都非常陈旧，感觉像是 20 世纪 50 年代写的一样。虽然说基础知识仍然是基础知识，但我们的统计学家和研究者对当今的基础知识也有了更敏锐、更深刻的思考。今天，我们的基础知识中的新的概念和定义也扩充了，例如效应量、统计检验力以及元分析的效果累积，建模的重要性乃至计算机在统计分析中的重要作用。通过这本教材可以看出，我们更多关注统计理论与应用的最新进展。例如，我们用一章的内容阐述了效应量和统计检验力。而且，我们还会针对假设没有得到验证时该怎么处理，以及数据的转换（这种得到广泛应用的技术对于那些即使刚入门的学生而言也很容易掌握，但是在大多数的入门级教材中并未出现）等问题进行讨论。

5. 注重激发学生的内在动力。我们从两个方面激发学生的动力。首先，教材中用于解释行为与社会科学研究多元化的例子多与学生感兴趣的话题和人群有关。例如有一个例子就是在学入门级统计学的第一周里学生们的压力到底有多大。而且我们所引用的例子更强调统计学的实用性和工具性，这样就不会让学生感觉到他们是为了学习理论而学习理论。

其次，我们在解释基础概念的时候尽量使用直接的、系统性的语言，这样学生就会有顿悟的感觉，好像一下子明白了这个概念。这种顿悟的经历会让学生在学习统计学的过程中更有自信，更愿意进行更深入的学习。当我们看到学生因为掌握了负相关而两眼发光时，当我们亲眼见证学生能够区分出什么时候支持虚无假设、什么时候不能拒绝虚无假设时，我们也倍受鼓舞。这个时候我们也不需要像其他教材那样反复向学生强调我们如何把复杂的知识以更简单的方式向大家呈现出来。

6. 统计学方法是一个不断发展的研究领域。我们在每一章都有关于著名统计学家的奇闻逸事。这样一些统计学发展史方面的资料能让学生更深刻地意识到正是由于人类的不断努力，才有了那些让研究数据具有意义的统计学方法。统计学方法不是与生俱来的，不是大自然的产物，当然对它的解释也不可能绝对准确，只是先辈们不断地研究，尽量使它日臻完善而已。我们希望这种引导能够帮助学生形成一种敏锐的、敢于质疑的科学态度，这种态度对将来作为一名学者也是必需的。

7. www. pearsonhighered. com/aron，这个网址为大家提供了高级程序的相关知识。虽然没有详细讲授，但是简单介绍了在研究文献中出现这些统计数据的时候该如何解释。当今大多数文献用到了多水平模型、中介作用、因素分析、结构方程模型、相关分析、多元方差分析。所以学生即使学完了基本的统计学入门知识，也不能很好地理解他们在写论文的过程中阅读的那些文献，更不要说学习更深层次的学科。在这个网站上学生可以运用自己所学的基础知识对一些高级程序进行初步的了解。学生也可以将网站上的内容打印出来，将来遇到相关文献时可以拿出来作为参考。

8. 教师使用手册（Instructor's Manual）有助于更好地进行教学。使用手册的开始是对每一章的总结，这个总结是基于我们的教学经验以及关于大学教学有效性的研究文献。第二章是教学进度和教学大纲。每一章都会有对重要内容的概述，还有一些教学范例可以运用到你的教学过程中。使用手册中还包含每一章中第Ⅱ组练习题的答案。（第Ⅰ组练习题的答案在教材的附录B，其中有针对每一章中相关问题的回答范例。）

9. 教师使用手册是你备考的好帮手。我们在每一章都为你准备了大约40道多项选择题、25道填空题和10～12道简答题。鉴于这本教材倾向于对概念的理解和掌握，我们的多项选择题对那些没有模拟卷的学生而言尤其有用。

10. 还附有学习指南（Study Guide）与计算机操作手册（Computer Workbook）。除了对概念的掌握，我们还为你提供如何运用统计软件解决实际问题的指导和范例。多数的学习指导手册都更多侧重于将数据套入公式里，并让你记住每一个符号的含义。我们的学习指南与计算机操作手册为你整理了每一章的学习目标和知识梗概，以及每一章的公式（所有的符号都有注释）和每一个统计步骤的总结归纳，还包括形式多样的自我检测，如多项选择题、填空题和简答题。

我们的学习指南与计算机操作手册包含了SPSS的更多内容，这样能使我们的学生更好地操作SPSS并分析计算机的计算结果。首先我们有一个附录专门介绍SPSS软件，然后在每一章都会详细介绍如何运用SPSS进行统计分析。（从这个版块我们能清晰看到逐步的指导、对每一个菜单的解释以及数据的输出。）还有一些实际的计算机操作能帮助我们更好地理解统计学知识和原理。

关于第5版

第5版的修订工作是在纽约完成的，我们希望它能像在巴黎完成的第1版一样受到大家的欢迎。

在第5版中，我们融合了在先前四个版本的教学过程中总结的经验以及老师和同学们在使用这本教材的过程中的一些建议。当然这次的修订也基于我们自己对统计学方法的使用心得和体会。最近几年我们对统计学方法的研究颇富成效。我们最新的研究尝试涉及更多的领域，如人格、社会和健康心理学，甚至包括一见钟情和日久生情的神经科学、对群体偏见的干预以及童年时期对成年后经历的影响和癌症幸存者的健康生活方式。我们在不同领域的研究也有利于我们了解不同领域的专家是如何在研究过程使用统计学方法的。

在每一版的修订中，我们都努力完善我们的语言，更新我们的内容，并根据我们的教学经验和使用该教材的老师给我们的意见、建议进行调整。我们一直在教材里完善特别适用于教学的内容（例如"你学会了吗?"，每一章正文中的自我检测），增加章后练习题的数量，在练习题前呈现示例，并对每一个新的公式都做文字性的说明。

除此之外，我们还有两个网络章节（见www.pearsonhighered.com/aron），其中一章（Web Chapter W1）侧重基础的研究方法，而另外一章（Web Chapter W2）则倾向于帮助学生阅读文献时理解高级统计步骤。后一章的修订已经涉及多水平模型。在第5版中，我们仍然致力于以最简洁的语言阐述统计学原理并对教材内容进行更新，从而使这本书用起来更有效。在很多章节中我们所引用的例子较之前更生动，以期能够调动学生的学习兴趣。而且在很多章节中我们也更新并丰富了SPSS的运用。

最后，第5版中我们更多地借鉴了老师们给我们提供的意见和建议，所以希望这本教材更有利于老师们的教学。特别值得一提的是，我们为每一章都制作了幻灯片。和教师使用手册一起使用的话，你完全可以准备一节很精彩的统计课，甚至是每一节统计课都能做到很精彩。

联系我们

我们的最终目标是帮助大家学好统计学这门学科。如果你有任何的问题或建议，请发邮件给我们：Arthur. Aron@sunysb. edu。如果你在教材中发现了错误，请一定马上告诉我们。所有出现的错误我们都会在再次印刷时进行订正。

感谢

首先，我们要感谢这么多年以来一直支持我们的学生。正是由于你们的支持我们才有动力做得更好，当然你们也以各种不同的方式给我们提出了建议和意见。我们同时也感谢那些为我们提供建议和鼓励的老师。

我们仍然感谢那些在前四个版本以及最新版本中给予我们支持和帮助的同伴。正是因为你们的帮助，第5版才能顺利完成。在这里我们想特别感谢鲍尔州立大学的 Darrell L. Butler、俄亥俄大学的 George Johanson、罗斯福大学的 Jeffrey Kunka、奥克兰大学的 Deb McGinnis、尤蒂卡学院的 Jacqueline Santoro、佛罗里达海湾海岸大学的 Larry L. Southard，以及威得恩大学的 Ross B. Steinman。

非常感谢 Jeff Marshall 和 LeeAnn Doherty 对这本教材的修订建议，以及在漫长的修订过程中给予的积极指导。我们还想特别感谢加州州立大学圣马科斯分校的 Marie Thomas 对这本书的定稿所做的重要修正。

亚瑟·阿伦

埃利奥特·库珀斯

伊莱恩·阿伦

致学生

这本书的目的是帮助你理解统计，我们更多的是强调含义和概念，而不是符号和数字。

对含义和概念的强调有利于你掌握统计。很多行为与社会科学领域的学生对数学并不热爱，但是却能很好地理解这本教材里的统计知识。而且基于几十年的教学经验，我们发现：我们从来没有遇到过能够学好其他学科但学不好统计这门学科的学生。（当然，我们也必须承认学好统计比学好其他学科要付出更大的努力。）

这里我们将要讨论你为什么要学习这门学科以及你怎样学好这门学科。

为什么学习统计?

1. 理解统计知识对于阅读研究文献是至关重要的。行为与社会科学领域的多数课程非常强调研究结果，而这些研究结果一般都会包含统计。如果你不理解统计学的基本原理，你就无法理解术语、图表，而这些往往是所有研究报告的核心。没有相关的统计学基础，你对文献的理解也只能停留在表面。同时我们建议你能够学习怎样设计和评估一个有效的研究。在本书中，我们将关注怎样用统计学方法使我们的研究数据具有意义。www. pearsonhighered. com/aron 这个网站还可以为你提供更多关于行为与社会科学的相关原理和概念的概述。

2. 理解统计知识更是自己做研究时的必备技能。很多学生会继续攻读研究生。研究生对行为与社会科学的学习基本上要求做研究。实际上研究生的目标就是学习如何独立进行研究，而他们的研究都需要统计知识。所以学习这门学科能为你将来自己进行研究打下坚实的统计学基础。而且，掌握统计学原理和具备统计思维方式对于更高级的学科而言也是极其有益的，因为越是高深的学科越关注分析研究结果的本质。

3. 理解统计知识将使你具备辩证分析的思维。行为与社会科学领域的学生往往对人更感兴趣，他们想要改善我们的现实社会。但这也不是说就能避免抽象的问题。事实上，学生对抽象的哲学层面更感兴趣，因为从中他们能探究一些人类经验的秘密。但其实他们的这种抽象理解也只是停留在表面。在行为与社会科学的所有课程里，统计学最有益于你进行缜密的思维，帮助你有效地评估信息，提高你的逻辑分析水平。

怎样学好这门学科?

针对这一点我们有五条建议：

1. 关注概念。不要把这门学科当作数学来学，而是把它当作逻辑学。当你阅读教材的时候，努力掌握理论知识。而当你做练习题的时候，想一想每一个步骤背后的原理。如果你只是简单地记住怎样处理相应的数字，那么你不但无法在这门学科的考试中取得优异的成绩，而且对你今后的学习研究也没有多大意义。

2. 在进一步学习之前确定你已经掌握了每一个概念的含义。统计学是一门连续性的学科。任何一个新的概念都是基于之前我们学习过的概念。所以在每一节的后面都会有一个小的检测（“你学会了吗?”），一定要做这些检测。如果你不能回答这些问题，或者你能回答但不是很理解，那么不要再继续往下学习了。重新回过头去学习，重新思考，或者请教别人。总之你一定要掌握所有的概念和原理。直到你确定你已经掌握了再继续学习新的章节。如果你仍然不太确定，可以参照每一章最后的示例，或者亲自解决每一章后面的练习题。在附录B里有答案，可以看看自己做得是否正确。

反复阅读本书的内容并不说明你比别人笨。绝大多数的学生会反复阅读每一章。而且对统计学教材的阅读速度要比对其他教材的阅读速度慢。学习统计知识要求我们全神贯注、专心致志地沉浸其中。所以充分地阅读教材吧。

3. 坚持。不得不再次提及统计学是一门连续性极强的学科。如果你落下了某些知识，那么后面的很多知识在你看来都是无法理解的，而且会越来越难。

4. 认真学习教材的前半部分。如果你想要很好地掌握这门学科，那么认真学习前半部分尤其重要。因为你所学习的统计知识都是以前面的基础知识为前提的。但是事实恰恰相反，很多学生没有重视前半部分的学习。

如果你已经掌握了前半部分的内容——这里所说的掌握并不只是大致了解，而是真的学会了——那么后半部分将会更简单易学。如果你没能掌握前面的知识，那么后半部分对你来说几乎是不可能学会的。

5. 相互帮助。对于巩固和加深对统计知识的理解而言，最好的办法莫过于尝试向那些还没学好统计学的人解释你所学的知识，并且能够清楚地解释。（当然解释时要有耐心并保持尊重。）而对于那些统计知识并不扎实的人而言，如何掌握那些在他们看来比较难的内容呢？最好的办法也是向其他统计知识比较扎实的同伴学习。

所以我们强烈建议大家组成一个由两三个人组成的学习小组，最好是由不同层次的成员搭配组合。统计学学得较好的组员能通过教授其他组员更简单快捷地学到更多的统计知识，因为教授其他成员的任务会让他们主动去学习更多的知识。怕麻烦的人最好和不怕麻烦的人搭档——俗话说，盲人带领盲人无法学习。学习小组的成员最好是离你比较近的人，以便于经常见面学习；一定要经常见面，如果可能，每一节课都要在一起学习。

结语

无论你是否相信，我们都真的非常热爱教授统计知识。因为我们总是会有这样的经历，我们的学生再次来到我们面前对我们说：“老师，这次考试我得了90分。我简直不敢相信，我的统计竟然能得90分!”或许又会有这样的学生：“统计真的很有趣，所有的学科里我真的非常喜欢统计!”我们希望你在学习的过程中也会有这样的经历。

亚瑟·阿伦

埃利奥特·库珀斯

伊莱恩·阿伦

简要目录

目　录

第3章 相关与预测/55

第4章 推论统计的关键要素：正态曲线、样本与总体、概率/100

第 10 章 方差分析导论/255

第 11 章 卡方检验以及总体分布非正态时的检验方法/293

第 1 章

用图表展示数据的顺序

本章内容提要

☆ 两种统计学方法
☆ 基本概念
☆ 变量类型
☆ 频数表
☆ 直方图
☆ 频数分布的形态
☆ 研究文献中的频数表和直方图
☆ 本章点拨
小结
主要术语
示例
练习题
SPSS 应用
"你学会了吗?"答案

欢迎大家学习行为与社会科学统计。在我们看来，如同以前选修学习这门课程的其他同学一样，你们当中的每一个人都有自己的特点。在你们当中，有人擅长理科，有人擅长文科。有人很喜欢数学，有人则不那么喜欢，甚至讨厌数学。但不论你是哪一种，我们都欢迎。我们确信只要你认真学习本课程（可能比其他课程花稍微多的时间），你就一定能够学好。在你们之前，我们用这本统计学教材作为入门书，成功地给各种类型的学生上过课，包括那些之前修过统计学并且成绩很差的学生。有本书和老师的帮助，你不仅能学习统计学，而且还能把它学得很好。

虽然，每一个人都可以学习统计学，但是，我要提醒大家，要想学好统计学，你必须做好付出努力的准备。学习统计学，除了为满足专业要求外，还有别的什么意义吗？学完这门课程，你会有很多收获：第一，你将有能力阅读专业的研究文献。第二，如果你想做研究，你将会有能力去做。第三，你的推理能力和直觉判断能力会得到提高。第四，经过一番努力而最终获得比较难以掌握的知识，你会获得巨大的成就感。

表面上，**统计学**（statistics）是数学的一个分支学科，主要研究数据的组织、分析和解释。但实际上统计学到底是什么呢？我们应该把统计学当成拓展人类思维的工具：你观察一个事物；你好奇它代表什么或者是由什么引起的；你可能会发现什么或者凭直觉做出猜测；你再次观察它，但这次是仔细地观察，或者在这个过程中做一点改变来检验自己的猜测。然后你会面对老生常谈的问题：你的猜测是否得到了证实？在你第二次观察到的现象重复出现的可能性多大的情况下，你才能对外宣称你观察到的结果可能是真实的？

统计学是一门不断求真的学科。至少，通过统计学你可以知道自己的猜测在什么时候是对的，适用于哪些人群。对真理或者说至少是对未来趋势的追求，这是科学的真谛所在，同时也是决定人类进化和生存的关键所在。我们回顾一下一个最早的研究问题：猛犸在明年春天会怎么办？如果我把这个根吃了又会发生什么？不难发现早期严谨的“研究者”是怎么生存的。你们今天之所以能够站在这里，是因为你们的祖先不断地训练他们的大脑和肌肉。你们的后代也同样受益。统计学是最好的、慎重考虑后果的方式之一。

进行研究时，行为与社会科学用统计学方法来描述、解释收集到的数据。如何做出一个好的研究设计是行为与社会科学的目标。http：//www. pearsonhighered. com/aron 网站上的 Web Chapter（Overview of the Logic and Language of Behavioral and Social Sciences Research，行为与社会科学研究的逻辑与用语概览）对如何设计一个好的研究进行了总结。不过，本书关注的是如何用统计学方法去揭示研究中所获数据的意义。

统计学　数学的一个分支学科，旨在对数据进行组织、分析和解释。

行为与社会科学通常会使用计算机和统计软件来运行统计程序，你将会在这本书里学到软件操作的相关内容。然而，牢固地理解和掌握统计学的最好方法是学习如何亲自运行这些程序（当然你不需要学习算术，而是需要学会如何运行统计软件的所有步骤）。为了减少你的运算量，在每章的例子和练习题中，我们使用相对小的数据集。希望这样可以使你把更多的注意力放在统计程序的原则和逻辑上，而不是关注每道练习题中数字的计算（例如7减3然后除以2等于2）。（参照书前“致学生”了解更多关于本书的目标。）正如前面所述，我们也意识到了学习如何用计算机运行统计程序的重要性，因为当你自己做研究时，很可能会用到这些操作。所以，在相关章节后，都有关于SPSS应用的部分。行为与社会科学家普遍使用SPSS统计软件来进行统计分析。跟你的老师核实一下看看你的学校是否有SPSS统计软件可用。

两种统计学方法

两种主要的统计学方法：

1. **描述统计**（descriptive statistics）：行为与社会科学家使用描述统计来概括和描述研究数据。

2. **推论统计**（inferential statistics）：行为与社会科学家使用推论统计来做出结论并对结论加以推论，结论和推论以研究数据为基础，但最后超越研究数据。比如说，我们可以将基于一小部分个体做实验得到的研究结果推论到更多的个体上。

描述统计　概括数据或者使数据更容易理解。

推论统计　通过对研究中收集到的数据进行分析进而借此得出结论的过程。

专栏 1-1　数学焦虑、统计焦虑与你：写给那些真正担心这门课程的同学

勇敢地面对它：你们当中有很多人惧怕这门课程，甚至到了统计焦虑的程度（Zeidner，1991）。如果你一看到数字就紧张，那我们有必要马上讨论这个问题。

首先，这门课程是你重新认识数字的一次机会。统计学不同于几何、三角和微积分等学科，你以前的几何、三角、微积分等学科的成绩或者对这些学科的惧怕绝对不会影响你学习统计学。

其次，如果你仍然担心，那就需要找出担心的原因。因为，数学或统计焦虑、考试焦虑、广泛性焦虑以及学习信心的整体缺乏都会导致学生学习数学困难（Cooper & Robinson，1989；Dwinell & Higbee，1991）。

你的主要问题是数学或统计焦虑吗？通过网上搜索你会发现很多好书和好的网站，它们都可以帮助你。我们强烈推荐 Sheila Tobias 于 1995 年出版的《克服数学焦虑》。Tobias 以前也害怕数学，她建议大家要成为“数学心理健康”的人，也就是“当你需要学习数学时，你要有学习的积极性”（p. 12）。（学习这门课程也是如此。）

Tobias（1995）认为对数学的惧怕通常发生在小学，老师叫你到黑板上做题，你大脑一片空白，你想不出算术题的正确答案。你的自信心随着一次次的考试而渐渐减弱。因为你并没有意识到，除了对极少数称得上数学高手的学生外，这些题目对几乎所有学生来说都很难。

要想克服数学焦虑就要追忆你是从什么时候开始害怕数学的。在那之前你的数学成绩跟别人的一样好，所以说并不是因为你缺乏能力，而是因为某些不好的经历或者没有受到好的教育，你才觉得自己比那些认真准备的学生要差。从现在开始，要善待自己。不要妄想一口吃成个大胖子，慢慢地，你会学好数学的。

先从找回自信开始。要做好这一步，你只需要温习一学期的高中代数，当然有时也需要上网查资料，这样你大脑里的数学知识就会被激活了。要认真听课并且积极参与。在你不疲劳的时候做统计学作业。不会就要请教主讲教师、助教或其他同学。也可以成立一个学习小组。如果有不会的问题，试着向比你差的同学讲解。很可能在讲解的过程中你就知道答案了。课前要从容自在地去预习，这样在课堂上对老师所讲的内容就不会感到陌生。

你的问题是考试焦虑吗？焦虑导致唤醒，而心理学研究发现，唤醒与学业成绩之间有密切的关系。中等水平的唤醒会促进学业成绩，唤醒水平过高或者过低会降低认知能力和工作记忆，从而使本来能够回忆起的知识现在很难回忆起来。因为你越想回忆起来，你的焦虑、唤醒水平就越高。降低焦虑和唤醒的方法有很多，比如控制呼吸，稍做休息来放松自己。你学校的咨询中心可以帮助你或

给你推荐一些相关的好书。再强调一遍，你可以从很多网站上获取降低焦虑的信息。

说得更明确一点，为了降低考试焦虑，你应该认真地准备最初的几场考试。这样，不论你的唤醒水平如何，走进考场时你都会确信自己能通过。尤其要好好地准备第一次考试，因为没有旧的知识需要复习，而且第一次考好了，下次考试就不会那么焦虑了。可以做一次模拟测验，并且尽量要像真正的测验那样进行，对困扰自己的问题要特地多做几遍。一旦你认为自己准备好了，就给自己设定完成家庭作业的时间限制。要完整、清晰地写出答案。这可能是在考试中你感到做得慢的部分原因。如果其他同学的在场打扰了你，例如他们在奋笔疾书你却被某些题难住了，那就跟他们一起做这门课的模拟测验。甚至可以把模拟测验设计成竞赛来比比谁做得快。

考试时，你可以通过先在试卷的空白处记下你担心会忘记的公式的方式降低焦虑的影响。你要快速浏览整套试题，以便合理安排考试时间。认真地阅读考试说明。先做简单的题，如果有不会做的题，也不要担心，因为即使有些难题你做不出来，也不影响你通过考试。试着不去关注你周围同学的做题速度，有些人做得很快，但他们不一定就比你考得好。

你的问题在于缺乏自信吗？生活中有其他事情导致你焦虑或者自我否定吗？如果是这样，建议你去学校的咨询中心寻求帮助。

最后一种可能，你是高度敏感的人吗？研究发现，15%～20%的人（至少还有一百多种其他物种）天生高度敏感、过度反应（Wolf，Van Doorn，& Weissing，2008）。具有这种特质的人在行动之前会思前顾后，而不是急于做事。脑成像研究发现，他们会深加工信息，注意细节（Jagiellowicz et al.，2010）。这使他们具有直观能力、创造力和严谨的作风（Aron，1996；Aron & Aron，1997）。他们具有强烈的情绪反应，更容易受环境和童年经验的影响（Aron，Aron，& Davies，2005；Belsky，Bakermans-Kranenburg，& Van IJzendoorn，2007；Ellis，Essex，& Boyce，2005）。因为太敏感，他们比别人更易受刺激，所以大学生活本身对他们来说就是一种挑战，虽然在没有过度唤醒的情况下，他们有取得好成绩的潜质。

你也许想知道自己是不是一个高度敏感的人（可以到这个网站查查：http：//www.hsperson.com）。如果你是高度敏感的人，那么你就要悦纳这种性格特质的优点，同时也要把具有过度唤醒倾向这一缺点考虑进去。过度唤醒必然会影响你的考试成绩，对此，你实际上可能也了解，但可能只了解一点点。当你试图呈现你的统计学知识的时候，最简单的做法就是自我接纳，接纳自己不是不聪明，而是太敏感了，如此才有助于降低你的唤醒水平。

祝你好运。无论是学习这门课程还是在你的生活里，我们都希望给你最好的祝愿。

在本章和随后的两章中，我们主要讲描述统计。描述统计不仅本身很重要，同时也是为学习和理解推论统计做准备。本书从第4章开始探讨推论统计。

在本章中，我们首先介绍基本概念，然后学习如何用图表描述数据。描述统计的目的就是使数据通俗易懂。你随后会发现，图表在描述统计中的作用是很大的。

基本概念

变量、值和得分

作为一个大型研究的一部分（Aron，Paris，& Aron，1995），在第一周的统计学导论课上，研究者对151名学生进行了问卷调查。其中的一个问题是：“在最近的两周半里你感到压力大吗？问卷为10点量表，0表示完全没有压力，10表示最大压力。”（你的答案是什么呢？）在这项研究里，研究者用问卷来评估学生的压力水平。此外，研究者还用其他方法来研究压力，如利用实验室任务（例如对人或者水中的老鼠播放音像）引发压力，然后测量与压力有关的激素或大脑发生的变化。在这个例子里，压力水平就是**变量**（variable），其**值**（values）范围为 0～10，就某一个体而言，其答案选择几，其**得分**（score）就是几。例如，假如你的选项是 6，那么你的得分就是 6 分；你在压力水平这个变量上的取值是 6。

变量　具有不同取值的情境或者事物特征。

值　得分的数字或类别。

得分　被试者在变量上的值。

更为正式的说法是，变量是指具有不同取值的情境或者事物特征。简言之，变量是可以变化的。在本例中，变量就是压力水平。变量的值可以从 0 到 10 变化。再比如，高度是变量，社会等级是变量，创造力测验的分数是变量，某天的缺勤人数是变量，药剂量是变量，政党的倾向是变量，班级大小也是变量。

值可以是一个数字，比如 4，－81，367.12；值也可以是类别，比如女性、男性、你的居住国家（加拿大、美国、澳大利亚等等）。

最后，对任何变量而言，每个被试者都在变量上有一个分数或者数字，这个分数或者数字就是你在这个变量上的取值。例如，你在压力水平变量上的得分是 6，表明你在压力水平变量上的取值是 6，另一个学生的得分可能是 8，则表明他在压力水平变量上的取值是 8。

行为与社会科学研究的就是变量、值及个体得分（见表 1-1）。这些术语会贯穿本书始终。这些术语的正式定义比较抽象。但是，从应用或实践的角度看，你会发现这些术语的含义简明易懂。

表 1-1　　**基本术语**

术语	定义	例子
变量	具有不同取值的情境或者事物特征	压力水平；年龄；性别；宗教信仰
值	数字或类别	0，1，2，3，4；25，85；妇女；天主教徒
得分	某人在某个变量上的取值	0，1，2，3，4；25，85；妇女；天主教徒

变量类型

行为与社会科学家用到的大部分变量类似于压力评估例子中的变量：得分就是描述被测个体在某个变量上的取值。在压力评估这个例子中，数字越大，压力越大。我们称这种变量为数值变量。**数值变量**（numeric variable）又叫*定量变量*。

数值变量　值为数字的变量，也叫定量变量。

等距变量　数字代表着差不多相等的测量距离的变量。

等级顺序变量　值是等级的数值变量，比如说，班级排名和比赛名次，也称顺序变量。

行为与社会科学家主要使用两种数值变量：**等距变量**（equal-interval variable）和**等级顺序变量**（rank-order variable）。其中最常用的是等距变量，等距变量的取值数字代表着差不多相等的测量距离。以平均绩点（GPA）为例，平均绩点 2.5 与 2.8 之间的差值同平均绩点 3.0 与 3.3 之间的差值是相同的（差都是 0.3 个平均绩点）。行为与社会科学家也把像 0～10 点压力评估表这样的量表看成大约等距。因此，压力值 4 和 6 的差值与压力值 7 和 9 的差值相等。

行为与社会科学家经常使用的另一种数值变量是等级顺序变量，在等级顺序变量中，数字只代表相对的等级。（等级顺序变量也叫*顺序变量*。）比如，毕业时的班级排名。需要注意的是，在等级顺序变量中，两个相邻数字之间的差值没有等距性。班级排名中的第二名和第三名与使用 GPA 算出来的第八名和第九名之间的差值是不同的。与等距变量相比，等级顺序变量所提供的信息要更少，它不太精确。虽然如此，但行为与社会科学家却仍然经常使用等级顺序变量，因为有时候等级顺序是唯一可获得的信息。

称名变量　取值是类别的变量（即其取值更多的是一个名称而不是数字）。也称类别变量。

测量水平　测量所能提供的数值信息的种类，如等距、顺序和称名（分类）。

还有一种变量，它不仅可以用数字表示，还可以用名称或种类。这类变量就是**称名变量**（nominal variable）。称名这个术语起源于它的值是名称。（称名变量又叫类别变量，因为它的值是类别。）例如性别就是一个称名变量，它的值就是男、女。个体在性别这个变量上的"得分"就是"男、女"这两个值中的一个。同样，发色也是称名变量，其取值可以是棕色、黑色等等。

变量可以根据不同的**测量水平**（levels of measurement）划分为不同的类别（见表1-2）。研究者有时必须决定如何测量一个特定的变量。例如，测量一个变量时，虽然你既可以用等距量表，也可以使用顺序量表或者称名量表，但是，你选择的测量水平会直接影响后续用来处理变量的统计方法。本书把重点放在数值等距变量上。当然，在行为与社会科学中，顺序变量和称名变量也是很常见的。我们将在第11章中讨论一些专门用来处理顺序变量和称名变量的统计方法。

表1-2　　**测量水平**

水平	定义	例子
等距	具有相等的测量单位的数值变量	压力水平，年龄
顺序	取值具有顺序性的数值变量	班级排名，比赛排名
称名	取值是类别的变量	性别，宗教

1.1　你学会了吗?

1. 在一个7点偏执量表中（评分为1～7分），爸爸给女儿的评定为2。在这个例子中，(a) 变量是什么？(b) 得分是多少？(c) 可能的值范围是多少？

2. 数值变量与称名变量的区别是什么？

3. 以下变量属于什么类型的变量：(a) 某人的国籍（墨西哥、法国、日本等等），(b) 某人在标准化IQ测验上的得分，(c) 某人在候补人名单中的位置（第一，第二……）。

频数表

一个例子

让我们回到那个压力评估的例子。在这项研究中，在第一周的统计学导论课上学生回答了一个问题："在最近的两周半里你感到压力大吗？该量表为10点量表，其取值范围为0～10分。0分表示完全没有压力，10分表示最大压力。"实际研究中包括151名学生的得分。为了能更好地理解频数表，我们从这151名学生中抽出30名具有代表性的学生的得分进行举例（如果你想自己试试，这也可以节约你的时间）。这30名学生的得分（即他们的压力等级）是：

8，7，4，10，8，6，8，9，9，7，3，7，6，5，0，9，10，7，7，3，6，7，5，2，1，6，7，10，8，8

这些分数粗略看上去也能给人一种整体的趋势感，但这似乎不是一个精确的方法。解决办法之一就是制作一个表格，通过表格展示对应于这11个不同取值的每一个值（0，1，2等等，一直到10）到底有多少学生。也就是说，选择某个具体值的学生人数就是这个值的频数。我们在表1-3展示了每个值的频数，同时我们计算出每个值的频数占得分总个数的百分比。类似这样的表格有时只给出频数而没有百分比，或者只有百分比而没有频数。[1]

表 1－3 被称为**频数表**（frequency table），因为它向我们展示了每个等级的使用次数或者每个评定等级使用了多少次。频数表可以直观地呈现数字。在该例子中，我们发现大部分同学的压力等级是 7 或者 8，低分者较少。

表 1－3　学生压力等级评估的频数表

压力等级	频数	百分比
0	1	3.3
1	1	3.3
2	1	3.3
3	2	6.7
4	1	3.3
5	2	6.7
6	4	13.3
7	7	23.3
8	5	16.7
9	3	10.0
10	3	10.0

资料来源：Aron et al. (1995).

怎样编制频数表

编制频数表分四步：

①在表的最左边一列，由低到高，列出每个值。在压力等级评定结果中，最低的可能评定等级是 0，最高的可能评定等级是 10，所以表中所列的起始值是 0，终结值为 10。需要注意的是，在 0～10 的评定等级中，即使有的等级没有被用到，列表里也应该包括该等级值，其次数用 0 表示。本例中，假设没有人选择 2 这个压力等级，你依然要在频数表的第一列中列出 2 这个评定等级。

频数表　在一个变量的不同取值上的个体数量的有序列表。

②一个一个地浏览得分，在所列的值旁边做标记。如图 1－1 所示。

成功小贴士

在进行第②步的时候，为防止出错，每标记一个数据，随手将该数据划掉。

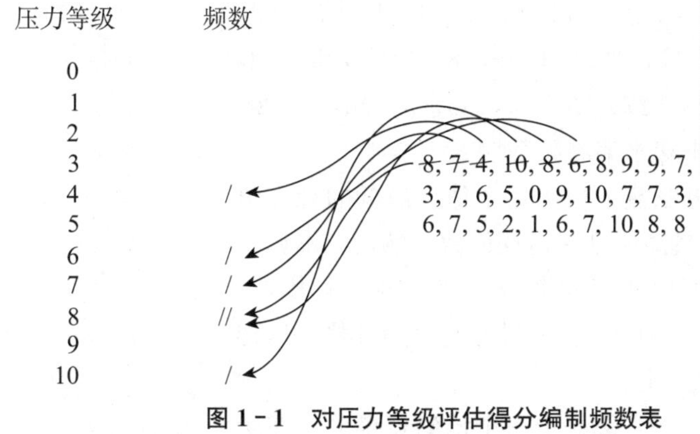

图 1－1　对压力等级评估得分编制频数表

资料来源：Aron，Paris，and Aron，1995.

① 另外，对于每一个值，一些频数表也包括这个值以及这个值以下的频数总和，这就叫*累加频数*。通过累加频数可以看出在这个表中累加了多少得分。如果表里有百分比，也可能包括累加百分比。对于每一个值，累加百分比会给出这个值及其以下的得分的累计百分比。累加百分比也叫*百分位数*。通过累加频数和累加百分比，可以了解某个得分在整体中的位置。

③编制一个表格，列出每个值被使用的次数。进行这一步的时候，把每个值旁边的标记相加就可以了。

④计算每个得分的百分比。值的频数与得分总个数相除，然后再乘以100%。最好四舍五入到小数点后一位。需要注意的是因为四舍五入，所以百分比相加以后通常不是精确地等于100%（但是总计应该接近100%）。

称名变量的频数表

上述编制频数表的步骤是基于最常见的使用数值变量的情境。然而，你也可以使用频数表来呈现某个称名值（即每个类别）的频数。比如，研究者（Aron，Aron，& Smollan，1992）让208名学生写出在他们生命里最亲近的人。结果如表1-4所示，33名学生选择家人，76名学生选择一个不浪漫的朋友，92名学生选择浪漫的伴侣，7名学生选择其他。从表1-4可以发现，频数表的最左边的那列值就是变量的值（类别）。

表1-4　　称名变量频数表：208名学生生命中最亲近的人

最亲近的人	频数	百分比
家人	33	15.9
不浪漫的朋友	76	36.5
浪漫的伴侣	92	44.2
其他	7	3.4

资料来源：Aron，Aron，and Smollan (1992).

另一个例子

McLaughlin-Vople、Aron和Reis（2001）要求94名大一和大二的学生在正常上学期间，坚持写一周的社交日记。只要每次的社交行为持续10分钟或者更长时间，学生就应该填写卡片。卡片要填写如下信息：社交对象是谁，谈话内容包括哪些方面。除去家庭和工作场合，这94名学生在一周的时间里社交持续10分钟以上的次数如下：

48，15，33，3，21，19，17，16，44，25，30，3，5，9，35，32，26，13，14，14，47，47，29，18，11，5，19，24，17，6，25，8，18，29，1，18，22，3，22，29，2，6，10，29，10，21，38，41，16，17，8，40，8，10，18，7，4，4，8，11，3，23，10，19，21，13，12，10，4，17，11，21，9，8，7，5，3，22，14，25，4，11，10，18，1，28，27，19，24，35，9，30，8，26

现在，我们根据以下四个步骤来编制频数表。

①在表的最左边一列，由低到高，列出每个值。最低的社交值是0。在本研究中，理论上讲，最高值可能是任何数。然而，本调查小组的实际最高社交值是48，所以我们就将48作为最大值。因此，第一步就是要把这些0～48的值列在纸上。（最好是分成几栏，这样就可以把所有的得分列在同一张纸上。）

②一个一个地浏览得分，在所列的值旁边做标记。结果见图1-2。

③编制一个表格，列出每个值被使用的次数。结果见表1-5。

> **成功小贴士**
>
> 将所有得分频数相加，其和应该与评定人数相等。通过这项工作，可以核对计算的频数是否正确无误。

0 -	17 - ////	34 -
1 - //	18 - 卌	35 - //
2 - /	19 - ////	36 -
3 - 卌	20 -	37 -
4 - ////	21 - ////	38 - /
5 - ///	22 - ///	39 -
6 - //	23 - /	40 - /
7 - //	24 - //	41 - /
8 - 卌 /	25 - ///	42 -
9 - ///	26 - //	43 -
10 - 卌 /	27 - /	44 - /
11 - ////	28 - /	45 -
12 - /	29 - ////	46 -
13 - //	30 - //	47 - //
14 - ///	31 -	48 - /
15 - /	32 - /	
16 - //	33 - /	

图1-2　针对学生一周的社交活动所编制的频数表

资料来源：McLaughlin-Vople et al.，2001.

表 1-5　　94 名大学生一周社交活动频数表

得分	频数	得分	频数	得分	频数
0	0	17	4	34	0
1	2	18	5	35	2
2	1	19	4	36	0
3	5	20	0	37	0
4	4	21	4	38	1
5	3	22	3	39	0
6	2	23	1	40	1
7	2	24	2	41	1
8	6	25	3	42	0
9	3	26	2	43	0
10	6	27	1	44	1
11	4	28	1	45	0
12	1	29	4	46	0
13	2	30	2	47	2
14	3	31	0	48	1
15	1	32	1		
16	2	33	1		

资料来源：McLaughlin-Volpe et al.(2001).

④**计算每个得分的百分比。**在这个例子中我们并没有计算百分比，这是因为本例中的分类太多，百分比对直观呈现得分的规律作用不大。然而，如果你想检验自己对这一步的理解，我们可以告诉你，前五个值的百分比分别是 0.0%，2.1%，1.1%，5.3%，4.3%。(这些是频数分别为 0、2、1、5 和 4 的百分比，精确到小数点后一位。)

分组频数表

有时候，当有很多变量取值时，频数表就很难直观地呈现所有得分。前面最后一个例子就是这种情况。难道不是吗？难道你从表 1-5 中能直观地看出大学生的社交情况？解决这类问题，可以采用如下方法：将值进行分组，每组应该包括一定变量取值范围内的所有值。以压力评估为例。你没有把得 8 分和 9 分的学生人数分别列出来，而是把这两个得分的人划为一组，组合后的分组其取值范围应包括合并前的这两个值。像这样被组合在一起的一个组合数值的变化范围被称作**组距**(interval)。8～9 这一组的频数就是 8(得 8 分的 5 个人和得 9 分的 3 个人之和)。

组距　在分组频数表中，同一组内数值的变化范围。(比如，如果组距是 10，可能就有一组数据是 10～19。)

分组频数表　把所有数据以相同的组距划分为若干分组的频数表。

由若干组距相同的不同数据组构成的频数表就是**分组频数表**(grouped frequency table)。表 1-6 就是压力等级评估的一个分组频数表。(然而，在这个例子中，只有 11 个值，没有必要使用分组频数表。)表 1-7 是 94 名学生在一周内社交次数的分组频数表。

与普通的频数表相比，分组频数表可以给我们提供一些更容易理解的信息。当然，分组频数表也是需要付出代价的。这个代价就是，数据分组后，在每个组内，你损失了每组单个频数的详细信息。

表 1-6　　压力等级评估分组频数表

分组	频数	百分比
0～1	2	6.7
2～3	3	10.0
4～5	3	10.0
6～7	11	36.7
8～9	8	26.7
10～11	3	10.0

资料来源：Aron et al. (1995).

表 1-7　　94 名大学生一周社交次数分组频数表

分组	频数	百分比
0～4	12	12.8
5～9	16	17.0
10～14	16	17.0
15～19	16	17.0
20～24	10	10.6
25～29	11	11.7
30～34	4	4.3
35～39	3	3.2
40～44	3	3.2
45～49	3	3.2

资料来源：McLaughlin-Volpe et al. (2001).

在编制分组频数表时，组距不同，或者说组数不同，其结果往往也会有较大差异。具体如何确定组距或者组数，可以参照一些分组指南书。但实际上，组数是由研究者的计算机自动划分的（参考本章的“SPSS 应用”部分，了解如何使用统计软件编制频数表）。所以，本书不会把它当作重点。如果你必须要手工编制分组频数表，最关键的就是确定组距，组距一般要取整数（例如 2，3，5，10），分成 5～15 组。当编制表格时，要确保每组的起点是组距的整数倍，每组的终点要比下一组的起点小。比如，表 1-6 有 6 个分组，组距是 2。分组分别是 0～1，2～3，4～5，6～7，8～9，10～11。注意每组的起点是 2 的倍数（0，2，4，6，8，10），每组的终点（1，3，5，7，9）要比下一组的起点（2，4，6，8，10）小。表 1-7 有 10 个分组，组距是 5。分组分别是 0～4，5～9，10～14，15～19，…，45～49。注意每组的起点是 5 的倍数（0，5，10，15，…），终点（4，9，14，19，…）要比下一组的起点（5，10，15，20，…）小。

1.2　你学会了吗？

1. 什么是频数表？
2. 研究者为什么使用频数表？
3. 利用以下数据编制一个频数表：5，7，4，5，6，5，4。
4. 分组频数表如何分组？

直方图

另一种使大量数据简单明了的方法就是作图。一幅图可能胜于千言万语的描述，同样一幅图也可能胜于成千上万的数据描述。最直接的方法就是把频数表转换成图。其中一种是把频数表中的信息绘制成条形图，也就是**直方图**（histogram）。在直方图中，直条的高度就是频数表中每组的频数。通常情况下，直方图中的所有直条之间不留空隙。直方图画好以后，看起来有点像城市轮廓线。图 1－3 是根据压力等级评估例子绘制的两个直方图，分别是根据常用的频数表和分组频数表画出来的。图 1－4 是根据学生一周社交次数的分组频数表画出来的直方图。

直方图　频数分布的条形图，根据等距分组点绘制横轴，用纵轴表示数据的频数；通常，直条之间不留空隙，看起来就像是城市轮廓线。

（a）频数表

①

压力等级	频数
0	1
1	1
2	1
3	2
4	1
5	2
6	4
7	7
8	5
9	3
10	3

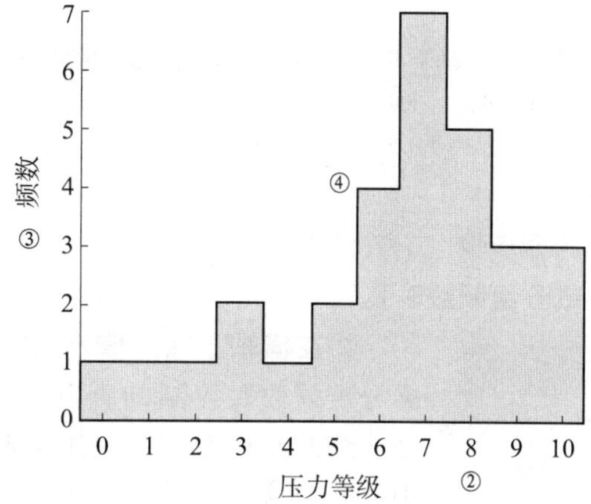

（b）分组频数表

①

压力等级	频数
0~1	2
2~3	3
4~5	3
6~7	11
8~9	8
10~11	3

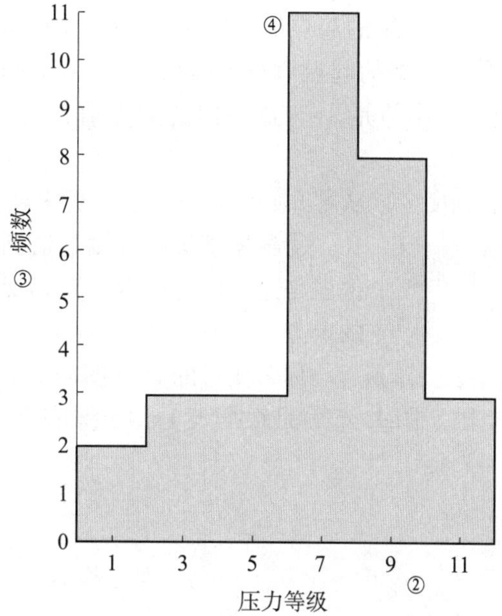

图 1－3　基于压力等级评估案例中的（a）频数表和（b）分组频数表绘制直方图的四个步骤

注：这四个步骤为：①编制频数表；②在横轴上输入值；③以频数为纵轴；④根据横轴和纵轴的值画出直条。

资料来源：Aron，Paris，and Aron，1995.

压力等级	频数
0~4	12
5~9	16
10~14	16
15~19	16
20~24	10
25~29	11
30~34	4
35~39	3
40~44	3
45~49	3

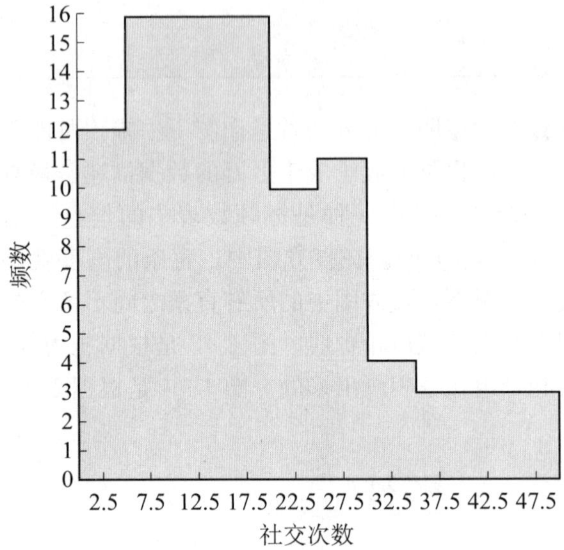

图 1-4　基于 94 名大学生一周内社交次数分组频数表所绘制的直方图

资料来源：McLaughlin-Volpe et al.，2001.

如何绘制直方图

绘制直方图需要四个步骤：

①编制频数表（或分组频数表）。

> **成功小贴士**
>
> 自己试试！算出分组频数表表 1-6 的组中值，你的答案应该与图 1-3b 横轴上的值一样。

②在横轴上输入值。数字应该从左往右，从低到高。如果你是根据分组频数表绘制的直方图，那就用组中值表示横轴。组中值就是这一组的起点值与下一组的起点值之间的中点数。因此，在图 1-4 中，0～4这一组的组中值是 2.5，因为 2.5 是 0（这一组的起点值）与 5（下一组的起点值）之间的中点数。在 5～9 这一组上，组中值是 7.5，因为 7.5 是 5（这一组的起点值）与 10（下一组的起点值）之间的中点数。每组都如此。最后一个组的组中值就是这一组的起点值与可能成为下一组起点的值之间的中点数。因此，在图 1-4 中，45～49 这一区组的组中值是 45（这一组的起点值）与 50（可能成为下一组起点的值）之间的中点数，即 47.5。

③以频数为纵轴。刻度应该从零开始，从下往上，越来越大。

> **成功小贴士**
>
> 你将会发现用方格纸绘制直方图是很简单的。

④根据横轴和纵轴的值画出直条。在值的上方画出的直条的最高值就是这个值的频数。要确保每个直条的中心位于它所对应的横轴值的上方。

称名变量的直方图叫条形图。由于称名变量的值不分先后顺序，可以在直条之间留有空隙。图 1-5 就是根据表 1-4 绘制的条形图。

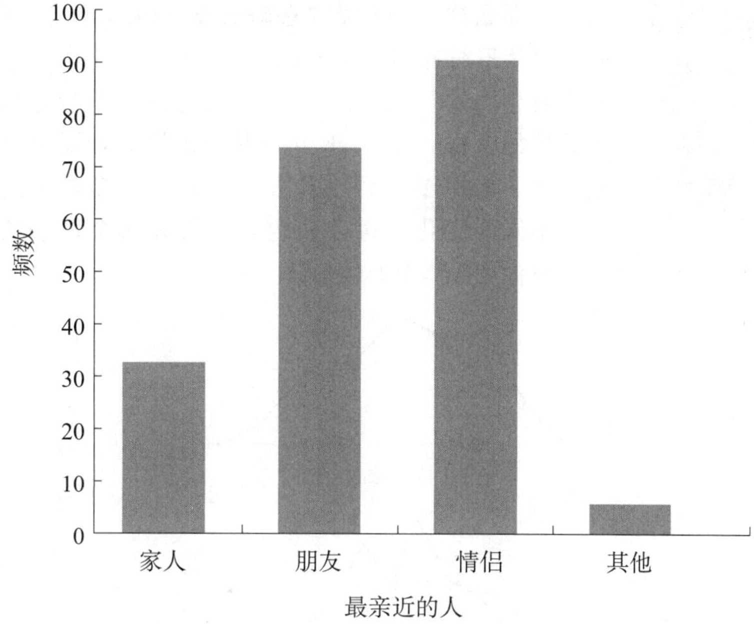

图 1-5　208 名大学生（见表 1-4）生命中最亲近的人分布条形图

资料来源：Aron et al.，1995.

1.3　你学会了吗？

1. 研究者为什么要绘制直方图？
2. 根据频数表绘制直方图时，(a) 横轴是什么？(b) 纵轴是什么？(c) 每个值的上方是什么？
3. 根据下列频数表绘制直方图。

值	频数
1	3
2	4
3	8
4	5
5	2

频数分布的形态

频数分布（frequency distribution）就是一组数据的分布情况。频数表和直方图展示了频数分布，因为每一种形式都表示数据在各个分组区间内的分散或者分布情况。行为与社会科学家也使用文字来描述这种分布形态。无论是在本章所讲的描述统计，还是在之后要讲的推论统计中，分布形态的描述都很重要。

频数分布　一组数据的分布情况，频数表和直方图描述的就是频数分布。

单峰分布　一个值的频数明显大于其他值的频数。

双峰分布　在频数分布中，有两个值的频数近似相等，并且明显大于其他值的频数。

单峰和双峰频数分布

分布形态最重要的一点就是图形是否有一个最高点，也就是直方图中的“高塔”。比如，在压力等级评估的研究中，得分 7 的频数最大，决定了据此画出来的直方图就有唯一一个很高的区域，这就是**单峰分布**（unimodal distribution）。如果一个分布有两个近似相同的高点，那么就叫**双峰分布**（bimodal distribution）。如果有两个或两个以上的

多峰分布　频数分布中有两个或更多的高频数值，这些高频数值被低频数值隔开；双峰分布是一个拥有两个高频数值的特例。

矩形分布　几乎所有的值都有相同的频数的频数分布。

高点，那么这个分布就是**多峰分布**（multimodal distribution）。最后一种就是**矩形分布**（rectangular distribution），矩形分布中，几乎所有的值都有相同的频数。图1－6 就是这些频数分布形态的例子。正如你所看到的一样，图 1－6 并不是直方图，而是频数多边形图，它是依据频数表来作图的另一种方法。在一个频数多边形图中，线条根据点的不同而变化，每个点的高度代表那个数据的频数，这样就形成了一条像山顶一样的轮廓线。

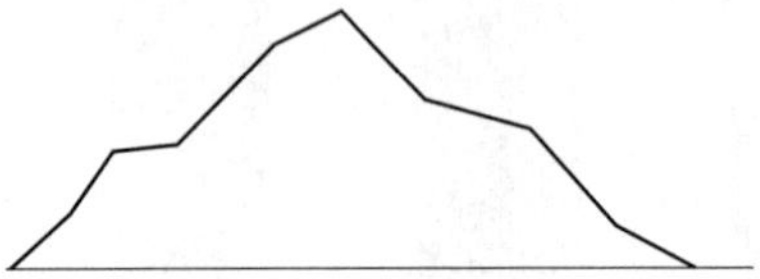

（a）单峰分布

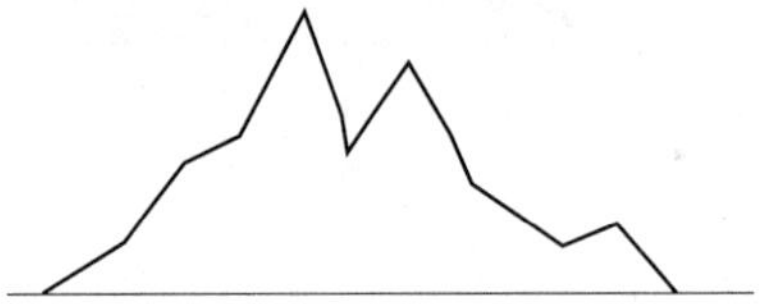

（b）近似双峰分布

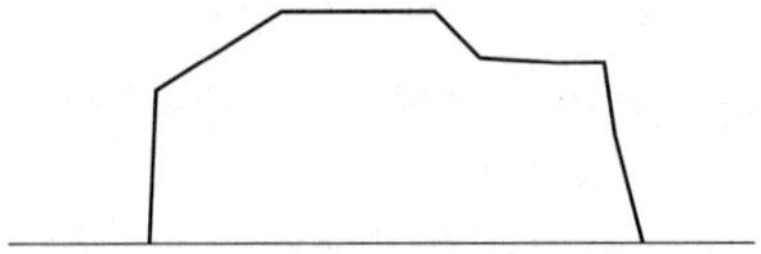

（c）近似矩形分布

图 1－6　频数多边形图举例

注：（a）单峰分布；（b）近似双峰分布；（c）近似矩形分布。

在行为与社会科学研究中，我们收集信息时多数情况用的是单峰分布，偶尔才会用双峰和多峰分布。儿童游乐园里的游客年龄分布，就是一个双峰分布的例子，游客中最多的就是 2～4 岁幼儿和 20～40 岁的孩子监护人（还有几个婴儿，几个 5～19 岁的人，几个 40 岁以上的人）。

所以，如果你想绘制这些年龄的频数分布图，那么频数最高的就是较小的年龄（2～4 岁）和较大的年龄（20～40 岁以及其他年龄）。再看一个矩形分布的例子，小学各年级的出勤人数分布：一年级、二年级以及其他年级的出勤人数大致都是一样的，见图 1－7。

对称和偏态分布

对称分布　左右两边的频数分布一样的一种频数分布形式。

偏态分布　频数分布集中在一边，而另一边比较分散；其分布形状是不对称的。

让我们再看一下根据压力等级评估结果绘制的直方图这个例子（见图 1－3）。在该例中，数据主要集中在高得分段，因此，该直方图是不对称的。当然，这不是一种常见的情况。在行为与社会科学中，我们所测得的结果大多数是以中间值为对称的。换言之，大部分情况下，数据是一种近似**对称分布**（symmetrical distribution；如果你把一个对称分布图从中间折叠，你会发现折叠的这两部分是一样的）。那种看起来明显不对称的分布，我们称为**偏态分布**（skewed distribution）。压力等级评估的分布就属于这种分布。偏态分布的一边长而分散，就像一条尾巴。数据少的这一边（像尾巴的这边）为偏态的方向。因此，像压力等级评估的分布一样，如果分布的左边数据少，那么它就是向左的偏态分布。本章中的另一个例子，学生一周内的社交次数的分布，是向右的偏态分布。图 1－8 是几个对称和偏态分布

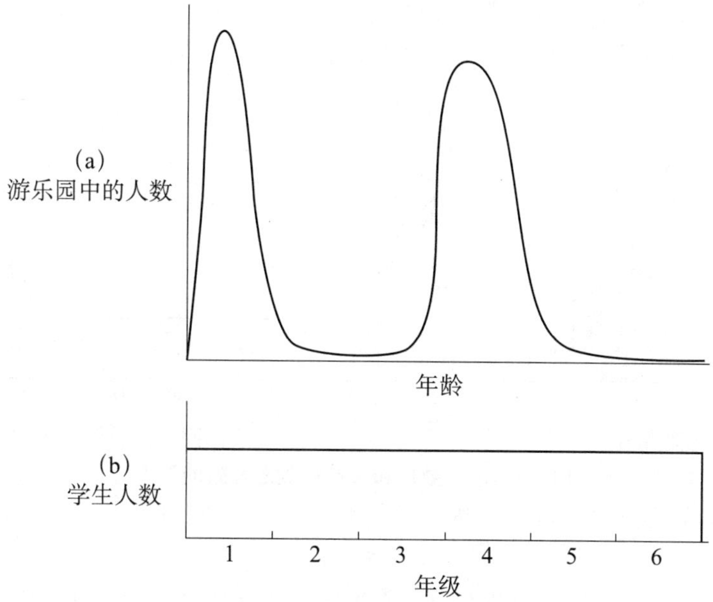

图 1-7　虚构的非单峰分布的例子

注：(a) 儿童游乐园中不同年龄的人数分布呈现双峰分布；(b) 小学不同年级学生出勤人数分布呈现矩形分布。

的例子。

向右偏态的分布也叫正偏态。向左偏态的分布又叫负偏态。

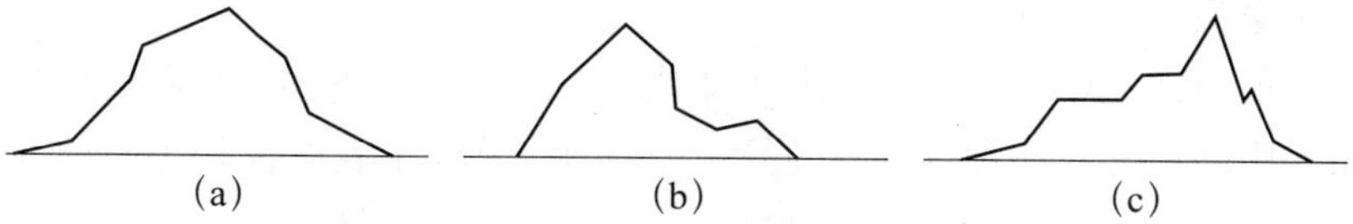

图 1-8　频数多边形图

注：(a) 近似对称分布；(b) 向右偏态（正偏态）；(c) 向左偏态（负偏态）。

成功小贴士

你应该很想知道，"偏"（skew）这个词来源于法语"长队"(queue)，意思是"直线或尾巴"。这有助于你记住：偏态的方向就是有长线或尾巴的那边。

在行为与社会科学研究中，如果被测量的对象有低限或高限，就会出现强偏态分布。比如，一个家庭的孩子数量不可能比零还少。当许多得分集中在低分端的时候，因为不可能还有更低的得分，就会出现**地板效应**（floor effect）。图 1-9a 是由于低限而出现的偏态分布。

地板效应　数据集中分布在低分端（右偏态），因为没有更低的得分了。

天花板效应　数据集中分布在高分端（左偏态），因为没有更高的得分了。

图 1-9b 是由于高限而出现的偏态分布。这是对成人进行乘法表测验所得成绩的分布图。这个分布很明显是左偏态。大部分的数据集中在右边，即高分端（满分）。这是一个**天花板效应**（ceiling effect）的例子。压力等级评估研究的例子可以勉强算是天花板效应。说它是天花板效应，主要是因为大部分同学的压力等级很高，最大值是 10。说它不完全是天花板效应，那是因为人们通常不喜欢选择最大的压力等级值。

正态、重尾和轻尾分布

重尾分布　一种不同于正态曲线的分布，它的分布太分散以至于分布的直方图的两个尾巴上分布着很多的数据。

轻尾分布　一种不同于正态曲线的分布，它的分布太陡峭以至于分布的直方图的两个尾巴上分布着很少的数据。

行为与社会科学也根据尾巴是"重"（密集，有很多得分）或"轻"（分散，有很少得分）描述分布。这分别被称作**重尾分布**（heavy-tailed distributions）和**轻尾分布**（light-tailed distributions）。（分布形态的这一方面也叫分布的峰度。）比较的标准就是一条钟形曲线。一般情况下，在行为与社会科学研究和自然

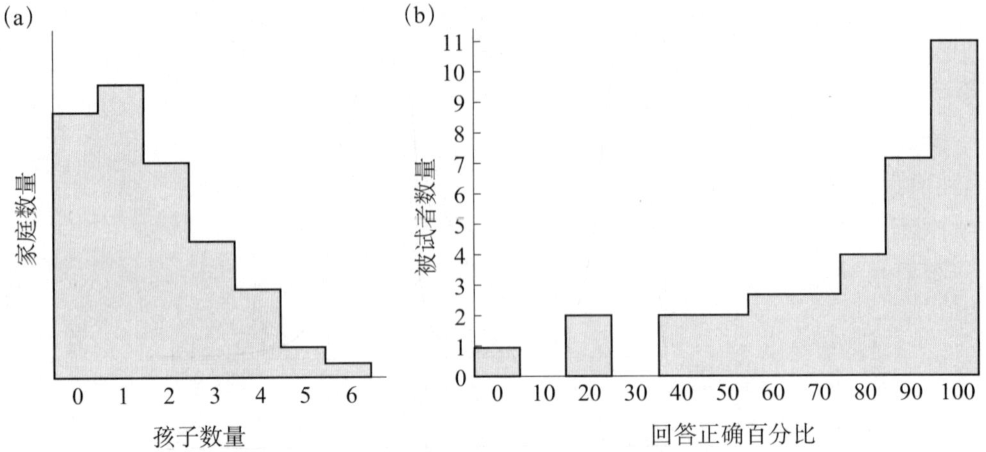

图 1-9 地板效应和天花板效应导致的偏态

注：(a) 由地板效应导致的右偏态：虚构的家庭中拥有的小孩数量分布；(b) 由天花板效应导致的左偏态：虚构的成人乘法表测验分数分布。

正态曲线 具体的，用算术的方法界定的，对称的、单峰的钟形频数分布；与在自然界和研究的观察中得到的分布是很接近的。

界中，分布通常会类似于这种钟形标准，即**正态曲线**（normal curve）。尽管在后面的章节中我们会详细讨论正态曲线，但是，现在的重点是要知道，正态曲线是一个类似图 1-10a 所呈现的钟形那样的单峰分布，曲线两侧尾巴相同且对称。除了有点呈现左偏态以外，本章中压力等级评估的例子就很像一条正态曲线。根据我们的经验，大部分行为与社会科学研究结果的分布要比这个例子更像正态曲线。

图 1-10b 和 1-10c 分别是重尾分布和轻尾分布的例子，虚线部分是正态分布。重尾分布和轻尾分布的中间形态也是不同的。重尾分布的中间要比正态曲线高（见图 1-10b），看起来就好像是正态曲线的中间被削掉了一部分，在被削掉的部分中，有些被加进了尖顶里，另一些分散在重尾里。轻尾分布的中间要比正态曲线胖（见图 1-10c），看起来就好像是正态曲线的尾巴和顶端都被填充到轻尾分布中间的两侧部分。（轻尾分布的一个极端的例子就是矩形分布。）

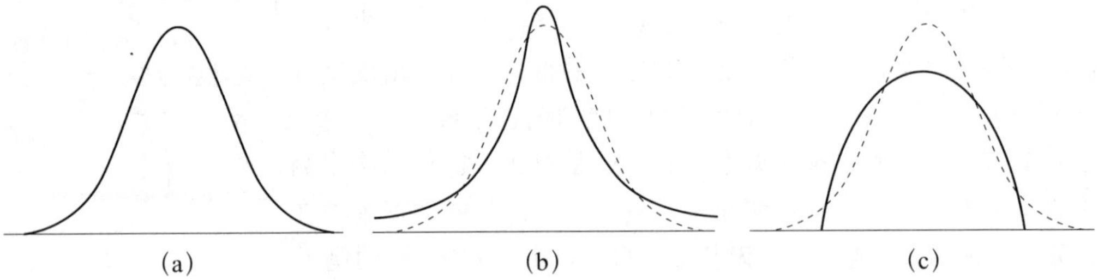

图 1-10 (a) 正态、(b) 重尾和 (c) 轻尾分布示例

注：(b) 和 (c) 中的正态分布见虚线部分。

资料来源：DeCarlo, T. (1997). On the meaning and use of kurtosis. *Psychological Methods*, *3*, 292-307.

专栏 1-2 性别、种族和数学成就

女性和少数族裔经常会怀疑自己是否具有取得很好的学业成就的能力，尤其是在数学方面。许多研究表明，男女之间或者少数族裔与其他族裔之间的成就测验差距主要来源于偏见而非遗传因素。

例如，即使主流族裔与少数族裔群体之间不存在遗传差异，其 IQ 测验得分依然会相差 15，这在全世界都是如此。但是，如果其中一组的机会改变了，比如移民，那么两者之间的差异就会迅速消失（Block，1995）。Hyde 和 Mertz（2009）发现，一个社会的男女越平等，那么男女之间的数学成就差异就越小，而且他们发现，女性很可能成为“数学天才”。

然而，如果你是女性或者少数族裔，并且受环境影响一直在怀疑自己的数学能力，你就容易遭受“刻板印象威胁”（Steele，1997）。也就是说，如果你是处在一种对女性的数学能力持有怀疑态度的文化环境下，你就会跟消极的刻板印象表现一致。比如，在一个典型的营造刻板印象威胁的实验研究中（Alter，Aronson，Darley，Rodriguez，& Ruble，2010），在数学期末考试之前，随机抽取五、六年级的学生填写一张种族表，结果，填写表格的非裔美籍学生的正确率是没有填写表格的非裔美籍学生的一半；在数学考试之前，一组女性被告知女性的成绩不如男性的好，另一组被告知女性的成绩与男性的一样，结果，前一组女性的成绩不如后一组的好（Spencer，Steele，& Quinn，1999）；考前，一组非裔美籍学生被告知，GRE 考试成绩存在种族差异，另一组非裔美籍学生被告知，GRE 考试成绩不存在种族差异，结果，前者不如后者的成绩好（Steele，1997）。

你该怎么办?

如果你是属于那种被认为数学差的人，那么当你选择这门课程时，该怎么做才能够摆脱刻板印象威胁的阴影呢？如上所说，在对五、六年级学生的研究中发现，如果让学生们认为这次考试只是一次机会而不是能力评价，那么刻板印象威胁的效应就会大大地降低。研究人员告诉学生，这次测验会使他们学到很多新的知识，思维也得到训练，还能帮助他们提高学习成绩。当然，你也可以这样想：你将会学到很多新的知识；学习统计学并且参加考试，可以使你的思维敏捷；了解统计学，会有助于其他学科的学习，并且受益终生。你应该牢记的是这种思想，而不是你的性别和种族。

在另一项研究中（Martens，Johns，Greenberg，& Schimel，2006），研究者告诉一组女性，她们将会参加一项考试，来测量她们的数学能力（另一组女性被告知，她们参加考试是为了提高自己）。结果表明，女性经过“自我肯定”训练程序（在这个程序中，她们列出自己最大的优点，还要写出为什么她们个人认为这个优点很重要，并且列出这个优点尤其重要的一次）之后，刻板印象威胁的效应大大降低了。这个过程使女性认识到：除了这次测验，她们还有很多其他重要的事。你也可以这么做，要清楚，对自己来说什么是最重要的，自己的优势在哪里，这会使你学习统计学时看得更长远。

最后，我们希望你能够战胜由内至外的各种偏见，以便更好地掌握统计学。仔细体会美国数学协会前任主席的这段话：

> 我们这个时代的悖论是因为数学变得越来越重要，好像只有数学好的人受益。数学的思维能力（广义上理解）实际对所有职业的进步都是至关重要的。处理数据时的自信，分析论证时持有的怀疑态度，洞察复杂问题时的坚持不懈，传达技术问题时的文字表述，这些都是新的数学科学所赋予的能力艺术。(Steen，1987，p. xviii)

能力是影响力的另一种表达。你想怎样影响这个世界？统计学导论课一定能够使你做你想做的事情。

1.4 你学会了吗?

1. 用（a）频数多边形图和（b）频数表解释说明单峰分布和多峰分布的区别。
2. 左偏态分布意味着什么？
3. （a）地板效应和（b）天花板效应会导致什么类型的偏态？
4. 当一个分布被描述为重尾或轻尾时，它是与什么进行比较的？

研究文献中的频数表和直方图

频数表和直方图在研究文献中并不常用。然而，在复杂的统计分析中，研究者经常使用它们对数据进行初步整理，尤其是分布偏离正态的时候。分布的形态（正态、偏态等）偶尔也会用文字描述。（在第 11 章的后半部分，我们将会举例说明什么情况下不是正态分布。）当频数表出现在研究文献中时，通常用来总结研究对象的特点。比如，Raskauskas 和 Stoltz（2007）调查了 84 名青少年参与传统或者电子恐吓的情况。研究者把电子恐吓定义为“同龄人使用电子手段（比如短信、电子邮件、诽谤网页）对其他同龄人进行嘲讽、骚扰或胁迫的一种恐吓方式”（p. 565）。表 1 - 8 是一个频数表，它显示了青少年在传统和电子恐吓中，成为受害者或加害者的发生率。根据表格我们可以看出，报告自己是电子伤害受害人的青少年将近一半（48.8%），最常用的电子伤害手段（32.1%的青少年经历过）就是短信。

表 1 - 8　　传统和电子伤害以及恐吓行为的发生率（*N*=84）

形式	*N*	百分比
电子伤害	41	48.8
短信伤害	27	32.1
网络伤害（网址、聊天室）	13	15.5
可视电话伤害	8	9.5
传统伤害	60	71.4
身体伤害	38	45.2
戏弄伤害	50	59.5
谣言伤害	32	38.6
排斥伤害	30	50.0
电子恐吓	18	21.4
短信恐吓	18	21.4
网络恐吓	11	13.1
传统恐吓	54	64.3
身体恐吓	29	34.5
戏弄恐吓	38	45.2
谣言恐吓	22	26.2
排斥恐吓	35	41.7

资料来源：Raskauskas, J., & Stoltz, A. D. (2007). Involvement in traditional and electronic bullying among adolescents. *Developmental Psychology*, *43*, 564 - 575.

本章点拨

小结

1. 行为与社会科学家使用描述统计来描述和概括实验研究得来的一组数据。
2. 值可以是数字，也可以是类别；变量是具有不同取值的事物特征；得分就是某个人在某个变量上的取值。

3. 在行为与社会科学中，大部分的变量是等距数值变量。然而，有些变量是等级顺序的（值有大小顺序之分），也有一些变量根本就不是数值变量，而是称名变量（值是类别）。

4. 频数表把所有的实验数据都囊括在内，值由小到大排列，并附上各自的频数（在所有数据中，这个值的数量和百分比）。

5. 当值有很多的时候，分组频数表就派上用场了。分组频数表表示的是频数在不同的区间组里（每个区间组包括一系列的值）的分布，除此之外，它和普通的频数表没有什么差别。

6. 直方图（或条形图）可以直观地展现频数分布的形式，直条的高度就是对应的值的频数。

7. 直方图的形态可以是单峰的（只有一个峰点）、双峰的（有两个峰点）、多峰的（有多个峰点，包括双峰），或矩形的（没有峰点）；它可以是对称的或偏态的（有很长的尾巴），偏态包括左偏或右偏；如果与正态曲线做对比，它可以是轻尾或重尾分布。

8. 在研究文献中，频数表很少出现，但经常被用来概述研究对象的特点；尽管在研究文献中频数分布的形态（正态、偏态等）偶尔会用文字描述，但是直方图几乎从未使用过。

主要术语

统计学
描述统计
推论统计
变量
值
得分
数值变量
等距变量
等级顺序变量
称名变量
测量水平
频数表
组距
分组频数表
直方图
频数分布
单峰分布
双峰分布
多峰分布
矩形分布
对称分布
偏态分布
地板效应
天花板效应
重尾分布
轻尾分布
正态曲线

示例

采用 6 点量表对大一新生是否对上研究生感兴趣进行评定。其中 1 表示完全不感兴趣，6 表示完全感兴趣。他们的得分如下：2，4，5，5，1，3，6，3，6，6。

编制频数表

见图 1－11。

③

对上研究生的兴趣	频数	④ 百分比	②
1	1	10	/
2	1	10	/
3	2	20	//
① 4	1	10	/
5	2	20	//
6	3	30	///

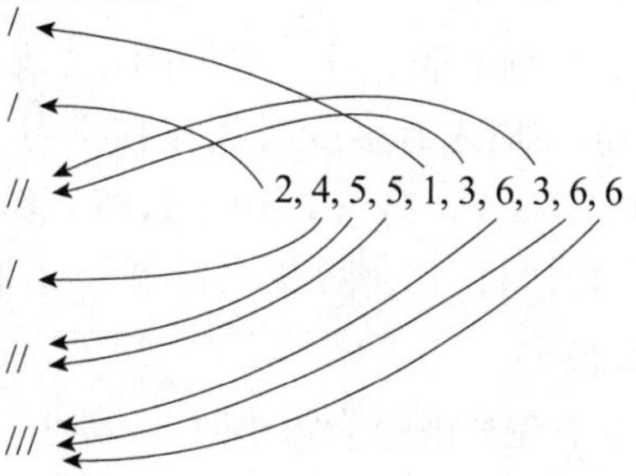

图 1－11　示例中编制频数表的答案

注：①在表的最左边一列，由低到高，列出每个值；②一个一个地浏览得分，在所列的值旁边做标记；③编制一个表格，列出每个值被使用的次数；④计算每个得分的百分比。

绘制直方图

见图 1－12。

①

对上研究生的兴趣	频数
1	1
2	1
3	2
4	1
5	2
6	3

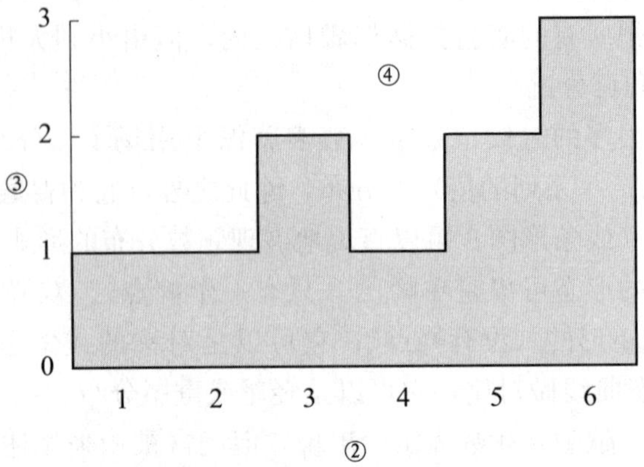

图 1－12　示例中绘制直方图的答案

注：①编制频数表；②在横轴上输入值（数字应该从左往右，从低到高）；③以频数为纵轴（刻度应该从零开始，从下往上，越来越大）；④根据横轴和纵轴的值画出直条。

练习题

以下练习题涉及制作统计表和绘制统计图。虽然在现实生活中，绝大多数统计问题是借助于特殊的统计软件用计算机完成的，但是即便你有这些软件，也要动手解决这些问题以便加深对所学方法的理解。如果想学习如何使用计算机解决本章中所遇到的统计问题，可以参考本章的“SPSS应用”。

练习题中所使用的数据，除非指明来源，否则给出的所有数据都是虚构的。

第Ⅰ组（答案请参阅附录B）

1. 某来访者采用4点量表对某职业咨询师进行满意度评价，给出的满意度评分为3。该4点量表中的1表示完全不满意，4表示完全满意。

问题：(a) 变量、(b) 可能的值、(c) 得分分别是什么？

2. 你填写一份调查问卷，问题是在即将举行的选举中，你投票的可能性。问卷使用5点量表，1表示完全不可能，5表示完全可能，你的答案是5。

问题：(a) 变量、(b) 可能的值、(c) 得分分别是什么？

3. 指出以下变量的类型：(a) 个人所属的种族；(b) 老鼠在迷宫实验里选择错误方向的次数；(c) 某人在某个比赛中取得的名次。

4. 在城郊的某个街区有20个家庭，每个家庭的孩子数目如下：2，4，2，1，0，3，6，0，1，1，2，3，2，0，1，2，1，0，2，2。

问题：编制 (a) 频数表、(b) 直方图，然后 (c) 描述分布的形态。

5. 对50名学生在周末有多少时间花在学习上进行调查，结果如下：11，2，0，13，5，7，1，8，12，11，7，8，9，10，7，4，6，10，4，7，8，6，7，10，7，3，11，18，2，9，7，3，8，7，3，13，9，8，7，7，10，4，15，3，5，6，9，7，10，16。问题：编制 (a) 频数表、(b) 直方图，然后 (c) 描述分布的形态。

6. 某星期天下午在某限速为每小时35英里[①]的公路上，用雷达测得40辆车的速度如下：30，36，42，36，30，52，36，34，36，33，30，32，35，32，37，34，36，31，35，20，24，46，23，31，

① 1英里约合1.6千米。——译者注

32，45，34，37，28，40，34，38，40，52，31，33，15，27，36，40。问题：编制（a）频数表、（b）直方图，然后（c）描述分布的形态。

7. 以下是出席一个国际会议的 25 名厨师的嗅觉灵敏度测验成绩：96，83，59，64，73，74，80，68，87，67，64，92，76，71，68，50，85，75，81，70，76，91，69，83，75。

问题：编制（a）频数表、（b）直方图，然后（c）用以下区组编制分组频数表：50～59，60～69，70～79，80～89，90～99。根据分组频数表（d）编制一个直方图，（e）描述分布的形态。

8. 以下是 34 个 10 岁儿童做一系列的抽象游戏拼图所花费的时间（单位：分钟）：24，83，36，22，81，39，60，62，38，66，38，36，45，20，20，67，41，87，41，82，35，82，28，80，80，68，40，27，43，80，31，89，83，24。

问题：编制（a）频数表，（b）用以下区组编制分组频数表：20～29，30～39，40～49，50～59，60～69，70～79，80～89。根据分组频数表（c）绘制一个直方图，（d）描述分布的形态。

9. 描述以下三个分布的形态。

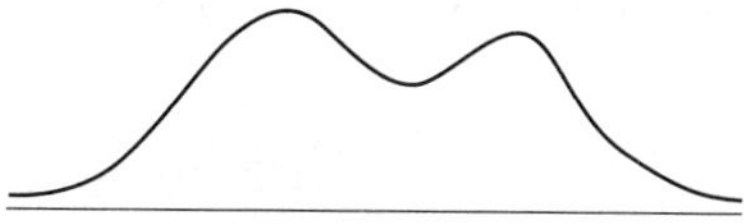

(a)

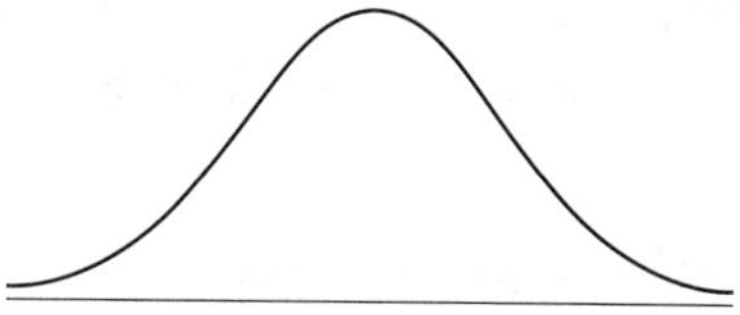

(b)

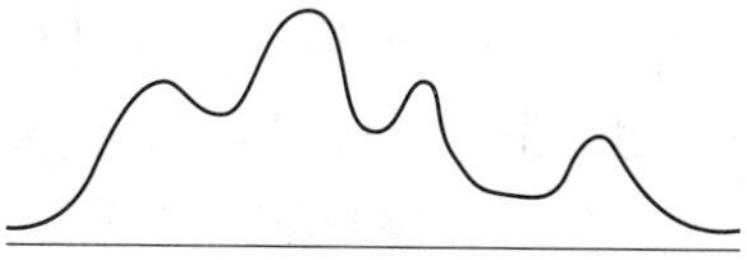

(c)

10. 向一个从未学过统计学的人解释什么是（a）对称的单峰分布、（b）负偏态单峰分布（要记得先向他或她解释什么是“分布”）。

11. 什么叫天花板效应？

12. McKee 和 Ptacek（2001）调查了 90 名大学生，调查的问题是，第一时间会把坏消息告诉谁。表 1－9（原文章中的表 1）是给定的各种坏消息的种类。（a）以该表为例，向一个从未学过统计学的人解释什么是频数表以及（b）表中数字所代表的含义。

表 1－9　所给消息类型的描述统计

坏消息的种类	频数	百分比
与家庭的关系	19	21.1
学校	1	1.1
职业/工作	6	6.7
与女（男）朋友或准女（男）朋友的关系	17	18.9
个人健康	1	1.1
经济状况	1	1.1
与朋友的关系	21	23.3
家人或朋友的健康	23	25.6
其他	1	1.1

资料来源：McKee，T. L. E.，& Ptacek，J. T.（2001）. I'm afraid I have something bad to tell you：Breaking bad news from the perspective of the giver. *Journal of Applied Social Psychology*，*31*，246－273.

第Ⅱ组

13. 在一项研究中，要求一个被试者记50个单词，然后让他尽可能多地回忆所记的单词，结果，该被试者能回忆起17个单词。

问题：(a) 变量、(b) 可能的值、(c) 得分分别是什么?

14. 解释并举例说明如下变量：(a) 等距变量；(b) 等级顺序变量；(c) 称名变量。

15. 以下数据是一所小学30个班级中每个班级的人数：24，20，35，25，25，22，26，28，38，15，25，21，24，25，25，24，25，20，32，25，22，26，26，28，24，22，26，21，25，24。

问题：编制 (a) 频数表、(b) 直方图，然后 (c) 描述分布的形态。

16. 随便挑一本书，翻开其中一页（书的这一页至少有30行，不要选择带有图表的书）。数计每行有多少个字并依此获得一组数据。

问题：根据所获数据编制 (a) 频数表、(b) 直方图，然后 (c) 描述分布的形态。（在答案后面附上书名、作者、出版社、出版年份、页码。）

17. 某组织行为研究者采用5点量表让20名员工对其在公司的工作满意度进行评价，其中1表示非常不满意，5表示非常满意，评价结果如下：3，2，3，4，1，3，3，4，5，2，3，5，2，3，3，4，1，3，2，4。

问题：根据评价结果编制 (a) 频数表、(b) 直方图，然后 (c) 描述分布的形态。

18. 研究者访谈15名大学生，问他们在11岁之前，谈过几次恋爱。以下是大学生回答的谈恋爱次数：2，0，6，0，3，1，0，4，9，0，5，6，1，0，2。

问题：据此编制 (a) 频数表、(b) 直方图，然后 (c) 描述分布的形态。

19. 节日季结束时，在当地的一个超市里随机访问25个家庭所购买的节日礼物数量，结果如下：22，18，22，26，19，14，23，27，2，18，28，28，11，16，34，28，13，21，32，17，6，29，23，22，19。

问题：根据数据编制 (a) 频数表，(b) 用以下区组编制分组频数表：0～4，5～9，10～14，15～19，20～24，25～29，30～34。根据分组频数表 (c) 绘制频数分布直方图，(d) 描述分布的形态。

20. 向一个从未学过统计学的人解释什么是分组频数表。

21. Nownes (2000) 访谈了注册为美国三大州立法机关的游说议员的利益集团代表，其中一个问题就是利益集团之间是否相互竞争。表1-10（原文章中的表1）是这个问题的结果。(a) 以该表为例，向一个从未学过统计学的人解释什么是频数表以及 (b) 结果所代表的含义。

表1-10　对人员和其他资源的竞争

问题：你们集团在多大程度上遇到过跟具有相似目标的集团在人员和其他资源方面的竞争?

回答	百分比	数量
没有任何竞争	20	118
有些竞争	58	342
有许多竞争	22	131
总计	100	591

注：各州之间没有统计学意义上的显著性差异。

资料来源：Nownes, A. J. (2000). Policy conflict and the structure of interest communities. *American Politics Quarterly*, *28*, 309-327.

22. Mouradian (2001) 从筛选出的“作恶组”和“对照组”两组大学生中选出一部分进行调查。(a)“作恶组”：学生报告对其现在或最近交往的伙伴至少有一次施暴行为（击打、推搡等）；(b)“对照组”：对最近交往的三个好伙伴从未实施暴力行为。在调查测验环节，学生要先阅读一段关于攻击行为的描述，比如，“向他或她的伙伴扔东西”或“用言语激惹他或她的伙伴”。然后要求他们“尽可能多地举出一些情境，这些情境会使一个人从他或她的重要他人那里习得类似的行为”。表 1－11（原文章中的表 3）呈现了男、女被试作恶组和对照组的“主要的施暴原因的分类”（被试最常用的类别）。（a）以该表为例，向一个从未学过统计学的人解释什么是频数表以及（b）结果所代表的含义。

表 1－11　解释不同性别和作恶角色的亲密关系攻击的主要类别

类别	分组							
	女性				男性			
	对照组 ($n=36$)		作恶组 ($n=33$)		对照组 ($n=32$)		作恶组 ($n=25$)	
	f	%	f	%	f	%	f	%
自卫	2	6	3	9	3	9	1	4
控制驱动	8	22	9	27	9	28	3	12
言语攻击	4	11	3	9	3	9	8	32
维护面子或自尊	1	3	2	6	2	6	3	12
开脱性解释	5	14	3	9	3	9	3	12
拒绝作恶或行动	12	33	6	18	10	31	7	28
亲社会或可接受性解释	0	0	0	0	0	0	0	0
相关类别	4	11	7	21	2	6	0	0

注：f＝频数，%＝相应组中给出特定解释类型的应答者的百分比。

资料来源：Mouradian，V. E.（2001）. Applying schema theory to intimate aggression：Individual and gender differences in representation of contexts and goals. *Journal of Applied Social Psychology*，*31*，376－408.

23. 编制并画出以下频数分布的例子：（a）对称分布，（b）近似矩形分布，（c）右偏态分布。

24. 举例说明哪些事物的分布呈下列频数分布形态：（a）双峰分布，（b）近似矩形分布，（c）正偏态分布。不要使用本章中或者课堂上给出的例子。

SPSS 应用

在操作中出现图标时，就表示要单击鼠标。（我们使用 SPSS17.0 版本来运行数据，所以步骤和输出结果可能和其他的 SPSS 版本不太一样。）

编制频数表

①在数据视图窗口，把所有数据输入同一列。

② Analyze（分析）。

③ Descriptive statistics（描述统计）。

④ Frequencies（频数）。

⑤将要编制成频数表的那个变量，然后箭头。

⑥ OK（确定）。

用本章中 94 名学生社交活动的例子练习以上所讲的编制频数表的步骤。操作第⑤步，窗口如图 1－13 所示。输出结果的窗口（操作完第⑥步 OK 以后就会出现）应该如图 1－14 所示。正如你所看到的一样，SPSS 会自动给出每个值的累加百分比（参考前文关于累加百分比的脚注）。

绘制直方图

①在数据视图窗口，把所有数据输入同一列。

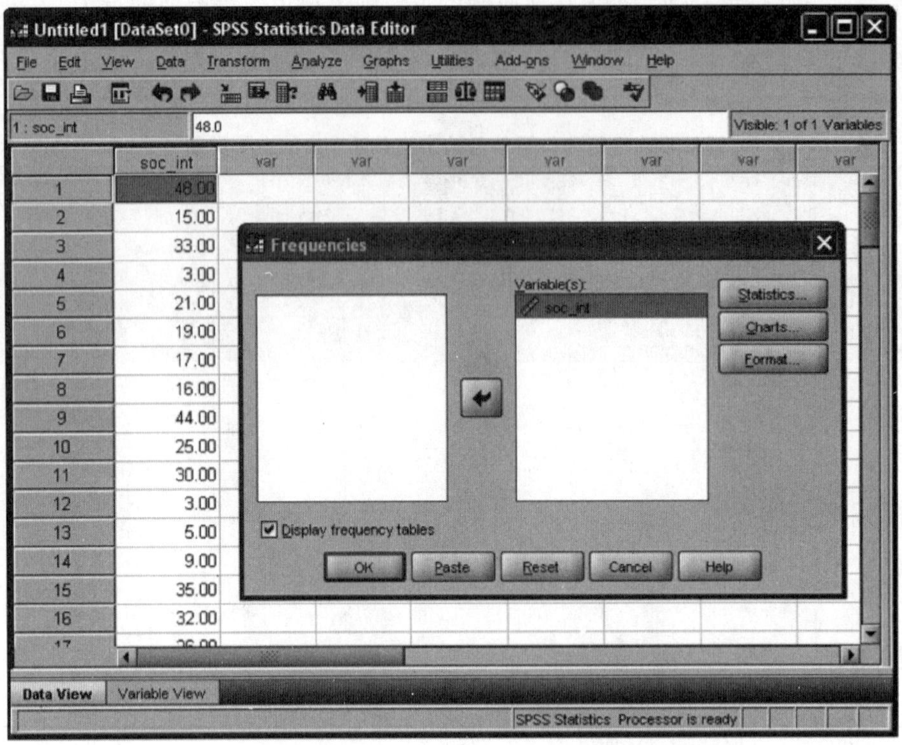

图 1－13　社交活动例子的 SPSS 数据窗口和频数分布窗口

资料来源：McLaughlin-Volpe et al.，2001.

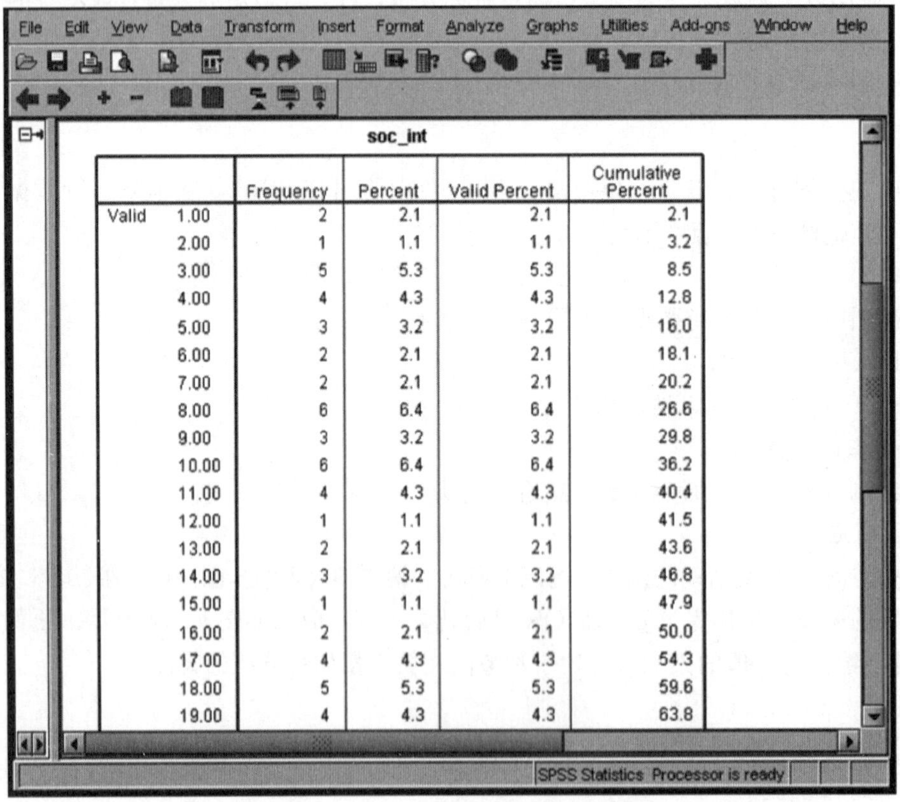

soc_int

		Frequency	Percent	Valid Percent	Cumulative Percent
Valid	1.00	2	2.1	2.1	2.1
	2.00	1	1.1	1.1	3.2
	3.00	5	5.3	5.3	8.5
	4.00	4	4.3	4.3	12.8
	5.00	3	3.2	3.2	16.0
	6.00	2	2.1	2.1	18.1
	7.00	2	2.1	2.1	20.2
	8.00	6	6.4	6.4	26.6
	9.00	3	3.2	3.2	29.8
	10.00	6	6.4	6.4	36.2
	11.00	4	4.3	4.3	40.4
	12.00	1	1.1	1.1	41.5
	13.00	2	2.1	2.1	43.6
	14.00	3	3.2	3.2	46.8
	15.00	1	1.1	1.1	47.9
	16.00	2	2.1	2.1	50.0
	17.00	4	4.3	4.3	54.3
	18.00	5	5.3	5.3	59.6
	19.00	4	4.3	4.3	63.8

图 1－14　社交活动例子的 SPSS 频数表

资料来源：McLaughlin-Volpe et al.，2001.

②✍ Analyze（分析）。

③✍ Descriptive statistics（描述统计）。

④✍ Frequencies（频数）。

⑤✍将要编制成频数表的那个变量，然后✍箭头。

⑥✍ Charts（图表），✍ Histograms（直方图），✍ Continue（继续）。

⑦选项：指示 SPSS 不生成频数表，✍标记为 Display frequency tables（显示频数表）的方框（这里不需要勾选方框）。

⑧✍ OK（确定）。

用本章中社交活动的例子练习以上所讲的绘制直方图的步骤。输出结果的窗口应该如图 1－15 所示。

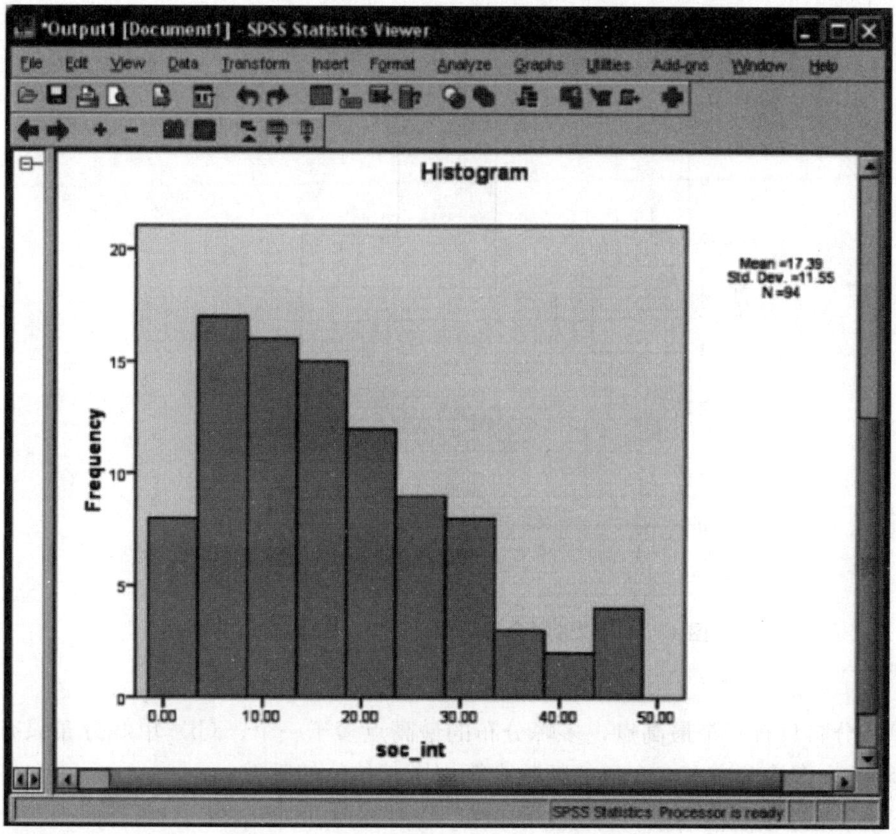

图 1－15　社交活动例子的 SPSS 直方图

资料来源：McLaughlin-Volpe et al.，2001.

“你学会了吗?”答案

1.1

1.（a）偏执，（b）2，（c）1～7。

2. 数值变量的取值是数字，而且，这些数字用来表示所测变量的程度或范围；称名变量的取值是类别，类别没有特定的顺序大小。

3.（a）称名变量，（b）等距变量，（c）顺序变量。

1.2

1. 频数表，就是能够体现在研究数据中每个值出现的次数的列表。

2. 频数表可以使一组大的数据更直观。

3.

值	频数	百分比
4	2	28.6
5	3	42.9
6	1	14.3
7	1	14.3

4. 分组频数表把相邻值的频数划为一组。

1.3

1. 研究者通过绘制直方图，可以使频数分布的含义更加直观形象地显示出来。

2. （a）值，从低到高依次排列；（b）频数，从零开始，从下往上，值越来越大；（c）能够体现相应的横轴数值的频数的直条高度。

3. 见图 1-16。

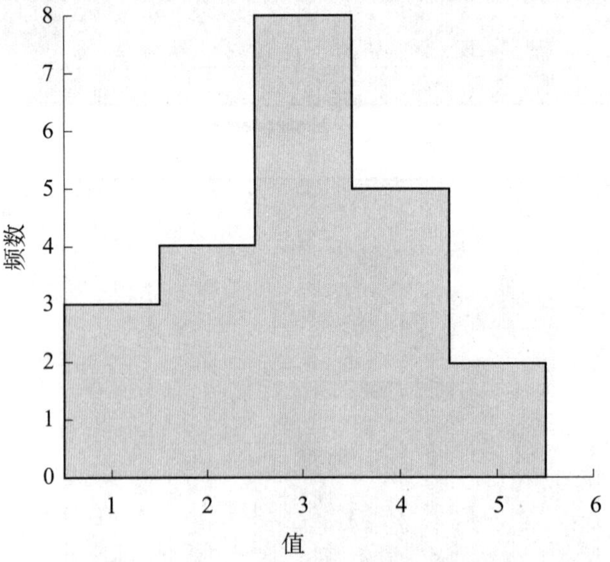

图 1-16 “你学会了吗?”（1.3）第 3 题的直方图

1.4

1. （a）单峰分布只有一个最高点，多峰分布的最高点多于一个；（b）单峰分布只有一个值的频数大于其他值的频数，多峰分布有多个值的频数大于周围其他值的频数。

2. 当一个分布是左偏态的时候，得分低的数据要比得分高的数据少。

3. （a）地板效应的分布是右偏态，（b）天花板效应的分布是左偏态。

4. 重尾和轻尾分布是相对于正态曲线来说的。

第 2 章

平均数、方差、标准差和 Z 分数

本章内容提要

- ☆ 代表值
- ☆ 变异性
- ☆ Z 分数
- ☆ 研究文献中的平均数、方差、标准差和 Z 分数
- ☆ 本章点拨
  - 小结
  - 主要术语
  - 示例
  - 练习题
  - SPSS 应用
  - “你学会了吗?”答案

> **成功小贴士**
> 学习本章之前，确保自己掌握了第1章的几个关键术语：变量、得分和值。

正如第1章所讲的，描述统计的目的在于使一组数据易于理解。在第1章，我们通过统计图和统计表达到数据易于理解的目的。在这一章，我们将讨论如何借助统计技术用数字的方式使一组数据的性质达到易于理解的目的。首先，你可以用平均数之类的代表值（或典型值）描述一组数据。代表值描述一组数据的集中趋势。代表值是一种很简单的方法，它用一个数字来描述一组数据（这组数据的数量可能是数百甚至数千）。本章重点介绍平均数。其次，我们探讨一组数据的离散程度，换言之，研究数据的变动或变异性。我们主要讲解两种求变异性的方法：方差和标准差。最后，教你如何用数据偏离平均数的方法去描述和解释一个特定的数值。要达到此目的，你必须学会用平均数和标准差求 Z 分数。

在本章，也是本书中的第一次，你要用到统计公式。但是，这些公式并不会把你搞糊涂，相反，使用这些公式会使你感到事情更加简单，它为描述统计提供一种直接、具体的方法。为了帮助你用语言掌握这些公式的含义，当给出某公式的时候，本书都会给出相应的通俗文字解释。

代表值

一组数据（或一个数据分布）的代表值就是这组数据的集中量数。你将学到三种代表值：平均数、众数和中位数。这三者都用自己的方法求出一个数值来描述一组数据的集中量数。我们先讲平均数，它是求一组数据的代表值时最常用的方法。学好平均数也为你学习后续章节打下基础。

平均数

> **平均数（M）** 一组数据的算术平均数就是所有分数的总和除以分数的总个数。

通常，求一组数据的代表值的最好的方法就是求它的一般平均数，即所有分数的总和除以分数的总个数。在统计学上，这就叫**平均数**（mean）。假如一个政治学家要研究政府官员的任职年数，作为研究的一部分，他发现，某个地区10个最大城市的市长的任职年数分别是：

7，8，8，7，3，1，6，9，3，8

这10个数的平均数是6（总任职年数60除以10个市长）。也就是说，这10个市长的平均任职年限是6年。因此有关这10个市长的任职年数信息可以用6来表示。

你可以把平均数看成分数分布的平衡点。设想将一块木板放在一根圆木上，像个跷跷板。根据分数个数在这块木板上放相应的积木，每块积木都代表分布中的一个分数。（这看起来像是用积木堆成的直方图。）平均数就是使木板左右两边的积木重量平衡的点。图2-1就是10个市长的“平衡图”。

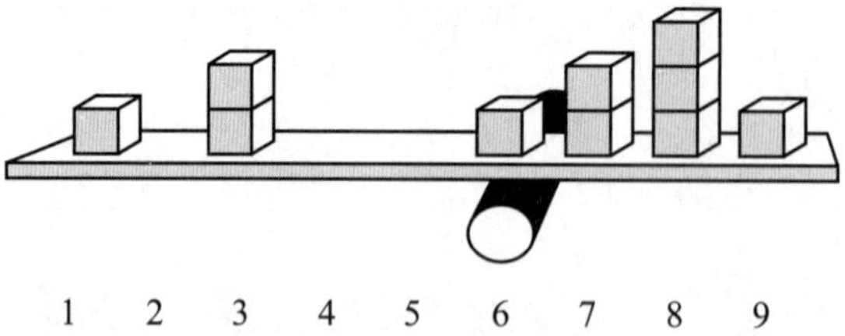

图2-1 用放置在木板上的积木通过圆木平衡来解释说明10位市长任职年数分布的平均数

在数学上，你可以把平均数看成这样一个点，在这个点以上的所有分数到这个点的距离之和等于在这个点以下的所有分数到这个点的距离之和。我们先计算图2-1中大于平均数的所有分数到平均数的距离的总和。数据中有两个7，每个都比6（平均数）大1个单位。有三个8，每个都比6大2个单位。有一个9，比6大3个单位。大于平均数的所有数据到平均数的距离总和是11（1+1+2+2+2+3）。

我们再来看小于平均数的分数。有两个 3，每个值都比 6（平均数）小 3 个单位。有一个 1，比 6 小 5 个单位。小于平均数的所有分数到平均数的距离的总和是 11（3＋3＋5）。大于平均数的所有分数到平均数的距离总和与小于平均数的所有分数到平均数的距离总和相等。即，大于平均数的分数与小于平均数的分数是平衡的（反之亦然）。

图 2－2 列举了其他一些例子。注意，平衡点不一定是整数。换言之，平均数并不一定是分布中的一个值。平均数是所有分数的平均数，即平衡点。即使分布中的所有分数都是整数，平均数也可以是小数（比如，平均数是 2.3 个儿童）。图 2－2 中的每个分布，大于平均数的所有分数到平均数的距离总和与小于平均数的所有分数到平均数的距离总和都是相等的。

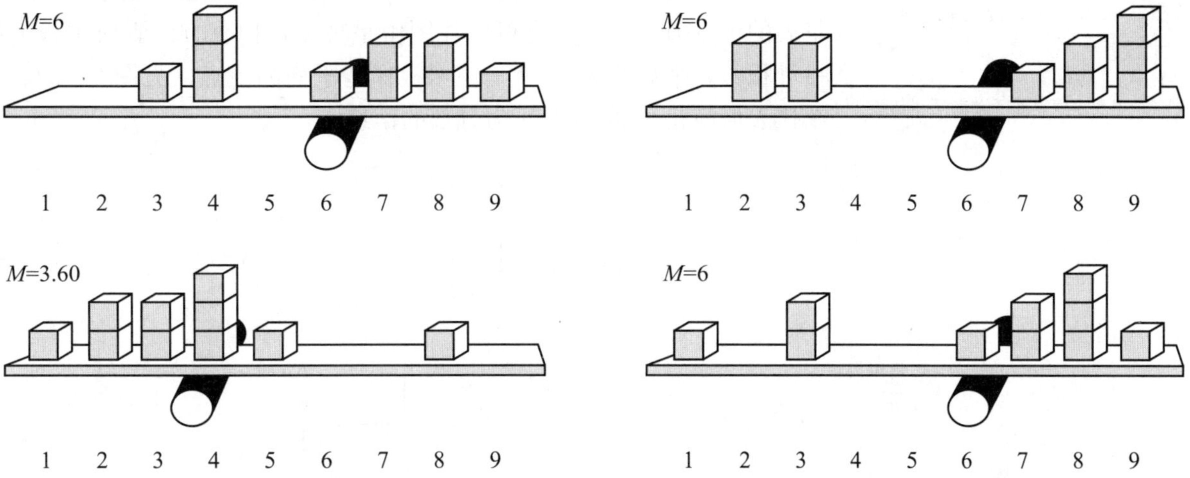

图 2－2 用放置在木板上的积木通过圆木平衡来解释说明各种数据分布的平均数

平均数的公式及统计学符号 计算平均数的方法：所有分数的总和除以分数的总个数。公式如下：

$$M=\frac{\sum X}{N} \tag{2-1}$$

平均数就是所有分数的总和除以分数的总个数。

M 表示平均数。有时也可以用 $\bar{X}$ 来表示。然而在文献中，最常用的还是 M。实际上，统计学上的好多符号，并没有统一的规定。（在本书中，一般都用研究文献中经常出现的符号。）

M 平均数。
Σ 总和，将所有数据相加。

Σ，希腊字母“sigma”，表示总和。意思是“把所有数据相加”。在统计学中，它是最常用的数学符号。

X 代表变量 X 分布中的原始分数。它也可以用任何一个字母代替。然而，如果只有一个变量，我们通常会用 X。在以后的章节里，会遇到变量不止一个的公式，在这些公式中，和 X 一起用的另一个字母通常是 Y 或者带有下标的 X_1 和 X_2。

成功小贴士

把每个公式都当成一份统计学食谱，统计符号就是它的原材料。在使用公式之前，要明白每个符号代表什么，然后，再根据公式仔细地算出结果。

$\sum X$ 表示“X 的总和”，即变量 X 的所有原始分数的总和。假设 X 就是 10 个市长例子中的任职年数：$\sum X$ 就是 7＋8＋8＋7＋3＋1＋6＋9＋3＋8，即 60。

N 表示数据的个数，即变量分布中分数的个数。在这个例子中，有 10 个分数，因此，N 就是 10。

X 变量 X 分布中的原始分数。
N 分布中分数的总个数。

总之，这个公式就是变量 X 的所有原始分数的总和除以 N（原始分数的总个数）。在这个例子中，就是把 60 除以 10 代入公式计算：

$$M=\frac{\sum X}{N}=\frac{60}{10}=6$$

计算平均数的补充例子 回想第1章的一些例子，在第一周的统计学课上，30名学生参加了压力等级评估（Aron et al.，1995），其结果如下：8，7，4，10，8，6，8，9，9，7，3，7，6，5，0，9，10，7，7，3，6，7，5，2，1，6，7，10，8，8。

在第1章中，我们用这些数据编制了一个频数表（见表1-3）。现在你可以通过计算平均数从而只用用一个数来概括这些信息。把所有压力等级相加，然后除以总个数，得到平均数，即把30个压力等级相加：8+7+4+…+8，等于193。然后再除以总个数30。用公式表示如下：

$$M=\frac{\sum X}{N}=\frac{193}{30}=6.43$$

> **成功小贴士**
>
> 答案不是整数时，最好保留小数点后两位。在本例中，题目的原始分数中并没有小数，我们四舍五入保留小数点后两位。

结果表明平均压力等级是6.43（四舍五入），很显然高于0～10级量表的中点值，这一点也可以在图中呈现。再把直方图看成木板上的一堆积木，平均数6.43就是使木板保持平衡的支点（见图2-3）。这个代表值简化了那30个压力分数的信息。

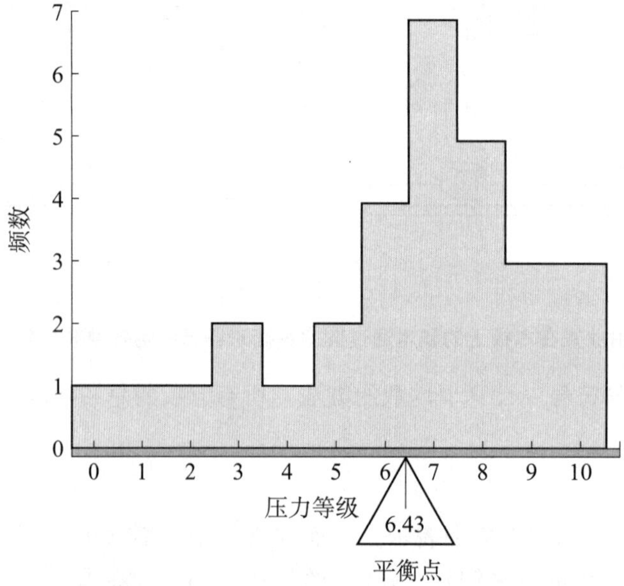

图2-3 用一块木板上堆放的积木通过一个支点保持平衡来类比展示30名学生的压力等级的平均数

资料来源：Aron，Paris，& Aron，1995.

同样，回顾第1章中的学生社交的例子（McLaughlin-Vople，Aron，& Reis，2001）。94名学生的一周社交次数在第1章列出了。在第1章中，我们用原始分数编制了频数表（见表1-5）。现在我们继续采用同样的94个分数，先相加然后除以94算出平均数：

$$M=\frac{\sum X}{N}=\frac{1\ 635}{94}=17.39$$

这个结果告诉我们，在一周内，这些学生的平均社交次数是17.39次。平均数17.39作为94个社交行为分数的平衡点，如图2-4所示。

计算平均数的步骤 计算平均数分两步：

①求出所有分数的总和。 即，计算$\sum X$。

②用总和除以分数的总个数。 即，用$\sum X$除以N。

> **众数** 分布中有最大频数的那个值。

众数

众数（mode）是测量一组数据代表值（或典型值）的另一种方法。

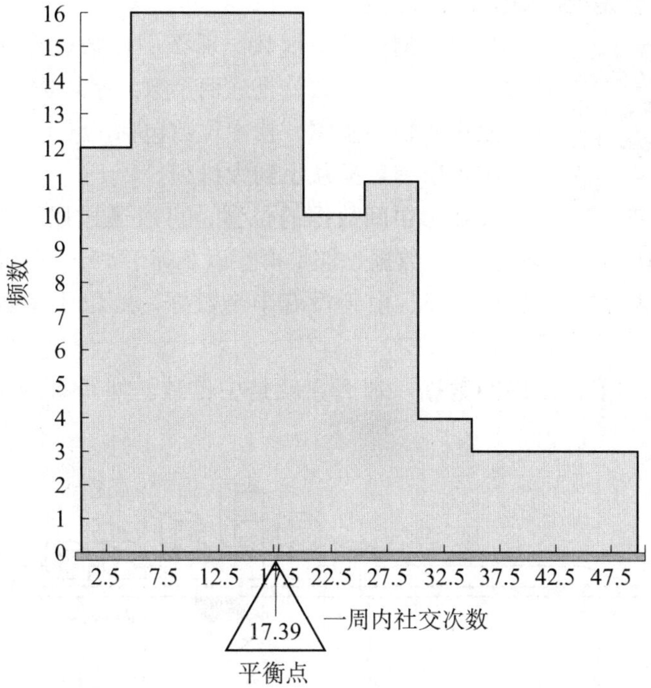

图 2-4　用一块木板上堆放的积木通过一个支点保持平衡来类比展示 94 名大学生一周内社交次数的平均数

资料来源：Mclaughlin-Vople et al.，2001.

众数是在分布中最常见的一个值。在关于市长任职年数的那个例子中，众数就是 8。这是因为有三个市长供职 8 年，而没有一个值比 8 年具有更大的频数。你也可以这样来理解众数，它就是频数表中有最大频数的那个值，也就是直方图的最高点或峰点（见图 2-5）。

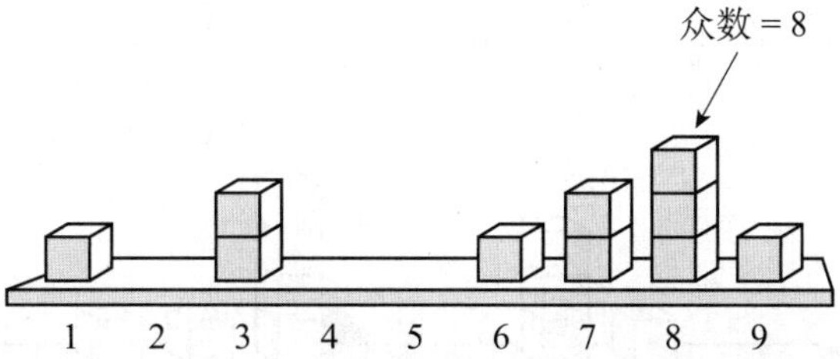

图 2-5　以 10 位市长的任职年数为例，直方图中的最高点就是众数

在一个完全对称的单峰分布中，众数和平均数是同一个数。然而，当众数和平均数不是同一个数时又会怎样呢？在这种情况下，众数通常不是一个分布的好的代表值。实际上，研究者有时会拿众数和平均数进行比较，借此证明该分布不是完全对称。同样，由于众数不能反映一个分布的各个方面，所以它也是一个很差的代表值。比如，你可以改变一个分布中的某些数据却不会影响众数。但是平均数就不会如此，任何一个数据的改变都会影响平均数（见图 2-6）。

另外，众数又是描述称名变量代表值的常用方法。比如，如果你知道某个群体的宗教信仰，那么你就可以通过众数了解哪种宗教信仰最普遍。然而，当涉及行为与社会科学研究中经常用到的数值变量时，众数是很少使用的。

中位数

> **中位数**　在一个分布中，将数据从小到大进行排序，中间的那个数就是中位数。

还有一种测量数据代表值的方法就是**中位数**（median）。如果把数据按照从小到大的顺序排列，那么中间的那个数就是中位数。如图 2-7 所示，如果你把任职年数从小到大排列，那么第 5 个和第 6 个数据（中间的两个数）都是 7，也就是说，中位数是 7。

成功小贴士

计算中位数时，要记住第一步是从小到大对数据进行排序。忘记做这一步，是学生经常犯的错误。

如果数据个数是偶数，那么中位数就介于中间的两个数之间。在这种情况下，中位数就是这两个数的平均数。

找中位数的步骤 找中位数包括三步：

①把所有数据从小到大排列。

②找出中间数据的位置，可以通过以下步骤算出——用数据总个数加 1，然后再除以 2。 比如，如果有 29 个数据，加 1 再除以 2 等于 15。那么第 15 个数就是中间数据。如果有 50 个数据，加 1 再除以 2 等于 25.5。由于没有半个数据，所以中间数据就是第 25 和第 26 个数据。

③算出中位数。 如果只有一个中间数据，那么它就是中位数。如果有两个中间数据，那么中位数就是这两个数的平均数。

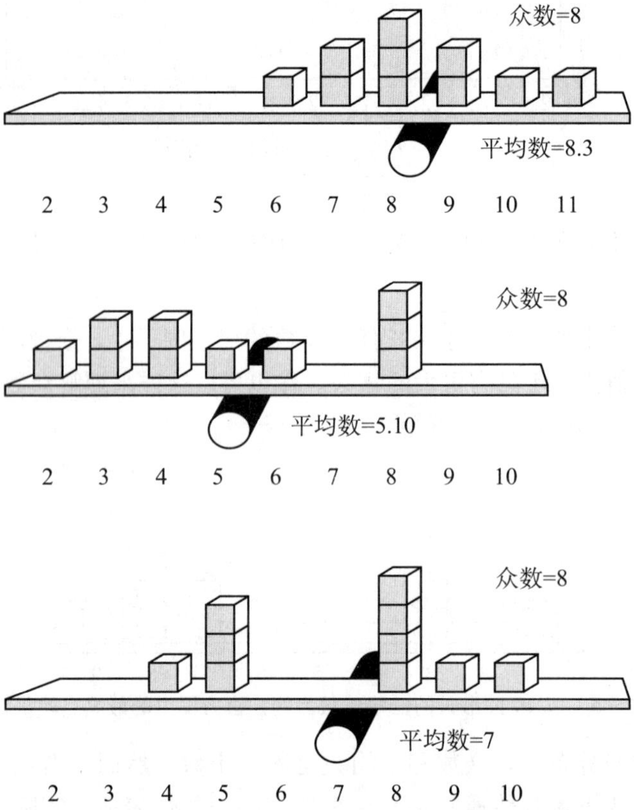

图 2-6 以 10 位市长的任职年数为例，改变某些数据对平均数和众数的影响

1 3 3 6 7 7 8 8 8 9

↑

中位数

图 2-7 以 10 位市长的任职年数为例，把数据按照从小到大的顺序排列，中间的那个数就是中位数

几种代表值的比较

作为一组数据的代表值，中位数有时比平均数（或众数）的代表性更好。这是因为平均数会受极端值的影响，而中位数不会受影响。比如，假设在中美洲一个香蕉种植园里的 100 个家庭中，有 99 个家庭的年收入是 500 美元，1 个家庭（种植园主）的年收入是 450 500 美元。这个种植园的家庭平均收入就是 5 000 美元（99×500=49 500；49 500+450 500=500 000；500 000/100=5 000）。但是，事实上这 10 个家庭中没有 1 个家庭的收入是接近 5 000 美元的，所以这个数据是完全具有误导性的。在本例中，家庭收入的中位数是 500 美元。如果你随机询问在种植园里遇到的一个人，500 美元这个收入更具有代表性。

正如本例所述，如果存在极端值，则会降低平均数的代表性，这时，行为与社会科学家就会采用中位数作为描述统计量。像这种极端值被称为**异常值**（outlier）。（在本例中，异常值要比其他值高很多，但在其他案例中异常值也可能比分布中的其他值低很多。）有时中位数也会被用作更复杂的统计方法的一部分。然而，除非存在异常值，否则行为与社会科学家几乎总是用平均数作为一组数据的代表值。实际上，你会发现，平均数是其他统计方法的基础。

异常值　与分布中的其他数据相比，这个数据是个极端值（很高或很低）。

2.1　你学会了吗?

1. 说出测量一组数据代表值的三种方法及其定义。
2. 写出平均数的公式，并指出每个符号所代表的含义。
3. 计算下列数据的平均数：2，3，3，6，6。
4. 根据数据 5、3、2、13、2，算出 (a) 平均数、(b) 众数和 (c) 中位数。(d) 为何平均数和中位数不同?

变异性

研究者不仅想知道数据分布的集中趋势，还想了解数据分布的离散性。换言之，不仅想知道数据分布的集中量数，还要了解数据的差异量数。差异量数可以告诉我们数据分布的变异性。比如，有人问你："修统计学课程的学生年龄是多大?"在一所有很多返校和半工半读学生的城市大学，平均年龄可能是 34 岁。那么，你可以说："我班学生的平均年龄是 34 岁。"但是，这并不能反映分布的总体情况。例如，你的每一个学生恰好是 34 岁，所以平均年龄也是 34 岁。如果是这样，那么这个分布就很集中，也就是说，不存在变化或者*变异性*。也有可能是，有一半的学生年龄是 24 岁，另一半的年龄是 44 岁，那么平均年龄也是 34 岁。在这种情况下，这个分布就很离散，也就是说数据之间差异很大。

你可以把分布的变异性理解为数据的离均（即距离平均数远近）差异量。即使分布的平均数相同，离均差异量也可能不同；图 2－8a 展示了三个不同类型的频数分布直方图，三者有相同的平均数，但离均差异量不同。同样，不同的平均数也可以有相同的离均差异量。图 2－8b 展示的就是三个拥有不同的平均数但有相同的离均差异量的频数分布直方图。所以，尽管平均数能告诉我们一组数据的代表值，但却无法告诉我们数据的变异性或离散性。本节你将学到测量一组数据变异性的两种方法：*方差*和*标准差*。

方差

一组数据的**方差**（variance）能够告诉我们数据是如何围绕平均数进行波动或离散的。[①] 准确地说，方差就是离差平方和的平均数。

方差　用来描述一组数据的波动或离散程度；离差平方和的平均数。

① 本部分主要讲方差和标准差这两种变异量数。事实上还有另一种变异量数——*全距*，全距就是最大值减去最小值。假如某班期中考试的最高分是 98，最低分是 60，那么全距就是 38（98－60＝38）。研究者很少使用全距，因为它是描述变异的一种粗略的方法。说它粗略是因为它只包含两个数据，并没有考虑到数据是如何集中或分散的。

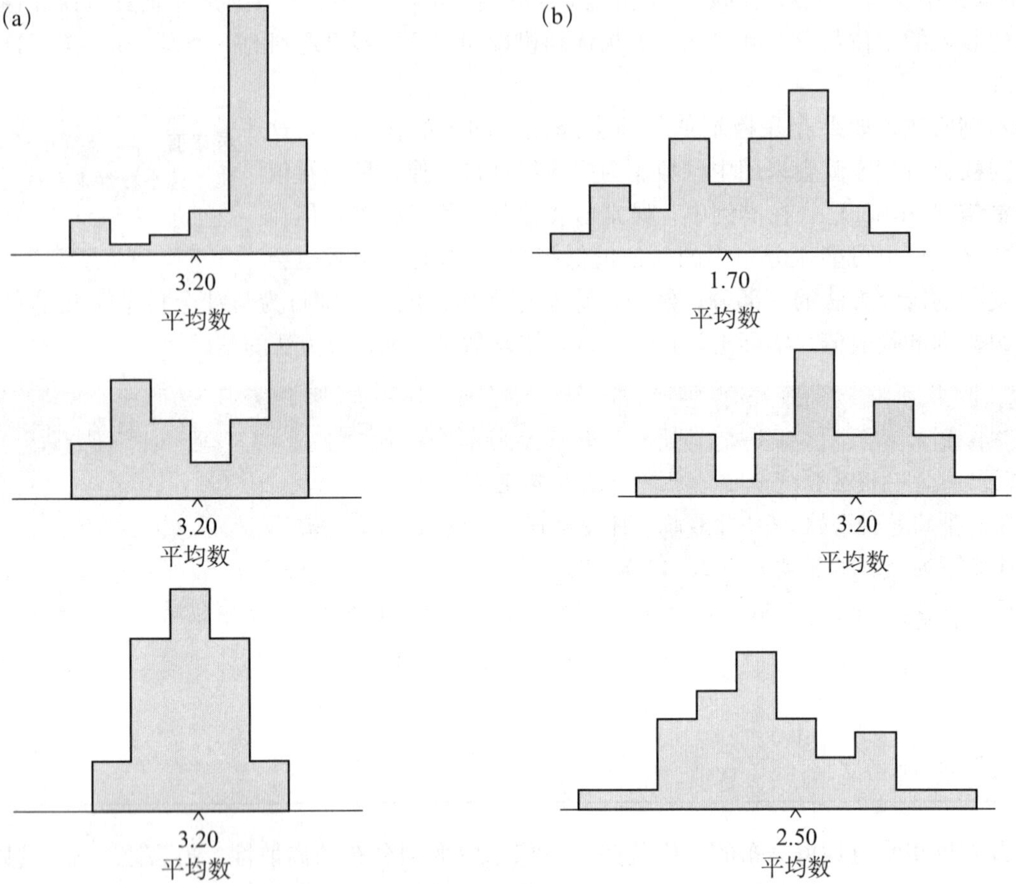

图 2-8 (a) 平均数相同但差异量不同和 (b) 平均数不同但差异量相同的示例

> **离均差** 原始分数减去平均数。
> **离均差的平方** 原始分数与平均数差值的平方。
> **离差平方和** 所有数据中每一个数据的离均差平方之后的算术和。

计算方差的四个步骤：

①用原始分数减去平均数。这个步骤便于求出每个数据的**离均差**（deviation score），它可以体现每个数据与平均数的距离。

②把每个离均差平方（用每个离均差乘以它本身）。这样求出每个**离均差的平方**（squared deviation score）。

③把所有离均差的平方相加。这个总数就叫**离差平方和**（sum of squared deviations）。

④用离差平方和除以总个数。这一步得出平方后的离均差的平均数，即方差。

这些步骤初看上去似乎不容易记住，但它很实用。假设有一个分布比另一个离散性更大。这个离散性较大的分布的方差就大，因为离散性决定它的离均差更大。如果离均差更大，那么离均差的平方也会更大，因此平方后的离均差的平均数也就更大。

在那个班上每个学生的年龄都是 34 岁的例子中，它的方差就是 0，也就是没有变异（这是讲得通的，因为年龄之间没有差异）。（在计算上，每个人的离均差＝34－34＝0；0 的平方也是 0。一串零的平均数是 0。）相比之下，对于有一半学生 24 岁、另一半 44 岁的班级来说，方差就是 100。（24 岁的离均差＝24－34＝－10。44 岁的离均差＝44－34＝10。所有离均差的平方，即－10 或 10 的平方都是 100。所有 100 之和的平均数就是 100。）

方差对之后要学到的统计方法是很重要的。然而，方差很少作为描述统计来用。这是因为方差是基于离均差的平方，如此一来，理解起来就比较困难。它不如实际上不进行平方的数据的离散程度好懂。比如，很显然方差是 100 的班级的分布离散性要比方差是 10 的班级大。但是 100 并不能直观地解释实际的年龄差异，也无法说明是哪个年龄分布。

标准差

最常用的描述数据离散性的方法就是**标准差**（standard deviation）。标准差与方差直接相关，并由取方差的平方根所得。计算标准差的两个步骤：

标准差　离均差平方后的平均数的平方根；最常用的描述数据差异性的统计量；可以近似地看作分布中的分数偏离平均数的平均波动量。

①计算方差。

②求方差平方根。标准差是方差的正平方根。（每个数都有正平方根和负平方根。比如，9 的平方根是 3 和－3。）

如果分布的方差是 100，那么标准差就是 10。方差是 16，标准差就是 4。

成功小贴士

求标准差时常犯的错误就是，直接将离差平方和开方。要记住，在求标准差之前要先求方差（用离差平方和除以总个数 N），然后再将方差开方就得到标准差。

方差是离均差的平方。那么，它的平方根，即标准差，就是直接的、未平方的离均差。*粗略地说，标准差就是原始数据距平均数的平均量。*比如，一个班的学生年龄的标准差是 10 岁。这告诉我们，该班学生的年龄分布总的来说以平均数为基点上下波动，波动的幅度为 10 岁。知道了标准差就能大概了解分布的分散程度。

用这种方法求得的标准差并不是*精确*的原始数据距平均数的平均量。准确地说，标准差是离差平方和的平均数的开方。通常情况下，这样求平方和、求平均数然后再开方求得的标准差与直接用原始数据的离均差的平均数求得的结果是不一样的。然而，由这种方法取得的结果有技术优势，可以克服直接给出大约的平均差异量的劣势。

方差和标准差的公式　我们知道方差是离差平方和的平均数。方差的公式如下：

$$SD^2=\frac{\sum(X-M)^2}{N} \qquad (2-2)$$

方差就是离差平方和除以分数的总个数。

$\boldsymbol{SD^2}$ 代表方差。（在第 8 章，你会学到另一个符号 S^2，这个符号代表的方差与 SD^2 所表示的方差稍有不同。）$\boldsymbol{SD}$ 是 standard deviation 的缩写。SD^2 说明方差是标准差的平方。

$\boldsymbol{SD^2}$　方差。

$\boldsymbol{SD}$　标准差。

公式的上部分代表离差平方和。X 是原始分数，M 是平均数。所以，$X-M$ 就是原始分数减去平均数，即离均差。上标 2 表示对每一个离差平方。求和符号（$\sum$）表示要把所有的离均差的平方相加。公式的下部分表示要用离均差的平方和除以 N（总个数）。

标准差是方差的平方根。所以，如果已经求出方差，那么标准差的公式如下：

$$SD=\sqrt{SD^2} \qquad (2-3)$$

标准差是方差的平方根。

计算方差和标准差的例子　表 2－1 是以市长任职年数为例求方差和标准差。（此表假设我们已经计算出 10 名市长的平均任职年数为 6 年。）通常，使用计算器进行计算是最简单的，尤其是有开方功能的计算器。标准差 2.57，我们可以粗略地说，平均来看，市长的任职年数在平均数 6 年上下大约波动 2.5 年。

表 2－2 是根据学生在一周内的社交次数的例子求方差和标准差（McLaughlin-Vople et al.，2001）。为了节省空间，此表仅列出开头和结尾的几个数据。可以粗略地说，结果表明，一周内一个学生的社交次数与平均社交次数（17.39）平均相差 11.49。该结果也可用直方图表示（具体见图 2－9）。

成功小贴士

注意：表 2－1 的离均差（第三列）相加等于 0。即离均差之和总是等于 0（或者说接近 0，由于取整数可能会产生误差）。正像你之前在本章中学到的，平均数是一个分布的平衡点（大于平均数的数据到平均数的距离与小于平均数的数据到平均数的距离相等）。所以，检查你的计算过程时，总是要计算离均差的和。如果离均差之和不等于 0，那就要重新计算。

成功小贴士

当计算方差和标准差时，要像表2-1和表2-2那样列出来。这有助于确保计算过程和结果的准确性。

方差和标准差这些变异量数的测量极易受到一个或更多的异常值的严重影响。在市长任职年数的例子中，市长的任职年数分别是7，8，8，7，3，1，6，9，3，8。据此计算出的标准差是2.57。假如我们再加进来一个任职21年的市长，那么标准差就变成了4.96，这几乎是未把这个市长加进来时的标准差的两倍。

表2-1　以10名市长的任职年数为例计算方差和标准差

分数（任职年数）	—	平均分数（平均任职年数）	=	离均差	离均差的平方
7		6		1	1
8		6		2	4
8		6		2	4
7		6		1	1
3		6		−3	9
1		6		−5	25
6		6		0	0
9		6		3	9
3		6		−3	9
8		6		2	4
				Σ：0	66

$$方差=SD^2=\frac{\sum(X-M)^2}{N}=\frac{66}{10}=6.60$$

$$标准差=SD=\sqrt{SD^2}=\sqrt{6.60}=2.57$$

表2-2　以94名大学生一周内社交次数为例计算方差和标准差

社交次数	—	平均社交次数	=	离均差	离均差的平方
48		17.39		30.61	936.97
15		17.39		−2.39	5.71
33		17.39		15.61	243.67
3		17.39		−14.39	207.07
21		17.39		3.61	13.03
.		.		.	.
.		.		.	.
.		.		.	.
35		17.39		17.61	310.11
9		17.39		−8.39	70.39
30		17.39		12.61	159.01
8		17.39		−9.39	88.17
26		17.39		8.61	74.13
				Σ：0.00	12 406.44

$$方差=SD^2=\frac{\sum(X-M)^2}{N}=\frac{12\,406.44}{94}=131.98$$

$$标准差=SD=\sqrt{SD^2}=\sqrt{131.98}=11.49$$

资料来源：McLaughlin-Volpe et al.，2001.

分组	频数
0~4	12
5~9	16
10~14	16
15~19	16
20~24	10
25~29	11
30~34	4
35~39	3
40~44	3
45~49	3

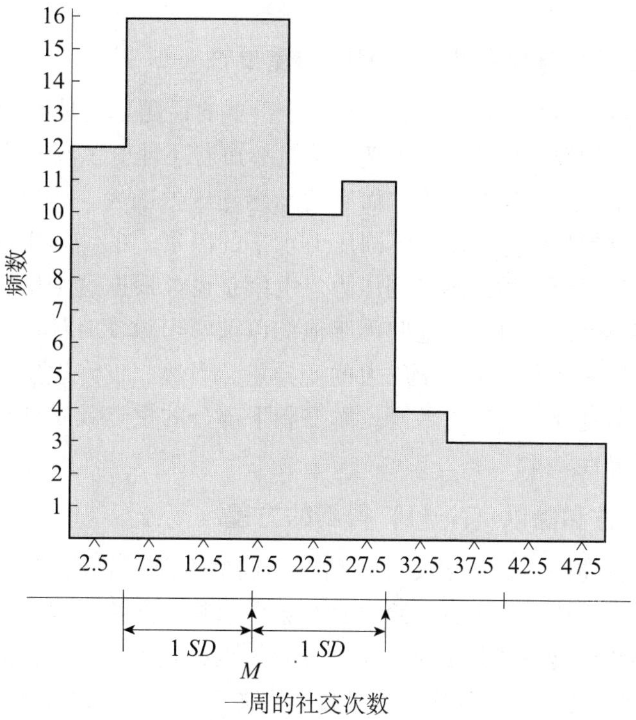

图 2－9　以学生一周的社交次数为例，横坐标是标准差的直方图

资料来源：McLaughlin-Volpe et al.，2001.

计算和定义公式　在实际的研究中，行为与社会科学家肯定要经常计算包含大量数据的数据分布的方差和标准差，而且这些数据往往带有小数或者数值很大。如此一来，即便使用计算器，计算起来也会相当费时。为了解决这个问题，研究者很早就开发了许多简化的计算方法。这种简捷的公式，我们称为**计算公式**（computational formula）。本章所讨论的传统的方差公式如下：

> **计算公式**　其数学方程式等价于定义公式。计算公式用手工计算很简单，但无法直接反映出计算过程的含义。

$$SD^2=\frac{\sum X^2-\left[\frac{(\sum X)^2}{N}\right]}{N} \tag{2-4}$$

> **方差是用原始数据的平方和减去原始数据和的平方与总个数的商，然后用这个差数除以总个数。**

$\sum X^2$ 表示原始数据的平方和。$(\sum X)^2$ 表示原始数据和的平方。如果你手算含有很多数据的方差，用这个公式就很简单，因为你不需要先算出离均差。

然而，计算公式的时代已经过去。在以前无法使用计算机统计软件的时候，研究者才会用这个公式。实际上，现如今借助于统计软件，只要把数据输入进去，然后按一个或两个键就可以算出方差和标准差。

本书之所以介绍一些计算公式，主要是考虑到，如果有一天你在做一个项目，这个项目涉及许多数据，恰巧又没有统计软件，你就可以使用这些公式。但是，当你学习统计学时，我们不建议使用计算公式。因为计算公式让人很难理解计算过程所代表的含义。做练习题时，最好是用基本公式。通过基本公式易于理解计算过程的含义。这些常用的公式叫作**定义公式**（definitional formula）。

> **定义公式**　能够直接显示计算过程含义的方程式。

本书的目的是帮助你理解统计程序，而不是把你变成一台熟记不常用的计算公式的计算机。为了简化计算，我们的练习题一般只用少量数据。如果你有计算机和统计软件，可以在计算机上练习标准差的统计程序，相关章节后的“SPSS 应用”部分可以指导你在计算机上练习在行为与社会科学中常用的统计程序。

变异性在行为与社会科学研究中的重要性

变异性在行为与社会科学研究中是一个重要的话题，这是因为研究的重点就是解释变异性。下面，我们举例说明“解释变异性”的含义。我们都知道，对于学习统计学，不同的学生有不同的压力水平：有人学习统计学很少感到有压力，而有的却感到压力巨大。所以，在这个例子中，解释变异性意味着就是要找出能够解释学生体验到不同压力水平的因素。也许学生以前已经体验到的数学焦虑能够部分解释为什么在学习统计学时感受到压力。也就是说，根据这个解释，学生学习统计学时感受到的不同压力（或者变异性）可以部分地归因于他们以前学习数学时体验到的不同压力。因此，数学体验的变异量可以部分地解释学习统计学压力的变异量。当然，也许学生体验到的生活压力的程度也可以部分地解释他们学习统计学的压力差异。本书剩下部分的重点就是评价和检验某些因素的变化是否能解释目标变量的变异性。

用离差平方和除以（*N*−1）得到的方差

研究者经常使用一个与定义公式稍有不同的方差。我们已经把方差定义为离差平方和的平均数。根据这个定义，你用离差平方和除以总个数。但是，在第 8 章你会学到，为了达到某些目的，最好是用*离差平方和除以总个数与 1 的差来求方差*。也就是说，为了达到这些目的，方差就是离差平方和除以（$N-1$）。（在第 8 章你会学到，当数据来源于某一个总体，你想用样本的方差推论总体的方差时，就需要用 $N-1$。）

研究文献里的方差和标准差通常是用除以（$N-1$）的方法求出来的。同样，统计软件自动算出的方差和标准差，也是用这种方法计算出来的（参考本章最后一部分“SPSS 应用”）。但不用担心，对于我们现在的目的来说，即用描述统计来描述某组数据的变化，在本章学到的除以 N 的算法也是完全正确的。对于本章剩下的内容（我们正在用的这种 Z 分数）和第 3～7 章的内容，这种计算方法也适用。我们在这里提到 $N-1$ 的使用，是为了避免你在其他地方看到这个用法而困惑或者使用统计软件求出不同的方差而吃惊。为了使事情简单化，我们只有在需要 $N-1$ 的时候再讲解，这要从第 8 章开始。

2.2 你学会了吗？

1. (a) 给方差下定义。(b) 方差在一个分布中能够说明什么？与平均数所给出的信息有何不同？
2. (a) 给标准差下定义；(b) 说明它与方差的关系；(c) 对于一组数据，标准差大致能说明什么？
3. 列出方差的公式，并指出每个符号的含义。
4. 计算以下数据的 (a) 方差和 (b) 标准差：2，4，3，7（平均数=4）。
5. 解释说明定义公式和计算公式的区别。
6. 说明本章所学的方差公式与研究文献里经常用的方差公式的区别。

Z 分数

到目前为止，本章所讲的都是用一个代表值和变异来描述一组数据的特点。在这一节，你将学到如何描述某个特定分数在其所属团体中的位置。即你会学到如何使用平均数和标准差求得一个 Z 分数；

Z 分数是以高于或低于平均数上下多少来描述一个特定分数的。

假设现在我们问一个叫 Jerome 的学生："你在多大程度上是一个喜欢早起的人？"回答采用 7 点量表（1 表示完全不符合，7 表示完全符合），Jerome 的回答是 5。现在假设我们不知道其他学生的答案。在这种情况下，与其他人相比，很难断定 Jerome 到底是不是一个喜欢早起的人。然而，假如我们知道学生的平均数（M）是 3.40，标准差（SD）是 1.47。（平均数和方差来自对美国和加拿大 8 所大学上统计课的学生的真实研究结果。）由此可以看出，与一般学生相比，Jerome 是一个喜欢早起的学生。也可以看出，Jerome 的早起程度高于其他学生的平均早起程度（比平均早起程度高 1.6，即 5－3.4＝1.60），这比一般学生（一般学生早起程度的波动范围是围绕平均数上下波动 1.47，或 1 个标准差）偏离平均数的程度稍微大一点。图示见图 2－10。

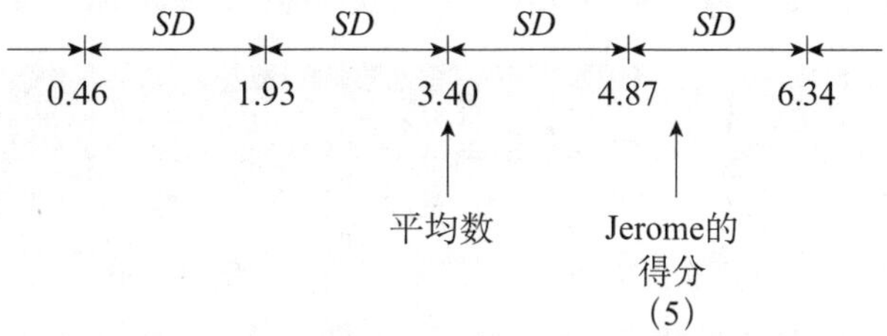

图 2－10　学生 Jerome 在喜欢早起程度上的分数与总体分布的比较

什么是 Z 分数？

Z 分数　一个分布中某一分数距离平均数几个标准差的相对位置量数；所以说，它是由一个常规分数转换而来的，是为了更好地描述一个特定分数在分布中的相对位置。

Z 分数（Z Score）使用平均数和标准差来描述某一特定分数。尤其是指某个分数在平均数以上或以下几个标准差的位置。如果这个分数大于平均数，那么 Z 分数就是正数；如果这个分数小于平均数，那么 Z 分数就是负数。此时，标准差成为一把测量的尺子，而且这把尺子的单位就是标准差本身。

在上述例子里，Jerome 的得分是 5，比平均数 3.4 大 1.6。标准差是 1.47；所以 Jerome 的分数要比平均数大 1 个多的标准差。准确地说，Jerome 的 Z 分数是 1.09（即，他的分数 5 要比平均数大 1.09 个标准差）。另一个学生 Ashley 的分数是 2，她的分数比平均数小 1.40。因此，她的分数要比平均数低不到 1 个标准差（Z 分数是－0.95）。所以说，Ashley 的分数低于平均数的程度在一般学生的波动范围之内。

Z 分数有广泛的用途，它也是本书之后将要学到的统计程序的基础，所以熟练掌握 Z 分数是很重要的。

作为量尺的 Z 分数

原始分数　常规分数（或是分布中任何一个没有转换为 Z 分数或未经其他转换的分数）。

图 2－11 展示的是一个学生喜欢早起程度的 Z 分数与原始分数量尺。**原始分数**（raw score）就是与 Z 分数相对应的常规分数。这两把量尺的关系就像是一把米尺的两面，其中一面是英尺，另一面是厘米。

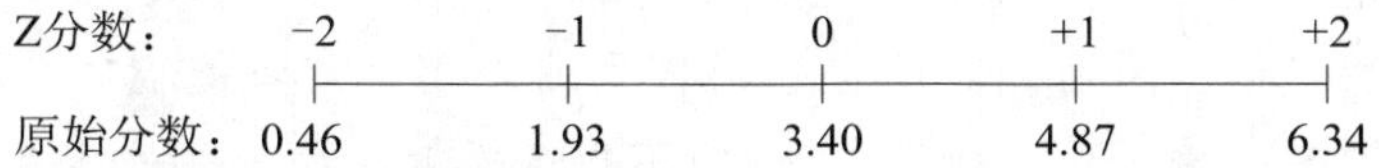

图 2－11　学生喜欢早起程度的 Z 分数与原始分数量尺

假设一个发展心理学专家在标准化的实验室里观察 3 岁的 Jacob 与同龄人玩耍的情况。观察过程中，专家记录 Jacob 与同龄人说话的次数。通过几次观察发现，Jacob 平均每小时要与同龄人说话 8 次。如果没有比较标准，我们很难就此做出任何结论。但如果我们通过以往的研究知道，在相似的情境下，儿童在玩耍的过程中，平均每小时说话的次数是 12，标准差是 4，那么我们就可以说，Jacob 比一般儿童说话次数要少，但并不是极其少。正如图 2－12 所示，Jacob 的 Z 分数是 -1（$M=12$，$SD=4$，因此 8 在 M 以下 1 个 SD 的位置）。

假设 Michael 被观察到一小时说话 20 次，很明显他不是一般健谈，Z 分数是 2（见图 2－12）。Michael 的说话次数不仅比平均数大，而且他说话次数与平均数的差异是整个变异量的 2 倍！

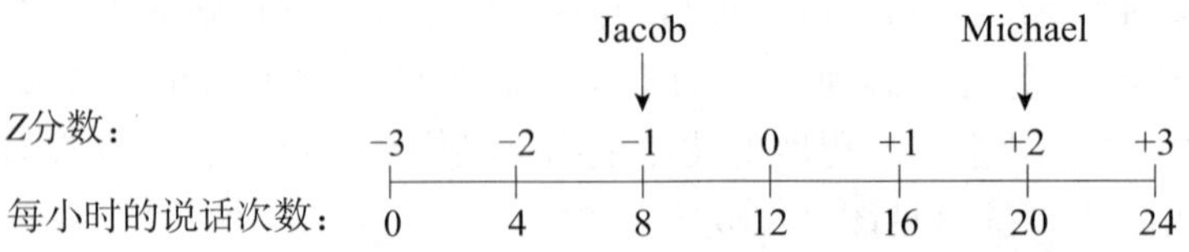

图 2－12　两个孩子每小时的说话次数的原始分数和 Z 分数

专栏 2－1　统计心理学和平均数的专制

翻阅行为与社会科学研究的杂志，你会认为统计方法是它们唯一的工具和语言，但是你也能发现，历史上曾经有过反对统计专权的人发声。这种现象在心理学上我们最为熟悉，在心理学上，行为主义学派的领导人提出了意想不到的反对观点，它致力于使心理学研究科学化。

行为主义者反对研究内在心理状态，因为内心的事情无法客观观察。（现在许多的心理学家尝试用间接的而非客观的方法研究内心的事情。）最著名的行为主义倡导者斯金纳（B. F. Skinner）极力地反对统计学。他始终认为，如果把被试者的分数进行平均，就会丢失很多有用信息。例如，斯金纳（1956）引用三只饱食的老鼠的例子，其中一只是天生肥胖，一只是金属中毒，另一只丘脑下部被改变。它们学习按压控制食物的开关的结果曲线是不一样的。如果用统计方法把老鼠的学习曲线合并在一起，那么得到的结果根本无法代表真实的老鼠饮食习惯。正如斯金纳所说，“这三只老鼠学习曲线本身所包含的信息要比用统计方法得出的结果包含的信息多得多”（p. 232）。

心理学的另一流派，人本主义心理学也发出另外一种不同的警告声音。人本主义心理学作为“第三势力”产生于 20 世纪 50 年代，它反对弗洛伊德精神分析和行为主义。人本主义心理学认为，我们应该把意识作为一个整体来研究，而不是把它分解成一些数字来研究（也不能分解为文字）。每个个体的经历都是独一无二的。

目前，反对用统计学的方法研究心理学的主导力量是持定性研究方法论的人（如 Willig & Stainton-Rogers，2008），定性研究方法主要用在类似传播学这样的其他行为与社会科学领域。在文化人类学研究中发展起来的定量研究主要是对少量的个体进行长期的访谈和观察。研究者的思维是最主要的工具，因为只有使用思维才能发现被试者谈话内容之间的重要关系。许多支持定性研究的学者赞成两种方法混合使用：首先使用定性方法发现重要的类别；其次，通过定量方法来确定每一类别在更大总体中的发生概率。

最后，荣格心理学的创始人荣格（Carl Jung）有时会谈起“统计心理（情绪）”以及它对个体独特感受的影响。荣格分析心理学家 Marie Louise von Franz（1979）总结了荣格的思想：当我们走在大街上，看着无数张茫然的面孔，就会感到自己的渺小，或者是被人群淹没而庆幸人不会长生不老，这就是统计心理（情绪）。然而，生命的不规律性就犹如平凡的生活一样常见。正如她所说的：

> 桌子不会悬浮于空中而是保持在它原来的位置，仅仅是因为构成桌子的几十亿电子统计上倾向于保持在原位。但是每个电子本身可以做其他事情。（pp. IV－17）

同样，当我们恋爱时，我们会认为我们的恋人是独特的、完美的。然而，在统计心理上，我们会意识到我们的恋人是很普通的。

然而荣格认为个体的独特性并不只会产生浪漫。他认为对文化最重要的贡献来自具有独立性和创造性思想的人，但是统计心理破坏了他们的独立性。

此外，von Franz（1979）认为统计心理会对爱情和生活产生不好的影响。尤其是强调个人行为的重要性不太可能会导致不道德的行为的发生，比如战争或凶杀。我们不会把死亡的人视为数字，而更会视他们为像我们一样具有个人情感和目的的人。

作为不同观测值比较标准的 Z 分数

Z 分数的另一个优点是可以将完全不同的变量的观测值转换为 Z 分数并进行比较。Z 分数的平均数是 0，标准差是 1。假设上述例子中的儿童也参加了言语技能的测试。在这种情境下，可以直接把言语技能的 Z 分数与说话次数的 Z 分数进行比较。Jacob 在言语技能测试中的得分是 100。假设这个测试的平均数是 82，标准差是 6，那么 Jacob 的言语技能要比一般儿童的好，Z 分数是 3。所以，似乎不能将 Jacob 比其他儿童说话次数少归因为他的言语技能比其他儿童差（见图 2－13）。

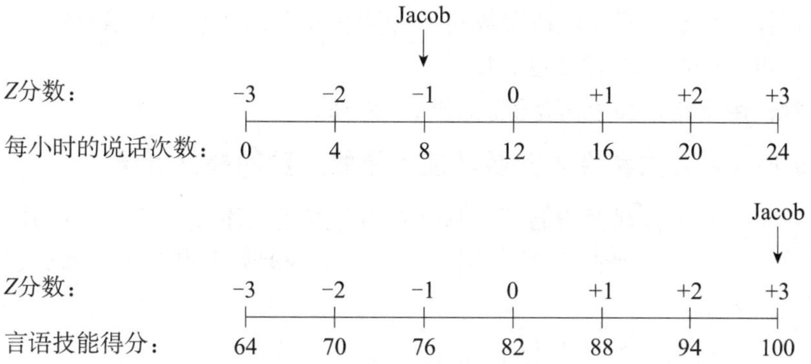

图 2－13　Z 分数量尺及其对应的每小时说话次数和言语技能得分的原始数据

注意，在上面例子中，我们可以用 Z 分数直接比较专家观察到的说话次数结果和言语技能测试结果。这就类似于可以直接将苹果和橘子进行比较！把一个数字转换为 Z 分数就类似于将晦涩难懂的测量语言转换为一种通俗易懂的语言，比如将英尺、腕尺和 zinqles 尺（最后一个 zinqles 是我们杜撰的）转换为厘米。所以说，Z 分数是一个很有实用价值的工具。

将原始分数转换为 Z 分数的公式

我们已经知道，Z 分数就是原始分数在平均数以上或以下几个标准差。用原始分数减去平均数，然后再除以标准差，就可以算出 Z 分数。公式如下：

$$Z = \frac{X - M}{SD} \qquad (2-5)$$

Z 分数就是用原始分数减去平均数，然后再除以标准差。

例如，用公式计算 Jacob 和其他孩子一小时说话 8 次的 Z 分数（儿童说话次数的平均数是 12，标准差是 4）。

$$Z = \frac{8 - 12}{4} = \frac{-4}{4} = -1$$

将原始分数转换为 Z 分数的步骤

①计算离差值：用原始分数减去平均数。

②计算 Z 分数：用离差值除以标准差。

按照这两个步骤计算 Jacob 的 Z 分数，有：

①计算离差值：用原始分数减去平均数。8－12＝－4。

②计算 Z 分数：用离差值除以标准差。－4/4＝－1。

将 Z 分数转换为原始分数的公式

将 Z 分数转换为原始分数的过程是相反的：用 Z 分数乘以标准差，然后再加上平均数。公式如下：

原始分数就是用 Z 分数乘以标准差，然后再加上平均数。

$$X = (Z)(SD) + M \qquad (2-6)$$

假设某个儿童一个小时里与其他儿童说话次数的 Z 分数是 1.5。这个儿童在平均数以上 1.5 个标准差的位置。因为本例中，标准差是 4 个原始得分单位，这个儿童在平均数以上 6 个原始得分单位。平均数是 12，所以，平均数以上 6 个单位就是 18。用公式表示就是：

$$X = (Z)(SD) + M = 1.5 \times 4 + 12 = 6 + 12 = 18$$

将 Z 分数转换为原始分数的步骤

①计算离差值：用 Z 分数乘以标准差。

②计算原始分数：用平均数加上离差值。

按照上述步骤计算一小时与同伴说话次数的 Z 分数是 1.5 的儿童的原始分数：

①计算离差值：用 Z 分数乘以标准差。1.5 × 4＝6。

②计算原始分数：用平均数加上离差值。6 ＋ 12＝18。

将原始分数转换为 Z 分数和将 Z 分数转换为原始分数的补充例子

回顾那个调查学生喜欢早起程度的例子。调查采用 7 点量表评分，其中 1 表示完全不符合，7 表示完全符合，平均数是 3.40，标准差是 1.47。假设一个学生的原始分数是 6，那么这个学生的分数远大于平均数。具体用公式表示如下：

$$Z = \frac{X - M}{SD} = \frac{6 - 3.40}{1.47} = \frac{2.60}{1.47} = 1.77$$

也就是说，此学生的原始分数在平均数以上 1.77 个标准差的位置（见图 2－14，学生 1）。使用 7 点量表（1＝完全不符合，7＝完全符合），你在多大程度是一个喜欢早起的人？使用你的原始分数计算 Z 分数。

另一个学生的 Z 分数是－1.63，这个学生的原始分数肯定低于平均数。你可以使用公式算出他的原始分数：

$$X = (Z)(SD) + M = -1.63 \times 1.47 + 3.40 = -2.40 + 3.40 = 1.00$$

也就是说，这个学生的原始分数是 1.00（见图 2－14，学生 2）。

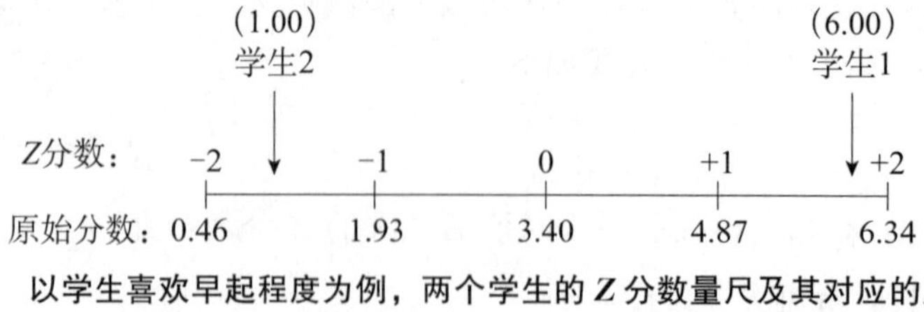

图 2－14　以学生喜欢早起程度为例，两个学生的 Z 分数量尺及其对应的原始分数

再回顾学生的压力等级的例子。30 个统计学的学生（使用 10 点量表）的平均数是 6.43，标准差是 2.56。图 2－15 标出原始分数及其对应的 Z 分数量尺。

假设一个学生的压力等级原始分数是 10，这个学生肯定处在平均数以上的位置，具体用公式计算如下：

$$Z = \frac{X - M}{SD} = \frac{10 - 6.43}{2.56} = \frac{3.57}{2.56} = 1.39$$

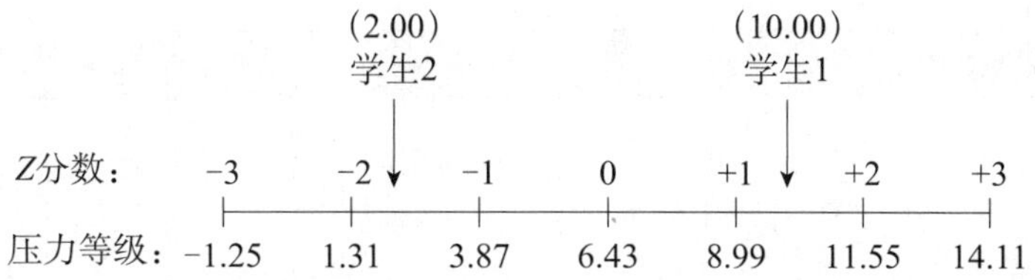

图 2－15　30 个统计学的学生的压力等级的 Z 分数量尺及其对应的原始分数

注：图中标出了例子中 2 个学生的位置。

资料来源：Aron et al.，1995.

也就是说，这个学生的压力等级在平均数以上 1.39 个标准差的位置（见图 2－15，学生 1）。在 10 点量表上，你在最近 2.5 周内的压力有多大？使用你的原始分数计算 Z 分数。

另一个学生的 Z 分数是－1.73，压力水平要低于平均数。你可以使用公式计算此学生的原始分数：

$$X=(Z)(SD)+M=-1.73\times 2.56+6.43=-4.43+6.43=2.00$$

也就是说，这个学生的原始分数是 2.00（见图 2－15，学生 2）。

2.3　你学会了吗?

1. Z 分数与原始分数有何关系？
2. 写出将原始分数转换为 Z 分数的公式，并指出每个符号的含义。
3. 有一组数据，$M=20$，$SD=5$，算出（a）30，（b）15，（c）20，（d）22.5 的 Z 分数。
4. 写出将 Z 分数转换为原始分数的公式，并指出每个符号的含义。
5. 有一组数据，$M=10$，$SD=2$，计算四个 Z 分数分别是（a）2，（b）0.5，（c）0，（d）－3 的原始分数。
6. 假设某人健康程度的 Z 分数是 2，幽默感的 Z 分数是 1，那我们如何理解“与幽默感相比，此人更健康”这句话？

研究文献中的平均数、方差、标准差和 Z 分数

学术论文经常会报告平均数和标准差（偶尔会报告方差），中位数和众数则报告得较少，Z 分数则几乎不用。有时平均数和标准差也会在文章正文里出现。比如，我们虚构的政治学家，在关于某地区市长的研究文献里会写道：“研究发现，本地区 10 个市长任职年数的平均数是 6.00（$SD=2.57$）。”平均数和标准差也会经常列在统计表中，尤其是在包含多个组或者许多不同变量的研究里。比如，Selwyn（2007）进行了一项关于信息和通信技术（比如游戏机、DVD 播放器、手机）的性别定位研究。研究者让威尔士的 406 名大学生评价八种技术的男性化或者女性化的水平。评定采用 7 点量表，从－3（非常女性化）到 3（非常男性化），0 是中点（既不男性化，也不女性化）。学生对每种技术评价的平均数、标准差和方差如表 2－3（引自 Selwyn 的文章）所示。如表所示，游戏机更男性化，固定电话更女性化。我们还注意到，固定电话的变异（$SD=1.03$）要比电视机（$SD=0.78$）的大。方差很少在文献里出现（通常只给出标准差），表 2－3 就是极少数中的一例。总之，这个表格很好地总结了研究结果。

表 2－3　每种技术的评价平均数

	N	M	SD	SD^2
游戏机	403	1.92	1.00	0.98
DVD 播放器	406	0.44	0.85	0.73
个人计算机（PC）	400	0.36	0.82	0.68

续前表

	N	*M*	*SD*	SD^2
数字收音机（DAB）	399	0.34	0.99	0.98
电视机	406	0.26	0.78	0.62
收音机	404	−0.01	0.81	0.65
移动电话	399	−0.19	0.88	0.77
固定电话	404	−0.77	1.03	1.07

注：平均数的取值范围为−3（非常女性化）到 3（非常男性化）。中间值为 0，表示“既不女性化也不男性化”。

资料来源：Selwyn，N.（2007）. Hi-tech=guy-tech? An exploration of undergraduate students' gendered perceptions of information and communication technologies. *Sex Roles*，*56*，525 - 536.

表 2 - 4 展示了另一个很有趣的例子（引自 Norcross，Kohout，&Wicherski，2005）。表中展示了心理学博士申请人数和录取人数的统计学资料，使用心理学专业和年份（1973，1979，1992，2003）两个指标。表格并没有给出标准差，但给出了平均数和中位数。比如，2003 年申请咨询心理学的平均人数是 71.0，但中位数是 59。这就表明，有些专业申请人数很多，偏离了整个分布。实际上，通过表格可以看出，几乎每个专业的申请人数和录取人数的平均数都要比它的中位数大。你也会吃惊地发现，在心理学的很多专业里，申请博士的竞争性是很大的。学好统计学会有很大的帮助，这是经验之谈！

表 2 - 4　　不同专业和不同年份心理学博士研究生的申请和录取统计表

专业	专业数 *N*				申请人数								录取人数			
					M				*Mdn*				*M*		*Mdn*	
	1973	1979	1992	2003	1973	1979	1992	2003	1973	1979	1992	2003	1992	2003	1992	2003
临床心理学	105	130	225	216	314.4	252.6	191.1	142.0	290	234	168	126	12.0	15.4	8	8
临床神经心理学				20				72.3				37		10.7		6
社区心理学	4	2	5	13	90.5		24.4	23.5	60		23	21	3.2	3.3	2	3
咨询心理学	29	43	62	66	133.4	90.9	120.2	71.0	120	84	110	59	7.3	6.8	6	7
健康心理学			7	13			40.7	71.2			30	56	4.4	6.7	5	4
学校心理学	30	39	56	57	78.5	54.0	31.3	38.7	53	34	32	31	5.4	6.9	5	5
其他健康服务提供者分支领域				52				83.5				48		9.2		7
认知心理学			47	104			24.6	30.1			22	22	2.6	3.4	2	3
发展心理学	56	72	97	111	54.1	38.9	27.6	25.5	41	30	24	22	2.8	3.4	2	2
教育心理学	23	28	30	35	67.8	39.7	20.0	19.7	34	26	12	13	6.0	4.9	4	4
实验心理学	118	127	78	40	56.2	33.2	31.3	26.7	42	25	26	17	4.4	4.1	3	3
工业与组织心理学	20	25	49	60	39.9	54.7	66.2	46.9	37	48	70	41	4.9	4.7	4	4
神经科学				53				22.0				16		2.8		2
人格心理学	23	15	10	18	42.5	24.7	12.3	47.8	33	17	6	31	1.0	2.8	1	2
生物心理学/生理心理学				18				21.1				17		2.4		2
计量心理学	40	43	76	17	33.2	29.3	20.0	11.2	29	24	20	11	3.9	1.9	2	1
社会心理学	58	72	59	85	46.7	30.9	47.1	43.1	40	24	37	35	3.3	3.2	3	3
其他领域	60	47	288	101	61.6	74.1	26.6	26.0	27	25	15	17	3.3	3.8	2	3
总计	566	645	1 089	1 079	106.1	85.2	69.4	59.6			31	33	5.6	6.7	4	4

注：学年分别对应于 1975—1976、1981—1982、1994 和 2005 年版的 *Graduate Study in Psychology*。

资料来源：Norcross，J. C.，Kohout，J. L.，& Wicherski，M.（2005）. Graduate study in psychology：1971 - 2004. *American Psychologist*，*60*，959 - 975.

本章点拨

小结

1. 平均数是描述一组数据代表值最常用的方法。平均数就是一般平均数：分数的总和除以分数的总个数。$M=(\sum X)/N$。

2. 除平均数外，描述一组数据代表值不常使用的另外两种方法：众数（最常见的单个值）和中位数（把数据从小到大排列以后，中间的那个值）。

3. 可以用方差和标准差来描述一组数据的变异。

4. 方差是指离差平方和的平均数。$SD^2=[\sum(X-M)^2]/N$。

5. 标准差是方差的平方根。$SD=\sqrt{SD^2}$。可以近似地说标准差就是数据偏离平均数的平均量。

6. 一个 Z 分数就是原始分数在平均数以上或以下几个标准差的位置。使用 Z 分数可以比较量尺不同的变量值。

7. 在研究文献的正文或表格里经常会报告平均数和标准差，但很少报告 Z 分数。

主要术语

平均数（M）	异常值	标准差（SD）
$\sum$（总和）	方差（SD^2）	计算公式
X（变量 X 分布中的原始分数）	离均差	定义公式
N（分数的总个数）	离均差的平方	Z 分数
众数	离差平方和	原始分数
中位数		

示例

计算平均数

计算以下数据的平均数：8，6，6，9，6，5，6，2。

答案

可以用公式或按照计算步骤计算平均数。

使用公式：$M=(\sum X)/N=48/8=6$。

按照计算步骤：

①求出所有分数的总和。8+6+6+9+6+5+6+2=48。

②用总和除以分数的总个数。48/8=6。

找出中位数

找出下列数据的中位数：1，7，4，2，3，6，2，9，7。

答案

①把所有数据从小到大排列。1，2，2，3，4，6，7，7，9。

②找出中间数据的位置，可以通过以下步骤算出——用数据总个数加 1，然后再除以 2。一共有 9 个数字，所以中位数的位置是 9 加 1，然后除以 2，结果是 5。即第 5 个数是中位数。

③算出中位数。第 5 个数是 4，所以中位数就是 4。

计算离差平方和以及方差

计算以下数据的离差平方和以及方差：8，6，6，9，6，5，6，2。（与 $M=6$ 的那个例子使用相同的数据。）

答案

可以使用公式或按照计算步骤算出离差平方和以及方差。

使用公式：

$$\text{离差平方和} = \sum(X-M)^2 = (8-6)^2+(6-6)^2+(6-6)^2+(9-6)^2+(6-6)^2+(5-6)^2+(6-6)^2+(2-6)^2$$

$$=2^2+0^2+0^2+3^2+0^2+(-1)^2+0^2+(-4)^2$$

$$=4+0+0+9+0+1+0+16=30$$

$$SD^2=[\sum(X-M)^2]/N=30/8=3.75$$

按照计算步骤求方差见表2-5：

表2-5　按照计算步骤求示例中的方差

		①	②
分数	平均数	离均差	离差平方
8	6	2	4
6	6	0	0
6	6	0	0
9	6	3	9
6	6	0	0
5	6	−1	1
6	6	0	0
2	6	−4	16
			Σ=30③
	④方差=30/8=3.75		

①用原始分数减去平均数。通过这个步骤求出的各个离均差分别是2，0，0，3，0，−1，0，−4。

②把每个离均差平方。通过这个步骤求出各个离均差的平方分别是4，0，0，9，0，1，0，16。

③把所有离均差的平方相加。4+0+0+9+0+1+0+16=30，这就是离差平方和。

④用离差平方和除以总个数。用离差平方和30，除以总个数8，得到方差是3.75。

计算标准差

计算以下数据的标准差：8，6，6，9，6，5，6，2。（与求平均数、离差平方和、方差的题目使用同样的数据，$SD^2=3.75$。）

答案

可以使用公式或按照计算步骤计算标准差。

使用公式：$SD=\sqrt{SD^2}=\sqrt{3.75}=1.94$。

按照计算步骤求标准差：

①计算方差。方差是3.75。

②求方差平方根。3.75的开方结果是1.94。

写有关平均数、方差和标准差的文章时，需要做以下说明

1. 说明平均数是数据代表值的其中一种。要指出，平均数是一般平均数，用分数的总和除以分数总个数，可以算出平均数。

2. 说明方差和标准差都是测量一组数据变异量的方法。

3. 方差是离差平方和的平均数。要描述计算方差的步骤。

4. 一般来说，标准差是原始数据偏离平均数的平均量。要说明标准差是与方差直接相关的，标准差是方差的平方根。

将原始分数转换为 Z 分数

一个分布的平均数是 80，标准差是 20，求原始分数 65 的 Z 分数。

答案

可以使用公式或按照计算步骤将原始分数转换为 Z 分数。

使用公式：$Z=(X-M)/SD=(65-80)/20=-15/20=-0.75$ 。

按照计算步骤：

①计算离差值：用原始分数减去平均数。 65－80＝－15。

②计算 Z 分数：用离差值除以标准差。 －15/20＝－0.75。

将 Z 分数转换为原始分数

一个分布的平均数是 200，标准差是 50。某人的 Z 分数是 1.26，求此人的原始分数。

答案

可以使用公式或按照计算步骤将 Z 分数转换为原始分数。

使用公式：$X=(Z)(SD)+M=1.26\times 50+200=263$。

按照计算步骤：

①计算离差值：用 Z 分数乘以标准差。 1.26×50＝63。

②计算原始分数：用平均数加上离差值。 63＋200＝263。

写包含 Z 分数的文章时，需要做以下说明

1. 如果问题需要，要像前面那样说明平均数、方差、标准差。

2. 说明 Z 分数的基本概念是描述某一特定分数在分布中的位置。Z 分数指出一个值在平均数以上或以下几个标准差。

3. 说明使用原始分数计算 Z 分数的步骤。

4. 将原始分数转换为 Z 分数以后，可以将不同的变量放在同一把量尺上，从而对不同变量的观测值进行比较。

练习题

以下练习题涉及计算。虽然在现实生活中，绝大多数统计问题是借助于特殊的统计软件用计算机完成的，但是即便你有这些软件，也要动手解决这些问题以便加深对所学方法的理解。如果想学习如何使用计算机解决本章中所遇到的统计问题，可以参考本章的“SPSS 应用”。

练习题中所使用的数据，除非指明来源，否则给出的所有数据都是虚构的。

第Ⅰ组（答案请参阅附录 B）

1. 计算以下数据的（a）平均数、（b）中位数、（c）离差平方和、（d）方差、（e）标准差：32，28，24，28，28，31，35，29，26。

2. 计算以下数据的（a）平均数、（b）中位数、（c）离差平方和、（d）方差、（e）标准差：6，1，4，2，3，4，6，6。

3. 以下是加拿大某个城市在 2000—2009 年这十年间感恩节当天中午的温度（摄氏温度）：0，3，6，8，2，9，7，6，4，5。向一个从未学过统计学的人描述该城市感恩节中午的代表性（或典型）温度及其波动程度。用三种方法描述代表性的温度，用两种方法描述它的变异性，并且解释它们之间的区别以及如何计算每个值。（如果你先自己写出答案，然后再看本书给出的答案，那么你会学到更多。）

4. 一个研究者在研究杏仁核（与情感相关的大脑结构）。给6个被试者看一些暴力图片，同时用fMRI（大脑扫描）记录他们杏仁核激活的增加量。激活增加量分别是0.43，0.32，0.64，0.21，0.29，0.51。计算（a）平均数、（b）标准差，然后（c）向一个从未学过统计学的人解释你的计算及其结果所代表的含义。

5. 在一个有关环境关注的测量中，平均数是79，标准差是12（分数范围0～150）。计算以下原始分数的 Z 分数：（a）91，（b）68，（c）103。

6. 如果一个测量的平均数是－11.46，标准差是2.28，下列数据的 Z 分数是多少？（a）－13.12，（b）－7.26，（c）－11.13。

7. 如果一个测量的平均数是145，标准差是19，下列数据的 Z 分数是多少？（a）0，（b）1.43，（c）－2.54。

8. 离婚6个月后，双方参加离婚后适应状况的测试。妻子和丈夫的分数分别是63和59。总体上来说，在这个测试上离婚女性的平均数是60（$SD=6$），离婚男性的平均数是55（$SD=4$）。在与其他相应性别的离婚人士关系上，这两个人哪个人在离婚后适应性更好？向一个从未学过统计学的人解释你的答案。

9. 一个研究者研究学生在4周内夜里睡眠不足的次数。在描述研究结果的文章中，他报告说："夜里睡眠不足次数的平均数是6.84（$SD=3.18$）。"向一个从未学过统计学的人解释这些结果。

10. 在Gonzaga、Keltner、Londahl和Smith（2001）的一个研究中，要求浪漫的夫妻报告他们爱伴侣的程度并且录下自己向伴侣告白的场景。研究者利用这些录像带提取出亲密关系的几种信号。表2-6展示了研究结果。向一个从未学过统计学的人解释主动向伴侣表达爱意以及倚靠在伴侣身上时间的研究结果。

表2-6　研究1中的线索展示与情感平均水平

指标	女性（$n=60$）		男性（$n=60$）	
	M	SD	M	SD
情感报告				
自我报告的爱	5.02	2.16	5.11	2.08
伴侣估计的爱	4.85	2.13	4.58	2.20
亲密线索展示				
亲和式点头	1.28	2.89	1.21	1.91
杜兴式微笑（真实的微笑）	4.45	5.24	5.78	5.59
倚靠伴侣	32.27	20.36	31.36	21.08
手势	0.13	0.40	0.25	0.77

注：情感评定采用9点量表，其中0表示完全没有，8表示完全有。线索展示平均时间为60秒。

资料来源：Gonzaga, G. C., Keltner, D., Londahl, E. A., & Smith, M. D. (2001). Love and the commitment problem in romantic relations and friendship. *Journal of Personality and Social Psychology*, *81*, 247-262.

第Ⅱ组

11. （a）描述并解释平均数、中位数和众数之间的差异。（b）举例说明（本书或你论文里的除外）在什么情况下中位数是描述一组数据代表值的最好方法。

12. （a）描述方差和标准差。（b）作为描述统计量，解释说明为何标准差比方差更常用。

13. 计算以下数据的（a）平均数、（b）中位数、（c）离差平方和、（d）方差、（e）标准差：2，2，0，5，1，4，1，3，0，0，1，4，4，0，1，4，3，4，2，1，0。

14. 计算以下数据的（a）平均数、（b）中位数、（c）离差平方和、（d）方差、（e）标准差：1 112，1 245，1 361，1 372，1 472。

15. 计算以下数据的（a）平均数、（b）中位数、（c）离差平方和、（d）方差、（e）标准差：3.0，3.4，2.6，3.3，3.5，3.2。

16. 计算以下数据的（a）平均数、（b）中位数、（c）离差平方和、（d）方差、（e）标准差：8，－5，7，－10，5。

17. 编制三组符合以下条件的数据：（a）平均数比中位数大；（b）平均数与中位数相同；（c）众数比中位数大。（编制的数据每组至少 5 个。）

18. 一个对政治行为感兴趣的研究者测量了四个美国政府官员和四个公司的首席执行官的办公桌的面积（平方英尺）。政府官员的分别是：44，36，52，40。首席执行官的分别是：32，60，48，36。（a）计算政府官员和首席执行官的办公桌面积的平均数和标准差。（b）向一个从未学过统计学的人解释你的计算结果的含义。（c）假如他们基本代表了美国的政府官员和公司的首席执行官，请指出他们办公桌面积的平均数和标准差的差异，尤其是这种差异的含义。

19. 一个发展心理学专家研究在某个年龄段的 7 个婴儿的识字量。识字量分别是：10，12，8，0，3，40，18。计算这 7 个婴儿识字量的（a）平均数、（b）中位数、（c）标准差，然后（d）向一个从未学过统计学的人解释你的计算及其结果的含义。

20. 在一个艺术能力测验上，新西兰大学生的平均分数是 150，标准差是 25。计算下列新西兰大学生的 Z 分数，他们的原始分数为（a）100，（b）120，（c）140，（d）160。计算以下学生的原始分数，他们的 Z 分数分别为（e）－1，（f）－0.8，（g）－0.2，（h）1.38。

21. 在一个青少年同伴影响的标准化测验里，平均数是 300，标准差是 20。计算以下数据的 Z 分数，分别为（a）340，（b）310，（c）260。计算以下青少年的原始分数，他们的 Z 分数分别为（d）2.4，（e）1.5，（f）0，（g）－4.5。

22. 某人的口语能力测试分数是 81，数学能力测试分数是 6.4。口语能力测试的平均分数是 50，标准差是 20。数学能力测试的平均分数是 0，标准差是 5。试问此人哪个能力更强，是口语还是数学？向一个从未学过统计学的人解释你的答案。

23. 有一个研究测试一个大公司的 216 名员工上一年度的缺勤数。研究者报告“上一年度的员工缺勤数（M=9.21；SD=7.34）是……”。向一个从未学过统计学的人解释括号里的内容的含义。

24. Goidel 和 Langley（1995）研究了 1992 年美国总统选举之前某段时间里报纸对经济事件的正面和负面的报道。表 2-7 引自他们的报告，描述了在选举之前的 23 个月里，《纽约时报》报道的头版经济新闻的数量。向一个从未学过统计学的人解释表中的平均数和标准差那两列。（记住，除了解释特定数字的含义，还要解释一般原理。）

表 2-7　以月为单位合成的新闻报道变量的描述统计（《纽约时报索引》，1981 年 1 月—1992 年 12 月）

	平均数	标准差	全距	总计
整个头版文章	5.84	4.10	0～22	835
头版正面文章	1.64	1.33	0～6	261
头版负面文章	1.83	1.92	0～11	234

资料来源：Goidel，R. K.，& Langley，R. E.（1995）. Media Coverage of the economy and aggregate economic evaluations：Uncovering evidence of indirect media effects. *Political Research Quarterly*，*48*，313-328.

SPSS 应用

在操作中出现图标时，就表示要单击鼠标。（我们使用 SPSS17.0 版本来运行数据，所以步骤和输出结果可能和其他的 SPSS 版本不太一样。）

求平均数、众数和中位数

①在数据视图窗口，把所有数据输入同一列。

②✎ Analyze（分析）。

③✎ Descriptive statistics（描述统计）。

④✎ Frequencies（频数）。

⑤✎将要求平均数、众数和中位数的那个变量，然后✎箭头。

⑥✎ Statistics（统计量）。

⑦✎ Mean（平均数），✎ Median（众数），✎ Mode（中位数），✎ Continue（继续）。

⑧选项：指示 SPSS 不生成频数表，✎标记为 Display frequency tables（显示频数表）的方框（这里不需要勾选方框）。

⑨✎ OK（确定）。

用本章开头那个市长的例子练习所讲的求平均数、众数和中位数的步骤。（这个例子中的数据如下：7，8，8，7，3，1，6，9，3，8。）SPSS 运行后的结果窗口见图 2-16。（如果你不选择显示频数表，那么输出的结果就只有平均数、众数和中位数。）

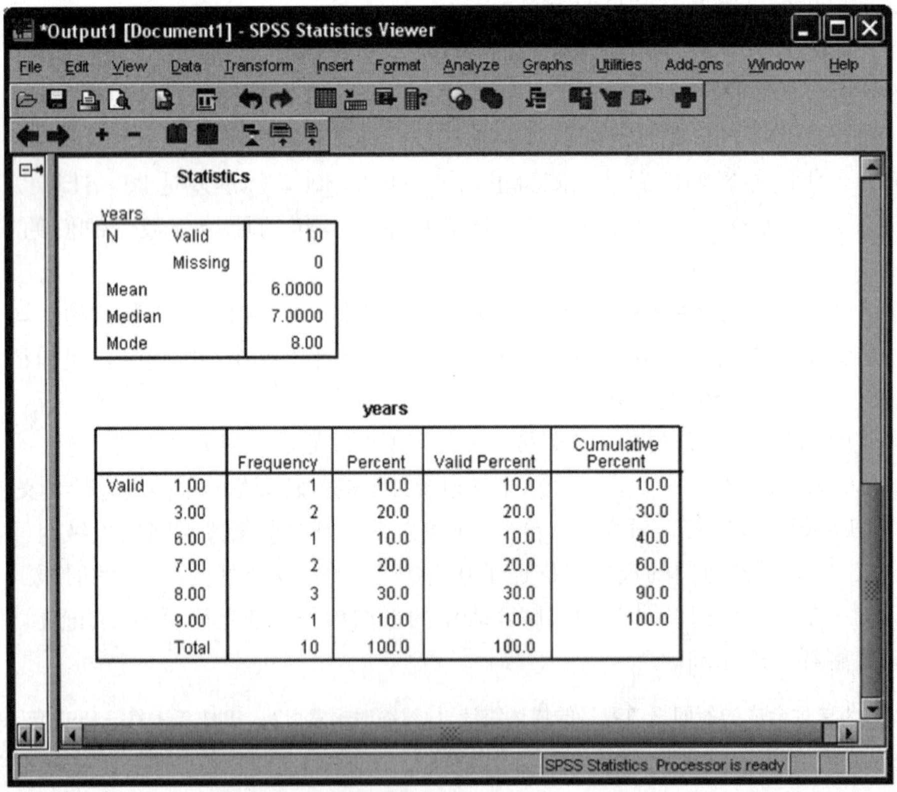

N	Valid	10
	Missing	0
Mean		6.0000
Median		7.0000
Mode		8.00

years

		Frequency	Percent	Valid Percent	Cumulative Percent
Valid	1.00	1	10.0	10.0	10.0
	3.00	2	20.0	20.0	30.0
	6.00	1	10.0	10.0	40.0
	7.00	2	20.0	20.0	60.0
	8.00	3	30.0	30.0	90.0
	9.00	1	10.0	10.0	100.0
	Total	10	100.0	100.0	

图 2-16　以市长任职年数为例，用 SPSS 计算平均数、中位数和众数

求方差和标准差

如本章前面所述，大多数统计软件——包括 SPSS——在计算方差和标准差的时候，使用的公式是除以（$N-1$），而不是 N。因此，你直接用 SPSS 求得的方差和标准差［比如，在以上所讲的步骤中，在第⑦步点击 variance（方差）和 std. deviation（标准差）］与本章所求的结果是不同的。[①] 以下步骤教你如何使用除以 N 的方法通过 SPSS 求方差和标准差。使用真实的数据学习这些步骤会更容易，所以我们再次使用市长的例子。

①在数据视图窗口，把所有数据输入同一列（分数分别是 7，8，8，7，3，1，6，9，3，8）。我们把这个变量叫作“years”（年数）。

②用前面讲过的求平均数、众数和中位数的步骤计算数据的平均数。变量年数的平均数是 6。

③你需要创建一个新的变量来表示离均差的平方。Transform（转换），Compute variable（生成变量）。你可以随便给这个新变量取名，但我们称它是“squared _ deviation”（离均差的平方）。所以，在 Target Variable（目标变量）的方框里输入 squared _ deviation。然后你就可以命令 SPSS 计算这个叫 squared _ deviation 的新变量。在 Numeric Expression（数值表达式）方框里输入（year－6）*（year－6）。（在 SPSS 里星号就是乘号。）正如你看到的一样，这个公式计算的是每个分数的离均差，然后乘以本身得出离均差的平方。生成变量的窗口如图 2－17 所示。OK（确定）。你就会看到数据视图窗口增加了一个叫 squared _ deviation 的新变量（见图 2－18）。这些数字是每一个分数的离均差经过平方所得的值。

④就像你之前学到的一样，用离差平方和除以总个数就能算出方差。这和求离差平方的平均数是一样的。因此，为了求年数的方差，就按照之前讲过的步骤计算 squared _ deviation 这个变量的平均数。它的结果是 6.60，所以年数的方差就是 6.60。

⑤要想求标准差，就用计算器对 6.60 进行开方，答案是 2.57。

如果你在做一个实际的研究，那你最好还是直接用 SPSS 求得的方差和标准差。然而，对于本章我们的目的来说（描述一组数据的变异），我们刚才列出的步骤也是合适的。同样，通过学习这些程序，你也可以更好地掌握一些原理，并学会如何在 SPSS 里增加新变量。

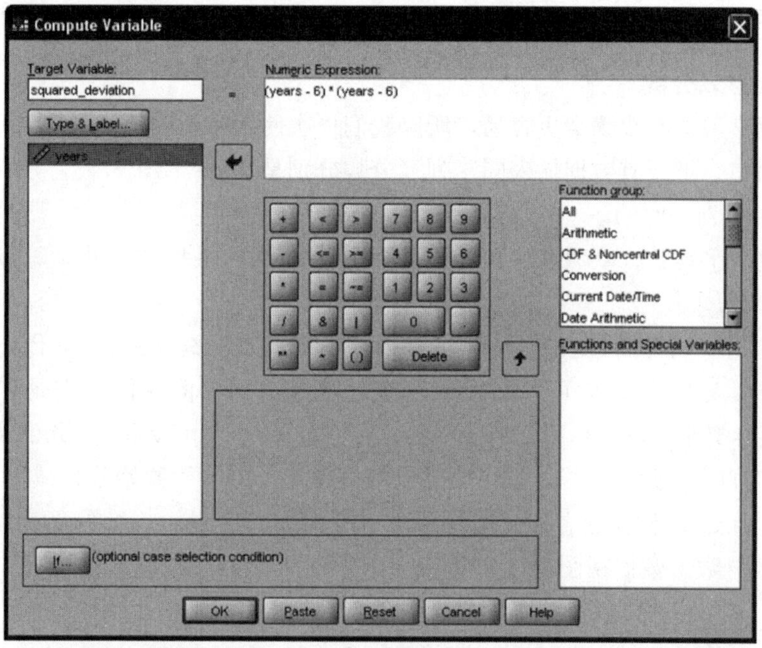

图 2－17　以市长任职年数为例，用 SPSS 计算方差和标准差过程中的第③步（生成新的变量窗口）

① 如果你直接用 SPSS 求方差，可以用以下方法使它的结果与本章所得计算结果一样：用 SPSS 求得的方差乘以（$N-1$）（数据总个数减去 1），然后再除以 N（数据总个数）。把这个结果开方就能求出标准差（使用本章学过的公式求得的标准差）。我们介绍这种比较麻烦的计算方差和标准差的方法，是为了教你如何在 SPSS 里建立新变量。

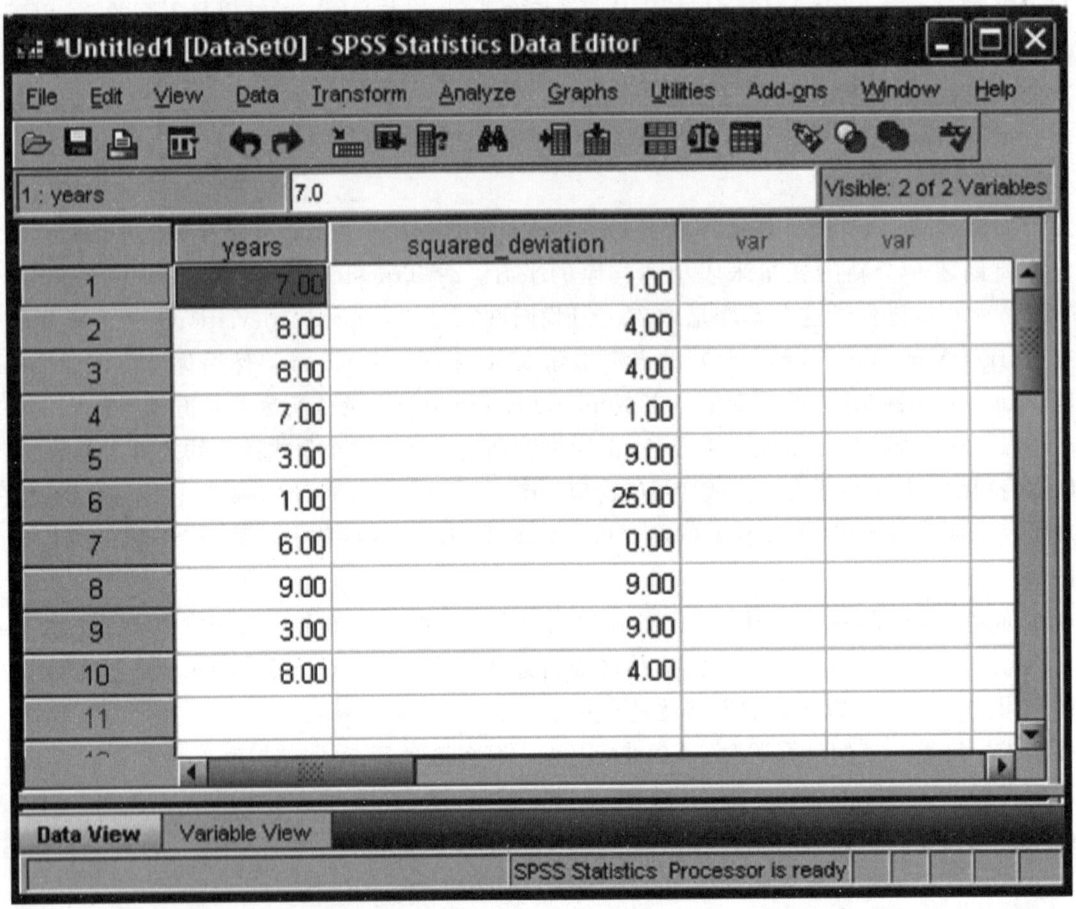

图2-18　以市长任职年数为例，用SPSS计算方差和标准差过程中的第③步（生成新的变量窗口之后的数据窗口）

将原始分数转换为 Z 分数

使用真实的数据学习这些步骤会更容易，所以我们再次使用市长的例子。

①在数据视图窗口，把所有数据输入同一列（分数分别是7，8，8，7，3，1，6，9，3，8）。我们把这个变量叫作“years”（年数）。

②用前面讲过的求平均数、众数和中位数的步骤计算数据的平均数，并计算方差和标准差。平均数是6，标准差是2.57。

③现在你需要创建一个新的变量来表示每一个原始分数的 Z 分数。Transform（转换），Compute Variable（生成变量）。你可以随便给这个新变量取名，但我们称它是“zyears”。所以，在Target Variable（目标变量）的方框里输入zyears。在Numeric Expression（数值表达式）方框里输入(years－6)/2.57。正如你看到的一样，这个公式计算的是离均差（用原始分数减去平均数），然后再除以标准差。OK（确定）。你就会看到数据视图窗口增加了一个叫zyears的新变量。zyears变量的分数就是年数变量的 Z 分数。数据视图窗口如图2-19所示。[①]

---

①　你也可以直接用SPSS算出 Z 分数。但是SPSS求得的方差使用的是除以（N－1）的那个公式，标准差是在方差的基础上算出的。因此，直接用SPSS算出的 Z 分数与你学过的计算方法得出的结果是不同的。以下是直接用SPSS计算 Z 分数的步骤：①在数据视图窗口，把所有数据输入同一列。② Analyze（分析）， Descriptive statistics（描述统计）， Descriptives（描述）。③将要求 Z 分数的那个变量，然后箭头。④标记为Save standardized values as variables（将变量存为标准化值）的方框（这里需要勾选方框）。⑤ OK（确定）。你就会看到数据视图窗口增加了一个新变量。这个变量的值就是所求变量的 Z 分数。（你可以忽略结果窗口，因为输出结果会默认呈现变量的描述统计量。）

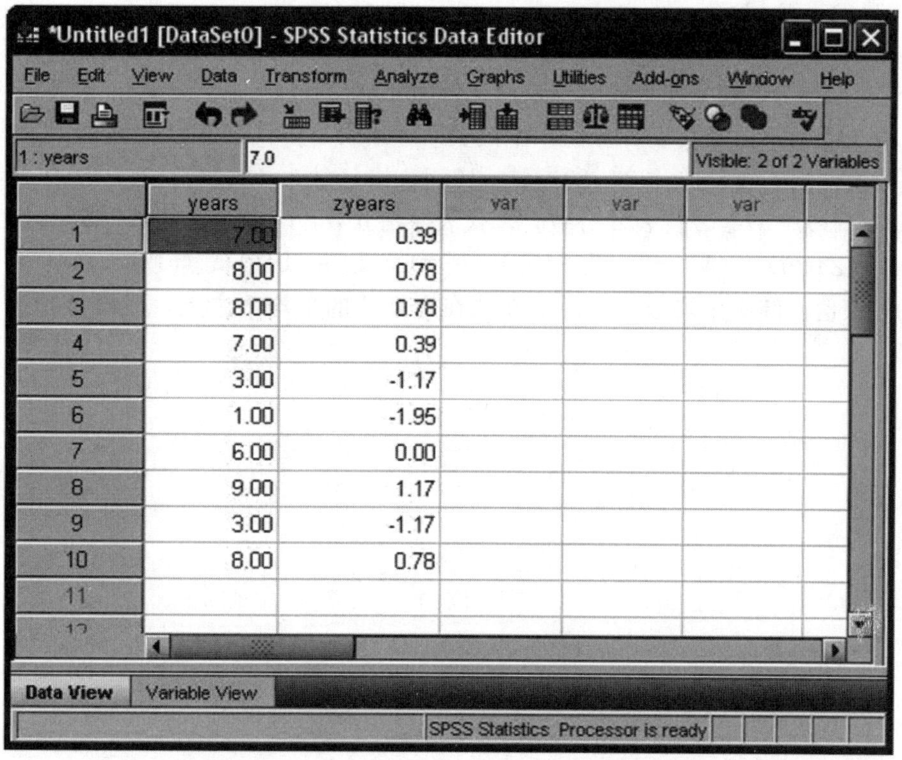

图 2-19　以市长任职年数为例，用 SPSS 将原始分数转换为 Z 分数

"你学会了吗?" 答案

2.1

1. 平均数就是一般的平均数，分数的总和除以分数的个数就是平均数。众数就是在一个分布中频数最大的那个数。中位数就是中间的那个数，即，数据由小到大排列后，中间的那个值。

2. $M=(\sum X)/N$。M 代表平均数；$\sum$ 代表"总和"——所有数据相加；X 代表变量，就是要把它的数据相加；N 代表分数的总个数。

3. $M=(\sum X)/N=(2+3+3+6+6)/5=20/5=4$。

4. (a) 平均数是 5；(b) 众数是 2；(c) 中位数是 3；(d) 平均数不等于中位数是由异常值（13）导致的，异常值使得平均数大于中位数。

2.2

1. (a) 方差就是离差平方和的平均数。(b) 方差能够告诉我们数据的离散程度（即变异性），平均数则能告诉我们分布的代表值。

2. (a) 标准差是离差平方和的平均数的平方根。(b) 标准差是方差的平方根。(c) 标准差大致能够告诉我们数据与平均数的平均差异量。

3. $SD^2=[\sum(X-M)^2]/N$。SD^2 是方差。$\sum$ 代表总和。X 代表所研究变量的分数。M 是平均数。N 是数据的总个数。

4. (a) 方差：$SD^2=[\sum(X-M)^2]/N=[(2-4)^2+(4-4)^2+(3-4)^2+(7-4)^2]/4=14/4=3.50$。(b) 标准差：$SD=\sqrt{SD^2}=\sqrt{3.50}=1.87$。

5. 定义公式是一种标准的公式，从中能直接看出计算过程的含义。计算公式是定义公式的数学变式，如果手算大量的数据，用计算公式很简单，但并不能直接看出它的含义。

6. 本章所学的方差用的是离差平方和除以 N（总个数）。研究文献里的方差通常用的是离差平方和除以（$N-1$）（比总个数少1）。

2.3

1. Z分数就是原始分数在平均数以上或以下几个标准差。

2. $Z=(X-M)/SD$。Z代表Z分数，X代表原始分数，M代表平均数，SD代表标准差。

3. (a) $Z=(X-M)/SD=(30-20)/5=10/5=2$；(b) -1；(c) 0；(d) 0.5。

4. $X=(Z)(SD)+M$。Z代表Z分数，X代表原始分数，M代表平均数，SD代表标准差。

5. (a) $X=(Z)(SD)+M=2\times 2+10=4+10=14$；(b) 11；(c) 10；(d) 4。

6. 此人的健康值在健康平均数之上，幽默感在幽默感的平均数之上，但前者超过平均数的程度更大。

第 3 章

相关与预测

本章内容提要

成功小贴士

学习本章之前，确保自己掌握了第2章有关平均数、标准差和Z分数的内容。

到目前为止，在第1章和第2章，你已经学习了对单一变量的描述统计方法。其中，第1章介绍了如何使用统计图和统计表来描述一组数据的分布，第2章介绍了怎样使用数字（例如平均数、方差、标准差和Z分数）来描述一组数据的分布特征。本章主要介绍用于描述两个以及两个以上变量之间关系的描述统计方法。我们将列举一些日常生活中常见的例子，以助你更好地理解。学生的高中成绩和大学成绩是有关联的。虽然这种关联不是那么绝对，但一般来说，高中学习成绩好的学生，大学学习成绩也会好。再比如，父母的身高与成年孩子的身高也是有关联的。身高较高的父母生出的孩子，长大以后会比身高较矮的父母生出的孩子要高。同样，这种关联虽然不是那么绝对，但其趋势很明显。下面我们具体来看一个例子。

有一项通过在当地报纸上刊登问卷的方式做的有关婚姻方面的调查研究，被试者是来自加利福尼亚圣克鲁斯县的一个小型大学城的113名已婚人士（Aron，Norman，Aron，McKenna，& Heyman，2000）。其中一个问题是："与配偶一起参加活动有多令你兴奋？"问卷采用5点量表计分，1=一点也不兴奋，5=非常兴奋。除此之外，问卷还包括一个标准化的婚姻满意度问卷（其中一个问题是："你认为，通常情况下，你与你的配偶可以融洽地相处多久？"）。

研究的目的在于探究与配偶一起参加兴奋性活动与自我报告的婚姻满意度之间的关系。也就是说，他们想探究与配偶一起参加兴奋性活动的分数与婚姻满意度的分数这两组数据之间的关系。如图3-1所示，相关散点图可以清晰地表示两组数据之间的关系。横轴是被试者关于"与配偶一起参加活动有多令你兴奋？"问题的答案。纵轴是婚姻满意度的得分。每个人在这两个变量上的分数都用一个点表示。

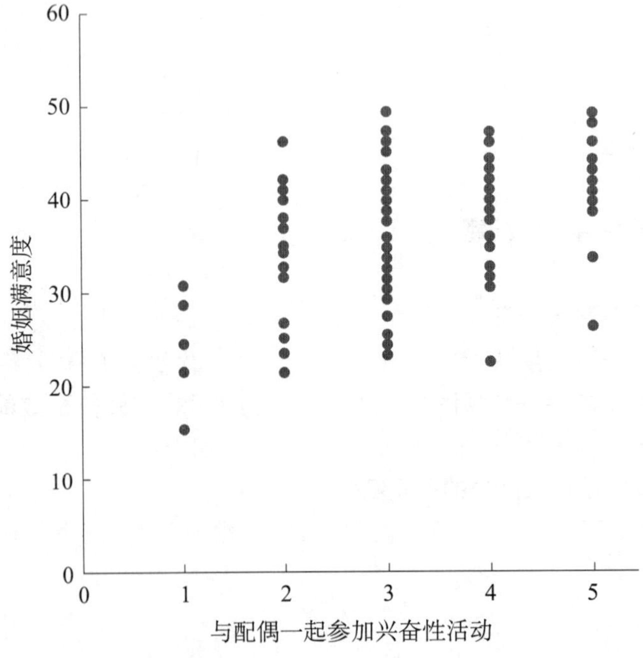

图3-1　113位已婚人士与配偶一起参加兴奋性活动与婚姻满意度之间的相关散点图

资料来源：Aron et al.，2000.

散点图上的点的整体分布趋势是左低右高。也就是说，如果一个人在"与配偶一起参加兴奋性活动"这个变量上得分低，他在"婚姻满意度"变量上的得分也低；反之，若在一个变量上的得分高，则在另一个变量上的得分也高。所以，这个散点图大体上表明，人们与配偶一起做的令人兴奋的事情越多，他们的婚姻满意度就越高。尽管并不是所有人都这样，但一般趋势是这样的。一个变量的得分高，另一个变量的得分也高；一个变量的得分低，另一个变量的得分也低；一个变量的得分中等，另一个变量的得分也是中等。这就是**相关**（correlation）的一个实例。

相关　两个变量得分之间的关系。

相关描述的是两个变量之间的关系。更确切地说，相关测量通常描述的是两个等距数值变量之间的关系。正如你在第 1 章所学到的一样，一个等距数值变量值之间的差异与被测量的潜在事物中的差异是一致的。（大多数的行为与社会科学研究者用到的像 1～10 评级量表这种量表是等距量表。）相关的例子举不胜举：儿童的协调技能和年龄是相关的；学生的学习成绩和学习时间是相关的；我们通常也会认为，超市里货物的价格和质量也是相关的——价格高质量就好，价格低质量就差。

成功小贴士

如果你不确定什么是等距数值变量，那你最好复习一下第 1 章关于变量的种类的内容。

本章探讨相关，包括如何用图来描述相关，不同类型的相关，如何计算相关系数（相关系数是用来表示相关程度的一个数字），如何解释一个相关系数，如何利用相关根据一个人在某个变量上的分数去预测与其在另一个相关变量上的分数（比如，利用高中成绩去预测大学成绩）。

散点图

图 3－1 显示了与配偶一起参加兴奋性活动与婚姻满意度之间的相关。这种图就是**散点图**（scatter diagram）。散点图可以直观地显示两个变量之间的关系模式。

散点图　展示两个变量之间关系的图：其中一个变量的值在横轴上，另一个变量的值在纵轴上；在这个二维空间里，每个分数都用一个圆点来表示。

如何绘制散点图

绘制散点图包括三个步骤：

①画出坐标轴，并规定两个坐标轴上的变量。通常情况下，两变量分别位于哪个坐标轴（横轴或纵轴）上是无关紧要的。但有时候，研究者会把其中一个变量用于预测或引发另一个变量。在这种情况下，横轴上的变量就是预测变量或自变量，纵轴上的变量就是结果变量。在图 3－1 中，我们把兴奋性活动变量放在横轴上，婚姻满意度变量放在纵轴上。这是因为本研究是基于这样一种理论：夫妻一起参与的兴奋性活动越多，他们的婚姻满意度就越高。（本章之后会讲到更多关于预测的问题。）

②规定变量的取值范围，在坐标轴上标记出来。从坐标轴的原点开始，在两个坐标轴上从低到高标出数值。通常情况下，每个坐标轴的最小值都是 0。但如果你研究的数值比 0 大，那么你在每个坐标轴上标记的值也可以从比 0 大的数值开始。比如，你的研究被试者是大学生，其中一个变量是年龄，你的坐标轴就可以从 16 或 17 开始，而不是 0。

每个坐标轴都要囊括你的研究可能出现的最大值。在你不确定研究的最大值是多少的时候，那么坐标轴就要囊括你研究的目标群体总体中通常情况下的最大值。

图 3－1 的横轴是兴奋性活动，评分采用 1～5 的 5 点量表。但坐标值是从 0 开始的，这是因为尽管量表的最低分是 1，但 0 是标准。坐标值最大是 5，因为在量表中，5 是答案的最大可能值。同样，由于婚姻满意度的最大值是 60，所以纵轴的值是从 0～60。（婚姻满意度问卷一共有 10 个问题，每个问题都是 6 点计分，即最低 1 分，最高 6 分。）有时候因为两个坐标轴一样长（1∶1），散点图看起来像一个正方形。

③将每一对数据在图中标记为一个圆点。在横轴上找到第一对数据的横轴变量值的位置；然后，找到与这个点相对应的纵轴变量值的高度；最后，在相应位置标记一个圆点。用同样的方法标出其他

被试者的分数。有时候同样的数据对会出现两次（甚至更多次）。这就意味着，这些被试者的点会出现在同一个位置。如果出现这种情况，你可以在这个点附近再标出另一个点——如果可能，最好紧挨着——但一定要可以清晰地看出这是两个点。或者，你也可以把第2个数值标在那个位置上。

一个例子　假设一个研究者研究睡眠与心情的关系。作为初始测验，研究者在上午的专题研讨会上问6名学生两个问题：

1. 你昨晚睡了几个小时？

2. 当下，你是否非常开心？评定采用9点量表。0=一点也不开心，8=非常开心。

（虚构的）结果见表3-1。（实践中这种研究可以用更大的被试群体。我们只用了6个学生是为了简化学习。实际上我们已经做了这项研究。结果与表3-1所呈现的类似，只是相关关系不如模拟结果中的相关程度强。）

表3-1　**昨晚的睡眠时间与快乐心情（虚构数据）**

睡眠时间（小时）	快乐心情
5	2
7	4
8	7
6	2
6	3
10	6

①画出坐标轴，并规定两个坐标轴上的变量。由于本研究中睡眠先于心情出现，所以将睡眠作为预测变量更有意义。（虽然，心情好的人睡得更多也是有可能的。）因此，如图3-2a所示，我们把睡眠时间放在横轴上，快乐心情放在纵轴上。

②规定变量的取值范围，在坐标轴上标记出来。横轴的值从0开始。我们并不知道最大值，但一般学生不会睡过12小时。纵轴的值从0～8，也就是快乐问题可能的答案的最小值和最大值，如图3-2b所示。

③将每一对数据在图中标记为一个圆点。第一个学生晚上睡了5个小时，那就在横轴上移到5。第一个学生评的快乐等级是2，所以把点从横轴的5向上移到纵轴2的位置。在这个位置上画一个点，如图3-2c所示。按照此步骤画出其他5个学生的点，结果如图3-2d所示。

3.1　你学会了吗？

1. 什么是散点图，它由哪些部分构成？

2. 如果在一个研究里，用一个变量去预测另一个变量，那么（a）哪个变量在横轴，（b）哪个变量在纵轴？

3. 四个人参加一项测验，这个测验包括两个变量：X和Y。X是预测变量，取值范围是从0～6。Y是结果变量，取值范围是从0～7。根据如下数据绘制散点图。

个体	X	Y
A	3	4
B	6	7
C	1	2
D	4	6

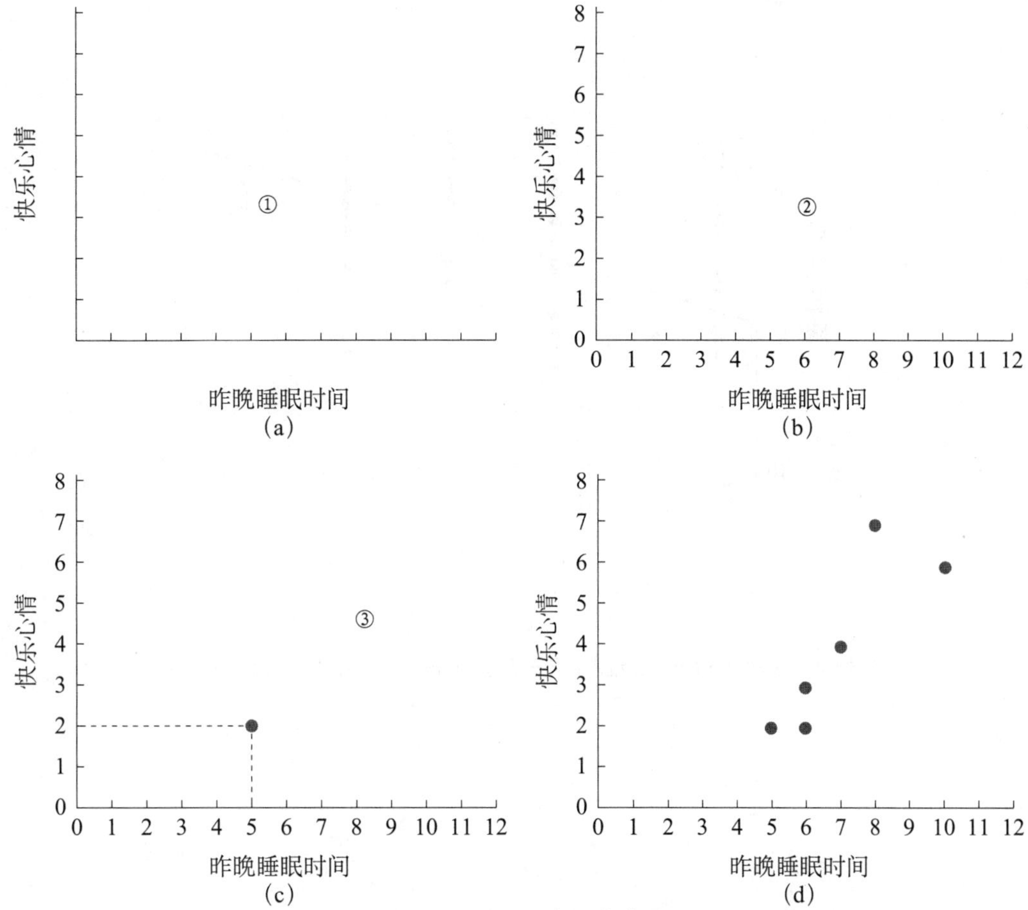

图 3-2　绘制散点图的步骤

注：(a) ①画出坐标轴，并规定两个坐标轴上的变量——横轴是预测变量（昨晚睡眠时间），纵轴是结果变量（快乐心情）；(b) ②规定变量的取值范围，在坐标轴上标记出来；(c) ③把第一个学生的一对数据在图中标记为一个圆点；(d) ③紧接着，将其他学生的数据对在图中标记为相应的圆点。

相关的类型

线性相关和曲线相关

到目前为止，所举的例子的散点图形式都近似一条直线。因此，这些都是**线性相关**（linear correlation）的例子。你可以在与配偶一起参加兴奋性活动和婚姻满意度的散点图（见图 3-1）中画一条直线以表示这些点的相关趋势，如图 3-3 所示。同样，你也可以在快乐心情与睡眠时间的散点图中画一条类似的直线，如图 3-4 所示。要注意的是，事实上分数并非一定总是落在直线的右边。但这条直线可以反映分数的相关趋势。

线性相关　两个变量之间的关系在散点图上表现为散点大致落在一条直线上。

有时，反映两个变量之间关系一般趋势的线并不表现为一条直线，而是一个更加复杂的形式，即**曲线相关**（curvilinear correlation）。比如，一个人的友好程度与被认为是浪漫配偶的程度之间的关系。有证据表明，在某点及其以下，友好程度越高的人越有可能被认为是浪漫的配偶。然而，在那个点以上，被认为是浪漫配偶的程度不会随着友好程度

曲线相关　用散点图表示的两个变量之间的关系并不是线性的；两个变量之间的除了线性之外的关系。

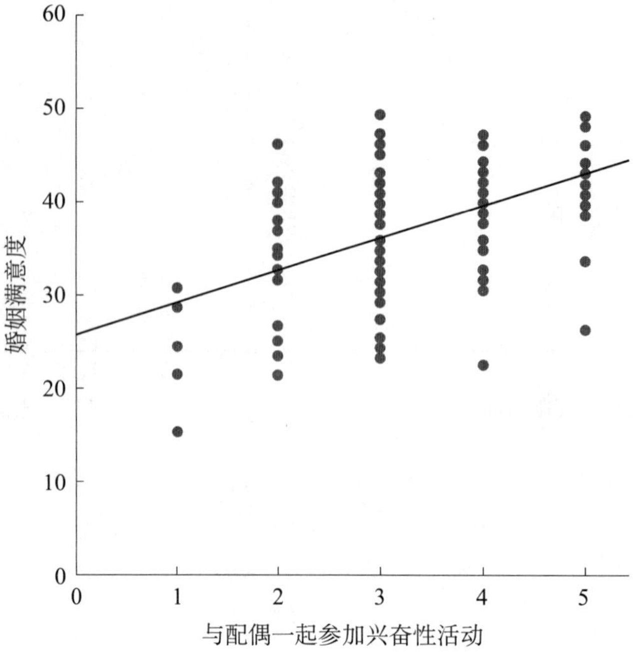

图3-3　在图3-1的散点图中画一条直线表示两个变量关系的一般趋势

资料来源：Aron et al.，2000.

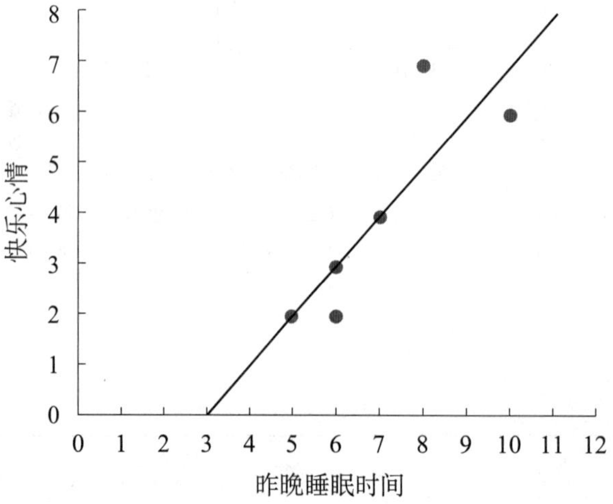

图3-4　依据图3-2d的散点图绘制一条直线表示两个变量关系的一般趋势

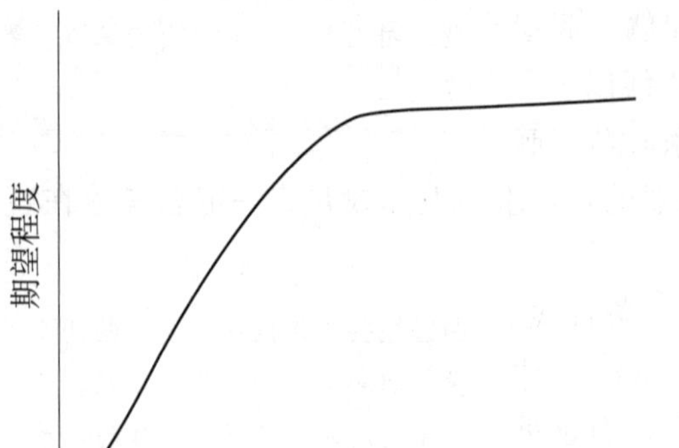

图3-5　曲线相关的例子：期望程度和友好程度

的增加而增加（Li et al.，2002）。这个曲线形式如图3-5所示。这种情况下，你不能画一条直线描述这种情形。曲线形式有很多，其表现可能呈字母u形、v形、c形，但不是一条直线。

常用的计算相关的方法（在本章你很快就会学到的一种方法）可以表示线性相关的相关程度。但如果是曲线相关，还用常用的计算相关的方法来表示相关，那么结果就是相关很小或者无相关。因此，如果要考察两个变量之间的关系，最好是先看散点图的形式，而不是直接计算相关系数，毕竟并不是所有事物之间的关系都是线性的。

无相关

两个变量之间也可能是完全不相关。比如，你研究创造力与鞋子尺码的关系，结果可能会如图 3 - 6 所示。图中的点分散在四面八方，没有任何曲线、直线或其他什么线能代表变量相关的一般趋势。这就是**无相关**（no correlation）。

无相关　两个变量之间没有规律性的关系。

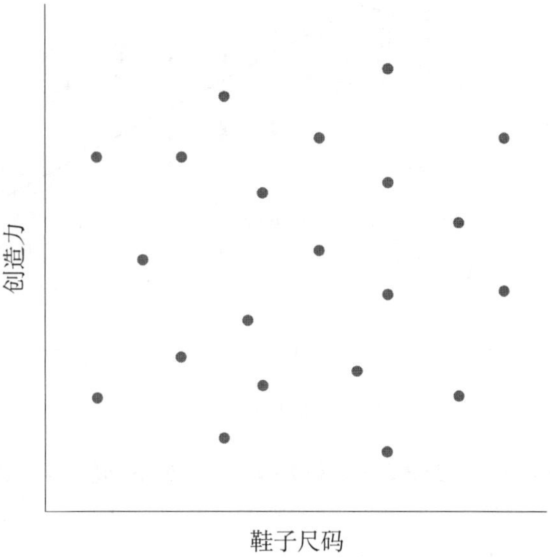

图 3 - 6　没有任何关系的两个变量：创造力和鞋子尺码（虚构数据）

线性正相关和线性负相关

正相关　两个变量之间的关系是这样的：一个变量的分数高，则另一个变量的分数也高；一个变量的分数是中等的，则另一个变量的分数也是中等的；一个变量的分数低，则另一个变量的分数也低；散点图上的点几乎都落在一条直线上，这条直线是左低右高。

负相关　两个变量之间的关系是这样的：一个变量的分数高，则另一个变量的分数就低；一个变量的分数是中等的，则另一个变量的分数也是中等的；一个变量的分数低，则另一个变量的分数就高；散点图上的点几乎都落在一条直线上，这条直线是左高右低。

到目前为止，我们所举的线性相关的例子，比如与配偶一起参加兴奋性活动与婚姻满意度的例子，如果一个变量的分数高，那么另一个变量的分数也高；一个变量的分数低，那么另一个变量的分数也低；一个变量的分数中等，那么另一个变量的分数也是中等。这就是**正相关**（positive correlation）。（使用术语“正”的原因是，在几何中，如果一条直线左低右高，那么该直线的斜率就是正的。图 3 - 3 和图 3 - 4 中正相关的直线就是左低右高。）

然而，有时一个变量的分数高，则另一个变量的分数低；反之，一个变量的分数低，则另一个变量的分数高。这就是**负相关**（negative correlation）。比如，在那个婚姻调查研究中，研究者也调查了厌倦度与婚姻满意度的关系。很显然，一个人越是厌倦夫妻之间的关系，他的婚姻满意度越低。同样，他越是不厌倦，婚姻满意度就越高。也就是说，一个变量的分数越高，与之相对应的另一个变量的分数越低。如图 3 - 7 所示，也用一条直线表示两个变量的相关趋势。这条线是左高右低。（把这个图与图 3 - 3 进行对比，图 3 - 3 是与配偶一起参加兴奋性活动与婚姻满意度的关系，相关趋势线是左低右高。）

另一项研究（Mirvis & Lawler，1977）也能很好地说明负相关。该研究发现旷工率和工作满意度呈负相关。也就是说，工作满意度越高，旷工率就越低。反之，工作满意度越低，旷工率就越高。研究者把这一项研究推广到全世界（如 Punnett et al.，2007），在大学里得到了同样的结论：学生的满意

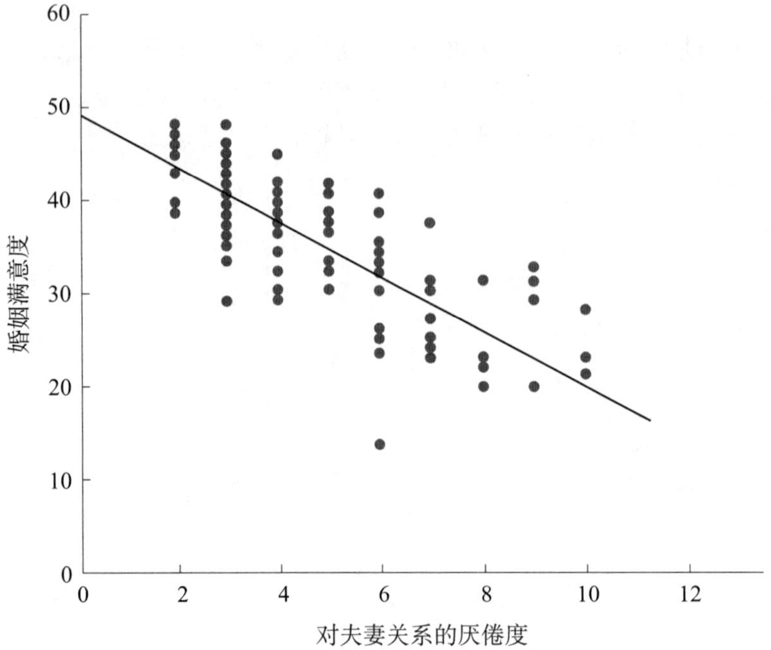

图 3-7　通过一条直线表示两个变量之间负相关趋势的散点图：越厌倦夫妻关系，婚姻满意度越低

资料来源：Aron et al.，2000.

度越高，逃课就越少（Yorges，Bloom，& Defonzo，2007）。

相关的强度　相关的强度就是指两个变量之间相关的程度。比如，正相关是指两个变量的分数都高，或都是中等的，或都低。这个相关的强度就是指两个变量的分数都高的程度。同样，负相关的强度是指一个变量的分数高而另一个变量的分数低的程度。从另一个角度来看，相关的强度可以从散点图上的点与同一条趋势线的紧密程度看出来。

区分相关类型的重要性

接下来你要学习的很重要的一部分内容就是线性相关的方向和强度。如我们之前所讲的一样，在计算相关的方向和强度之前要先画个散点图，判断相关的类型。如果是曲线相关，那就不能用计算线性相关的方法来计算，这是因为用计算线性相关的方法计算曲线相关会出现错误。（比如，如果不是线性相关，你可能会把相关很强的两个变量误认为是相关很弱或无相关。）你应该假设相关都是线性的，除非散点图表明它是曲线相关。因为当线性关系很弱时，点就会离趋势线很远。在这种情况下，就不能用这条直线代表点的相关趋势。

即使相关是线性的，最好也要看清楚散点图。通过散点图注意相关的方向（正或负）并粗略估计相关的强度。当散点图上的点离趋势线很远，几乎没有相关的时候，这就是弱相关。如果散点图上的点离趋势线很近，这就是强相关。如果散点图上的点离趋势线的距离介于强相关和弱相关之间，这就是中等相关。不同的相关的方向和强度的散点图的例子如图 3-8 所示。图 3-8a 是强正相关（散点分布呈左低右高，并且都紧密地落在同一条趋势线周围），图 3-8b 是强负相关，图 3-8c 是中等正相关，图 3-8d 是中等负相关，图 3-8e 和图 3-8f 都是弱相关或无相关。用散点图估计相关的方向和强度的重要性在于，可以借此检查你计算的相关是否有误。至于如何计算相关，将在下一节的内容中介绍。

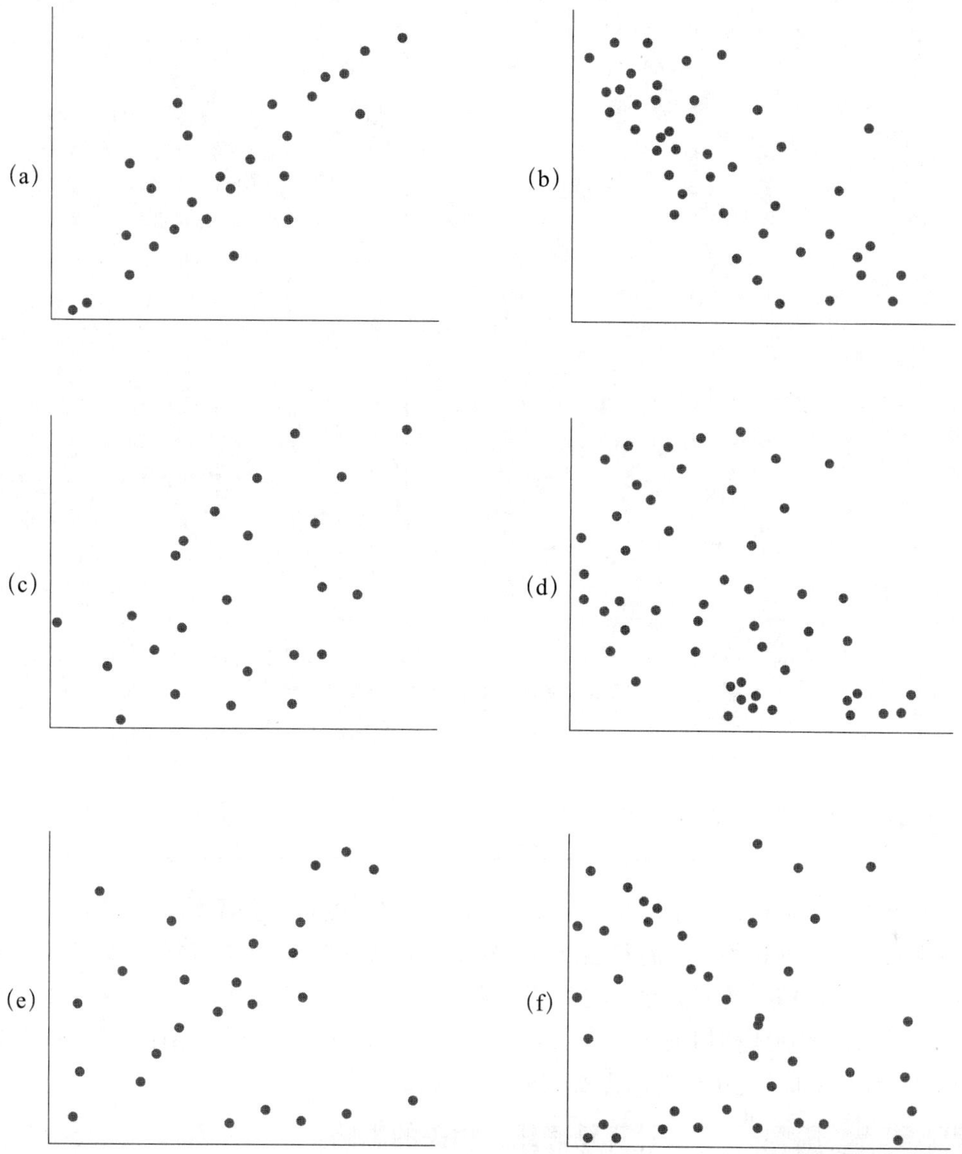

图 3-8　不同强度的相关散点图的例子

3.2　你学会了吗?

1. 线性相关与曲线相关的散点图有何区别?

2. 两个变量之间无相关是什么意思?

3. 从以下两个方面指出线性正相关与线性负相关的区别:(a) 散点图的形式,(b) 两个变量之间的关系如何体现为散点图的形式。

4. 指出图 3-9 中的散点图是线性相关、曲线相关还是无相关。如果是线性相关,指出相关的方向和强度。

5. 列举两条理由来说明为什么要在计算线性相关前先要借助散点图鉴别出相关的类型。

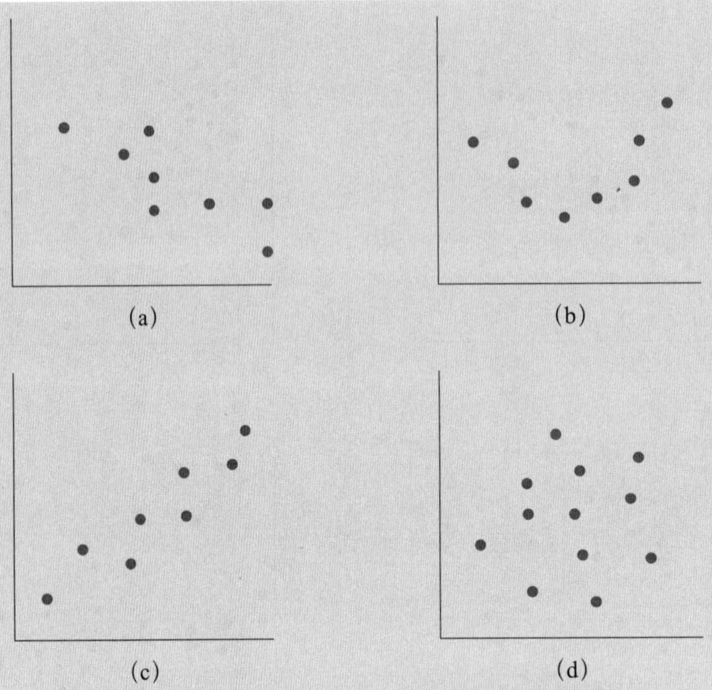

图 3-9 “你学会了吗”（3.2）第4题中的散点图

相关系数

通过散点图可以粗略地估计两个变量之间关系的类型和强度，但并不精确。所以我们需要用一个数字精确地描述相关（根据相关的方向和强度）。比如，我们知道当两个变量的变动方向一致时，它们之间就是线性正相关。而精确的相关系数可以告诉我们两个变量变动一致性的程度。如前面所学的一样，在散点图中，如果是强线性相关，那么点就会密集地分布在趋势线的周围（相关的方向决定了趋势线的方向）。完全线性相关是指所有的点都刚好落在这条直线上。

成功小贴士

不要诧异自己为何要花费时间去理解计算精确线性相关的思路。

计算精确线性相关的思路

要计算线性相关，首先要知道哪些是高分，哪些是低分。这就意味着需要用相同的方法去比较两个不同变量的取值。如第2章所学，我们可以借助 Z 分数去解决类似比较苹果和橘子的问题。

让我们回顾一下，Z 分数是描述某个分数距离平均数几个标准差的位置量数。无论变量的取值范围是多大，把原始分数转换为 Z 分数以后，高分（变量的分数是大于平均数的）就得到一个正的 Z 分数。同样，低分就得到一个负的 Z 分数。进一步来讲，无论你使用什么测量工具，都可以使用 Z 分数来衡量一个分数的相对位置。Z 分数是1，就是指它在平均数以上1个标准差的位置；Z 分数是2，就是指它在平均数以上2个标准差的位置。可以使用 Z 分数直接将两个变量的分数进行对比。

Z 分数的交叉乘积 一个人在某一个变量上的 Z 分数乘以他在另一个变量上的 Z 分数的结果。

Z 分数对计算精确相关非常有用，还因为另外一个原因。如果将一个变量的分数乘以另一个变量的分数，这就是交叉乘积。当使用 Z 分数时，就叫 **Z 分数的交叉乘积**（cross-product of Z scores）。如果你把两个分数都高的 Z 分数相乘，那你就会得到一个正的交叉乘积值。这是因为，无论是什么变量，只要分数大于平均数，它的 Z 分数就都是正的，而两个正值相乘就会得到一个正值。另外，更有趣的是，将两个分数都低的 Z 分数相乘，也会得到一个正的交叉乘积值。这是因为，无论是什么变量，只要分数小于平均数，它的 Z 分数就都是负的，而两个负值相乘就会得到一个正值。

如果两个变量的分数同时都高或同时都低，那么 Z 分数的交叉乘积就是正数。假设在一个分布中，两个变量的分数同时都高或同时都低，用所有个体在一个变量上的 Z 分数乘以所有个体在另一个变量上的 Z 分数，那么结果肯定都是正数。如果把本研究所有被试者的正的 Z 分数的交叉乘积都相加，结果就是一个很大的正值。

另外，在一个线性负相关里，一个变量的分数高，则另一个变量的分数就低，反之亦然。对于 Z 分数来说，就是正值和负值，或负值和正值。无论是正值和负值还是负值和正值相乘，都会得到负的 Z 分数的交叉乘积。如果把这些负的交叉乘积都相加，就会得到一个很大的负值。

最后，假设是无线性相关。在这种情况下，有些人在两个变量上的分数的变动方向是一致的，都大或都小，交叉乘积就是正数。而另一些人在两个变量上的分数的变动方向是相反的，一个值大则另一个值就小，交叉乘积就是负数。如果把本研究所有被试者的交叉乘积相加，正、负数就会相互抵消，结果就是 0（或者接近零）。

无论是正相关、负相关还是无线性相关，都要先把分数转换为 Z 分数，把每对分数的 Z 分数相乘，然后求这些交叉乘积的总和。如果是*正相关*，结果就是*一个很大的正数*；如果是*负相关*，结果就是*一个很大的负数*；如果是*无线性相关*，结果就*接近 0* 。

但这并没有求出相关的强度到底是多少。虽然说数值越大，相关就越大。但是到底大到什么程度才算是大？什么程度是不大？由于相加的交叉乘积对应的人数越多，值就越大，所以并不能仅仅通过交叉乘积的总和来判断相关的强度。（在同一研究中，100 个人的交叉乘积的总和就比 25 个人的交叉乘积的总和大。）解决方法就是用交叉乘积的总和除以参与研究的总人数。也就是计算 *Z 分数的交叉乘积的平均数*。Z 分数的性质决定了这个平均数不会大于 1 [正**完全相关**（perfect correlation）]，也不会小于 −1（负完全相关）。无线性相关的 Z 分数的交叉乘积的平均数是 0。

不完全正相关是很常见的，它的 Z 分数的交叉乘积的平均数的取值范围是 0～1。也就是说，如果散点图上的点分散在趋势线（左低右高）周围，但并没有完全落在线上，取值范围就是 0～1。同样道理，负相关的取值范围是 −1～0。

完全相关　表示两个变量关系的散点图上的点完全落在一条直线上；$r=1$ 或 $r=-1$；同一个体在两个变量上的 Z 分数是一样的。

相关系数(*r*)　测量两个变量之间线性相关的程度，取值范围是从 −1（完全负相关）到 1（完全正相关）；它是两个变量的 Z 分数的交叉乘积的平均数。

r　相关系数。

相关系数

Z 分数的交叉乘积的平均数就是**相关系数**(***r***，correlation coefficient)。也叫*皮尔逊相关系数*（传统上也叫*皮尔逊积矩相关系数*）。这是以卡尔・皮尔逊（Karl Pearson）命名的（在专栏 11 - 1 会介绍他）。皮尔逊和高尔顿（高尔顿的介绍见专栏 3 - 1）在相关系数的发展上做出了重要的贡献。相关系数用字母 ***r*** 表示，*r* 是*回归*（regression）的缩写，回归与相关有很密切的关系。（在以后的章节里会讲到回归。）

成功小贴士

如果你计算出的相关系数大于 1 或小于 −1，那么你的计算中肯定存在错误。

相关系数的符号（＋或－）表示相关的一般趋势，即是正相关（散点图上的点的分布是左低右高）还是负相关（散点图上的点的分布是左高右低）。相关系数的值——不加符号，最小是 0，最大是 1——代表相关的强度。所以，＋0.85 比＋0.42 的相关性强。同样，－0.90 比＋0.85 的相关性强（因为 0.90 大于 0.85）。也就是说，在散点图中，点越是密集地分布在同一条直线周围，相关性越强。图 3 - 10 显示了图 3 - 8 中每个散点图所对应的相关系数。为了确保你理解了以上内容，你可以检验每个散点图所对应的相关系数与散点图的类型是否一致。

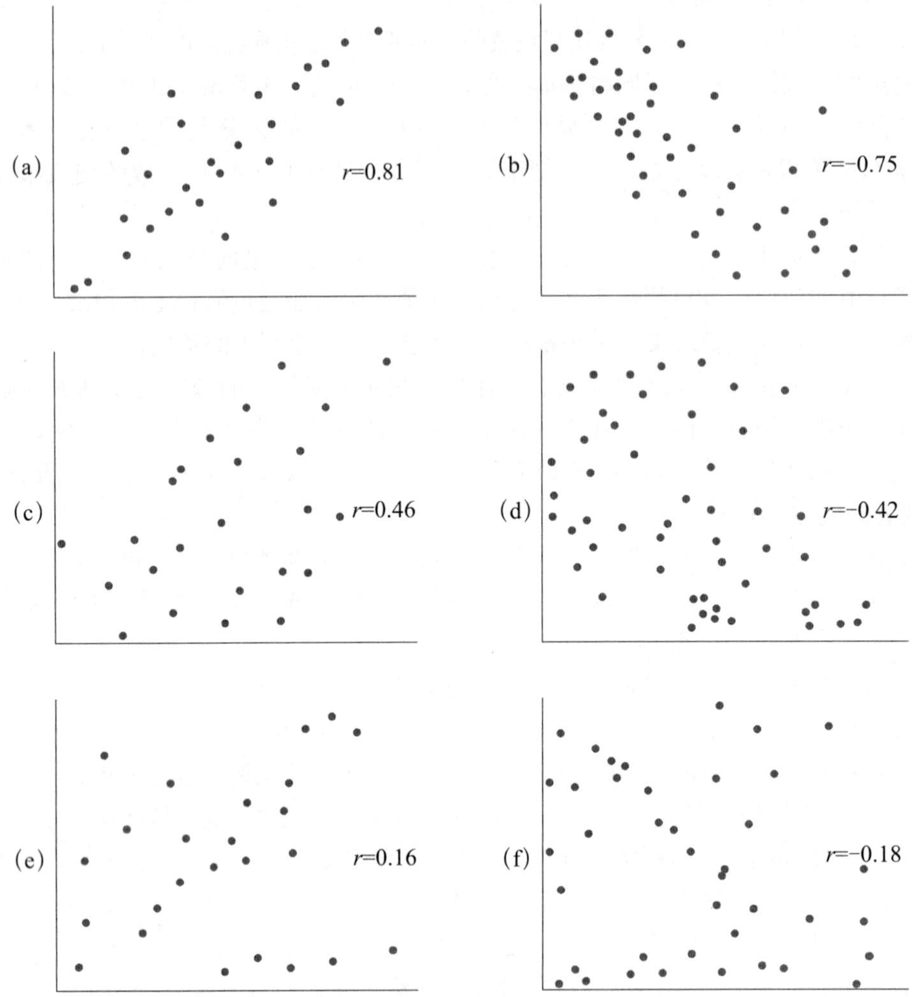

图 3-10 相关程度不同的散点图及其相关系数的例子

相关系数的公式

相关系数就是 Z 分数的交叉乘积的平均数。公式如下：

相关系数就是研究中所有被试者各自的两个 Z 分数的交叉乘积之和除以总人数。

$$r=\frac{\sum Z_X Z_Y}{N} \tag{3-1}$$

Z_X 变量 X 的 Z 分数。
Z_Y 变量 Y 的 Z 分数。

式中，r 代表相关系数。Z_X 代表每一个体在变量 X 上得分的 Z 分数，Z_Y 代表每一个体在变量 Y 上得分的 Z 分数。$Z_X Z_Y$ 是每一个体 Z_X 与 Z_Y 的乘积（Z 分数的交叉乘积），$\sum Z_X Z_Y$ 是研究中所有被试者的 Z 分数的交叉乘积之和。N 代表研究被试者的总个数。[①]

① 还有使用原始数据计算相关系数的公式，它是上述公式的数学等价公式，两个公式的计算结果相同。该公式如下：

$$r=\frac{N\sum(XY)-\sum X\sum Y}{\sqrt{N\sum X^2-(\sum X)^2}\sqrt{N\sum Y^2-(\sum Y)^2}} \tag{3-2}$$

当你需要手算大量的数据时，这个公式就很好用，因为你不需要先计算 Z 分数。然而，正如我们在第 2 章强调的一样，研究者很少使用该计算公式，因为实际计算都是由计算机完成的。所以你最好使用定义公式（3-1），因为在解决问题时使用定义公式可以强化你对相关系数的理解。本章中所有的例子都用定义公式计算，也希望你在做练习题时使用定义公式。

计算相关系数的步骤

计算相关系数分为以下四个步骤：

①将所有分数转为 Z 分数。需要计算每个变量的平均数和标准差，然后将原始分数转换为 Z 分数（使用第 2 章所学方法计算）。

②计算每个被试者的 Z 分数的交叉乘积。也就是说，将每个被试者在两个变量上的 Z 分数相乘。

③求 Z 分数的交叉乘积的总和。

④再除以被试者的总个数。

> **成功小贴士**
>
> 在第①步中，将原始分数转换为 Z 分数时，你先计算一个变量的所有 Z 分数，然后再计算另一个变量的所有 Z 分数，这样容易出错。为了确保计算正确，在计算完一个变量的所有 Z 分数之后，将它们相加，结果应该为 0。

一个例子

以睡眠和心情为例按照计算相关系数的步骤计算相关系数。

> **成功小贴士**
>
> 当计算 Z 分数的交叉乘积时，要注意每个 Z 分数的符号。正如你所知道的，两个负数相乘得到一个正数。在这一步的计算中，许多人容易出错，所以要特别注意。

①将所有分数转为 Z 分数。先计算昨天晚上的睡眠时间，平均数是 7（总和是 42，除以 6 个学生），标准差是 1.63（离均差的平方的总和是 16，除以 6 个学生，方差就是 2.67，开方就是 1.63）。第一个学生的睡眠时间是 5，所以这个学生的 Z 分数就是 (5－7)/1.63，等于－1.23。因此第一个分数的 Z 分数就是－1.23。用同样方法计算睡眠时间变量上剩下的 Z 分数，结果如表 3-2所示。再以同样方法计算快乐心情变量的 Z 分数，结果如表 3-2所示。比如，从表 3-2 中可以看出第一个学生的快乐心情变量的 Z 分数是－1.04。

②计算每个被试者的 Z 分数的交叉乘积。比如第一个学生，用－1.23 乘以－1.04，等于 1.28。所有学生的 Z 分数的交叉乘积见表 3-2 最后一列。

③求 Z 分数的交叉乘积的总和。所有的 Z 分数的交叉乘积的总和见表 3-2，总和是 5.09。

④再除以被试者的总个数。用 5.09 除以 6（研究中所有学生的人数），等于 0.848，四舍五入等于 0.85。这就是相关系数。

用相关系数的公式计算，则有：

$$r=\frac{\sum Z_X Z_Y}{N}=\frac{5.09}{6}=0.85$$

由于相关系数是正数而且接近 1，1 是最高可能值，所以这是一个非常强的线性正相关系数。

表 3-2　以睡眠和心情关系研究为例计算相关系数（虚构数据）

睡眠时间 (X)				快乐心情 (Y)				交叉乘积
离均差		离均差的平方	Z 分数	离均差		离均差的平方	Z 分数	
X	$X-M$	$(X-M)^2$	Z_X	Y	$Y-M$	$(Y-M)^2$	Z_Y	$Z_X Z_Y$
5	−2	4	−1.23	2	−2	4	−1.04	1.28
7	0	0	0	4	0	0	0	0
8	1	1	0.61	7	3	9	1.56	0.95
6	−1	1	−0.61	2	−2	4	−1.04	0.63
6	−1	1	−0.61	3	−1	1	−0.52	0.32
10	3	9	1.84	6	2	4	1.04	1.91
$\sum X=42$		$\sum(X-M)^2=16$		$\sum Y=24$		$\sum(Y-M)^2=22$		$\sum Z_X Z_Y=5.09$
$M=7$		$SD^2=16/6=2.67$		$M=4$		$SD^2=22/6=3.67$		$r=5.09/6=0.85$
		$SD=1.63$				$SD=1.92$		

专栏 3-1　高尔顿：绅士天才

弗朗西斯·高尔顿（Francis Galton）发明了相关系数。（卡尔·皮尔逊提出了相关系数的公式，但是皮尔逊是高尔顿的学生，所以他把所有的功劳都归功于高尔顿。）统计学在那个时期（19世纪末）还只是英国一个很小的俱乐部。事实上，那时候其他学科都具有较大规模的俱乐部。高尔顿受到他表兄弟查尔斯·达尔文（Charles Darwin）的影响巨大。

高尔顿是一个典型古怪的、独立富有的绅士科学家。除了统计学之外，他还拥有医学学位，发明了水下阅读镜、立体地图，涉足气象学、人类学，提出了迄今仍在使用的识别指纹的系统，撰写了从星球中接收智慧信号的文章。

尤其是，高尔顿是强迫性计数患者。其中他的有些计数行为并不为人熟知。当他演讲时，他会数计某个听众每分钟做小动作的次数，以探究听众做小动作是如何随着主题无聊性的变化而变化的。当他看画家画两幅相同的画的时候，他会数计艺术家每小时的画笔次数，进而计算出每幅肖像画平均需要画20 000笔。当他走在不列颠群岛的各个城镇的街道上时，他会对当地的女性居民按照漂亮程度进行分类，并用放在口袋中的编码设备分别记为"漂亮""一般""不漂亮"。

然而，高尔顿的最大兴趣在于统计不同家庭中天才、罪犯及其他各种类型的人数。他试图弄清楚各种不同类型的人是如何产生的。在此基础上，通过政府行为实施优生，即由优生学家决定并选择聪明的、行为道德高尚的以及具有其他良好品质的人育种，从而科学地改进人类种族。（优生学由此开始受到毁誉。）相关的概念直接来自高尔顿在优生领域的简单工作，即研究子女与父母身高之间的关系。

想要了解有关高尔顿更多的信息，可以查阅下列网页：http://www-history.mcs.st-andrews.ac.uk/Biographies/Galton.html。

资料来源：Peters（1987），Salsburg（2001），Tankard（1984）.

绘制散点图并计算相关的例子

在这个例子中，我们将绘制散点图与计算相关系数的步骤合二为一。

假设一个教育研究者知道某一特定小型学区内的五所小学平均班级规模以及平均考试成绩，如表3-3所示。（再强调一次，在实际的研究中不可能只用五所学校进行研究或者求相关，我们简化数据是为了让你更容易理解以下步骤。）接下来的问题是：两个变量之间是什么关系？

表3-3　五所小学的平均班级规模和学生考试成绩（虚构数据）

小学	班级规模	考试成绩
Main Street	25	80
Casat	14	98
Lakeland	33	50
Shady Grove	28	82
Jefferson	20	90

他首先要做的是绘制散点图。散点图的绘制可分以下三个步骤。

①画出坐标轴，并规定两个坐标轴上的变量。 鉴于更合理的假设是班级规模影响考试成绩，而不是考试成绩影响班级规模，所以横轴是班级规模。

②规定变量的取值范围，在坐标轴上标记出来。 考试成绩的取值范围是0～100。班级规模不能小于1（由于很接近零，所以横轴可以从0开始），在本例中假设班级的最大规模是50。

③将每一对数据在图中标记为一个圆点。 绘制完成的散点图如图3-11所示。

根据本章前面所学可知，在计算相关系数之前最好先看散点图，确保它不是曲线相关。在本例中，从散点图的点的走向可以看出，它并不是曲线（实际上，接近一条直线），所以可以假定它是线性相关。最好估计一下相关的方向和强度，这可以防止计算时出现严重的错误。在本例中，点的走向很明显是左高右低，这表明它是强负相关。现在我们来计算相关系数。计算相关系数的一般步骤如下。

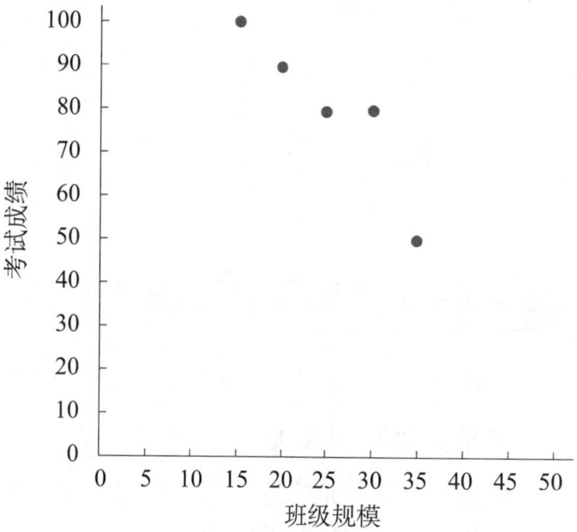

图 3-11　根据表 3-3 中的数据绘制的散点图

①将所有分数转为 Z 分数。 班级规模的平均数是 24，标准差是 6.54。所以第一个班级规模 25 的 Z 分数是 0.15，即 (25－24)/6.54＝0.15。所有 Z 分数见表 3-4相应的列。

②计算每个被试者的 Z 分数的交叉乘积。 第一个交叉乘积是 0.15 乘以 0，等于 0。第二个是－1.53 乘以 1.10，等于－1.68。所有的 Z 分数的交叉乘积见表 3-4 的最后一列。

③求 Z 分数的交叉乘积的总和。 总和是－4.52。

④再除以被试者的总个数。 Z 分数的交叉乘积的总和（－4.52）除以被试者的总个数（5）的结果是－0.90。也就是说 r＝－0.90。

用相关系数的公式计算，则有：

$$r=\frac{\sum Z_X Z_Y}{N}=\frac{-4.25}{5}=-0.90$$

相关系数是－0.90，这与我们估计它们是强负相关的关系是一致的。

表 3-4　计算五所小学的平均班级规模和学生考试成绩之间的相关系数（虚构数据）

小学	班级规模		考试成绩		交叉乘积
	X	Z_X①	Y	Z_Y①	$Z_X Z_Y$②
Main Street	25	0.15	80	0.00	0.00
Casat	14	－1.53	98	1.10	－1.68
Lakeland	33	1.38	50	－1.84	－2.54
Shady Grove	28	0.61	82	0.12	0.07
Jefferson	20	－0.61	90	0.61	－0.37
Σ:	120		400		－4.52③
M:	24		80		r＝－0.90④
$SD=\sqrt{214/5}=6.54$			$\sqrt{1\,328/5}=16.30$		

3.3　你学会了吗?

1. 给出用 Z 分数计算两个变量之间精确线性相关的两个理由。从思考相关的表现入手，一个高分数或低分数是如何随另一个高分数或低分数变化的（对负相关而言，亦然）。

2. 计算相关系数时，为什么要用两个 Z 分数的交叉乘积之和除以研究中的总人数?

3. 写出相关系数的公式并说明公式中每个符号的含义。

4. 以下所列是 3 个人在 X 和 Y 两个变量上所测分数的 Z 分数，据此计算相关系数。

个体	Z_X	Z_Y
K	0.5	−0.7
L	−1.4	−0.8
M	0.9	1.5

相关系数解释中的问题

解释相关系数时有一些特别需要注意的地方。

因果关系与相关关系

如果两个变量是线性相关，我们通常会假设存在某种因素导致它们共变。但并不能仅仅因为两个变量相关就确定**因果关系方向**（direction of causality）（即确定谁是因，谁是果）。

因果关系方向 因果效应的路径；如果是 X 引起 Y 的变化，那么因果关系方向就是从 X 到 Y。

三种可能的因果关系方向

回顾本章最初的例子：与配偶一起参加兴奋性活动与婚姻满意度的关系。这两个变量之间的因果关系方向可能有以下三种：

1. 兴奋性活动是因，婚姻满意度是果。
2. 婚姻满意度是因，兴奋性活动是果。
3. 存在像是工作压力小（相对于工作压力大的人来说）之类的第三种变量使人们在婚姻生活中很快乐，同时有更多的时间同配偶一起参加兴奋性活动。

图 3-12a 展示了这三种可能的因果关系方向。

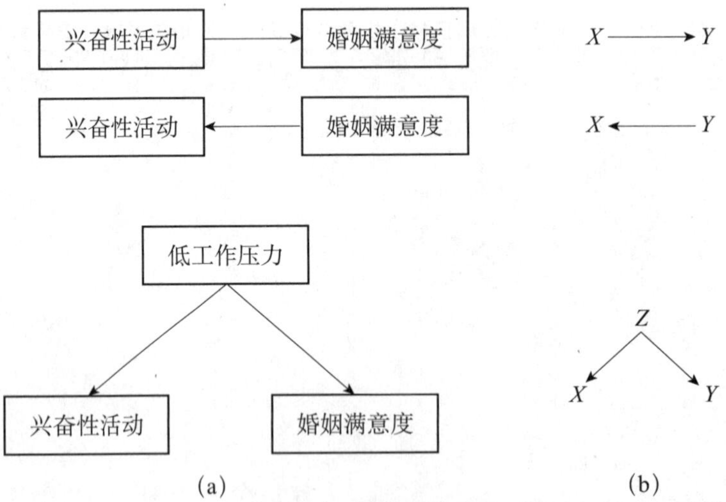

图 3-12 相关的三种可能的因果关系方向

注：(a) 兴奋性活动与婚姻满意度的关系的例子；(b) 一般情况下，变量 X 和 Y 之间可能的因果关系。

一般情况下，如果变量 X 和 Y 相关，会有至少以下三种因果关系方向：

1. X 是因，Y 是果。
2. Y 是因，X 是果。
3. 不为所知的第三种因素引起 X 和 Y 的变化。

这三种可能的因果关系方向见图 3-12b。

当然也有可能而且有很大可能是多种因果关系方向导致两个变量之间的相关。

如何排除某些可能的因果关系方向

有时可以根据经验来排除一种或多种可能的因果关系方向。比如，在中学成绩与大学成绩的关系中，你不能说大学成绩会影响中学成绩，因为从时间序列上来讲后面的事情不能影响前面的事情。但即使排除了大学成绩影响中学成绩，我们仍然无法知道是中学成绩影响了大学成绩（比如，中学成绩高会增强学生的自信心进而影响大学成绩），还是存在第三种因素，比如学生学习的努力程度，同时影响学生的中学和大学成绩。

纵向研究　在两个或多个时间点上测量被试者反应的研究。

真实验　被试者随机被分配（类似于扔硬币决定）到一个变量的特定水平上，然后测量被试者在另一个变量上的反应的一种研究。

在行为与社会科学中，排除因果关系方向的一个最主要的策略就是在两个不同的时间点测量同一批被试者。这就是**纵向研究**（longitudinal study）。比如，我们可以在某个时间点测一对夫妻一起参加兴奋性活动的水平，几年之后，再测这对夫妻的婚姻满意度。Tsapelas、Aron 和 Orbuch（2009）就做了这样的研究并发现，自我报告一起参加的兴奋性活动越多的夫妻，9 年后的婚姻满意度越高。

另一种主要的方法就是使用**真实验**（true experiment）设计。在真实验里，被试者都是随机被分配（类似于扔硬币决定）到一个变量的特定水平上，然后测量被试者在另一个变量上的反应。（更多有关真实验的内容，请参见 Web Chapter W1，其中主要介绍了行为与社会科学研究的逻辑与用语。）

比如，Aron 等(2000) 以已婚夫妻为研究对象，设计了一系列真实验。已婚夫妻在实验室里用 10 分钟一起参加一个设计好的活动，然后填写婚姻满意度问卷。这个实验之所以是真实验，是因为，随机选择一半的夫妻参与兴奋性活动，另一半的夫妻参与令人愉悦但不使人兴奋的活动。如图 3－13 所示，兴奋性活动是这样的：夫妻一起将一个圆柱形的枕头运过一个障碍物，但不能用手和手臂，一旦碰到腕关节和踝关节，就会被贴条。结果发现，参与兴奋性活动的夫妻的婚姻满意度要高于参与令人愉悦但不使人兴奋的活动的夫妻。通过实验我们可以确信，至少在这种情况下，活动是因，婚姻满意度是果。

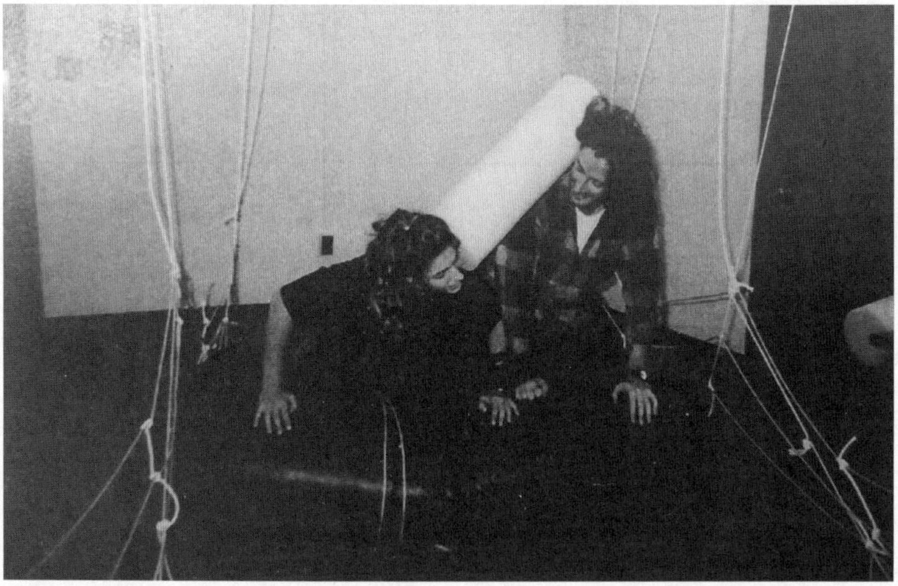

图 3－13　Aron 等(2000) 研究中一对夫妻参加兴奋性活动时的照片

总之要记住，仅仅通过两个变量存在相关关系，不能断定它们的因果关系。理解这条原则是理解行为与社会科学研究最重要的一点。

相关系数的统计显著性

相关系数本身是描述统计量，它指出所研究群体相关的方向（正或负）和强度。但是，在做研究时，你更感兴趣的是所研究的这一特定群体能否代表你没有研究的更大范围的群体。比如，研究者只研究了6个被试者的睡眠与心情的关系，但他很想知道，通过这6个人的研究结果，可以看出一般人群的睡眠与心情之间存在怎样的关系。（在实际研究中，为了实现研究目的，你将会选用更多的被试者。为了更容易掌握所学知识，我们才选用了这么少的被试者。）

然而，当你只研究欲了解的总体中的一部分人时，会存在一个问题。可能你所研究的人群的变量之间正好是正相关的，但总体可能是不存在相关的。

统计显著　如果在你想了解的更大的群体中没有任何联系，那么研究结果就不太可能成立的结论。

如果事实上总体不存在相关，即零相关，那么我们从研究中得到一个较高的相关系数就不太可能，这就涉及我们所说的相关的**统计显著**（statistically significant）。如果这种可能性小于一些很小的概率（p），比如0.05（5%）或0.01（1%），我们就说在“$p<0.05$”水平上或“$p<0.01$”水平上，相关是显著的。

从第4章开始，本书的重点就是介绍统计显著性的方法与逻辑思想。本章会大概介绍统计显著性的内容，但具体细节会在以后的章节详细介绍。（本章的附录会具体介绍如何使用统计显著性的一般原则计算相关系数的显著性，在第8章之前都会用到这个附录。）在这里讲这部分内容，主要是为了让你在看到研究报告提到统计显著——$p<0.05$或其他类似表述时，能有个基本概念。

3.4　你学会了吗?

1. 假如焦虑和抑郁之间存在相关，有哪三种可能的因果关系方向可以解释焦虑与抑郁之间的相关?

2. 研究者随机分配被试者吃0块、2块或4块饼干，然后问他们的饱腹感。被试者吃饼干的数量与饱腹感存在高相关。试问能排除和不能排除哪种因果关系方向?

3. 某个特定的相关系数具有统计显著性，其含义是什么?

预测

成功小贴士

在学习这部分内容之前，确保自己掌握了相关的所有知识。

在学习已有相关知识的基础上，现在我们来学习相关的另一个重要的实际应用：做出预测。行为与社会科学中有许多领域需要做出精确的预测，比如，如果录取某个求职者，他能否胜任这个岗位；某种阅读方法是否能够提高小学三年级的阅读成绩；某种病人自杀的可能性；获假释者被放出来以后犯罪的可能性。

行为与社会科学利用预测可以发现有哪些因素可以引起想要的结果。比如，人们身上的哪些因素可以用于预测其婚姻的美满程度以及是否能一起生活10年以上；童年的哪些因素可以用于预测成年后的抑郁和焦虑；学习环境的哪些因素可以用于预测几年以后对所学知识记忆力的好坏；朋友与家庭的哪种支持可以用于预测某人经历一系列的意外之后的恢复速度和程度。学习统计预测的知识是很多统计学课程的主题，所以学好这部分内容，可以为其他的统计学课程打下基础。

我们首先来学习如何在已知一个变量（比如SAT分数）的基础上预测另外一个变量（大学GPA）。然后，在后面的“高级主题”部分再学习在已知两个或两个以上变量（比如，SAT分数和中学GPA）的基础上预测另外一个变量（比如，大学GPA）。

预测变量（X）和效标变量（Y）

相关并没有指出哪个变量是预测变量，哪个变量是结果变量，而预测可以。那个可以用于预测的变量就是**预测变量**（predictor variable）。所要预测的那个变量就是**效标变量**（criterion variable）。在公式里，预测变量用 X 表示，效标变量用 Y 表示。即，X 预测 Y。在刚才所举的例子中，SAT 分数就是预测变量或 X，大学 GPA 就是效标变量或 Y（见表 3-5）。

预测变量（通常用 X 表示）　在预测里，用于预测另一个变量的那个变量。

效标变量（通常用 Y 表示）　在预测中，所要预测的那个变量。

表 3-5　预测变量和效标变量

名称	用于预测的变量	所要预测的变量
	预测变量	效标变量
符号	X	Y
举例	SAT 分数	大学 GPA

使用 Z 分数做预测

从介绍如何利用 Z 分数做预测入手，预测这部分内容的学习就会变得容易很多。（我们之后将会使用原始分数进行预测。）

预测模型

用 Z 分数做预测的**预测模型**（prediction model）或预测规则如下：某人效标变量的 Z 分数就等于他的预测变量的 Z 分数乘以一个特殊的值，这个特殊的值称为**标准回归系数**（standardized regression coefficient）。标准回归系数用希腊字母 $\boldsymbol{\beta}$ 表示。

预测模型　用于预测的公式或规则；也就是说，根据一个或多个预测变量的得分来预测一个人在效标变量上的得分的公式。

标准回归系数（$\boldsymbol{\beta}$）　利用 Z 分数构建的预测模型的回归系数。

我们称 β 为标准回归系数。之所以称 β 值为系数，是因为系数就是用来乘以另一个数值的数。又因为用于预测的统计方法有时候又称作回归（在本章的后面我们会说明又称为回归的原因），所以，β 这个系数就被称为回归系数。最后，我们之所以称之为标准回归系数，是因为在计算 β 时借助了 Z 分数，而 Z 分数又叫标准分数。

使用 Z 分数建构预测模型的公式　下面是使用 Z 分数建构预测模型的公式（也称为 Z 分数预测模型）：

$$\text{预测的 } Z_Y = (\beta)(Z_X) \tag{3-3}$$

某人在效标变量上的 Z 分数等于标准回归系数乘以其在预测变量上的 Z 分数。

式中，预测的 Z_Y 表示某个人在效标变量 Y 上的 Z 分数的预测值。（一个分数的预测值通常会加上一个 ^ 符号，因此，$\hat{Z}_Y$ 即预测的 Z_Y）。β 代表标准回归系数。Z_X 是预测变量 X 的 Z 分数。因此，$(\beta)(Z_X)$ 代表标准回归系数乘以某人在预测变量上的 Z 分数。

比如，假设用你大学的入学成绩 SAT 分数预测大学的 GPA 的标准回归系数是 0.30，则用 SAT 分数预测大学的 GPA 的 Z 分数的预测模型就是：

$$\text{预测的 } Z_Y = 0.30 \times Z_X$$

如果申请上你们学校的某个同学的 SAT 分数高于平均数 2 个标准差（也就是说，Z 分数是 2），则这个学生的预测的 GPA 的 Z 分数就是 0.30 乘以 2，等于 0.60。也就是说，我们可以预测这个学生上大学后，其大学 GPA 在高于平均数 0.60 个标准差的位置。用预测模型求解过程如下：

$$\text{预测的 } Z_Y = (\beta)(Z_X) = 0.30 \times 2 = 0.60$$

使用 Z 分数建构预测模型的步骤　使用 Z 分数建构预测模型的步骤如下：

①确定标准回归系数($\boldsymbol{\beta}$)。

②用标准回归系数(β)乘以某人在预测变量上的Z分数。

我们可以用上述预测大学GPA的例子具体说明如何使用Z分数建构预测模型的步骤。

①确定标准回归系数(β)。本例中，β为0.30。

②用标准回归系数(β)乘以某人在预测变量上的Z分数。本例中，预测变量的Z分数是2，0.30乘以2等于0.60。因此，0.60就是预测的这个学生在效标变量（大学GPA）上的Z分数。

标准回归系数(β)

数学上可以证明，如果用一个变量预测另外一个变量，相关系数是最好的标准回归系数。即，当使用Z分数由一个变量预测另一个变量时，$\beta=r$。

一个例子 回顾之前讲过的睡眠与心情的关系的例子。在该例中，6个学生的晚上的睡眠时间与第二天的快乐心情的相关系数是0.85，标准回归系数（β）也就是0.85。即，因为$r=0.85$，所以$\beta=0.85$。这就意味着，用某人晚上睡眠时间的Z分数乘以0.85，就能预测这个人的心情的Z分数。

如果你熬夜到很晚，只睡了4个小时，那么你睡眠时间的Z分数是-1.84——比平均数少睡接近2个标准差。[我们用第2章所学的将原始分数转换为Z分数的方法$Z=(X-M)/SD$，使用本章中的平均数和标准差求出睡4小时的Z分数。]我们就可以用0.85乘以-1.84来预测你心情的Z分数，结果是-1.56。也就是说，基于我们的研究，如果你晚上只睡了4个小时，那么可以预测你第二天的心情要比平均数差超过1.5个标准差（意思是，你很可能会很不开心）。用公式表示如下：

$$\text{预测的 } Z_Y = (\beta)(Z_X) = 0.85\times(-1.84) = -1.56$$

求解的步骤如下：

①确定标准回归系数(β)。因为相关系数是0.85，所以标准回归系数就是0.85。

②用标准回归系数(β) 乘以某人在预测变量上的Z分数。你的预测变量的Z分数是-1.84，用0.85乘以-1.84就能预测出你的心情的Z分数是-1.56。

与此相对，如果你睡了9个小时，可以预测出你第二天的心情的Z分数是1.05，这是用0.85乘以1.23（睡9个小时的Z分数）求出的。这意味着你在某种程度上会比一般人更开心。用公式表示如下：

$$\text{预测的 } Z_Y = (\beta)(Z_X) = 0.85\times 1.23 = 1.05$$

（值得注意的是，如果预测变量的取值中含有异常值，则基于预测变量来做预测很可能不是一个好的主意。比如，你不能说睡20个小时，你第二天就极其开心！）

预测又称为回归的原因

行为与社会科学研究者通常称这种预测为回归。*回归*的意思是退回或返回。使用*回归*这个术语是因为在实际中，两个变量很少会完全相关，预测变量的Z分数只能代表效标变量的Z分数的一部分。这部分就是β（标准回归系数）。在睡眠和心情的例子中，$\beta=0.85$，因此这部分就是85/100。也就是说，某人在效标变量上的Z分数是他在预测变量上的Z分数的85/100。结果，与预测变量的Z分数相比，预测的效标变量的Z分数更接近0。（在睡眠与心情的例子中，预测变量的Z分数是1.23，预测的效标变量的Z分数是1.05，与1.23相比，1.03更接近0。）所以说，效标变量的Z分数向0*回归*或返回。

3.5 你学会了吗？

1. 试述什么叫用Z分数建构预测模型。
2. 为什么有标准回归系数这么个名称？即解释标准回归系数中标准、回归、系数这三个词的含义。
3. 写出用Z分数建构预测模型的公式，并解释每个符号的含义。

4. 计算在下列各情况下预测的效标变量的 Z 分数。

情况	r	Z_X
a	0.20	1.20
b	0.50	2.00
c	0.80	1.20

使用原始分数做预测

在已学知识的基础上，你也可以用原始分数做出预测。先把预测变量的原始分数转换为 Z 分数，通过使用 Z 分数的预测模型做出预测，然后把预测的效标变量的 Z 分数转换为原始分数。

使用原始分数做预测的步骤

①把某人在预测变量上的原始分数转换为 Z 分数。也就是，把 X 转换为 Z_X，根据第 2 章的公式（2-1），即 $Z_X=(X-M_X)/SD_X$ 求出。

②用标准回归系数（β）乘以某人在预测变量上的 Z 分数。即，用 β（相当于 r）乘以 Z_X，可以求出预测的效标变量的 Z 分数。具体见公式（3-3）：

$$\text{预测的 } Z_Y=(\beta)(Z_X)$$

③将此人在预测的效标变量上的 Z 分数转换为原始分数。[①] 也就是，将预测的 Z_Y 转换为预测的 Y。根据第 2 章的公式（2-6）求得：

$$\text{预测的 } Y=(SD_Y)(\text{预测的 } Z_Y)+M_Y$$

一个例子　回顾睡眠与心情关系的研究例子。如果你晚上睡了 4 个小时，那么如何预测你第二天的心情？睡眠时间的平均数是 7，标准差是 1.63；心情的平均数是 4，标准差是 1.92；睡眠与心情的相关系数是 0.85。

①把某人在预测变量上的原始分数转换为 Z 分数。$Z_X=(X-M_X)/SD_X=(4-7)/1.63=-1.84$。也就是说，睡 4 个小时的 Z 分数是 -1.84。

②用标准回归系数（β）乘以某人在预测变量上的 Z 分数。预测的 $Z_Y=(\beta)(Z_X)=0.85\times(-1.84)=-1.56$。也就是说，如果你只睡 4 个小时，可以预测你的心情的 Z 分数是 -1.56。

③将此人在预测的效标变量上的 Z 分数转换为原始分数。预测的 $Y=(SD_Y)(\text{预测的 } Z_Y)+M_Y=1.92\times(-1.56)+4=1.00$。基于对 6 个学生的研究，我们做出预测：如果你只睡 4 个小时，第二天你的心情等级只是 1——一点也不开心（取值范围是 0～8）！

表 3-6 展示了睡 9 小时的解答步骤。

① 在实际中，如果给不同的人做出预测，你可以使用*原始分数预测公式*，你只需要加上预测变量的原始分数，就可以预测出效标变量的原始分数。原始分数预测公式与 Z 分数预测公式类似，只是用原始分数替代 Z 分数。如果你知道两个变量的平均数和标准差以及相关系数，就可以使用原始分数预测公式。原始分数预测公式是：预测的 $Y=a+(b)(X)$，a 是*回归常数*（因为加上这个值以后，不会改变变量 X 的值），b 是*原始分数回归系数*（因为用变量 X 上的原始分数乘以 b，再加上 a，就能预测出变量 Y 的值）。你在看文献时，有时会看到这些数值。通过学习 Z 分数预测公式，你可以理解回归的思想以及它与相关的关系，这是我们介绍本节的主要目的。

表 3-6　使用原始分数做预测的步骤、公式及例子

步骤	公式	例子
①	$Z_X=(X-M_X)/SD_X$	$Z_X=(9-7)/1.63=1.23$
②	预测的 $Z_Y=(\beta)(Z_X)$	预测的 $Z_Y=0.85\times1.23=1.05$
③	预测的 $Y=(SD_Y)$(预测的 Z_Y)$+M_Y$	预测的 $Y=1.92\times1.05+4=6.02$

3.6　你学会了吗？

1. 解释使用原始分数做预测背后的原理。

2. 列出使用原始分数做预测的步骤。

3. 已知变量 X 的平均数是 10，标准差是 3。变量 Y 的平均数是 100，标准差是 10。X 和 Y 之间的相关系数为 0.60。(a) 预测在变量 X 上得分为 16 的人在变量 Y 上的分数。(b) 预测在变量 X 上得分为 7 的人在变量 Y 上的分数。(c) 给出方差解释量(r^2)。

4. 已知变量 X 的平均数是 20，标准差是 5。变量 Y 的平均数是 6，标准差是 2。X 和 Y 之间的相关系数为 0.80。(a) 预测在变量 X 上得分为 20 的人在变量 Y 上的分数。(b) 预测在变量 X 上得分为 25 的人在变量 Y 上的分数。(c) 给出方差解释量(r^2)。

相关系数与方差解释量

通过相关系数可以了解线性关系的强度，正如本章前面所学的，r 的值越大，相关就越强。因此，r 等于 0.4 的相关要比 r 等于 0.2 的相关大，但是前者的相关程度远大于后者相关程度的 2 倍。为了将相关进行比较，必须先将其平方（也就是，用 r^2 代替 r）。比如，相关系数是 0.20，平方是 r^2，即 0.04，0.40 的 r^2 是 0.16。因此，实际上当变量 X 与 Y 之间的相关系数为 0.20 时的相关程度只是相关系数为 0.40 的 1/4。

方差解释量（r^2）　在比较不同研究中的相关或不同变量之间的相关时，会使用这种变量间相关的测量方式；相关系数的平方；一个变量中的总方差被其他变量所解释的百分比。

我们称相关系数的平方为**方差解释量**（r^2，proportion of variance accounted for），这是因为在相关中，它代表了一个变量中的总方差被其他变量所解释的百分比。[①]

研究文献中的相关和预测

散点图偶尔会出现在研究文献中。例如，Gump 和同事（2007）对儿童血液中的铅含量及其家庭的社会经济地位（SES）进行了研究。共有 122 名儿童参与了这项环境有害物质（有毒化学物质）对发育影响的研究。研究人员还根据父母的职业和受教育水平来确定孩子家庭的 SES。此外，对于年龄在 2

① r^2之所以被称为方差解释量，是由于以下原因：假设你使用预测公式来预测每个人在 Y 上的分数。除非 X 与 Y 之间是完全相关（1.0），否则那些预测的 Y 分数的方差将小于 Y 的原始分数的方差。因为这些所要预测的分数通常比原始分数更接近平均数，因此预测的 Y 分数的方差会更小。（我们在解释为什么预测又叫回归的那一部分讨论过这个问题。）然而，预测的准确率越高，所要预测的分数越近似真实分数。因此，预测的准确率越高，预测的分数的方差越接近真实分数的方差。现在假设你用预测的 Y 分数的方差除以 Y 的原始分数的方差，这个除法算式的结果将是预测的分数的方差占真实分数的方差的比例。这个比例的结果实际上就是 r^2（这一部分的解释超出了本书所能涵盖的范围）。

岁到 3 岁间的儿童，研究者从他们身上（在父母允许的情况下）抽取了血液样本，并测量了其中的铅含量。如图 3－14 所示，Gump 等人使用散点图来描述家庭 SES 与儿童血液中铅含量之间的关系。图中存在一个明显的线性负相关趋势，即“家庭 SES 的提高与血液中铅含量的下降间存在显著相关”（p. 300）。散点图显示，来自较高 SES 家庭的儿童，血液中的铅含量较低。当然，这是一种相关的结果，并不一定意味着家庭 SES 直接影响儿童血液中的铅含量。可能还存在其他因素可以解释这种联系，甚至是血液中的铅含量影响了 SES。研究者在论文的讨论部分承认了后一种观点的可能：“此外，或许儿童血液中较高的铅含量会影响认知功能，从而影响社会和经济选择（未能达到或保持预期的社会地位）或产生漂移（从较高的社会地位向较低的社会地位移动）。”（p. 302）

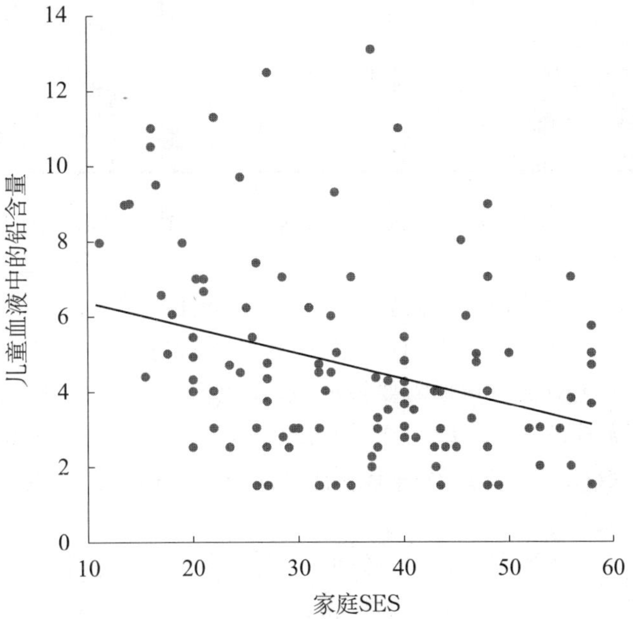

图 3－14 家庭 SES 作为儿童血液中铅含量的函数

资料来源：Gump，B. B.，Reihman，J.，Stewart，P.，Lonky，E.，Darvill，T.，& Matthews，K. A. (2007). Blood lead (Pb) levels：A potential environmental mechanism explaining the relation between socioeconomic status and cardiovascular reactivity in children. *Health Psychology*，*26*，296－304.

研究文献经常会报告相关系数，无论是在正文中还是在表格里。我们这一章最开始提到的实验结果描述如下：与配偶一起参加兴奋性活动与婚姻满意度呈正相关（$r=0.51$）。（通常情况下，相关的“显著性水平”也会报告——在这个例子中显示为 $r=0.51$，$p<0.05$。）有时相关系数被用来描述一个测验或测试的一致性。评估测验一致性的一种方法是同组被试者两次施测求相关系数。同一测验前后施测两次的相关被称为*重测信度*。例如，Morris、Gullekson、Morse 和 Popovich（2009）开展了一项研究，用以升级有关计算机使用态度的测验。作为研究的一部分，48 名本科生间隔两周左右先后两次接受同一测验，研究者指出这一测验具有较高的重测信度，两次测试之间的相关为 $r=0.93$。有关重测信度和其他信度类型的更多信息，请参见 Web Chapter W2。

当涉及多个变量时，列出相关表是非常常见的。通常情况下，相关表是这样设计的：每对变量都列在最左边或者最上边。表中显示了每对变量的相关性，这个表为**相关矩阵**（correlation matrix）。

表 3－7 是一个来自对 114 名专业拼字游戏玩家的研究的相关矩阵（Halpern & Wai，2007）。研究人员向专业拼字游戏玩家询问了有关他们拼字游戏生涯的一系列问题。这些问题包括他们开始玩拼字游戏的年

相关矩阵 一种在文献中常见的报告多个变量之间相关系数的方法；在表中，变量在表格顶部或沿着一侧被命名，变量之间的相关也都会显示出来（通常只填入结果方形图的一半，在对角线上方或下方，另一半则是多余的）。

龄、开始参加比赛的年龄，以及每天练习拼字游戏的时数和每年练习拼字游戏的天数。专业拼字游戏玩家也向研究人员提供了他们拼字游戏的官方等级。表 3－7 显示了所有研究变量间的相关。

表 3－7　与拼字游戏官方等级间的相关（仅含专业玩家）

变量	1	2	3	4	5	6	7	8	9
1. 拼字游戏官方等级	—	−0.178	0.116	−0.173	−0.202*	0.021	−0.128	0.227*	0.224*
2. 性别		—	0.318*	0.094	−0.265*	0.104	−0.181	0.220*	0.242*
3. 当前年龄			—	0.167	0.727**	0.088	−0.094	0.769**	0.515**
4. 开始玩拼字游戏的年龄				—	0.355*	0.233*	0.094	−0.501**	0.058
5. 开始参加比赛的年龄					—	0.096	0.112	0.386*	0.121
6. 每年练习拼字游戏的天数						—	0.050	−0.093	−0.196
7. 每天练习拼字游戏的时数							—	−0.134	0.377*
8. 练习的年数								—	0.492**
9. 总共练习的时数（年数×时数）									—

$*p<0.05$，$**p<0.01$.

资料来源：Halpern, D. F., & Wal, J. (2007). The world of competitive Scrabble: Novice and expert differences in visiospatial and verbal abilities. *Journal of Experimental Psychology: Applied*, *13*, 79－94.

这个例子显示了设计一个相关矩阵所需要的一些典型特征。首先，值得注意的是这个矩阵不包括变量与其自身的相关。在这个例子中，它们用横线来代替。有时变量与其自身的相关仅留下空白。同样值得注意的是，仅矩阵右上方的三角形需要被填写。事实上这是因为矩阵左下方的三角形包含的是同样的信息。例如，拼字游戏的官方等级与当前年龄的相关系数（$r=0.116$）必须与当前年龄与拼字游戏的官方等级的相关系数保持一致。另一个节省页面空间的捷径是：变量的名称只列在表的一侧，而它们的编号则列在表的顶部。

通过看这个例子，在其他的数据结果中，你可以发现拼字游戏的官方等级和个人开始参加比赛的年龄之间存在一个弱到中等（$r=-0.202$）的负相关。此外，拼字游戏的官方等级和练习的年数之间也存在一个弱到中等（$r=0.227$）的相关。在一些相关系数后面呈现星号——＊和＊＊——是为了告诉你这些相关在统计上是显著的。表底部的注释表示与星号相关的显著性水平。

在研究文献中，预测模型很少关注由一个预测变量去预测一个效标变量。相反，当文献中出现预测模型时，它们通常用于*多元回归*，其中一个效标变量的分数由两个或多个预测变量所预测（参见以下“高级主题”部分）。

高级主题：多元回归

我们已经学习了如何使用某人的单一的预测变量预测他在效标变量上的分数。那么，能用更多的预测变量达到这一目的吗？比如，虽然你只需要知道睡眠时间就可以预测心情，但如果你还知道此人的睡眠质量和做梦数量，也许对心情的预测会更准。

多元相关　一个效标变量和两个及两个以上预测变量的关系。

多元回归　基于一个效标变量和两个及两个以上预测变量的关系做出的预测。

这种一个效标变量和两个及两个以上预测变量的关系，就叫**多元相关**（multiple correlation）。在这种情况下做出预测，就是**多元回归**（multiple regression）。

在这里我们只是简要介绍一下多元相关和多元回归，如果深入讲解就超出了入门书的难度水平。但是，在行为与社会科学文献里，经常会用到它们，所以大概了解其内容是很有意义的。有关多元回归高级应用的更多信息，请参见 Web Chapter W2。

多元回归的预测模型

预测的效标变量的 Z 分数等于第一个预测变量的标准回归系数乘以此人在第一个预测变量上的 Z 分数，加上第二个预测变量的标准回归系数乘以此人在第二个预测变量上的 Z 分数，再加上第三个预测变量的标准回归系数乘以此人在第三个预测变量上的 Z 分数。

在多元回归中，每个预测变量都有自己的回归系数。用每一个预测变量的 Z 分数乘以它的标准回归系数，然后再将这些乘积相加，就可求出预测的效标变量的 Z 分数。3 个预测变量的 Z 分数的多元回归公式如下：

$$\text{预测的 } Z_Y=(\beta_1)(Z_{X_1})+(\beta_2)(Z_{X_2})+(\beta_3)(Z_{X_3}) \qquad (3-4)$$

预测的 Z_Y 代表此人在预测的效标变量上的分数。β_1 代表第一个预测变量的标准回归系数，β_2 和 β_3 代表第二个和第三个预测变量的标准回归系数。Z_{X_1} 代表此人在第一个预测变量上的 Z 分数，Z_{X_2} 和 Z_{X_3} 代表此人在第二个和第三个预测变量上的 Z 分数。$(\beta_1)(Z_{X_1})$ 即 β_1 乘以 Z_{X_1}，依此类推。

比如，在睡眠与心情关系的研究中，预测的效标变量是心情（Y），预测变量分别是睡眠时间（X_1）、睡眠质量（X_2）、做梦数量（X_3），代入公式，则有：

$$\text{预测的 } Z_Y=0.53\times Z_{X_1}+0.28\times Z_{X_2}+0.03\times Z_{X_3}$$

假如要你预测某个学生的心情，他的睡眠时间的 Z 分数是 -1.82，睡眠质量的 Z 分数是 2.34，做梦数量的 Z 分数是 0.94。也就是说，与一般学生相比，这个学生的睡眠时间不长，但是睡眠质量好，而且少梦。用 0.53 乘以他的睡眠时间的 Z 分数，0.28 乘以他的睡眠质量的 Z 分数，0.03 乘以他的做梦数量的 Z 分数，然后相加，就能预测他的心情的 Z 分数：

$$\text{预测的 } Z_Y=0.53\times(-1.82)+0.28\times 2.34+0.03\times 0.94=-0.27$$

因此，在这种情况下，可以预测他的心情的 Z 分数是 -0.27。意思是他的心情要比平均数差四分之一个标准差。由此可以看出，睡眠质量的影响可以部分地抵消睡眠时间的影响。做梦数量的标准回归系数（β_3）很小，所以除了睡眠时间和睡眠质量的影响，做梦数量对第二天的心情的贡献是很小的。

一般来说，一个预测变量标准回归系数的大小决定了这个变量在预测效标变量分数时贡献的大小。一个预测变量的标准回归系数越大，这个变量在预测效标变量分数时的贡献也就越大。

多元回归与单一预测变量预测的重要区别

多元回归与单一变量预测之间的一个主要区别就是：单一变量预测的 $\beta=r$，也就是说，标准回归系数等于相关系数；但是，在多元回归中，一个预测变量的标准回归系数（β）并不是那个预测变量与效标变量之间的相关系数。

在多元回归里，与 r 相比，β 更接近 0。原因是，不同的预测变量对预测效标变量的贡献是有重叠的。除了重叠部分，某一标准回归系数的大小取决于这个预测变量。

回顾睡眠与心情关系的例子。当我们只用睡眠时间来预测心情时，β 等于相关系数 0.85；在多元回归中，睡眠时间的 β 只有 0.53，这是因为睡眠时间对预测心情的贡献部分地与睡眠质量对预测心情的贡献相重叠（在这个虚构的例子中，睡得越多，质量越好）。

多元相关系数（R） 用来表示多元相关的程度；在多元回归分析中，它是方差解释量的平方根。

在多元回归中，效标变量与所有的预测变量之间的相关系数称为**多元相关系数**（multiple correlation coefficient），用字母 $\boldsymbol{R}$ 表示。由于多个预测变量的贡献之间的相互重叠，多元相关系数要比单个预测变量与效标变量的相关系数的总和要小。所有的预测变量对效标变量的方差解释量，就是多元相关系数的平方，即 R^2。

3.7 你学会了吗？

1. 什么叫多元回归？

2. 写出含有2个预测变量的多元回归的预测模型，并解释各符号的含义。

3. 在多元回归模型中，第一个预测变量的标准回归系数是0.40，第二个预测变量的标准回归系数是0.70。当某人在第一个预测变量上的 Z 分数为1，在第二个预测变量上的 Z 分数为2时，效标变量的 Z 分数是多少？当某人在第一个预测变量上的 Z 分数为2，在第二个预测变量上的 Z 分数为1时，效标变量的 Z 分数是多少？

4. 在多元回归中，为什么每个预测变量的标准回归系数通常比普通的预测变量与效标变量之间的相关系数要小？

高级主题：研究文献中的多元回归

文献中的表格会经常报告多元回归的结果。Buboltz、Johnson 和 Woller（2003）研究了大学生的家庭关系与其“心理对抗”水平的关系。“对抗”在这里是指当行为受限时，表现出极端反应的趋势。Buboltz 等人使用多元回归的方法，通过三种家庭关系（冲突型、团结型、民主型）来预测心理对抗的水平。每一种家庭关系都是家庭成员之间关系的一个维度。多元回归模型的标准回归系数如表3－8所示（在 β 一列）。由表可以看出，冲突型家庭的标准回归系数为负（$\beta=-0.23$），团结型（$\beta=0.22$）和民主型（$\beta=0.10$）家庭的标准回归系数都是正数。也可以看出，冲突型和团结型家庭的标准回归系数绝对值要比民主型的大。这说明，与民主型家庭相比，冲突型和团结型家庭对预测心理对抗的贡献更大。

表3－8　通过评估各种家庭关系来预测心理对抗的多元回归分析

家庭关系	B	$SE\ B$	β
冲突型	−1.71	0.49	-0.23^{***}
团结型	1.46	0.45	0.22^{***}
民主型	0.90	0.52	0.10

注：每个预测因子的 β 系数都高于其他的预测因子。

$^{*}p<0.05$，$^{**}p<0.01$，$^{***}p<0.001$。

资料来源：Buboltz, W. C., Jr., Johnson, P., & Woller, K. M. P. (2003). Psychological reactance in college students: Family-of-origin predictors. *Journal of Counseling and Development*, *81*, 311－317.

从表中也可以看出使用原始分数表示的回归系数（在表中用大写字母 B 表示）。（在前文脚注中我们介绍了原始分数回归系数。）以及标准误（$SE\ B$），根据标准误可以知道由研究样本的结果推论到总体的误差是多少。在第6章以后，你才会更好地理解标准误。

研究文献中很少用到多元回归。如果用到了，通常是作为对多元回归的关注的一部分。

本章点拨

小结

1. 当两个变量之间的关系呈现出某一清晰形态时，这两个变量便是相关的。比如，在两个变量上，分数都高，或都低。

2. 散点图是用来表示两个变量之间关系的。将一个变量（如果区分了预测变量和效标变量，这个变量就是指预测变量）的所有值都标记在横轴上，将另一个变量的所有值都标记在纵轴上，每对数据都用一个圆点表示。

3. 如果散点图上的点几乎都落在一条直线上，就称为线性相关；如果不是落在一条直线上，而是其他类型的线上，就称为曲线相关；如果不落在任何一种线上，就为无相关。如果是线性正相关，趋势线是左低右高（两个变量的值要么都高，要么都低）；如果是线性负相关，趋势线是左高右低（两个变量的值是一高一低）。

4. 相关系数（r）表示相关的方向和强度，它是 Z 分数的交叉乘积的平均数。如果是强正相关，那么相关系数就是一个大的正数，这是因为正数和正数相乘，负数和负数相乘。如果是强负相关，那么相关系数就是一个大的负数，这是因为正数和负数相乘，负数和正数相乘。如果是无线性相关，那么相关系数就是 0，这是因为正数有时乘以负数、有时乘以正数，负数有时乘以正数、有时乘以负数，所以正的交叉乘积和负的交叉乘积就相互抵消了。

5. r 的最大值是 1，当线性相关是完全正相关时，$r=1$。r 的最小值是 -1，当线性相关是完全负相关时，$r=-1$。

6. 通过相关系数的值（忽略相关系数的符号，最小是 0，最大是 1）可以看出相关的强度，值越接近 1 或 -1，表示线性相关越强。

7. 相关并不能指出因果关系方向。如果 X 和 Y 两个变量相关，可能是 X 引起 Y，也可能是 Y 引起 X，还可能是第三个因素引起 X 和 Y。

8. 通常会将由某一特定群体的分数计算出来的相关推广到一般人群。如果现实中一般人群在这两个变量上不存在相关，那么采用统计学方法（本书后面会讲到）就很难从对特定人群的研究中得到如此大的相关，这时就可以说相关统计显著。

9. 预测（或回归）就是用预测变量的分数预测效标变量的分数。用某人在预测变量上的 Z 分数乘以标准回归系数（β）就能预测出此人在效标变量上的 Z 分数。在这种情况下，最好的标准回归系数就是相关系数。

10. 如果想用一个原始分数做预测，可以将某人在预测变量上的原始分数转换为 Z 分数，然后再乘以标准回归系数，最后将此人在效标变量上的 Z 分数转换为原始分数。

11. 与相关系数相比，使用相关系数的平方会更精确，这就是方差解释量。

12. 在研究文献里经常出现相关的结果，在正文里会呈现 r 的值（有时是显著性水平），或者在表中（相关矩阵表）报告各种变量之间的相关。很少在文献里报告用单一预测变量预测的在效标变量上的结果。

13. 高级主题：多元回归就是用两个及以上的预测变量来预测效标变量。每个预测变量的值乘以它的标准回归系数，然后将所有乘积相加，就得到了预测的值。由于每个预测变量对效标变量的贡献会部分地重叠，所以每个预测变量的回归系数会比这个变量与效标变量的相关系数小。多元相关系数（R）反映所有预测变量与效标变量之间相关的程度。多元相关系数的平方（R^2）就是所有预测变量共同对效标变量的方差解释量。文章中经常会报告多元回归，在表格中呈现回归系数。

主要术语

相关	正相关	r
散点图	负相关	Z_X
线性相关	Z 分数的交叉乘积	Z_Y
曲线相关	完全相关	因果关系方向
无相关	相关系数(r)	纵向研究

真实验	预测模型	多元相关
统计显著	标准回归系数(β)	多元回归
预测变量	方差解释量(r^2)	多元相关系数(R)
效标变量	相关矩阵	

示例

绘制散点图并描述相关的一般模式

根据下表五名学生的学习时间和考试成绩，绘制散点图并用文字描述相关的一般模式。

学生	学习时间	考试成绩
A	0	52
B	10	92
C	6	75
D	8	71
E	6	64

答案

解决这个问题的步骤如下；图3－15显示了带有每个步骤标记的散点图。

①画出坐标轴，并规定两个坐标轴上的变量。 学习时间先于考试成绩出现。因此，我们把学习时间放在底部的坐标轴上。

②规定变量的取值范围，在坐标轴上标记出来。 我们假设考试成绩从0～100。我们并不知道学习时间的最大值，但在本例中我们假设最大值为10。

③将每一对数据在图中标记为一个圆点。 例如，为了在图中标记学生D，把点从横轴的8移到纵轴71的位置。

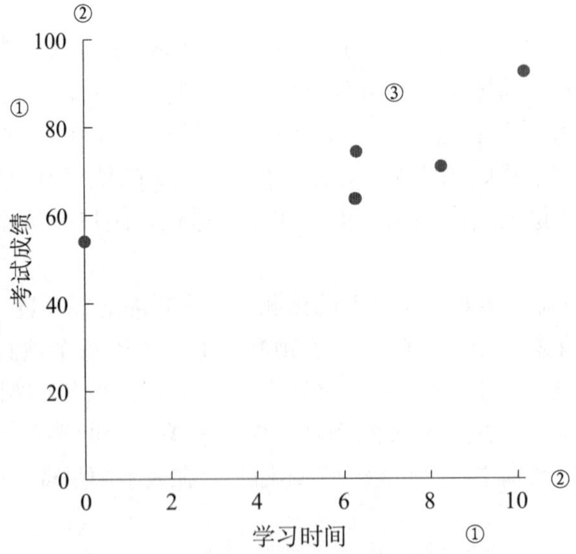

图3－15 以考试成绩为例所绘制的散点图

注：①画出坐标轴，并规定两个坐标轴上的变量；②规定变量的取值范围，在坐标轴上标记出来；③将每一对数据在图中标记为一个圆点。

这个相关模式大致是线性的。它的方向是正向的（向右上方走高，并且表现为学习时间越长，考试成绩越高，反之亦然）。这是一个非常强的相关，因为这些点都落在非常靠近直线的地方——相关系数应该非常接近1。换句话说，这是一个强的线性正相关。

计算相关系数

计算上述例子中学习时间和考试成绩的相关系数。

答案

你可以使用公式或步骤来计算相关。表3-9显示了带有每个步骤标记的计算方式。

使用公式，则有：

$$r=(\sum Z_X Z_Y)/N=4.49/5=0.90$$

使用步骤，则有：

①将所有分数转为 *Z* 分数。例如，学习时间的平均数是6，标准差是3.35。因此，当学生A的学习时间为0时，该学生的 Z 分数就是 $(0-6)/3.35=-1.79$。

②计算每个被试者的 *Z* 分数的交叉乘积。比如，学生A的交叉乘积为−1.79乘以−1.43，等于2.56。学生B的交叉乘积为1.19乘以1.61，等于1.92。

③求 *Z* 分数的交叉乘积的总和。总和是4.49。

④再除以被试者的总个数。用4.49除以5，等于0.90。也就是说，$r=0.90$。

表3-9　示例中的相关系数计算的答案

	学习时间		考试成绩		交叉乘积
	X	Z_X①	Y	Z_Y①	Z_XZ_Y②
	0	−1.79	52	−1.43	2.56
	10	1.19	92	1.61	1.92
	6	0.00	75	0.32	0.00
	8	0.60	71	0.02	0.01
	6	0.00	64	−0.52	0.00
Σ:	30		354		4.49 ③
M:	6		70.8		$r=4.49/5=0.90$ ④
SD:	$\sqrt{56/5}=3.35$		$\sqrt{866.8/5}=13.17$		

写包含相关系数逻辑和计算的文章时，需要做以下说明

1. 如果问题涉及绘制散点图，请解释你为什么以及如何绘制散点图以显示两个变量之间的关系模式。解释相关一词的含义。通过散点图探讨相关类型（例如线性，正向或负向，弱、中等、强）。

2. 解释相关系数所指出的两变量间线性相关的方向和强度。

3. 概述并解释计算相关系数的步骤。一定要提及，第一步需要将所有分数转为 Z 分数（如果有要求，请解释 Z 分数、平均数和标准差的含义）。描述怎么计算 Z 分数的交叉乘积。解释为什么如果是正相关，交叉乘积将会趋于正数；如果是负相关，交叉乘积将会趋于负数。需要提及相关系数是通过计算 Z 分数的交叉乘积的平均数得到的，这样就不会因为人数过多而导致交叉乘积的总和过高。解释相关系数的值所显示的线性相关的方向和强度。

4. 要确保对特定结果的相关方向和强度做出讨论。

使用 *Z* 分数做预测

根据下表所示的数据（这些数据在本章前面的示例中同样被使用），当班级规模的 Z 分数分别为−2、−1、0、1和2时，预测考试成绩的 Z 分数。

小学	班级规模	考试成绩
Main Street	25	80
Casat	14	98
Lakeland	33	50
Shady Grove	28	82
Jefferson	20	90
M	24	80
SD	6.54	16.30
$r=-0.90$		

答案

你可以依据公式或步骤来完成。利用公式，预测的 $Z_Y=(\beta)(Z_X)$，该问题的 Z 分数预测模型是：

$$\begin{aligned}预测的\ Z_Y &= -0.90\times Z_X = -0.90\times(-2) = 1.80\\ &= -0.90\times(-1) = 0.90\\ &= -0.90\times 0 = 0\\ &= -0.90\times 1 = -0.90\\ &= -0.90\times 2 = -1.80\end{aligned}$$

依据步骤，则有：

①**确定标准回归系数(β)**。相关系数为-0.90。因此，$\beta=-0.90$。

②**用标准回归系数(β)乘以某人在预测变量上的 Z 分数**。$-0.90\times(-2)=1.80$；$-0.90\times(-1)=0.90$；$-0.90\times0=0$；$-0.90\times1=-0.90$；$-0.90\times2=-1.80$。

使用原始分数做预测

根据上面例子中班级规模和考试成绩的数据，预测班级规模为 27 的学校考试成绩的原始分数。

答案

依据步骤，则有：

①**把某人在预测变量上的原始分数转换为 Z 分数**。$Z_X=(X-M_X)/SD_X=(27-24)/6.54=3/6.54=0.46$。

②**用标准回归系数(β) 乘以某人在预测变量上的 Z 分数**。预测的 $Z_Y=(\beta)(Z_X)=-0.90\times0.46=-0.41$。也就是说，预测这个人学校考试成绩的 Z 分数是-0.41。

③**将此人在预测的效标变量上的 Z 分数转换为原始分数**。预测的 $Y=(SD_Y)$(预测的 Z_Y)$+M_Y=16.30\times(-0.41)+80=-6.68+80=73.32$。换句话说，通过使用基于以上五所学校的研究建立起来的预测模型，我们可以预测平均班级规模为 27 个学生的学校的平均考试成绩将为 73.32。

高级主题：多元回归预测

假设某研究者研究了在有母亲、父亲和祖父或祖母的家庭中儿童的健谈程度。研究人员发现，孩子的健谈程度的得分取决于他们与这些人的关系质量。使用 Z 分数的多元回归公式如下：

$$预测的孩子健谈程度的\ Z\ 分数 = 0.32\times Z_{母亲}+0.21\times Z_{父亲}+0.11\times Z_{祖父或祖母}$$

当与母亲关系质量的 Z 分数是 0.48，与父亲关系质量的 Z 分数是-0.63，与祖父或祖母关系质量的 Z 分数是 1.25 时，预测某个孩子健谈程度的 Z 分数。

答案

预测的孩子健谈程度的 Z 分数 $=0.32\times Z_{母亲}+0.21\times Z_{父亲}+0.11\times Z_{祖父或祖母}=0.32\times0.48+0.21\times(-0.63)+0.11\times1.25=0.15+(-0.13)+0.14=0.16$ 。

练习题

以下问题涉及计算。虽然在现实生活中，绝大多数统计问题是借助于特殊的统计软件用计算机完成的，但是即便你有这些软件，也要动手解决这些问题以便加深对所学方法的理解。如果想学习如何使用计算机解决本章中所遇到的统计问题，可以参考本章的“SPSS 应用”。

练习题中所使用的数据，除非指明来源，否则给出的所有数据都是虚构的。

第Ⅰ组（答案请参阅附录 B）

1. 指出下面各散点图是线性相关、曲线相关还是无相关。如果是线性相关，指出相关的方向（正或负）和强度（强、中等、弱）。

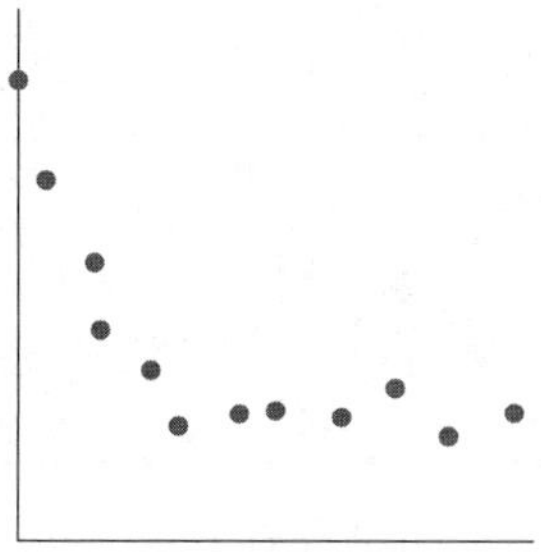

(a)

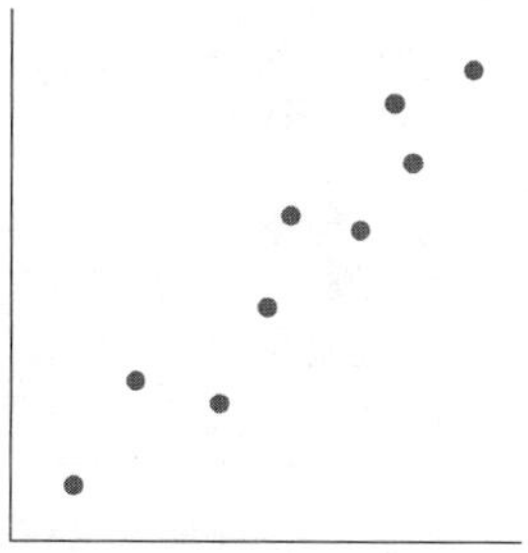

(b)

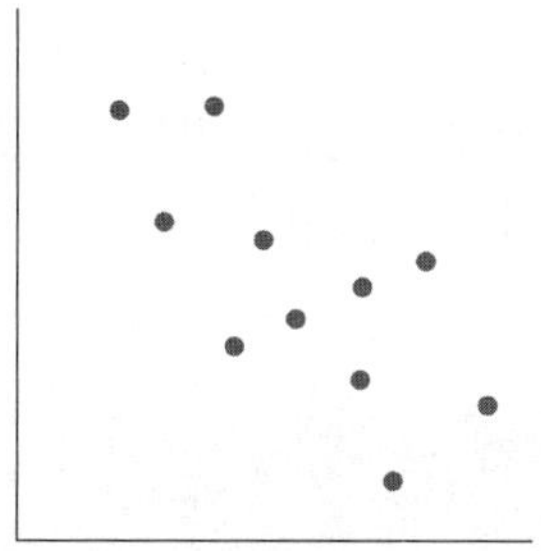

(c)

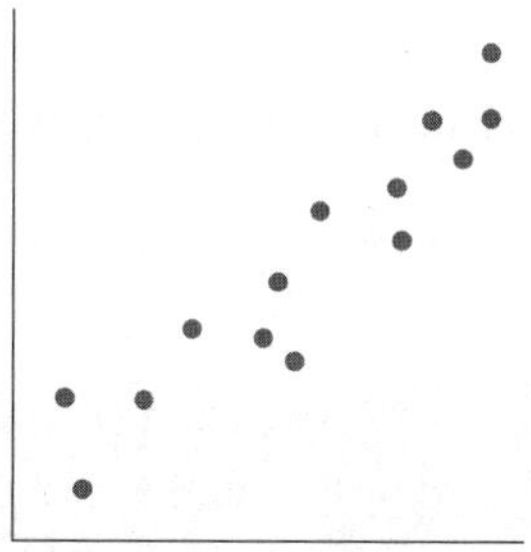

(d)

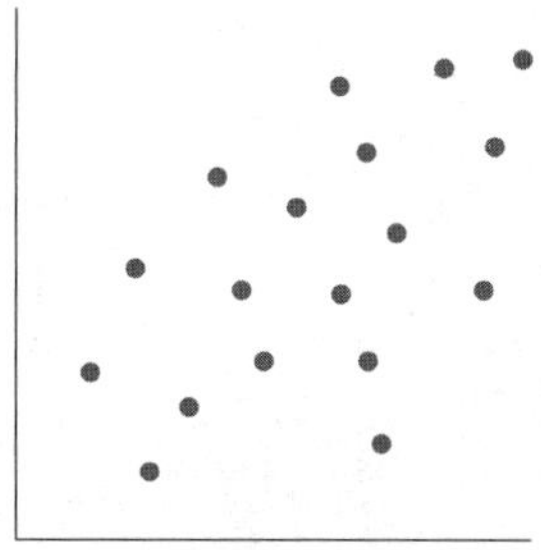

(e)

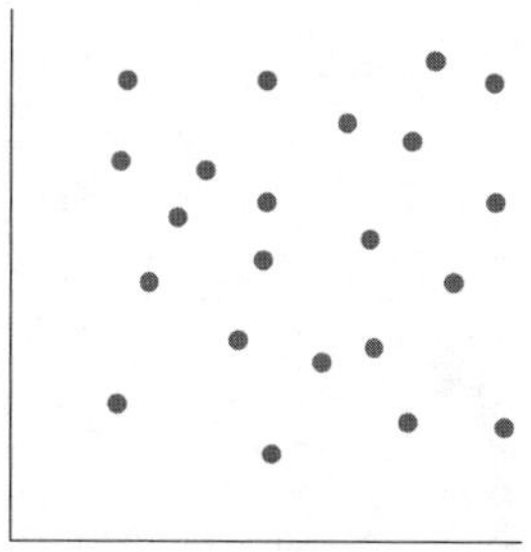

(f)

2. (a) 对数据组 A 的数据稍加修改，得到数据组 B，C，D。要求依据给定的数据绘制每个数据组的散点图并计算各数据组的相关系数。(b) 讨论为什么各数据组的相关系数会改变以及是怎样改变的。

数据组 A		数据组 B		数据组 C		数据组 D	
X	*Y*	*X*	*Y*	*X*	*Y*	*X*	*Y*
1	1	1	1	1	5	1	1
2	2	2	2	2	2	2	4
3	3	3	3	3	3	3	3
4	4	4	5	4	4	4	2
5	5	5	4	5	1	5	5

3. 有研究人员对一种新药是否会影响感冒进程非常感兴趣。8 人参与了此次实验，其中 4 人服用了这种新药，另外 4 人没有服用。（服用者记为 1，未服用者记为 0）。此外，感冒的人记为 1，未感冒的人记为 0。下表给出了四种可能出现的结果。计算每种可能性的相关系数（A，B，C，D）。

可能性 A		可能性 B		可能性 C		可能性 D	
服药	感冒	服药	感冒	服药	感冒	服药	感冒
0	1	0	1	0	1	0	1
0	1	0	1	0	1	0	1
0	1	0	1	0	0	0	1
0	1	0	0	0	0	0	0
1	0	1	1	1	1	1	0
1	0	1	0	1	1	1	0
1	0	1	0	1	0	1	0
1	0	1	0	1	0	1	0

对于第 4 题和第 5 题：(a) 绘制原始分数的散点图；(b) 如果存在相关，用文字描述相关的一般类型；(c) 计算相关系数。在这些问题中，每个变量的平均数、标准差、Z 分数都已给出，以节省你的一些运算步骤。

4. 巴黎卢浮宫博物馆的工作人员对绘画作品的年龄与公众感兴趣程度之间的关系颇有兴趣。于是，他们在馆内随机挑选了 10 幅画，并在一个多星期的时间里观察每幅画前都有多少人驻足观看。结果见下表：

画作名称	大致年龄（年） (M=268.40，SD=152.74)		驻足观看的人数 (M=88.20，SD=29.13)	
	X	Z_X	Y	Z_Y
The Entombment	480	1.39	68	−0.69
The Mystic Marriage of St. Catherine	530	1.71	71	−0.59
The Bathers	255	−0.09	123	1.19
The Toilette	122	−0.96	112	0.82
Portrait of Castiglione	391	0.80	48	−1.38
Charles Ⅰ of England	370	0.67	84	−0.14
Crispin and Scapin	155	−0.75	66	−0.76
Nude in the Sun	130	−0.91	148	2.05
The Balcony	137	−0.86	71	−0.59
The Circus	114	−1.01	91	0.10

5. 一位老师观察到穿着更为整洁的学生一般都是成绩更好的学生。为了验证这个想法，老师让他的一位朋友给每个学生的衣着整洁程度打分。以下是整洁程度评分，以及每个学生在学校标准化测验中的考试成绩。

学生	整洁程度评分 (M=19.60，SD=3.07)		考试成绩 (M=63.10，SD=4.70)	
	X	Z_X	Y	Z_Y
Janet	18	−0.52	60	−0.66
Michael	24	1.43	58	−1.09
Grove	14	−1.82	70	1.47
Kevin	19	−0.20	58	−1.09
Joshua	20	0.13	66	0.62

续前表

学生	整洁程度评分 ($M=19.60$, $SD=3.07$)		考试成绩 ($M=63.10$, $SD=4.70$)	
	X	Z_X	Y	Z_Y
Emily	23	1.11	68	1.04
Susan	20	0.13	65	0.40
Tyler	22	0.78	68	1.04
Sarah	15	−1.50	56	−1.51
Chad	21	0.46	62	−0.23

对于第6题和第7题，完成以下任务：(a) 绘制原始分数的散点图；(b) 如果存在相关，用文字描述相关的一般类型；(c) 计算相关系数；(d) 解释你完成以上任务的逻辑，解释逻辑时要像在向一个从未学过统计学的人解释一样（但他或她能理解平均数、标准差、Z分数这些概念）；(e) 给出三种逻辑上可能存在的因果关系方向，根据所涉及的变量，指出哪种因果关系方向是合理的并给出其合理的原因；(f) 对预测变量的Z分数为−2、−1、0、1和2的个体进行效标变量的原始分数的预测；(g) 给出方差解释量(r^2)。

6. 研究人员对四名儿童进行了为期数周的密切监测，记录他们看了多少暴力电视节目，以及他们对玩伴的暴力行为。[对于 (f) 部分，本题假设看暴力电视的时间是预测变量。] 结果如下：

儿童编号	每周看暴力电视的时间（小时）	对玩伴实施暴力或攻击行为的次数
G3368	14	9
R8904	8	6
C9890	6	1
L8722	12	8

7. 一位政治学家研究了小镇里由四位市长候选人举行的市政厅会议的次数和镇上能说出各个候选人名字的人数所占百分比之间的关系。[对于 (f) 部分，本题假设市政厅会议的次数是预测变量。] 结果如下：

市长候选人	举行市政厅会议的次数	能说出候选人名字的人数百分比
A	4	70
B	5	94
C	2	36
D	1	48

8. Chapman、Hobfoll和Ritter (1997) 对68名城市孕妇和她们的丈夫（或男友）在孕期进行了两次访谈，一次访谈是在怀孕3～6个月间，另一次访谈是在怀孕6～9个月间。访谈结果中各变量间的“零阶相关”见表3-10。(“零阶相关”即通常意义上的相关。) 表中最重要的相关变量是女性对自身压力的报告、男性对伴侣压力的报告、女性在第一次和第二次访谈中对伴侣支持的感知，以及女性在第一次和第二次访谈时的抑郁程度。

在解释这些测验结果时，要像在向一个从未学过统计学的人解释一样，既要有逻辑性，又要通俗易懂。具体来说：(a) 以某种相关关系为例来解释相关系数的含义；(b) 研究表中所列内容，并对各变量之间的相关做出评论，指出哪些变量之间是强相关，哪些变量之间不是强相关；(c) 以某一特定的相关为例，指出基于这些数据得出因果关系方向结论的局限性（注意，至少有一种可能的因果关系方向，以及为什么这种可能合理）。

表 3-10　　各研究变量间的零阶相关

变量	1	2	3	4	5	6	7	8	9	10
1. 女性对自身压力的报告	—									
2. 男性对伴侣压力的报告	0.17	—								
3. 伴侣支持 1	−0.28*	−0.18	—							
4. 伴侣支持 2	−0.27*	−0.18	0.44***	—						
5. 抑郁情绪 1	0.23*	0.10	−0.34**	−0.17	—					
6. 抑郁情绪 2	0.50***	0.14	−0.42***	−0.41***	0.55***	—				
7. 女性年龄	0.06	0.16	0.04	−0.24*	−0.35*	−0.09	—			
8. 女性种族	−0.19	−0.09	−0.16	−0.14	0.11	0.13	−0.02	—		
9. 女性的婚姻状况	−0.18	0.01	0.12	0.24*	−0.04	−0.20	0.05	−0.34**	—	
10. 胎次	0.19	0.13	−0.11	−0.17	0.10	0.16	0.26*	0.31*	−0.12	—

* $p<0.05$，** $p<0.01$，*** $p<0.001$。

资料来源：Chapman，H. A.，Hobfoll，S. E.，& Ritter，C.（1997）. Partners' stress underestimations lead to women's distress：A study of pregnant inner-city women. *Journal of Personality and Social Psychology*，*73*，418－425.

9. 一名研究曲棍球运动员的研究人员发现，运动员的体能训练原理性知识与他们接下来一年内的受伤次数之间有 0.40 的相关性。研究人员现在计划测试所有新来运动员的体能训练原理性知识，并利用这些信息预测他们可能的受伤次数。要求指出（a）预测变量、（b）效标变量和（c）标准回归系数。（d）写出 Z 分数的预测模型。指出当体能训练原理性知识的 Z 分数为（e）−2、（f）−1、（g）0、（h）1 和（i）2 时，预测的运动员受伤次数的 Z 分数。

10. 高级主题：Gunn、Biglan、Smolkowski 和 Ary（2000）研究了一组西班牙裔和非西班牙裔的三年级学生的阅读现象。作为研究的一部分，他们做了一项分析，用三个更具体的阅读能力测试指标来预测阅读理解能力（称为"文段理解"）："字母-单词识别"（阅读不规则单词的能力），"猜词义"（使用发音和结构分析的能力），"口语阅读流利度"（每分钟内正确单词数）。结果显示在表 3-11 中。在解释结果时，要像在向一个理解相关但从未学过任何回归或多元回归分析的人解释一样，既要有逻辑性，又要通俗易懂。（忽略表中 t、p、F 和 p 的列，它们与统计显著性有关。）

表 3-11　　从解码技能和口语阅读流利度来预测阅读理解能力的多元回归

变量	β	t	p	R^2	F	p
文段理解的原始分数						
字母-单词识别	−0.227	−2.78	0.006			
猜词义	0.299	3.75	0.001			
口语阅读流利度——	0.671	9.97	0.001			
每分钟内正确单词数				0.534	57.70	0.001

11. 高级主题：基于表 3-11［来自 Gunn 等（2000）的研究］，（a）确定 Z 分数的多元回归公式，（b）预测以下每个三年级学生的文段理解的 Z 分数。

三年级学生	字母-单词识别	猜词义	口语阅读流利度
A	1	1	1
B	0	0	0
C	−1	−1	−1
D	1	0	0
E	0	1	0
F	0	0	1
G	3	1	1
H	1	3	1
I	3	1	3

第Ⅱ组

12. 指出下面各散点图是线性相关、曲线相关还是无相关。如果是线性相关，指出相关的方向（正或负）和强度（强、中等、弱）。

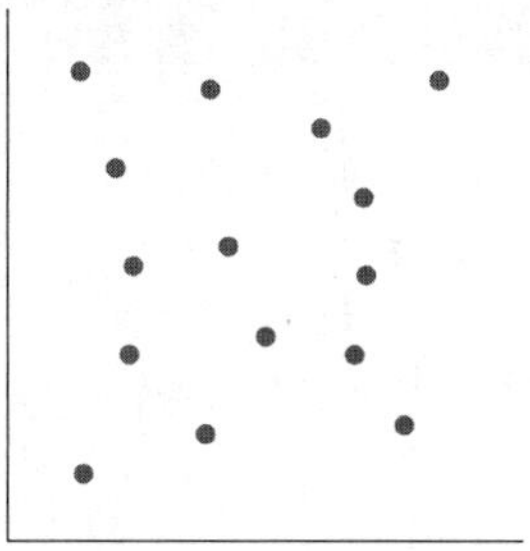

(a)

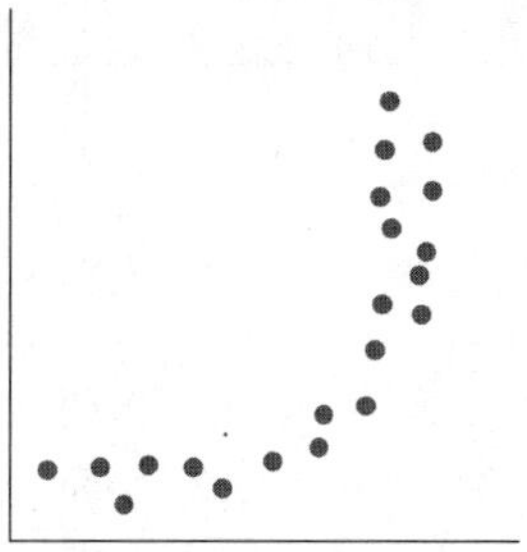

(b)

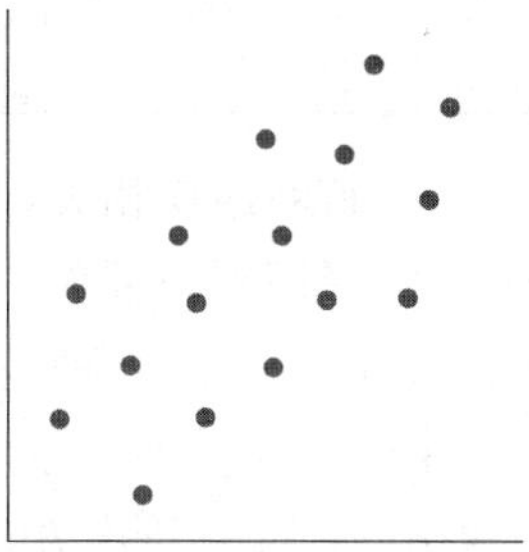

(c)

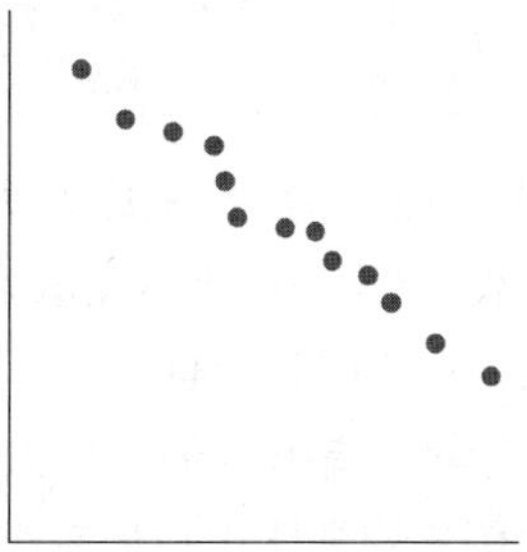

(d)

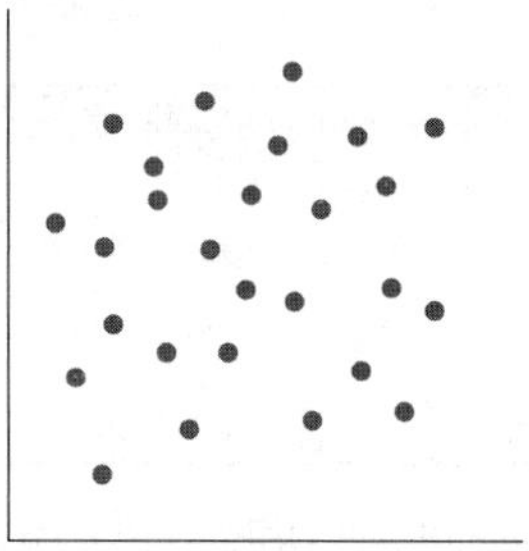

(e)

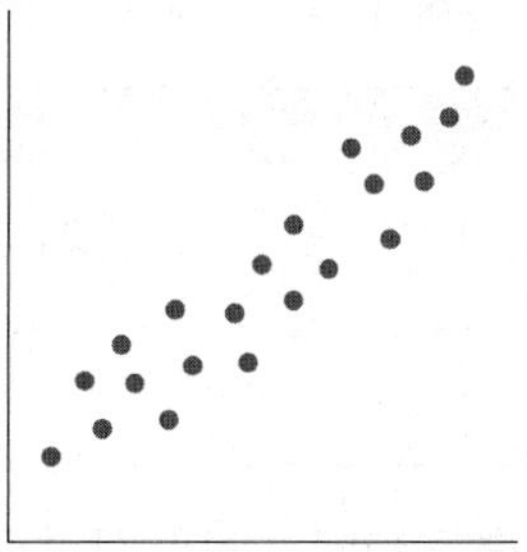

(f)

13. 用 10 个点绘制下列各种情况下的散点图：(a) 完全线性正相关，(b) 强但不完全线性正相关，(c) 弱线性正相关，(d) 强但不完全线性负相关，(e) 无相关，(f) 清晰的曲线相关。

对于第 14 题和第 15 题，(a) 绘制原始分数的散点图；(b) 如果存在相关，用文字描述相关的一般类型；(c) 计算相关系数。

14. 一名研究人员对一些 80 多岁的老人进行了相关研究，目的在于探究老人拥有关系密切的朋友的数量与其总的身体健康状况（量表计分从 0～100）之间的关系。六名被试者的得分如下表所示。

实验被试者	关系密切的朋友数量	总的身体健康状况
A	2	41
B	4	72
C	0	37
D	3	84
E	2	52
F	1	49

15. 在一项关于人们初识体验的研究中，研究人员得到伴侣的自我表露程度（从 1～30）和对伴侣的喜爱程度（从 1～10）的结果。为避免计算，变量的 Z 分数已给出。结果如下表所示：

伴侣的自我表露程度		对伴侣的喜爱程度	
真实分数	Z 分数	真实分数	Z 分数
18	0.37	8	1.10
17	0.17	9	1.47
20	0.80	6	0.37
8	−1.72	1	−1.47
13	−0.67	7	0.74
24	1.63	1	−1.47
11	−1.09	3	−0.74
12	−0.88	5	0.00
18	0.38	7	0.74
21	1.00	3	−0.74

对于第 16 题和第 17 题：(a) 绘制原始分数的散点图；(b) 如果存在相关，用文字描述相关的一般类型；(c) 计算相关系数；(d) 解释你完成以上任务的逻辑，解释逻辑时要像在向一个从未学过统计学的人解释一样（但他能理解平均数、标准差、Z 分数这些概念）；(e) 给出三种逻辑上可能存在的因果关系方向，根据所涉及的变量，指出哪种因果关系方向是合理的并给出其合理的原因；(f) 对预测变量的 Z 分数为−2、−1、0、1 和 2 的个体进行效标变量的原始分数的预测；(g) 给出方差解释量（r^2）。

16. 四名实验被试者参与了一项动手能力测试（高分意味更高的熟练度）和一项焦虑测试（高分意味着更多的焦虑情绪）。[对于（f）部分，本题假设熟练度是预测变量。] 结果如下：

被试者	熟练度	焦虑
A	1	10
B	1	8
C	2	4
D	4	−2

17. 对五名大学生进行询问，问他们对拥有家庭和事业取得成功两个目标重要性的看法。每个变量由 0（一点也不重要的目标）到 10（非常重要的目标）进行程度计分。[对于（f）部分，本题假设家庭目标是预测变量。] 结果如下：

学生	家庭目标	事业目标
A	7	5
B	6	4
C	8	2
D	3	9
E	4	1

18. 作为研究的一部分，Speed 和 Gangestad（1997）收集了关于 66 名兄弟会男性成员的一些个人特征的评级和提名。以下段落摘自其“结果”一节：

> ……男性在两性关系中的受欢迎程度与以下几个特征显著相关：最佳着装（r=0.48），最具外形吸引力（r=0.47），最外向（r=0.47），最自信（r=0.44），最佳潮流引领者（r=0.38），最有趣（r=0.37），最感到满意（r=0.32），最独立（r=0.28）。然而，出乎意料的是，男性在经济上成功的可能性与在两性关系中的受欢迎程度并不存在显著相关（r=0.10）。(p. 931)

解释这些结果，要像在向一个从未学过统计学的人解释一样。具体来说：(a) 以某种相关关系为例来解释相关系数的含义；(b) 至少以一个具体的例子为例，解释“显著”和“不显著”的含义；(c) 考虑到因果关系方向的问题，推测结果类型的含义。

19. Gable 和 Lutz (2000) 对年龄在 3～10 岁的 65 名儿童及其父母进行了研究。其中一个研究结果是：“父母对孩子的饮食控制与孩子参加课外活动的积极性呈负相关 ($r=0.34$；$p<0.01$)。” (p. 296) 另一结果是：“父母越是对孩子的营养持有不正确观念，父母报告的孩子每天看电视的时间越长 ($r=0.36$；$p<0.01$)。” (p. 296)

解释这些结果，要像在向一个从未学过统计学的人解释一样。要确保对每个结果的因果关系方向做出讨论。

20. 从报纸的各不同版面任意挑选 8 人，完成以下任务：(a) 以每个人的姓和名的字母数之间的关系为依据，绘制散点图；(b) 针对每个人的姓和名的字母数之间的关系，计算相关系数；(c) 描述结果；(d) 对结果提出可能的解释。

21. 一名研究人员在研究新员工对工作的适应情况时发现员工的受教育程度与两个月后公司主管的评级之间存在 0.30 的相关。研究者现在计划利用受教育程度来预测主管未来对员工的评级。要求指出 (a) 预测变量、(b) 效标变量和 (c) 标准回归系数(β)。(d) 写出 Z 分数的预测模型。指出当受教育程度的 Z 分数为 (e) -1.5、(f) -1、(g) -0.5、(h) 0、(i) 0.5、(j) 1 和 (k) 1.5 时，预测的主管评级的 Z 分数。

22. 要求五个和你同性别的学生（每个人都来自不同的家庭）向你提供他们自己和他们母亲的身高信息。根据这五个人给你的数据，(a) 计算相关系数，(b) 通过他或她母亲的身高来预测他或她的身高，建立 Z 分数的预测模型。最后，基于你得出的预测模型，若已知某人的母亲身高为 (c) 5 英尺、(d) 5 英尺 6 英寸和 (e) 6 英尺，预测与你同性别的人的身高。（注意：要么将英寸转换成带小数的英尺，要么以英寸为单位。）

23. 高级主题：Hahlweg、Fiegenbaum、Frank、Schroedar 和 von Witzleben (2001) 对一种治疗广场恐惧症的方法进行了研究。广场恐惧症是一种影响了约 4%人口的疾病，是指发生在购物中心、公共汽车或电影院等公共场所的不可预测的惊恐发作。预测治疗效果的四个变量的相关系数 (r) 和标准回归系数 (β) 见表 3 - 12。实际效标变量为“后测平均组内效应量”。文章中解释，每个病人从治疗前到治疗后的变化平均需要通过几个心理健康测量。组内效应量越大，说明心理健康状况改善得越好。解释这项研究结果，要像在向一个理解相关但从未学过预测或多元回归分析的人解释一样。

表 3 - 12　　预测后测平均组内效应量的多元回归分析

自变量	r	β
BDI	0.30^{***}	0.30^{***}
年龄	-0.21^{***}	-0.20^{***}
练习次数	0.12^{*}	0.08
失调期	-0.13^{*}	-0.02

注：$R=0.36$；$R^2=0.13$；BDI=贝克抑郁量表。

$*p<0.05$，$**p<0.01$，$***p<0.000$.

资料来源：Hahlweg, K., Fiegenbaum, W., Frank, M., Schroeder, B., & von Witzleben, I. (2001). Short-and long-term effectiveness of an empirically supported treatment of agoraphobia. *Journal of Consulting and Clinical Psychology*, *69*, 375 - 382.

24. 高级主题：基于第 23 题的表 3 - 12，(a) 写出预测后测平均组内效应量的 Z 分数的多元回归公式，(b) 依据下表中被试者 A 到 J 的预测变量的 Z 分数，计算作为效标变量的后测平均组内效应量的 Z 分数。

	预测变量			
被试者	BDI	年龄	练习次数	失调期
A	1	0	0	0
B	0	1	0	0
C	0	0	1	0
D	0	0	0	1
E	0	0	0	0
F	0	0	0	0
G	1	1	1	0
H	0	0	1	1
I	1	1	1	1
J	−1	−1	−1	−1

SPSS 应用

在操作中出现图标时，就表示要单击鼠标。（我们使用 SPSS17.0 版本来运行数据，所以步骤和输出结果可能和其他的 SPSS 版本不太一样。）

以下所讲的散点图、相关系数和预测的步骤，都会使用睡眠和心情关系的研究例子。研究的原始分数见表 3-1，散点图见图 3-2，相关系数见表 3-2。

绘制散点图

①把数据输入 SPSS 中，如图 3-16 所示。

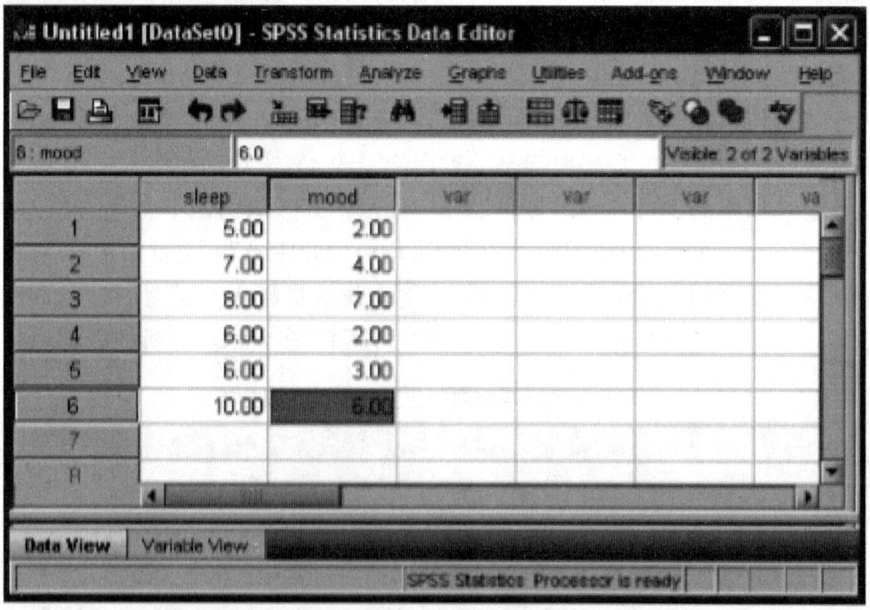

图 3-16 晚上睡眠时间和心情之间关系的 SPSS 数据编辑窗口（虚构数据）

② Graphs（图形）， Legacy Dialogs（旧对话框）。

③ Scatter/Dot（散点图/点图）。弹出 Scatter/Dot 定义选项框，可以选择不同种类的散点图，本例选用"Simple scatter" diagram（"简单散点"图）。然后 Define（定义）。

④变量"mood"（心情），然后箭头，使之进入"Y Axis"（Y 轴）框，这是要求 SPSS 将"mood"变量的分数放在散点图的纵轴。变量"sleep"（睡眠），然后箭头，使之进入"X Axis"（X 轴）框，这是要求 SPSS 将"sleep"变量的分数放在散点图的横轴。

⑤OK（确定）。SPSS 的输出结果视图如图 3－17 所示。

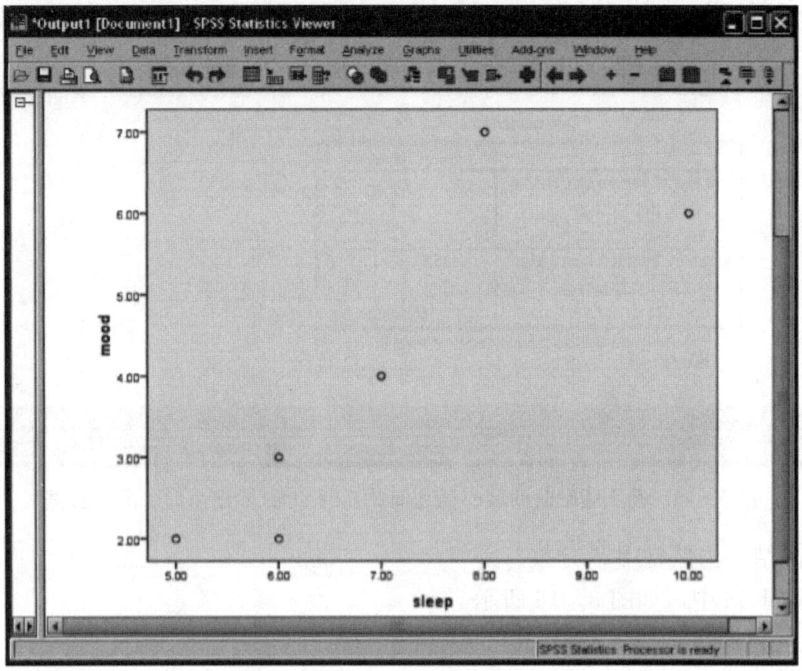

图 3－17　晚上睡眠时间和心情之间关系的 SPSS 散点图（虚构数据）

求相关系数

①把数据输入 SPSS 中，如图 3－16 所示。

②Analyze（分析）。

③Correlate（相关）。

④Bivariate（双变量）。

⑤变量“mood”（心情），然后箭头，使之进入“Variables”（变量）框。变量“sleep”（睡眠），然后箭头，使之进入“Variables”（变量）框。这是要求 SPSS 计算“sleep”和“mood”的相关系数。（如果你想知道几个变量两两之间的相关，就应该使所有变量都进入“Variables”框。）为了避免失误，SPSS 会输出一个皮尔逊相关（本章学过的一种相关），自动给出显著性水平（使用双侧检验），用星号标出在 0.05 水平上显著。

⑥OK（确定）。SPSS 的输出结果视图应该如图 3－18 所示。

图 3－18 是一个小的相关矩阵（只有两个变量）。（如果你想研究两个以上的变量——行为与社会科学研究中通常都有两个以上的变量——SPSS 就会输出一个大的相关矩阵。）相关矩阵可以呈现相关系数（皮尔逊相关）、相关系数的显著性水平［“Sig.（2-tailed）”］、相关分析的总人数（“N”）。注意，在相关矩阵中，有两个值是 1，因为这是某个变量与它本身的相关。（在一个大的相关矩阵中，从左上角到右下角的这条对角线上的每个方框里都有一个值是 1。）你会发现，有两个方框里的值是一样的，这是因为这个表表示的是睡眠与心情的关系，同样也是心情与睡眠的关系（当然就是一样的）。所以你看哪一个都行。（在一个大的相关矩阵里，你只需要看从左上角到右下角这条对角线以上的所有系数或以下的所有系数。）本例的相关系数是 0.853（在研究文献里，通常只保留小数点后两位数）。显著性水平是 0.031，小于 0.05，所以它们的相关是显著的。0.853 上的星号（＊）表示它是显著的（在 0.05 的显著性水平上，正如表格下面的注释所说）。

使用单一预测变量做预测

在实际的研究中，一般会使用原始分数（而不是 Z 分数）做预测。然而，即使你使用原始分数做

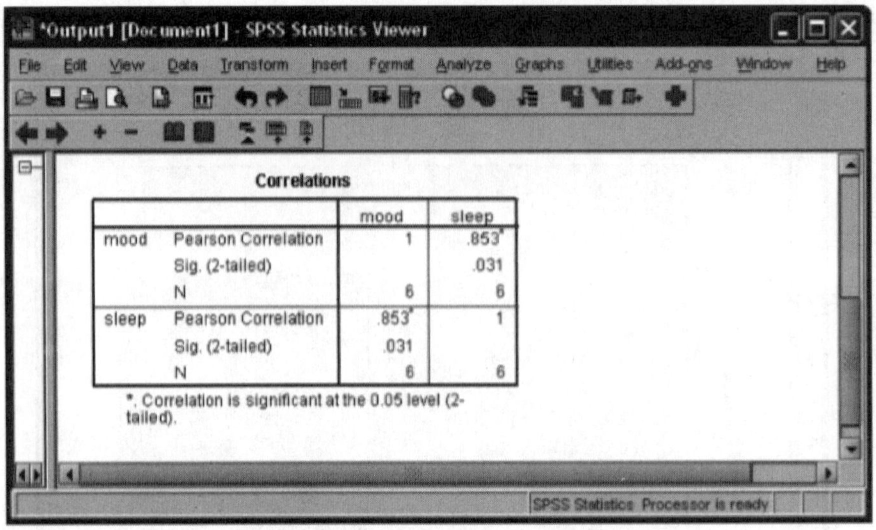

Correlations

		mood	sleep
mood	Pearson Correlation	1	.853*
	Sig. (2-tailed)		.031
	N	6	6
sleep	Pearson Correlation	.853*	1
	Sig. (2-tailed)	.031	
	N	6	6

*. Correlation is significant at the 0.05 level (2-tailed).

图 3-18　晚上睡眠时间和心情之间关系的 SPSS 输出窗口（虚构数据）

预测，SPSS 的输出结果仍然是用 Z 分数。

①把数据输入 SPSS 中，如图 3-16 所示。

②✎ Analyze（分析）。

③✎ Regression（回归）。

④✎ Linear（线性）。要求 SPSS 计算线性相关（为了与其他的相关区别开来）。

⑤✎变量“mood”（心情），然后✎箭头，使之进入“Dependent”（因变量）框。这是要求 SPSS 将“mood”变量作为效标变量（在预测里，也称为因变量，这是因为它依赖于预测变量的分数）。✎变量“sleep”（睡眠），然后✎箭头，进入“Independent(s)”（自变量）框。这是要求 SPSS 将“sleep”变量作为预测变量（在预测里，也称为自变量）。

⑥✎ OK（确定）。SPSS 的输出结果视图应该如图 3-19 所示。

SPSS 会输出四个表格，但我们只需要看最后一个（见图 3-19），它展示了预测模型的相关信息。对我们来说重要的是，这个表格给出了标准回归系数(β) 是 0.853。这就是说，用睡眠时间预测心情的 Z 分数预测模型是：$Z_{\text{mood}}=0.853\times Z_{\text{hours slept}}$。（这与相关系数是相等的。）

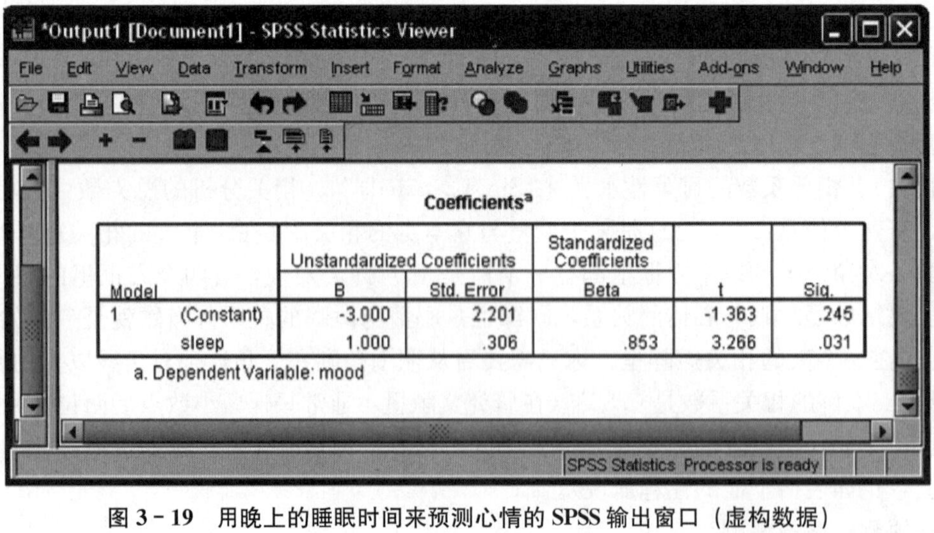

Coefficients[a]

Model		Unstandardized Coefficients B	Unstandardized Coefficients Std. Error	Standardized Coefficients Beta	t	Sig.
1	(Constant)	-3.000	2.201		-1.363	.245
	sleep	1.000	.306	.853	3.266	.031

a. Dependent Variable: mood

图 3-19　用晚上的睡眠时间来预测心情的 SPSS 输出窗口（虚构数据）

高级主题：多元回归

如果你做多元回归，那么在以上所讲的第⑤步中，要使所有的预测变量进入“Independent(s)”(自变量）框。在 SPSS 的输出结果视图里，每个预测变量的标准回归系数会呈现在“Beta”那一列里。通过这些标准回归系数可以看出每个预测变量对效标变量的贡献大小。(正如你在前面所学，一个预测变量的标准回归系数越大，这个预测变量对效标变量的贡献就越大。)

“你学会了吗?”答案

3.1

1. 散点图是一种表示两个变量之间关系的图。散点图由两个坐标轴构成，其中横轴表示一个变量，纵轴表示另一个变量。在图中，每一对数据都用一个点表示。每一对数据横轴的值与纵轴的值的交汇处就是这个点的位置。

2. (a) 横轴是预测变量，(b) 纵轴是结果变量。

3. 见图 3 - 20。

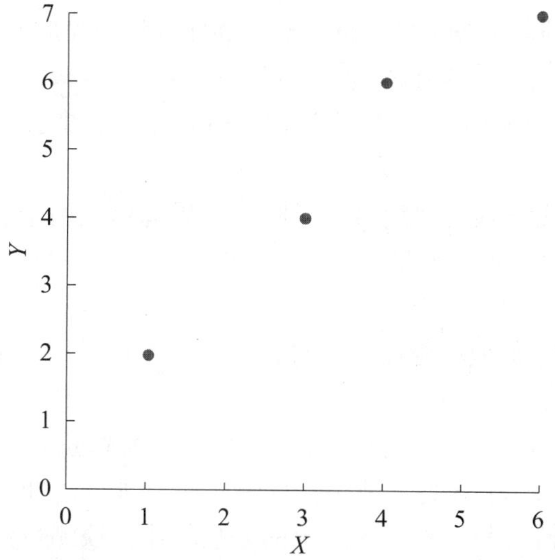

图 3 - 20　“你学会了吗?”(3.1) 第 3 题的散点图

3.2

1. 线性相关的点几乎都落在一条直线的周围（即使是弱相关，点也是沿着这条线分散地分布）；曲线相关的点也是有规律地分布，但并不是沿着一条直线分布。

2. 当两个变量之间没有关系时，就是无相关。

3. (a) 线性正相关的散点图的趋势线呈左低右高，线性负相关的散点图的趋势线呈左高右低。(b) 线性正相关的基本形式是，一个变量的分数高，则另一个变量的分数也高；一个变量的分数中等，则另一个变量的分数也中等；一个变量的分数低，则另一个变量的分数也低。而在线性负相关中，一个变量的分数高，则另一个变量的分数就低；一个变量的分数中等，则另一个变量的分数也中等；一个变量的分数低，则另一个变量的分数就高。

4. 图 3 - 9：(a) 线性，负相关，强。(b) 曲线。(c) 线性，正相关，强。(d) 无相关（无论从哪个方向看都一样)。

5. 先鉴别散点图是否是线性的，就可以知道用标准的步骤计算相关是否合适。如果是线性的，在计算之前先估计相关的方向和强度可以检验你的计算结果是否合适。

3.3

1. 首先，Z 分数是将两个变量放在同一把量尺上进行测量，因而其分数的高低具有相同的含义。

其次，高 Z 分数是正的，低 Z 分数是负的，所以，如果两个变量的取值同时都高或者都低，则其 Z 分数的交叉乘积就是正的。同样，如果两个变量的取值一个高而另一个低，则其交叉乘积就是负的。

2. 之所以要用 Z 分数的交叉乘积之和除以研究中的总人数，是因为 Z 分数的交叉乘积之和与研究中的总人数有关，即使相关程度一样，如果研究中所用的总人数多，其交叉乘积就会变大。所以，要除以总人数。（另外，Z 分数的交叉乘积除以总人数后，Z 分数的值将会处于一个标准范围：-1～1。）

3. 相关系数的公式是 $r=(\sum Z_X Z_Y)/N$。r 代表相关系数。$\sum$ 是将符号后面的数字相加求和的意思（在本公式中，表示将 Z 分数的交叉乘积相加求和）。Z_X 代表每一个体在 X 变量上所得原始分数的 Z 分数，Z_Y 代表每一个体在 Y 变量上所得原始分数的 Z 分数。N 代表研究中的被试者总数。

4. $r=(\sum Z_X Z_Y)/N=[0.5\times(-0.7)+(-1.4)\times(-0.8)+0.9\times1.5]/3=(-0.35+1.12+1.35)/3=2.12/3=0.71$。

3.4

1. 三种可能的因果关系方向是：(a) 抑郁能够导致焦虑；(b) 焦虑能够导致抑郁；(c) 某些第三种变量（诸如某些遗传因素或童年时期的精神创伤）能够导致焦虑和抑郁。

2. 饼干吃得越多，被试者的饱腹感就越强。饱腹感却不能导致被试者吃更多的饼干，因为被试者吃多少饼干是随机决定的。第三种变量也不能成为饱腹感和吃饼干多少的因，因为被试者吃多少饼干是随机决定的。

3. 如果某个特定相关系数具有统计显著性，意味着如果总体上两个变量无相关，则以从总体中抽出的这些个体为研究对象所测得的两个变量之间不大可能出现如此高的相关。

3.5

1. 某个人在预测的结果变量（效标变量）上的 Z 分数等于标准回归系数(β) 乘以其在用于预测的变量（预测变量）上的 Z 分数。

2. 标准回归系数之所以被称为*标准*，是因为人们使用 Z 分数进行预测，而 Z 分数又叫标准分数。其次，它被称为*回归系数*，是因为它用在预测中，预测又称为回归。（预测之所以称为回归，是因为预测过程的结果是效标变量的预测分数，与预测变量的分数相比，预测得到的效标变量分数更接近平均数或向平均数返回。）而它之所以被称为*系数*，是因为系数就是用来乘以另一个数值的数。

3. 用 Z 分数建构预测模型的公式是：预测的 $Z_Y=(\beta)(Z_X)$。预测的 Z_Y 表示预测的效标变量的 Z 分数，β 表示标准回归系数，Z_X 表示预测变量的 Z 分数。

4. (a) $0.2\times1.2=0.24$。(b) $0.50\times2.00=1.00$。(c) $0.80\times1.20=0.96$。

3.6

1. 使用原始分数做预测的原理是：先把预测变量的原始分数转换为 Z 分数，使用 Z 分数的预测模型做出预测，然后把预测的效标变量的 Z 分数转换为原始分数。

2. **①把某人在预测变量上的原始分数转换为 Z 分数。**
②用标准回归系数(β)乘以某人在预测变量上的 Z 分数。
③将此人在预测的效标变量上的 Z 分数转换为原始分数。

3. (a) $Z_X=(X-M_X)/SD_X=(16-10)/3=6/3=2$。
预测的 $Z_Y=(\beta)(Z_X)=0.60\times2=1.20$。
预测的 $Y=(SD_Y)$(预测的 $Z_Y)+M_Y=10\times1.20+100=12+100=112$。

(b) $Z_X=(X-M_X)/SD_X=(7-10)/3=-3/3=-1$。
预测的 $Z_Y=(\beta)(Z_X)=0.60\times(-1)=-0.60$。
预测的 $Y=(SD_Y)$(预测的 $Z_Y)+M_Y=10\times(-0.60)+100=-6+100=94$。

(c) $r^2 = 0.60^2 = 0.36$。

4. (a) $Z_X = (X - M_X)/SD_X = (20 - 20)/5 = 0/5 = 0$。

预测的 $Z_Y = (\beta)(Z_X) = 0.80 \times 0 = 0$。

预测的 $Y = (SD_Y)$(预测的 Z_Y) $+ M_Y = 2 \times 0 + 6 = 0 + 6 = 6$。

(b) $Z_X = (X - M_X)/SD_X = (25 - 20)/5 = 5/5 = 1$。

预测的 $Z_Y = (\beta)(Z_X) = 0.80 \times 1 = 0.80$。

预测的 $Y = (SD_Y)$(预测的 Z_Y) $+ M_Y = 2 \times 0.80 + 6 = 1.60 + 6 = 7.60$。

(c) $r^2 = 0.80^2 = 0.64$。

3.7

1. 多元回归就是用多于一个的预测变量去预测一个效标变量的程序。

2. 预测的 $Z_Y = (\beta_1)(Z_{X_1}) + (\beta_2)(Z_{X_2})$。

预测的 Z_Y 代表此人在预测的效标变量上的分数。β_1 代表第一个预测变量的标准回归系数，β_2 代表第二个预测变量的标准回归系数。Z_{X_1} 代表此人在第一个预测变量上的 Z 分数，Z_{X_2} 代表此人在第二个预测变量上的 Z 分数。

3. (a) 预测的 $Z_Y = 0.40 \times Z_{X_1} + 0.70 \times Z_{X_2} = 0.40 \times 1 + 0.70 \times 2 = 0.40 + 1.40 = 1.80$。

(b) 预测的 $Z_Y = 0.40 \times Z_{X_1} + 0.70 \times Z_{X_2} = 0.40 \times 2 + 0.70 \times 1 = 0.80 + 0.70 = 1.50$。

4. 在多元回归中，一个预测变量对预测效标变量的贡献与其他预测变量对预测效标变量的贡献之间是有重叠的。因此，一个预测变量与效标变量的特殊相关系数（标准回归系数）通常比该预测变量与效标变量的一般相关系数要小。

附录：相关系数的假设检验和检验力

至少需要学完第 8 章，才能很好地理解这部分内容。

相关系数的显著性

相关系数的假设检验遵从假设检验的一般步骤，但是需要注意最重要的五点：

1. 通常，虚无假设是指研究样本所在总体与真实相关为零的总体之间没有差异。

2. 如果数据的分布符合假设（后面会解释），则比较分布是自由度为人数减去 2($df = N - 2$) 的 t 分布。

3. 使用公式（3－5）计算相关系数在 t 分布中的值：

$$t = \frac{(r)(\sqrt{N-2})}{\sqrt{1-r^2}} \qquad (3-5)$$

t 值是相关系数乘以参与研究的人数减去 2 的差的平方根，再除以 1 减去相关系数平方的平方根。

4. 注意相关的显著性检验，同 t 检验一样，也分单侧检验和双侧检验。如果是单侧检验，研究者预测了相关的符号（正或负）。

5. 相关系数的显著性检验假定：(a) 两个变量的总体都是正态分布的；(b) 在总体中，两个变量的分布的方差齐性。但是，在 t 检验和方差分析（第 10 章）中，如果不完全满足这些假设也是可以的。

一个例子

以睡眠和心情关系的例子来说明。假设研究者在 0.05 水平上检验睡眠与心情是否具有正相关。

①重新将问题表述为关于总体的研究假设和虚无假设。本例中有两个总体：

总体 1：类似于本研究对象的总体。

总体 2：晚上睡眠时间与第二天心情相关为零的总体。

虚无假设就是两个总体的相关系数是一样的。研究假设就是总体 1 的相关要高于总体 2 的相关。（也就是说，预测总体的相关系数要大于 0。）

②确定比较分布的特征。假设本研究符合 t 分布的条件（本例中，研究只有 6 个被试者，很难说它符合 t 分布假设），则比较分布是自由度为 $4(df=N-2=6-2=4)$ 的 t 分布。

③确定当虚无假设被拒绝时比较分布中的临界值。由 t 值表（附录表 A-2）可知，对于自由度是 4、显著性水平为 0.05 的单侧检验，t 值至少要达到 2.132。

④计算比较分布中的样本分数。我们已经计算出相关系数 $r=0.85$，运用公式可以求出相应的 t 值是：

$$t=\frac{(r)(\sqrt{N-2})}{\sqrt{1-r^2}}=\frac{0.85\times\sqrt{6-2}}{\sqrt{1-0.85^2}}=3.21$$

⑤决定是否拒绝虚无假设。本例中相关系数的 t 值是 3.21，远大于 2.132。所以，拒绝虚无假设，支持研究假设。

效应量和检验力

相关系数本身是衡量效应量的一个指标。（因此，本例中，效应量就是 $r=0.85$。）科恩（Cohen，1988）认为，相关系数 0.1 为小效应量，0.3 为中等效应量，0.5 为大效应量。你可以借助检验力表、检验力软件包或网络检验力计算器，得出相关的检验力。表 3-13 给出了检验力的近似值，表 3-14 显示了在 0.05 的显著性水平上统计检验力达到 80%时的最小样本容量。（完整的表格见 Cohen，1988，pp. 84-95，101-102。）例如，对于一个期望中等效应量（$r=0.30$）、采用双侧检验、具有 50 名被试者的研究，其检验力为 0.57（这一数值低于标准期望水平，标准期望水平至少应达到 0.80 的检验力）。这意味着，即使研究假设事实上为真以及具有中等效应量（即，即使两变量的总体相关 $r=0.30$），研究结果也仅有 57%的可能得到显著性相关。

表 3-13　在 0.05 显著性水平上利用相关系数(r) 检验假设时，研究的近似检验力

	N	效应量		
		小（r=0.10）	中等（r=0.30）	大（r=0.50）
双侧检验	10	0.06	0.13	0.33
	20	0.07	0.25	0.64
	30	0.08	0.37	0.83
	40	0.09	0.48	0.92
	50	0.11	0.57	0.97
	100	0.17	0.86	*
单侧检验	10	0.08	0.22	0.46
	20	0.11	0.37	0.75
	30	0.13	0.50	0.90
	40	0.15	0.60	0.96
	50	0.17	0.69	0.98
	100	0.26	0.92	*

*表示检验力接近 1。

表 3 - 14 在 0.05 显著性水平上利用相关系数(r)检验假设时，研究检验力为 80%所需要的近似被试者数量

	效应量		
	小（r=0.10）	中等（r=0.30）	大（r=0.50）
双侧检验	783	85	28
单侧检验	617	68	22

第 4 章

推论统计的关键要素：正态曲线、样本与总体、概率

本章内容提要

☆ 正态曲线

☆ 样本与总体

☆ 概率

☆ 研究文献中的正态曲线、样本与总体、概率

☆ 本章点拨

小结

主要术语

示例

练习题

“你学会了吗?”答案

行为与社会科学研究者通常会借助实验验证某个理论原理的正确性或者某种实操方法的有效性。例如，教育研究者为了验证某个教学理论，可能会比较两种不同教学方法对学生的阅读速度的影响。社会学家会通过实验来检验通过召开社区居民会议促进水资源保护这样一个项目的效果。类似这样的研究都是在特定实验对象参与的条件下完成的。但是，对于这些理论原理或研究程序，研究者并不满足于只将其应用于特定的研究对象范围，而是希望其适用于更大的范围，使之在更大范围内具有普遍性。为了达到这个目的，研究者就要使用推论统计。

成功小贴士

学习本章之前，要确保已经掌握第 1 章中有关分布的形态以及第 2 章中有关平均数、标准差和 Z 分数的内容。

本章以及之后的第 5～7 章介绍推论统计的内容。本章我们将介绍三部分内容：正态曲线、样本与总体、概率。本章内容相对较少，主要是为后续章节做准备。

正态曲线

正如我们在第 1 章中所讲的，在行为与社会科学研究中，许多变量的分布都是单峰、对称、钟形的（自然界中的许多分布也一样）。这些钟形的直方图或者频数多边形图接近**正态分布**（normal distribution），或者被简称为**正态曲线**（normal curve）。正态曲线是一个数学上（或者理论上）的分布。研究者通常会将实际研究的变量的分布（也就是他们在研究得出的分布）与正态曲线相比较。他们并不期望变量的分布与正态曲线完全吻合（毕竟正态曲线只是一个理论分布），而是通常会检验变量的分布是否接近正态曲线。图 4－1 就是一个正态曲线的例子。

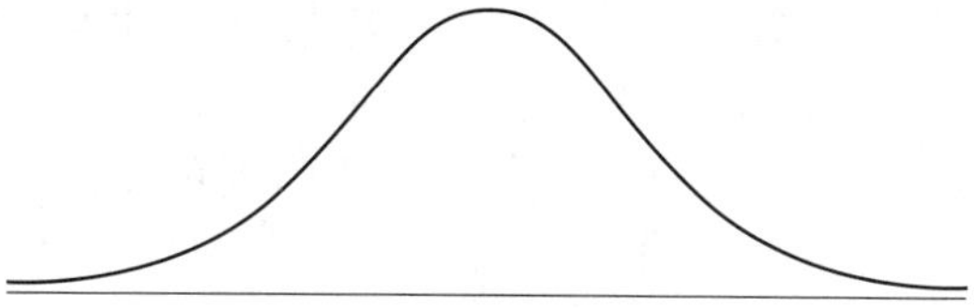

图 4－1　一条正态曲线

正态曲线在现实中普遍存在的原因

举例来说，某个人可以在不同的测验中记住不同数量的字母（每次测验的字母都是随机呈现的）。在有些测验中，记住的字母量可能多，在另一些测验中，记住的字母量可能少，但在大多数情况下，记住的字母量是趋中的。也就是说，一个人在不同的测验中，能够记住的字母量的分布接近一条正态曲线。假设在此类记忆任务的实验里，人的记忆容量是 7 个字母；但是，在任何特定的实验里，人的记忆容量会受到各种因素的影响——如室内噪声、个体当时的心境以及随机呈现的字母恰巧与被试者所熟悉的名字混淆了等等。

正态分布　服从正态曲线的频数分布。

正态曲线　具体的、数学上定义的、对称的、单峰的钟形频数分布；在自然界和研究中观察到的分布通常近似于它。

正是由于受这些叠加因素的影响，人们在某些测验中的记忆容量大于 7，而在另一些测验中小于 7。虽然说这些因素都会影响人们的记忆容量，但是，这些因素在哪种测验情境中出现是随机的。因此，在多数情况下，积极影响和消极影响能够相互抵消。在一个测验中只出现消极影响因素而没有积极影响因素的可能性很小，因此，通常情况下，由于作用相反的因素之间的相互抵消，人们的记忆容量既不会太高也不会太低，而是一个中间值；而极高或极低的数字较为罕见。

所以说，记忆容量的分布是一个单峰分布，大部分的数据分布在靠近中间的位置，两端位置的数据很少。它的分布也是对称的，因为比中间值高的数据与比中间值低的数据一样多。虽然是一条单峰的对称曲线，但并不能保证它就是一条正态曲线；它可能太扁平，也可能太高狭。然而，从理论上来看，如果这些影响因素是随机的而且数据量很大，那么它必然会是一条正态曲线。数理统计学称这一原则为中心极限定理。

虽然行为与社会科学研究者研究的变量分布大部分近似正态曲线，但是实际情况也并不总是如此。在第11章，你会学习一些特殊的统计方法，这些方法有助于你处理分布为非正态曲线的变量。在第11章之前，我们重点关注研究变量近似正态曲线这一更为普遍的情况。

正态曲线以及在平均数上下1个和2个标准差之间的分数所占的百分比

正态曲线的形状是标准的。因此，处于分布任意一点之上或之下的分数所占的百分比是一定的。比如，在正态曲线里，有50%的分数分布在平均数之下，这是因为在任何一个对称的分布里，有一半分数分布在平均数之下。更有趣的是，正如图4－2所示，从平均数延伸到1个标准差的位置，大约占总体的34%。

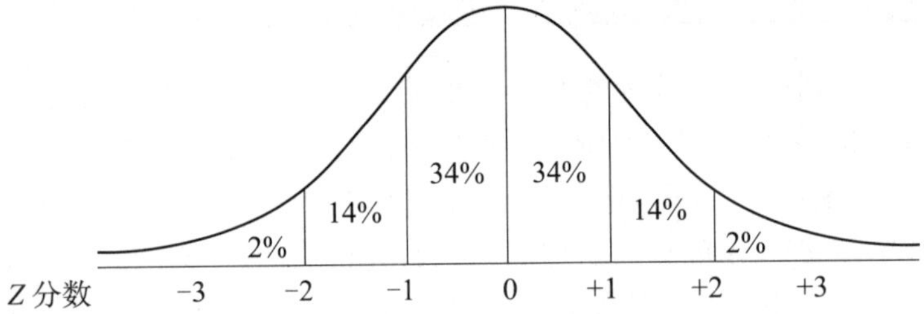

图4－2　在正态曲线上高于或低于平均数1个和2个标准差的分数与平均数之间所占的近似百分比

以智商（IQ）分数为例。在许多被广泛应用的智力测验中，IQ的平均数是100，标准差是16，IQ分数的分布接近一条正态曲线（见图4－3）。我们知道在正态曲线里，处于平均数与平均数之上1个标准差的位置的分数占总体的34%，由此可知有34%的人的IQ分数在100到116之间。同样，有34%的人的IQ分数分布在84到100之间，68%（34%+34%）的人的IQ分数分布在84和116之间。

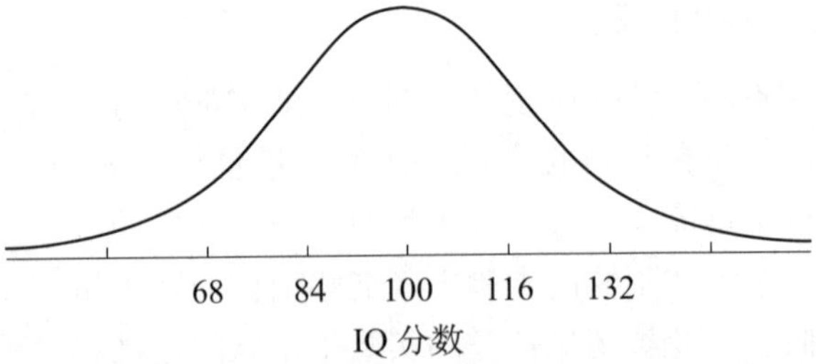

图4－3　大多数标准智力测验的智商分数的分布（平均数为100，标准差为16）

1个标准差到2个标准差之间所包含的个案（数值）比例要比平均数到1个标准差之间所包含的个案（数值）比例小很多。高于平均数1个标准差到高于平均数2个标准差之间所包含的个案（数值）比例为14%（见图4－2）。［同样，低于平均数1个标准差到低于平均数2个标准差之间所包含的个案（数值）比例为14%。］因此，有14%的人的IQ分数在116（平均数之上1个标准差的位置）与132（平均数之上2个标准差的位置）之间。

你会发现记住34%和14%是非常有用的。因为我们只要知道某个数值在平均数之上或者之下几个标准差，就可以知道在这个值之上或者之下包含多少个体。反过来，你也可以通过某个百分比计算出某个数值距离平均数几个标准差。比如说，一个实验研究发现某个制陶术的考古学样本含铁量是在所有出土的含铁文物样本的前 2%，并且已知在本例中，铁含量的分布近似于正态曲线。在这种情况下，本例中的样本的含铁量至少在平均含铁量之上 2 个标准差的位置。这是因为有 50%的数值要在平均数之上。平均数到高于平均数 1 个标准差之间的个案占 34%，平均数之上 1 个标准差到 2 个标准差之间的个案占 14%，所以就剩下 2%（50%－34%－14%＝2%）的个案分布在高于平均数 2 个标准差及以上区域。

回顾第 2 章，*Z* 分数就是某个分数到平均数几个标准差的位置，也就是我们在此讨论的问题。因此，在本例中，如果知道含铁量的平均数和标准差，就可以算出平均数之上 2 个标准差的原始分数（样本的实际含铁量）。可以用第 2 章所学的将 *Z* 分数（在本例中，*Z* 分数是 2）转换成原始分数的方法算出来：

$$X=(Z)(SD)+M, Z=(X-M)/SD$$

正态曲线表和 *Z* 分数

在处理服从正态分布的数据时，50%- 34%- 14%是很重要的实用法则。但在很多具体研究和实际应用中，行为与社会科学工作者需要更精确的信息。由于正态曲线是一条很精确的数理曲线，所以在正态曲线里，任何两点之间的区域所包含分数的精确百分比是可以算出来的（不仅仅指那些恰恰位于 1 个标准差或者 2 个标准差处的数）。比如，68.59%的数值的 *Z* 分数在－1.68 与 0.62 之间，2.81%的数值的 *Z* 分数在 0.79 与 0.89 之间，等等。

> **成功小贴士**
>
> 谨记，负 *Z* 分数对应的数值小于平均数，正 *Z* 分数对应的数值大于平均数。

基于正态曲线的公式（可以在数理统计书里查到），你可以借助计算器算出这些百分比。你也可以用更简单的方法算出（你马上就可以学到!）。统计学家已经编制出正态曲线表，借助此表可以直接查出平均数（*Z* 分数是 0）到任何 *Z* 分数之间的区域所占的百分比（同时也能查出任何一个 *Z* 分数到尾部之间的区域所占的百分比）。

完整的**正态曲线表**（normal curve table）见附录（表 A - 1）。[①] 表 4 - 1 呈现了整个表格的第一部分。表格的第一列是 *Z* 分数。第二列是平均数到某个 *Z* 分数之间个体所占的百分比。第二列上方所列的正态曲线中的阴影部分是对这一列百分比含义的直观表达。第三列是某个 *Z* 分数到曲线尾部的区域所占的百分比。在这一列的最上面，曲线中阴影的部分是对这一百分比含义的直观表达。注意，表 4 - 1 只呈现了正 *Z* 分数。这是因为正态曲线是对称的，所以说，平均数到 *Z* 分数 0.98 之间的区域所占的百分比（33.65%）与平均数到 *Z* 分数－0.98 之间区域所占的百分比（33.65%）是相同的；*Z* 分数 1.77 到尾部的区域所占的百分比（3.84%）与 *Z* 分数－1.77 到尾部的区域所占的百分比（3.84%）是相同的。对于任一 *Z* 分数来说，“*Z* 分数与平均数之间的百分比”与“*Z* 分数与曲线尾部之间的百分比”之和等于 50%。这是因为在正态曲线上，大于平均数的分数占总体的 50%。比如，*Z* 分数是 0.57，“*Z* 分数与平均数之间的百分比”是 21.57%，那么“*Z* 分数与曲线尾部之间的百分比”是 28.43%，21.57%＋28.43%＝50.00%。

> **成功小贴士**
>
> 注意表中的前三列出现两次，请确保查到的是你需要的那一列。

> **正态曲线表**　显示了正态曲线中各分数所对应的百分比；该表通常包括介于平均数与平均数以上数个标准差之间的分数的百分比，也包括大于平均数以上数个标准差的分数的百分比。

假如你想知道平均数到 *Z* 分数 0.64 之间区域所占的百分比，你只需要在表格的“*Z*”列里查找到 0.64，在“平均数到 *Z* 的%”这一列里就可以找到答案 23.89%。这些值在表 4 - 1 可以查到。

---

① 任何两个 *Z* 分数之间分数的确切百分比也可以使用统计软件或电子表格计算（例如，使用 Microsoft Excel 中的正态曲线函数）。

表 4-1　　正态曲线的面积：平均数到 Z 之间区域所占的百分比以及 Z 到尾部区域所占的百分比

Z	平均数到 Z 的 %	Z 到尾部的 %	Z	平均数到 Z 的 %	Z 到尾部的 %
0.01	0.00	50.00	0.45	17.36	32.64
0.01	0.40	49.60	0.46	17.72	32.28
0.02	0.80	49.20	0.47	18.08	31.92
0.03	1.20	48.80	0.48	18.44	31.56
0.04	1.60	48.40	0.49	18.79	31.21
0.05	1.99	48.01	0.50	19.15	30.85
0.06	2.39	47.61	0.51	19.50	30.50
0.07	2.79	47.21	0.52	19.85	30.15
0.08	3.19	46.81	0.53	20.19	29.81
0.09	3.59	46.41	0.54	20.54	29.46
0.10	3.98	46.02	0.55	20.88	29.12
0.11	4.38	45.62	0.56	21.23	28.77
0.12	4.78	45.22	0.57	21.57	28.43
0.13	5.17	44.83	0.58	21.90	28.10
0.14	5.57	44.43	0.59	22.24	27.76
0.15	5.96	44.04	0.60	22.57	27.43
0.16	6.36	43.64	0.61	22.91	27.09
0.17	6.75	43.25	0.62	23.24	26.76
0.18	7.14	42.86	0.63	23.57	26.43
0.19	7.53	42.47	0.64	23.89	26.11
0.20	7.93	42.07	0.65	24.22	25.78
0.21	8.32	41.68	0.66	24.54	25.46

注：该表只是正态曲线表的一部分，完整表格见附录表 A-1。表中重点标注的值是本书例子中的值。

反过来，你也可以使用正态曲线表查出 Z 分数。比如，在九年级的学生里，有 30%的学生的创造力分数高于 Samantha 的分数。如果创造力分数分布是一条正态曲线，那么可以按照以下步骤求出她的 Z 分数：如果有 30%的学生的分数高于她的分数，也就是说有 30%的分数分布在她的分数至右边尾部的区域，如图 4-4 所示。因此你可以查“Z 到尾部的%”那一列，对应的百分比接近 30%。在本例中，最接近的是 30.15%。最后，查看这个百分比左边“Z”那一列，可以得出她的 Z 分数是 0.52，因此，Samantha 的创造力水平的 Z 分数是 0.52。假如你知道九年级学生的创造力分数的平均数和标准差，那么你就可以使用 $X=(Z)(SD)+M$ 这一常用的公式将 0.52 这个 Z 分数转换成原始分数，从而求出 Samantha 在本次测验中的原始分数。

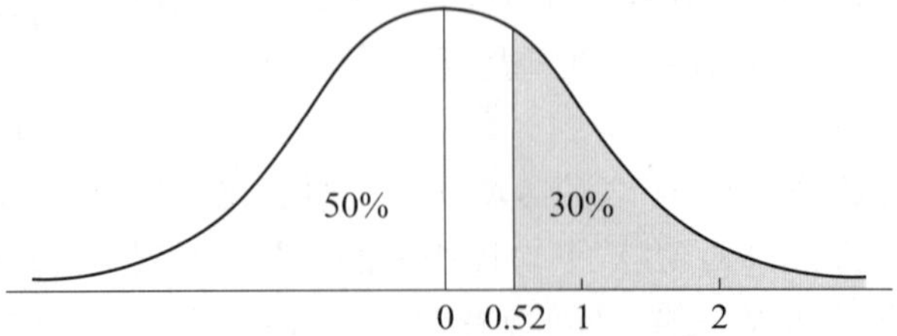

图 4-4　在创造力测验分数的分布中，前 30%部分以及对应的 Z 分数起始点

使用正态曲线表求某个原始分数或 Z 分数之上或者之下所占的百分比的步骤

计算某分数之上或之下所占的百分比的五个步骤如下：

> **成功小贴士**
>
> 在正态曲线图中找 Z 分数的位置时，可以根据 Z 分数的正负找到正确的位置。

①如果从原始分数开始，要先将它转换为一个 Z 分数。 最常用的公式是：$Z=(X-M)/SD$。

②画一个正态曲线图，找到 Z 分数的位置，并将所求的百分比部分画成阴影。

③根据 50%-34%-14%法则，大概估计阴影部分的百分比。 并不需要非常精确；只需要估计一下阴影部分的大概范围。这一步既可以使你避免错误，又可以培养你对正态曲线如何应用的直觉。

④使用正态曲线表，查找精确值，如果需要，再加上 50%。 从表 A-1 的第一列“Z”找出那个 Z 分数，然后可以就在第二、三列中查到它的百分比。如果你想计算平均数到这个 Z 分数之间所占的百分比，那么表中的值就是你的最终答案。然而，有些时候，你需要将表中的值再加上 50%——Z 分数是个正数，而且你想知道在这个 Z 分数之下的所有百分比，或者 Z 分数是个负数，而且你想知道在这个 Z 分数之上的所有百分比。但你并不需要记住这些规则，因为根据问题画图更为方便，并且很容易推算出你从表中获得的百分比是否正确或者是否需要加 50%。

⑤确保你的最终答案是在第③步估计的范围之内。

一个例子

以下是使用 IQ 分数的两个例子，$M=100$，$SD=16$。

例 1：如果一个人的 IQ 分数是 125，那么 IQ 分数高于 125 的人数比例是多少？

①如果从原始分数开始，要先将它转换为一个 Z 分数。 使用最常用的公式 $Z=(X-M)/SD$，则 $Z=(125-100)/16=1.56$。

②画一个正态曲线图，找到 Z 分数的位置，并将所求的百分比部分画成阴影。 如图 4-5 所示。

③根据 50%-34%-14%法则，大概估计阴影部分的百分比。 如果阴影部分是从 Z 分数 1 开始的，那么有 16%的人的 IQ 分数高于他。如果阴影部分是从 Z 分数 2 开始的，那么只有 2%的人的 IQ 分数高于他。因此，知道了他的 Z 分数是 1.56，答案的取值范围肯定是 2%～16%。

④使用正态曲线表，查找精确值，如果需要，再加上 50%。 由表 A-1 可知，Z 分数是 1.56 时，“Z 到尾部的%”是 5.94%。也就是说，有 5.94%的人的 IQ 分数高于 125。这就是问题的答案。（这里不需要将百分比再加上 50%。）

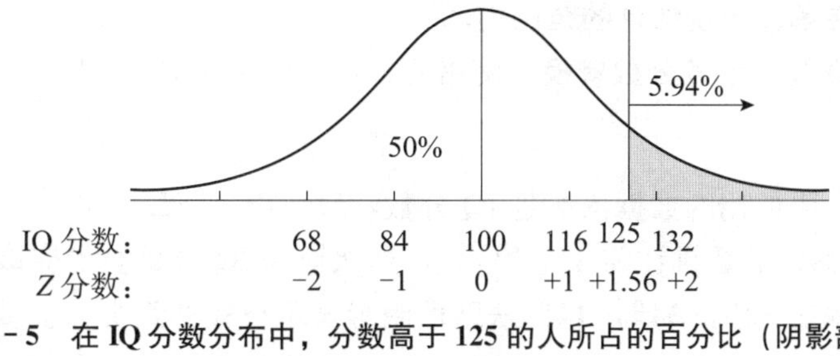

图 4-5　在 IQ 分数分布中，分数高于 125 的人所占的百分比（阴影部分）

⑤确保你的最终答案是在第③步估计的范围之内。 答案是 5.94%，在我们估计的 2%到 16%的范围内。

例 2：如果一个人的 IQ 分数是 90，那么比他的 IQ 分数高的人数比例是多少？

①如果从原始分数开始，要先将它转换为一个 Z 分数。 使用最常用的公式 $Z=(X-M)/SD$，则 $Z=(90-100)/16=-0.63$。

②画一个正态曲线图，找到 Z 分数的位置，并将所求的百分比部分画成阴影。 如图 4-6 所示。

③根据 50%-34%-14%法则，大概估计阴影部分的百分比。 在平均数与 Z 分数 -1 之间的占 34%，50%的个案大于平均数。因此，Z 分数是 -0.63 时取值范围是 50%～84%。

④使用正态曲线表，查找精确值，如果需要，再加上 50%。 查表可知，平均数与 *Z* 分数 0.63 之间的区域占 23.57%，因此，大于 *Z* 分数−0.63 区域所占的百分比应该是 23.57%（*Z* 分数与平均数之间的区域），加上 50%（大于平均数的区域），等于 73.57%。

⑤确保你的最终答案是在第③步估计的范围之内。 答案是 73.57%，在我们估计的 50%到 84%的范围内。

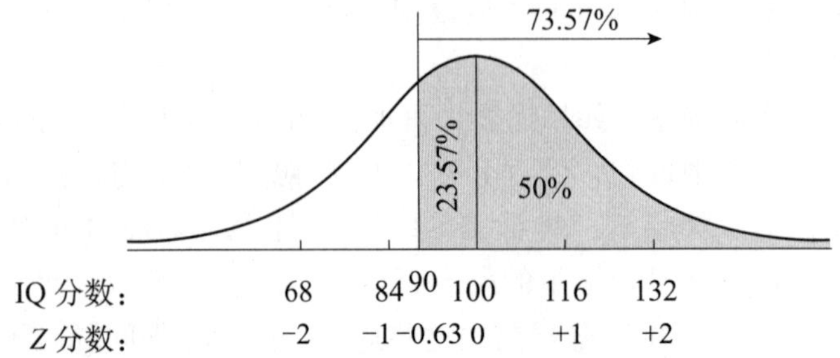

图 4-6　在 IQ 分数分布中，分数高于 90 的人所占的百分比（阴影部分）

已知百分比，使用正态曲线表求 *Z* 分数和原始分数

已知百分比求 *Z* 分数和原始分数，与已知 *Z* 分数和原始分数求百分比的方法步骤类似，只要将后者的求解步骤反过来即可。

具体五个步骤如下：

①画出正态曲线并依据 50%-34%-14%法则用阴影表示已知的百分比。

②粗略地估计 *Z* 分数的位置。

③使用正态曲线表找到精确的 *Z* 分数（如果需要，在查 *Z* 分数之前，减去 50%）。 看图找出所求百分比的位置是在阴影的尾部还是在平均数与阴影结束点之间。比如，如果所求百分比位于后 35%，那么它处于阴影的尾部 35%的位置。如果所求百分比位于平均数和阴影结束点之间，那么可能就需要减去 50%。比如，如果要求前 72%的位置，那么阴影的结束点就是 22%（也就是，72%−50%=22%）。

如果已知百分比，则查正态曲线表时，要查最接近的百分比（“平均数到 *Z* 的%”或者“*Z* 到尾部的%”），然后查出相应的 *Z* 分数。那个 *Z* 分数应该就是最终的答案——除非它是负数。确定 *Z* 分数正负号最好的方法就是看正态曲线图。

④确保最终的答案在第②步所估计的范围内。

⑤如果你想求原始分数，用 *Z* 分数转换。 使用公式：$X=(Z)(SD)+M$。

一个例子

现举三个例子，例子中使用的数据依然是 IQ 分数，$M=100$，$SD=16$。

例 1：如果一个人的 IQ 分数排在前 5%的位置，那么他的 IQ 分数至少应该是多少？

①画出正态曲线并依据 50%-34%-14%法则用阴影表示已知的百分比。 要求的是前 5%，所以阴影范围应该在大于平均数 1 个标准差（16%），而小于平均数 2 个标准差的位置。因为只有 2%的个案大于平均数 2 个标准差。与 16%相比，5%更靠近 2%。所以，阴影的起始点应该在靠近 2 个标准差左边的位置，如图 4-7 所示。

②粗略地估计 *Z* 分数的位置。 *Z* 分数应该在 1 个标准差到 2 个标准差之间。

③使用正态曲线表找到精确的 *Z* 分数（如果需要，在查 *Z* 分数之前，减去 50%）。 所求的是前 5%，所以可以查正态曲线表“*Z* 到尾部的%”。查表可知，最接近 5%的是 5.05%（或者 4.95%），相应的 *Z* 分数就是 1.64。

④确保最终的答案在第②步所估计的范围内。 正如我们所估计的，1.64 在 1 个标准差与 2 个标准

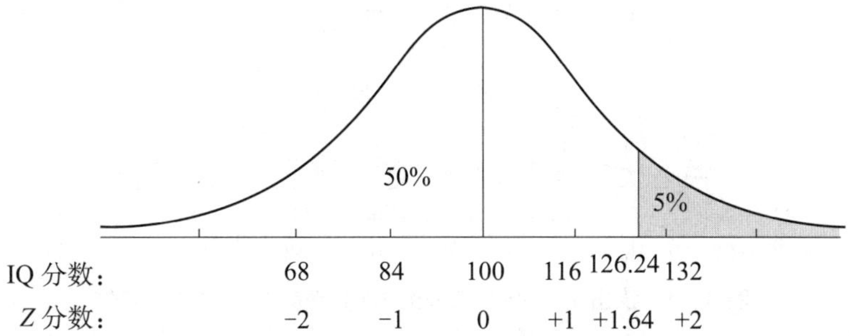

图 4-7　找出前 5%部分的 Z 分数和 IQ 分数的起始值

差之间（更靠近 2 个标准差）。

⑤如果你想求原始分数，用 Z 分数转换。使用公式：$X=(Z)(SD)+M=1.64\times16+100=126.24$。总之，如果想排在前 5%，这个人的 IQ 分数至少是 126.24。

例 2：如果一个人的 IQ 分数排在前 55%的位置，那么他的 IQ 分数至少应该是多少？

①画出正态曲线并依据 50%-34%-14%法则用阴影表示已知的百分比。所求的是前 55%，有 50%的部分大于平均数，所以阴影应该从小于平均数（在其左侧）的位置开始。在平均数与平均数之下 1 个标准差之间包含总体的 34%，所以答案应该介于平均数与平均数之下 1 个标准差之间。应该将阴影涂在该点的右侧。如图 4-8 所示。

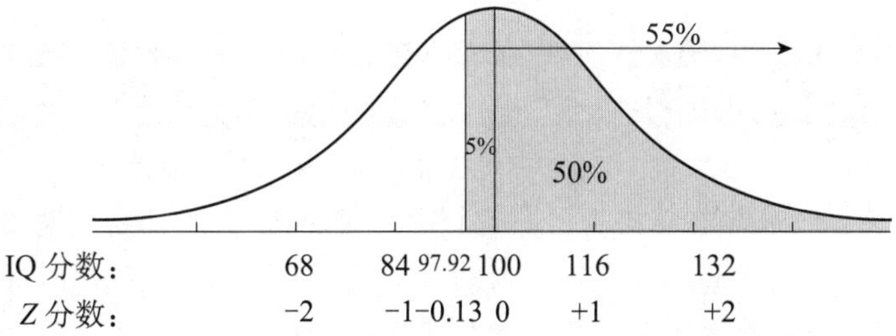

图 4-8　找出前 55%部分的 IQ 分数的起始值

②粗略地估计 Z 分数的位置。Z 分数应该在 −1 到 0 之间。

③使用正态曲线表找到精确的 Z 分数（如果需要，在查 Z 分数之前，减去 50%）。前 55%也就意味着，有 5%的分数介于这个 IQ 值与平均数之间（55%−50%=5%）。在正态曲线表中，在"平均数到 Z 的%"一列里，最接近 5%的是 5.17%，相应的 Z 分数是 0.13。由于在平均数之下，所以是 −0.13。

④确保最终的答案在第②步所估计的范围内。正如我们所估计的，−0.13 在 −1 与 0 之间。

⑤如果你想求原始分数，用 Z 分数转换。使用公式：$X=(Z)(SD)+M=-0.13\times16+100=97.92$。总之，如果想排在前 55%，这个人的 IQ 分数至少是 97.92。

例 3：包含中间 95%的范围，这个分数范围应该是多少？

求中间的百分比，这个问题乍一看很奇怪，但是在之后的章节里，你会经常遇到。其实这个问题就是找到这个百分比所对应的最高分和最低分。所以，在此例中，你只需要找到排在后 2.5%的位置的结束点和前 2.5%的位置的起始点（100%−95%）。

①画出正态曲线并依据 50%-34%-14%法则用阴影表示已知的百分比。我们先找前 2.5%的位置的起始点。这个点肯定高于 1 个标准差，但又不能高于 2 个标准差，因为大于 2 个标准差只包含总体的 2%，但 2.5%很靠近 2 个标准差的位置。所以，前 2.5%的位置的起始点应该在平均数之上 2 个标准差左侧的某个点上。同样，后 2.5%位置的结束点应该在靠近平均数之下 2 个标准差右侧的某个点上。所以，阴影部分的起始点应该是平均数之下 2 个标准差的右侧，终点是平均数之上 2 个标准差的左侧。如图 4-9 所示。

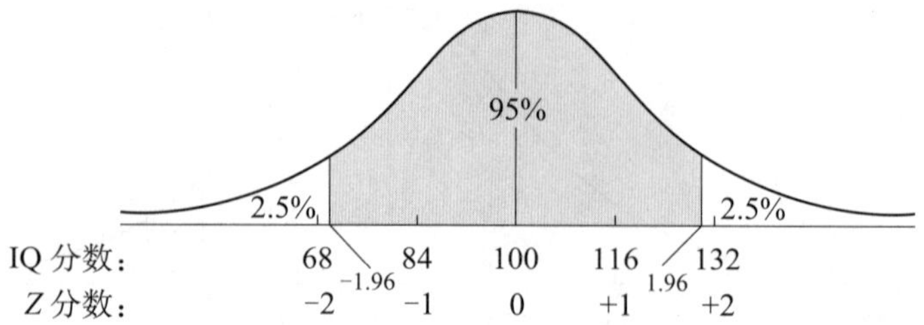

图 4－9　找出中间 95%部分的 IQ 分数的起始值和末尾值

②粗略地估计 Z 分数的位置。如图所示，Z 分数起于小于平均数之下 2 个标准差的某个点，终于小于平均数之上 2 个标准差的某个点。

③使用正态曲线表找到精确的 Z 分数（如果需要，在查 Z 分数之前，减去 50%）。前 2.5%也就意味着有 2.5%的 IQ 分数分布在曲线的右尾末端。在正态曲线表的"Z 到尾部的%"一列中，最接近 2.5%的百分比是 2.50%，相应的 Z 分数是 1.96。正态曲线是对称的，所以左尾末端的 Z 分数是－1.96。

④确保最终的答案在第②步所估计的范围内。正如我们所估计的，1.96 在 1 与 2 之间，并且接近 2；－1.96 在－2 与－1 之间，并接近－2。

⑤如果你想求原始分数，用 Z 分数转换。求最高点，使用公式：$X=(Z)(SD)+M=1.96\times16+100=131.36$。求最低点，$X=(Z)(SD)+M=-1.96\times16+100=68.64$。总之，中间 95%的 IQ 分数范围是 68.64～131.36。

4.1　你学会了吗？

1. 在自然界中，为什么正态曲线（或至少是对称单峰曲线）如此普遍？

2. 如果不使用正态曲线表，在正态曲线中，(a) 大于平均数，(b) 平均数到平均数之上 1 个标准差之间，(c) 平均数之上 1 个标准差到 2 个标准差之间，(d) 小于平均数，(e) 平均数到平均数之下 1 个标准差之间，(f) 平均数之下 1 个标准差到 2 个标准差之间，分别占总体的多少？

3. 如果不使用正态曲线表，在正态曲线中，(a) 平均数到平均数之上 2 个标准差之间，(b) 平均数之上 1 个标准差以下，(c) 平均数之下 2 个标准差以上，分别占总体的多少？

4. 如果不使用正态曲线表，那么前 (a) 50%、(b) 16%、(c) 84%和 (d) 2%对应的 Z 分数起始点分别是多少？

5. 使用正态曲线表，(a) 平均数与 Z 分数 2.14 之间，(b) Z 分数 2.14 以上，(c) Z 分数 2.14 以下，分别占总体的多少？

6. 使用正态曲线表，如果 (a) 在你之上有 20%的人，(b) 在你之下有 80%的人，你的 Z 分数分别是多少？

样本与总体

总体　研究者欲将某个研究结果应用于的整个群体；将研究样本的结论推论到的一个更大的群体。

样本　所研究的某个特定群体的得分；通常用来代表更大的群体的得分。

借助于豆子的例子，向大家介绍一些重要的概念。假如你在煮一锅豆子，舀出一勺来尝尝是否熟了。这一锅豆子就是**总体**（population），它是我们所感兴趣的整体。一勺豆子就是**样本**（sample），它是你所掌握信息的总体的一部分，如图 4－10a 所示。图 4－10b 和图 4－10c 是另外两个用来说明样本与总体关系的例子。

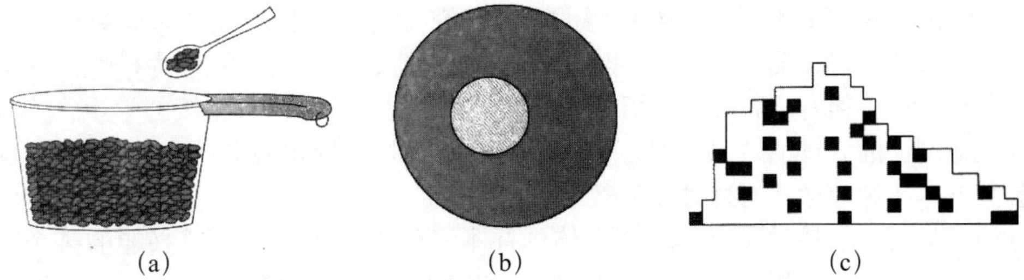

图 4 - 10　总体与样本

注：在（a）中，整锅豆子是总体，而一勺豆子是样本；在（b）中，整个大的圆是总体，而里面的那个小圆则是样本；在（c）中，整个统计图是总体，而所有特定的阴影部分组成样本。

在行为与社会科学研究中，我们研究样本是为了对更大的总体做出推论；这些样本不是豆子，而是一些个体。样本可以是参与某个实验的 50 名加拿大女性，但是总体有可能是加拿大的所有女性。在一个民意调查中，从所有的选民中抽出 1 000 个人，然后问他们想选谁。这 1 000 人的意见就是样本，更多选民（民意调查者期望将调查结果推论到他们身上）的意见就是总体（见图 4 - 11）。[①]

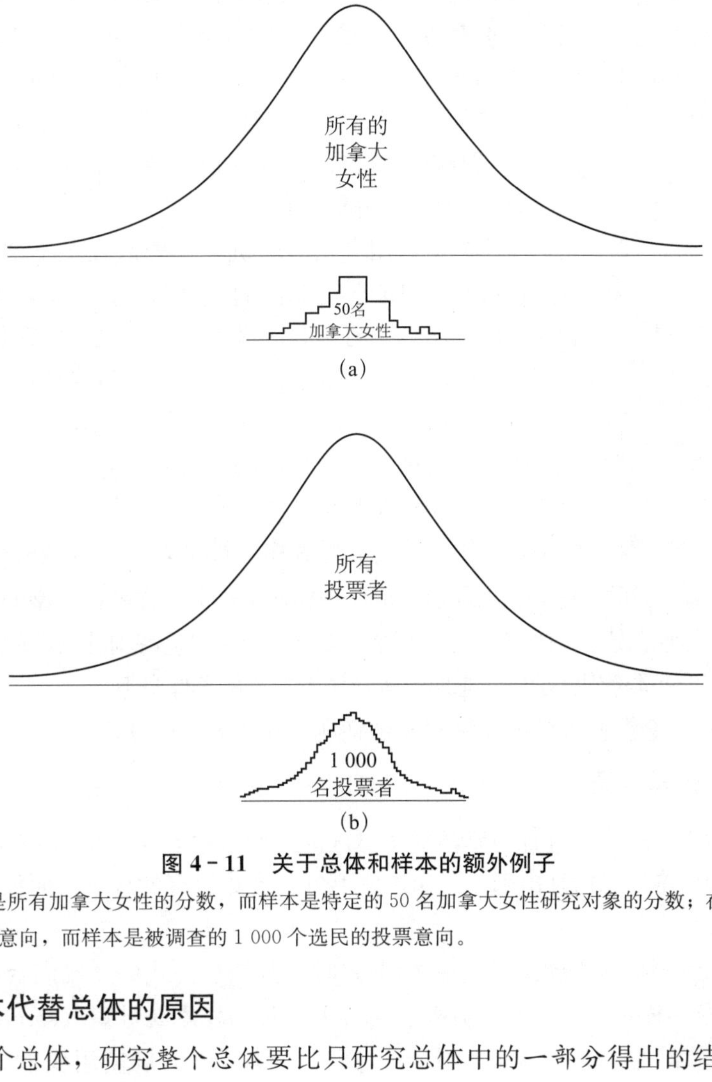

图 4 - 11　关于总体和样本的额外例子

注：在（a）中，总体是所有加拿大女性的分数，而样本是特定的 50 名加拿大女性研究对象的分数；在（b）中，总体是所有达到选举年龄要求的选民的投票意向，而样本是被调查的 1 000 个选民的投票意向。

在研究中用样本代替总体的原因

如果你想研究一个总体，研究整个总体要比只研究总体中的一部分得出的结果要精确得多，但是

① 严格来讲，总体和样本是得分（数字或测量）而不是得分者。在第一个例子中，样本的确是这 50 名加拿大女性的得分，而不是这 50 名女性本人，总体就是所有的加拿大女性可能的得分。

在绝大多数研究情况下这样太不现实。更重要的是，研究最主要的目的就是对研究样本以外的事件做出推论或预测。如果我们仅仅测验三辆车中哪辆车的耗油量更少，这不能称为研究——除非不想对此类车的油耗量做出推论。换言之，在一个研究中，研究者可以将40个八年级的学生作为被试者，来研究一种新的教授地理课的方法的效果。但是实验的目的并不是发现这特定的40名学生对实验情境的反应，而是了解整个八年级的学生对这种新的教学方法的反应。

几乎所有的行为与社会科学研究都是用个体的样本来代表总体（或者感兴趣的某个群体）进行研究。更现实地说，研究者试图用系统的、与研究主题相关的方法来研究与总体差别不大的样本。

样本就是我们所研究的内容，总体是未知的，研究者基于样本对总体做出推论。在本书剩下的章节里，你学到的最多的就是利用样本信息对总体做出推论。

抽样方法

通常情况下，获取样本的理想方法叫**随机取样**（random selection）。研究者从总体中随机地选择一些来进行研究。比如，把每个名字写在不同的乒乓球上，然后把所有的乒乓球都放在一个斗状容器里，摇匀，然后蒙着眼，需要多少就取出多少（实际上，更多的研究者会使用计算机随机抽取样本）。

分清楚随机取样和**随意取样**（haphazard selection）很重要；比如，名单上谁有可能是第一个被抽到的。如果使用随意取样的方法，很可能会抽到偏离总体的样本。假如我们做一个对统计导论课的态度的调查，如果你只把问卷发给离你近的同学，那这势必会影响调查的结果。因此，只调查你周围的同学的话，会导致调查结果与你的态度很相似，而不是一个真正的随机样本。

> **随机取样** 使用随机程序（总体中的每个人被选中的可能性是一样的）选取样本的方法；研究者使用的一种方法就是使用随机数表，将总体中的所有人列出来，并从中抽取一部分进行研究。
>
> **随意取样** 按照谁能用就用谁或者将位列名单第一的个体作为研究样本的一种抽样方法。
>
> **总体参数** 总体平均数和总体标准差等的实际值（总体参数往往未知，通常基于样本信息加以估计）。
>
> **样本统计量** 从被研究的特定人群的分数中计算出的描述统计量，如平均数和标准差。

不幸的是，用真正的随机样本做研究是不切实际或者不太可能的。首先，我们不可能获得总体的所有名单；其次，不可能每一个研究者接触的个体都愿意参与实验；最后，考虑追踪住在偏远地区被试者所需的花费和面临的困难。鉴于种种原因，行为与社会科学家使用更为实用并且接近随机取样的方法进行研究。但是，研究者预先要尽可能地排除各种系统因素对被选样本的影响。研究一旦开始，研究者要时刻警惕各种可能会导致样本偏离总体的因素。比如说，在很多教育与心理的实验研究中，使用大学生志愿者作为被试者是很普遍的。这是由于各种现实的原因，再加上，这些实验研究的主题（比如，短时记忆是如何工作的）在各种类型的被试者身上测试的结果是一致的。然而即使在这种情况下，研究者也应该避免选择对研究主题特别感兴趣的个体作为样本。这些研究者很清楚研究结果不可能推论到大学生、志愿者等被试者之外的群体身上。

抽样方法是研究方法论教材中详细介绍的复杂话题（见专栏4-1）。

样本与总体的统计学术语

总体的平均数、方差、标准差统称为**总体参数**（population parameters）。总体参数通常是未知的，可以根据来自这个总体的样本信息估计出来。正如，你不可能尝尽所有的豆子，而仅仅是尝一勺，“豆子熟了”是对整锅豆子的推论。

在本书中，当涉及总体的平均数、方差、标准差时，包括在公式中，我们会在 M、SD^2、SD 之前注明是“总体”①。所求的样本的平均数、方差、标准差统称为**样本统计量**（sample statistics）。样本统计量是由已知的信息求得的，而且我们经常会计算它。样本统计量使用我们一直使用的符号：M，

---

① 在统计学里，总体参数通常会用希腊字母表示。比如，总体平均数用 μ（“mu”），总体标准差用 σ（小写字母“sigma”）。但是，在本书中我们不使用这些符号，这是为了让学生更好地掌握公式而不用考虑这些希腊字母。

SD^2，SD。

4.2　你学会了吗?

1. 解释说明研究中的总体与样本有哪些不同。
2. 为什么在行为与社会科学研究中，通常是研究样本而不是总体?
3. 解释说明随机取样与随意取样的区别。
4. 解释说明总体参数与样本统计量的区别。

概率

在行为与社会科学中，很多研究的目的是检验某一理论的真实性或程序的有效性。但是，任何一种科学研究都不可能给出确定的答案，而只能说明某一理论真实或某一程序有效的可能性。在科学中，概率是一个很重要的概念，尤其是对推论统计而言。行为与社会科学研究者使用概率将实验研究的结果形成推论。

数学家和哲学家虽然已经研究了概率几个世纪，但是至今为止，仍然存在很多争议。然而幸运的是，你只需要掌握几个重要的概念就可以理解并解决在本书学习的推论统计问题。[①] 这几个关键的点并不难，很多学生一看就能明白。

在统计学里，我们将**概率**（probability）定义为某一特定事件期望出现的相对频次。**事件**（outcome）就是某一实验的结果（或者任何一种事先不知结果的情境，比如，硬币头像朝上或者明天下雨）。频次就是某一事件出现的次数。相对频次就是某一事件出现的次数与所有可能出现的事件次数之比，即某一事件出现的比例。（抛一枚硬币 12 次，头像在上有 8 次，相对频次就是 8/12，或者 2/3。）**期望相对频次**（expected relative frequency）是指如果重复实验多次，你所期望得到的结果。（比如抛硬币，头像朝上的最终趋势肯定是1/2。）这就是对**概率的长期相对频次解释**（long-run relative-frequency interpretation of probability）。

概率　某一事件期望出现的相对频次；某一事件出现的次数与观测次数之比。

事件　用来描述概率的某一实验的结果（或者任何一种事先不知结果的情境，比如，硬币头像朝上或者明天下雨）的术语。

期望相对频次　某一事件出现的次数与所有可能出现的事件次数之比。

概率的长期相对频次解释　如果重复同一实验多次，把概率理解为某一特定结果的比例。

专栏 4-1　调查、民意调查，以及 1948 年昂贵的“免费样本”

是时候带你了解媒体所做的民意调查是怎么一回事了。通常情况下，公共民意调查的结果都会在报告的某个地方用小字标注类似这样的声明：“在 6 月 4—5 日两天对 1 000 名美国成年人进行电话调查。抽样误差为±3%。”这样的声明是什么意思呢?

盖洛普民意调查是一个很好的例子（Gallup，1972；也可以参见 www.galluppoll.com）。最好是以 1948 年为例，因为在 1948 年，盖洛普、柯乐利（Crossley，赫斯特报团旗下）和罗珀（Roper，《财富》旗下）三家公司都错误地预测托马斯·杜威将战胜哈里·杜鲁门而成为美国总统。在这次总统大选民意调查中，盖洛普的调查对象是 50 000 人，罗珀的调查对象是 15 000 人。与此相对照，

① 当然，有很多概率知识与统计无关，也有许多概率知识虽然与统计有关，但是在行为与社会科学中并不重要。比如说，在很多统计学书上会提到联合概率和条件概率，但是本书并不涉及这方面的内容，因为在已发表的行为与社会科学研究报告中很少能看到应用这两种概率的，而且在本书中，要想直接掌握推论统计方法的逻辑也不是非用它不可。

2008年预测巴拉克·奥巴马将获胜，盖洛普只用了3 050人。事实上，从1952年开始，美国的民意调查人数从未超过8 144人，而且误差极小，从未出现失误。那么，是什么变化导致了在调查对象减少的情况下反而提高了调查精度呢？

1948年以前使用的调查方法叫“配额抽样”，这种方法在1948年后再也没有使用。在配额抽样中，对各种要调查的人进行数量规定，然后按照被调查对象的居住地、性别、年龄、种族及经济地位等进行严格配额。但是，在满足调查属性的人群中，你想调查谁就可以调查谁。共和党人总体来说更容易接受调查。他们更有可能拥有电话，拥有永久地址，住房条件较好，以及邻里关系较好。在1948年，美国总统大选临近时，共和党人的民调偏向导致了令人尴尬的错误，并由此引发了调查方法的变革。

自1948年开始，调查机构开始采用“概率抽样法”。简单随机抽样是一种最纯粹的概率抽样法。但是在美国大选调查中采用简单随机抽样需要从数量极大的全美合法选民名单中抽出选民的姓名，然后要一一找到这些分散在全美不同地方的选民。显然这种抽样方法非常困难，于是，找到了一种替代办法，这种替代办法就是“多阶段整群抽样”。这种抽样的做法是将全美按照社区大小从大城市到农村划分成7个分组，这些分组又划分成7个地理区域（诸如新英格兰、中大西洋等）。当这些小的大小相等的分组分区后，我们就可以从这些分区中抽取城市街区，其抽取的概率与人口数量或抽取单位的数量成比例。最后，在地图上随机取一个点作为调查的起始点，按照既定方向按顺序选择住户进行访问调查。

实际上，电话访问是当今进行民意调查比较喜欢采用的一种方法。电话调查费用大约是入户调查费用的三分之一。由于现在大多数人拥有电话，与杜鲁门时期相比，现在使用电话法调查不会有大的偏差。电话法可以使用计算机随机拨号。与按照电话簿拨打电话不同，随机拨号可以拨打电话号码簿上没有的电话。但是，当下的美国调查机构的典型做法不是拨打手机号码。因此如果一个家庭只有手机而没有固定电话，那这个家庭就会被排除在电话民意调查范围之外。大多数调查机构认为，只有手机而没有家庭固定电话的比例很低，所以电话法不会导致民意调查结果有大的偏差（尤其是没有家庭固定电话的人的人口学特征表明，与拥有家庭固定电话的人相比，没有家庭固定电话的人更不愿意在总统选举中投票）。但是，可以预期将来随着只有手机的家庭比例增长，这个问题会成为民意调查中的一个重要问题。调查机构已经开始探索使用其他民意调查方法，诸如邮件法、网络法。

无论是电话访问还是面访，经过三次努力后仍然会有35%的人没有响应。这就会产生另外一种偏差，所以在处理一个人有多少时间在家的数据时，要对那些访问到的数据进行适当加权，以弥补缺失数据。

现在你应该对民意调查有了一些了解，但是我们仍然有两个重要问题没注意到：为什么我们在民意调查中只用1 000人就能描述所有美国成年人？抽样误差是什么意思？要回答这两个问题，你需要等到学习第6章（专栏6-1）。

概率的计算

概率通常用可能成功的事件的次数占比来计算：可能成功的事件的次数除以所有可能出现的事件的次数。即：

$$\text{概率}=\frac{\text{可能成功的事件的次数}}{\text{所有可能出现的事件的次数}}$$

我们可以想象抛一枚硬币，人像朝上的概率。掷一次硬币有两种可能的结果（正面或反面），其中一种可能是人像朝上。所以，概率是1/2，或0.5。掷一次骰子，出现2点（或者是骰子六个面中的其中一面）的概率是 1/6，或 0.17。因为在六种可能的结果中，2 点只可能出现一次。出现 3 点及以下的概率是 3/6，或 0.5。因为在六种可能的结果中，可能成功的事件的次数是 3（1，2，3）。

再举个复杂一点的例子。假设某课堂有 200 人，有 30 个高年级学生。随机从中抽取一些学生，那么抽到高年级学生的概率是 30/200，或 0.15。这是因为在所有的这 200 种可能中，可能成功的事件的次数是 30。

计算概率的步骤

计算概率的步骤如下：

①确定可能成功的事件的次数。

②确定所有可能出现的事件的次数。

③用可能成功的事件的次数（第①步）除以所有可能出现的事件的次数（第②步）。

我们用以上步骤求掷一次骰子，得到 3 点及以下的概率：

①确定可能成功的事件的次数。 3 点及以下的可能有三种：1，2，3。

②确定所有可能出现的事件的次数。 掷一次有六种可能的结果：1，2，3，4，5，6。

③用可能成功的事件的次数（第①步）除以所有可能出现的事件的次数（第②步）。 3/6=0.5。

概率的取值范围

概率是一个比值，是可能成功的事件的次数与所有可能出现的事件的次数之比。比值不可能比 0 小，也不可能比 1 大。如果是百分比，比值的范围就是 0%～100%。某事件不可能发生，其发生的概率就是 0；反之，必然会发生的概率是 1。注意，如果某事件发生的概率是 0，则该事件为完全不可能事件，它是不会发生的。如果某事件发生的概率很低，是 0.05（5%）甚至是 0.01（1%），那么这是不太可能事件，但并不是完全没有可能。

> **成功小贴士**
>
> 直接乘以 100%，就能将比值转换为百分比。13% 就等于 0.13 × 100% = 13%。除以 100，就能将百分比转换为比值。所以，3% 就是比值 3/100=0.03。

概率的符号“*p*”

概率通常用字母 **p** 表示，概率的大小通常用小数来表示，尽管有时也会用分数表示。发生或不发生各占 50% 的概率通常表示为 $p=0.5$，也可以表示为 $p=1/2$ 或 $p=50\%$。我们也经常会用“<”（小于号）把概率写成小于某个数，比如，$p<0.05$ 意思是“概率小于 0.05”。

> ***p*** 概率。

概率、Z 分数和正态分布

到目前为止，我们讨论了某些特定事件发生或不发生的概率，也讨论了某些事件发生或不发生的概率范围。掷骰子，结果是 3 点及以下的概率就是其中一个例子（包括 1、2、3 点）。从大街上选择一些年龄在 30 岁到 40 岁之间的人的概率是另一个例子。

可以根据频数分布（参见第 1 章）求某一得分的概率。如图 4－12 所示的频数分布图，在 50 人中

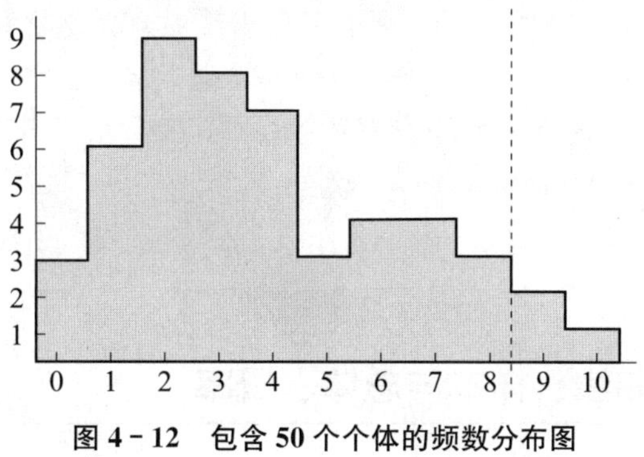

图 4－12 包含 50 个个体的频数分布图

注：以直方图的形式呈现，随机选取的被试者得分是 9 或 10 的概率是 $p=0.06$（3/50）。

有3个人的得分是9或10。如果随机从这50人中选择，在50种可能（所有可能出现的事件）中，被选中得分是9或10的人有3个（可能成功的事件），$p=3/50=0.06$。

也可以把正态分布看成概率分布。根据正态曲线，任何两个Z分数之间的分数所占的百分比是确定的。任何两个Z分数之间的分数的百分比就等于选取在这两个Z分数之间的某一个分数的概率。正如在本章之前所学的，在平均数与平均数之上1个标准差之间包含总体的34%，因此，我们毫不惊讶地发现在平均数与平均数之上1个标准差之间出现某一得分的概率是0.34（也就是说$p=0.34$）。

在本章之前的正态曲线的例子中，我们算出，在Z分数−1.96与Z分数1.96之间包含总体的95%（见图4-9）。如果从正态分布中随机抽取一个得分，被选中的得分在Z分数−1.96与Z分数1.96之间的概率就是0.95（即有95%的可能性）。这个概率是很高的。

同样，在正态分布中，随机抽取的某一个得分在Z分数1.96之上，或是在−1.96之下的概率是0.05（也就是5%的可能性）。这个概率是很小的。便于更直观地理解，见图4-9，在图中，随机抽取的在Z分数1.96之上，或在−1.96之下的这个得分的概率是0.05的部分就是非阴影区。在下一章，你将学到更多关于某一得分落在正态曲线尾部的概率。

概率、样本和总体 概率也是与样本和总体相关的。在第5章和第6章中，你会学到更多这方面的知识。不过在此之前，先通过一个例子使大家对概率在样本与总体中的地位有所了解。假如你知道在一个测验里，样本中某个人的得分是4，但是你并不知道这个样本是否来自某一个男性或女性的总体。如果告诉你，该女性总体在这个测验上的得分分布是一个平均数为10、标准差为3的正态分布。那么样本中得分是4的这个人来自这个女性总体的可能性有多大？如图4-13所示，在平均数是10、标准差是3的正态分布中，得分是4的人很少，因此，这个人来自该女性总体的可能性很小。如果样本中某个人得分是9，那该个体来自这个女性总体的可能性又是多大呢？在本例中，这个人来自该女性总体的可能性很大，因为在总体中得分是9的人很多。这种推理是假设检验过程的入门，假设检验是本书剩下部分的重点。

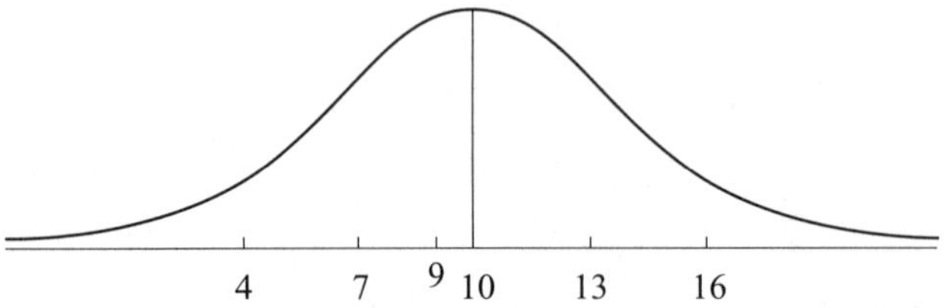

图4-13 平均数为10、标准差为3的正态分布

4.3 你学会了吗?

1. 概率被定义为某一事件期望出现的相对频次。解释说明什么是（a）相对频次和（b）事件。

2. 假设你的瓶子里有400枚便士，有40枚存了9年以上。你把这些便士摇匀，然后倒出一个。（a）所有可能成功的事件的次数是多少？（b）所有可能出现的事件的次数是多少？（c）倒出存了9年以上便士的概率是多少？

3. 假设在某个测验中所有人的得分的分布是正态分布，平均数是50，标准差是10。如果随机从中挑出一人，这个人的分数大于60的概率是多少？

4. $p<0.01$是什么意思？

研究文献中的正态曲线、样本与总体、概率

在学习这部分内容之前，你必须已经理解了本章所讲的知识要点。但是本章的要点很少在研究报

告中直接涉及（除有关方法和统计的文献外）。有时候，研究者描述在某一变量上结果分布的形态时，会用到正态曲线。（第 11 章会更多涉及这方面的知识，并且以文献举例说明，第 11 章主要探讨结果分布不是正态曲线的情况。）

除非涉及统计显著性，否则在研究报告中很少直接讨论概率，关于统计显著性我们在第 3 章简单介绍过。几乎在所有研究报告的结果部分，都会用统计显著性来解释各种方法，并标注 $p<0.05$ 或 $p<0.01$。p 表示概率，可是这里的概率又是指什么的概率呢？这将是我们在第 5 章的统计显著性部分讨论的重点。

最后，在研究报告中有时会简单地提及样本选取的方法。比如，Bennett、Wolin、Puleo、Masse 和 Atienza（2009）用全国普查的数据考察了成年人对旨在促进身体健康的全民健身活动建议的了解，他们描述的研究方法如下：

> 健康信息全国趋势调查（HINTS）的样本是从全美总人口中基于概率得到的。调查采用随机拨号式的电话访问。该调查自 2003 年以来每两年进行一次。调查实施者是美国国家癌症研究所。分析采用的数据是 2005 年的 HINTS 调查结果（$n=5\ 886$）。问卷的设计、调查细节以及样本的设计在其他地方都详细描述了……简而言之，在 2005 年为期 25 周的一段时间里，受过培训的访问员借助名单，对美国电话局中的电话号码采用随机拨号的方式选取样本。从每个家庭选出一个 18 岁或 18 岁以上的成年人来进行深入访谈。（p. 189）

如果有可能，研究者要报告实际参与研究的被试者占所有被试者的比例。这叫作*有效率*。Bennett 和他的同事们报告被试者在扩展筛选访谈上的有效率是 61.25%，这是根据美国舆论研究协会（American Association for Public Opinion Research，2001）的指南计算出来的。

研究者有时也会基于他们所能获取的更为普遍的群体的信息，检验样本是否与总体一致。比如，Schuster 和他的同事们（2001）在 2001 年 9 月 11 日恐怖袭击之后，对美国成年人的应激情况做了一个全国普查。在这项研究中，研究者将样本与 2001 年的人口普查记录相比较。报告写道："样本中，妇女、非西班牙裔白人、更高学历和收入的人的过度反应的比例略高。"（p. 1507）Schuster 和他的同事们指出，这些样本的比例略高是"随机拨号导致的结果"（pp. 1507 - 1508）

本章点拨

小结

1. 行为与社会科学研究中的许多变量的得分的分布基本都是钟形的、对称的、单峰的分布，这就是*正态曲线*（或*正态分布*）。由于这种曲线的形态可以根据数学公式计算出来，所以在正态曲线下，每两个点之间所包含的得分的百分比是固定的。

2. 在正态曲线中，如下数据经常用到：平均数之上包含总体的 50%，平均数与平均数之上 1 个标准差之间包含总体的 34%，平均数之上 1 个标准差与 2 个标准差之间包含总体的 14%。

3. 通过正态曲线表，可以查出平均数与任意 Z 分数之间的分数所占的百分比，以及尾部的分数所占的百分比。使用此表，并且已知曲线是正态分布，平均数之上包含总体的 50%，你就可以计算任一得分在某个 Z 分数之上或之下所占的百分比。也可以由百分比求 Z 分数。

4. *样本*就是被研究的个体或群体——通常用来代表更大的不能直接被研究的*总体*。理想状态下，我们期望用随机程序从总体中抽取样本。样本的平均数、方差和标准差称为*样本统计量*，总体的平均数、方差和标准差称为*总体参数*。

5. 许多行为与社会科学家认为某一事件发生的概率就是它的期望相对频次。可能成功事件的次数与所有可能出现事件的次数的比值就是概率。概率用 p 表示，取值范围从 0（不可能事件）到 1（必然事件）。在正态曲线下，可以看出某一事件的概率的取值范围。

6. 研究报告中很少会提到正态曲线（除非研究的变量不服从正态分布，才会简单地提及）或概率（除非牵涉到统计显著性）。有时会描述取样的程序，尤其是在一个调查研究中，也会描述样本的代表性。

主要术语

正态分布	随机取样	概率（p）
正态曲线	随意取样	事件
正态曲线表	总体参数	期望相对频次
总体	样本统计量	概率的长期相对频次解释
样本		

示例

计算高于或低于某一特定原始分数或 Z 分数的百分比

假设已知某暴力敏感性测验的平均数为 20，标准差为 3，分布呈正态分布。得分高于 24 的人的百分比是多少?

答案

①如果从原始分数开始，要先将它转换为一个 Z 分数。转换公式为 $Z=(X-M)/SD$，$Z=(24-20)/3=1.33$。

②画一个正态曲线图，找到 Z 分数的位置，并将所求的百分比部分画成阴影。本例中的阴影图示见图 4-14。

③根据 50%-34%-14%法则，大概估计阴影部分的百分比。如果阴影部分开始于 Z 分数 1，则阴影部分的百分比可能是 16%。如果阴影部分开始于 Z 分数 2，则阴影部分的百分比可能是 2%。所以，现在的 Z 分数为 1.33，则阴影的百分比应该是 2%～16%。

④使用正态曲线表，查找精确值，如果需要，再加上 50%。在附录表 A-1 中，Z 分数 1.33 对应的“Z 到尾部的%”一列的百分比为 9.18%。因此答案是：暴力敏感性测验得分高于 24 的人占 9.18%（本例没有必要加 50%）。

⑤确保你的最终答案是在第③步估计的范围之内。本例中精确值 9.18%在 2%至 16%的范围内。

注意：如果要解决的问题中提到的 Z 分数恰好是 0、1 和 2（或者−1 和−2），你可以直接用 50%-34%-14%法则求得精确百分比，而不必使用正态曲线表。但是，你仍然需要绘制正态曲线图并在图上标出所求的阴影部分。

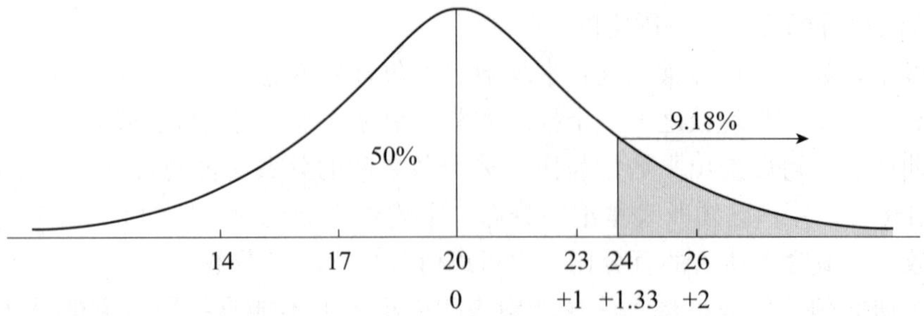

图 4-14　在暴力敏感性得分分布中，高于 24 的分数所占的百分比（阴影部分）

已知百分比，求 Z 分数和原始分数

仍以上述情况为例：假设已知某暴力敏感性测验的平均数为 20，标准差为 3，分布呈正态分布。那

么位于前 75%的人最低得分应是多少？

答案

①画出正态曲线并依据 50%-34%-14%法则用阴影表示已知的百分比。本例中，阴影部分的起始点位于平均数和平均数之下 1 个标准差的位置。（因为平均数以上的区域占 50%，平均数之下 1 个标准差以上的区域占 84%。）图示见图 4-15。

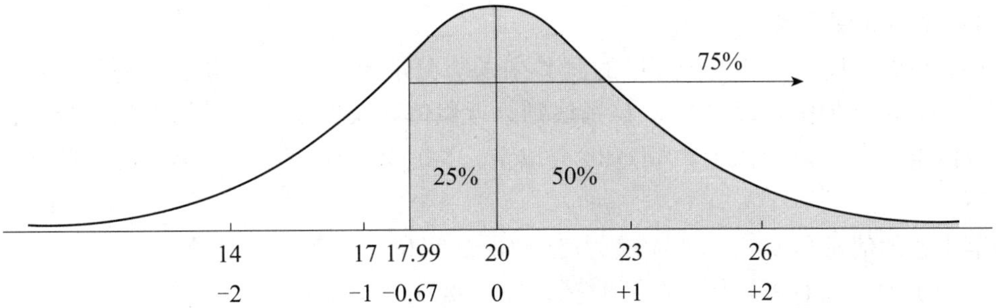

图 4-15　在暴力敏感性得分分布中，找出前 75%部分的起始原始分数

②粗略地估计 Z 分数的位置。本例中，Z 分数介于−1 和 0 之间。

③使用正态曲线表找到精确的 Z 分数（如果需要，在查 Z 分数之前，减去 50%）。由于平均数以上的人占 50%，所以前 75%应该包含平均数以下 25%的人（即 75%−50%=25%）。查找正态曲线表"平均数到 Z 的%"那一列，最接近 25%的数值是 24.86%，对应的 Z 分数是 0.67。鉴于我们感兴趣的是平均数之下的位置，所以，Z 分数是−0.67。

④确保最终的答案在第②步所估计的范围内。−0.67 介于−1 和 0 之间。

⑤如果你想求原始分数，用 Z 分数转换。转换公式为 $X=(Z)(SD)+M$，$X=-0.67\times 3+20=-2.01+20=17.99$。即如果个体的测验分数想位于前 75%，则其测验的原始分数至少是 18 分。

注意：如果此类问题不允许你查正态曲线表，则你可以利用 50%-34%-14%法则去求解。但是，无论如何，你都需要绘制正态曲线并将恰当的区域用阴影加以表示。

写包含由 Z 分数求百分比或由百分比求 Z 分数的逻辑与计算的文章时，需要做以下说明

1. 正态曲线是一个数学上（或理论上）的分布，描述曲线的形状（确定要包含正态曲线图），并且注意自然界以及行为与社会科学中的许多变量呈正态分布。

2. 如果需要（即有要求），解释平均数和标准差（具体见第 2 章）。

3. 描述正态曲线与平均数和任一 Z 分数之间的分数所占百分比的关系。确信能够描述正态曲线表以及解释其如何使用。

4. 简述由 Z 分数求百分比或由百分比求 Z 分数的步骤。确保能够根据问题的性质绘制正态曲线图并在上面标注相应的数值和阴影（例如，平均数以及平均数上下 1 个、2 个标准差之间的分数所占的百分比或 Z 分数）。

求概率

糖果盘里有四种不同水果口味的糖果：20 颗苹果口味的，20 颗草莓口味的，5 颗樱桃口味的，5 颗葡萄口味的。如果闭上眼睛随机抓一颗，则这一颗糖果是樱桃口味或葡萄口味的概率是多少？

答案

①确定可能成功的事件的次数。有 10 次可能成功的事件：5 颗樱桃口味和 5 颗葡萄口味。

②确定所有可能出现的事件的次数。所有可能出现的事件的次数是 50：20+20+5+5=50。

③用可能成功的事件的次数（第①步）除以所有可能出现的事件的次数（第②步）。10/50=0.2。所以，闭上眼睛随机抓一颗糖可能是樱桃口味或葡萄口味的概率是 0.2。

练习题

以下练习题涉及计算。虽然在现实生活中，绝大多数统计问题是借助特殊的统计软件用计算机完成的，但是即便你有这些软件，也要动手解决这些问题以便加深对所学方法的理解。此外，在本章中很重要的一点是你能够绘制正态曲线并借此解决有关问题。

练习题所使用的数据，除非指明来源，否则给出的所有数据都是虚构的。

第Ⅰ组（答案请参阅附录B）

1. 假设某城市的居民在一项关于环境的测验中的得分情况如下：平均分为40，标准差为5。假设得分分布为正态分布。请用50%-34%-14%法则，近似估计获得以下分数的人的百分比：(a) 40分以上，(b) 45分以上，(c) 30分以上，(d) 35分以上，(e) 40分以下，(f) 45分以下，(g) 30分以下，(h) 35分以下。

2. 利用第1题的信息和50%-34%-14%法则，试问位于下列百分比之上的人的最低分数应是多少？(a) 2%，(b) 16%，(c) 50%，(d) 84%，(e) 98%。

3. 某教育研究人员借助特定测验在期中考试前对学生的考试焦虑进行了研究，结果发现测验数据呈正态分布。利用正态曲线表，求处于多少百分比位置的人其Z分数如下：(a) 低于1.5，(b) 高于1.5，(c) 低于−1.5，(d) 高于−1.5，(e) 高于2.10，(f) 低于2.10，(g) 高于0.45，(h) 低于−1.78，(i) 高于1.68。

4. 上述问题中，焦虑测验的平均分是15，标准差是5。利用正态曲线表，获得下列分数的人的百分比分别是多少？(a) 高于16分，(b) 高于17分，(c) 高于18分，(d) 低于18分，(e) 低于14分。

5. 在第3、第4两题的考试焦虑案例中，利用正态曲线表，个体考试焦虑测验分数位于下列位置的最低分数分别是多少？(a) 前40%，(b) 前30%，(c) 前20%。

6. 利用正态曲线表，位于平均数与下列Z分数之间的分数所占的百分比分别是多少？(a) 0.58，(b) 0.59，(c) 1.46，(d) 1.56，(e) −0.58。

7. 假设一条正态曲线，(a) 如果某学生的西班牙语能力位于班级的后30%，则该学生的最高Z分数是多少？(b) 如果某学生位于班级的后3%，则该学生的最高Z分数是多少？

8. 假设一条正态曲线，(a) 如果某学生的数学能力在全国范围内位于前10%，则该学生的最低Z分数是多少？(b) 如果某学生在全国范围内位于前1%，则该学生的最低Z分数是多少？

9. 假设某协调测验的分数分布为正态分布，其平均数为50，标准差为10。(a) 如果一个人的分数想位于前5%，则其分数至少应为多少？(b) 向一个从未学过统计学的人解释你的答案。

10. 某论文探讨了澳大利亚高中生的自尊水平。该论文在研究方法部分强调对澳大利亚高中生的“随机样本”进行了调查。向一个从未学过统计学的人解释什么是“随机取样”以及“随机取样”的重要性。

11. Tanski及其同事（2009）对美国青少年抽烟或在电影中看到抽烟的情况进行了电话访问。他们在文章的研究方法部分写道：“调查对象为全美有代表性的样本6 522人，年龄在10～14岁，招募方式为利用随机数字拨号邀约。”（p. 136）向一个从未学过统计学的人解释这种方法的含义及其重要性。

12. 下表是去年接受人力资源部特殊帮助的公司员工人数：

药物/酒精	10
家庭危机咨询	20
其他	20
总计	50

如果你想从去年的数据中随机抽取一个数据，则选中下列各种情况的概率分别是多少？（a）药物/酒精，（b）家庭危机咨询，（c）药物/酒精或家庭危机咨询，（d）除“其他”之外的任何一类，（e）三种类型中的任何一类。（f）向一个从未学过统计学的人解释（a）部分的答案。

第Ⅱ组

13. 假设一个分数呈正态分布的测验，其平均数为 100，标准差为 14，则一个人的分数要想位于（a）前 1%和（b）前 5%，其分数分别必须达到多少？

14. 人们玩字谜游戏所需的时间呈正态分布，其平均数为 80 秒，标准差为 10 秒。利用 50%- 34%- 14%法则，近似估计下列范围的分数所占的百分比？（a）高于 100 秒，（b）低于 100 秒，（c）高于 90 秒，（d）低于 90 秒，（e）高于 80 秒，（f）低于 80 秒，（g）高于 70 秒，（h）低于 70 秒，（i）高于 60 秒，（j）低于 60 秒。

15. 利用第 14 题给定的信息和 50%- 34%- 14%法则，如果一个人完成字谜游戏所需的时间位于后（a）2%，（b）16%，（c）50%，（d）84%，（e）98%，请近似估计其用的最长时间。

16. 假设建筑师的某项创造力测验分数呈正态分布。利用正态曲线表，建筑师的 Z 分数为下列情况时的分数所占的百分比分别是多少？（a）高于 0.10，（b）低于 0.10，（c）高于 0.20，（d）低于 0.20，（e）高于 1.10，（f）低于 1.10，（g）高于−0.10，（h）低于−0.10。

17. 以第 16 题为例，利用正态曲线表，如果某建筑师的创造力测验分数位于下列各种不同的位置，则其所需的最低测验 Z 分数分别是多少？（a）前 50%，（b）前 40%，（c）前 60%，（d）前 30%，（e）前20%。

18. 以第 16 题为例，假设平均数为 300，标准差为 25。利用正态曲线表，位于下列区间的起止分数分别是多少？（a）位于中间 50%的建筑师，（b）位于中间 90%的建筑师，（c）位于中间 99%的建筑师。

19. 假设你正在为一大型工业机械设计仪表盘，该机械要求使用者能够借此从某特定位置到达 2 英尺的地方。已知成年女性从这一特定位置到达的距离的平均数为 2.8 英尺，标准差为 0.5 英尺，成年男性的平均数为 3.1 英尺，标准差为 0.6 英尺。男性和女性能够到达的距离分布呈正态分布。假设该设计完成了，则：（a）有百分之多少的女性无法使用该仪表盘？（b）有百分之多少的男性无法使用该仪表盘？（c）向一个从未学过统计学的人解释你的答案。

20. 假设你要调查大学生的选举倾向，其中的一种方法就是联系你所认识的每一个大学生并让他们填写问卷。（a）该做法使用的是什么抽样方法？（b）这种抽样方法的主要局限是什么？

21. 有一项大型研究，其目的在于研究洛杉矶居民对恐怖主义的看法（Eisenmann et al.，2009）。该研究“使用 6 种语言于 2004 年 10 月至 2005 年 1 月对洛杉矶所有居民进行随机数字拨号调查”。随机数字拨号调查中的电话号码是由计算机随机生成的。向一个从未学过统计学的人解释：（a）为什么这种抽样方法可以使用？（b）如果某些接听者不愿接受调查，会出现什么问题？

22. 假设你要针对进入校园中的每一个访客进行某项调查，而且希望你的调查尽可能具有代表性。（a）如何选择调查对象？（b）为什么说你选择的抽样方法是最好的方法？

23. 假如你要对一个拥有 800 名学生、50 名教师、150 名管理人员的学院进行某项调查。在学院的电话号码簿里这 1 000 个人每人都有一个电话号码。假设你把这 1 000 人的电话号码全都从电话号码簿中剪下来并从中随机抽取一个电话号码进行联系。抽中下列情况的概率分别是多少？（a）一个学生，（b）一个教师，（c）一个管理人员，（d）一个教师或者一个管理人员，（e）不是管理人员。（f）向一个从未学过统计学的人解释（d）部分的答案。

24. 假设你正在申请 20 个攻读博士学位的项目，其中美国 10 个，加拿大 5 个，澳大利亚 5 个。假如你收到家里的信息说收到一封关于申请的回信，请问这封回信来自下列地方的概率分别是多少？（a）美国，（b）加拿大，（c）不是澳大利亚。（d）向一个从未学过统计学的人解释（c）部分的答案。

“你学会了吗？”答案

4.1

1. 正态曲线之所以如此普遍，是因为任何一个分数都是许多影响随机组合的结果，有些影响使分数偏高，有些影响使分数偏低。因此所有的影响综合平衡，使分数靠近中间值，而很少出现异常值，因为总是出现积极影响或者消极影响的可能性较小。

2. (a) 大于平均数：50%；(b) 平均数到平均数之上1个标准差之间：34%；(c) 平均数之上1个标准差到2个标准差之间：14%；(d) 小于平均数：50%；(e) 平均数到平均数之下1个标准差之间：34%；(f) 平均数之下1个标准差到2个标准差之间：14%。

3. (a) 平均数到平均数之上2个标准差之间：48%；(b) 平均数之上1个标准差以下：84%；(c) 平均数之下2个标准差以上：98%。

4. 位于 (a) 前50%的 Z 分数的起始点：0；(b) 前16%的 Z 分数的起始点：1；(c) 前84%的 Z 分数的起始点：−1；(d) 前2%的 Z 分数的起始点：2。

5. (a) 平均数与 Z 分数2.14之间所占比例：48.38%；(b) Z 分数2.14以上：1.62%；(c) Z 分数2.14以下：98.38%。

6. (a) 在你之上有20%，则你的 Z 分数是0.84；(b) 在你之下有80%，则你的 Z 分数是0.84。

4.2

1. 总体就是将研究结论应用到其身上的整个群体。样本就是被试者，是参与研究的一个小的群组。

2. 在行为与社会科学研究中，通常是研究样本而不是总体，这是因为在很多情况下，研究整个总体是不现实的。

3. 在随机取样中，使用随机的方法从总体中抽取样本，因此每个人被抽中的概率是相等的。在随意取样中，谁最方便，研究者就选谁进行研究。

4. 总体参数是关于总体的特征值（例如，总体中所有分数的平均数）；样本统计量是关于样本的特征值（例如，样本得分的平均数）。

4.3

1. (a) 相对频次是指某一事件出现的次数与所有可能出现的事件次数之比。(b) 事件就是某一实验的结果——发生在预先不知道结果的情境中。

2. (a) 所有可能成功的事件的次数是40。(b) 所有可能出现的事件的次数是400。(c) 倒出存了9年以上便士的概率是 $p=40/400=0.10$。

3. 被选中的这个人的分数大于60的概率是 $p=0.16$（从平均数之上1个标准差的位置起，包含总体的16%）。

4. 概率小于0.01。

第 5 章

假设检验导论

本章内容提要

☆ 假设检验范例
☆ 假设检验的核心逻辑
☆ 假设检验的过程
☆ 单侧和双侧假设检验
☆ 决策错误
☆ 研究文献中的假设检验
☆ 本章点拨
小结
主要术语
示例
练习题
“你学会了吗?” 答案

成功小贴士

本章内容基于第4章及相关章节，特别是第2章所讲的平均数、标准差和Z分数。我们强烈建议你熟练掌握了前面章节的内容以后再来学习本章的内容。

在第4章，你已经学习了正态曲线、概率以及样本与总体的区别等内容。本章我们介绍的主要内容是**假设检验**（hypothesis testing）。**假设**（hypothesis）是在研究中要进行检验的预测。这种预测可能是建立在非正式观察的基础上（比如在临床或者应用环境中），也可能是基于已有研究的相关结论，或某个正在研究的具有广泛适用性的理论。你可以把**理论**（theory）看作试图解释一个或多个现象、关系或事件的一系列原则。一个理论通常会引发多种假设，然后通过研究进行验证。

假设检验 验证研究结果（由样本推断得到）是否支持某一特定理论或实践创新（由样本得到的结果是否能够完全推广到总体）的过程。

假设 研究所要验证的预测，通常基于观察、先前的研究或某种理论。

理论 力图解释一个或多个现象、关系或事件的一系列原则；行为与社会科学研究者通常从已有理论中提出特定预测（即假设），然后再通过研究来验证这些假设。

本章的重点是介绍研究当中假设检验的基本逻辑思路与过程。假设检验的中心主题涉及第4章讨论过的样本和总体之间的显著差异。假设检验是一个系统过程，借助这个过程可以确定由研究样本得到的结论是否能应用到总体，从而支持假设。假设检验是本书后续部分的中心主题，因为它在大多数行为和社会科学研究中被应用。

许多学生发现这门课程最难的部分在于掌握本章和后面两章的基本逻辑，本章尤其需要动点脑筋。即便你以前学过一遍，最好也要全面仔细地温习本章的内容。虽然一些概念单独出现可能意义不大，但在假设检验学习中却需要掌握，因此本章你首先要学习几个新的概念。一旦你理解了本章及后两章的内容，真正掌握假设检验并能够对有关假设检验的问题应对自如，那么剩下的课程内容学习起来就会变得更加容易。

同时，我们尽可能在本章中将假设检验介绍得简单一些，把某些复杂或者理解起来较为困难的内容安排到后面的章节中。例如，现实生活中行为与社会科学研究所涉及的样本往往包含许多个体，但是为了简化学习内容，本章案例所涉及的样本都只包含一个单一的个体。为此，本章中我们列举了一些特定的例子。一定要记住，一直到第8章，你都在打基础，以便为理解真实研究中的假设检验做好准备。

假设检验范例

为了尽可能简单明了地介绍假设检验，我们虚构了第一个必要的案例。一个已经进行了很多年的某大型研究项目给新生儿服用一种特殊的维生素，研究团队跟踪这些新生儿前两年的成长。到目前为止，这种维生素还没有加速所研究儿童的成长。这些儿童以及其他年龄的儿童开始学会走路的月龄分布见图5-1。已知儿童学会走路的平均月龄为14个月（总体 $M=14$），标准差为3个月（总体 $SD=3$），月龄分布为正态曲线。根据正态曲线的百分比分布，可以计算出不到2%的儿童在8个月前就能够学会走路；这些儿童学会走路的月龄低于平均数2个或2个以上标准差。[尽管真实的分布有点偏右，但是这个虚构的分布实际上很接近以欧洲新生儿为被试者所做的实验结果的真实分布（Hindley，Filliozat，Klackenberg，Nicolet-Meister，& Sand，1966）。]

研究者在开展该项目时想到，如果新生儿服用的维生素经过特别精炼，也许其作用会有显著提升，即服用该维生素的新生儿比其他新生儿学会走路的时间更早。（我们假设维生素的精炼过程不会使其对人体产生危害。）但是鉴于使用方法精炼维生素成本高昂，研究团队决定仅用足够纯的一剂维生素在某一位新生儿身上进行实验。该项目随机挑选了一名新生儿服用经特别精炼的维生素，然后研究者跟踪两年。那么什么样的结果可以使研究者得出高纯度的维生素会使新生儿更早学会走路这一结论呢？

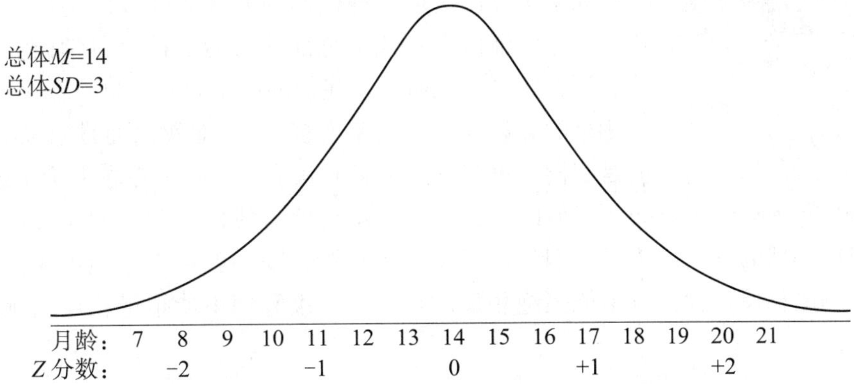

图 5-1 新生儿学会走路的时间分布（虚构数据）

这是一个假设检验的问题。研究者想要得出经特别精炼的维生素能使新生儿总体上更早学会走路的结论。这个结论将适用于所有新生儿（新生儿总体），但是这个结论要以一个样本的研究结果为基础。在这个案例中，样本只包括一个新生儿。

假设检验的核心逻辑

研究者处理任何假设检验问题都要遵循标准方式。本案例中的检验步骤如下。首先从一般意义上考虑新生儿总体（那些没有服用经特别精炼的维生素的新生儿）。在这个总体中，新生儿学会走路的时间等于或不足 8 个月的可能性不到 2%。因此，这些新生儿几乎不可能在 8 个月或者 8 个月之前学会走路。但如果按照随机抽样原则，从我们研究的新生儿中随机抽取一个，他在 8 个月之前已经学会了走路呢？如果经特别精炼的维生素对这个新生儿学会走路的月龄没有影响，就意味着这个新生儿与那些没有服用维生素的新生儿学会走路的月龄是相似的。如果是那样的话，我们随机挑选出来的这个新生儿在 8 个月之前学会走路就几乎是不可能的（可能性不到 2%）。但是如果我们研究的新生儿真的在不满 8 个月的时候就学会走路了呢？如果事实如此，我们就要拒绝服用经特别精炼的维生素不会影响学会走路的月龄的假设，进而接受服用经特别精炼的维生素的确会影响学会走路的月龄的假设。

同理，如果新生儿在满 8 个月之前学会走路，我们可以拒绝这名新生儿来自学会走路的平均月龄在 14 个月的一般总体的假设，并由此得出结论：服用经特别精炼的维生素的新生儿学会走路的平均月龄将小于 14 个月。在这个研究中对新生儿提早学会走路的解释是服用经特别精炼的维生素加速了新生儿的成长。

本例中，研究者首先弄清楚了出现什么样的结果才可以得出经特别精炼的维生素会造成影响的结论。只有搞清楚这个问题，研究者才可以开展后续研究。这样进行实验意味着先将经特别精炼的维生素给 1 位随机选出来的新生儿服用，然后跟踪观察这个新生儿什么时候学会走路。我们假设研究的结果是这个新生儿不到 8 个月就学会了走路。研究者就可以得出结论：服用经特别精炼的维生素和没有服用的新生儿学会走路的时间不可能不存在差异，从而证明两者之间的确有差异。

要检验预期假设，需先检验与预期假设相反的假设，这样一种迂回推理的方法是行为与社会科学研究中推论统计的关键，类似于双重否定。采取这种方法的原因之一是：我们能够依据已有信息计算出在实验情境没有产生差异的情况下，获得某种特定实验结果的概率。在服用经特别精炼的维生素的案例中，研究者事先知道这种维生素没有效果的情况下新生儿学会走路的各种可能的月龄。这些概率是通过已有的对普通新生儿，即没有服用经特别精炼的维生素的新生儿的研究得到的。如果经特别精炼的维生素没有效果，那么服用或者未服用的新生儿学会走路的月龄是相同的。因此，图 5-1 是基于普通新生儿学会走路的月龄的分布。

> **成功小贴士**
> “假设检验的核心逻辑”这一部分内容是本课程所有要学习的其他内容的中心。因此，建议你多看几遍确保完全掌握假设检验的逻辑。

如果不使用这样一种迂回的方式研究该问题，大多数时候根本无法科学地验证假设。几乎全部的行为与社会科学研究，无论是涉及实验、调查还是其他研究，我们的结论都基于这样一个问题：“与预期假设相反的假设为真的概率有多大?”即我们通常对某种影响进行预测，但是我们通过观察这种影响几乎不可能不存在来确定这个影响的存在。要是我们的研究结果极不可能与我们所预测的相反，那么通过这个发现我们就可以拒绝相反的预测。一旦我们拒绝了相反的预测，我们就可以拒绝虚无假设。但如果研究结果与我们所预测的相反，我们就不能拒绝相反的预测。如果我们不能拒绝相反的预测，我们就必须要接受虚无假设。

假设检验的过程

回顾我们的案例，现在我们仔细重温每一个步骤。在这个过程中，会用到假设检验的特有术语。最重要的是，我们会介绍假设检验的五个步骤，而且这五个步骤在本书后续内容中都会用到。

第①步：重新将问题表述为关于总体的研究假设和虚无假设。

研究者对服用经特别精炼的维生素对全体新生儿的影响感兴趣（而不只是某个特殊的新生儿）。也就是说，研究样本的目的是了解总体。因此，重新表述根据总体而言的研究问题是很有用处的。在本例中，有两个新生儿总体：

总体1：服用经特别精炼的维生素的新生儿。

总体2：普通新生儿（没有服用经特别精炼的维生素的新生儿）。

总体1由接受实验处理（服用经特别精炼的维生素）的新生儿组成。在本例中，我们从由一个新生儿组成的样本得出总体1中的新生儿在什么时候学会走路的结论。总体2由已经知道的普通新生儿组成，作为对照组。

> **研究假设** 在假设检验中关于两个总体间预期关系的说明（通常预期两个总体的平均数有差异）。
>
> **虚无假设** 与研究假设相反的总体间的关系；包括两个总体间无显著差异（或者与预期假设方向相反）；用来检验其作为假设检验的一部分是否会被拒绝。

研究团队的假设是，总体1中的新生儿（服用经特别精炼的维生素）学会走路的平均月龄小于总体2中的新生儿（普通新生儿，没有服用经特别精炼的维生素）。这种预期是建立在这些维生素功效的研究理论基础上的。像这样关于两个总体间存在差异的预期叫**研究假设**（research hypothesis）。更正式来说，这个案例中的预期是总体1的平均数低于总体2的平均数（服用经特别精炼的维生素的新生儿学会走路的时间更早）。

和研究假设相对立的是两个总体在预期上不存在显著差异。在这种情况下，总体1（服用经特别精炼的维生素）的新生儿学会走路的平均月龄不会小于总体2（没有服用经特别精炼的维生素）的普通新生儿。也就是说，预期是总体1和总体2新生儿学会走路的月龄没有区别。平均而言，他们学会走路的月龄是一样的。总体间缺乏差异性，是和研究假设相反的预测，也叫**虚无假设**（null hypothesis）。这样命名是因为它陈述了总体间没有差异性（差异为“虚无”）的情形。①

研究假设和虚无假设是完全对立的：如果有一个为真，另外一个必然为假。研究假设有时候叫作备择假设，即它和虚无假设只能二选一。这个术语有点说反话的意味。作为研究者，我们更关心的是

① 为了使刚开始的学习简单一点，我们在这里过于简单化了。研究假设是一个总体会比另一个总体学会走路的时间早。准确来说，与此相反的是对照组要么与实验组同时学会走路，要么晚于实验组。也就是说该案例中研究假设的对立面包括两个，一个是完全没有差异，另一个是与我们预期的方向不符。本章后面的部分我们会对这个问题进行详细的探讨。

研究假设。但是进行假设检验时，我们运用这种反证的方法，通过拒绝虚无假设来选择备择假设（研究假设）。

第②步：确定比较分布的特征。

假设检验的整体逻辑思路包括计算虚无假设为真的情况下得到某一特定结果的概率。因此，你需要知道如果虚无假设为真会出现什么情况。在本例中，我们事先知道总体 2 即普通新生儿总体的关键信息（见图 5-1）：呈正态曲线，总体 $M=14$，总体 $SD=3$。（我们在 M 和 SD 之前用“总体”是因为我们指的是总体的平均数和标准差。）如果虚无假设是真的，总体 1 和总体 2 就是相同的。在我们的范例中，这意味着总体 1 和总体 2 都呈正态分布，并且二者的平均数均为 14 个月，标准差均为 3 个月。

在假设检验的过程中，如果样本来自一个虚无假设为真的总体分布，你要计算出你获得极端样本分数的概率（例如新生儿学会走路的时间非常早）。因此，在本书我们把这种分布称为**比较分布**（comparison distribution）。（这种比较分布有时被称为样本分布——我们将在第 6 章讨论这个概念。）也就是说，在假设检验的过程中，将实际的样本分数与比较分布进行比较。

在维生素这个案例中，虚无假设是服用经特别精炼的维生素的新生儿（总体 1）和没有服用经特别精炼的维生素的普通新生儿（总体 2）在学会走路的时间上没有差别。比较分布是总体 2 的分布，因为这个总体代表的是在虚无假设为真的情况下新生儿学会走路的月龄。在后面的章节中，你将会学到比较分布的不同类型，但无论是哪种类型的分布，所用的原理都是一样的：比较分布是当虚无假设为真时代表总体分布的分布。

> **比较分布**　假设检验中用到的分布。它描述的是当虚无假设为真时的总体情况，是与以样本结果为基础的样本分数进行比较的分布。

第③步：确定当虚无假设被拒绝时比较分布中的临界值。

理论上讲，在进行一项研究之前，研究者会设定一个可以跟研究结果进行比较的目标值：样本分数极端到什么程度才能拒绝虚无假设。也就是说，如果虚无假设为真，则样本分数需要极端到何种程度才能使其相当不可能达到这样一个极端值。这个值叫**临界样本分数**（cutoff sample score）。临界样本分数又被称为临界值。

> **临界样本分数**　在假设检验中，比较分布中的一点，如果样本分数达到或超过这一点，就可以拒绝虚无假设。临界样本分数又叫作临界值。

以服用经特别精炼的维生素为例，本例的虚无假设是新生儿学会走路的月龄不会受到他是否服用经特别精炼的维生素的影响。研究者也许会得出以下结论：如果虚无假设是真的，一个随机抽选出来的新生儿在 8 个月前学会走路是几乎不可能的。按照正态曲线，低于平均数 2 个或多个标准差（8 个月前学会）出现的概率不到 2%。因此，以比较分布为基础，研究者甚至在做研究之前就会设定临界样本分数（或临界值），他们预先决定如果他们的研究结果是一位新生儿不到 8 个月学会走路，他们将会拒绝虚无假设。

但是如果新生儿直到 8 个月以后才学会走路呢？如果是那样的，研究者就不能拒绝虚无假设。

研究者运用 Z 分数和百分比去预先设置样本分数达到多大时才能拒绝虚无假设。在维生素案例中，研究者也许会决定如果是小于 2%的可能性，他们将会拒绝虚无假设。在正态曲线后 2%的 Z 分数为 -2或者更低。因此，研究者就会将比较分布中的 -2 设为临界点的 Z 分数，来判定这一结果足够极端，从而拒绝虚无假设。所以，如果实际样本的 Z 分数为 -2 或者更低，研究者将会拒绝虚无假设。然而，倘若在实际样本中 Z 分数比 -2 大，研究者就不能拒绝虚无假设。

假设研究者对拒绝虚无假设非常谨慎，他们也许会决定只有当得到的结果出现概率低于 1%甚至更低时，才会拒绝虚无假设。然后他们会将 1%作为 Z 分数的临界值。运用正态曲线图，要想得到正态曲线上后 1%的数据，需要 Z 分数等于或小于 -2.33。（在我们的案例中，Z 分数为 -2.33 时对应的是 7 个月。）在图 5-2 中，我们将比较分布的 1%涂为阴影，落在这个区域内的样本会被认为数据极其极端，则该样本是来自该分布的概率达到拒绝水平。基于此，只有实际样本 Z 分数为 -2.33 或更低，即只有样本分数落在图5-2的阴影部分时，研究者才能拒绝虚无假设。如果样本Z分数落在图5-2非阴影区域，研究者将不能拒绝虚无假设。

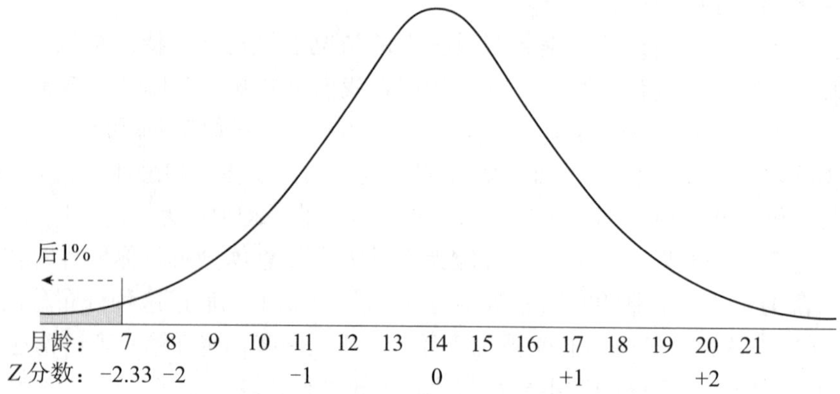

图5-2 新生儿学会走路的时间分布（虚构数据）

注：阴影部分表示后1%。

> **常用的显著性水平** （$p<0.05$，$p<0.01$）在行为与社会科学研究中广泛应用的显著性水平。
>
> **统计显著** 如果研究样本所代表的总体与一般总体间没有实际差异，则很大可能无法从研究结果得出结论；统计上显著是拒绝虚无假设的假设检验结果。

一般来说，行为与社会科学研究者经常用比较分布5%的概率作为临界值，5%是一个分数至少达到极端对应的水平（如果虚无假设为真）。那就是说，如果研究结果所得到的样本分数如此极端（如果假设检验为真）的概率小于5%，研究者将拒绝虚无假设。这种概率通常被写作 $p < 0.05$。然而在某些研究领域，或遇到研究者极为谨慎的情况，则会选用1%作为临界值（即 $p < 0.01$）。[①] 5%和1%被称为**常用的显著性水平**（conventional levels of significance）。5%被称为0.05的显著性水平，1%被称为0.01的显著性水平。我们也经常称它们为5%的显著性水平和1%的显著性水平。当一个样本分数达到该水平时，研究者就可以拒绝虚无假设，这一结果称为**统计显著**（statistically significant，也常简称为显著）。

第④步：计算比较分布中的样本分数。

接下来的步骤就是针对选定样本开展研究，并获得实际研究结果。获取样本结果之后，就能计算出原始样本分数的Z分数。Z分数是基于比较分布的总体平均数和标准差得出的。

我们假设研究者确实做了这个实验而且服用经特别精炼的维生素的新生儿6个月时学会走路（用于比较这些结果的比较分布的平均数为14个月，标准差为3个月）。也就是说，总体 $M=14$ 和总体 $SD=3$。因此一个新生儿在6个月学会走路比平均数早了8个月。这样意味着比平均数小了2⅔个标准差。比较分布中样本新生儿的Z分数为 $-2.67[Z=(6-14)/3]$。我们的样本新生儿在比较分布中的分数见图5-3。

第⑤步：决定是否拒绝虚无假设。

为了决定是否拒绝虚无假设，你需要比较实际的样本Z分数（第④步）与临界Z分数（第③步）。在我们的案例中，实际样本Z分数为−2.67。我们假设研究者已经提前决定，如果Z分数小于−2，他们就拒绝虚无假设。结果显示−2.67小于−2，研究者将会拒绝虚无假设。

另外一种选择是，假设研究者使用更加保守的1%作为显著性水平。用于拒绝虚无假设的Z分数应为−2.33或更低。但是由于随机抽取出来的新生儿的Z分数为−2.67（小于−2.33），也就是说即使运用更加保守的临界值，仍然可以拒绝虚无假设。具体见图5-3。如图所示，分布后1%为阴影。我们建

① 事实上，假设检验通常借助统计软件来进行，因此你要提前决定临界概率。结果的输出通常包括虚无假设为真时得到结果的准确概率。然后你要比较输出结果中展示的概率是否比你提前设定的临界概率要小。如果要理解概率水平意味着什么，你还需要学习这整个过程，包括如何计算特定临界概率的Z分数。

议你习惯性地画一个这样的分布图。确保在比临界样本分数（临界值）*更极端*部分（即在尾部更远侧）画上阴影。如果实际样本分数落在了阴影区域内，你就可以拒绝虚无假设。因为本例中的样本 *Z* 分数（－2.67）在阴影的范围内，研究者可以拒绝虚无假设。

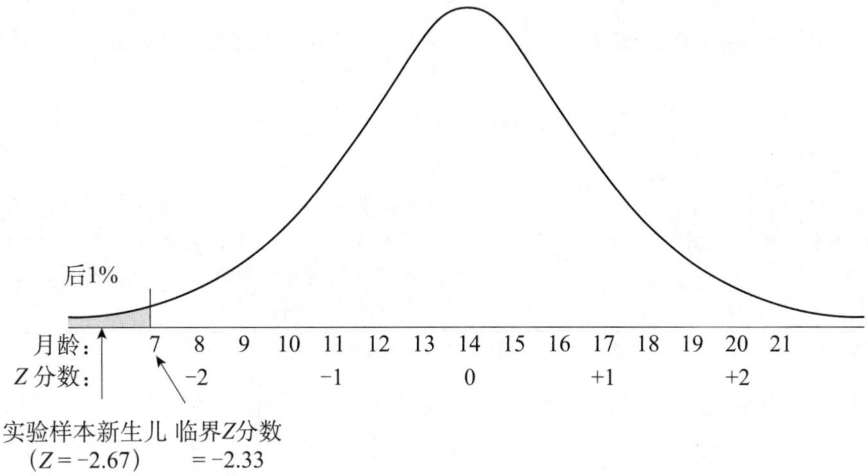

图 5－3　新生儿学会走路的时间分布（虚构数据）

注：图中显示了位于后 1%和作为研究样本的新生儿的 *Z* 分数。

如果研究者拒绝虚无假设，那么研究假设就得以保留。在该案例中，研究团队可以下结论：研究结果支持他们的研究假设——服用经特别精炼的维生素的新生儿会比普通新生儿更早学会走路。

拒绝或无法拒绝虚无假设的含义

对于通过假设检验得到的结论，需要强调两点。第一，当你拒绝虚无假设的时候，只能说研究结果*支持*研究假设（就像前面所讲的案例），而不能说研究结果*证明*了研究假设或者结果显示研究假设为*真*。否则，就太绝对了，因为研究结论都是建立在一定的概率之上的。特别是，研究结论是建立在你得到的研究结果出现的概率小于虚无假设为真时的结果出现的概率。在逻辑学和数学中用术语*证明*及*真*是可以的，但是把它们运用到科学研究结论中则不太恰当。（当然如果是假设性的语句，还是可以用的——例如，“*如果*这个假设为*真*，那么……”——但谈及实际结果的结论时则不行。）当你拒绝虚无假设的时候，你应该说结果*在统计上显著*。你也可以说结果“支持”了该研究假设或者为研究假设“提供了证据”。

第二，当结果没有极端到拒绝虚无假设的时候，你不可以说结果*支持*虚无假设。（当然你也不能说结果“证明”了虚无假设或者说虚无假设为“真”。）你可以简单地说结果*在统计上不显著*。当结果不能足够有力地拒绝虚无假设时，意味着这个研究结果不确定。结果虽然没有达到拒绝虚无假设的程度，但虚无假设仍可能是假的（研究假设是真的）。假设在我们的案例中，经特别精炼的维生素有很微小但切实存在的影响，这种情况下我们并不会认为找到一个新生儿在服用了经特别精炼的维生素后就可以比普通的新生儿提早学会走路。因此，即使虚无假设是假的，我们仍然不能拒绝虚无假设。（在本章后面的“决策错误”这一部分你会了解更多类似的情况。）

虚无假设为真意味着总体间绝对不存在差异。而往往总体间有可能存在差异，但是这种差异比某个研究能探查到的要小得多。于是当一个结果其数值没有极端到足够拒绝虚无假设时，这个结果叫作*不确定的结果*。然而有些时候，当研究者已经运用大量样本，并经过精确测量，这些证据也许能加强虚无假设的真实性——总体间充其量存在微乎其微的差异。（我们将会在本章的专栏 5－1 和第 7 章更详细地探讨这个问题。）对假设检验核心逻辑的总结见表 5－1，其中包含了我们的服用经特别精炼的维生素的新生儿的范例。

表 5-1　　假设检验的基本逻辑

	基本逻辑		新生儿的例子
研究的关注点	样本研究		服用经特别精炼的维生素的新生儿，并观察他们开始走路的月龄
问题	样本是否为总体的典型代表？		样本新生儿开始走路的月龄是否能代表普通新生儿开始走路的月龄？
答案	非常不可能 ↓	可能 ↓	非常不可能 ↓
结论	样本可能不是来自普通总体，而是来自不同的总体	不确定	样本新生儿可能不是来自普通新生儿总体，因为他们开始走路的月龄远远小于普通新生儿总体的月龄。因此，那些服用经特别精炼的维生素的新生儿开始走路的月龄会小于那些普通新生儿

注：表中包括经特别精炼的维生素对新生儿学会走路的月龄的影响的研究例子的逻辑。

还有非常重要的一点要记住：仅仅一个结果在统计上显著，并不必然意味着它很重要或者有实际的或理论上的价值。正如 Frick（1995）指出的，在统计上显著只是说明我们的证据强度达到非零的效果。因此，仅凭统计显著并不能自动说明该效果有实际意义或者它能推动某个理论的进展。许多研究者也已经注意到“显著”这个词会引发混淆。Fidler 等（2005）提道：“语言上的模棱两可常常导致临床显著和统计显著的混淆：研究者们将他们的结果描述为显著或者不显著，却并没有指出是统计上显著还是实质上显著。”（p. 137）当你学到第 7 章有关统计检验力和效应量的内容时，我们再回来讨论这个问题，因为统计检验力和效应量这两个概念有助于研究者搞清楚统计显著到底指的是什么。

假设检验步骤小结

对假设检验五个步骤的总结如下：

①重新将问题表述为关于总体的研究假设和虚无假设。

②确定比较分布的特征。

③确定当虚无假设被拒绝时比较分布中的临界值。

④计算比较分布中的样本分数。

⑤决定是否拒绝虚无假设。

5.1　你学会了吗？

1. 在实验室中，给予一组大白鼠样本某种实验处理，目的在于使其比没有给予实验处理的大白鼠学会走出迷宫的速度更快。请举出（a）虚无假设和（b）研究假设。

2. （a）什么是比较分布？（b）它在假设检验中起什么作用？

3. 什么是临界样本分数？

4. 为什么我们说假设检验包含双重否定的逻辑？

5. 在下列两种情况下，你分别能得出何种结论？（a）研究结果足够极端从而拒绝虚无假设。（b）研究结果不够极端，无法拒绝虚无假设。

6. 从普通人群中随机抽取一个个体，让其接受一种能够增进亲和力的训练项目。普通人群（没有接受这项训练项目）亲和力测量的平均数为 30，标准差为 4。研究者想要在 5%显著性水平上检验他们的假设。在完成训练项目后，该个体亲和力测量的平均数为 40。试问研究者可以得出什么结论？

7. 有没有这样一种可能，某一研究结论在统计上显著，但是在实践应用中的重要性却很低？

单侧和双侧假设检验

在新生儿学会走路的案例中，研究者只对一个方向的结果感兴趣。具体来说，他们检验了服用经特别精炼的维生素的新生儿是否会比普通新生儿学会走路的时间要早，对服用经特别精炼的维生素会引起新生儿学会走路时间变晚的概率不感兴趣。

有方向的假设和单侧检验

新生儿学会走路的研究就是一个**有方向的假设**（directional hypothesis）的范例。这个研究关注影响的特定方向。如果一个研究者制定了一个有方向的研究假设，那么在某种意义上虚无假设也是有方向的。假定研究假设是服用经特别精炼的维生素将会使新生儿更早开始走路。那么虚无假设就是经特别精炼的维生素将会没有影响或者使新生儿开始走路的时间变晚。因此，在图5-2中，虚无假设被拒绝，样本必须有一个分数出现在比较分布特定的一端——最小极值或者比较分布的末端（在该范例中即为后1%）。（当要拒绝一个有方向的虚无假设时，分数在另一个末端和在比较分布的中间意义一致；也就是说，那样的一个分数不能使你拒绝这个虚无假设。）因此，对有方向的假设的检验就叫作**单侧检验**（one-tailed test）。单侧检验可以是两个方向中的任意一个方向。在该案例中，服用经特别精炼的维生素的新生儿可以更早地学会走路——预测在开始学会走路的月龄上是低分。因此，临界区域在比较分布的底端（左侧）。在其他研究的有方向的假设的情境中，临界值也许在比较分布的顶端（右侧）。也就是说，在这些情境下，研究者应该预判实验过程可能会产生一个高分。

有方向的假设 研究假设对总体间的差异预测了一个特定的方向——例如，预测研究样本选自的总体的平均数比一般总体平均数更大。

单侧检验 对一个有方向的假设进行假设检验的过程；对于单侧检验而言，拒绝虚无假设的比较分布的区域都在分布的一侧（尾侧）。

无方向的假设和双侧检验

有时候，一个研究假设只是假设实验过程会产生影响，并没有说这种影响是正向的还是负向的，即并没有说这种影响是会导致非常高的分数还是非常低的分数。假设一个研究者关注一种新的社会技能项目能否影响工作效率。这个项目既可以借助创造更加愉悦的工作环境提高工作效率，也可以通过鼓励人们更多去社交而非工作降低工作效率。研究假设是社会技能项目使工作效率发生变化。虚无假设是项目不论怎样都不会使工作效率发生变化。

当研究假设只预测有影响，但是没有预期影响的方向时，就叫作**无方向的假设**（nondirectional hypothesis）。要检验无方向的假设的显著性，就必须考虑样本极端值落在比较分布的两端的可能性。因此，无方向的假设检验又叫作**双侧检验**（two-tailed test）。

决定双侧检验的临界值 双侧检验有其特殊的复杂性。你必须将显著性百分比分到两个尾侧。例如，5%的显著性水平，只有样本极端值落在比较分布的前2.5%或者后2.5%的位置，你才可以拒绝虚无假设。只有这样，才能保证总显著性水平为5%。

无方向的假设 研究假设对样本选自的总体和一般总体间的差异没有特定方向的预期。

双侧检验 无方向的假设的假设检验方法；拒绝虚无假设的区域在比较分布的两侧（尾侧）。

注意进行双侧检验时，显著性水平为5%的临界 Z 分数为±1.96。5%显著性水平上的单侧检验，临界值没有这么极端，只有±1.64。但是单侧检验，仅考虑分布的一个方向。如图5-4a所示。

在1%的显著性水平上，双侧检验（每个尾侧0.5%）的临界值为±2.58。相应的单侧检验的临界值为±2.33。如图5-4b所示。显著性水平为0.05和0.01的单侧检验和双侧检验的 Z 分数临界值见表5-2。

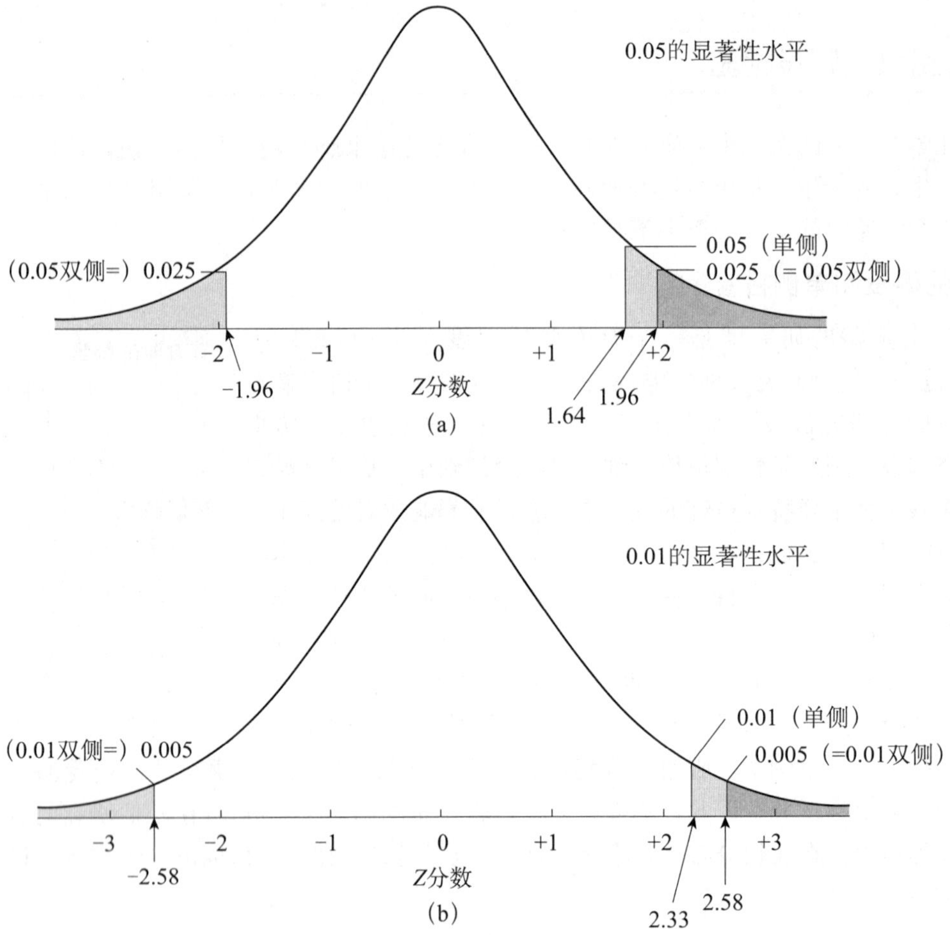

图 5－4　单侧和双侧检验显著性水平的取值

注：(a) 0.05 的显著性水平；(b) 0.01 的显著性水平。（这些例子中的单侧检验假定预测的结果是高分；你也可以用一个预测较低分数的单侧检验，该分数位于分布的左侧。）

表 5－2　单侧和双侧 0.05 及 0.01 显著性水平的 Z 分数临界值

		检验类型	
		单侧检验	双侧检验
显著性水平	0.05	−1.64 或 1.64	−1.96 或 1.96
	0.01	−2.33 或 2.33	−2.58 或 2.58

单侧或双侧检验的适用情况

如果研究者预先决定采用单侧检验，则相对于双侧检验需要的样本分数而言，单侧检验显著对样本分数的极端值要求要低一些。当然如此一来也会付出代价。这个代价就是，如果结果与预期方向相反，则分数无论极端到什么程度，都无法认为其统计显著。

原则上，当你有一个清晰的有方向的假设的时候，你可以计划使用单侧检验。当你有一个清晰的无方向的假设的时候，你可以计划使用双侧检验。但是，实际上，决定并不是那么简单的。即使某个理论清晰地预测了某个特定的结果，实际结果也可能与你预期的相反。有时候，相反的结果也许比你预期的结果更加有趣。使用单侧检验，我们要冒可能会忽略重要结果的风险。

正因为如此，即使有了清晰的有方向的假设，是否就应该使用单侧检验，研究者仍有分歧。为保险起见，无论是面对有方向的假设，还是面对无方向的假设，许多研究者都采用双侧检验。如果双侧检验显著，则研究者会再针对这个结果，考察它在特定方向上是否依然显著。实际上，使用双侧检验是一种保守的方法。因为双侧检验的临界分数更加极端，所以在双侧检验中得到显著性结果的可能性更小。因此，如果双侧检验结果显著，你对结论会更有信心。事实上，在大多数行为与社会科学研究文献中，除非研究者特别说明使用的是单侧检验，否则我们一般默认使用的是双侧检验。

然而在实践中，我们的经验是：无论使用单侧检验还是双侧检验，大多数的研究结果要么极其显著，要么无论如何都极其不显著。但是，当一个结果不确定的时候怎么办？这时候，研究者采用单侧检验还是双侧检验，结果就会有很大差异。在这种情况下，研究者应该尝试各种不同类型的检验，以使结论更加准确并且没有争议。这里的理念就是尽可能让自然决定结论，而非研究者决定结论。此外，无论何时，只要结论不够明晰，在没有完成更多研究前，多数研究者都不愿意得出强有力的结论。

采用双侧检验的假设检验范例

这是另一个虚构的例子，这次采用的是双侧检验。一个研究者对刚经历过的自然灾难对警察局长在市民善良程度上的态度的影响很感兴趣。研究者认为灾难过后，警察局长对所在城市市民的态度会更加积极（因为灾难过后，局长可能看到更多英雄主义行为和邻里的互帮互助）。但是，灾难也可能导致警察局长的态度更加消极，因为灾难过后会出现许多抢劫和欺诈等行为。因此，鉴于两种态度影响都有发生的可能，研究者做了一个无方向的假设。

假定有关警察局长对市民善良程度的态度的研究已有很多，而且已有研究使用的都是标准问卷，态度评分的平均分为 69.5，标准差为 14.1，态度评分符合正态曲线。最后，我们再来假定在一个偏远的城市刚发生了一场大地震，地震后不久，研究者能够将标准问卷递到警察局长手上，局长的态度评分为 35。记住本章我们只考虑样本为一个个体的特殊情境。研究者按照假设检验的五个步骤依次展开检验。

专栏 5-1 有处理效应还是无处理效应——不可以没有处理效应吗？是否接受虚无假设以及何时接受虚无假设的问题

虚无假设表明，不同实验条件下或者以不同群体为代表的总体间没有差异。正如我们所看到的，统计学的一般规则是研究无法发现虚无假设为真。一项研究只能告诉你，不能拒绝虚无假设。也就是说，一项未能拒绝虚无假设的研究根本不能提供任何信息。很显然，这样的研究往往不会发表。然而，如果人们知道有哪些干预、测量或实验实际上并没有起作用，那么，很多工作都是可以避免的。实际上，Greenwald（1975）指出，有时候有些观点很久以来被假设是真的，只是因为有少量研究发现了支持这一假设的结果，但是，更多的未发表的研究可能并没有发现支持这一假设的结果。

Frick（1995）指出，有时候一件事情对另一件事情的影响如此之小，以至于它可能并不代表真正的关系，或至少不代表重要的关系或差异，这也许是真的。问题是知道何时得出这样的结论。Frick 给出了三个标准。第一，虚无假设应该被看作是可能的。第二，研究结果应该与虚无假设一致，且不易用其他任何方式解释。第三，最重要的是，研究者必须尽最大努力去发现别人无法发现的影响。除了其他方面以外，这意味着要研究大样本，要有灵敏的测量、强有力的操作和严格的检验条件。

Frick（1995）还指出，所有这些都是接受虚无假设的主观因素。但是主观判断只是科学的一部分。例如，对于提交给顶级科学期刊发表的文章的审稿人来说，他们必须决定该主题是否重要到足以在这些期刊上争夺有限的版面。此外，无论如何虚无假设一直都在被接受。（例如，许多行为与社会科学家接受超感知觉效应的虚无假设。）探讨接受虚无假设的基础要比仅仅接受虚无假设更有意义。在本章后面，你将会学到显著性检验过程中可能产生的决策错误。你将看到，这样的错误与何时接受虚无假设也有关。在第 7 章你还将学习其他相关主题（例如效应量和统计检验力）。

> **成功小贴士**
>
> 要记住研究假设和虚无假设总是完全对立的。研究者明确界定研究假设，进而确定虚无假设。

①重新将问题表述为关于总体的研究假设和虚无假设。这里有两个关注总体：

总体 1：所在城市刚经历灾难的警察局长。

总体 2：普通城市的警察局长。

研究假设：测量他们对其所在城市市民善良程度的态度，所在城市刚经历灾难的警察局长（总体 1）的得分与普通城市的警察局长（总体 2）的得分之间有差异。与研究假设相反的虚无假设是：所在城市刚经历灾难的警察局长与普通城市的警察局长的态度没有差异。也就是说，虚无假设是总体 1 和总体 2 的态度是一样的。

> **成功小贴士**
>
> 当实施假设检验的五个步骤时，绘制一个类似图 5-5 的图。务必包括临界分数和在适当的尾侧画阴影。如果样本分数落在阴影区域，就拒绝虚无假设，表明结果在统计上显著。如果样本分数没有落在阴影区域，则不能拒绝虚无假设。

②确定比较分布的特征。如果虚无假设为真，总体 1 和总体 2 的分布就是一样的。我们知道总体 2 的分布，所以以此作为比较分布。要注意，这是一条正态曲线，总体 $M=69.5$，总体 $SD=14.1$。

③确定当虚无假设被拒绝时比较分布中的临界值。研究者选择 5%显著性水平，做出了无方向的假设并使用双侧检验。因此，只有当警察局长的态度分数在比较分布的前或者后 2.5%时，研究者才能拒绝虚无假设。根据 Z 分数，临界值是 ±1.96（如图 5-4a、表 5-2 所示）。

④计算比较分布中的样本分数。所在城市刚经历灾难的警察局长在标准态度问卷上的得分为 35。与比较分布的 Z 分数 −2.45 相一致。即 $Z=(X-M)/SD=(35-69.5)/14.1=-2.45$。

⑤决定是否拒绝虚无假设。Z 分数 −2.02 比 Z 分数 −1.96（比较分布后 2.5%的起始点）更加极端。注意在图 5-5，Z 分数 −2.45 会落入阴影区域，即比较分布的左尾。如果该警察局长来自与总体 2 无差异的一个总体，那么 Z 分数 −2.45 就太极端，以至于不可能出现这种情况。因此，研究者拒绝虚无假设。结果在统计上是显著的。它支持研究假设——经历过灾难真的会改变警察局长对他所在城市市民善良程度的态度。在这个范例中，这个结果意味着经历灾难是降低警察局长对其城市市民积极态度的因素之一。（记住这是一个虚构的研究。）

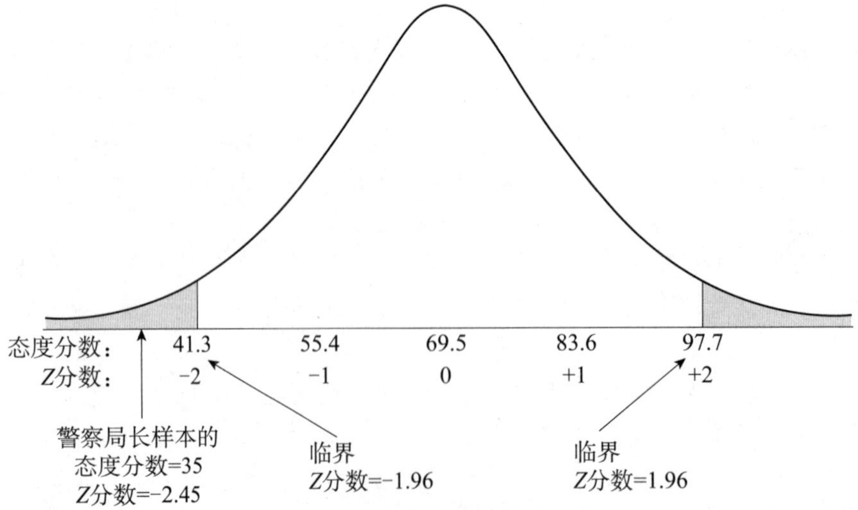

图 5-5　警察局长对其所在城市市民善良程度的态度分布（虚构数据）

注：阴影部分表示前和后 2.5%，分布显示的是所在城市刚刚经历一场灾难后警察局长样本的数据。

5.2 你学会了吗?

1. 什么是无方向的假设检验?
2. 什么是双侧检验?
3. 当检验无方向的假设时，为什么要用双侧检验?
4. 当理论预期为特定方向的结果时用单侧检验有什么优点?
5. 为什么即使理论预期显示为一个特定方向的结果，你仍然有可能使用双侧检验?
6. 一个研究者预测人们的饥饿感会影响其协调性测验成绩。现随机抽取一个人，让他在标准协调性测验前24小时不要进食，结果其得分为400。该性别与年龄段的人在正常情况下的协调性测验得分为正态分布，其平均数为500，标准差为40。试问在0.01的显著性水平上，研究者可以得出什么结论?

决策错误

为了搞清楚什么是统计显著，需要学习的另一核心主题是在假设检验过程中可能出现的错误类型。我们这里所考虑的错误类型是：所有的计算均是正确的，但假设检验得出的结果仍然错误，即非计算或方法使用问题导致的错误。也就是说，**决策错误**（decision errors）是指正确过程导致了错误结果的一种情况。

> **决策错误** 与真实的（但是未知的）情境有关的假设检验中的错误结论，例如当虚无假设为真时，判定它是假的。

在假设检验中决策错误是可能的，因为你的决策是建立在样本信息的基础上的。整个假设检验的过程建立在概率的基础之上，其目的是使决策错误的可能性降到最低。例如，我们唯独能够拒绝虚无假设的情况是如果一个样本足够极端，我们得到一个这样极端样本支持虚无假设为真的可能性微乎其微（比方说小于5%）。但是一个非常小的可能性并不能说等同于零可能性！因此，即使你有最完美的研究设计，决策错误也总是有可能会发生的。

在假设检验中有两种决策错误：Ⅰ型错误和Ⅱ型错误。

Ⅰ型错误

当虚无假设实际为真，而你却拒绝了虚无假设的时候就产生了**Ⅰ型错误**（Type Ⅰ error）。换言之，从研究假设的角度来看，当你得出支持研究假设的结论，但这一研究假设事实上是假的，你就犯了Ⅰ型错误。

> **Ⅰ型错误** 当虚无假设为真的时候拒绝虚无假设；当实际上研究假设不为真时，得到一个统计上显著的结果。

假设你做了一个研究，将显著性水平临界值设置为一个很宽泛的概率水平，例如20%。这意味着你不需要一个很极端的结果就可以拒绝虚无假设。如果你做了很多类似的研究，当本该接受虚无假设时，你时常（所有可能次数中的20%）选择支持研究假设，那你犯Ⅰ型错误的可能性就是20%。

即使你将可能性设在0.05或者0.01的常见水平，你有时（具体来说，次数中的5%或者1%）仍然会犯Ⅰ型错误。再来看看服用经特别精炼的维生素的新生儿在什么时候学会走路的案例。假设现实中经特别精炼的维生素对新生儿在什么月龄学会走路没有任何影响，但是随机抽取一个新生儿作为样本研究，研究者也许会正好选到这样一个新生儿，不管他是否服用了新的维生素，他都较早学会走路。随机抽取到一个像这个样本的新生儿是几乎不太可能的，但是这种极端样本却依旧可能存在。要是这样的话，研究者将拒绝虚无假设并得出新的维生素确实有影响的结论，那么他们拒绝虚无假设的决定就是错误的，这就是Ⅰ型错误。当然，研究者不会知道他们已经犯了这个类型的决策错误。使研究者放心的是他们从假设检验的逻辑中知道，他们犯这样一个决策错误的可能性很低（如果用0.05的显著性水平就小于5%）。

尽管如此，Ⅰ型错误到底还是可能会发生，这一事实对于行为与社会科学家而言仍然是一个非常严重的问题。之所以严重是因为他们构建的整套理论和研究项目，更不要说实际应用了，可能都是基于实际上来自错误的假设检验的结论。正是因为这些错误引起如此重视，所以才称为Ⅰ型错误。

正如我们指出的那样，研究者无法得知他们什么时候犯了Ⅰ型错误。但是他们可以努力使犯Ⅰ型错误的可能性降到最低。

发生Ⅰ型错误的概率是多少？发生Ⅰ型错误的概率等于我们所设定的显著性水平。如果我们设定的显著性水平是 $p < 0.05$，那么你最多会有5%（0.05）的可能性在虚无假设是真的情况下得到你的结果，故而拒绝虚无假设。当用这种方式拒绝虚无假设的时候，虚无假设实际上是真的，你允许了5%的可能性得到这个结果。那就是说，你允许5%的可能性产生Ⅰ型错误。（显著性水平、产生Ⅰ型错误的概率，有时均会用希腊字母 α 来指代。）

重新表述一次，显著性水平与产生Ⅰ型错误的可能性是相同的。因此，我们设定的显著性水平的概率值越低，我们犯Ⅰ型错误的可能性就越小。不想冒更多的风险的研究者会将显著性水平设定为低于0.05，例如 $p < 0.001$。这样，在假设检验的过程中要拒绝虚无假设，研究结果就必须非常极端。

使用0.001的显著性水平就像是为抵抗Ⅰ型错误买了保险。然而，正如买保险的时候保护得越好，代价就越高，设定一个很极端的显著性水平是需要代价的。这一代价我们随后讨论。

Ⅱ型错误

如果你设定了一个很极端的显著性水平，例如 $p < 0.001$，你又要面临另外一个风险。设定一个非常极端的显著性水平，你也许会进行一项研究，在实际中这项研究的研究假设是真的，但是结果不够极端以拒绝虚无假设。因此，你会犯的决策错误是在虚无假设为假时没有拒绝虚无假设。用研究假设角度来说，是假设检验的结果使你拒绝了实际上为真的研究假设，这就叫作**Ⅱ型错误**（Type Ⅱ error）。

> **Ⅱ型错误** 当虚无假设为假时，没有拒绝虚无假设；当事实上研究假设为真时，没有得到统计上显著的结果。

再来回顾一下服用经特别精炼的维生素和新生儿什么时候学会走路的案例。假设服用经特别精炼的维生素真的促使新生儿学会走路的时间比普通新生儿要早。但是在进行研究时，样本新生儿的结果没有极端到可以拒绝虚无假设。也许你随机选出来的样本新生儿恰好对该维生素没有反应，即这个结果是不显著的。那么就要接受虚无假设，拒绝研究假设，这样就产生了Ⅱ型错误。

Ⅱ型错误尤其受到对实际应用感兴趣的行为与社会科学家的关注。这是因为Ⅱ型错误意味着有价值的实用程序不能得到应用。

与Ⅰ型错误一样，你无法知道什么时候已经犯了Ⅱ型错误。但是研究者能够试着去研究降低犯错误的可能性。其中一种方法就是采用保险法抵制Ⅱ型错误，即设置一个很宽泛的显著性水平，例如 $p < 0.10$ 或者 $p < 0.20$。用这种方法，即使研究结果有非常小的影响，结果也有可能变得显著。但这种保险策略也存在一定风险。

Ⅰ型错误和Ⅱ型错误之间的关系

当设定显著性水平的时候，防止犯其中一种决策错误就会增大犯另一种错误的概率。防止犯Ⅰ型错误的保险策略（设定一个显著性水平，如0.001）会增大犯Ⅱ型错误的可能性。（这是因为像0.001这样一个极端的显著性水平，即使研究假设是真的，结果必须相当足够显著才能拒绝虚无假设。）防止犯Ⅱ型错误的保险策略（设定一个显著性水平，如0.20）会增大犯Ⅰ型错误的可能性。（这是因为像0.20这样的一个显著性水平，即使虚无假设是真的，只需在做研究前偶然地得到一个高于或低于一般总体的样本，就能轻易得到统计上显著的结果。）

权衡这两个相互冲突的关注点的最好方法就是通过妥协的方式进行折中，即采用标准的5%和1%的显著性水平。

假设检验可能出现的结果小结

对假设检验中可能出现的正确和错误结论的小结见表5-3。表5-3的顶栏是关于虚无假设和研究假设是否为真的两种可能性（记住你实际上永远不会真正知道这个答案）。表格侧栏是，在假设检验之后，你是决定支持研究假设（拒绝虚无假设），还是决定研究结果不确定（不拒绝虚无假设）。表5-3展示了在任何假设检验情况下，总有两种方式是正确的，两种方式是错误的。你将会在第7章学到更多关于这些可能性的内容。

成功小贴士

Ⅰ型错误和Ⅱ型错误二者之间是很容易混淆的。在继续学习本章之前，务必确保你已经理解了这两种错误（以及它们之间的差异）。

表5-3　假设检验中可能的正确及错误决策

		真实情境（实际中未知）	
		虚无假设为真	研究假设为真
假设检验过程得出的结论	支持研究假设（拒绝虚无假设）	Ⅰ型错误	正确决策
	研究结果不确定（不拒绝虚无假设）	正确决策	Ⅱ型错误

5.3 你学会了吗?

1. 什么是决策错误?
2. (a) 什么是Ⅰ型错误? (b) 为什么会发生Ⅰ型错误? (c) 犯Ⅰ型错误的概率是多大?
3. (a) 什么是Ⅱ型错误? (b) 为什么会发生Ⅱ型错误?
4. 设置一个更为宽泛的显著性水平（比如0.25），对犯 (a) Ⅰ型错误和 (b) Ⅱ型错误的概率分别有什么影响?
5. 设置一个更为极端的显著性水平（比如0.001），对犯 (a) Ⅰ型错误和 (b) Ⅱ型错误的概率分别有什么影响?

研究文献中的假设检验

一般来说，研究报告中的假设检验运用的都是在后面的章节要学到的假设检验的特定方法。对于每一个所关注的结果，研究者一般首先会报告其在统计上是否显著。然后，研究者通常会给出计算概率所用的特定方法的符号，例如t，F，χ^2（这些方法见本书第8～11章）。最后是关于显著性水平的指标，例如$p<0.05$或者$p<0.01$。（研究者通常也会提供许多其他的信息，如样本的平均数和标准差。）例如，Gentile（2009）进行了一项关于电子游戏的调查，随机抽取的样本是1 178名年龄在8～18岁的美国年轻人。大多数（88%）被试者报告至少不定期会玩电子游戏。这项研究采用了有关玩电子游戏病态症状的一个11项量表（比如，“你是否曾经因为花费太多的时间玩电子游戏而导致在学校作业或者考试中失利?”）。Gentile想要探讨男生和女生在这些症状上的潜在差异。这是他的报告：“男生（$M=2.8$，$SD=2.2$）比女生（$M=1.3$，$SD=1.7$）表现出更多症状，$t(1\ 175)=12.5$，$p<0.001$……注意整个群体的症状平均数并不是很高。”这里有很多知识你都会在后面的章节学到，但现在的关键是要理

解“$p<0.001$”。这意味着如果虚无假设（他们所代表的总体之间没有差异）为真，得到这一结果的概率小于0.001（0.1%）。因此在8～18岁的美国年轻人中，男生和女生在玩电子游戏方面的病态症状在数量上是几乎不可能没有区别的。而且既然没有特定标明为单侧检验，你可以假设这个研究采用的是一个双侧检验。

当一个结果很接近，但是没有达到所选择的显著性水平时，它也许会被报告为“有接近显著的趋势”或者有“趋近显著”，例如$p<0.10$。当一个结果完全不接近极端值而无法拒绝虚无假设时，也许应被报告为“不显著”或者运用其英文缩写*ns*。不管结果是否显著，研究者报告确切的p值都是必要的——例如$p=0.03$或者$p=0.27$（统计检验的计算机输出中都能给出这些结果）。除此之外，如果运用的是单侧检验，通常要注明。再次强调一下，当阅读大多数行为与社会科学领域的研究文献时，如果没有特殊说明，就可以默认假设检验为双侧检验。即使研究者已经事先选择了一个显著性水平，例如0.05，如果结果达到了更为严格的标准，也会予以标注。因此，在同一篇文章中你会发现，有的结果写着“$p<0.05$”，另一些标着“$p<0.01$”，还有的为“$p<0.001$”。

最后，假设检验的结果在文章的列表中经常会标记上星号。带有星号的结果表示显著，而没有星号表示不显著。

在报告显著性检验结果时，研究者很少明确阐明研究假设或虚无假设，也很少详细描述假设检验过程中的步骤。因为研究者假定读者对这些内容已经理解得很透彻。决策错误也很少在研究文献中提到。

本章点拨

小结

1. 假设检验考虑的是，即使实验过程没有影响，研究结果也可能出现的概率。如果这个概率很低，则拒绝这一没有影响的设想，进而支持实验过程背后的假设。

2. 预期影响为研究假设，无影响的假设情境为虚无假设。

3. 在虚无假设为真的条件下，当结果（即样本分数）为几乎不可能的极端值时，研究者拒绝虚无假设，接受研究假设。如果研究结果不那么极端，就不能拒绝虚无假设，研究结果也就是不确定的。

4. 行为与社会科学家通常认为，如果虚无假设为真，则出现概率小于5%（即显著性水平$p<0.05$）的结果是非常极端的。有时临界显著性水平会采用更加极端的1%（显著性水平$p<0.01$），或0.1%（显著性水平$p<0.001$）。

5. 单侧临界百分比是在有方向的或单侧检验中，预期方向的结果很极端的概率。双侧临界百分比是在没有方向的或双侧检验中，在任一方向上结果很极端的概率。

6. 假设检验的五个步骤：

①重新将问题表述为关于总体的研究假设和虚无假设。

②确定比较分布的特征。

③确定当虚无假设被拒绝时比较分布中的临界值。

④计算比较分布中的样本分数。

⑤决定是否拒绝虚无假设。

7. 在假设检验中有两类决策错误。Ⅰ型错误是当虚无假设实际为真时，拒绝了虚无假设。Ⅱ型错误是当虚无假设实际为假时，却没有拒绝虚无假设。

8. 研究文献通常会报告假设检验的结果，说明结果是否显著，并给出决定结果是否显著所基于的临界概率（通常是5%或者1%）。研究文献很少提到决策错误。

主要术语

假设检验	临界样本分数	无方向的假设
假设	常用的显著性水平（$p<0.05$，$p<0.01$）	双侧检验
理论		决策错误
研究假设	统计显著	Ⅰ型错误
虚无假设	有方向的假设	Ⅱ型错误
比较分布	单侧检验	

示例

随机抽取接受实验处理后的某个个体，其在某特定测验上的得分为 27。该个体所在的总体在该测验上的得分呈平均数为 19、标准差为 4 的正态分布。研究者预测实验处理有影响，但并未明确预测影响的方向。在 5%的显著性水平上，你能得出什么结论？请按照假设检验的五个步骤并用比较分布的概率、临界值以及比较分布中的样本分数来详细说明你是如何解决该问题的。

答案

①重新将问题表述为关于总体的研究假设和虚无假设。这里有两个总体：

总体 1：接受实验处理的群体。

总体 2：普通人群（即未接受实验处理的群体）。

研究假设是总体 1 与总体 2 在特定测验上的得分有差异。虚无假设是两总体在测量结果上无差别。

②确定比较分布的特征。总体 $M=19$，总体 $SD=4$，正态分布。

③确定当虚无假设被拒绝时比较分布中的临界值。对于 5%水平上的双侧检验（每侧 2.5%），临界值是$\pm$ 1.96（参照图 5-4 或表 5-2）。

④计算比较分布中的样本分数。$Z=(27-19)/4=2$。

⑤决定是否拒绝虚无假设。Z 分数为 2，比临界 Z 分数 1.96 更加极端，故拒绝虚无假设，结果显著，表明实验处理对该测验的得分有影响。如图 5-6 所示。

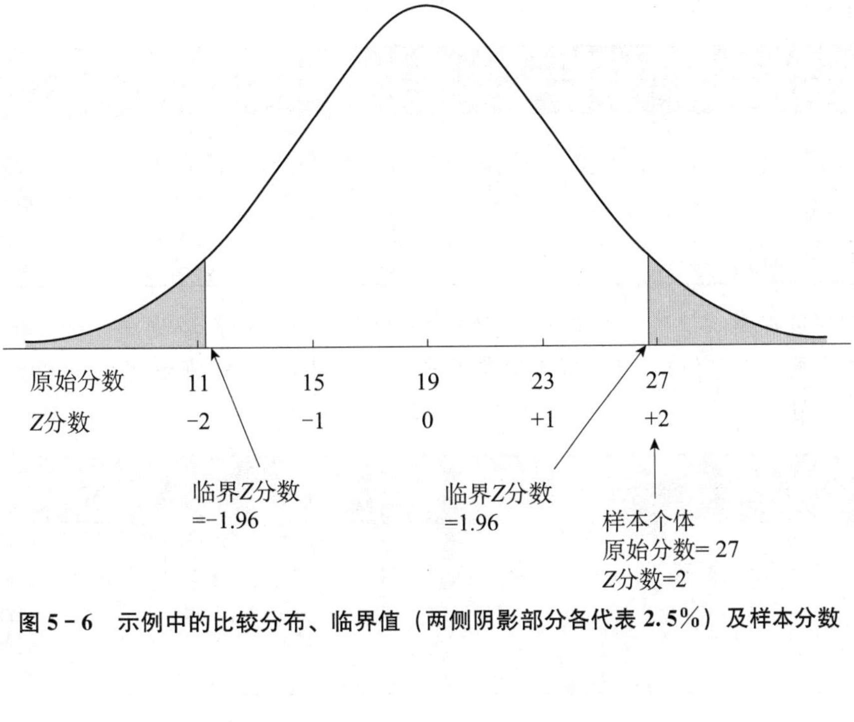

图 5-6　示例中的比较分布、临界值（两侧阴影部分各代表 2.5%）及样本分数

写涉及由一个被试者组成的样本和已知总体的假设检验问题的文章时，需要做以下说明

1. 试述假设检验的核心逻辑。一定要解释术语，比如研究假设和虚无假设，并解释当研究结果足够有力拒绝虚无假设时，支持研究假设的概念。

2. 解释比较分布的概念。确保提到在虚无假设为真的条件下代表总体情况的分布。注意比较分布的核心特征是其平均数、标准差及形状。

3. 试述在决定拒绝虚无假设的时候，（利用正态分布）确定比较分布的临界样本分数的逻辑和过程。

4. 试述如何计算比较分布中的样本分数。

5. 解释假设检验过程中第③步和第④步的两个分数之间是如何进行比较的，以及为什么要这样比较。结合具体研究和检验的虚无假设解释这一比较结果的含义。

练习题

以下练习题涉及计算。虽然在现实生活中，绝大多数统计问题是借助于特殊的统计软件用计算机完成的，但是即便你有这些软件，也要动手解决这些问题以便加深对所学方法的理解。

练习题中所使用的数据，除非指明来源，否则给出的所有数据都是虚构的。

第Ⅰ组（答案请参阅附录B）

1. 用自己的话定义以下术语：(a) 假设检验过程，(b) 0.05的显著性水平，(c) 双侧检验。

2. 当一个结果不够极端从而无法拒绝虚无假设时，若就此得出结论说研究结果支持虚无假设则是错误的，这是为什么？

3. 就下列问题回答：(a) 比较的两个总体分别是什么；(b) 研究假设是什么；(c) 虚无假设是什么；(d) 应使用单侧检验还是双侧检验，并说明原因。

i. 在加拿大，父母为图书管理员的儿童的阅读能力得分是否会比普通儿童高？

ii. 某一特定城市居民的收入水平是否与某一地区居民的收入水平有差异？

iii. 经历过地震的人的自信水平是高于普通人还是低于普通人？

4. 依据下列研究提供的信息，确定是否拒绝虚无假设。每一项都要列出：(a) 拒绝虚无假设时比较分布的临界Z分数（临界值），(b) 样本分数在比较分布中的Z分数和 (c) 你的结论。假设所有的总体都服从正态分布。

研究	总体		样本分数	p	单侧还是双侧检验
	M	SD			
A	10	2	14	0.05	单侧（预测高）
B	10	2	14	0.05	双侧
C	10	2	14	0.01	单侧（预测高）
D	10	2	14	0.01	双侧
E	10	4	14	0.05	单侧（预测高）

5. 依据下列研究提供的信息，确定是否拒绝虚无假设。每一项都要列出：(a) 拒绝虚无假设时比较分布的临界Z分数（临界值），(b) 样本分数在比较分布中的Z分数和 (c) 你的结论。假设所有的总体都服从正态分布。

研究	总体		样本分数	p	单侧还是双侧检验
	M	SD			
A	70	4	74	0.05	单侧（预测高）
B	70	1	74	0.01	双侧
C	70	2	76	0.01	双侧
D	70	2	77	0.01	双侧
E	70	2	68	0.05	单侧（预测高）

6. 某研究者正在做味觉和嗅觉系列研究，她给每个学生20种不同的食物（杏仁、巧克力、樱桃、咖啡、大蒜等），每次在学生舌头上滴一点食物汁液。根据其已有的研究结果，已知所有在校大学生在20种食物中可以辨认出的食物平均数目为14，标准差为4，且得分分布为正态曲线。研究者想知道，在这项任务上嗅觉是否比味觉更加灵敏。换言之，她想测试人们在仅能尝到液体的情况下，是否会比既能闻到它又能尝到它的时候表现要差（注意这里是一个有方向的假设）。因此，她设计了一个特殊的程序，使个体在完成任务过程中无法使用嗅觉。然后研究者在随机抽取出来的一名学生身上进行实验。这个学生只能正确辨认出5种食物。(a) 在0.05的显著性水平上，研究者可以得出什么结论？请按照假设检验的五个步骤并用简图展示比较分布、临界值以及比较分布中的样本分数来详细说明你是如何解决该问题的。(b) 向一个从未学过统计学（但是熟悉平均数、标准差和 Z 分数）的人解释你的答案。

7. 一个护理研究员正在对某一经历特定类型外科手术的人进行研究。研究假设为在手术后的第一个48小时，如果亲人和朋友与他在一个房间内，他能够更快地从手术中恢复过来。已知从这个类型的手术中的恢复时间服从正态分布，其平均数为12天，标准差为4天。随机选取一名被试者在这一期间与他的家人、朋友共处一室，这名被试者4天之后恢复。(a) 在0.01的显著性水平上，研究者可以得出什么结论？请按照假设检验的五个步骤并用简图展示比较分布、临界值以及比较分布中的样本分数来详细说明你是如何解决该问题的。(b) 向一个从未学过统计学（但是熟悉平均数、标准差和 Z 分数）的人解释你的答案。

8. Robins 和 John (1997) 在一项有关自恋（极端利己）的研究中比较了在某一自恋量表上得分较高与较低个体的差异。（以一个问题为例：“如果由我统治世界，它将会变得更好。”）除此之外，他们还有其他的问卷，其中一个问题为被试者每天平均照多少次镜子。在他们的结果部分，研究者写道：“……如预期所料，高自恋的个体比低自恋的个体照镜子要更加频繁（Ms＝5.7 vs. 4.8）……$p<0.05$。”(p. 39) 向一个从未学过统计学的人解释你的答案。（重点从假设检验的基本逻辑和统计显著性的角度解释研究结果的含义。）

9. Reber 和 Kotovsky (1997) 在有关问题解决的一项研究中描述了在整体控制条件下某特定群体与控制组一项测试结果的比较：“这一特定群体平均需要179步才能解决问题，而控制组平均需要74步，$t(19)=3.31$，$p<0.01$。”(p. 183) 向一个从未学过统计学的人解释你的答案。（重点从假设检验的基本逻辑和统计显著性的角度解释研究结果的含义。）

10. 对于下列所有研究，制作一个共包含四种正确和错误决策的表格，并分别解释其含义。样式参照表5-3，但是你要在相应的单元格中使用研究中涉及的变量名称填上可能的结果。

(a) 增加休息时间是否会改善在校儿童课堂表现的研究。

(b) 色盲群体会比普通人更容易辨认出灰色的研究。

(c) 与普通人相比较，接受过心理治疗的个体是否更能容忍他人的忧伤的研究。

11. 假设你进行了一项研究，如何知道 (a) 你犯了Ⅰ型错误和 (b) Ⅱ型错误？

第Ⅱ组

12. 列出假设检验的五个步骤，并分别解释每个步骤的做法与逻辑。

13. 当研究结果显著时，解释为什么说“证明”了研究假设是错误的。

14. 就下列问题回答：(a) 比较的两个总体分别是什么；(b) 研究假设是什么；(c) 虚无假设是什么；(d) 应使用单侧检验还是双侧检验，并说明原因。

i. 某实验告知人们在解决问题时要注意细节。得到与没有得到这个指导的个体在解题速度上是否存在差异？

ii. 依据人类学的报告，已知许多文化背景下女性地位在10点量表上的得分平均数和标准差。现发现一种新的文化，处于这种新的文化背景下的家庭成员的地位安排不同寻常。同样采用10点量表对该文化背景下的女性地位进行评定。试问：与一般文化背景下的女性地位相比，这种新的文化是否提高了女性的地位？

iii. 与普通城市的人相比，生活在大城市的人是否会面临更多压力情境？

15. 依据下列研究提供的信息，确定是否拒绝虚无假设。每一项都要列出：(a) 拒绝虚无假设时比较分布的临界 Z 分数（临界值），(b) 样本分数在比较分布中的 Z 分数和 (c) 你的结论。假设所有的总体都服从正态分布。

研究	总体		样本分数	p	单侧还是双侧检验
	M	SD			
A	5	1	7	0.05	单侧（预测高）
B	5	1	7	0.05	双侧
C	5	1	7	0.01	单侧（预测高）
D	5	1	7	0.01	双侧

16. 依据下列研究提供的信息，确定是否拒绝虚无假设。每一项都要列出：(a) 拒绝虚无假设时比较分布的临界 Z 分数（临界值），(b) 样本分数在比较分布中的 Z 分数和 (c) 你的结论。假设所有的总体都服从正态分布。

研究	总体		样本分数	p	单侧还是双侧检验
	M	SD			
A	100.0	10.0	80	0.05	单侧（预测低）
B	100.0	20.0	80	0.01	双侧
C	74.3	11.8	80	0.01	双侧
D	76.9	1.2	80	0.05	单侧（预测低）
E	88.1	12.7	80	0.05	双侧

17. 某研究者想要检验某一特定的声音是否能降低大白鼠的学习任务成绩。已知一只普通的大白鼠学会正确走出一个迷宫要经过18次试验，其标准差为6。（学会走出这个迷宫的次数呈正态分布。次数越多，表明任务表现越差。）研究者现在试图让一只普通的大白鼠在伴有声音刺激的情况下学习走出迷宫。结果发现，这只大白鼠尝试了38次才学会。(a) 在0.05的显著性水平上，研究者可以得出什么结论？请按照假设检验的五个步骤并用简图展示比较分布、临界值以及比较分布中的样本分数来详细说明你是如何解决该问题的。(b) 向一个从未学过统计学（但是熟悉平均数、标准差和 Z 分数）的人解释你的答案。

18. 某研究者开发了一个精心设计的培训项目，以减轻与带有未成年子女的女士结婚自身却无子女的男士的压力。已有研究表明，这样的男士在与新婚妻子及其孩子搬到一起一个月后的压力水平平均数为85，标准差15，压力水平呈正态分布。该培训项目以从某城市随机抽取出来的一名男士为被试者，这位男士在一个月前娶了一名带有未成年子女的女士。经过培训，这位男士的压力水平为60。(a) 在0.05的显著性水平上，研究者可以得出什么结论？请按照假设检验的五个步骤并用简图展示比较分布、临界值以及比较分布中的样本分数来详细说明你是如何解决该问题的。(b) 向一个从未学过统计学（但是熟悉平均数、标准差和 Z 分数）的人解释你的答案。

19. 一位研究者假设，在解决数学问题的时候，听古典音乐会使大脑的某个特定区域更加活跃。为了检验这个假设，在一位被试者一边解决数学问题一边听古典音乐的时候对她的大脑进行了扫描。研究结果发现，研究者感兴趣的大脑区域的信号发生了5.8个百分点的变化。以前的许多研究都采用了同样的数学问题和研究程序（但没有听音乐），这些研究发现，该大脑区域的信号变化呈正态分布，其平均数为3.5，标准差为1.0。在0.01的显著性水平上，研究者可以得出什么结论？(a) 请按照假设检验的五个步骤并用简图展示比较分布、临界值以及比较分布中的样本分数来详细说明你是如何解决该问题的。(b) 向一个从未学过统计学（但是熟悉平均数、标准差和 Z 分数）的人解释你的答案。

20. 在本章的前面，我们提到过 Gentile (2009) 做过的一个研究的结果，是关于美国年轻人玩电子游戏的调查。在结果部分，Gentile 报告："男生玩电子游戏的平均时间 ($M=16.4$ 小时/周，$SD=14.1$) 与女生的平均游戏时间 ($M=9.2$ 小时/周，$SD=10.2$) 有极其显著的差异，t (1 034=9.2)，$p<0.001$……" 向一个从来未学过统计学的人解释这一结果。(重点从假设检验的基本逻辑和统计显著性的角度解释研究结果的含义。)

21. 在一篇反烟草运动的文章中，Siegel 和 Biener (1997) 讨论了 1993 年和 1995 年在马萨诸塞州进行的关于烟草使用和态度的调查结果，调查结果见表 5-4。注意第一行（吸烟 > 25 支/天的百分比），向一个从未学过统计学的人解释这一结果。(重点从假设检验的基本逻辑和统计显著性的角度解释研究结果的含义。)

表 5-4　烟草使用的改变、吸烟环境的暴露和公众对控烟政策的态度等指标——马萨诸塞州，1993—1995 年

	1993 年	1995 年
成年人吸烟行为		
每日吸烟多于 25 根的百分比	24	10*
每日吸烟少于 15 根的百分比	31	49*
睡醒后 30 分钟之内会吸烟的百分比	54	41
吸烟环境的暴露程度		
工人在无烟工作场所吸烟的百分比	53	65*
前一周在工作中吸烟环境暴露的平均小时数	4.2	2.3*
禁止吸烟家庭的百分比	41	51*
对控烟政策的态度		
支持未来通过增大烟草税率并加大对控烟的资金投入的百分比	78	81
认为吸烟有害环境的百分比	90	84
支持禁止自动售货机卖烟的百分比	54	64*
支持禁止烟草公司给大型体育和文化活动做赞助的百分比	59	53*

$*p<0.05$.

资料来源：Siegel, M., & Biener, L. (1997). Evaluating the impact of statewide anti-tobacco campaigns: The Massachusetts and California tobacco control programs. *Journal of Social Issues*, *53*, 147-168.

22. 对于下列所有研究，制作一个共包含四种正确和错误决策的表格，并分别解释其含义。样式参照表 5-3，但是你要在相应的单元格中使用研究中涉及的变量名称填上可能的结果。

(a) 与普通婴儿相比，早产婴儿开始识别面孔的时间是否会更晚的研究。

(b) 在学校中接受预防艾滋病课程的高中生，是否会比没接受这一课程的高中生更有可能落实安全性行为的研究。

(c) 当信息以分散色呈现时，对抽象概念的记忆效果是否会下降的研究。

"你学会了吗?" 答案

5.1

1. (a) 虚无假设：接受实验处理的大白鼠总体和没有接受实验处理的大白鼠总体学会走出迷宫所花时间相同。(b) 研究假设：接受实验处理的大白鼠总体学会走出迷宫的速度比没有接受实验处理的大白鼠总体要快。

2.（a）比较分布是用于比较研究结果的分布。（b）在假设检验中，比较分布就是当虚无假设为真时的分布。决定是否拒绝虚无假设，要看你的样本分数在比较分布中的极端程度——如果你的样本来自该比较分布，则样本分数达到极端值的可能性有多大。

3. 临界样本 Z 分数的含义是，如果样本 Z 分数高于比较分布中的 Z 分数，就拒绝虚无假设，这个 Z 分数又叫临界样本 Z 分数。

4. 我们说假设检验包含双重否定逻辑，是因为虽然我们对研究假设感兴趣，但实际研究中我们通过能否拒绝它的对立面——虚无假设，从而验证研究假设是否为真。

5.（a）当结果足够极端就可以拒绝虚无假设，从而支持研究假设，结论是：结果在统计上显著。（b）当结果不够极端，结论是：结果在统计上不显著、不确定。

6. 这个训练项目提高了亲和力。比较分布中的临界样本 Z 分数为 1.64，实际样本 Z 分数为 2.50，比临界样本 Z 分数更极端（即在分布末端的更远侧），因此拒绝虚无假设，支持研究假设，结果在统计上显著。

7. 统计上显著是指是否有非零影响。它并没有验证这个非零的影响是否足够大到具有重要现实意义。

5.2

1. 在无方向的假设检验中，研究假设不指向某一特定方向。

2. 在双侧检验中，临界值所对应的总体百分比被均匀分配在比较分布的两个尾部。双侧检验被用来检验无方向的假设的显著性。

3. 双侧检验的结果支持无方向的假设的研究结果。

4. 单侧检验的临界值不够极端。因此研究结果与预期的方向相同，可能会更显著。临界值不够极端是因为单侧检验将百分比置于一个尾部，而不是分布在两个尾部。

5. 即使理论预期显示为一个特定方向的结果，仍然可能使用双侧检验，是因为双侧检验在任一方向上出现预期结果均可以称为显著。但如果使用单侧检验，研究结果与预期假设相反，就不能称统计上显著。

6. 临界值是 ± 2.58。样本个体 Z 分数是 $(400-500)/40=-2.5$。结果不显著，研究无法得出确定性结论。

5.3

1. 决策错误是指在假设检验中得出的结论与实际情况不相符。

2.（a）Ⅰ型错误是当虚无假设实际上是真（研究假设为假）的时候，拒绝了虚无假设（支持了研究假设）。（b）当一个样本结果极端到几乎不可能在虚无假设为真的情况下得到这个结果时，拒绝虚无假设。虽然可能性较低，但虚无假设还是有可能为真。（c）犯Ⅰ型错误的概率等于显著性水平大小（例如 0.05）。

3.（a）Ⅱ型错误是当虚无假设为假（研究假设为真）的时候，无法拒绝虚无假设（因此不能支持研究假设）。（b）当一个样本结果极端到几乎不可能在虚无假设为真的情况下得到这个结果时，拒绝虚无假设。但是即使虚无假设有可能为假，由于样本平均数可能不够极端，也无法拒绝虚无假设。

4.（a）增大了犯Ⅰ型错误的概率，（b）降低了犯Ⅱ型错误的概率。

5.（a）降低了犯Ⅰ型错误的概率，（b）增大了犯Ⅱ型错误的概率。

第 6 章

样本平均数的假设检验

本章内容提要

成功小贴士

学习本章之前牢固地掌握第5章的内容非常重要。

第5章我们已经介绍了假设检验的基本逻辑，作为范例的研究样本都是只包含一个个体。然而正如我们指出的，在实际应用中，行为与社会科学的研究样本几乎都包含多个个体。本章，我们在先前所学知识的基础上，探讨由多个个体组成的样本的假设检验。例如，某教育研究团队对不同教学指导对限定时间的学业测验的影响感兴趣。这些教育研究者根据理论做出如下预期：如果告诉学生在考试的时候，要根据自己的第一反应来回答问题，则会提高学生的考试成绩。为检验该理论，对随机抽取出的64名五年级小学生进行标准学业测验。该测验在按照常规程序实施的同时，附加一个额外要求，即要求学生在回答问题的时候要根据第一反应作答。在先前的测试中，研究者已经获知常规方式下测验（没有任何特殊的指导）的总体平均数和标准差。在本章中，你将会学习如何检验与该范例情境相类似的假设：总体平均数和标准差已知以及样本包含多个个体的情境。为此，这就要求我们首先认真考察一种新的分布——均值分布。（在本章后面部分我们会回到上述范例。）

均值分布

在常规研究情境中，针对多个个体组成的样本进行假设检验与第5章介绍的方法完全一样。但是有一种情况需要注意：当样本包含多个个体时，确定比较分布特征的第②步有些特殊。在迄今为止我们的范例中，比较分布都是单个得分的分布（如新生儿开始学会走路的月龄的总体）。我们先前示例中比较的是由单个体组成的样本，所以采用的比较分布为个体分数的分布。也就是说，我们之前处理过的样本得分的类型（来自一个个体的得分）和比较分布（多个个体得分的分布）是相符合的。

现在，假设这样一种情况：有一个由64名个体组成的样本。于是，你现在就有了一组由64个分数组成的数据。回顾第2章学过的内容，平均数是一组数据中非常有用的代表值。因此，当样本是由多个个体组成的时候，你关心的是一组数据的平均数。在本范例中，你关注的是64名个体的平均数。如果你将64名个体的样本平均数与个体分数的总体的分布相比较，这是不能比的——就像比较苹果与橘子一样。相对应的是，当你对64个分数的样本平均数感兴趣的时候，你需要的是由64个样本分数的平均数组成的比较分布。我们将这样的比较分布称为**均值分布**（distribution of means）。均值分布中的分数都是平均数，而不是个体的分数。

均值分布 从一个既定范围的特定总体中抽取出来的样本平均数的分布（又称为平均数的样本分布）；当假设检验的样本由多个个体组成时的比较分布。

均值分布就是许多同质样本的平均数的分布，样本均从同一总体中随机抽取得到。（统计学家又称均值分布为平均数的样本分布。本书中，我们使用均值分布是为了清晰地阐明我们讨论的是平均数的总体，而不是样本或样本分布。）

当样本中的个体数大于1时，均值分布是正确的比较分布。因此，在大多数研究情境中，需要通过假设检验步骤中的第②步确定均值分布的特征（确定比较分布的特征）。

建立均值分布

为了帮助你理解均值分布的概念，我们来看如何从由多个个体分数组成的一般总体分布中创建这样的一个分布。假设个体分数的总体是来自特定区域的小学和初中共90 000名学生的年级水平。进一步假设（为了使范例简单）在一年级至九年级每个年级水平有10 000名学生。总体分布呈矩形，平均数为5，方差为6.67，标准差为2.58（见图6-1）。

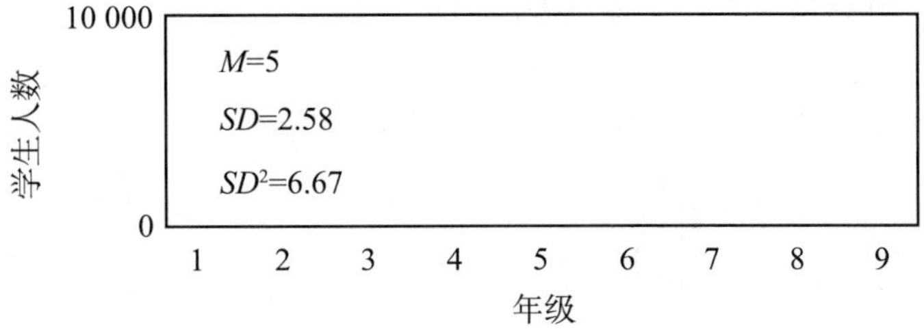

图 6-1　90 000 名学生的年级水平分布（虚构数据）

> **成功小贴士**
>
> 在继续学习本书后续章节之前，确定你已经完全理解均值分布的概念（还有为什么当样本由多个个体组成时它是正确的比较分布）。要想完全理解这个重要概念，你也许需要把本章多看几遍。

接下来，假设我们将每个学生的年级写在一个乒乓球上，并且将所有的 90 000 个乒乓球放在一个大桶中。这个桶中会有 10 000 个写有 1 的乒乓球和 10 000 个写有 2 的乒乓球，依此类推。搅动桶中的乒乓球，然后选出其中两个。这两个乒乓球即为随机抽取的样本。假设一个乒乓球上写的 2，另一个乒乓球上写的 9。这两个学生的年级水平组成的样本的平均年级水平为 5.5，就是 2 和 9 的平均数。现在将乒乓球放回，混合所有的乒乓球，再选出两个。也许这一次你得到了两个写着 4 的乒乓球，如此一来。你得到的第二个样本的平均数为 4。然后你再试一次，这次你得到一个 2 和一个 7，于是你得到的样本平均数为 4.5。至此，你得到三个平均数：5.5、4 和 4.5。

这三个数字中的任意一个都是学校年级水平的样本平均数，而且这三个平均数本身可以看作一个小的分布。这个小的均值分布的平均数为 4.67（5.5、4、4.5 的和再除以 3）。这个均值分布的方差为 0.39（5.5、4、4.5 的方差）。这个均值分布的标准差为 0.62（0.39 的平方根）。图 6-2 是这三个均值分布的条形图。

假设你继续选择由两个乒乓球组成的样本，而且计算每一对球上数字的平均数。这个平均数的条形图中的直条会变得越来越多。图 6-3 展示的范例为从 50 个平均数的均值分布，到 1 000 个平均数的均值分布（每个平均数都来自由两个随机选择的乒乓球组成的样本）。（实际上图 6-3 中的条形图是通过计算机的随机选择来代替 90 000 个乒乓球和那个巨大的桶。）

正如你猜想的那样，我们刚才描述的方法并不是在决定均值分布的时候可以运用的实际方法。幸运地，通过使用一个简单的规则你可以直接了解均值分布的特征，甚至不需要选取一个样本。你所需要的唯一的信息就是：（1）个体所在总体的分布特征和（2）样本得分的数量。（现在不要担心你怎么才能知道个体所在总体的特征。）我们刚刚介绍的建立均值分布的费力方法与稍后学到的简明方法给出的结果是相同的。要你考虑这个麻烦的方法的过程，只是因为它可以帮助你理解均值分布的概念。

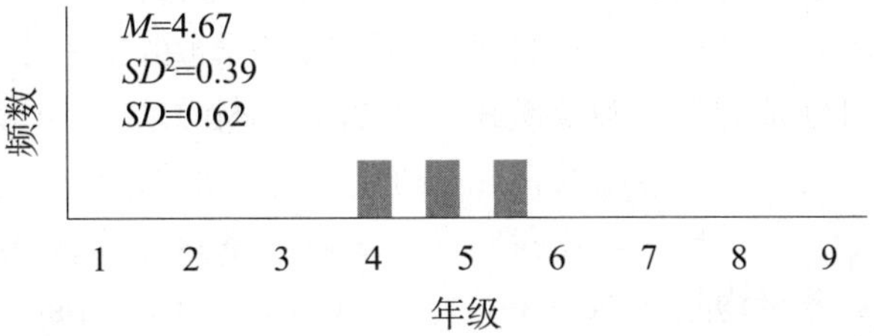

图 6-2　从两个学龄儿童年级水平中随机抽取的三个样本的均值分布（虚构数据）

注：每个样本都来自 90 000 名学生的年级水平总体。

确定均值分布的特征

回顾假设检验的第②步，这一步涉及判定比较分布的特征。你需要知道比较分布的如下三个特征：

1. 比较分布的平均数。

2. 比较分布的范围（可以借助方差和标准差进行测量）。

3. 比较分布的形态。

以我们范例中建立的均值分布为例，我们来看一下均值分布的三个特征，具体见图 6 - 3：

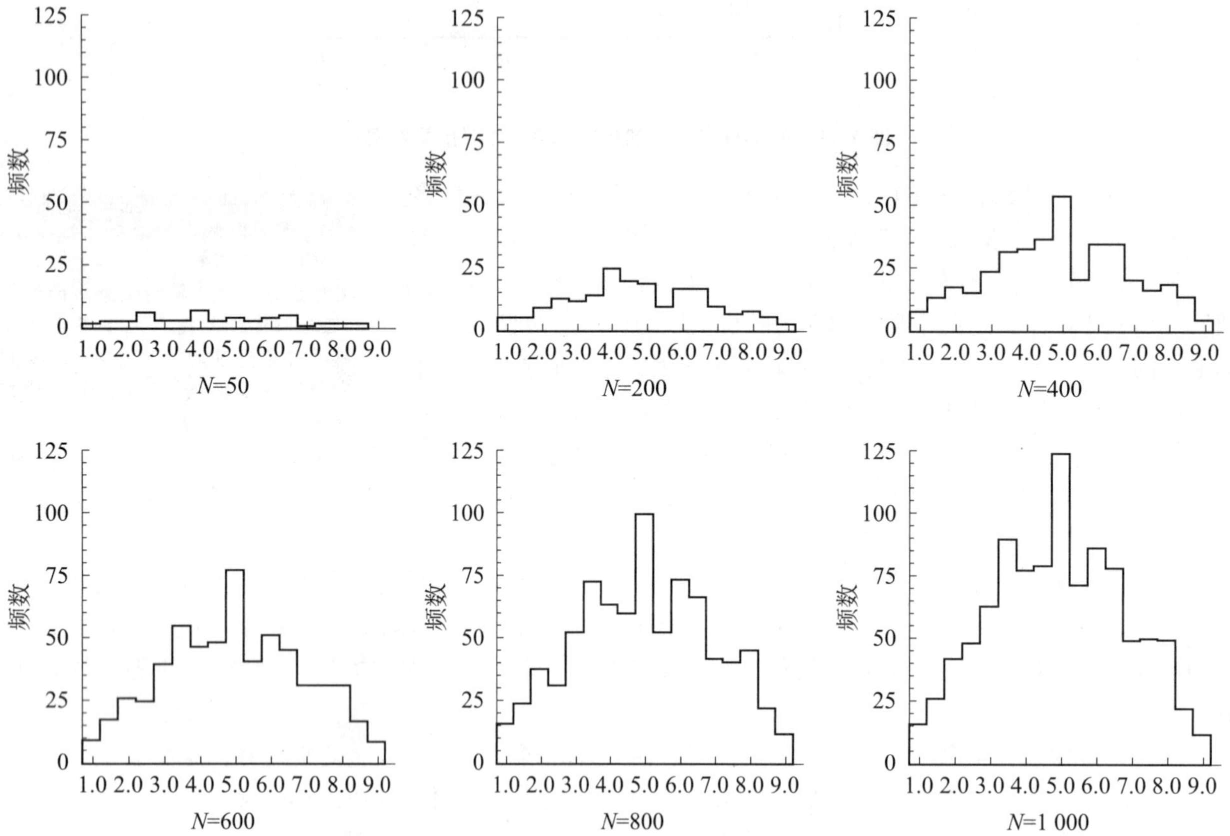

图 6 - 3 从具有相同人数的 1～9 年级学生中随机抽取的两个年级水平的平均数的直方图

注：这里呈现的是 50 个平均数时的直方图，200 个平均数时的直方图，依此类推，直到 1 000 个平均数时的直方图。我们可以发现，随着平均数个数的增加，直方图逐渐地趋近于一条正态曲线。

1. 均值分布的平均数与原始个体总体的平均数相同（都是 5）。

2. 均值分布的范围小于原始个体总体分布的范围。

3. 均值分布的形态近似正态。

关于均值分布的平均数和范围这两个特征，对所有均值分布都成立。至于均值分布的形态特点，则只能说对于多数均值分布成立。事实上，我们观察到的均值分布的这三个特征证明了三个基本规则，利用这三个规则可以求得任何分布的平均数、范围（即方差和标准差）和形态，而不再需要在乒乓球上写编号以及在此基础上无休止地抽取样本。

均值分布的平均数（总体 M_M） 来自特定总体的既定容量的样本均值分布的平均数；均值分布的平均数等于原始个体的总体的平均数。

均值分布的平均数等于由个体构成的总体的平均数。

现在，让我们进一步看一下这三个规则。第一个涉及**均值分布的平均数**（means of a distribution of means）。

规则 1：均值分布的平均数与由个体构成的总体的平均数相同 公式如下：

$$总体\ M_M = 总体\ M \qquad (6-1)$$

总体 M_M 为均值分布的平均数。运用总体这个词是因为均值分布也是一种总体。总体 M 为由原始个体组成的总体的平均数。

每个样本都是基于从由个体组成的总体中随机抽取的个体。因此，样本的平均数有时会高于个体总体的平均数，有时也会低于个体总体的平均数。然而，因为选择的过程是随机的，而且我们选择了大量的样本，最后高的平均数和低的平均数就会相互抵消。

在图 6-3 中，随着平均数样本的数量在均值分布中增加，均值分布的平均数就会与由原始个体构成的总体的平均数更加趋近，在这个范例中是 5。这个可以通过数学证明，如果你选取了无数的样本，那么样本均值分布的平均数与个体所在总体的平均数恰恰是一样的。

第二个规则是关于范围的。第二个规则有两个部分：第一部分，即规则 2a，涉及**均值分布的方差**（variance of a distribution of means）。

均值分布的方差（总体 SD_M^2）　总体方差除以样本容量。

规则 2a：均值分布的方差等于由个体组成的总体的方差除以样本容量　均值分布的范围小于选取样本个体的总体分布的范围。如果你选择由两个分数构成的样本，则这两个分数基本不可能都是极端值。此外，对于这一特定随机样本而言，如果其平均数为极端值，就意味着这两个极端分数的极端方向一致（都很高或者都很低），这几乎是不可能的。因此，在每个样本中有不止一个分数可以对平均数起调节作用。样本中的极端值会被中间值或相反方向的极端值所平衡。这使每个样本的平均数都趋向中间，远离极端值。因为几乎没有极端的平均数，所以平均数的方差范围更小，也小于样本所在总体的方差。

再来考虑我们的范例。在总体中有很多标有数字 1 和 9 的乒乓球，而且分布范围很广。这样一来，抽到每个乒乓球的概率大约为九分之一。如果我们选取的样本中只有一个乒乓球（即一个分数），则有可能抽到标识为 1 的乒乓球，抽 9 次，则有可能抽到标识为 9 的乒乓球。如果每次选择两个乒乓球，则抽到的样本其平均数为 1（即两个球均标识为 1）或者 9（两个球都标识为 9）的可能性很小，很大可能是其平均数为中间值 5。（这是因为 1 和 9、2 和 8、3 和 7、4 和 6，或两个 5 等几种结合都会得到这个结果。）

每个样本中的个体越多，样本平均数的分布范围越小。这是因为每个样本中的分数越多，在特定的样本中极端值被中间分数或者反方向的极端值所平衡的可能就越大。就我们范例中的乒乓球而言，如果样本一次选取 2 个球，平均数几乎不可能为 1。如果我们一次选取 3 个球，样本平均数为 1（三个球必须都是 1）的可能性更小。平均数为中间值的可能性更大。

每次选取两个球的样本，其均值分布的方差为 3.34。3.34 是由个体构成的总体的方差 6.67 的二分之一。如果我们选用一次选取三个球的样本来构建均值分布，均值分布的方差为 2.22。此时样本均值分布的方差为由个体构成的总体的方差的三分之一。如果我们每个样本随机选取五个球，那么均值分布的方差是由个体构成的总体的方差的五分之一。

这些范例都遵循一个普遍的规则——均值分布的规则 2a：均值分布的方差等于由个体组成的总体的方差除以样本容量。这个规则适用于所有情况而且可以通过数学的方法加以证明。

规则 2a 用公式说明如下：

$$\text{总体 } SD_M^2 = \frac{\text{总体 } SD^2}{N} \tag{6-2}$$

均值分布的方差等于由个体组成的总体的方差除以样本容量。

总体 SD_M^2 是均值分布的方差，总体 SD^2 是由个体构成的总体的方差，N 是每个样本中个体的数量。

在我们的范例中，由所有学生的年级水平构成的总体的方差为 6.67，每个样本中包含两个学生的年级水平。因此，

$$\text{总体 } SD_M^2 = \frac{\text{总体 } SD^2}{N} = \frac{6.67}{2} \approx 3.34$$

再举一个不同的范例，假设一个总体的方差是 400，求每个样本包含 25 个个体的均值分布的方差：

$$\text{总体 } SD_M^2 = \frac{\text{总体 } SD^2}{N} = \frac{400}{25} = 16$$

第二个规则也告诉我们**均值分布的标准差**（standard deviation of a distribution of means）。

规则 2b：均值分布的标准差就是均值分布的方差的平方根 公式说明如下：

均值分布的标准差就是均值分布的方差的平方根。

$$总体\ SD_M = \sqrt{总体\ SD_M^2} \tag{6-3}$$

总体 SD_M 是均值分布的标准差。

均值分布的标准差（总体 SD_M） 均值分布的方差的平方根；等同于标准误（SE）。

标准误（SE） 与均值分布的标准差等同；也叫平均数的标准误（SEM）。

均值分布的形态 均值分布直方图的轮廓，如它是沿着正态曲线或是倾斜的；一般来说，均值分布的趋势是单峰的、对称的且通常呈正态。

均值分布的标准差还有它自己特有的名字——**标准误**（standard error，SE）（或者叫作平均数的标准误，缩写为 SEM）。之所以叫标准误，是因为标准误可以告诉你在用样本平均数估计由个体构成的总体的平均数时有多少"误差"。即，可以告诉你各种不同的样本平均数在多大程度上是来自总体平均数。（关于这一思想在本章后面关于置信区间的"高级主题"部分会有更详细的讨论。）

最后，确定均值分布特征的第三个规则涉及它的形态。

规则 3：当（a）样本容量≥30，或（b）个体所在总体的分布呈正态时，均值分布为近似正态分布 无论样本所在总体的分布形态如何，均值分布的趋势一般为单峰和对称的。在年级水平的范例中，总体分布是矩形的（在每个年级水平都有相等的数量。）然而，**均值分布的形态**（shape of the distribution of means；图 6－3）大致像钟一样——单峰和对称。如果我们选取了容量超过 1 000 的样本，形态会呈更加清晰的单峰和对称。

均值分布趋于单峰是因为，极端值会相互平衡。我们在讨论方差的时候提到过：平均数更有可能是中间值，而极小可能是极端值。均值分布为对称的，是因为不对称（偏态）是由极端值引起的。很少有极端值，所以很少有不对称的。在年级水平的范例中，构建的均值分布也是清晰对称的，这是因为总体分布中个体的年级水平也是对称的。如果样本所在总体的分布偏向一边，均值分布也会偏向一边，但是这种情况很少。

每个样本所包含的个体数目越大，其均值分布就越接近于正态曲线。虽然样本均值分布很少会呈严格的正态曲线，但是，当样本所包含的个体数目为 30 或者 30 以上时（即使个体来自非正态的总体），其均值分布也会呈非常近似的正态分布，而且利用正态曲线表中的百分比进行有关计算也会非常准确。①②（也就是说，虽然样本包含的个体数目大于 30，其均值分布会更接近正态分布，但是对于大多数实际研究而言，样本包含 30 个个体已经足够保证样本均值分布呈正态。）最后，只要个体所在总体的分布为正态，无论每个样本中个体的数量是多少，其均值分布皆为正态。

确定均值分布特征的规则和公式小结

规则 1：均值分布的平均数与由个体构成的总体的平均数相同：

$$总体\ M_M = 总体\ M$$

规则 2a：均值分布的方差等于由个体组成的总体的方差除以样本容量：

---

① 实际上我们忽略了正态曲线是一个平滑的理论分布。然而，就现实中大多数分布而言，分数是具有特殊意义的，比如学生一定是处于特定年级的学生，而不是处于年级的某一部分。所以，我们例子中的均值分布与正态曲线的不同点在于正态曲线是平滑的。然而无论怎样，在行为与社会科学的研究中，即使测量的数量有限，我们通常也将测量的东西视作连续的。

② 我们在第 4 章已经讨论了均值分布趋于正态的这一原则。尽管那一章没有讨论均值分布，我们仍然用该原则来解释为什么自然界中有这么多东西都遵循正态分布。在第 4 章，我们将它解释为各种效应相互抵消，结果出现一个平均的状态，数据多在中心分布，处于极端状态的较少。与现在我们使用均值分布术语说明的是同一个道理。把自然界中任何个体得分的分布看作一个情境，在这个情境中每个得分实际上都是对个体产生随机影响的一个平均数。以水晶重量的分布为例。每一个水晶的重量都是所有使水晶产生不同重量的力的平均数。统计学家把这一基本原则称为"中心极限定理"。

$$总体\ SD_M^2 = \frac{总体\ SD^2}{N}$$

规则 2b：均值分布的标准差就是均值分布的方差的平方根：

$$总体\ SD_M = \sqrt{总体\ SD_M^2}$$

规则 3：当（a）样本容量≥30，或（b）个体所在总体的分布呈正态时，均值分布为近似正态分布。

图 6－4 生动地展示了这三个规则。

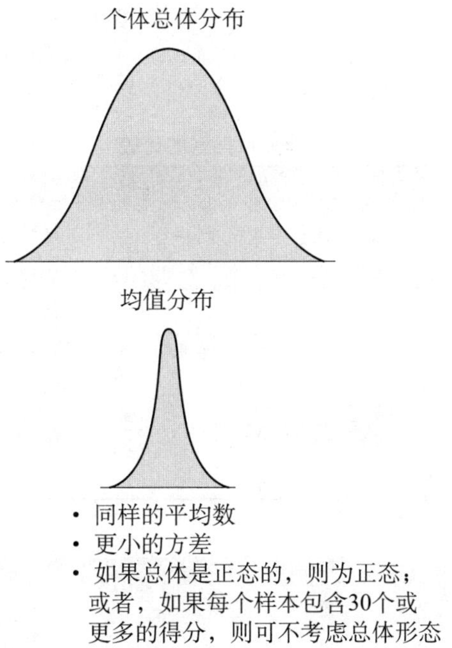

图 6－4　比较个体所在总体的分布（顶部的曲线）和均值分布（底部的曲线）

确定均值分布的特征的范例

以参加美国研究生入学考试（GREs）的学生的分数的总体为例：假设分布是近似于平均数为 500、标准差为 100 的正态分布。包含 50 名学生的样本的均值分布的特征是什么？

规则 1：均值分布的平均数与由个体构成的总体的平均数相同　总体平均数是 500。因此，这个均值分布的平均数也是 500。即总体 M_M＝总体 M＝500。

规则 2a：均值分布的方差等于由个体组成的总体的方差除以样本容量　总体的标准差是 100。因此，总体的方差是 100^2，就是 10 000。均值分布的方差就是 10 000 除以 50（样本容量）。结果是 200。那就是，总体 SD_M＝总体 SD^2/N＝10 000/50＝200。

规则 2b：均值分布的标准差就是均值分布的方差的平方根　均值分布的标准差是 200 的平方根，就是 14.14。即，总体 $SD_M = \sqrt{总体\ SD_M^2} = \sqrt{200} = 14.14$。

规则 3：当（a）样本容量≥30，或（b）个体所在总体的分布呈正态时，均值分布为近似正态分布　上例满足条件——样本包括 50 个学生，多于 30，而且个体所在总体呈正态分布。因此，均值分布也呈正态分布。（即使只满足两个条件中的一个，也是足够的。）

回顾分布的三种类型

我们已经提到三种不同的分布：（1）个体所在总体的分布；（2）由从总体中选出的个体组成的样本的分布；（3）均值分布。图 6－5 展示了这三种不同分布，表 6－1 对这三种分布进行了描述。

成功小贴士

在你继续学习后面的章节之前，确保你已经充分理解了表 6-1 所示的不同种类的分布。可以通过遮住表的一部分然后回忆来检验你是否掌握了该表内容。

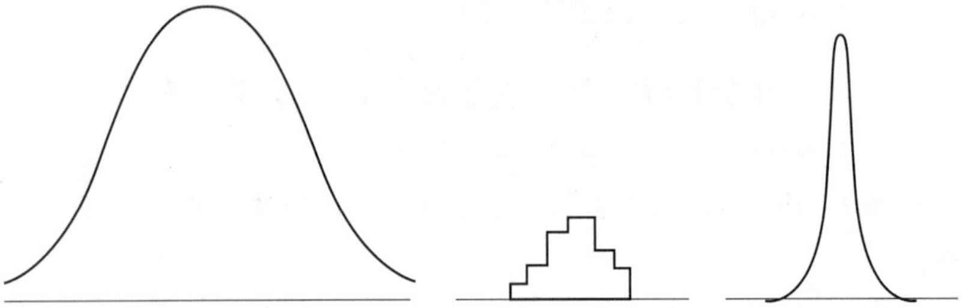

(a) (b) (c)

图 6-5 三种分布

注：(a) 总体的分布；(b) 来自总体的特定样本的分布；(c) 来自总体的样本的均值分布。

表 6-1 **三种分布类型的比较**

	总体分布	特定样本的分布	均值分布
内容（值）	总体中所有个体的分数	单个样本中个体的分数	随机取自总体的样本平均数
形态	可以是任意形态；一般为正态分布	可以是任意形态	当样本容量≥30 或总体呈正态分布时，近似正态分布
平均数	总体 M	$M=(\sum X)/N$；以样本分数为依据	总体 M_M＝总体 M
方差	总体 SD^2	$SD^2=[\sum(X-M)^2]/N$	总体 SD_M^2＝总体 SD^2/N
标准差	总体 SD	$SD=\sqrt{SD^2}$	总体 $SD_M=\sqrt{总体\ SD_M{}^2}$

6.1 你学会了吗？

1. 什么是均值分布？
2. 通过多次抽取包含四个个体的样本，说明怎么建立一个均值分布。
3. (a) 为什么均值分布的平均数与个体所在总体的平均数是一样的？(b) 为什么均值分布的方差比个体所在总体的分布的方差小？
4. 写下均值分布的方差公式，并且定义每个符号。
5. (a) 什么是标准误（SE）？(b) 为什么这样命名？
6. 个体所在的总体呈正态分布，平均数是 60，标准差是 10。来自总体的每个样本包含四个个体的均值分布的特征是什么？

均值分布的假设检验：Z 检验

Z 检验 样本独立且总体方差已知时的假设检验的过程。

当研究的样本中不止有一个个体时，我们准备转向假设检验。你将要学习到的假设检验的过程叫 **Z 检验**（Z test，或者独立样本 Z 检验），因为它是根据正态分布进行假设检验的。

在假设检验中作为比较分布的均值分布

通常在行为与社会科学的研究情境中，研究者多研究一个个体以上的样本。在这种情境下，均值分布就是比较分布。在假设检验的第②步需要确定分布的特征。均值分布是就是与样本平均数进行比较的分布，比较的目的是观察在虚无假设为真时，所选样本的平均数为极端值的可能性。

计算均值分布中样本平均数的 Z 分数

当样本中个体数量大于 1 时，在假设检验比较分布中描述样本位置可能会出现一些问题。该情形下，要在均值分布中找到样本平均数的 Z 分数。（之前是在单一个体所在的总体的分布中找其 Z 分数。）将样本平均数转换为 Z 分数的方法与将原始分数转换为 Z 分数的方法是一样的。但是你也需要足够仔细才不会将它们弄混，因为平均数往往不止一个。还要记住要像对待一个单一分数一样对待样本平均数，这是很重要的。再来回顾一下将原始分数转换成 Z 分数［公式（2-5）］的普通公式（见第 2 章）：$Z=(X-M)/SD$ 。在当前的情况下，你实际上要使用概念上相同的公式：

$$Z=\frac{(M-\text{总体}\ M_M)}{\text{总体}\ SD_M} \tag{6-4}$$

均值分布中的样本平均数的 Z 分数是样本平均数减去均值分布的平均数，再除以均值分布的标准差。

例如，假设你的样本平均数为 18，均值分布的平均数为 10，标准差为 4。样本平均数的 Z 分数为 2，使用公式计算如下：

$$Z=\frac{(M-\text{总体}\ M_M)}{\text{总体}\ SD_M}=\frac{(18-10)}{4}=\frac{8}{4}=2$$

如图 6-6 所示。

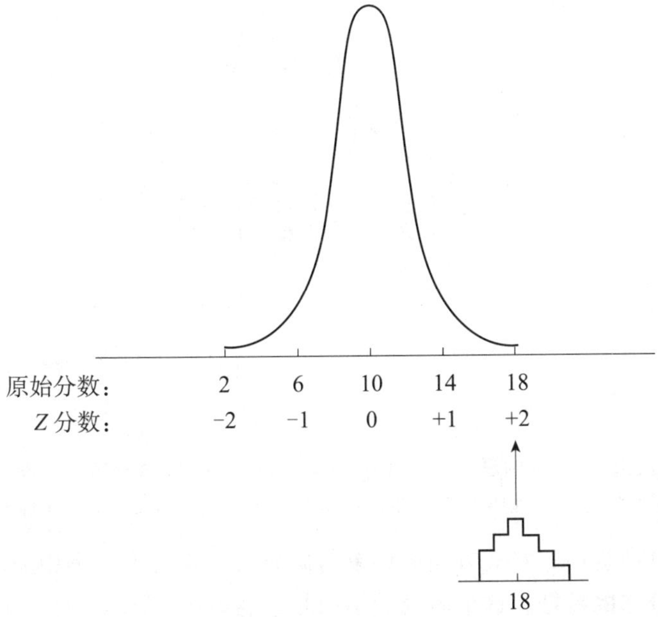

图 6-6　均值分布中特定样本平均数的 Z 分数

举例说明　让我们回到本章开始所讲的范例，教育研究团队对限时学业测验中指导对成绩的影响感兴趣。研究者对随机选出来的 64 名五年级学生进行了一个标准学业测验。他们在常规环境下施测，并增加一个指导的说明——要求学生根据头脑中的第一印象进行回答。已知常规情况下施测时，测验成绩的平均数为 200，标准差为 48，近似于正态分布。这个分布在图 6-7a 中展示。

现在我们根据第 5 章中假设检验的五个步骤来进行 Z 检验。

第①步：重新将问题表述为关于总体的研究假设和虚无假设。这两个总体是：

总体 1：接受特殊指导的五年级学生。

总体 2：普通的五年级学生（未接受特殊指导的学生）。

> **成功小贴士**
>
> 和第 5 章所讲内容一样，总体 2 是比较分布的总体，就是虚无假设为真时表述总体情境的分布。

研究假设是接受了特殊指导的五年级学生总体平均分高于常规方式施测的学生。虚无假设是总体 1 的平均分不会高于总体 2。注意这是有方向的假设。研究者想要知道特

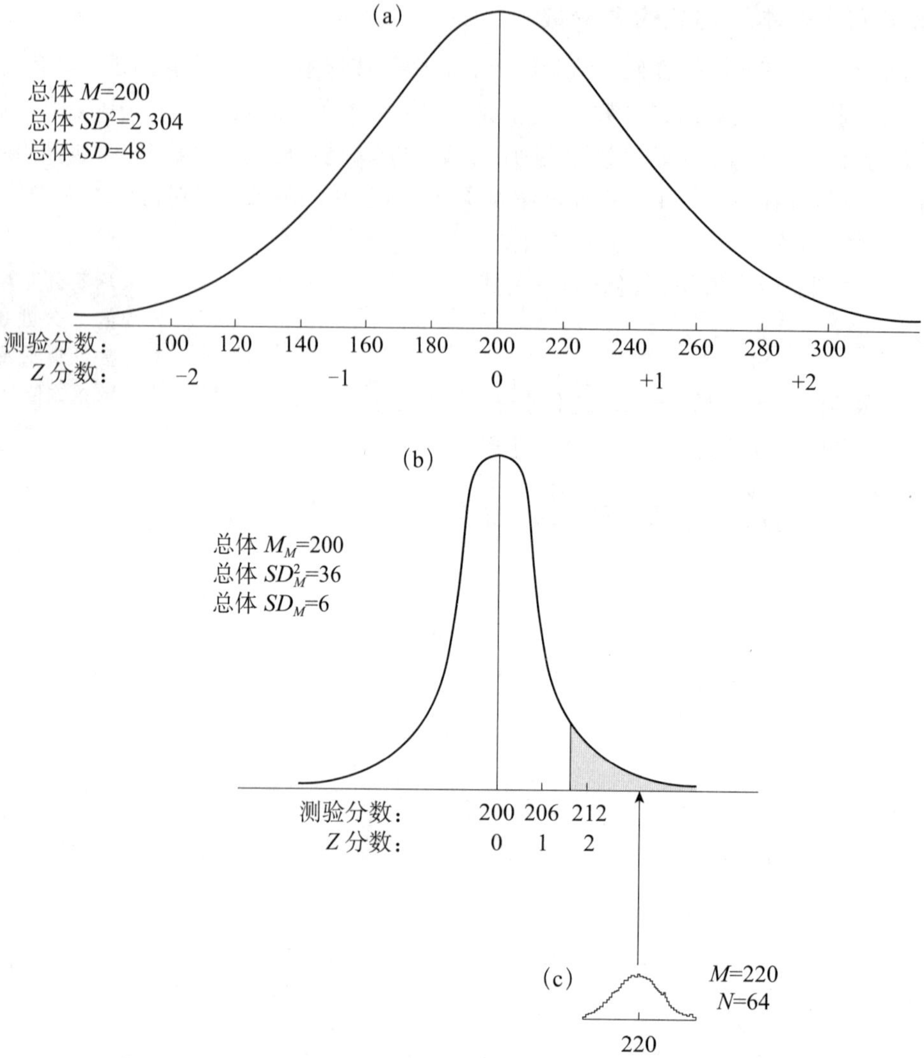

图 6－7　关于标准学业测验分数虚构研究中的（a）总体分布、（b）均值分布（比较分布）和（c）样本分布

注：均值分布中的阴影部分是拒绝域——如果研究中的样本平均数落在阴影区域，那么就拒绝虚无假设。

殊的指导是否会使测验分数提高；对立方向的结果与研究者检验的理论不相关。

第②步：确定比较分布的特征。这个研究的结果是包含 64 个个体的样本的平均数（本范例是五年级学生）。因此，比较分布是包含 64 个个体的样本的均值分布。平均数的比较分布的平均数是 200（与总体平均数一样）。也就是说，总体 $M_M=200$，它的方差将是总体方差除以样本中个体的数量。总体方差，即总体 SD^2，是 2 304（总体标准差是 48）；样本容量是 64。因此，均值分布的方差，即总体 SD_M^2 是 36（就是 2 304/64）。均值分布的标准差，即总体 SD_M，是 6（36 的平方根）。最后，因为样本中包含多于 30 个个体，均值分布将会是近似的正态分布。图 6－7b 展示了均值分布。

第③步：确定当虚无假设被拒绝时比较分布中的临界值。假设研究者决定在 5%的显著性水平上进行假设检验。我们在第①步已经注意到，研究者做的是有方向的预测。因此，如果结果落在比较分布前 5%的区域，研究者将拒绝虚无假设。比较分布（均值分布）为正态曲线。因此，前 5%的区域将会在正态曲线表中显示出来。它始于 Z 为 1.64（参照图 5－4 和表 5－2）。前 5%的区域对应图 6－7b 中的阴影区域。

第④步：计算比较分布中的样本分数。假设研究（虚构的）结果是给予特殊指导的 64 个五年级学生测验分数的平均数是 220（样本分布见图 6－7c）。220 超过均值分布的平均数 3.33 个标准差：

$$Z=\frac{(M-\text{总体 }M_M)}{\text{总体 }SD_M}=\frac{(220-200)}{6}=\frac{20}{6}=3.33$$

第⑤步：决定是否拒绝虚无假设。我们设定拒绝虚无假设的最小 Z 分数是 1.64。样本平均数计算得到 Z 分数是 3.33。因此，教育研究者可以拒绝虚无假设而且得出结论：研究结果支持研究假设。也可以说，Z 检验的结果在 $p<0.05$ 的水平上统计显著。参见图 6-7b。注意样本平均数在均值分布中的极端程度（如果虚无假设是真的，这个分布将会适用）。最终的结论是，在上述五年级的研究中，特殊指导确实能够有效提高测验分数。

6.2 你学会了吗?

1. 样本中包含多于一个个体时的假设检验与样本中只包含一个个体的假设检验有什么不同?
2. 如何在均值分布中找到样本平均数的 Z 分数?
3. 一个研究者预测放映某部电影会改变人们对酒精的态度。研究者随机抽取了 36 个人，给他们放映该电影，然后施测态度问卷。这 36 个人的态度测试平均分为 70。普通人在这个测试上的分数为 75，标准差为 12。使用假设检验的五个步骤和 5%的显著性水平，进行 Z 检验，验证观看该电影是否会改变人们对酒精的态度。

研究文献中样本平均数的假设检验（Z 检验）

正如我们多次提到的，行为与社会科学研究中总体平均数和标准差已知的情况是很少的。因此，研究文献中不会经常看到 Z 检验。学习该情境的主要原因是，Z 检验是帮助理解更多常规研究中假设检验的重要基础。不过，Z 检验有时也会出现在文献中。

专栏 6-1　再谈民意调查：样本误差和考虑样本时的误差

如果回想专栏 4-1 中关于调查和盖洛普民意调查的内容，你将会回忆起关于调查结果的细则。其中有两个重要的问题尚未解决，就像是“在 6 月 4 日和 5 日对 1 000 名美国成年人进行了一个电话民意调查，抽样误差为 3%”。首先，你也许想知道像 1 000 这样的数量如何能够用来预测整个美国人总体的观念。另外，在你学完这一章中有关均值分布的标准差的内容之后，你也许想知道当一个样本不是随机选取而是通过复杂的概率方法选出时**抽样误差**又意味着什么。

关于样本大小，从本章你知道像 1 000 这样的大样本极大地降低了均值分布的标准差，也就是说，这条曲线变得更加高而窄，都在总体平均数的周围。任何这样大小的样本的平均数都很接近总体平均数。

当一个样本只是一个非常大的群体的一小部分时，样本的绝对规模是唯一的准确度决定因素。这个绝对规模决定测量和选择的随机误差的影响。仍然重要的是减少偏差或系统误差，这只能通过仔细的计划来实现。

就**抽样误差**这样的术语而言，它是根据过去所使用的抽样过程的经验总结出来的。不同的样本规模（通常小于 1 000，因为 1 000 是误差会急剧增加的点）会出现的误差可以在表中查到。

所以接受调查的人的数量不是很重要，最关键的是抽样方法和估计误差。关于判断结果是否可靠的必要信息，将不会详细报告。但如果研究报告关于抽样和估计误差一点也没有透露，要谨慎看待该研究的结果。关于如何进行调查的更多信息，参照 http://media.gallup.com/PDF/FAQ/HowArePolls.pdf（抽样误差在网络上被称为“边缘误差”）。

这里有一个范例。作为一个大型研究的一部分，Wiseman（1997）在以色列对一组大学生进行了孤独感测试。Wiseman首先得到该测试的平均分数与一个已知的总体分布无显著差异，这个已知的总体分布来自早期其他研究者（Russell，Peplau，& Cutrona，1980）对美国综合性大学学生的研究。Wiseman报告：

> ……当前以色列样本的平均孤独分数与Russell等（1980）综合性大学的样本中男性（以色列：$M=38.74$，$SD=9.30$；Russell：$M=37.06$，$SD=10.91$；$Z=1.09$，不显著）和女性（以色列：$M=36.39$，$SD=8.87$；Russell：$M=36.06$，$SD=10.11$；$Z=0.25$，不显著）的平均数是相似的。（p. 291）

在本范例中，研究者给出了样本（以色列组）和总体（来自Russell）的标准差。然而，在计算每个Z分数（均值分布中的样本分数）的步骤中，研究者只能使用总体的标准差。也要注意研究者只能通过两者差异不显著，作为对样本平均数“相似”于总体平均数的支持，不能直接宣布二者“没有差别”。

对于本章所讲的主题，在研究报告中你最有可能遇到的是均值分布的标准差，用于描述该总体中给定规模的样本平均数之间的变异量。在这种情形下，它通常称为标准误，简写为*SE*（或者*SEM*，平均数的标准误）。在研究文献中，标准误通常显示为条形图中高于（有时也低于）条形图顶部的线，这些线称为误差条。例如，Maier、Elliot和Lichtenfeld（2008）进行了一项研究，来检验对红色的知觉是否会反过来影响智力的表现。研究者对支持他们假设的理论的解释如下：“在成就的情境中，成功和失败很关键，个体会积极地靠近成功、回避失败。我们假设在那种情境中，红色会与失败的心理危机相联系……在许多文化中，教师使用红色来标记学生的失误和错误，而且随着时间的推移这个重复的配对被认为在红色和失败之间创造了习得性联系。”为了检验他们的假设，Maier和同事要求20名德国高中生参加一个包括20道题目的数字IQ测验，随机把他们分配到两种经验情境中。在一个情境中，一个大的红色矩形出现在测验封面上。在另一个情境中，矩形是灰色的。结果参见图6-8，图中包括误差条。你也许有兴趣知道结果支持了研究者的假设：看到红色矩形的学生比看到灰色矩形的学生所解答的IQ题目要少。

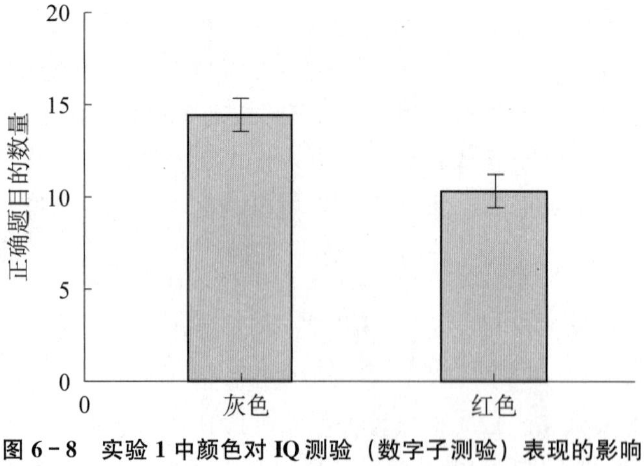

图6-8 实验1中颜色对IQ测验（数字子测验）表现的影响

注：该图显示的是测验封面颜色不同情况下，正确解决题目数的平均数和标准误。

资料来源：Maier et al.（2008）. Mediation of the Negative Effect of Red on Intellectual Performance. From *Personality and Social Psychology Bulletin*, Vol. 34, No. 11, 1530-1540.

当你看一条线出现在条形统计图的最上面时，要仔细阅读参考标准。有时候条形图中呈现的不是标准误，而是标准差或者“置信区间”（参照下面的“高级主题”部分）。在图 6－8 中，图形下面的注告诉我们，本图展示了解答正确题目个数的平均数和标准差。在一些情境中你只能通过阅读文章中的文字了解条形图代表什么。

高级主题：估计和置信区间

在本书中假设检验是我们的主要关注点。然而，还有一种在行为与社会科学中也很重要并且与均值分布相关的统计问题：在样本分数的基础上估计总体平均数。传统上，这个在调查研究中很重要。近些年来这在实验研究中也获得了越来越多研究者的关注，甚至作为假设检验的替代方法。

总体平均数未知时，估计总体平均数

总体平均数未知的时候，对总体平均数最好的估计就是样本平均数。在给予特殊指导的五年级学生的研究中，样本中 64 名五年级学生的平均分为 220。因此，对于那些可能会得到特殊指导的未知的五年级学生总体来说，220 是最好的平均数估计值。

作为总体平均数的估计，样本平均数有多精确？解决这个问题的途径就是询问：“总体中的样本平均数能有多大的变化?”幸运的是，当考虑均值分布的时候就已经想到这个问题了。来自总体的样本平均数的变异是均值分布的变异。均值分布的标准差，即平均数的标准误，是衡量样本平均数与总体平均数的差异程度的一个指标。（正如我们前面提到的，只是因为研究者经常对用样本平均数估计总体平均数感兴趣，均值分布中的变异才被认为是“误差”，我们也将均值分布的标准差命名为“平均数的标准误”。）

在我们的范例中，220 为接受特殊指导的五年级学生的总体平均数的估计，此估计的精确度将是均值分布的标准差（也叫标准误），即之前已算得的 6。

包含总体平均数的平均数可能范围

你也可以估计包含总体平均数的平均数可能范围。以我们估计的总体平均数 220 和标准差 6 为例。现在，请密切注意：假设你从均值分布中取一个平均数；这个平均数在 220（均值分布的平均数）和 226（高于 220 一个标准差）之间的可能性是 34%。这是因为均值分布为正态分布。因此，标准误在曲线上为一个标准差，正态曲线上 34%在平均数和高于平均数一个标准差之间。根据这个推理，我们也可以计算出另外的 34%应该在 220 和 214（小于 220 一个标准差）之间。综上所述，我们有一个从 214 到 226 的区域，我们有 68%的信心认为这个区域包含总体平均数（参照图 6－9a）。

这是一个关于**置信区间**（confidence interval，CI）的范例。我们称它为“68%的置信区间”。置信区间的上限和下限是**置信界限**（confidence limits）。在这个范例中，对于 68%的置信区间，置信界限为 214 和 226（参照图 6－9a）。

> **置信区间（CI）** 简单地说，是指可能包含真的总体平均数的区域（即处于上限和下限之间区域的分数）；更加精确地说，是指总体平均数的可能范围，从这个范围很可能找到样本平均数。
>
> **置信界限** 置信区间的上限和下限。

我们再来回顾一下其中的逻辑。基于我们的样本平均数知识，我们试图通过样本估计总体平均数。对总体平均数最好的估计就是样本平均数。我们不知道某个估计到底多好。如果总体中的样本平均数变化很大，我们就不能很自信地说我们的估计接近于总体平均数。但是如果样本平均数真的很接近总体平均数，就可以认为我们的估计很接近。为了了解估计的精确度，我们可以运用已学过的正态曲线的知识，来估计包含总体平均数的平均数的可能范围。平均数范围的估计被称为置信区间。

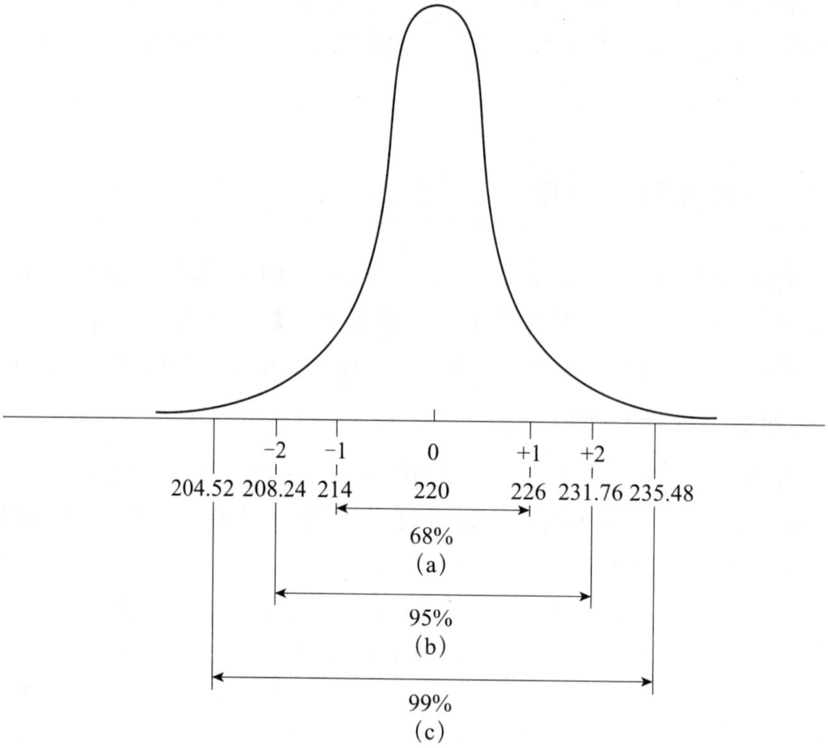

图6－9 五年级学生在特殊指导下完成的一个测验的均值分布及其（a）68%、（b）95%和（c）99%的置信区间（虚构数据）

95%的置信区间 简单地讲，95%的置信区间是指有95%的可能性总体平均数会落在这个区间。

99%的置信区间 简单地讲，99%的置信区间是指有99%的可能性总体平均数会落在这个区间。

95%和99%的置信区间

一般来说，你希望对自己的估计有68%以上的信心。因此，当计算置信区间的时候，行为与社会科学研究经常使用95%甚至是99%的置信区间。即计算要基于中间95%或者中间99%的区域的均值分布。对于**95%的置信区间**（95% confidence interval），你希望这个区域在正态曲线的一侧，介于平均数和包括47.5%（47.5%＋47.5%，共95%）的Z分数之间。正态曲线表中这个Z分数是1.96。因此，用Z分数表示，在均值分布中95%的置信区间是从－1.96到1.96。把学业测验分数的Z分数转换为原始分数，置信区间为208.24到231.76（参照图6－9b）。也就是说，置信下限是－1.96×6＋220＝208.24，置信上限是1.96×6＋220＝231.76。总之，根据给予特殊指导的64名五年级学生的样本，你可以有95%的把握相信五年级学生的总体平均数实际上是在208.24到231.76之间（参照图6－9b）。

对于**99%的置信区间**（99% confidence interval），使用正态曲线中间99%的Z分数（这部分包括高于和低于平均数的各49.5%）。结果是2.58和－2.58。把Z分数转换为原始分数，99%的置信区间是从204.52到235.48（参照图6－9c）。

注意：在图6－9中置信值越大，置信区间越宽。在我们的范例中，68%的置信区间就是总体平均数在214和226之间，95%的置信区间在208.24和231.76之间，99%的置信区间在204.52和235.48之间。这是一个普遍原则。显然，要想增加估计的准确性，就必须增大波动范围。

计算95%和99%的置信区间的步骤

计算置信区间需要三个步骤。这些步骤都假设均值分布近似于一个正态分布。

①估计总体平均数和计算均值分布的标准差。对总体平均数最好的估计是样本平均数。接下来，

用一般的方法找出均值分布的方差：总体 SD_M^2 = 总体 SD^2/N 。通过均值分布的方差的平方根找到均值分布的标准差：总体 $SD_M = \sqrt{总体\ SD_M^2}$ 。

②找到你想要的置信区间的 Z 分数。 对于 95%的置信区间，Z 分数是 1.96 和−1.96。对于 99%的置信区间，Z 分数是 2.58 和−2.58。

③确定置信区间，将 Z 分数转换为原始分数。 为了找到下限，将−1.96（对于 95%的置信区间）或者−2.58（对于 99%的置信区间）乘以均值分布的标准差（总体 SD_M），然后将它与总体平均数相加。为了找到上限，将 1.96（对于 95%的置信区间）或者 2.58（对于 99%的置信区间）乘以均值分布的标准差（总体 SD_M），然后将它与总体平均数相加。

举例说明 让我们再次回到对 64 个五年级学生的研究中，他们在测验中获得了特殊的指导。在该范例中，五年级学生常规测验分数（没有接受特殊指导）呈正态分布，平均数为 200，标准差是 48。64 名接受特殊指导的五年级学生的样本平均数为 220。我们之前已经计算过 99%的置信界限，现在用这三步再来计算一遍：

①估计总体平均数和计算均值分布的标准差。 对总体平均数最好的估计（接受特殊指导的五年级学生）是样本平均数 220。

$$总体\ SD_M^2 = 总体\ SD^2/N = 48^2/64 = 36；总体\ SD_M = \sqrt{总体\ SD_M^2} = \sqrt{36} = 6$$

②找到你想要的置信区间的 Z 分数。 对于 99%的置信区间，Z 分数是 2.58 和−2.58。

③确定置信区间，将 Z 分数转换为原始分数。 置信下限 = −2.58×6+220 = −15.48+220 = 204.52，置信上限 = 2.58×6+220 = 15.48+220 = 235.48。即 99%的置信区间是从 204.52 到 235.48。因此，基于 64 名五年级学生的样本，你可以有 99%的把握，204.52 到 235.48 的区间包含了五年级学生在有特殊指导的情况下参加考试的真实总体平均数。

置信区间和假设检验

你可以使用置信区间来做假设检验。如果置信区间不包括虚无假设分布的平均数，那么结果就是显著的。例如，在对五年级学生的研究中，得到特殊指导的学生的 99%置信区间是 204.52 到 235.48。但是没有得到特殊指导的总体的平均数为 200。因此，如果你有 99%的把握相信真实范围是 204.52 到 235.48，而没有得到特殊指导的人的总体平均数不在这个范围内，则你有 99%的把握相信这个总体和你的样本取自的总体不一样。

也可以用另一种方法来解释：根据这个理论，即置信界限是一些点，样本平均数不会落在这些更加极端的真实总体中的可能性是 99%（或者 95%的置信区间条件下，可能性为 95%）。没有接受特殊指导的学生的总体平均数是 200。如果这也是接受特殊指导的学生的真实平均数，那么有 99%的可能性，它与样本平均数不一致。

大多数的行为与社会科学研究使用普通的假设检验。然而，有时你会看到使用的是置信区间方法。有时两种你都会遇到。

6.3 你学会了吗?

1. (a) 对总体平均数最好的估计是什么？(b) 为什么？

2. (a) 什么数字会用来揭示一个总体平均数估计的准确性？(b) 为什么？

3. 什么是 95%的置信区间？

4. 一个研究者预测放映某部电影会改变人们对酒精的态度。研究者随机抽取了 36 个人，给他们放映该电影，然后对他们施测态度问卷。这 36 个人的态度测试的平均分为 70。普通人（没有看电影）在该测试上的分数为 75，标准差为 12。(a) 找到看了电影的人的平均数的最佳估计和 (b) 它的 95%的置信区间。(c) 将这个结果与你在均值分布的假设检验中的“你学会了吗?”部分得出的结论进行比较。

高级主题：研究文献中的置信区间

置信区间（常缩写为CI）在某些领域的研究报告中变得越来越常见。例如，Morey和他的同事（2009）进行了一项研究，来检验饮食和运动对被诊断为癌症的65岁及以上超重的个体的干预效果。被试者被随机分配到干预组（一个为期12个月的邮寄材料和电话咨询的项目）和控制组（直到实验结束都没有进行干预）。Morey等人报告了如下结果："干预组的被试者报告平均减掉了2.06kg（95%CI，1.69～2.43kg），比控制组（0.92kg，95%CI，0.51～1.33kg）报告的两倍还多。"（p.1888）这意味着我们可以有95%的把握相信干预组被试者平均减掉的重量在1.69kg和2.43kg之间，而控制组的在0.51kg和1.33kg之间。就像另一个范例，一个研究也许会解释某一行业超时工作的平均量是3.7，95%的置信区间在2.5和4.9之间。这就告诉你超时工作的真实量有可能在2.5和4.9之间。

本章点拨

小结

1. 当研究多于一个个体的样本时，假设检验过程中的比较分布就是均值分布。它也被看作结果来自（a）大量样本，分数数量相同的每个样本都是随机从总体中选出，而且（b）就是这些样本的均值分布。

2. 均值分布与个体所在的总体有相同的平均数。然而，它的方差比较小，因为样本平均数不会比个体分数更加极端。（在任何一个样本中，极端分数很有可能会被中间分数和相反方向的极端分数平衡掉。）具体来说，均值分布的方差是个体所在的总体的方差除以样本容量。标准差是方差的平方根。均值分布的形态是近似的正态分布，只要满足（a）样本中包含30个及以上个体，或（b）个体所在的总体呈正态分布两个条件之一。

3. 包含多于一个个体的样本而且有一个已知的总体时的假设检验叫作Z检验，与第5章的假设检验的方法是一样的（一个单一个体与由个体分数构成的总体进行比较）。主要的例外是：在由多个个体构成的独立样本和已知总体的假设检验中，比较分布是均值分布。

4. 本章所讲的假设检验（Z检验）很少在实际研究中使用，但却是后续学习的基础。均值分布的标准差（标准误，SE），经常用来描述平均数的预期变化，特别是用在条形图标示中。

5. 高级主题：当总体平均数未知时，样本平均数是对总体平均数的最佳估计。精确性的估计是样本平均数的标准差（也叫作标准误，SE），可粗略地告诉你平均数的变化范围。基于均值分布，可计算得到包含总体平均数的可能的平均数范围。如果我们假设均值分布是正态分布，95%的置信区间就是低于样本平均数1.96个标准差（置信下限）到高于样本平均数1.96个标准差（置信上限），99%的置信区间就是低于样本平均数2.58个标准差（置信下限）到高于样本平均数2.58个标准差（置信上限）。在研究报告中置信区间有时会报告，通常缩写为CI。

主要术语

均值分布	Z检验
均值分布的平均数（总体M_M）	置信区间（CI）
均值分布的方差（总体SD_M^2）	置信界限
均值分布的标准差（总体SD_M）	95%的置信区间
标准误（SE）	99%的置信区间
均值分布的形态	

示例

计算均值分布的标准差

找到一个均值分布的标准差，它的总体 $SD=13$，样本容量为 20。

答案

使用关于均值分布特征的规则 2a 和 2b：**均值分布的方差等于由个体组成的总体的方差除以样本容量；均值分布的标准差就是均值分布的方差的平方根。**总体方差是 169（标准差为 13，平方是 169），除以 20，计算得到均值分布的方差是 8.45。平方根是 2.91，也是均值分布的标准差。

使用公式，总体 $SD_M^2=$ 总体 $SD^2/N=13^2/20=8.45$。

总体 $SD_M=\sqrt{总体\ SD_M^2}=\sqrt{8.45}=2.91$。

样本中多于一个个体时的假设检验：Z 检验

一个样本包含 75 个个体，接受特定的实验处理后，测量所得平均数是 16。个体所在总体在这个测量上的平均数是 15，标准差是 5。使用假设检验的五个步骤进行 Z 检验，在 0.5 的显著性水平上使用双侧检验并绘制得分分布。

答案

①**重新将问题表述为关于总体的研究假设和虚无假设。**这两个总体是：

总体 1：接受实验处理的群体。

总体 2：普通群体（未接受实验处理的人）。

研究假设是接受实验处理的总体与一般总体（未接受实验处理的人），在特定测量上会有不同的平均数。虚无假设是两个总体在这个测量上有相同的平均数。

②**确定比较分布的特征。**总体 $M_M=$ 总体 $M=15$。总体 $SD_M^2=$ 总体 $SD^2/N=5^2/75=0.33$；总体 $SD_M=\sqrt{总体\ SD_M^2}=\sqrt{0.33}=0.57$；形态为正态（样本容量大于 30）。

③**确定当虚无假设被拒绝时比较分布中的临界值。**双侧临界，5%的显著性水平，对应 1.96 和 −1.96。

④**计算比较分布中的样本分数。**使用公式 $Z=(M-总体\ M_M)/总体\ SD_M$，可得到 $(16-15)/0.57=1/0.57=1.75$。

⑤**决定是否拒绝虚无假设。**样本 Z 分数为 1.75，没有比临界值 1.96 和 −1.96 更加极端；不能拒绝虚无假设。结果是不确定的。分布在图 6－10 中展示。

写涉及样本中多于一个个体并且有一个已知总体（Z 检验）的假设检验问题的文章时，需要做以下说明

1. 描述在该情境中假设检验的核心逻辑，解释研究假设和虚无假设，然后将样本平均数与已知总体的平均数进行比较。当研究结果允许拒绝虚无假设的时候，表明支持预期的研究假设。

2. 解释比较分布的概念。当样本包含多于一个个体时，比较分布就是均值分布，因为来自研究的信息是样本平均数。均值分布的平均数等于总体平均数，因为从长远看没有理由支持随机选出的样本有一个不同的平均数；均值分布的方差较小（总体的方差除以样本容量），因为得到一个极端的平均数比偶然得到一个极端的个体值还要难，样本越大越不会得到极端平均数。

3. 描述决定拒绝虚无假设时根据正态曲线表查找比较分布中临界值的逻辑和过程。

4. 描述在比较分布中为什么以及如何计算样本平均数的 Z 分数。

5. 解释假设检验过程中第③步和第④步的分数如何和为什么进行比较。解释这一比较结果对具体研究和假设检验的意义。

高级主题：寻找置信区间

在描述的研究中找到样本平均数的 99%的置信区间。

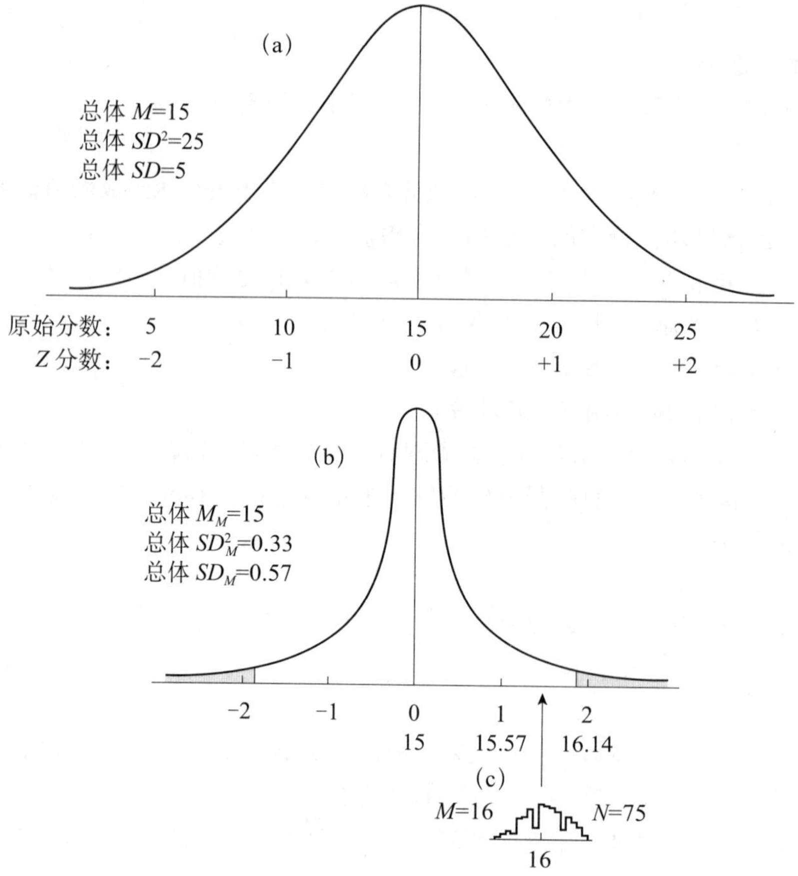

图 6 - 10　示例中假设检验问题的答案

注：(a) 总体分布；(b) 均值分布（比较分布）；(c) 样本分布。

答案

①估计总体平均数和计算均值分布的标准差。在先前的问题中对总体平均数最好的估计是样本平均数 16。均值分布的标准差，即总体 SD_M，在上述问题中是 0.57。

②找到你想要的置信区间的 Z 分数。对于 99%的置信区间，Z 分数是 2.58 和−2.58。

③确定置信区间，将 Z 分数转换为原始分数。置信下限＝−2.58×0.57＋16＝−1.47＋16＝14.53，置信上限＝2.58×0.57＋16＝1.47＋16＝17.47。99%的置信区间是从 14.53 到 17.47。

高级主题：写含有置信区间的文章时，需要做以下说明

1. 解释置信区间是一个可能包含研究组真实总体平均数的数值范围的估计（基于你的样本平均数和均值分布的标准差）。务必提到 95%（或者 99%）的置信区间是指在 95%（或者 99%）可信度的数值范围之内，这个数值范围包括真实总体平均数。

2. 解释计算置信区间的第①步是估计总体平均数（最佳估计是样本平均数）和计算均值分布的标准差。

3. 接下来找到与你选定的置信区间相对应的 Z 分数。

4. 描述如何根据置信区间将 Z 分数转换为原始分数。

练习题

以下练习题涉及计算。虽然在现实生活中，绝大多数统计问题是借助于特殊的统计软件用计算机完成的，但是即便你有这些软件，也要动手解决这些问题以便加深对所学方法的理解。

练习题中所使用的数据，除非指明来源，否则给出的所有数据都是虚构的。

第Ⅰ组（答案请参阅附录B）

1. 为什么均值分布的标准差，通常比个体所在总体的分布的标准差要小？

2. 对于标准差为10的总体，计算样本容量为（a）2、（b）3、（c）4和（d）9的均值分布的标准差。

3. 对于标准差为20的总体，计算样本容量为（a）2、（b）3、（c）4和（d）9的均值分布的标准差。

4. 高级主题：计算问题2中各样本95%的置信区间（即置信上限和置信下限）。假设在每个范例中样本平均数为100，且已知个体所在的总体呈正态分布。

5. 高级主题：计算问题3中各样本99%的置信区间（即置信上限和置信下限）。假设在每个范例中样本平均数为10，且已知个体所在的总体呈正态分布。

6. 对于下列受到实验处理的样本，检验样本是否代表不同于一般总体的总体：（a）样本容量为10，平均数为44；（b）样本容量为1，平均数为48。个体所在的一般总体的平均数为40，标准差为6，且呈正态分布。对于每一个样本，用0.05显著性水平的双侧假设检验的五个步骤进行Z检验，并绘制所涉及的分布。（c）高级主题：计算（a）和（b）部分的95%置信区间。

7. 对于下列受到实验处理的样本，检验样本是否代表不同于一般总体的总体：（a）样本容量为100，平均数为82；（b）样本容量为10，平均数为84。个体所在的一般总体的平均数为81，标准差为8，且呈正态分布。对于每一个样本，用0.01显著性水平的单侧假设检验的五个步骤进行Z检验，并绘制所涉及的分布。（c）高级主题：计算（a）和（b）部分的99%置信区间。

8. 随机从年龄在70～80岁的女性总体中，选出25名参加一个提升她们的反应时（速度）的特殊项目。经过项目训练后，女性的平均反应时为1.5秒。假设普通女性总体在这个年龄段的平均反应时为1.8秒，标准差为0.5秒。（假设总体近似正态分布。）对于该项目的影响可以得出什么结论？（a）使用假设检验的五个步骤（只用0.01的显著性水平）进行Z检验。（b）绘制所涉及的分布。（c）向一个熟悉假设检验基本逻辑、正态曲线、Z分数和概率但不熟悉均值分布概念的人解释你的结论。（d）高级主题：计算99%的置信区间，向一个熟悉假设检验基本逻辑、正态曲线、Z分数和概率但没有听说过置信区间的人解释你的结论。

9. 向大量的人放映一部特定的电影，内容是一辆行驶的汽车和一辆静止的汽车相撞。在这之后让每个人填一份问卷，关于你认为有多大的可能是行驶的汽车的驾驶员的错，评分范围从0（没有错）到10（全部责任）。在正常情况下分数呈正态分布，总体$M=5.5$，总体$SD=8$。随机选择的16个个体在问题措辞改变的情境下进行测验，问题变为："有多大的可能性是撞向另一辆汽车的驾驶员的错？"（区别在于：在这种变化的情况下，问题不是使用中立的方式描述事件，而是使用短语"撞向"。）使用改变的指导语，这16个被试者给出的平均错误等级为5.9。改变指导语确实明显增加了错误等级吗？（a）用假设检验的五个步骤（只用0.05的显著性水平）进行Z检验。（b）绘制所涉及的分布。（c）向一个从未学过统计学的人解释你的答案。（d）高级主题：计算95%的置信区间。

10. Lee、Byatt和Rhodes（2000）验证了关于明显特征在面部感知中作用的理论。在他们的研究中，当48位男性名人的面孔在计算机屏幕上快速展示的时候，被试者指出是否能认出他们。三分之一的面孔用漫画的方式展示，面部特征经过电子改良，所以特有的特征会被夸张；三分之一用写实的方式展示，面部没有经过任何改变；还有三分之一用反漫画的形式展示，面部被修整从而变得像普通名人的脸一样。被试者的平均准确度展示在图6-11中。向一个只了解平均数、标准差和方差而不懂其他的统计学概念的人解释这个图中误差条的含义。

11. 高级主题：Anderson、Carey和Taveras（2000）研究了美国成年人进行HIV检测的比例，结果发现："NHIS（国民健康访谈研究）指出截至1995年，已经有39.7%的成年人（95%CI=38.8%，

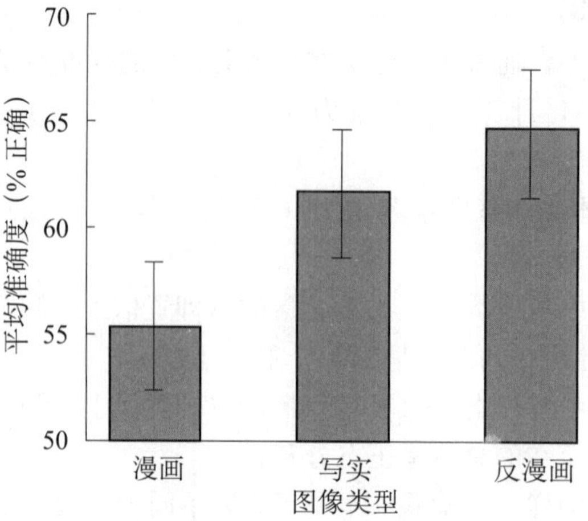

图 6-11 识别准确度作为图像类型的函数

注：图中显示了误差条。

资料来源：Lee，K.，Byatt，G.，& Rhodes，G.（2000）. Caricature effects，distinctiveness，and identification：Testing the face-space framework. *Psychological Science*，*11*，379-385.

40.5%）至少进行过一次检测……”（p.1090）向一个了解样本中多于一个个体的平均数假设检验但完全没听说过置信区间的人解释“（95%CI=38.8%，40.5%）”的意思。

第Ⅱ组

12. 在什么情况下假设均值分布呈正态是合理的？

13. 指出下表展示的每一个情境中均值分布的平均数和标准差。

情境	总体		样本容量（N）
	M	SD^2	
(a)	100	40	10
(b)	100	30	10
(c)	100	20	10
(d)	100	10	10
(e)	50	10	10
(f)	100	40	20
(g)	100	10	20

14. 总体的标准差是 20，样本容量为（a）10、（b）11、（c）100 和（d）101，计算均值分布的标准差。

15. 对于以下显示的每项研究，样本均经过实验处理，研究人员将其结果与普通总体进行了比较。（假设所有的总体都呈正态分布。）对于每项研究，使用双侧假设检验的五个步骤进行 Z 检验，并绘制所涉及的分布。高级主题：计算每项研究 95%的置信区间。

研究	总体		样本容量（N）	样本平均数	显著性水平
	M	SD			
(a)	36	8	16	38	0.05
(b)	36	6	16	38	0.05
(c)	36	4	16	38	0.05
(d)	36	4	16	38	0.01
(e)	34	4	16	38	0.01

16. 对于以下显示的每项研究，样本均经过实验处理，研究人员将其结果与普通总体进行了比较。（假设所有的总体都呈正态分布。）使用 0.01 显著性水平上的双侧假设检验的五个步骤对每一项研究进行 Z 检验，并绘制所涉及的分布。高级主题：计算每项研究 99%的置信区间。

研究	总体		样本容量（N）	样本平均数
	M	SD		
(a)	10	2	50	12
(b)	10	2	100	12
(c)	12	4	50	12
(d)	14	4	100	12

17. 高级主题：计算问题 13 中各情境 95%的置信区间（即置信上限和置信下限）。假设在每一个范例中样本平均数为 80，且已知个体所在的总体呈正态分布。

18. 高级主题：计算问题 14 中各部分 99%的置信区间（即置信上限和置信下限）。假设在每一个范例中样本平均数为 80，且已知个体所在的总体呈正态分布。

19. 一个研究者对人们是否能够在极端疲惫的情况下正确地辨认出他人的情绪感兴趣。众所周知，使用特定的测量方法，一般总体（没有极端疲惫）中人们的准确度呈正态分布，平均数为 82，方差为 20。但是在该研究中，研究者还测试了前一天晚上没有睡觉的 50 人。这 50 个人的平均精确度为 78。在 0.05 的显著性水平上使用双侧检验，研究者可以得出什么结论？(a) 用假设检验的五个步骤进行 Z 检验。(b) 绘制所涉及的分布。(c) 向一个了解包含一个个体的样本假设检验而不知道包含多于一个个体的样本假设检验的人解释你的答案。(d) 高级主题：计算 95%的置信区间，向一个熟悉假设检验基本逻辑、正态曲线、Z 分数、概率和均值分布但是没听说过置信区间的人解释你的答案。

20. 研究人员对影响人们每月报告的做梦数量的状况感兴趣。我们假设在先前广泛的研究基础上，已知一般总体每个月做梦的数量呈正态分布，总体 $M=5$，总体 $SD=4$。研究者想要检验一个预测——近期经历过创伤性事件的人做梦的次数将会增多。因此，研究者研究了 36 个近期经历过创伤性事件的个体，让他们记录这一个月所做的梦。他们的平均做梦次数是 8。你能下结论说，经历过创伤性事件的人做梦的次数与普通人有显著的差异吗？(a) 用假设检验的五个步骤（用 0.05 的显著性水平）进行 Z 检验。(b) 绘制涉及的分布。(c) 向一个从未学过统计学的人解释你的答案。(d) 高级主题：计算 95%的置信区间。

21. 政府资助的青少年电话咨询服务测试了通话时间是否会受到音质更好的特殊电话系统的影响。在过去的几年，通话的长度（以分钟计算）呈正态分布，总体 $M=18$，总体 $SD=8$。他们打算将特殊电话系统租借给青少年一天。在那天，这些青少年接到的 46 通电话的平均长度为 21 分钟。在 0.05 的显著性水平上检验通话长度是否改变了。(a) 用假设检验的五个步骤进行 Z 检验。(b) 绘制所涉及的分布。(c) 向一个知道包含一个个体的样本假设检验而不知道包含多于一个个体的样本假设检验的人解释你的答案。(d) 高级主题：计算 95%的置信区间。

22. Perna、Antoni、Baum、Gordon 和 Schneiderman（2003）检验了压力管理干预能否减少大学生运动员受伤与生病。在他们的研究中，34 名大学生运动员被随机分配到两组中的一组：(1) 压力管理干预组在个人训练时接受认知行为压力管理（CBSM）干预。(2) 控制组没有接受干预。在这一赛季的最后，研究者记录了每个运动员在这一赛季拜访健康中心（包括拜访运动训练中心）的次数和受伤与生病的天数。结果展示在图 6-12 中。在图中，研究者展示了“平均数（+标准误）”。这告诉你在每个直条上面的线表示标准误。使用其中一个误差条作为范例，向一个懂得平均数和标准差但没有其他统计学知识的人解释其含义。

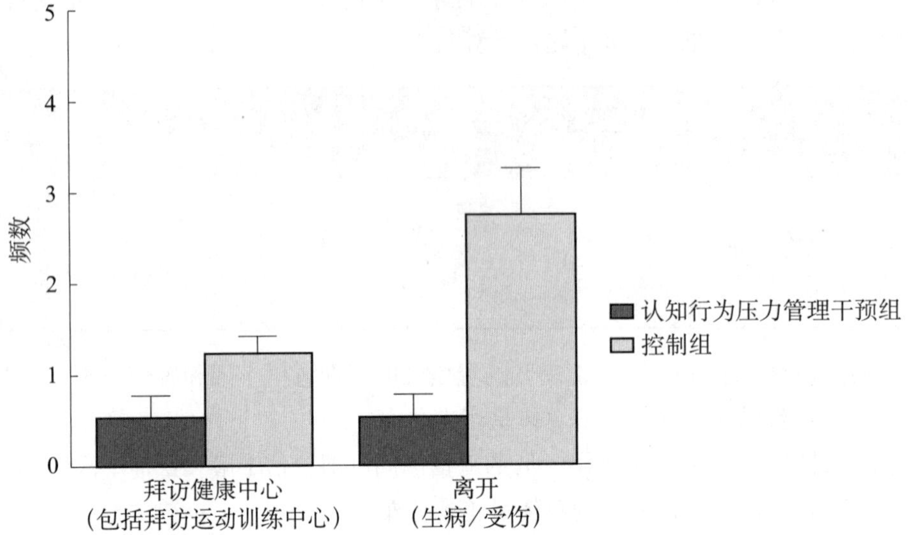

图 6－12　赛季末运动员随着时间的推移受伤或生病的次数的平均数（＋*SE*）和拜访健康中心的次数的平均数（＋*SE*）

注：研究包括认知行为压力管理干预组（$n=18$）和控制组（$n=16$）。

资料来源：Perna，F. M.，Antoni，M. H.，Baum，A.，Gordon，P.，& Schneiderman，N.（2003）. Cognitive behavioral stress management effects on injury and illness among competitive athletes：A randomized clinical trial. *Annals of Behavioral Medicine*，*25*，66－73.

23. 高级主题：Stankiewicz、Legge、Mansfield 和 Schlicht（2006）检验了人类知觉和记忆限制（以及其他因素）如何影响人们在室内空间找到方向的能力。在他们的一个实验中，8个学生使用计算机键盘通过了在计算机上展示的虚拟室内走廊和门厅。研究者计算出学生穿过空间的效率，效率范围从0（极度无效率）到1（极度高效）。研究者对学生在受限视野条件下通过空间的效率和在清晰（非受限）视野条件下通过空间的效率进行了比较。结果展示在图6－13中，包括误差条。图注中有这样的文字说明："误差条表示平均数的一个标准误。"以误差条为范例，向一个了解平均数和标准差而没有其他统计学知识的人解释其含义。

24. 剪90张小纸条，在每张纸条写上从1到9的数字。将这些纸条放在一个大碗中混合一下。(a) 抽出一张纸条，记下它上面的数字，再把它放回去。这样做20次。画一个直方图，然后计算结果的平均数和方差。你会得到一个近似于矩形的分布。(b) 抽出两张纸条，计算它们的平均数，记下来，然后将纸条放回。[①] 重复这个过程20次。画一个直方图，然后计算均值分布的平均数和方差。此方差应该是只抽一张纸条时所得方差的一半。(c) 再重复这个过程，一次抽取三张纸条。再画一个直方图，并且计算均值分布的平均数和方差。每次抽取三张纸条的样本均值分布的方差是每次抽取一张纸条的样本均值分布的方差的三分之一。注意随着样本规模增大，均值分布更接近于正态。（如果你从呈正态分布的纸条开始，不管每个样本中纸条的数量多少，你的均值分布都会非常接近于正态分布。）

① 技术上，当我们选择两张纸条的样本时，应该是先抽取一张，记下来放回去，接下来再抽取，再放回去。你要考虑这两个分数是计算平均数时所用的样本。这同样适用于选取三张纸条的样本。这叫有放回的取样。然而，在这个碗中有90张纸条，同时选出两张或三张然后再放回，对于这个练习来说足够接近且节省时间。

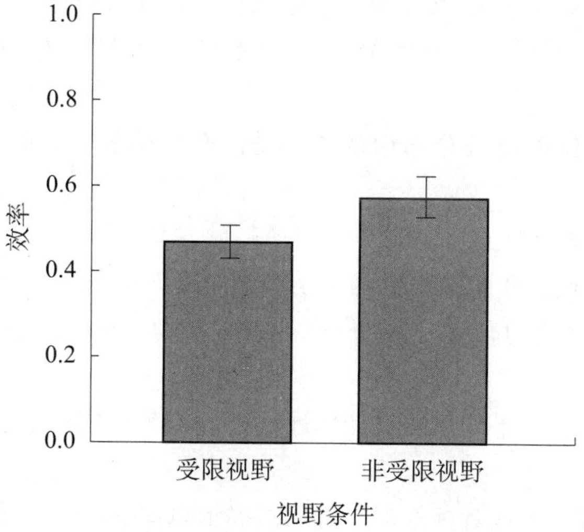

图 6－13　实验 2 中受限视野和非受限视野的情况下导航效率的平均数

注：在受限视野的条件下，视觉的信息只有在下一个十字路口才会呈现（更多的细节被“雾”遮挡住）。而在非受限视野的条件下，视觉的信息在整个走廊都可以看见。误差条表示平均数的一个标准误。

资料来源：Stankiewicz，B. J.，Legge，G. E.，Mansfield，J. S.，& Schlicht，E. J.（2006）. Lost in virtual space：Studies in human and ideal spatial navigation. *Journal of Experimental Psychology*：*Human Perception and Performance*，*32*，688－704.

“你学会了吗?”答案

6.1

1．均值分布就是在总体中随机选取的容量相同的大量样本的平均数的分布。

2．从总体中随机选取一个包含四个分数的样本并计算它的平均数，反复这样做多次，最后建立所有平均数的分布。

3．（a）在随机选取的样本中，有些样本平均数比总体平均数高，有些样本平均数比总体平均数低；从长远看这些都会抵消掉。（b）在包含几个分数的样本中获得一个极端平均数的可能性比获得一个单一极端值的可能性小，这是因为在任何随机样本中在同一个方向有好几个极端值是不太可能的；极端值一般会被中间值或者反方向的极端值平衡掉。因此，极端值越少，中间值越多，方差越小。

4．均值分布的方差的公式是：总体 SD_M^2＝总体 SD^2/N。总体 SD_M^2是均值分布的方差。总体 SD^2 是个体所在总体的方差。N 是所选样本中个体的数量。

5．（a）标准误就是均值分布的标准差。（b）取这个名称是为了告诉你样本平均数与总体平均数之间的不同有多么典型（标准），即告诉你样本平均数作为总体平均数的估计值存在多少误差。

6．均值分布的特征计算如下：总体 M_M＝总体 M＝60。总体 ${SD_M}^2$＝总体 $SD^2/N=10^2/4=25$；总 $SD_M=5$。形态＝正态分布。

6.2

1．样本中包含的个体大于一个时的假设检验，比较分布为均值分布。

2．将均值分布的平均数和标准差代入常用公式，从而将原始分数转换为 Z 分数。公式为：$Z=(M-$总体 $M_M)/$总体 SD_M。

3．**①重新将问题表述为关于总体的研究假设和虚无假设。**这两个总体是：

总体 1：观看某电影的人群。

总体 2：普通人群（未观看某电影的人群）。

研究假设是观看电影的人群平均态度不同于普通人群；虚无假设是两个总体态度分数相等。

②确定比较分布的特征。总体 M_M =总体 M=75。总体 SD_M^2 =总体 $SD^2/N=12^2/36=4$。总体 SD_M =2。形态为正态。

③确定当虚无假设被拒绝时比较分布中的临界值。双侧临界，5%的显著性水平，对应 1.96 和 −1.96。

④计算比较分布中的样本分数。Z = (M − 总体 M_M)/ 总体 SD_M = (70 − 75)/2 =− 2.50。

⑤决定是否拒绝虚无假设。样本平均数的 Z 分数为−2.50，比−1.96 更加极端；拒绝虚无假设。观看电影确实改变了人们对酒精的态度。

6.3

1.（a）样本平均数是对总体平均数的最佳估计。（b）因为在同一个总体中比在不同的总体中更有可能得到相同的平均数。

2.（a）均值分布的标准差（或者标准误）可用以揭示总体平均数估计的精确性。（b）均值分布的标准差（或者标准误）可以粗略地估计总体平均数与均值分布的平均数之间的差异。

3. 95%的置信区间就是根据样本中的分数对总体进行估计时，有 95%的把握包括总体平均数的数值范围。

4.（a）最佳估计是样本平均数：70。（b）总体 SD_M^2 = 总体 $SD^2/N=12^2/36=4$。因此，均值分布的标准差，即总体 $SD_M=\sqrt{总体\ SD_M^2}=\sqrt{4}=2$。置信下限=−1.96×2+70=−3.92+70=66.08。置信上限=1.96×2+70=73.92。95%的置信区间是从 66.08 到 73.92。（c）95%的置信区间没有包括一般总体的平均数（75）。因此，可以拒绝两个总体相同的虚无假设。这与我们在假设检验部分使用这个范例得出的结论是一样的。

第 7 章

理解统计显著性：效应量和统计检验力

本章内容提要

成功小贴士

本章直接以第 5 章和第 6 章的知识为基础。学习本章之前你要保证已经深刻理解了前两章的主要内容，尤其是假设检验和均值分布，否则我们并不建议你进行本章的学习。

统计显著性在行为与社会科学研究中非常重要，但专业的研究人员和读者也明白，一项研究结果仅报告 $p<0.05$ 或者不显著是远远不够的。本章的主要目的是帮助大家更为深刻全面地理解统计显著性。要达到这个目标需要学习两个密切相关的概念：效应量和统计检验力。

效应量

回顾第 6 章中的案例（给进行标准学业测验的五年级学生提供特殊指导）。在本例的假设检验（Z 检验）过程中，我们比较了两个总体：

总体 1： 接受特殊指导的五年级学生。

总体 2： 普通的五年级学生（未接受特殊指导的学生）。

研究假设是总体 1 在测验中的平均分要高于总体 2 的平均分。已知总体 2（即在常规施测方式下的五年级学生的测验分数）的平均分为 200。在该例中，研究者发现，64 名接受特殊指导的五年级学生的平均分为 220。经由假设检验过程，我们拒绝了两个总体相等的虚无假设。这是因为我们不太可能从一个像总体 2 那样的总体中得到一个分数高达 220 的样本（见图 7－1，该图与上一章中的图 6－7 一致）。因此，我们可以推断结果具有“统计学意义上的显著性”。在这个例子中，总体 1 平均数的最佳估计值是样本平均数 220。由此，我们推测，给予五年级学生特殊指导会使他们的分数增加 20。

再来看图 7－1。假设样本得分只有 210。它的 Z 分数为 1.67 $[(210-200)/6=1.67]$，大于本例中的临界值 1.64，因此结果仍是显著的。然而，在这种情况下，我们推测这种特殊指导的平均效应仅有 10 分。

注意这两个结果都是显著的，但是在一个例子中的效应却是另一个例子中效应的两倍。关键是，知道统计上的显著性并不能提供给你多少关于效应量的信息。显著性告知我们，实验结果可以使我们相信存在一种效应（这并不是“偶然的”）。但显著性并没有告知我们这种非偶然的效应有多大。

效应量 总体间差异（不重叠部分）的标准化测量。效应量随着平均数间差异的增大而增大。

换句话说，**效应量**（effect size）是对总体之间差异的测量。你可以将效应量看作某个事件在特定干预后发生了多大的变化。效应量表明了两个总体不重叠的范围——由于实验处理，两者所分离的程度。在这个五年级学生的范例中，总体 2（已知总体）平均数为 200；在我们原始样本平均数 220 的基础之上，我们推测总体 1（接受特殊指导的学生）平均数将为 220。图 7－2 中左边的曲线是总体 2 的（个体得分）分布；右边曲线是总体 1 的分布。现在再看图 7－3，左边的曲线和图 7－2 中的一样，是总体 2。然而，这时，右边曲线（总体 1）是在一个平均数为 210 的样本（得到特殊指导的样本）的基础上估计所得出的。你可以看到，效应量越小，总体的重叠就越多。两个总体不重叠的程度叫作效应量，因为它是实验处理影响两个总体的分离的程度。

通常，我们不仅想知道结果是否显著，而且对效应的大小很感兴趣。正如我们在上一章提到的（并且后面将更详细地讨论），一个效应可以有很好的统计学意义上的显著性，但缺少现实意义。（例如，测验得分仅提高了 10 分可能并不重要。）此外，你将在本章的后面部分看到，效应量在另外两个重要的统计学主题（元分析和统计检验力）中起着重要作用。

计算效应量

你刚刚学了效应量是衡量两个总体平均数差异的方法。在图 7－2 中，效应量显示了总体 1 和总体 2

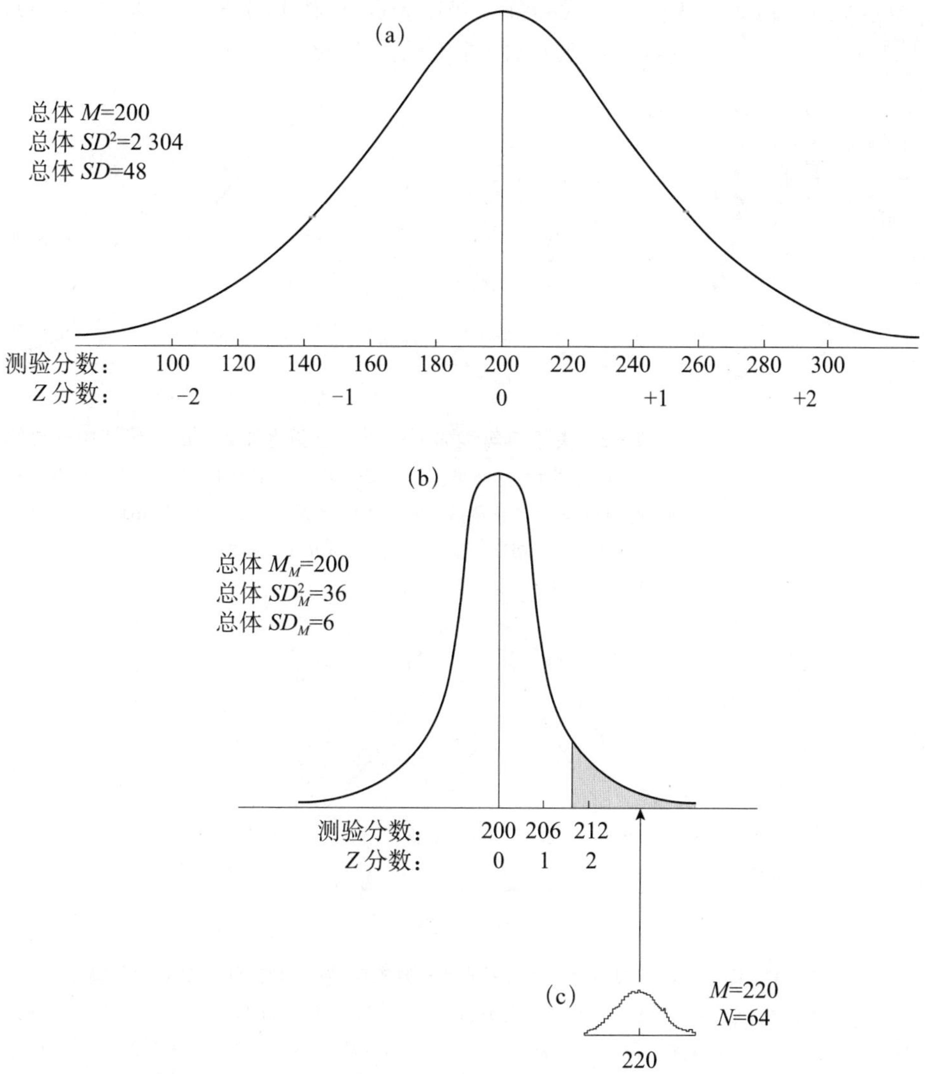

图 7-1　关于五年级学生标准学业测验分数的虚构研究中的（a）总体分布、（b）均值分布（比较分布）和（c）样本分布

注：均值分布中的阴影部分是拒绝域——如果研究中的样本平均数落在阴影区域，那么就拒绝虚无假设。（详情请见第 6 章中的讨论。）

平均数之间的差异是 20（220－200＝20）。20 这个效应量被称为*原始分数效应量*，因为这个效应量是依据这个测验的原始分数得出的。（在这种情况下，可以说它是一个测验分数，范围从最低 0 到最高 300。）但是，如果你想将这种效应量与使用不同测验的类似研究的结果进行比较呢？这个类似的研究有没有可能用了一个分数从 0 到 100 的测验，研究者报告估计的总体 2 的平均数是 80，总体 1 的平均数是 85，总体标准差是 10？在这个研究中，原始分数效应量是 5（85－80＝5）。我们如何把原始分数效应量 5 与我们最初研究中原始分数效应量 20 进行比较呢？解决这个问题的方法是使用*标准化效应量*——每个研究的原始分数效应量除以总体标准差。

在最初的给进行标准学业测验的五年级学生提供特殊指导的例子中，个体的总体标准差是 48。因此，原始分数效应量为 20，其标准化效应量为 20/48，即 0.42。也就是说，给予特殊指导的结果是使测验分数增加了 0.42 个标准差。在类似的研究（总体标准差为 10）中原始分数效应量为 5，其标准化效应量为 5/10＝0.50。因此，在该类似的研究中，给予特殊指导的结果是使测验分数增加了 0.50 个（即一半）标准差。因此，在这种情况下，最初例子中的效应量略小于该类似研究中的效应量。一般来

成功小贴士

请注意，你在这里所做的和计算 Z 分数基本上是相同的。而且，就像计算 Z 分数一样，你可以比较具有不同平均数和标准差的不同测量的结果，在这个意义上，你可以将苹果与橘子进行比较。

说，当行为与社会科学家在一个如同我们刚刚所考虑的情况中提到效应量时，他们通常指的是标准化效应量。

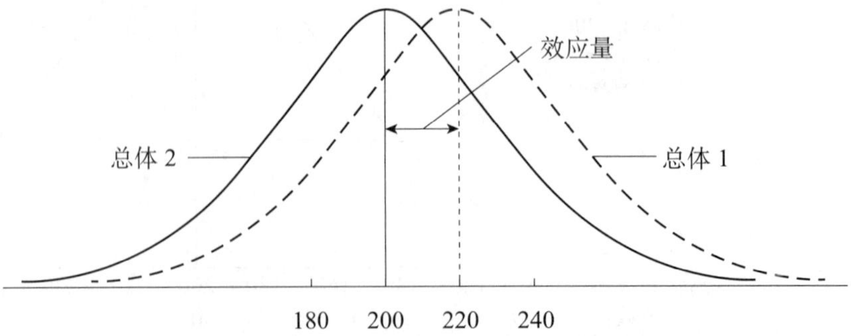

图 7-2　关于五年级学生标准学业测验分数的虚构研究中的总体 1 和总体 2

注：总体 1 中个体的分布是接受了特殊指导的学生的（右边的曲线），总体 2 中个体的分布是未接受特殊指导的学生的（左边的曲线）。正如最初在第 6 章所描述的那样，总体 1 的平均数是基于 220 这一样本平均数估计所得的；我们也已知，假定总体 1 和总体 2 的标准差一样都是 48。

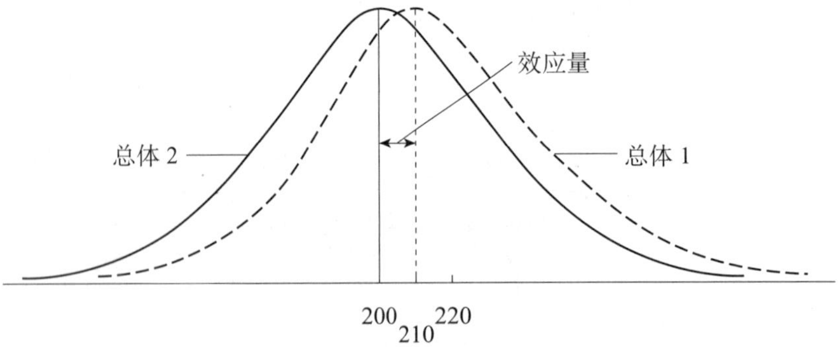

图 7-3　关于五年级学生标准学业测验分数的虚构研究中的总体 1 和总体 2

注：总体 1 中个体的分布是接受了特殊指导的学生的（右边的曲线），总体 2 中个体的分布是未接受特殊指导的学生的（左边的曲线）。总体 1 的平均数是基于 210 这一样本平均数估计所得的；我们也已知，假定总体 1 和总体 2 的标准差一样都是 48。

计算标准化效应量时，用总体平均数之间的预测差异除以总体标准差。[①] 用公式表示为：

两平均数间差异的标准化效应量等于两总体平均数之差除以总体标准差。

$$效应量=\frac{总体\ 1\ M-总体\ 2\ M}{总体\ SD} \tag{7-1}$$

式中，总体 1 M 是接受实验操纵的总体的平均数，总体 2 M 是已知总体的平均数（比较分布的基础），总体 SD 是个体的总体标准差。请注意，当计算效应量时，你不能用均值分布的标准差。相反，你要用个体的总体标准差。还要注意的是，你只需要关心一个总体的标准差。这是因为在假设检验中，你通常假设两个总体有着相同的标准差。（后续章节会做更多介绍。）

再来回顾图 7-1 中五年级学生的例子。总体 1 平均数的最佳估计值是样本平均数——220（在假设检验情境中，总体 1 的平均数未知，所以你使用估计的平均数；因此，你实际上是在计算估计的效应量）。总体 2 的平均数是 200，总体标准差是 48。两个总体平均数之差是 20，个体的总体标准差是 48。因此，效应量是 20/48 或 0.42。依据公式，有：

$$效应量=\frac{总体\ 1\ M-总体\ 2\ M}{总体\ SD}=\frac{220-200}{48}=\frac{20}{48}=0.42$$

① 这一过程给出一个叫作“Cohen's d”的测量效应量的方法。它是到目前为止你所学到的假设检验（Z 检验）中最好的一种方法。（在后面的章节中，你会学习一些适用于特定的假设检验情境的其他测量方法。）

对于样本平均数为 210 的案例，我们估计总体 1 的平均数是 210。所以，有：

$$效应量=\frac{总体\,1\,M-总体\,2\,M}{总体\,SD}=\frac{210-200}{48}=\frac{10}{48}=0.21$$

在这两个例子中，效应量是正的。如果效应量是负的，则仅意味着总体 1 的平均数比总体 2 的平均数小。

效应量公约

效应量公约　小、中等和大的效应量的标准规定是在典型的行为与社会科学研究的基础上形成的；也被称为“科恩公约”。

什么是“大”效应，什么是“小”效应？雅各布·科恩（Jacob Cohen，1988，1922）发展了效应量的测量方法，从而帮助我们解决了这个问题（见专栏 7-2）。根据从许多实际研究中发现的效应，科恩提出了一些**效应量公约**（effect size conventions）。具体来说，科恩提出，对于本章中所遇到的情况，我们应该考虑小效应量在 0.20 左右。对于 0.20 这一效应量，个体的总体有大约 85%的重叠。例如，这个小效应量 0.20 是 15～16 岁女孩身高的平均差异（见图 7-4a），这大约相差 0.5 英寸[①]（标准差约为 2.1 英寸）。科恩认为中等效应量是 0.50，这意味着 67%的重叠。这大约是 14～18 岁女孩身高的平均差异（见图 7-4b）。最后，科恩将大效应量定义为 0.80，表明仅有 53%的重叠。这大约是 13～18 岁女孩身高的平均差异（见图 7-4c）。以上三个效应量公约的总结见表 7-1。（请注意，无论效应量是正值还是负值，这些效应量公约都以相同方式应用。因此，效应量 −0.20 是一个小效应量，−0.50 是一个中等效应量，−0.80 是一个大效应量。）

表 7-1　　平均差异的科恩效应量公约小结

种类	效应量
小	0.20
中等	0.50
大	0.80

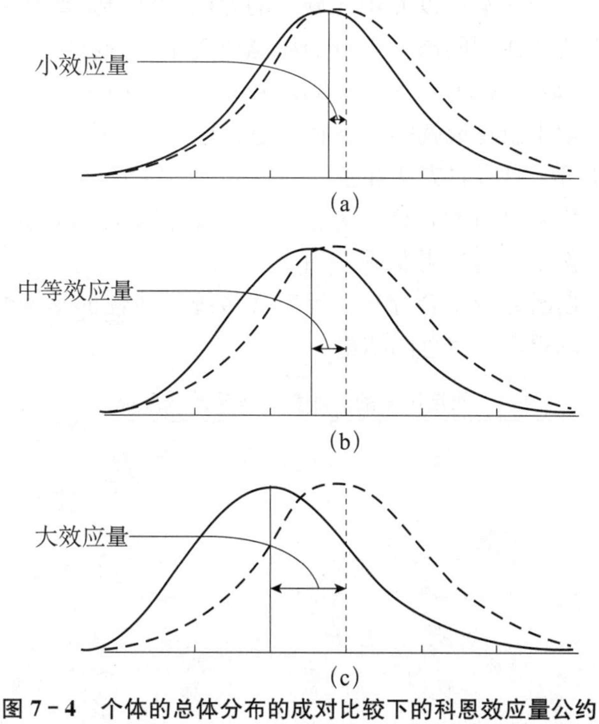

图 7-4　个体的总体分布的成对比较下的科恩效应量公约

注：(a) 小效应量 (0.20)；(b) 中等效应量 (0.50)；(c) 大效应量 (0.80)。

① 1 英寸约合 2.54 厘米。——译者注

思考另外一个案例。前面提到过许多智力测验的标准差为16。伴随小效应量的实验处理，会使IQ分数增加3.2（接受实验处理的总体平均数与没接受实验处理的总体平均数之差为3.2，IQ分数除以总体标准差16，得出效应量为0.20）。伴随中等效应量的实验处理，会使IQ分数增加8。伴随大效应量的实验处理，会使IQ分数增加12.8。

效应量更为普遍的重要之处

正如我们看到的那样，效应量是平均数之差除以总体标准差。这个除法通过总体标准差标准化平均数之间的差异，与Z分数一样，给出了用于与其他得分（甚至不同等级的得分）进行比较的标准。尤其是，通过使用个体的总体标准差，我们可以避开样本容量不同的研究之间的差异，从而更容易进行比较，并且效应量也可以更加标准化。

了解研究的效应量可以让你在其他研究具有不同总体标准差的情况下，仍然可以将结果与其他研究中发现的效应量进行比较。同样重要的是，了解效应量可以让你比较使用了不同度量的研究，即使这些度量具有不同的平均数和方差。

同样，在特定研究中，效应量大小的一般知识也可以帮助你估计研究结果的整体重要性。例如，一个结果可能在统计上显著但不是极其显著，或者一个在统计上不显著的结果（可能是小样本导致的）可能和另一个显著的研究（可能是大样本）效应量相等。了解一个研究的效应量可以帮助我们更好地理解此类结果。我们将在本章后面探讨效应量的两个重要含义。

元分析 整合不同研究中效应量的统计方法。

在过去的几十年中，**元分析**（meta-analysis）的方法在行为与社会科学（也包括医学和其他领域）研究中获得了重大的发展。这种方法整合了不同研究的结果，甚至是使用了不同测量方法的结果。当整合研究结果时，效应量是非常重要的。如某社会学家可能对跨种族友谊对偏见的影响感兴趣，针对该主题先前已做过大量的研究，社会学家可以使用元分析的方法来整合这些研究的结果，这将提供一个整体的平均效应量。它还可以说明在不同国家进行的研究或对不同种族群体的偏见的平均效应量有何不同。（有关此类研究的例子，请参阅Davies，Tropp，Aron，Pettigrew，& Wright，2010）。某教育研究人员可能对不同教育方法对学生教育成就的影响感兴趣。Walberg和Lai（1999）就该问题进行了一项大规模的元分析，并提供了275种教育方法和条件的效应量估计值。表7-2中显示了挑选出来的一般教育方法的效应量。在表中你可以看到，许多方法与中等效应量相关，且有几个较大（或者非常大）的效应量。元分析的另一个例子，请参阅专栏7-1。

使用元分析进行特定主题研究的整合综述，可替代传统描述性的学术综述。这些传统综述对每项研究进行描述和评估，并试图得出一些总的结论。

表7-2　挑选出来的一般教育方法的效应量

教学元素	
提示	1.25
巩固	1.17
校正性的反馈	0.94
投入	0.88
掌握学习	0.73
计算机辅助教学	
对小学低年级学生	1.05
对残疾学生	0.66
教学	
直接指导	0.71
理解性指导	0.55

续前表

教学技术	
教师批改作业	0.83
分级作业	0.78
频繁测验	0.49
预备测验	0.48
附属问题	0.40
目标定位	0.40
布置作业	0.28
图示说明	0.75

资料来源：改编自 Walberg，H. J.，& Lai，J.-S.（1999）. Meta-analytic effects for policy. In G. J. Cizk（Ed.）. *Handbook of educational policy*（pp. 419－453）. San Diego，CA：Academic Press.

7.1　你学会了吗？

1. 当仅仅知道研究结果显著时，效应量提供了什么其他额外信息？
2. 为什么研究者通常使用标准化效应量？
3. 写出一般情境下的效应量公式。
4. 在一个标准测验中，已知得分的总体平均数为 500，标准差为 100。接受实验处理者的得分平均数为 540。那么效应量是多少？
5. 效应量公约是什么？
6. （a）什么是元分析？（b）效应量在元分析中起什么作用？

统计检验力

统计检验力是达到研究目的的能力。研究者进行研究的目的是获得显著的结果——前提是研究假设确实为真。**统计检验力**（statistical power）是当研究假设为真时，研究出现统计上显著结果的可能性。它并不简单意味着研究将产生统计上显著结果的可能性，而是当这个研究假设为真时，出现统计上显著结果的可能性。如果这个研究假设是假的，你不会想得到一个显著的结果（否则将会产生Ⅰ型错误，在第 5 章已经学过）。无论如何都要记住，即使研究假设为真，实验也不会自动给出一个显著的结果。恰好从总体中挑选出来的特定样本可能不够极端，无法拒绝虚无假设。

统计检验力是很重要的，有几个原因。随着本章后续的学习，你将了解到设计一个研究时，计算检验力将有助于你决定需要多少被试者。同样，当你阅读研究文献，特别是为了理解那些不显著的结果，或者统计上显著但实际不显著的结果时，理解检验力也是十分重要的。

再次回顾给进行标准测验的五年级学生提供特殊指导的案例。回想一下，我们比较了两个总体：

总体 1：接受特殊指导的五年级学生。

总体 2：普通的五年级学生（未接受特殊指导的学生）。

成功小贴士

如果关于Ⅰ型和Ⅱ型错误你不确定，现在花一些时间复习第 5 章“决策错误”部分。简短地回顾一下，如果假设检验过程及结果支持研究假设，而在现实中这个研究假设是假的，你会犯Ⅰ型错误。如果假设检验过程及结果不支持研究假设，但在现实中这个研究假设为真，你会犯Ⅱ型错误。请记住，这些错误不是由于计算或者决策中的误差而产生的；它们之所以会产生，是因为在假设检验过程中，你是基于样本的信息对总体做概率决策。

统计检验力　研究假设为真时，研究出现统计上显著的结果的可能性。

同时，回忆一下研究假设：在这个测验中总体 1 的分数高于总体 2。

专栏 7-1　放松和冥想的效应量：一项关于休息的元分析

在 20 世纪 70 年代和 80 年代，冥想和放松研究的结果是一个有相当多争议的主题。Eppley、Abrams 和 Shear（1989）决定通过对各种放松技术在治疗特质性焦虑（即持续的焦虑，并非暂时的状态）上的效应进行元分析，来系统地研究这一问题。Eppley 和同事选择放松法来治疗焦虑是因为它与许多其他心理健康问题有关，但其本身在不同测验之间是相当一致的。

按照常规程序，研究者针对该研究搜寻了科学文献——包括学术期刊、书籍和博士论文。找出所有相关的研究是元分析中最难的部分之一。

为确定“底线”，研究者比较广泛地研究了四种冥想和放松方法的效应量。结果是，35 个超越冥想（Transcendental Meditation，TM）研究的平均效应量是 0.70（表明应用冥想程序的人群和控制组之间在焦虑分数上有 0.7 个标准差的平均差异）。这一效应量显著大于应用所有其他冥想类型的 44 个研究的 0.28 这一平均效应量，显著大于应用“渐进放松”（当时被临床心理学家广泛使用的一种方法）的 30 个研究的 0.38 这一平均效应量，显著大于应用放松的其他形式的 37 个研究的 0.40 这一平均效应量。

通过观察研究被试的不同总体，他们发现，筛选出来的高度焦虑的人对效应量贡献更大，且监狱人群和更年轻的被试者貌似从 TM 中获益更多。指导者的技术、被试者的期望值、被试者是自愿还是随机分配的，这些对效应量无显著影响。

研究者认为，TM 具有高性能的一个可能原因是，TM 强调的是一种“轻松、自发”的方法，其所涉及的集中注意力产生的显著效应更小。

无论出于何种原因，Eppley 等（1989）总结道：“至少有理由乐观地认为，目前的一些治疗程序可以有效地减少特质性焦虑。”（p. 973）因此，如果你容易担忧诸如统计考试等事情，请考虑一下这些结果。（有关这种冥想效果的一些元分析的概述，请参阅 Walton et al.，2002。）

图 7-5 中的曲线显示了总体 2 的均值分布。（注意：当讨论效应量时，我们展示了不同个体的总体的图示，如图 7-2 和 7-3 所示；现在，我们将重点放回到均值分布上。）这条曲线是比较分布，也就是如果虚无假设为真，你预期的两个总体的均值分布。该均值分布的平均数是 200，标准差是 6。在第 6 章，我们发现，使用 5%显著性水平的单侧检验，对于样本平均数来说，你至少需要 Z 分数为 1.64 才能拒绝虚无假设。用这个公式把 Z 分数转换成原始分数，这就得出原始分数 209.84；即，$1.64\times6+200=209.84$。因此，我们在原始分数 209.84（在该分布中的 Z 分数为 1.64）之上对该分布的尾部进行了阴影处理。如果根据你的研究结果，样本平均数位于该区域，那么你将会拒绝虚无假设。

假设，研究者预测给学生特殊指导会使学生的测验分数提高到 208（比不给特殊指导时的平均数 200 提高了 8 分）。如果这个预测是正确的，那么这个研究假设为真并且总体 1（接受特殊指导的学生总体）的平均数的确比总体 2 的平均数大。图 7-6 的上部显示了总体 1 在此假设的预测情况下的均值分布。注意这个分布的平均数为 208。

现在看一下图 7-6 下部所示的曲线。该曲线与图 7-5 所示的曲线完全相同；它是比较分布，即总体 2 的均值分布。注意总体 1 均值分布（上部曲线）位于总体 2 均值分布（下部曲线）的右侧。这是因为研究者预测总体 1 的平均数（208）高于总体 2 的平均数（我们已知的 200）。（如果预测总体 1 的平均数比总体 2 的平均数低，那么总体 1 将向左偏移）。如果虚无假设为真，那么总体 1 的真正分布会与基于总体 2 的分布相同。因此，总体 1 的分布将在总体 2 的分布的正上方直接对齐排列，且不会向右或左偏移。

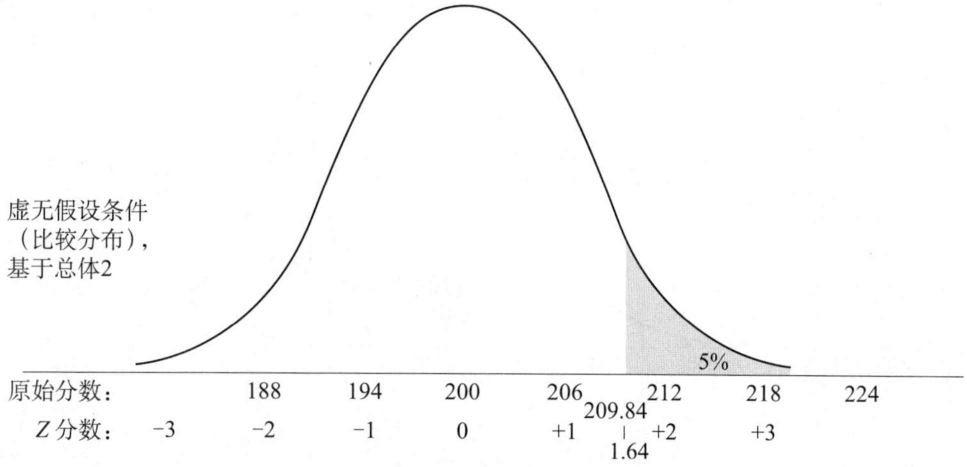

图 7－5　关于五年级学生标准学业测验分数的虚构研究中的未接受特殊指导的总体 2 的均值分布（比较分布）

注：图中标出了 $p<0.05$、单侧条件下的显著性临界分数（209.84）。

回想一下，在本例中拒绝虚无假设的临界分数是 209.84。因此，总体 2 的均值分布的阴影拒绝域是从 209.84 开始的（见图 7－6 下部曲线阴影区域）。我们也可以为总体 1 的均值分布创建一个拒绝域。这个拒绝域也将从 209.84 开始（见图 7－6 上部曲线阴影区域）。请记住，在本例中，如果我们从平均数为 208（标准差是 48）的五年级学生总体中随机挑选 64 名五年级学生，那么总体 1 的均值分布代表着我们可能得到的样本平均数。

现在，假设研究者进行了这个研究。他们对随机挑选的 64 名五年级学生群体进行了特殊指导，并且找到他们的测验平均分。然后假设这个样本的平均数落在这个分布的阴影区域（即，平均数为 209.84 或者更高）。如果出现了这种情况，研究者将拒绝虚无假设。图 7－6 显示，总体 1 的均值分布（假设其平均数为 208）中的大部分平均数不够大，不能拒绝虚无假设。上部的分布不到一半是阴影。换句话说，如果这个研究假设是真的，正如研究者预测的那样，我们研究的样本是来自总体 1 均值分布中的随机样本。然而，该分布的随机样本的平均数落在阴影拒绝域的概率不到 50%。

回想一下，如果研究假设是真的，则研究的统计检验力就是该研究将产生统计上显著结果的可能性。由于我们在此示例中假设这个研究假设是真的，上部的分布中的阴影区域就代表了这个研究的检验力。事实证明，这种情况下的检验力（如图 7－6 所示）仅为 37%。因此，假设研究者的预测是正确的，那么 64 名五年级学生构成的样本只有 37%的概率有足够高的平均数以使研究结果具有统计学意义上的显著性。

假设 64 名五年级学生的样本平均数为 203.5。由于拒绝虚无假设需要的平均数至少为 209.84，本研究的结果在统计学意义上就不显著。即使研究假设的确为真，这也不显著。这就是为什么你会犯Ⅱ型错误。

研究者完全有可能从总体 1 中抽取一个样本，这个样本的平均数远在阴影拒绝域中的右侧（即，平均分足够高）。然而，考虑到我们建立这一特殊例子的方式，*即使我们知道研究假设为真*，这项研究得出显著结果的机会也仍是微乎其微的。（当然，研究人员也不知道这一点。）当一项研究，就像这个例子中的一样，即使研究假设为真，也只有很小的机会得到显著结果时，我们则说这个研究仅有**较低的检验力**。

另外，假设是这样一种情况：期望上部曲线位于下部曲线的右侧，因此从上部曲线上获取的几乎所有样本都将位于下部曲线的阴影拒绝域中。在这种情况下，研究将有更高的检验力。

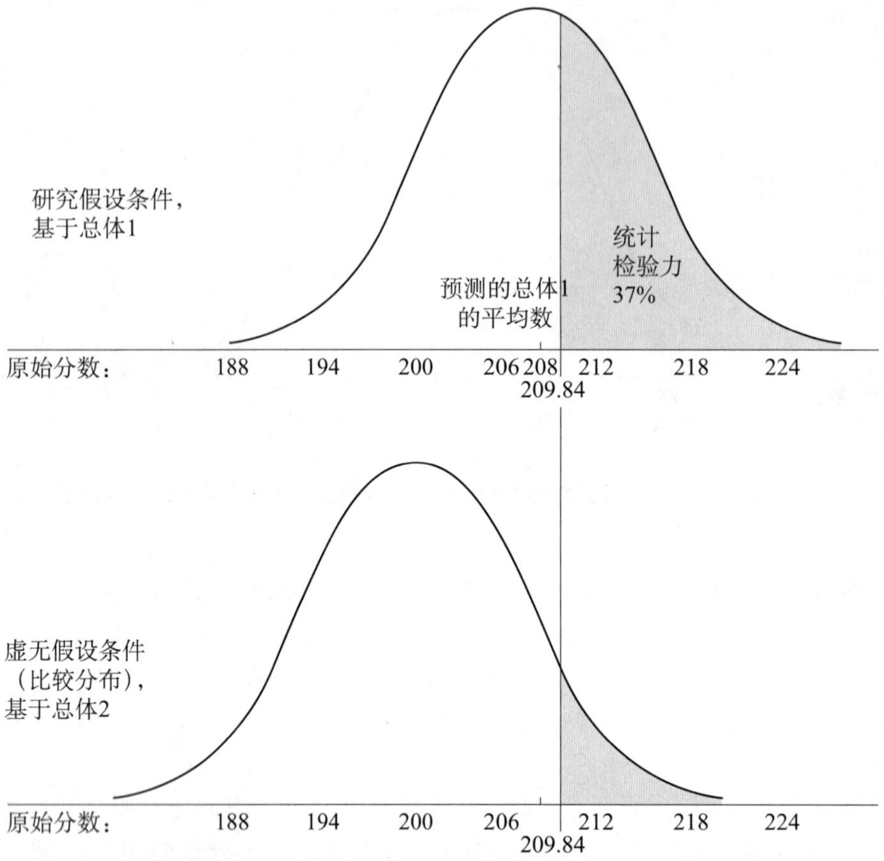

图7-6　关于五年级学生标准学业测验分数的虚构研究中总体1和总体2的均值分布

注：总体1的均值分布基于预测的总体平均数208（上面的曲线），总体2的均值分布（比较分布）基于已知的总体平均数200（下面的曲线）。图中标出了 $p<0.05$、单侧条件下的显著性临界分数（209.84）。两个分布的阴影部分都表示虚无假设的拒绝域。统计检验力=37%。

确定统计检验力

研究的统计检验力可以通过计算得出。例如在五年级测验示例的情境中（当你有一个已知总体和一个单一样本时），计算统计检验力包括计算出图7-6中上部分布的阴影部分的面积。但是，这个计算较为费力。而且从第8章开始，当我们考虑更为真实的假设检验情境时，计算会变得更为复杂。所以研究者通常不会计算检验力本身，而是依靠其他方法。

检验力表　用于假设检验程序的表格，显示了一项研究在各种效应量和样本容量下的统计检验力。

研究者可以用一个检验力软件包来确定检验力。在网络上也有检验力计算器。当用一个检验力软件包或者网络上的检验力计算器时，研究中的各个方面的值（例如已知的总体平均数、预测的总体平均数、总体标准差、样本容量、显著性水平、检验是单侧还是双侧的）都可以自动计算获得。最后，研究者经常使用一个叫**检验力表**（power table）的特定表格来确定研究的检验力。[这类表格由科恩（1988）、Kraemer和Thiemann（1987）及其他人编制]。在后续章节中，针对你学的每一种方法，我们都提供基本的检验力表并且讨论如何使用它们。附录表A-5是这些表格的索引。

7.2　你学会了吗？

1. (a) 什么是统计检验力？(b) 它与仅仅获得一个显著性结果的概率有什么不同？

2. 列出统计检验力很重要的两个原因。

3. 如果研究假设为假，获得显著性结果的概率是多少？

4. (a) 说出研究者用来确定检验力的三种典型方法。(b) 为什么研究者用这些方法，而不是自己手动算出检验力？

专栏7-2　雅各布·科恩，最后的纽约人：风趣，进取，杰出，友善

纽约人以雅各布·科恩（Jacob Cohen）为荣，他凭一己之力向行为与社会科学家介绍了一些非常重要的统计工具，包括本章主要内容（统计检验力和效应量）以及回归分析的许多复杂运用等。他从不担心自己是否受欢迎——尽管他确实受欢迎——几乎凭一己之力推动了最近关于显著性检验的辩论。他喜欢开玩笑说，这种辩论就像一种“世俗宗教”一样难以改变。关于伴随一个显著性结果的星号，他说道，宗教一定是“犹太-基督教的衍生，因为它使用一个六角形的符号作为其最强大的标志”(1990，p. 1307)。

1947年，科恩进入纽约大学的临床心理学研究生院，3年后获得了硕士和博士学位。然后，他在美国退伍军人管理局担任相当低级的职务，研究各种实用课题，直到1959年回到纽约大学。他拥有创造性的、不同寻常的关于统计的观点，这使他成为一位非常有名的教师。令人惊讶的是，除了高中代数外，他没有接受过任何数学训练。

但缺乏正规训练可能是雅各布·科恩的优势，因为他强调要看数据并思考，而不只是采用标准分析。尤其是，他证明了标准方法不是很好用，特别是像临床心理学、人格心理学和社会心理学这种“软”领域，因为这些领域的研究者对找到他们想要的东西不抱希望，原因既有这些研究的效应量典型较小，也有研究者使用的样本容量很小。整本期刊都充斥着那种只有50%的可能性能够发现作者想要寻找的东西的文章。

科恩的观点被誉为一个伟大的突破，尤其是在检验力和效应量方面。然而，他指责用不恰当的检验力进行研究这一非常普遍的做法，他认为这阻碍了科学的发展。但即使20年过去了，他还是很有耐心，他写道，他明白这些事情需要时间。科恩的耐心一定是世界各地的行为与社会科学家认为“和他一起工作很快乐”(Murphy，1998) 的原因之一。在纽约大学，他身边的人最了解他；有人说科恩“热情而迷人……以他许多通常很粗俗的玩笑而闻名”(Shrout，2001，p. 166)。

但不管有没有耐心，科恩对研究者的要求很严格。他希望他们更深入地思考标准方法。从20世纪90年代开始，他真正地开始关注人们不加思考就使用显著性检验的问题。但他仍然用幽默来取笑行为与社会科学家，因为他们没有看到虚无假设检验武断的“是”与“否”的决策特性所固有的问题。例如，他喜欢提醒每个人，显著性检验源于罗纳德·费希尔爵士（Sir Ronald Fisher）在农业领域的工作（见专栏10-1）。在这项工作中，决策都是“是”或“否”，比如作物是否需要施肥。他指出行为与社会科学家“不施肥，至少在不知情的情况下”(Cohen，1990，p. 1307)！他真的不喜欢费希尔式的决策不仅可以被用来决定博士论文、研究基金、出版物和晋升的命运，“而且还被用来决定现在是否要生孩子”(p. 1307)。更严重的是，科恩指责显著性检验“武断的、不合理的专制导致了数据伪造程度各不相同，从大幅度更改数据到删除‘肯定存在’错误的数据”(p. 1307)。

科恩在许多社会活动中都很活跃，尤其致力于学校废止种族歧视和与警察部门的歧视做斗争。他对他所做的每一件事都充满热情，深受大家的爱戴。他还曾患重性抑郁，在他的生命中曾四次丧失工作能力。

过程很曲折？掌握的数学知识仅有高中代数？这些都无法阻止你为科学做出贡献。

研究的检验力由什么决定?

理解检验力的相关情况是非常重要的，尤其是要了解研究检验力的影响因素，以及在设计研究和理解研究内容时如何使用检验力。

研究的统计检验力取决于两个重要因素：(1) 研究假设预测了多大的效应（效应量）；(2) 研究中有多少被试者（样本容量）。检验力也受所选的显著性水平、使用的是单侧还是双侧检验、假设检验程序类型的影响。

效应量

图 7-6 显示了特殊指导测验例子中的情况，研究者合理地预测，获得特殊指导的五年级学生（总体 1，上面的曲线）将比那些普通测验情境下的五年级学生（总体 2，下面的曲线）的平均分高出 8 分。图 7-7 显示了在这种情况下的相同的研究，研究者合理地预测总体 1（接受特殊指导的总体）比总体 2（普通的五年级学生）的平均分高出 16 分。比较图 7-7 与图 7-6。在图 7-7 所示的情况下，你更有可能获得一个显著性结果。这是因为在比较分布中上面曲线的阴影部分有更多的重叠。回忆一下在图 7-6 中，研究者预测平均数为 208 的基础上获得显著性结果的可能性（检验力）只有 37%。然而，对于图 7-7中的情况，在研究者预测平均数为 216 的基础上，其检验力是 85%。在任何研究中，理论或者

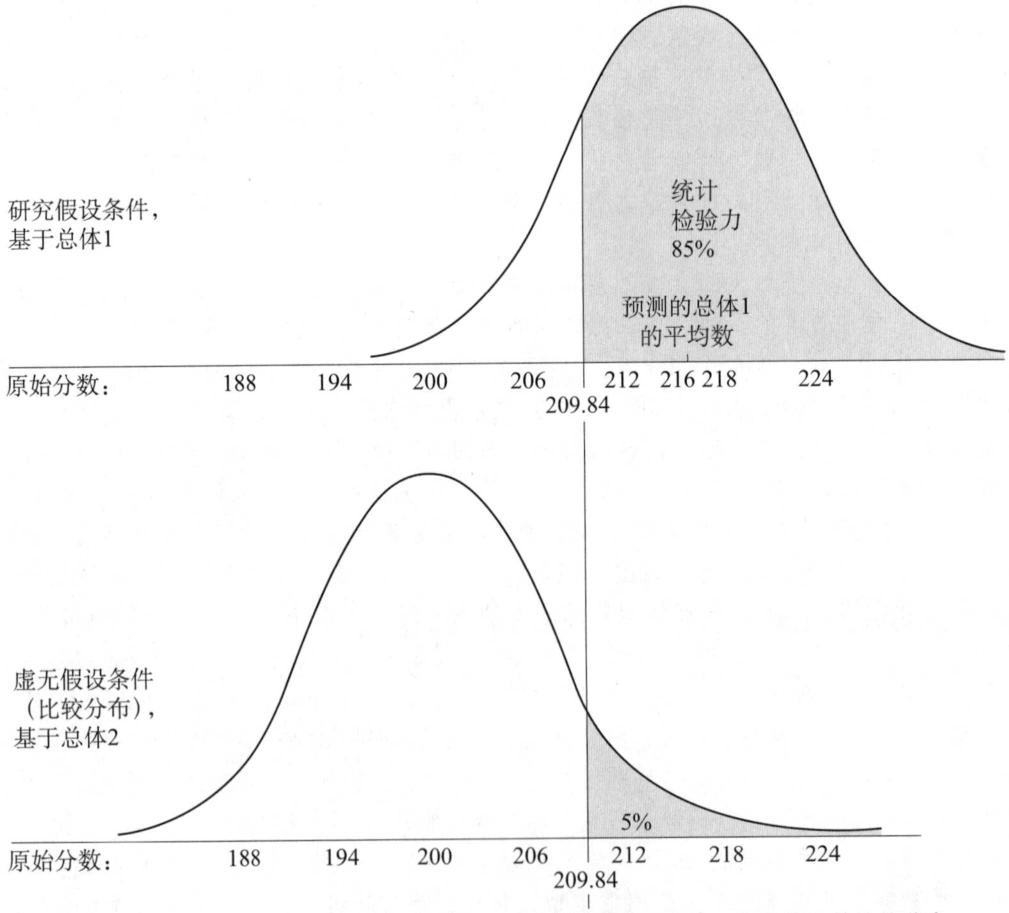

图 7-7 关于五年级学生标准学业测验分数的虚构研究中总体 1 和总体 2 的均值分布

注：总体 1 的均值分布基于预测的总体平均数 216（上面的曲线），总体 2 的均值分布（比较分布）基于已知的总体平均数 200（下面的曲线）。图中标出了 $p<0.05$、单侧条件下的显著性临界分数（209.84）。统计检验力=85%。与预测的总体平均数是 208、检验力是 37%的图 7-6 做比较。

先前研究表明，两个总体平均数间差异越大，研究检验力就越大。也就是说，如果总体间有一个较大的平均数差异，那么你在研究中会获得一个显著性结果的可能性更大。所以，你预测的平均数差异越大，在这个预测的基础上计算出的检验力就越大。（因此，如果在一个大的不切实际的预测的基础上计算效应量，那么你只是在欺骗你自己。）

我们之前看到的总体之间平均数的差异是影响效应量的部分因素。所以，效应量越大，检验力就越大。图 7-6 中，研究者预测平均数为 208 的总体 1，其效应量为 0.17。即，效应量＝（总体 1 平均数－总体 2 平均数）/总体标准差＝（208－200）/48＝8/48＝0.17。

在图 7-7 中，研究者预测平均数为 216 的总体 1，其效应量为 0.33。即，效应量＝（总体 1 平均数－总体 2 平均数）/总体标准差＝（216－200）/48＝16/48＝0.33。

然而，效应量也受总体标准差的影响。标准差越小，效应量越大。根据效应量的公式，这是因为如果你除以一个小的数字，其结果会更大。就实际分布而言，这是因为如果两个分开的分布越窄，它们的重叠部分就越少。图 7-8 显示的是基于同一例子的两个均值分布。但是，现在我们改变了例子，使总体标准差是图 7-6 中的一半。在这个版本中，预测的平均数是最初的 208。但是，两个均值分布

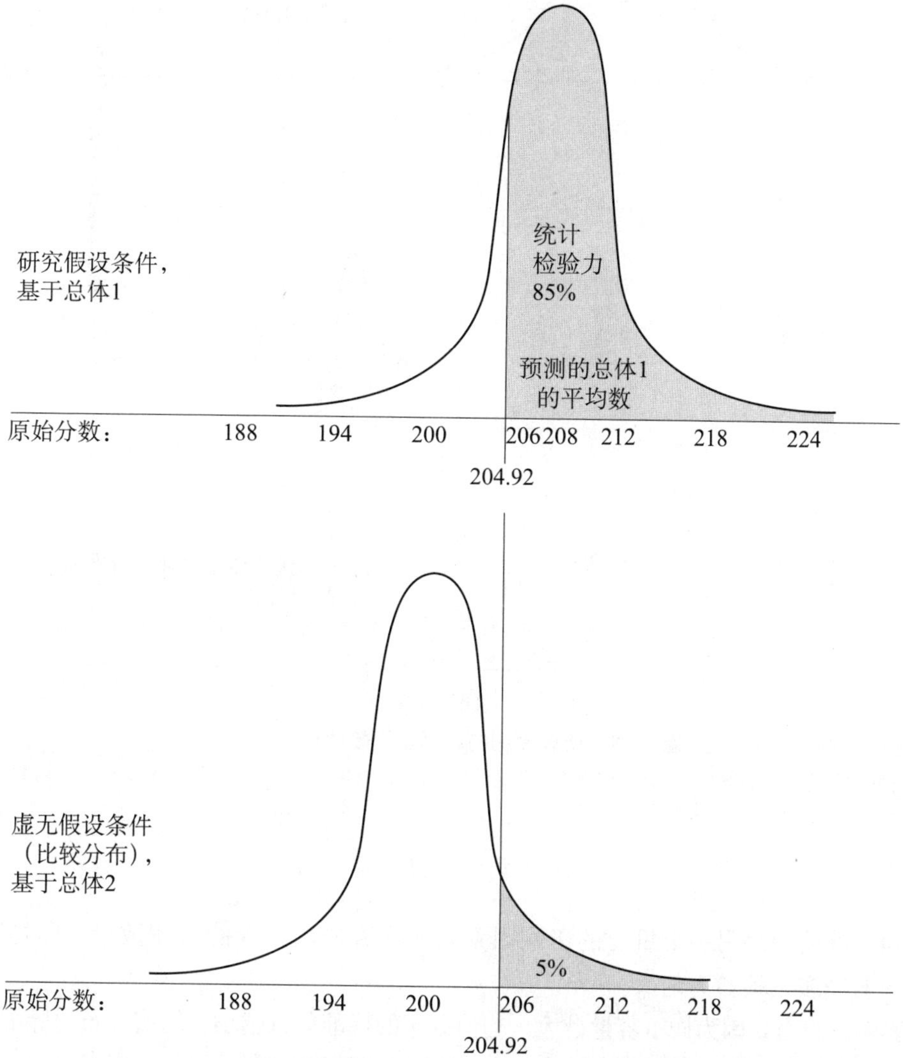

图 7-8　关于五年级学生标准学业测验分数的虚构研究中总体 1 和总体 2 的均值分布

注：总体 1 的均值分布基于预测的总体平均数 208（上面的曲线），总体 2 的均值分布（比较分布）基于已知的总体平均数 200（下面的曲线）。标出了 $p < 0.05$、单侧条件下的显著性临界分数（204.92）。该案例中，总体标准差等于这个例子先前计算结果的一半。统计检验力＝85%。和图 7-6做比较，原案例有原始的总体标准差和 37%的检验力。

都非常窄。因此，上面的曲线和下面的曲线（比较分布）之间重叠部分要少得多。结果是统计检验力为 85%，远远高于起初情境下的 37%。这里的思想是，总体标准差越小，检验力就越大。

以上所举案例说明了一个通用原则：两个分布之间的重叠部分越少，研究得出显著性结果的可能就越大。两个分布几乎没有任何重叠，总的来说，或是因为两个平均数之间差异较大（如图 7－7 所示），或是因为标准差较小，以至于甚至是很小的平均数差异它们仍然没有很多重叠（如图 7－8 所示）。这个原则在图 7－9 中得到了更一般的总结。

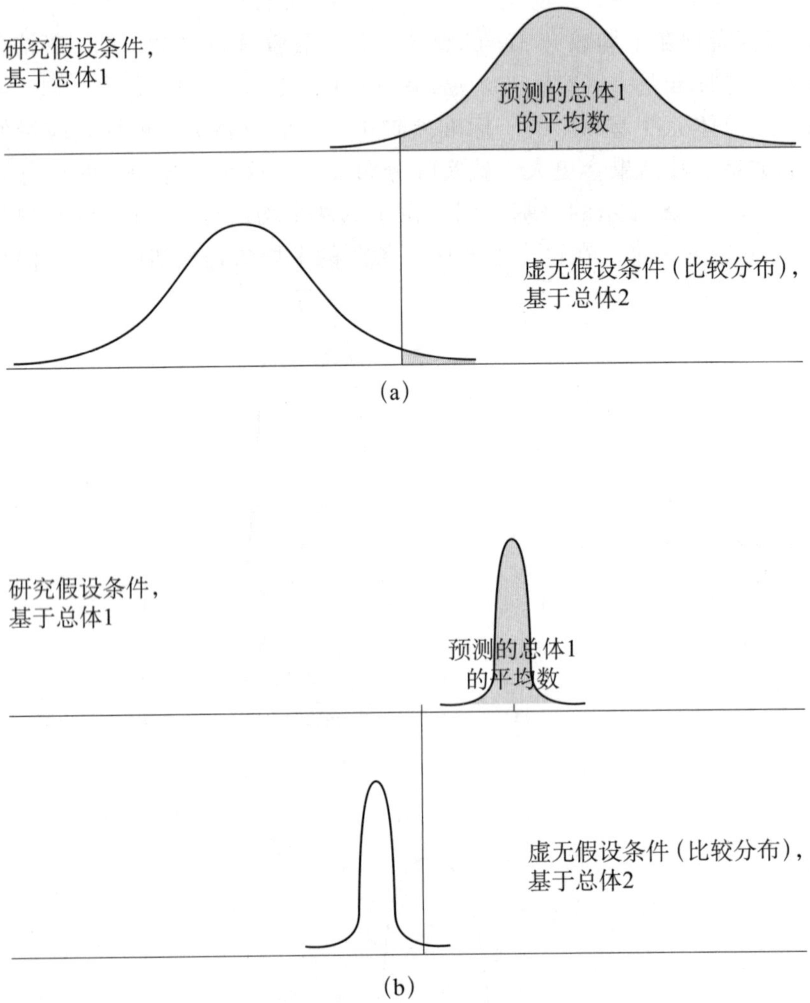

图 7－9　所要预测的和用于比较的均值分布

注：两个均值分布可能有很少的重叠（因此，研究将有很高的检验力），因为以下两个原因：（a）这两个平均数差异很大；（b）总体标准差非常小。

样本容量

除了效应量，检验力的另一个重要的影响因素是所研究样本包含的个体数量，即样本容量。基本上，研究对象人数越多，检验力越大。

样本容量影响检验力，因为样本容量越大，均值分布的标准差就越小。均值分布的标准差越小，图形就越窄。它们越窄，重叠越少。如果这个研究包含了 100 名五年级学生（而非已有案例中的 64 名），且预测的平均数是 208，总体标准差是 48，图 7－10 显示了这时的五年级学生的情况。检验力现在为 51%（64 名五年级学生时为 37%）。而当该研究中有 500 名被试者时，检验力为 99%（见图 7－11）。

不要混淆。均值分布可以很窄（并且因此有较少的重叠和较大的检验力），这有两个完全不同的原因。一个原因是个体总体标准差很小。这个原因与效应量有关。另一个原因是样本容量大。两个原因是完全独立的。样本容量与效应量无关。效应量和样本容量都影响检验力。但是，我们很快就会看到，这两种对检验力的不同影响因素，导致了在设计一个研究时，增大检验力的实际步骤完全不同。

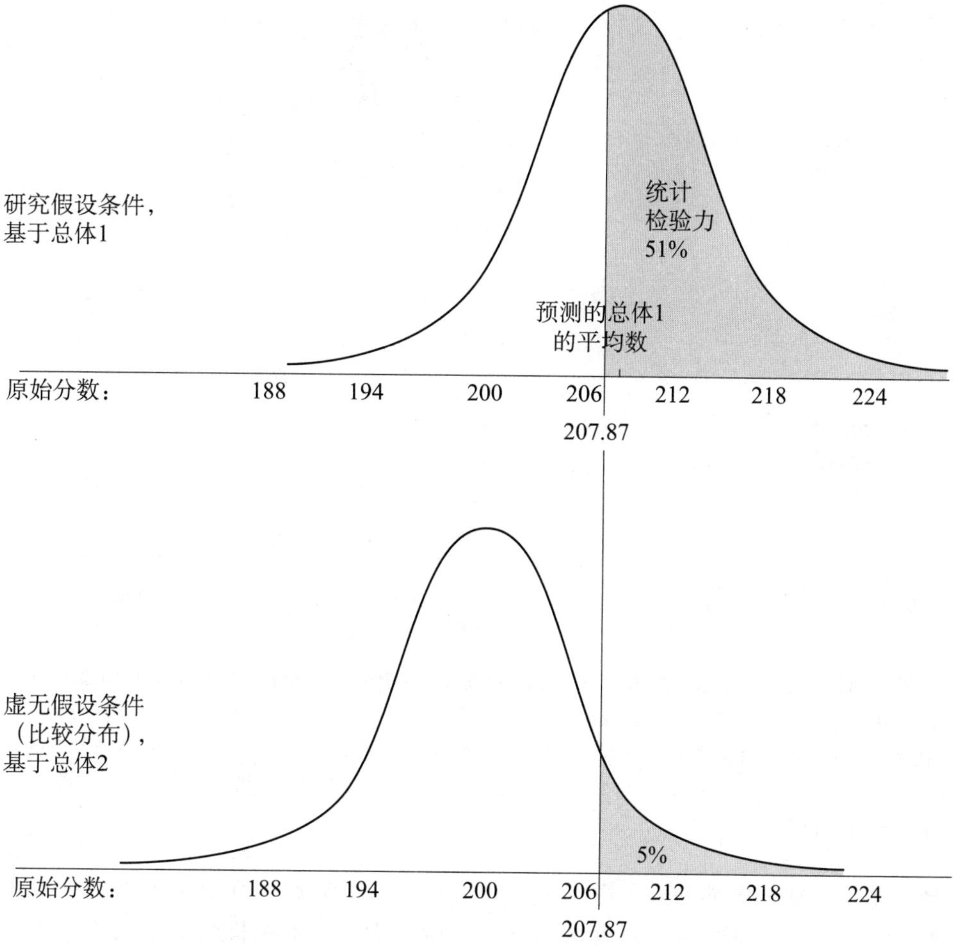

图 7-10　关于五年级学生标准学业测验分数的虚构研究中总体 1 和总体 2 的均值分布

注：总体 1 的均值分布基于预测的总体平均数 208（上面的曲线），总体 2 的均值分布（比较分布）基于已知的总体平均数 200（下面的曲线）。在该案例中，样本容量是 100，而不是最初例子中的 64。图中标出了 $p<0.05$、单侧条件下的显著性临界分数（207.87）。统计检验力=51%。与最初样本容量为 64 名五年级学生、统计检验力为 37%的图 7-6 做比较。

根据给出的检验力水平计算所需的样本容量

当设计一个研究时，研究者考虑检验力的主要原因是帮助确定研究所需的被试者数量。样本容量对检验力有重要作用。所以，研究者要确保研究中有足够的人使研究获得较高的检验力。（通常情况是研究者发现研究检验力很低，在这种情况下即使研究假设为真也无法得出显著性结果。）

假设在我们五年级学生的案例中，研究者进行研究设计时想要计算出样本中应包含的学生数量。假设基于之前类似研究，研究者预测平均数之间的差异为 8，已知总体标准差为 48。在这种情况下，研究者将需要至少 222 名五年级学生才能有 80%的检验力。实际上，给定效应量，研究者用检验力软件包，或者网络检验力计算器，或者特定检验力表会得出为获得较高检验力水平所需的被试者数量。下一章你会学到我们为每一个主要的假设检验程序所提供的检验力表的简化版本。

检验力的其他影响因素

除了效应量和样本容量，还有其他三个因素影响检验力：

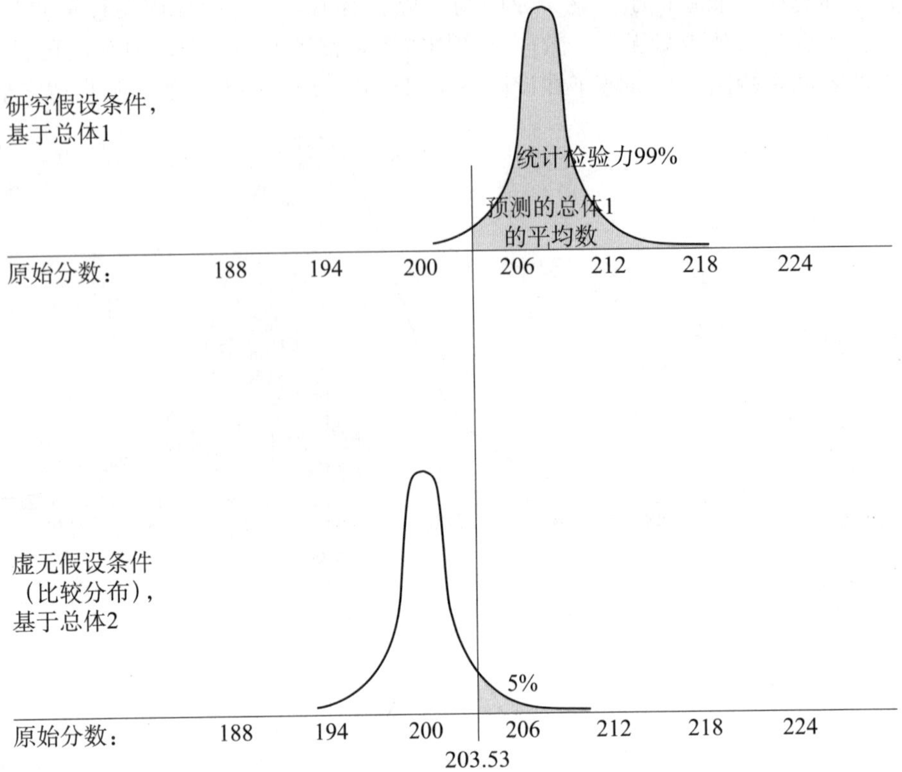

图 7-11 关于五年级学生标准学业测验分数的虚构研究中总体 1 和总体 2 的均值分布

注：总体 1 的均值分布基于预测的总体平均数 208（上面的曲线），总体 2 的均值分布（比较分布）基于已知的总体平均数 200（下面的曲线）。在该案例中，样本容量是 500，而不是最初例子中的 64。图中标出了 $p<0.05$、单侧条件下的显著性临界分数（203.53）。统计检验力=99%。与最初样本容量为 64 名五年级学生、统计检验力为 37%的图 7-6 做比较，与样本容量为 100、统计检验力为 51%的图 7-10 做比较。

1. *显著性水平*。不那么极端的显著性水平（如 $p<0.10$ 或 $p<0.20$）意味着更大的检验力。很极端的显著性水平（如 0.01 或 0.001）意味着更小的检验力。不那么极端的显著性水平导致更大的检验力，是因为下面的曲线阴影拒绝域更大。因此，上面的曲线的大部分区域会是阴影。很极端的显著性水平导致较小的检验力，是因为下面的曲线阴影拒绝域很小。假设在我们五年级学生例子的最初版本中，我们使用 0.01 的显著性水平。这个检验力将从 37%下降到仅有 16%（见图 7-12）。即，使用一个不那么极端的显著性水平（像 $p<0.10$ 或者 $p<0.20$）会极大增大犯Ⅰ型错误的概率，使用一个非常极端的显著性水平（像 $p<0.01$ 或者 $p<0.001$）会极大增大犯Ⅱ型错误的概率。

2. *单侧还是双侧检验*。单侧检验显著的研究，用双侧检验很难获得显著性。因此，在保持其他条件不变的情况下，双侧检验比单侧检验的检验力更小。假设在五年级学生测验案例中我们采用双侧检验而不是单侧检验（但是仍然用 5%的显著性水平）。正如图 7-13 所显示的那样，检验力将只有 26%（和图 7-6 中原始单侧版本的 37%做比较）。

3. *假设检验程序的类型*。有时研究者会在特定研究中用不同的假设检验程序。目前为止本书还未涉及该类情境，后续将在第 11 章进行讲解。

检验力的影响因素小结

表 7-3 总结了研究检验力的各种影响因素。

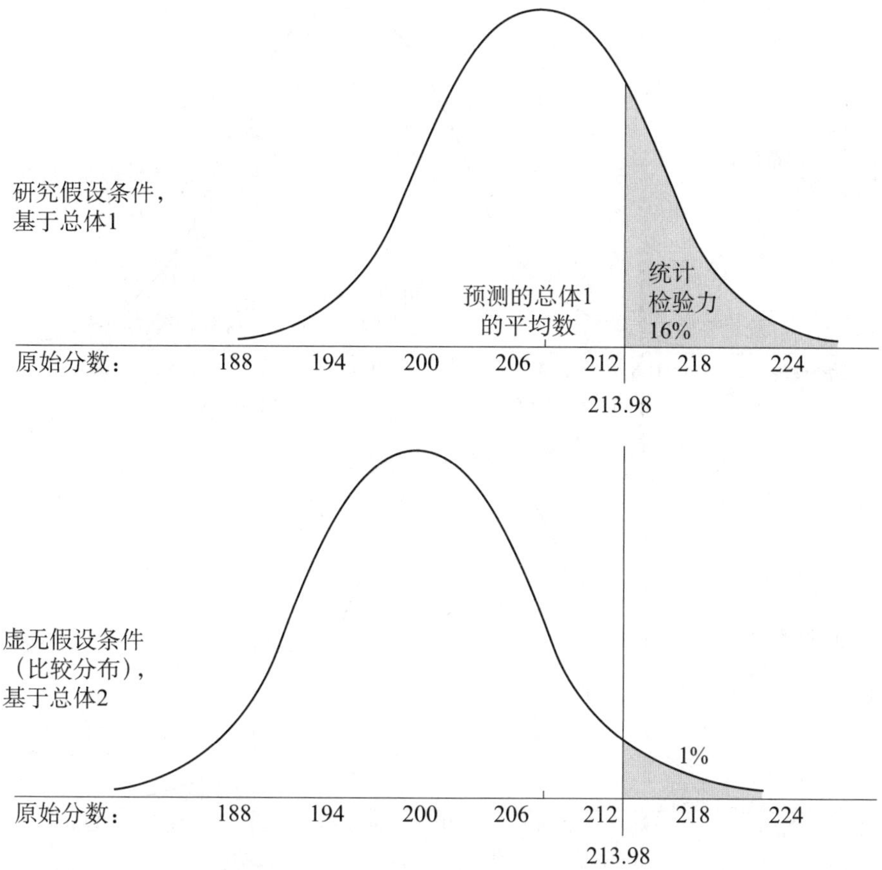

图 7-12　关于五年级学生标准学业测验分数的虚构研究中总体 1 和总体 2 的均值分布

注：总体 1 的均值分布基于预测的总体平均数 208（上面的曲线），总体 2 的均值分布（比较分布）基于已知的总体平均数 200（下面的曲线）。图中标出了 $p<0.01$、单侧条件下的显著性临界分数（213.98）。统计检验力=16%。与显著性水平为 $p<0.05$、检验力为 37%的图 7-6 做比较。

表 7-3　　**检验力的影响因素**

研究的特征	增大检验力	减小检验力
效应量	大	小
效应量与下面两个特征有关：		
总体平均数之间的预测差异	差异大	差异小
总体标准差	总体 *SD* 较小	总体 *SD* 较大
样本容量（*N*）	*N* 较大	*N* 较小
显著性水平	宽松（比如 0.10）	严苛（比如 0.01）
单侧还是双侧检验	单侧检验	双侧检验
所使用的假设检验程序的类型	变化	变化

7.3　你学会了吗？

1. (a) 决定效应量的两个因素是什么？(b) 解释每个因素如何影响检验力。(c) 解释每个因素为什么会影响检验力。
2. (a) 样本容量如何影响检验力？(b) 为什么样本容量会影响检验力？
3. (a) 使用的显著性水平如何影响检验力？(b) 为什么使用的显著性水平会影响检验力？
4. (a) 使用单侧还是双侧检验如何影响检验力？(b) 为什么使用单侧还是双侧检验会影响检验力？

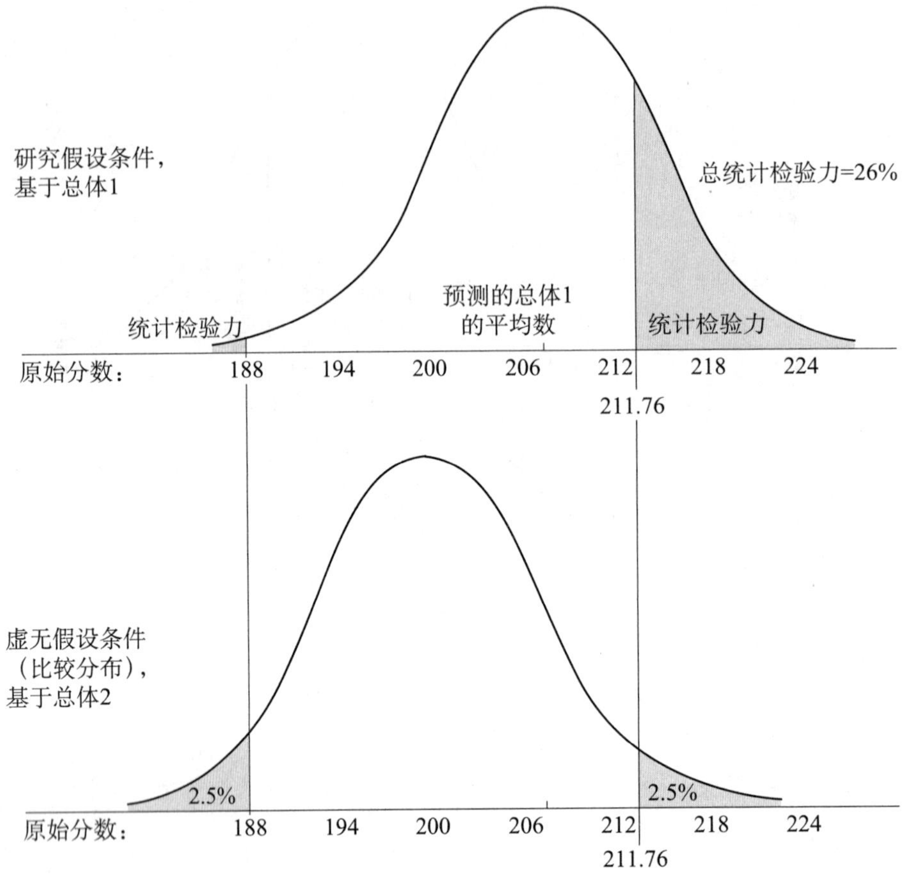

图 7-13　关于五年级学生标准学业测验分数的虚构研究中总体 1 和总体 2 的均值分布

注：总体 1 的均值分布基于预测的总体平均数 208（上面的曲线），总体 2 的均值分布（比较分布）基于已知的总体平均数 200（下面的曲线）。图中标出了 $p<0.05$、双侧条件下的显著性临界分数（188.24 和 211.76）。统计检验力＝26%。与显著性水平为 $p<0.05$、采用单侧检验、检验力为 37%的图 7-6 做比较。

统计检验力在研究设计中的作用

当进行研究设计时，确定检验力是非常重要的。如果你做一个检验力很低的研究，即使研究假设是真的，研究也可能不会得出具有统计显著性的结果。因此，如果不能制定合理的计划，将会浪费进行研究所花费的时间和精力。所以，当发现研究设计的检验力很低时，研究者会寻找实用的途径使检验力提升到一个可以接受的水平。

统计检验力可接受的水平是多少？一个广泛使用的原则是研究至少应该有 80%的检验力才值得去做（见 Cohen，1988）。80%的检验力意味着如果研究假设是真的，这个研究有 80%的可能得出一个具有统计显著性的结果。显然，检验力越大越好。然而，更大的检验力是有代价的，例如要研究更多的人，这常常使得 80%的检验力超出你的能力范围。

在研究设计中如何提高统计检验力？原则上，你可以运用表 7-3 中总结的方式来实现。让我们一个个地考虑。

1. 通过增加总体平均数的预测差异提高效应量。你的预测必须有一个坚实的基础，而非仅仅武断地预测一个更大的差异。因此，为了增加预测的差异，你进行研究的方法必须使预期的差异更大才是合理的。再次考虑我们关于特殊指导对五年级学生测验分数的影响的例子。一种增加期望平均数差异的方法是使这个指导更加详尽，花更多的时间解释它，尽可能多给时间练习，等等。在一些研究中，你可能会通过使用一个控制性更强的实验程序去增加预期的平均数差异。这种增加实验程序影响的方法的一个缺点是，它难以应用到你想要的研究结果中，有时也会过于困难和代价高昂。

2. 通过减小总体标准差提高效应量。在研究设计中，你至少可以有两种方法减小总体标准差。一种方法是使用比最初设计的总体有着更小变异的总体。以五年级学生测验为例，你可能只使用特定郊区学校范围内的五年级学生。缺点是，你的结果适用范围更为局限。

减小总体标准差的另一种方法是用更加标准的测验和更加精确的测量方式。例如，在受到控制的实验室环境中进行测验，通常会使结果中分数的总体变异更小（意味着更小的标准差）。同样，使用表述清晰的测量和测验工具也会减少变异。在实际应用中，这是增大检验力的一个非常好的方法，但通常情况下，研究已经非常严格了。

3. 增加样本容量。在一个研究中增大检验力的最直接的方式是研究更多的人。当然，如果你正在研究通过建立互联网公司打理自身财富的亿万富翁，这里有个限制就是有多少人是可以使用的。用大的样本容量也常常增加进行研究的时间和花费，尽管在大多数研究中增加样本容量是改变研究设计并增大其检验力的主要方法。

4. 用一个不那么极端的显著性水平（像 $p<0.10$ 或者 $p<0.20$）。通常应该选用最为极端的显著性水平（通常为 $p<0.05$），它可以合理预防Ⅰ型错误。研究中使用不那么极端的显著性水平会增大犯Ⅰ型错误的概率，因此一般情况下我们不太推荐。

5. 用单侧检验。使用单侧检验还是双侧检验取决于研究假设的逻辑。和显著性水平一样，在这个方面你的选择机会很少。

6. 用一个更加灵敏的研究假设程序。如果有其他选择，将是很好的。我们在第 11 章会考虑一些这种选择。然而，通常情况下，研究者通常是从最敏感的方法开始的，所以我们能做的不多。

表 7－4 总结了一些增大设计的研究统计检验力的具体操作方法。

表 7－4　增大设计的研究统计检验力的具体操作方法小结

研究的特征	增大检验力的实际方法	缺点
总体平均数之间的预测差异	增强实验过程的控制性	不符合实际或者可能扭曲研究意义
总体标准差	采用差异较小的总体	不可行；降低结果的普遍性
	采用标准化、可控制的实验环境或者更精确的测量方法	不符合实际
样本容量（N）	采用大的样本容量	不实际；成本高
显著性水平	采用更宽松的显著性水平（比如 0.10）	增大犯Ⅰ型错误的概率
单侧还是双侧检验	采用单侧检验	可能与研究逻辑不符
假设检验程序的类型	采用更灵敏的程序	不可行或者不合适

统计检验力在研究结果解释中的作用

从研究结果中得出结论时，理解统计检验力及其影响是非常重要的。

当结果具有统计显著性时，检验力的作用：统计显著性与实际意义

你已经了解了具有大效应量的研究更可能得出统计显著性，但具有非常小效应量的研究也可能得出显著性。当一项研究由于其他因素，尤其是样本容量较大而具有较高的检验力时，就有可能发生这

种情况。让我们以1万名成年人为例，他们完成一个旨在提升他们幸福感水平的全新的网络咨询项目。这个项目的最后，与普通的成年人平均幸福感分数100（总体标准差=10）相比，他们的平均幸福感分数是100.6。这个结果可能在$p<0.001$水平上显著。所以研究者确信，新项目能提升人们的幸福感水平。但是效应量很小，只有0.06。这意味着新项目只能在很小程度上增加个体幸福感。这样一个小的增加不太可能对人们的生活产生明显的影响，因此研究者可能报告这个项目的效应是具有统计显著性的，但是其实际意义不大。

在临床心理学和医学领域，研究者和临床医生常常区别结果具有统计显著性和*临床意义*。后者意味着这个结果足够大，可有效治疗人。Chambless和Hollon（1998）声明这个问题很简单："如果一种治疗对实践者是有用的，那么治疗效果在统计上显著是不够的：它们还需要足够大的临床意义。"（p. 11）

这里提供的信息是，在判断一项研究的结果时应考虑两个问题。首先，这个结果在统计上显著吗？如果显著，你可以认为这里有一个*真正的效应*。其次，效应量是否足够大，使结果是有*用的或有趣的*？如果这项研究具有实际意义，那么第二个问题就尤为重要。（有时，在一项检验纯理论问题的研究中，只要确信在一个特定的方向上存在效应就足够了。）

如果样本容量小，你可以假设一个在统计上并不显著的结果也可能有实际意义。另外，如果样本容量非常大，你必须直接考虑效应量，因为很可能由于效应量太小而无效。正如Bakeman（2006）简洁地指出："……统计显著性不应该过度影响我们。毕竟，如果样本容量足够大，即使是最微小的效应也可以达到统计学意义上的显著性。"（pp. 136-137）

我们刚才所说的可能看起来有点矛盾。大多数人假定研究中的人越多，它的结果越重要。在某种意义上，恰恰相反。所有其他的条件相同，如果一个研究只有很少的被试者就能达到显著，那么显著性一定是由大效应量导致的。很多人参与的有统计显著性的研究也可能没有很大的效应量。

请注意，为了弄清楚哪一个研究结果更重要而去比较两个研究的显著性水平，这并不明智。例如，有少量被试者的研究在0.05水平上是显著的，它可能有一个大的效应量。同时，有大量被试者的研究在0.001水平上显著，但其效应量可能很小。

从所有这些中得到的最重要的教训是，统计学意义上*显著*这个词有非常特殊的含义。它意味着，你可以确信这里有一些真正的效应。但是它*没有*告诉你在现实意义上真实的效应是否显著，这是很重要的并且值得关注。

当一个结果不具有统计显著性时，检验力的作用

在第5章我们看到，统计上不显著的结果是不确定的。然而，我们通常就得出总体之间差异很小或者没有差异的结论。我们能这样做吗？

考虑检验力与一个不显著结果的关系。一方面，假设你进行了一项研究，检验力很低，并且没有得到显著性的结果。在这种情况下，结果是完全不确定的。没有得到显著性的结果可能是因为研究假设为假，或者是因为研究的检验力太小（例如，因为被试者太少）。

另一方面，假设你进行了一项有高检验力的研究，但你没有获得一个显著性的结果。在这种情况下，研究假设为真看起来是不可能的。在这种情况下（有高检验力），一个不显著的结果是对研究假设的有力反驳。这不意味着研究假设的所有方面都是假的。例如，有可能研究假设确实是真的，但总体之间只有略微的差异（你是根据预测的巨大差异来计算检验力的）。

总之，一个具有低检验力的研究得出的不显著结果是不确定的。然而，一个具有高检验力的研究得出不显著的结果则表明，要么这个研究假设是假的，要么当计算检验力时，效应比预测的更小。

显著性和样本容量在研究结果解释中的作用小结

表7-5总结了在解释研究结果时显著性和样本容量的作用。

表7-5　在解释研究结果时显著性和样本容量的作用

结果具有统计学上的显著性	样本容量	结论
是	小	重要的结果
是	大	可能有或可能没有实际意义
否	小	不确定
否	大	研究假设可能为假

7.4　你学会了吗？

1. (a) 对一个设计的研究增大其效应量的两种基本方法是什么？(b) 和 (c) 这两种方法，应如何实施？缺陷分别是什么？

2. 增大设计的研究的统计检验力最简单的方法是什么？

3. (a) 通过使用更宽松的显著性水平来增大设计的研究的统计检验力，存在什么缺陷？(b) 通过使用单侧检验而不是双侧检验来增大设计的研究的统计检验力，存在什么缺陷？

4. 为什么统计上的显著性和实际意义有所不同？

5. 你可以在一个显著性为 $p<0.01$ 和另一个显著性为 $p<0.05$ 的水平上比较两个研究。(a) 对这两个研究你可以得出什么结论？(b) 对这两个研究你不能得出什么结论？

6. 当结果显著时，如果一项研究有一个 (a) 非常大的样本容量，或者 (b) 有一个非常小的样本容量，那么关于这项研究的效应量你可以得出什么结论？

7. 当结果不显著时，如果一项研究有一个 (a) 非常大的样本容量，或者 (b) 有一个非常小的样本容量，那么关于这项研究的研究假设的真假你可以得出什么结论？

研究文献中的效应量和统计检验力

效应量在学术文章中出现得较为频繁。例如，Morehouse 和 Tobler（2000）研究了一个针对“高危的、多问题的、贫民区的、主要是非洲裔和拉丁裔青年”的干预程序的有效性。作者指出：“接受5～30个小时干预的青年（[高剂量组]，$n=101$）与那些接受1～4个小时干预的青年（[低剂量组]，$n=31$）相比……在减少［酒精和药物］使用方面，两组之间的差异是非常显著的。当高剂量组和低剂量组比较时，获得了0.68的组间效应量。”效应量0.68的含义是，在减少药物和酒精的使用方面，干预5～30小时的组比只干预1～4小时的组高出0.68个标准差。这是一个中等的效应量。元分析中几乎也总是报告效应量，在元分析中，来自不同文章的结果被合并和比较（例如，请参阅本章前面的专栏7-1）。

与决策错误一样，在设计研究和评估研究结果时，你通常会考虑检验力（例如，检验力是申请研究经费和撰写论文的重要主题）。对于研究文章，检验力有时会出现在文章的最后部分，作者在这部分讨论研究结果的含义，或者讨论其他研究的结果。在这两种情况下，重点往往是不显著结果的含义。此外，当讨论检验力时，可能会对其进行详细的解释。这是因为直到最近，大多数行为与社会科学家才开始了解检验力。

例如，Denenberg（1999）在讨论他自己的研究的基础上，对 Mody、Studdert-Kennedy 和 Brady（1997）之前所做的未得出显著性结果的相关研究提出以下评价。

他们面临着不得不接受虚无假设的严重问题……我们可以从统计检验力的角度来看待这个问

题……在考虑将缺乏显著性解释为 H_0［虚无假设］为真之前，需要一个0.80［80%］的最小统计检验力作为证据。为了进行检验力分析，有必要详细说明预期的平均差异、α［显著性］水平、是使用单侧检验还是双侧检验。检验力达到0.80，就可以确定所需被试者数量。一旦这些条件都满足，如果这个实验没有发现显著性差异，那么你就可以做出如下陈述："如果总体间确实存在差异，我们设计了一个具有0.8的可能性找出这一显著差异的实验。但是，研究结果显示无显著效应，所以我们认为基本上不可能存在显著差异。即使确实存在显著差异，它的贡献可能也是非常小的……"

Mody 等人从未讨论过检验力，尽管他们在自己的所有实验中会把消极的发现解释为虚无假设有效的证据……因为被试者在这个实验中被分离，每组样本容量减少到了10个。在这种情况下，除非实验变量非常有力度，否则我们预期无法得到一个显著的差异。换句话说，当使用小的样本容量时，更难拒绝虚无假设。从这个研究中我们唯一可以得出的有意义的结论是：对缺乏发现的结果，我们是无法做出有意义的解释的……（pp. 380－381）①

还有另一个例子，Huey 和 Polo（2008）对少数族裔青年的各种情绪和行为问题（比如：焦虑、抑郁和药物滥用）的心理治疗的研究进行了综述。在讨论他们的结果时，他们指出："需要关注的是，样本容量是否足以检验关键假设。缺乏差异并不一定意味着组与组的等价，可能意味着研究缺乏充足的统计检验力。"（p. 295）他们接着指出："需要更大的样本容量才能更好地回答少数心理健康研究者理论上感兴趣的关键问题。尽管有使统计检验力最大化的其他方法（例如，用更灵敏的测验工具，调整 α［显著性］水平），但是增大样本容量可能是最实用的方法。"（p. 295）

本章点拨

小结

1. 效应量是对总体平均数间差异的测量。在本章你学习的虚构的测验情境中，你可以把效应量看作在特殊指导后事件发生变化的多少。效应量是由总体平均数之差除以总体标准差计算得到的。科恩效应量公约认为一个小效应量是0.20，中等效应量是0.50，大效应量是0.80。在解释研究结果时，效应量自身的性质上是很重要的。像在元分析中，会用它来比较、整合不同研究的结果，或比较一个研究的不同结果。

2. 研究的统计检验力是，*如果这个研究假设为真*，那么它将得出一个统计上显著的结果的可能性。研究者通常用检验力软件包、网络检验力计算器、特定表格来得出一个研究的检验力。

3. 效应量越大，检验力就越大。这是因为平均数之间的差异越大或者总体标准差越小（效应量中的两个要素），那么已知和预测的总体的均值分布的重叠越少。因此，预测分布中比已知分布中的临界点更极端的区域要更大。

4. 样本容量越大，检验力就越大。这是因为样本容量越大，均值分布的方差就越小。所以，对于给定的效应量，均值分布的重叠越少。

5. 检验力也受显著性水平（越极端，如 $p<0.01$，检验力就越小），是用单侧检验还是用双侧检验（双侧检验的检验力更小），以及使用的假设检验程序的类型（在有程序可选这一偶然的情况下）的影响。

6. 一个高检验力的研究具有统计显著性的结果（例如，样本容量大的研究）可能没有实际意义。

① 摘自 Mody, Studdert-Kennedy, and Brady's "Speech perception deficits in poor readers: Auditory processing or phonological coding?" Victor H. Denenberg. *Journal of Learning Disabilities*. Austin: Sep/Oct 1999. Vol. 32, Iss. 5; p. 379.

没有统计显著性的低检验力的研究（例如，它有一个小样本容量）留有一个可能性，即如果检验力增大，那么还是有可能会出现统计显著性结果的。

7. 研究文献和元分析中通常都报告效应量。研究文献有时候包括对检验力的讨论，尤其是在评价不显著的结果的时候。

主要术语

效应量　　元分析　　检验力表

效应量公约　　统计检验力

示例

已知一个总体呈正态分布，总体平均数＝40，总体标准差＝10。经过实验处理的样本平均数为37。效应量是多少？这个效应量大约是小、中等，还是大的呢？

答案

效应量＝（总体1平均数－总体2平均数）/总体标准差＝（37－40)/10＝－3/10＝－0.30。大约是一个小的效应量。

如果一项研究包含由一个以上个体组成的单一样本且总体已知，那么写包含该研究效应量和检验力的文章时，需要做以下说明

1. 将效应量的概念解释为分布之间重叠的程度。要指出这个重叠是平均数差异和总体标准差的函数（并准确描述它是如何计算的，以及为什么它要这样计算）。如果问题需要，还要讨论效应量公约。

2. 将检验力的概念解释为如果研究假设为真则获得显著性结果的可能性。一定要提到对一个研究来说，通常检验力的最低可接受水平是80％。当你正在解释一个研究（无论研究结果显著还是不显著）的结果时，要解释检验力所起的作用，要考虑到与可能的效应量相关的显著性水平和样本容量。

3. 解释效应量和检验力之间的关系。

练习题

以下练习题涉及计算。虽然在现实生活中，绝大多数统计问题是借助于特殊的统计软件用计算机完成的，但是即便你有这些软件，也要动手解决这些问题以便加深对所学方法的理解。

第Ⅰ组（答案请参阅附录B）

1. 在一个完整的研究中，已知总体呈正态分布，总体平均数＝25，总体标准差＝12。如果给予实验处理的样本平均数是（a）19、（b）22、（c）25、（d）30和（e）35，估计的效应量是多少？对每一部分，还要指出效应量大概是小、中等还是大的。

2. 在设计的研究中，已知总体呈正态分布，总体平均数＝50，总体标准差＝5。如果研究者预测那些接受实验处理的样本平均数是（a）50、（b）52、（c）54、（d）56和（e）47，那么预测的效应量是多少？对每一部分，还要指出预测效应量大概是小、中等还是大的。

3. 下面是设计的研究的一些可能版本的有关信息，每个设计的研究都包含了一个单一样本。计算每一个研究的预测效应量：

研究	总体2		预测的总体1的 *M*
	M	*SD*	
(a)	90	4	91
(b)	90	4	92
(c)	90	4	94
(d)	90	4	86

4. 阅读一项有显著结果的研究（$p<0.05$），观察其样本容量。如果样本容量非常大（而不是非常小），这将如何影响你解释（a）虚无假设实际为真的可能性？（b）这个结果的实际重要性如何？（c）向一个理解假设检验但是从未学过效应量或统计检验力的人解释你的答案。

5. Aron 等（1997）把陌生人成对分在一起，并且通过一系列旨在帮助他们变得更亲密的指导语，让他们在一起交谈。45 分钟结束时，每个人都私下回答了一些关于他们现在和搭档关系的亲密程度问题（研究者把答案组合成一个“亲密度组合”）。一个关键的问题是亲密度是否会受到以下两种情况的影响：（a）基于他们的态度一致性来匹配陌生人；（b）使被试者相信他们是与喜欢他们的人分在一起的。一致性和期望被喜欢的结果都是“在亲密度组合上没有显著差异”（p. 367）。研究者认为，研究结果表明，这些变量对亲密度几乎没有真正的影响（请注意，下面文字中的符号 d 意味着效应量）：

> 对于这两个被操纵的变量来说，如果实际上存在这种大的效应量（$d=0.8$）……那么这个有显著效应的研究有着 90%的检验力。的确，为了至少得到一个接近显著（$p<0.10$）的中等效应量（$d=0.5$），检验力大约是 90%。因此，如果实际上不仅仅是一个小效应量，那么我们似乎不太可能得到目前的结果……（p. 367）

向一个理解假设检验但是从未学过效应量或者检验力的人解释这个结果。

6. 下面的每一条是如何影响一个设计的研究的检验力的？

（a）更大的总体平均数间的预测差异。

（b）更大的总体标准差。

（c）更大的样本容量。

（d）更极端的显著性水平（例如，$p<0.01$ 而不是 $p<0.05$）。

（e）双侧检验而不是单侧检验。

7. 列出两种考虑检验力很有用的情况，指出每种情况下考虑检验力的用处。

第Ⅱ组

8. 在一个完整的研究中，已知总体呈正态分布。总体平均数＝122，总体标准差＝8。如果给予实验处理的样本平均数是（a）100、（b）110、（c）120、（d）130 和（e）140，估计的效应量是多少？对每一部分，还要指出效应量大概是小、中等还是大的。

9. 在设计的研究中，已知总体呈正态分布，总体平均数＝0，总体标准差＝10。如果研究者预测那些给予实验处理的样本平均数是（a）－8、（b）－5、（c）－2、（d）0 和（e）10，那么预测的效应量是多少？对每一部分，还要指出预测效应量大概是小、中等还是大。

10. 下面是设计的研究的一些可能版本的有关信息，每个设计的研究都包含了一个单一样本。计算每一个研究的预测效应量：

研究	总体 2		预测的总体 1 的 *M*
	M	***SD***	
（a）	90	2	91
（b）	90	1	91
（c）	90	2	92
（d）	90	2	94
（e）	90	2	86

11. 什么是效应量？（向一个外行人解释你的答案。）

12. 在本章前面的“研究文献中的效应量和统计检验力”部分，你读到了 Huey 和 Polo（2008）所做的综述性研究，它检验了在少数族裔青年临床问题上的心理治疗效果。作为综述的一部分，研究者识别了 25 项把心理治疗和控制治疗作为对比的关于青少年临床问题的研究。他们进行了 25 项研究的元分析并且报告了以下结果（请注意，下面文字中的符号 d 意味着效应量）：

> 平均效应量 $d=0.44$。因为 0.20 或者更低的系数代表了"小"效应量，0.50 左右的系数代表了"中等"效应量，0.8 或者更高的系数代表了"大"效应量，所以这里报告的总体 d 略低于中等效应量的标准（Cohen，1988）。(p. 282)

向一个熟悉效应量但没听说过元分析的人解释这个元分析的目的和结果。

13. 什么是实验的统计检验力？（向一个外行人解释你的答案。）

14. 你看了一个在 0.05 水平上几乎不显著的研究。即这个结果不具有统计上的显著性。观察其样本容量。如果样本容量非常大（而不是非常小），这将如何影响你解释（a）虚无假设为真的可能性，（b）虚无假设为假的可能性？（c）向一个理解假设检验但是从未学过检验力的人解释你的答案。

15. Caspi 等（1997）对 1972 年前后出生在新西兰达尼丁的样本孩子进行了大规模的纵向研究，分析了研究结果。作为研究的一部分，研究者比较了 94 名 21 岁的酒精依赖者（很显然是酒鬼）和 863 名非酒精依赖者。Caspi 等人比较了这两组从 18 岁起的性格测试分数。在注意到所有结果都显著之后，他们报告了以下结果（请注意，下面文字中的符号 d 意味着效应量）：

> 在传统主义（$d=0.49$）、伤害回避（$d=0.44$）、控制（$d=0.64$）和社会亲密度（$d=0.40$）上，有酒精依赖的青少年 21 岁时的得分低于 18 岁时的，且在侵犯性（$d=0.86$）、疏远（$d=0.66$）和应激反应（$d=0.50$）上，高于 18 岁时的。

向一个理解假设检验但是从未学过效应量或者检验力的人解释这些结果，包括为什么对于这项研究中的研究者来说，提供效应量是特别重要的。

16. Tsang、Colley 和 Lynd（2009）进行了一项综述，以检验一些研究的统计检验力，这些研究在药物治疗的随机控制试验中比较了患者严重不良事件的经历（如危及生命的医疗事件）。他们确定了 6 项报告了统计分析结果的研究，以检验接受一种药物治疗的患者所体验到的不良反应数量与接受另一种药物治疗的患者所体验到的不良反应数量是否有差异。Tsang 等人总结了他们的结果："该分析中 3/6的研究在严重不良事件发生率上没有报告统计学上的显著差异，并得出结论：尽管有不到 0.37 [的检验力] 检测出所报告的差异，但在风险上无差异。"（p. 610）他们还指出："发生Ⅱ型错误很高的可能性可能会导致错误的临床推断，从而导致伤害的发生。在解释结果时，应该考虑非显著性检验的统计检验力。"（p. 609）向一个理解假设检验和决策错误但是从未学过效应量或者检验力的人解释这篇综述的结果。

17. 你正在设计一个研究，这个研究具有由检验力表确定的非常低的检验力。说出六种可提高统计检验力的方法。

"你学会了吗？"答案

7.1

1. 显著性结果仅告诉我们差异足够大或极其大。但效应量告诉我们效应究竟具体有多大。
2. 一个标准化效应量使得用不同的测量方法得到的研究结果具有可比性。
3. 效应量＝（总体 1 的平均数－总体 2 的平均数）/总体标准差。
4. 效应量＝（总体 1 的平均数－总体 2 的平均数）/总体标准差＝（540－500）/100＝0.40。
5. 效应量公约：小＝0.20，中等＝0.50，大＝0.80。

6.（a）元分析是一种把不同研究结果整合到一起的系统性程序。（b）元分析得出研究间的一个平均效应量，有时候也会比较不同研究群体的平均效应量。

7.2

1.（a）统计检验力是如果研究假设为真，得到一个显著性结果的可能性。（b）它是当研究假设为真时的概率。

2. 统计检验力很重要的原因：（1）可以帮助你确定设计一个研究时，你需要多少被试者；（2）可以帮助你理解那些不显著的结果或者那些统计上显著但是没有现实意义的结果。

3. 如果研究假设是假的，得到一个显著结果的概率就是显著性水平的大小（即犯Ⅰ型错误的概率）。

4.（a）研究者用来确定检验力的三种典型方法：（1）检验力软件包；（2）网络检验力计算器；（3）检验力表。（b）研究者用这些方法是因为，在一般的假设检验情境中，手动计算检验力是非常复杂的。

7.3

1.（a）决定效应量的两个因素：（1）总体平均数之间的差异；（2）总体标准差。（b）总体平均数之间差异越大，效应量越大，检验力越大。这是因为它使均值分布更宽，因此重叠更少。因此，预测分布中比已知分布中的临界点更极端的区域要更大。（c）总体标准差越小，效应量越大，检验力越大。这是因为它使均值分布更窄，因此重叠更少。因此，预测分布中比已知分布中的临界点更极端的区域要更大。

2.（a）样本容量越大，检验力越大。（b）这是因为大的样本容量使得均值分布更窄（因为均值分布的标准差是总体方差除以样本容量所得结果的平方根），因此重叠更少；因此，预测分布中比已知分布中的临界点更极端的区域要更大。

3.（a）显著性水平越大（例如，$p < 0.10$ 和 $p < 0.05$ 相比），检验力越大。（b）这是因为它使得在已知分布中的临界点更不极端；因此，预测分布中比已知分布中的临界点更极端的区域要更大。

4. 单侧检验的研究比双侧检验有更大的检验力（对于预测方向上的一个结果）。（b）这是因为在单侧检验中，在已知分布中预测方向的临界点没那么极端；因此，预测分布中比已知分布中的临界点更极端的对应区域要更大。在双侧检验的另一边有一个附加的临界点，但是它在分布中离得很远，以至于它对检验力的影响很小。

7.4

1.（a）对于一个设计的研究，增大其效应量的两种基本方法：（1）增加总体平均数之间的预测差异。（2）减小总体标准差。（b）你可以通过增大实验程序的控制强度来增加总体平均数之间的预测差异。缺陷是它可能改变你真正想要研究的程序的意义，并且它可能会不实用。（c）你可以通过用一个变异更小的总体来减小总体标准差。它的缺陷是不允许你把结果应用到更一般的总体中。减小总体标准差的另一种方法是用更标准的程序或者更准确的测量工具。但是这可能并不实用。

2. 增大一个设计的研究的检验力最简单的方法是增大样本容量。

3.（a）通过用一个更宽松的显著性水平来增大一个设计的研究的检验力，这增大了犯Ⅰ型错误的概率。（b）用单侧检验而不是用双侧检验可能与研究的逻辑不相匹配；并且如果这个结果与预测的相反，那么原则上，我们将不得不认为它就是不显著的。

4. 一个统计上显著的结果意味着，你可以确信这个效应不是偶然出现的；但并不意味着这就是一个大的、本质的效应。

5.（a）我们可以更加确信第一个研究的结果不是出于偶然。（b）我们不能对哪一个研究有更大的效应量下结论。

6.（a）给定样本容量很大，效应量可能是小的，也可能是大的。（b）给定样本容量很小，效应量可能是大的。

7.（a）研究假设可能不为真（或者其效应量比预测的小得多）。（b）关于研究假设的真假，你能得出的结论很少。

第 8 章

t 检验导论：单样本与相关样本

本章内容提要

- ☆ 单样本 t 检验
- ☆ 相关样本 t 检验
- ☆ 单样本 t 检验和相关样本 t 检验的前提假设
- ☆ 相关样本 t 检验的效应量与检验力
- ☆ 研究文献中的单样本 t 检验与相关样本 t 检验
- ☆ 本章点拨
  - 小结
  - 主要术语
  - 示例
  - 练习题
  - SPSS 应用
  - “你学会了吗？”答案

此时此刻，或许你认为自己已经对假设检验有了十分全面的了解。但作为一名研究者，目前你所知道的并不会对你有太大帮助。为什么呢？虽然上述假设检验程序对你学习新知识而言是必要的，可是这些程序是将一组数值与一个已知的总体进行比较。但在日常的研究实践中，你经常会在没有任何总体信息的情况下，直接将两组甚至两组以上的数值进行相互比较。

成功小贴士

为了更好地理解本章，你需要掌握第 5、6、7 章的内容，特别是第 5 章的假设检验逻辑与程序和第 6 章的均值分布。

举例来说，你可能获得了一组人每个人的两个数据（例如，通过法律诉讼前和通过法律诉讼后对法院的态度），或者两组人每个人的一个数据（例如，用实验组和对照组研究一种新的教师培训方法的效果；再如，比较 10 岁组男孩和 10 岁组女孩的自尊测验分数）。

这种情况在行为与社会科学研究中非常普遍，通常这些研究只能从样本中获取信息，对作为样本来源的总体一无所知——最主要的是研究者无法知道总体的方差，但在假设检验程序的第②步中总体方差扮演着至关重要的角色，它决定了比较分布的特征。

在本章，我们首先要讨论无法获取总体方差的特殊情况的解决方案：把单样本的平均数与平均数已知但方差未知的总体进行比较。然后，我们进一步考虑在完全不了解总体信息，仅仅知道一组人每个人的两个数据时应该怎么办。

在本章你即将学到总体方差未知时的假设检验程序，即 ***t* 检验**（*t* test）。*t* 检验有时又被称为“学生氏 *t* 检验”（Student's *t*），原因是该检验的主要原则是由威廉·希利·戈塞提出的。他曾经化名“学生”（Student）发表相关文章（见专栏 8－1）。

单样本 *t* 检验

让我们从下面的情境开始吧。你进行了一项研究，获得了一组被试者的数据。你想将该样本的平均数与一个平均数已知但方差未知的总体进行比较。在这种情况下，假设检验程序就被称为**单样本 *t* 检验**（*t* test for a single sample，又称单一样本 *t* 检验）。

***t* 检验**　总体方差未知时的假设检验程序；将样本中的 *t* 值与称为 *t* 分布的比较分布进行比较。

单样本 *t* 检验　将单样本平均数与一个平均数已知但方差未知的总体进行比较的假设检验程序。

单样本 *t* 检验与第 6 章所学的检验程序（*Z* 检验）的操作方式基本相同。在第 6 章所讨论的研究情境中，你获得了一组样本（如在特殊指导下完成标准测验的 64 名五年级学生）数据，而且你想将该样本的平均数与总体（如五年级这个总体）进行比较。在第 6 章我们所讨论的研究中，总体的平均数和方差都是已知的，但是在我们即将讨论的情境中，总体方差是未知的。两个重要的新难题就此出现，它们将影响执行假设检验程序中两个步骤的细节。

第一个重要的新难题出现在第②步——由于总体方差未知，你必须自己去估计。因此我们要讨论的第一个问题是怎样估计总体方差。第二个重要的难题同时影响了第②步和第③步——当我们必须估计总体方差时，比较分布的形态就不再是一条标准曲线了。因此我们要讨论的第二个难题是比较分布的形态（针对第②步），以及怎样用一个特殊的表格来找到形态稍有不同的分布中的临界值（针对第③步）。

一个例子

假设你所在大学的校报刊载了一篇非正式的调查，显示你校大学生平均每周学习 17 个小时。然而，你认为你宿舍楼的学生学习时间远多于调查结果。于是，你从宿舍楼中随机选取了 16 名学生，并询问他们每天的学习时间（假设所有学生都是诚实的且提供的答案都是准确的）。你得到的结果是这 16

名学生平均每周学习 21 个小时。你会做出什么样的推论呢？是你宿舍楼学生的学习时间比学校平均水平长？还是你的调查结果与学校平均水平接近，结果中 4 个小时的差异只是因为你碰巧选择了宿舍楼中 16 名较为勤奋的学生？

假设检验程序中的第①步就重新表述了关于总体的假设。

这里有两个总体：

总体 1：在你宿舍楼中居住的学生。

总体 2：你所在大学中的普通学生。

研究假设为总体 1 中的学生比总体 2 中的学生学习的时间更长，而虚无假设则是总体 1 中的学生并不比总体 2 中的学生学习的时间长。到目前为止，该问题与第 6 章中研究的问题并无不同。

专栏 8-1　化名“学生”的戈塞：不是数学家，而是实干家

威廉·希利·戈塞（William S. Gosset）1899 年毕业于牛津大学，获得数学与化学学位。恰巧同年，在爱尔兰的都柏林，吉尼斯黑啤的制造商们正急寻一批年轻的科学家来进行一项前所未有的啤酒制造方面的革新。戈塞成为其中的一员，并很快沉浸在大麦、啤酒花与大桶的啤酒中。

如何使啤酒保持一贯的高品质，是啤酒酿造中的难题。像戈塞一样，许多科学家都希望啤酒的品质能一直保持稳定。为此，他们致力于寻找产生劣质啤酒的原因。真正的科学家会说：“用实验来检验！”但啤酒厂商不会将大量资金浪费到用若干桶啤酒来做实验，特别是用于制作啤酒花会失败的一些实验。因此，戈塞不得不开始考虑这样一种可能性，即当实验中只包括每种大麦的少数几个样本时，便能够检测出产生劣质啤酒的大麦品种。而难上加难的是，他对特定品种的大麦的变异一无所知——也许同一种大麦在某些田地中长势更好。（这些问题是否很熟悉呢？可怜的戈塞，和现在的研究者一样，对总体变异一无所知。）

当时只有戈塞了解此事，他承担起了这项任务。对于他在啤酒厂的同事来说，他是一个称职的数学教授，却完全不是一个合格的啤酒商。而对于他那些在伦敦大学学院生物计量实验室中研究统计的同事来说，他仅仅是一个啤酒商而非一名真正的数学家。

最后，戈塞发现了 t 分布并发明了 t 检验。相对于大多数统计方法而言，t 检验非常简单。它主要应用于样本容量小且总体变异未知的情况。然而，由于一名在吉尼斯黑啤酒厂工作的科学家泄露了该厂的秘密，该厂不允许为其工作的科学家们发表论文。至今，许多统计学家仍因戈塞曾化名“学生”（Student）发表论文，而将 t 分布称为“学生氏 t 分布”。戈塞的有些同事知道“学生”（Student）的真实身份，但是与其他人的会面就像一部间谍小说了。直到戈塞去世，他的同事想要纪念他的时候，整个啤酒厂才知道他在科学界的名声。

尽管戈塞取得了显赫的成就，但他经常在书信往来中称自己的工作“只是提出了一个粗略的想法”。在别人的眼中，他是一个思维缜密、和善而谦虚的人，对别人的情感变化十分敏感。戈塞的友善和他对自己时间与灵感的慷慨奉献，为许多学生和年轻同事实现重大突破提供了不可或缺的帮助。

了解更多关于威廉·希利·戈塞的信息，请登录 http：//www-history. mcs. st-andrews. ac. uk/Biographies/Gosset. html。

资料来源：Peters（1987），Salsburg（2011），Stigler（1986），Tankard（1984）.

第②步用来确定比较分布的特征。在刚刚提到的调查在校大学生学习时间的例子中，平均数为 17。

第②步接下来的部分就是要找到均值分布的方差。现在你面临一个问题，在本书中，迄今为止，你一直都知道总体方差。利用这个方差，你可以计算出均值分布的方差。然而，在当前的例子中，校报上的文章并未报告在校学生（总体 2 中的学生）学习时间的方差。于是你给校报发邮件询问。不幸

的是，报告人并没有计算方差，且原始调查结果也已无从查找。这时该怎么办呢？

t 检验的基本原则：由样本数据估计总体方差

如果你不知道总体方差，可以通过已知的样本数据进行估计。

在假设检验的逻辑里，你的研究对象被认为是从特定总体中随机抽取的样本。该样本的方差应该能反映出总体的方差。如果总体中的数据变异很大，那么从总体中随机抽取的样本的数据变异也会很大。如果总体的变异很小，则从总体中抽取的样本的变异也会很小。因此，利用样本数据的变异来推测总体数据的变异是可行的。换言之，你可以计算出样本数据的方差，该方差应该与总体数据的方差相似（见图 8－1）。

然而，还有一个小问题没有解决：样本的方差通常都会比其所在总体的方差要小。因此，样本方差是对总体方差的**有偏估计**（biased estimate）。[①] 之所以这样说，是因为样本方差总是低估总体的实际方差（例如，如果一个总体的方差是 180，那么含 20 个数值的样本的方差只有 171）。如果研究过程中，我们使用了总体方差的有偏估计，研究结果可能不够精确。因此，我们需要计算出总体方差的无偏估计。

有偏估计　在对总体参数的估计中，很有可能系统性地高估或低估总体参数的实际值。例如，SD^2 就可能是总体方差的有偏估计（它可能会系统性地低估总体方差）。

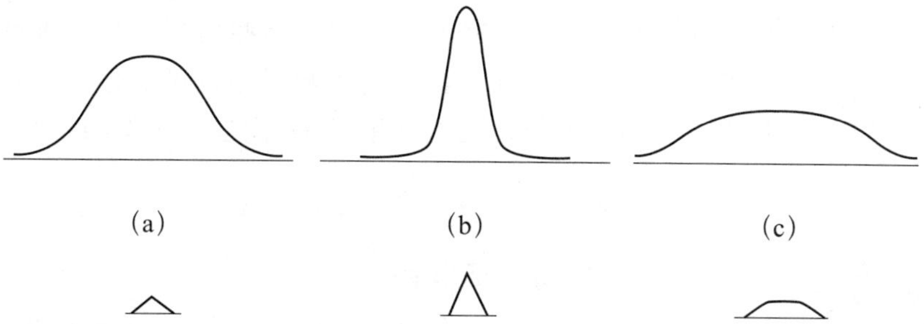

图 8－1　样本的变异（底部的分布）与样本所在总体的变异（顶部的分布）相似

幸运的是，你可以通过略微调整方差的常规公式来计算**总体方差的无偏估计**（unbiased estimate of the population variance）。方差的常规公式是数据离均差的平方和再除以数据的个数。变形公式的分子仍然是数据离均差的平方和，但是分母变成了数据总数减 1。由于用一个较小的数值作为分母，得到的结果就会偏大。分母减去 1 使最终的方差足够大，这样它就能成为总体方差的无偏估计。（此处的无偏估计是我们对总体方差的最佳估计。但它毕竟只是一个估计值，不可能跟总体方差的真值完全相等。但我们能确定的是，该结果不会过高亦不会过低。因此称之为无偏。）

总体方差的无偏估计　由于基于样本数据的总体方差估计公式得到了修正，所以高估或低估总体方差真值的可能性是均等的；修正后的总体方差估计公式是用样本的离差平方和除以样本容量减 1，而不是原来的样本容量。

我们用 S^2 来表示总体方差的无偏估计。这个公式是求方差的常用公式，但现在被 $N-1$（而非 N）均分：

$$S^2=\frac{\sum(X-M)^2}{N-1} \tag{8-1}$$

总体方差的估计值等于样本中各数据与样本平均数的差的平方和，再除以样本容量减 1。

让我们回到关于学习时间的例子中，并根据 16 个样本数据计算出总体方差的估计值。首先，计算出离均差的平方和（也就是说，把每一个数据都减去平均数，将这些离均差平方后再相加）。假设我们的例子中最后的结果是 694。为了得到总体方差的估计值，你需要用

① 通常样本方差略微小于其所在总体的方差，这是因为样本方差是以样本数据与其平均数的离差为基础的。样本平均数是其所有数据的最佳平衡点。因此，样本数据与其平均数的离差最小。一般来说，样本的平均数并不与样本所在总体的平均数完全一致。因此，样本数据与其平均数的离差通常要比样本数据与总体平均数的离差小。

694去除以（$N-1$）（样本中的数据个数减1）。在该例子中，用694除以（16－1）（即15），最后的结果是46.27。公式如下：

$$S^2=\frac{\sum(X-M)^2}{N-1}=\frac{694}{16-1}=\frac{694}{15}=46.27$$

自由度

自由度（df） 在估计一个总体参数时可以自由变化的数据个数；通常是估计公式中的一部分，例如在用单样本来估计总体方差的公式中，自由度即样本中数据的个数减1。

为得到总体方差的无偏估计而除以的数字（数据个数减去1）有一个特殊的名称。它被称为**自由度**（degrees of freedom，缩写为 df）。得此名字的原因在于它是指样本中数据的个数，该数值是“可以自由变化的”。也就是说，当计算方差的时候，你首先得知道平均数。如果样本平均数及其他参数都是已知的，但是样本中的某个数据是未知的，通过一个简单的运算就可以求出那一个未知的数据。因此，一旦你知道了平均数，样本中的某个数据就不再“自由”了，因为此时它是一个固定的值，而不是任意值了。在这种情况下，自由度即样本中数据的个数减1。公式如下：

自由度等于样本中数据的个数减1。

$$df=N-1 \tag{8-2}$$

df 即自由度。

在我们的例子中，$df=16-1=15$。（在接下来的章节中，有些情况下自由度的计算方式有所不同。这是因为在那些情况下，能够自由变化的样本数据的个数是不同的。但在本章中，自由度的计算均为 $df=N-1$。）计算总体方差的估计值时，我们常用 df 来代替公式中的（$N-1$）。

此处总体方差的估计值等于数据离均差的平方和除以自由度。

$$S^2=\frac{\sum(X-M)^2}{df} \tag{8-3}$$

均值分布的标准差

一旦计算出总体方差的估计值，你就可以用第6章的方法计算出比较分布的标准差。通常来讲，当样本容量大于1的时候，比较分布即均值分布。同时，均值分布的方差即总体方差除以样本容量。你刚刚学了怎样估计总体方差。因此，你可以通过用总体方差除以样本容量来估计均值分布的方差。均值分布的标准差就是它的方差的平方根。公式如下：

均值分布的方差等于总体方差估计值除以样本容量。

$$S_M^2=\frac{S^2}{N} \tag{8-4}$$

均值分布的标准差等于均值分布的方差的平方根。

$$S_M=\sqrt{S_M^2} \tag{8-5}$$

值得注意的是，均值分布的方差和标准差是通过总体方差的估计值计算出来的，因此用符号 S 而不是 SD 来表征它们。

在我们的例子中，样本容量为16，我们计算出总体方差的估计值为46.27。基于此，均值分布的方差为46.27除以16等于2.89。标准差是2.89的平方根，等于1.70。公式如下：

$$S_M^2=\frac{S^2}{N}=\frac{46.27}{16}=2.89$$

$$S_M=\sqrt{S_M^2}=\sqrt{2.89}=1.70$$

成功小贴士

确保你完全理解 S^2 和 S_M^2 之间的差异。虽然 S^2 和 S_M^2 看起来相似，但是它们完全不同。S^2 是总体方差的估计值。S_M^2 是均值分布方差的估计值（基于总体方差的估计值 S^2 计算得出）。

运用总体方差估计值时，比较分布的形态：*t* 分布

我们在第6章学过，当总体服从正态分布时，均值分布也会是一条正态曲线。但是，当你用总体方差的估计值来进行假设检验时，情况就会发生改变。当使用总体方差估计值时，你只有较少的真实信息，

却有较多的犯错空间——相比于严格的正态曲线，极端平均数会较多。你的样本容量越小，用于估计总体方差的信息就越少，这种趋势就会越大。

综上所述，当用方差估计值来进行假设检验的时候，比较分布就不是一条正态曲线，得到的会是一条略微不同的曲线，称为 **t 分布**（t distribution）。

实际上，t 分布是一簇曲线，根据用于估计总体方差的自由度的变化而呈现出不同的形态。但是，每一个自由度都只有一个 t 分布。

通常，t 分布看起来像一条正态曲线——钟形，两侧完全对称且呈单峰状。与正态曲线略微不同的是，t 分布的尾部更高（也就是说两端数据较多）。图 8－2 将 t 分布与正态曲线进行了比较。

成功小贴士

注意，为了找到均值分布的方差，一般用总体方差除以样本容量。无论总体方差是已知的还是估计的，都是正确的。在我们的例子中，即用总体方差的估计值除以 16（样本容量）。只有在计算总体方差估计值时，才除以样本容量减 1——只有在估计总体方差时，才使用自由度。

t 分布　数学上定义的曲线，用于 t 检验的比较分布。

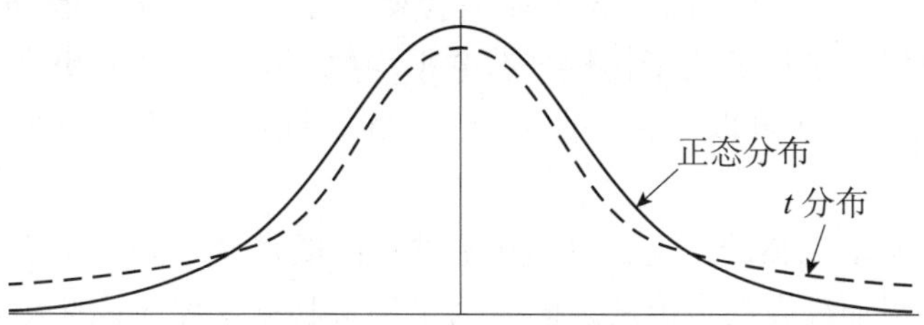

图 8－2　与正态曲线（实线）相比的 t 分布（虚线）

这种形态上的细微差异影响着拒绝虚无假设所需数据的极端程度。一般而言，为拒绝虚无假设，你的样本平均数必须位于比较均值分布中的极端部分，例如在前 5%处。但是，如果与正态曲线相比，t 分布有更多的平均数位于尾部，那么前 5%的起始部分在 t 分布中就必须前移。因此，与正态曲线相比，在 t 分布中样本平均数要更极端些，才能得到显著性结果。

t 分布与正态曲线的差异主要取决于自由度的大小和估计总体方差时信息的多少。当自由度较小时，t 分布与正态曲线的差别比较大（原因是估计总体方差时是基于一个很小的样本）。例如，当使用正态曲线时，1.64 是 0.05 显著性水平上单侧检验的临界值。在自由度为 7（即样本容量为 8）的 t 分布中，0.05 显著性水平上单侧检验的临界值为 1.895。如果总体方差的估计是基于一个较大的样本，例如自由度为 24（即样本容量为 25），临界值就变为 1.711，就更接近于正态曲线的值。如果你的样本容量为无穷大，那么 t 分布就会与正态曲线重合（当然，在你的样本容量为无穷大时样本就会包括整个总体）。因此，当样本容量大于或等于 30 时，t 分布的曲线就与正态曲线非常接近了。

很快，你将学到如何用 t 分布找到临界值，但让我们先回到你所在宿舍楼的学生每周学习多长时间的例子上来。关于比较分布特征的第②步，你最终获得了所需的所有信息。通过这个例子，我们已经了解到均值分布的平均数为 17 小时，标准差为 1.70。现在，我们进一步知道了比较分布的形态是自由度为 15 的 t 分布。[①]

计算拒绝虚无假设所需的临界值：使用 t 值表

假设检验的第③步在于确定拒绝虚无假设所需的临界值。每个自由度都对应着一个不同的 t 分布。但是，为避免整页罗列 t 分布的表栏，你可以使用一个只提供了重要临界值的简化表。我们在附录中呈

① 统计学家对比较分布和均值分布进行了细致区分（我们没有提及这种区分，是为了简化你的学习过程）。我们在第 6 章学过，进行样本平均数假设检验时，可以计算出样本平均数的 Z 分数，然后把这个 Z 分数和正态曲线表中的临界 Z 分数进行比较。我们将此过程中的均值分布作为比较分布。统计学家会说，这实际上是把计算出的样本平均数的 Z 分数和 Z 分数的分布（就是简单的正态曲线）进行比较。同样，对于 t 检验，稍后你将看到我们用计算 Z 分数的方式计算 t 值。但是，计算 t 值时，我们使用的是建立在总体方差估计值基础上的均值分布的标准差。然后，把计算出的样本平均数的 t 值和 t 分布表中的临界 t 值进行比较。依据这个统计逻辑，当涉及平均数 t 值的比较分布时，你可以考虑这个程序，而不是平均数本身。

t 值表 该表格提供了不同自由度，显著性水平和单侧、双侧检验条件下，t 分布中的各种临界值。

现了这个 **t 值表**（t table；表 A-2）。跟正态曲线表一样，t 值表只显示了正 t 值。如果你进行的是单侧检验，需要判断 t 值是正数还是负数。如果单侧检验是判断总体 1 的平均数是否大于总体 2 的平均数，临界 t 值就应为正值。但是，如果单侧检验是判断总体 1 的平均数是否小于总体 2 的平均数，那么临界 t 值就应为负值。

在研究学习时间的例子中进行的是单侧检验（你想知道你宿舍楼的学生是否比学校一般学生学习时间更长）。你可能会采用 0.05 的显著性水平，因为犯 I 型错误（错误地拒绝了虚无假设）的代价不是很大。样本中个体数量为 16，用于估计总体方差的自由度为 15。

表 8-1 展示了附录表 A-2 中 t 值表的一部分。从单侧检验中找到显著性水平为 0.05 的一列，往下移，找到自由度为 15 的一行。临界值为 1.753。该案例检验了你所在宿舍楼的学生（总体 1）是否比一般学生（总体 2）的学习时间更长。换言之，你检验了你宿舍楼的学生是否比一般学生有更高的 t 值，这意味着临界 t 值为正值。如果样本平均数高于比较分布的平均数 1.753 个或者更多个标准差，就拒绝虚无假设（如果使用的是已知方差，你可以从正态曲线上找到临界值。在正态曲线中，拒绝虚无假设的 Z 分数为 1.64。）

使用 t 值表的另一个要点是：在附录完整的 t 值表中，开始时自由度是从 1 到 30，然后是 35、40、45，直至 100。假设你的自由度介于两个较高的自由度之间。为了保险起见，你应该使用表格中与你的自由度最接近，同时又比你的自由度小的那个值。例如，你的研究中的自由度为 43，那么你应用 $df=40$ 的临界值。

表 8-1　　t 分布中 1～17 的自由度下各自的临界值

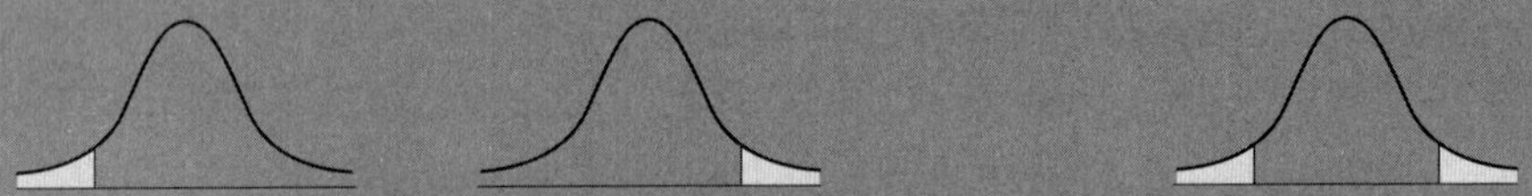

	单侧检验			双侧检验		
df	0.10	0.05	0.01	0.10	0.05	0.01
1	3.078	6.314	31.821	6.314	12.706	63.657
2	1.886	2.920	6.965	2.920	4.303	9.925
3	1.638	2.353	4.541	2.353	3.182	5.841
4	1.533	2.132	3.747	2.132	2.776	4.604
5	1.476	2.015	3.365	2.015	2.571	4.032
6	1.440	1.943	3.143	1.943	2.447	3.708
7	1.415	1.895	2.998	1.895	2.365	3.500
8	1.397	1.860	2.897	1.860	2.306	3.356
9	1.383	1.833	2.822	1.833	2.262	3.250
10	1.372	1.813	2.764	1.813	2.228	3.170
11	1.364	1.796	2.718	1.796	2.201	3.106
12	1.356	1.783	2.681	1.783	2.179	3.055
13	1.350	1.771	2.651	1.771	2.161	3.013
14	1.345	1.762	2.625	1.762	2.145	2.97
15	1.341	1.753	2.603	1.753	2.132	2.947
16	1.337	1.746	2.584	1.746	2.120	2.921
17	1.334	1.740	2.567	1.740	2.110	2.898

注：深灰强调处为学习时长例子中的临界值。

比较分布中样本平均数的值：t 值

假设检验的第④步用于计算比较分布中样本平均数的值。在第 6 章，这意味着找到比较分布中的 Z 分数——样本平均数偏离比较分布平均数多少个标准差。当比较分布是 t 分布时，其操作过程相同。唯一不同的一点在于其从 t 分布中得来，因而被称为 **t 值**（t score）而非 Z 分数。代入公式，则有：

t 值　在一个 t 分布中，表示一个分数距离平均数有多少个标准差（类似于 Z 值，只不过 t 值是针对 t 分布而言的）。

$$t=\frac{M-\text{总体 }M}{S_M} \tag{8-6}$$

t 值等于样本平均数减去总体平均数，再除以均值分布的标准差。

在上述例子中，你的样本平均数是 21，与总体平均数的差值为 4，除以标准差 1.70，最终结果为 2.35（即 4 小时除以标准差 1.70）。也就是说，样本平均数偏离 t 分布平均数 2.35 个标准差。计算过程如下：

$$t=\frac{M-\text{总体 }M}{S_M}=\frac{21-17}{1.70}=\frac{4}{1.70}=2.35$$

判断是否拒绝虚无假设

假设检验的第⑤步是判断是否拒绝虚无假设。这一步与之前章节所提到假设检验情境中所涉及的 t 检验相同。将第③步中的临界值与第④步比较分布中的样本分数相比较。在这个例子中，临界 t 值为 1.753 而样本实际 t 值为 2.35。结论：拒绝虚无假设。这项研究的预期假设是你宿舍楼的学生比总体学生的学习时间要长。图 8-3 列出了该例子的各种分布状况。

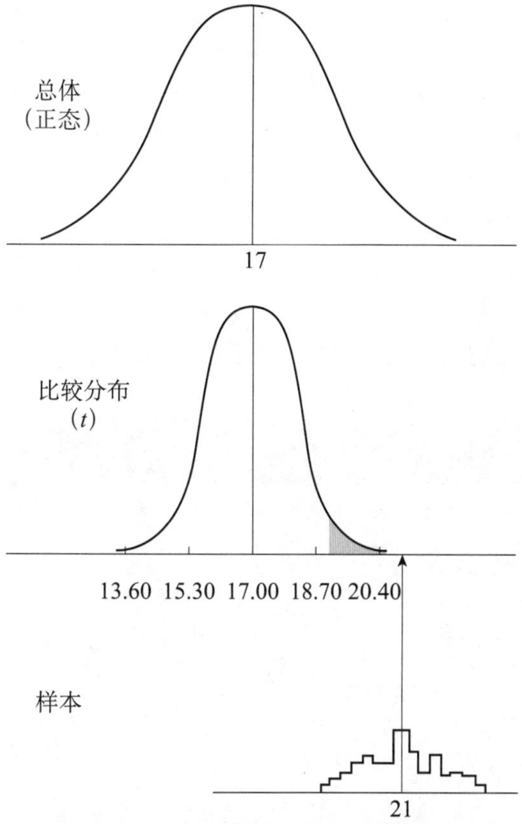

图 8-3　学习时间数值的分布示例图

总体方差未知时的假设检验小结

表 8-2 将我们刚刚讨论的假设检验程序（单样本 t 检验）与第 6 章的假设检验程序（Z 检验）进

行了对比。换言之，我们将现在只知总体平均数而不知方差的情况与第 6 章既知总体平均数又知方差的情况进行了对比。表 8－3 总结了单样本 t 检验的程序。

表 8－2　比较总体方差未知时的假设检验（单样本 t 检验）与总体方差已知时的假设检验（Z 检验）

假设检验的步骤	与总体方差已知时的差异
①重新将问题表述为关于总体的研究假设和虚无假设。	方法上无差异。
②确定比较分布的特征：	
总体平均数。	方法上无差异。
总体方差。	从样本中估计。
均值分布的标准差。	方法上无差异（但以总体方差估计值为基础）。
比较分布的形态。	遵循 t 分布，$df=N-1$。
③确定当虚无假设被拒绝时比较分布中的临界值。	运用 t 值表。
④计算比较分布中的样本分数。	方法上无差异（但是称之为 t 值）。
⑤决定是否拒绝虚无假设。	方法上无差异。

表 8－3　单样本 t 检验的步骤

①重新将问题表述为关于总体的研究假设和虚无假设。

②确定比较分布的特征。

a. 均值分布的平均数与总体平均数相同。

b. 计算标准差：

Ⓐ计算总体方差的估计值：$S^2=[\sum(X-M)^2]/df$。

Ⓑ计算均值分布的方差：$S_M^2=S^2/N$。

Ⓒ计算均值分布的标准差：$S_M=\sqrt{S_M^2}$。

c. 形态即自由度为 $N-1$ 的 t 分布。

③确定当虚无假设被拒绝时比较分布中的临界值。

a. 选择显著性水平，决定使用单侧还是双侧检验。

b. 在 t 值表中查出恰当的临界值。

④计算比较分布中的样本分数：$t=(M-\text{总体 }M)/S_M$。

⑤决定是否拒绝虚无假设：比较第③步与第④步的数据。

8.1　你学会了吗?

1. 在何种意义上一个样本的方差是对样本所在总体方差的有偏估计，即一个样本的方差以一种什么样的方式与样本所在总体的方差有所不同?

2. 计算样本方差的公式与计算样本所在总体方差的公式有什么不同（即总体方差的无偏估计公式)?

3. (a) 什么是自由度? (b) 在一个单样本 t 检验中如何计算自由度? (c) 自由度的计算与总体方差的计算有什么关系? (d) 自由度与 t 分布有什么关系?

4. (a) t 分布和正态曲线有什么不同? (b) 自由度对 t 分布有什么影响? (c) t 分布与正态曲线的差异对假设检验有什么影响?

5. 请列举单样本 t 检验与 Z 检验在假设检验过程中的三个差异。

6. 一个总体的平均数为 23。一个由 4 人组成的样本接受实验处理，其观测值分别是 20，22，22，20。要检验的假设为实验处理导致更低的观测值。请使用 0.05 的显著性水平。(a) 使用假设检验的步骤并且 (b) 简要画出所涉及的分布。

相关样本 t 检验

刚刚学过的 t 检验是当拥有一个单一样本时，我们知道总体平均数却不知总体方差的情况。实际情况是，在大多数调查中，甚至连总体的平均数都是未知的；此外，在大多数调查情境中，你有两组数据。上述两种情况，总体平均数未知与拥有两组数据总是相伴出现。

重复测量设计　对每一个人都不只测量一次的研究设计，也叫被试内设计。

相关样本 t 检验　每一个人都有两个观测值，总体方差未知；研究假设的检验是检验两次观测值的差异。

本章剩下的部分将着重研究样本中每个个体有两个数据的情况，这种调查被称为**重复测量设计**（repeated-measures design，也被称为被试内设计）。一个常见的例子是你对同一群人进行前后两次社会或心理干预。这种特殊的重复测量情境被称为前后比较设计。例如，一个研究者也许会测量一名男士接受婚姻咨询前后的沟通质量。［有关重复测量设计的更多信息，请参见 www. personhighered. com 网站上的 Web Chapter W1（Overview of the Logic and Language of Behavioral and Social Sciences Research，行为与社会科学研究的逻辑与用语概览）。］

在同一个人被测试两次的情境下所做的假设检验程序称为**相关样本 t 检验**（t test for dependent means）。相关样本得名的原因在于同一人群的两组数值相互关联（例如，一组前测数据，一组后测数据）。（在第 9 章，我们将使用独立样本 t 检验，对来自不同人群的数值进行比较的情形进行探讨。）

相关样本 t 检验又被称为配对样本 t 检验。名称来自这样一个概念，即在这种 t 检验中，你对两组相关的数据进行直接比较，例如每个人在接受实验处理前后得到的数据。

除了（a）使用差异分数这个概念和（b）假设差异分数的总体平均数是 0 的情况外，相关样本 t 检验与单样本 t 检验步骤都相同。接下来我们就来探讨这两种情况。

差异分数

在重复测量设计的情况下，你的样本中每个个体都有两个数据。你要进行的处理是使每个个体的两个数据变为一个！其实现途径便是**差异分数**（difference scores）：对于每个个体来说，你需要以一个数据减去另一个。如果是前后结果的差异，差异分数也叫增值分数。

差异分数　同一个被试者在一个测验和另一个测验间分数的差异；通常是后面的分数减去前面的分数，这种情况下它也叫增值分数。

以男士在接受婚姻咨询前后沟通质量为例子。研究者将咨询后的沟通质量数据减去咨询前的沟通质量数据，就可以得出每位男士的差异分数。当既有前测数值又有后测数值时，多采用后测数值减去前测数值来表示变化。

得到研究中每个人的差异分数之后，就可以对假设检验中剩余的数据进行处理。也就是说，你把这项研究当作单样本数据（只不过此处的数据是差异分数）来处理。①

总体平均数为 0 的差异分数

迄今为止，在本书中我们经常将已知总体的平均数与样本的平均数相比。例如，在学生学习时间调查中，你已知总体平均数是 17 个小时。但是，现在我们运用的是差异分数，且通常我们并不知道差异分数总体平均数。

下面我们将介绍解决方案。一般而言，在重复测量设计中虚无假设是两组数据之间没有差异。例

① 当你的样本分数来自配对样本时，也可以用相关样本 t 检验。将每对个体的得分分别视作一个个体的两次得分并且计算每一对的差异分数。例如，假设你有 30 对夫妻并且想要测试丈夫年龄是否均大于妻子。你可以计算每一对夫妻中丈夫年龄减妻子年龄的差异分数。计算的其他部分和相关样本 t 检验相同。这种方式的相关样本 t 检验，通常被称为配对样本 t 检验。

如，在男士接受婚姻咨询前后沟通质量研究的例子中，虚无假设是通常咨询前后沟通质量没有差异。那没有差异的意思是什么呢？其含义通常来说就等同于差异分数的总体平均数为0。因此，运用差异分数时，就需将差异分数样本取自的差异分数总体与差异分数平均数为0的总体进行比较。换言之，在相关样本 t 检验中，我们通常所说的总体2其平均数通常为0（也就是说差异分数总体平均数为0）。

相关样本 t 检验范例

Olthoff（1989）对一些夫妇结婚前后3个月沟通质量进行了测验。一组中19对夫妇婚前曾向牧师做过普通婚前咨询。（为使例子更简单，我们实验中只关注这一组，而且只关注这一组的丈夫。虽然从妻子一方得到的数据十分相似，但变化更多一些，对于学习 t 检验程序而言太复杂了。）

将从这19位丈夫中得到的数据和所得的 t 检验结果列在表8-4的"婚前"和"婚后"两列中。分析的关键便是"差异"这一列。例如，第一位丈夫，婚前沟通质量值为126，婚后为115，差值为−11（我们用婚后的值减去婚前所得的值，显示增加则结果为正值，对于这位丈夫来说，下降了则是负值）。差异分数的平均数是−12.05。也就是说，19位丈夫婚后的沟通质量平均下降了12分。

表8-4　对19位接受过普通婚前咨询的丈夫在婚前和婚后沟通质量的 t 检验

丈夫	沟通质量		差异（婚后−婚前）	离均差（差异−M）	离均差的平方
	婚前	婚后			
A	126	115	−11	1.05	1.10
B	133	125	−8	4.05	16.40
C	126	96	−30	−17.95	322.20
D	115	115	0	12.05	145.20
E	108	119	11	23.05	531.30
F	109	82	−27	−14.95	233.50
G	124	93	−31	−18.95	359.10
H	98	109	11	23.05	531.30
I	95	72	−23	−10.95	119.90
J	120	104	−16	−3.95	15.60
K	118	107	−11	1.05	1.10
L	126	118	−8	4.05	16.40
M	121	102	−19	−6.95	48.30
N	116	115	−1	11.05	122.10
O	94	83	−11	1.05	1.10
P	105	87	−18	−5.95	35.40
Q	123	121	−2	10.05	101.00
R	125	100	−25	−12.95	167.70
S	128	118	−10	2.05	4.20
Σ：	2 210	1 981	−229		2 772.90

对于差异分数：

$M=-229/19=-12.05$。

总体 $M=0$（假定与基线相比无变化）。

$S^2=[\sum(X-M)^2]/df=2\ 772.90/(19-1)=154.05$。

$S_M^2=S^2/N=154.05/19=8.11$。

$S_M=\sqrt{S_M^2}=\sqrt{8.11}=2.85$。

t 检验的 $df=18$，显著性水平为0.05，双侧检验（临界值）$=\pm 2.101$。

$t=(M-\text{总体}\ M)/S_M=(-12.05-0)/2.85=-4.23$。

结论：拒绝虚无假设。

资料来源：Olthoff（1989）.

这样的下降是显著的吗？换言之，该差异分数样本有多大可能是从差异分数平均数为 0 的总体中随机抽取的呢？让我们来进行假设检验（分布情况见图 8-4）。

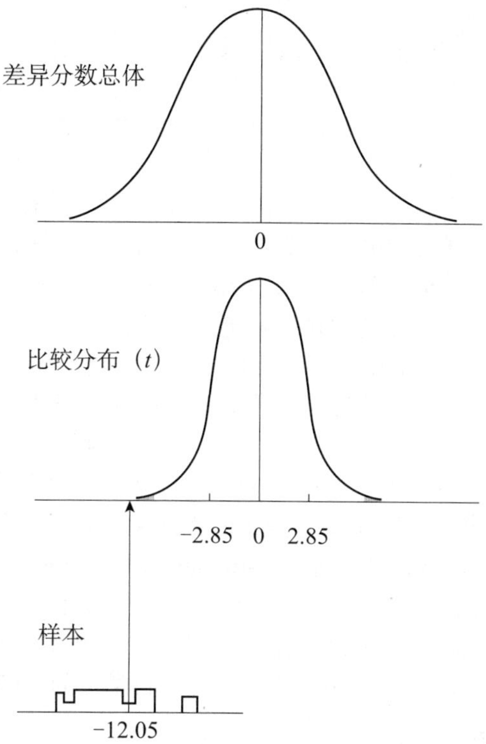

图 8-4　相关样本 t 检验：Olthoff（1989）示例中的分布

①重新将问题表述为关于总体的研究假设和虚无假设。这里有两个总体：

总体 1：接受过普通婚姻咨询的丈夫。

总体 2：结婚前后沟通质量未发生改变的丈夫。

这项调查的研究假设是总体 1 的差异分数（婚后沟通质量减去婚前沟通质量）平均数与总体 2 的差异分数平均数（为 0）不同。即，研究假设是那些接受普通婚前咨询的丈夫，例如 Olthoff（1989）实验中的那些丈夫，其沟通质量的确在结婚前后发生了改变。虚无假设的总体也是一样的，即虚无假设是那些接受了普通婚前咨询的丈夫结婚前后的沟通质量没有发生改变。

需要注意的是，你并没有总体 2 中丈夫们的准确信息。研究中的丈夫们是总体 1 的抽样样本。就假设检验的目的而言，你将总体 2 作为证伪的比较组。也就是说，为了分析研究，你必须设结婚前后的沟通质量并无差异的丈夫为比较组。

> **成功小贴士**
>
> 总体 2 是虚无假设为真时的总体。

> **成功小贴士**
>
> 你现在需要处理一些相当复杂的术语，如差异分数均值分布的标准差。虽然这些术语很复杂，但是它们都有一个较好的内在逻辑。理解这些术语的最好方式是把这些术语分解为可以理解的各部分。例如，你将注意到新加的术语和单样本 t 检验中的术语是一样的，只是多了“差异分数”。这个短语被加进来是因为对相关样本 t 检验的所有计算都是利用了差异分数。

②确定比较分布的特征。如果虚无假设是真的，那么差异分数的总体平均数就是 0。差异分数的总体方差就可以从差异分数样本中估计出。如表 8-4 所示，根据差异分数平均数计算的差异分数离均差的平方和为 2 772.90。研究中有 19 位丈夫，因此自由度为 18。代入公式可得差异分数的总体方差估计值为 154.05。

差异分数均值分布的平均数为 0，与差异分数总体平均数一致。差异分数均值分布的方差等于差异分数总体方差估计值（154.05）除以样本容量（19），结果为 8.11。差异分数均值分布的标准差为 2.85，是 8.11 的平方根。

因为 Olthoff（1989）使用的是总体方差估计值，所以比较分布为 t 分布。对差异分数总体方差的估计是在自由度为18的情况下进行的，因此该 t 分布的自由度为18。

> **成功小贴士**
>
> 相关样本 t 检验的第②步比之前的要复杂一些。这使得在计算的过程中很容易忘记这一步的目的。假设检验的第②步是明确比较分布的特征。在相关样本 t 检验中，这个比较分布是差异分数的均值分布。这个分布的关键特征是它的平均数（假设等于0）、它的标准差（估计为 S_M），以及它的形态（自由度等于样本容量减1的 t 分布）。

③确定当虚无假设被拒绝时比较分布中的临界值。 Olthoff（1989）曾用一个双侧检验来估计沟通质量的提高或降低。附录的表A-2列出了拒绝虚无假设的条件，在0.05显著性水平和自由度为18时，即大于等于2.101的 t 值或是小于等于−2.101的 t 值。

④计算比较分布中的样本分数。 Olthoff（1989）的样本中差异分数平均数是−12.05。也就是说，该平均数比平均数为0的差异分数均值分布低12.05分。该差异分数均值分布的标准差是2.85。因此，差异分数的平均数−12.05，比差异分数均值分布的平均数0要小4.23个标准差。所以Olthoff样本差异分数 t 值为−4.23。

⑤决定是否拒绝虚无假设。 样本差异分数 t 值为−4.23，比所需的2.101和−2.101都极端。因此Olthoff（1989）便可以拒绝虚无假设了。这也说明这些丈夫婚后的沟通质量较婚前有所下降。

但Olthoff（1989）实际的研究更为复杂。研究显示，妻子们婚后的沟通质量也有所下降。对于这样的结果，你也许会很好奇。然而，另外一些与样本相似、但接受了牧师给予的特殊的沟通技巧训练（比普通的短期学习时间更长）的新婚夫妇，其沟通质量与婚前相比并无显著下降。实际上，大量研究事实表明一般来说随着时间的推移婚姻幸福感会急剧下降（VanLaningham，Johnson，& Amato，2001）。并且，许多研究显示，接受婚前沟通培训课程是十分必要的。例如，一项具有代表性的研究发现，美国3 344名参与婚前沟通培训的成年人婚后有更高的婚姻满足感且争吵较少，其离婚率减少了31%（Stanley，Amato，Johnson，& Markman，2006）。此外，该研究结果在具有本科学历的夫妇身上更为明显！

相关样本 t 检验步骤小结

表8-5总结了相关样本 t 检验的步骤。①

表8-5　相关样本 t 检验步骤

①重新将问题表述为关于总体的研究假设和虚无假设。
②确定比较分布的特征。
a. 将每个被试者的两个分数转换为差异分数，并在下面的运算中利用该差异分数。
b. 计算差异分数的平均数。
c. 假定差异分数均值分布的平均数为0。
d. 差异分数均值分布的标准差计算方法如下：
Ⓐ差异分数总体方差的估计值：$S^2=[\sum(X-M)^2]/df$。
Ⓑ差异分数均值分布方差的计算：$S_M^2=S^2/N$。
Ⓒ差异分数均值分布标准差的计算：$S_M=\sqrt{S_M^2}$。
e. 形态即自由度为 $N-1$ 的 t 分布。
③确定当虚无假设被拒绝时比较分布中的临界值。
a. 选择显著性水平，决定使用单侧还是双侧检验。
b. 在 t 值表中查出恰当的临界值。
④计算比较分布中的样本分数：$t=(M-\text{总体}M)/S_M$。
⑤决定是否拒绝虚无假设：比较第③步与第④步的数据。

① 相关样本 t 检验的步骤在某种程度上可以认为是基于差异分数（使用符号 D）来计算 S 和 t 的公式。为了了解这种想法，我们强烈建议你做练习题时使用本章中讨论的常规步骤。在实际的研究情况中，通常是通过计算机完成计算（请参见本章末尾的“SPSS应用”部分）。但是，如果你在实际研究中必须通过手动（没有计算机）对相关样本进行 t 检验，你可能会发现这些公式有用。

以下公式中的 D 是差异分数：

$$S=\sqrt{\frac{\sum D^2-[(\sum D)^2/N]}{N-1}} \tag{8-7}$$

$$t=\frac{(\sum D)/N}{S/\sqrt{N}} \tag{8-8}$$

相关样本 t 检验的另一个范例

一组研究者检验了人类大脑中负责浪漫爱情的系统（Aron，Fisher，Mashek，Strong，& Brown，2005）。一个问题是负责人类浪漫爱情的大脑结构是不是尾状核（当人们在实验任务中赢钱、获得其他奖励时，大脑发生反应的结构）。因此，研究者邀请了一些最近坠入爱河当中的人（例如，研究的被试者一天中至少有 80%的时间在想他们的伴侣）。被试者带来了一张他们爱侣的照片，同时还带来了一张与爱侣同性别、同年龄的他们所熟悉的人的照片，即中性照片。然后被试者接受功能性磁共振成像（fMRI）检测，即在他们看这两张照片的时候对大脑进行扫描——30 秒观看爱侣照片，30 秒观看普通人照片，30 秒观看爱侣照片，依此类推。

表 8－6 列出了当被试者在看这两张照片时尾状核区域的平均大脑活动（平均的 fMRI 扫描值）。（为教学方便，我们已经将结果简化，即实际研究个体为 17，而我们只用了 10 个数据。）表中也列出了差异分数的计算结果和其他所有相关样本 t 检验的计算结果。图 8－5 展示了分布情况。下面是假设检验的步骤：

表 8－6　　浪漫爱情与尾状核脑部活动研究中的 t 检验

学生编号	大脑激活		差异分数	离均差	离均差的
	观看爱侣照片	观看中性照片	（爱侣一中性）	（差异－M）	平方
1	1 487.8	1 487.3	0.5	－0.700	0.490
2	1 329.4	1 328.1	1.3	0.100	0.010
3	1 407.9	1 405.9	2.0	0.800	0.640
4	1 236.1	1 234.6	1.5	0.300	0.090
5	1 299.8	1 298.2	1.6	0.400	0.160
6	1 447.2	1 445.2	2.0	0.800	0.640
7	1 354.1	1 354.2	－0.1	－1.300	1.690
8	1 204.6	1 203.7	0.9	－0.300	0.090
9	1 322.3	1 321.4	0.9	－0.300	0.090
10	1 388.5	1 387.1	1.4	0.200	0.040
Σ：	13 477.7	13 465.7	12.0		3.940

对于差异分数：

$M=12.0/10=1.200$。

总体 $M=0$（假定与基线相比无变化）。

$S^2=[\Sigma(X-M)^2]/df=3.940/(10-1)=3.940/9=0.438$。

$S_M^2=S^2/N=0.438/10=0.044$。

$S_M=\sqrt{S_M^2}=\sqrt{0.044}=0.210$。

t 检验的 $df=9$，显著性水平为 0.05，单侧检验（临界值）$=1.833$。

$t=(M-\text{总体}\ M)/S_M=(1.200-0)/0.210=5.71$。

结论：拒绝虚无假设。

资料来源：Aron et al.（2005）.

①重新将问题表述为关于总体的研究假设和虚无假设。

这里有两个总体：

总体 1：与研究对象相似的个体。

总体 2：观看爱侣照片与中性照片时大脑尾状核部分反应相同的个体。

这项调查的研究假设是总体 1 的差异分数平均数（被试者观看爱侣照片时大脑活动数值减去观看普通人照片时的值）比总体 2 大。也就是说，研究假设为被试者观看爱侣照片时尾状核部分大脑活动比观看中性照片时激烈。虚无假设是总体 1 的差异分数平均数不比总体 2 大。即虚无假设为被试者观看

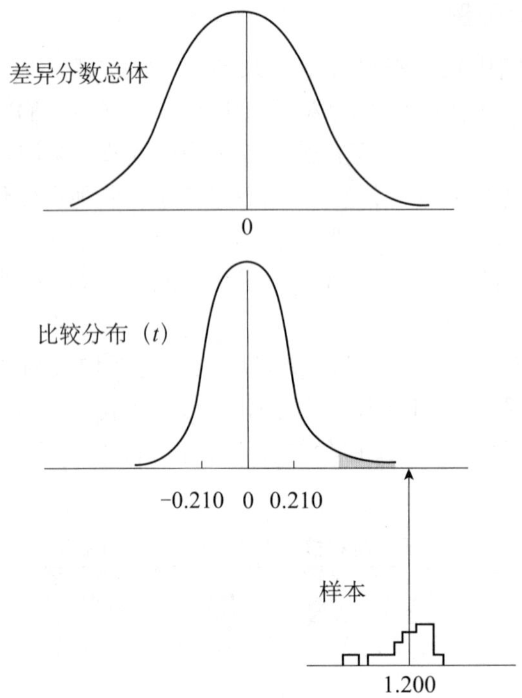

图 8-5　浪漫爱情与尾状核脑区激活例子的数据分布

爱侣照片时尾核部分大脑活动不比观看中性照片时激烈。

②确定比较分布的特征。

a. 将每个被试者的两个分数转换为差异分数，并在下面的运算中利用该差异分数。表 8-6 中的“离均差”一列显示了计算结果。

b. 计算差异分数的平均数。差异分数的和（12.0）除以差异分数的个数（10）得到差异分数的平均数为 1.200，因此，$M=1.200$。

c. 假定差异分数均值分布的平均数为 0。即总体 $M=0$。

d. 差异分数均值分布的标准差计算方法如下：

（a）差异分数总体方差的估计值：$S^2=[\sum(X-M)^2]/df=0.438$。

（b）差异分数均值分布方差的计算：$S_M{}^2=S^2/N=0.044$。

（c）差异分数均值分布标准差的计算：$S_M=\sqrt{S_M^2}=0.210$。

e. 形态为自由度是 $N-1$ 的 t 分布。因此，得到的比较分布是自由度为 9 的 t 分布。之所以称为 t 分布，是因为我们是基于估计的总体方差计算它的方差，且在估计总体方差时自由度为 9。

③确定当虚无假设被拒绝时比较分布中的临界值。

a. 我们将使用 0.05 的显著性水平。因为研究者只对差异的一个特定方向感兴趣，因而这是一个单侧检验。

b. 在显著性水平为 0.05、自由度为 9 时，由附录表 A-2 可知临界 t 值为 1.833。在表 8-6 中，差异分数的计算是用被试者观看爱侣照片时获得的大脑活动数值减去观看普通人照片时的值。因此，研究假设预测差异分数是正值，即临界 t 值为 1.833。

④计算比较分布中的样本分数。

$t=(M-\text{总体}\,M)/S_M=(1.200-0)/0.210=5.71$。因此，差异分数的平均数 1.200，比差异分数均值分布的平均数 0 要大 5.71 个标准差。

⑤决定是否拒绝虚无假设。

样本 t 值为 5.71，比临界 t 值 1.833 要极端得多。因此你可以拒绝虚无假设。尾状核脑区在被试者观看爱侣照片时比观看普通人照片时更活跃，该研究结果并不仅仅适用于北美人，在 2007 年对中国北京的坠入爱河的学生人群的研究中，获得了几乎完全一致的结果。

Z 检验、单样本 t 检验、相关样本 t 检验的回顾与比较

在第 6 章我们学习了 Z 检验。在本章你学习了单样本 t 检验和相关样本 t 检验。表 8-7 为我们提供了 Z 检验、单样本 t 检验和相关样本 t 检验的回顾与比较。

成功小贴士

我们建议多花些时间仔细阅读表 8-7。通过盖住表的部分内容，然后试着回忆盖住的信息以检验你是否理解。

表 8-7　Z 检验、单样本 t 检验、相关样本 t 检验的回顾与比较

特征	检验类型		
	Z 检验	单样本 t 检验	相关样本 t 检验
总体方差已知	是	否	否
总体平均数已知	是	是	否
被试者分数的个数	1	1	2
比较分布的形态	Z 分布	t 分布	t 分布
自由度公式	不适用	$df=N-1$	$df=N-1$
公式	$Z=(M-$总体 $M)/$总体 SD_M	$t=(M-$总体 $M)/S_M$	$t=(M-$总体 $M)/S_M$

8.2　你学会了吗?

1. 描述一个需要使用相关样本 t 检验的情况。
2. 当进行相关样本 t 检验时，该如何处理每个被试者的两个分数?
3. 在相关样本 t 检验中，(a) 已知总体（总体 2）的平均数通常被视作多少? (b) 为什么?
4. 5 个被试者分别在实验程序前后进行了测验，得分见下表。在 0.05 的显著性水平上，检验前后测无显著改变的假设。(a) 用假设检验的步骤，(b) 描述比较分布的情况。

个体	前测	后测
1	20	30
2	30	50
3	20	10
4	40	30
5	30	40

5. 对于单样本数据，什么样的研究情境应该进行 Z 检验，什么样的研究情境应该进行 t 检验?
6. 什么样的研究情境应该进行单样本 t 检验，什么样的研究情境应该进行相关样本 t 检验?

单样本 t 检验和相关样本 t 检验的前提假设

我们已知，当我们使用的是总体方差估计值时，比较分布为 t 分布。但是，比较分布（均值分布）只有个体所在总体的分布服从正态曲线时，才会是一个严格意义上的 t 分布。否则，比较分布就会变成其他形态。

前提假设　一种前提条件，例如进行特定的假设检验程序前，需要总体呈正态分布；是确保临界值所在表格准确性的数学基础。

因此，严格来讲，正态总体是 t 检验逻辑与数学上的必要条件。对

于假设检验程序来讲，这个必要条件被称为**前提假设**（assumption）。换言之，总体呈正态分布就是 t 检验的前提假设。你可以将这个前提假设视作使假设检验程序结果准确的必要条件。如果总体分布不呈正态，比较分布就会呈现一些未知的形态而非 t 分布——并且表格中的临界 t 值也会是错误的。

不幸的是，当你进行 t 检验时，你并不知道总体是否呈正态。因为当进行 t 检验时，你所知道的数据通常都是来自你的样本。但幸运的是，行为与社会科学中的分布通常都是十分接近正态分布的（这点也同样适用于差异分数的分布）。而且，统计学家们已经在实践中发现，即使总体分布不呈正态，你也可以通过 t 检验得到合理精确的结果。在相关样本 t 检验中，最有可能会得出严重失真结果的情况只有一种，即你进行的是单侧检验而且总体呈严重的偏态分布（也就是说，图形十分不对称，一边尾部远长于另一边）。因此，如果差异分数样本呈严重的偏态分布，则样本所在的总体也是严重偏态的，那么在进行单侧检验的时候下结论便需十分谨慎。

相关样本 t 检验的效应量与检验力[①]

效应量

相关样本 t 检验的效应量估计值等于差异分数平均数除以差异分数总体标准差的估计值。

研究中运用相关样本 t 检验所取得的效应量估计值是差异分数平均数除以差异分数总体标准差的估计值。公式如下：

$$\text{效应量估计值}=M/S \tag{8-9}$$

M 为差异分数的平均数，而 S 为差异分数总体标准差的估计值。

这个公式与第7章所学计算效应量的公式基本一致，但不同的是：(a) 公式中参与运算的是差异分数平均数而非样本平均数与总体平均数的差，(b) 使用的是总体标准差的估计值而非总体标准差的已知值。

效应量公约你应该已经比较熟悉了。小效应量为0.20，中等效应量为0.50，大效应量为0.80。

回想我们相关样本 t 检验中的第一个实例，即丈夫们沟通质量的变化研究。在调查中，差异分数的平均数是-12.05，差异分数的总体方差估计值（S^2）为154.05，其平方根即差异分数的总体标准差估计值为12.41。因此，效应量是-12.05除以12.41，即-0.97。这是一个非常大的效应量（效应量是负值说明沟通得分下降）。

> **成功小贴士**
>
> 检验力可以用概率（例如0.71）或者百分比（例如71%）来表述。在表8-8中检验力是用概率的方式表述的。

检验力

相关样本 t 检验的检验力可以通过检验力软件包、网络检验力计算器或是检验力表来确定。表8-8给出了在0.05的显著性水平上，大、中、小等级的效应量，单侧、双侧检验下的统计检验力。

假设研究者进行某项研究，有20名被试者参与了该项研究，研究者在0.05的显著性水平上进行了双侧检验。基于之前的相关研究，这位研究人员预测效应量为0.50左右（中等效应量）。查表显示这个研究的检验力可能为0.59。也就是说，如果这个研究假设为真且效应量为中等，则该研究有59%的可能性结果显著。

当你看到一个已发表研究的结果不显著时，检验力表（表8-8）依然有用。假设一项相关样本 t 检验有一个不显著的结果，该研究在0.05的水平上，对10名被试者进行双侧检验。你是否能够得出两总体间没有任何不同的结论？可能不能。即使是在一个中等效应量上，表8-8表明该研究也仅有32%的可能性得到一个显著性结果。

---

① 请注意，单样本 t 检验的效应量和检验力的计算方式与相关样本 t 检验的相同。

设想另一个结果不显著的研究。该研究在0.05的水平上，对100名被试者进行单侧检验。表8-8显示，即使在该总体只有一个小的效应量，研究也有63%的可能性会获得一个显著性结果。如果该总体有一个中等效应量，根据表格所得结果，这项研究就有100%的可能性获得显著性结果。在这项有100名被试者的实验中，你可以从研究结果中得出结论，在两总体间至少存在一些差异。

为保持表8-8的简洁性，我们只给出几个被试者水平（10，20，30，40，50，100）下的不同检验力。当你在评价一些研究文献的结果时，这些数值应该能够有效地帮助你进行检验力的粗略估计。①

表8-8　在0.05显著性水平上相关样本 t 检验的检验力估计值

样本（N）中的差异分数	效应量		
	小（0.20）	中等（0.50）	大（0.80）
单侧检验			
10	0.15	0.46	0.78
20	0.22	0.71	0.96
30	0.29	0.86	*
40	0.35	0.93	*
50	0.40	0.97	*
100	0.63	*	*
双侧检验			
10	0.09	0.32	0.66
20	0.14	0.59	0.93
30	0.19	0.77	0.99
40	0.24	0.88	*
50	0.29	0.94	*
100	0.55	*	*

* 表示检验力接近1。

计划样本容量

表8-9给出了确保要进行的研究检验力达到80%时大概需要的被试者数量（80%是研究者为确保一项研究是值得进行的，所给出的通用检验力的最小值）。表8-9给出了基于0.05的显著性水平、大/中等/小效应量、单/双侧检验的所需被试者数量。假设你正在筹备一项大效应量的调查，在0.05的显著性水平上进行双侧检验。根据表格，你只需14名被试者，就可获得80%的检验力。另外，一项具有相同显著性水平、同样也是双侧检验的研究，你所期望的是小效应量，却为什么需要196名被试者来获得80%的检验力呢？②

---

① 科恩（1988，pp.239）根据被试者的数量、效应量的等级和显著性水平提供了更为详细的表格。如果你用他提供的表格，需要注意 d 所指代的是基于独立样本 t 检验。在相关样本 t 检验中使用该表格，首先需要将效应量乘以1.4。例如：如果你使用科恩表的效应量0.30，你需要认为它是0.42（即 $0.30\times1.4=0.42$）。另外一点不同是科恩表用字母 α 来表示显著性水平，并运用下标1或2指代单侧检验或是双侧检验。例如，一个表标注"$\alpha_1=0.05$"，就说明 $p<0.05$，且为单侧检验。

② 科恩（1988，pp.54-55）在表中给出了更多详细数据，即获得的检验力不是80%时，所需的被试者数量（和效应量不是0.20、0.50与0.80以及其他显著性水平情况下，所需的被试者数量）。参见科恩表在相关样本 t 检验中的具体使用方法。

表 8-9　在 0.05 显著性水平上相关样本 t 检验的检验力达到 80%大约所需的被试者数量

	效应量		
	小（0.20）	中等（0.50）	大（0.80）
单侧检验	156	26	12
双侧检验	196	33	14

使用相关样本 t 检验的研究的检验力

运用差异分数的研究（即重复测量设计的研究），通常比平均数之间的预期差异相同的其他类型的研究设计效应量更大。也就是说，让同一组的每个被试者测试两次（一次在一种条件下，另一次在另一种条件下）的研究比将被试者分成两组，分别测试每一种条件的方法检验力更高（一组在一种条件下测试，另一组在另一种条件下测试）。实际上，运用差异分数进行的研究，通常都会比用两倍样本容量但每组只测试一次的研究的检验力高。

为什么重复测量设计有如此大的检验力呢？原因在于差异分数的标准差一般较小（差异分数标准差即运用差异分数来得到效应量时的除数）。这会产生一个大的效应量，从而增大检验力。在重复测量设计中，唯一的变异在于差异分数，分析的总变异并不包括被试者间得分的变异。而这样的影响便是，在通常运用差异分数的研究中，即便样本容量较小，其所得的效应量也会很大（因此得到的检验力也很大）。

但是，本章探讨的重复测量设计研究（在实验程序前后只测试一组被试者，而不设置不进行实验处理的对照组），尽管从检验力的角度来讲有许多优点，但从结果意义角度来看却有一些不足。例如，假设一项研究中被试者在实验程序前后分别接受测试。即使研究结果有显著差异，产生差异的结果也可能有许多解释。如被试者的得分可能随着时间而有所变化，或者在两次测试之间发生了一些其他事件，又或者是有的被试者并未从实验中获益而中途退出，甚至有可能是前测本身导致了变化。针对此类研究的局限性，我们将在研究方法的内容中详细进行介绍。

8.3　你学会了吗？

1. (a) 假设检验的前提假设是什么？(b) 描述一项相关样本 t 检验的前提假设。(c) 如果违反前提假设，会造成怎样的影响？(d) 相关样本 t 检验什么时候可能得出一个失真的结果？
2. (a) 写出计算相关样本 t 检验效应量的公式，并 (b) 解释每个符号所代表的含义。
3. 你正在计划一个效应量为 0.50 的研究，打算在 0.05 的显著性水平进行单侧相关样本 t 检验来检验显著性。(a) 如果有 20 名被试者，这项研究的检验力是多少？(b) 如果检验力为 80%，需要多少名被试者？
4. (a) 为什么重复测量设计有如此高的检验力？(b) 重复测量设计有哪些不足？

研究文献中的单样本 t 检验与相关样本 t 检验

通常研究文献会以十分标准的形式描述 t 检验结果，包括自由度、t 值和显著性水平。例如，$t(24)=2.80$，$p<0.05$，就表示研究者进行的是自由度为 24 的 t 检验，t 值为 2.80，结果在 0.05 的水平上显著。单侧或是双侧检验，也都会在描述中进行标注（若无特殊说明，则为双侧检验）。通常所有研究都会给出平均数，有时还包括标准差。但很少有研究会报告差异分数的标准差。

例如，在研究学生学习时间的文章中，就有如下描述："从我宿舍楼中取得的样本平均数为 21 小时（$SD=6.80$），将该结果与学校作为整体所得的已知平均数 17 小时的数据，进行单样本 t 检验，采用单侧检验，结果发现 $t(15)=2.35$，$p<0.05$，两者存在显著差异。”

正如我们前面提到的，行为与社会科学家们只是偶尔对单样本进行 t 检验。而我们介绍单样本 t 检验主要是为了引入应用更广泛的相关样本 t 检验。Olthoff（1989）早已将相关样本 t 检验的结果写在他关于丈夫们沟通质量的研究中：“沟通质量有显著下降，平均数从婚前的 116.32 下降到婚后的 104.26，$t(18)=2.76$，双侧检验，$p<0.05$。”

在另一个例子中，Rashotte 和 Webster（2005）实施了一项有关人类对男性和女性能力期望的研究。在这项研究中，研究人员为 174 名大学生展示了男性和女性的照片（分别称为男性目标和女性目标）。这些学生根据照片中每个人的综合能力（例如根据人的智力、概括能力和大多数任务中会体现的其他能力等）进行打分。每个被试者将男性目标和女性目标的各项评分分别相加，从而得到被试者对男性目标和女性目标的感知情况。由于本研究中的被试者既对男性目标进行了评定也对女性目标进行了评定，研究人员将被试者对男性目标和女性目标的评定得分进行比较，采用相关样本 t 检验。表 8-10 列出了结果。“全部被试者（$N=174$）”一行给出了 174 名被试者 t 检验的结果，并显示被试者对男性目标的评分显著高于对女性目标的评分（$t=3.46$，$p<0.001$）。根据表格可得，研究人员同时还进行了两项附加的 t 检验，以此来检测上述结果在男性被试者和女性被试者之间是否有差异。结果显示，最终无论被试者是男性还是女性，都会给男性目标打高分。正如这项研究的结果报告，相关样本 t 检验的结果可在表格中列出。星号经常用来表明显著性水平，并在表注中注明相应的显著性水平（尽管表 8-10 中没有这样的标注）。有时并未给出具体 t 值，只用星号标明显著性水平。

表 8-10　对女性目标与男性目标一般期望的平均数（和 *SE*）

被试者	平均得分（*SE*）		男性目标一女性目标差异分数	t(单侧，p 值)
	女性目标	男性目标		
全部被试者（$N=174$）	5.60 (0.06)	5.85 (0.07)	0.25	3.46 (<0.001)
女性被试者（$N=111$）	5.62 (0.07)	5.84 (0.081)	0.22	2.62 (<0.05)
男性被试者（$N=63$）	5.57 (0.10)	5.86 (0.11)	0.29	2.26 (<0.05)

资料来源：Rashotte, L. S., & Webster, M., Jr. (2005). Gender status beliefs. *Social Science Research*, *34*, 618-633.

通常相关样本 t 检验的结果会在文中而不是在表中给出。例如，Song 和 Schwarz（2009）曾让 20 名大学生给发音简单（如 Magnalroxate）或困难（如 Hnegripitrom）的食品添加剂的有害程度进行评定。（实际上你会发现这些所给项目并不真的是食品添加剂！）每个学生用 7 点量表从 1（非常安全）到 7（非常有害）来给所有食品添加剂打分。Song 和 Schwarz 将相关样本 t 检验的结果表述为：“正如预测的一样，被试者认为名称发音难的食品添加剂（$M=4.12$，$SD=0.78$），比名称发音简单的食品添加剂（$M=3.7$，$SD=0.74$）更有害，$t(19)=2.41$，$p<0.03$。”（p. 136）

本章点拨

小结

1. 即使总体方差未知，也可以使用假设检验的标准五步程序。但是在这种情况下，你必须依据公式，通过样本分数估计总体方差，即离均差的平方和除以自由度（$df=N-1$）。

2. 当总体方差是估计值时，平均数的比较分布即为 t 分布（t 值表给出各种临界值）。t 分布较正态分布而言，通常有更长的尾部（尾部长度与自由度大小成反比）。在这种情况下，偏离比较分布平均数的标准差个数称为 t 值。

3. 当总体方差未知时，对样本平均数与总体平均数进行检验可以使用单样本 t 检验。

4. 在研究中，当每个被试者有两个数据时（例如一个前测值，一个后测值，或者是在两个不同的实验条件下取得的值），可使用相关样本 t 检验。在相关样本 t 检验中，首先要计算出每个被试者两个数据的差异分数，然后假设总体2的差异分数平均数为0（即无差异），进行假设检验的5个步骤，并根据小结1和小结2中的描述进行修改。

5. t 检验的前提假设是总体分布形态是一条正态曲线。但是，即使总体分布形态不是正态曲线，t 检验通常也会较为准确。

6. 运用相关样本 t 检验研究的效应量就是差异分数的平均数除以差异分数总体标准差的估计值。统计检验力和80%统计检验力所需的样本容量都可以用检验力软件包、网络检验力计算器或是检验力表来得出。

7. 通过差异分数计算得出的检验力通常比使用相同被试量的其他研究设计要大。但是，这些不使用对照组、只对一个实验组被试者在实验之前和之后进行测试的重复测量研究，其研究结果可能存在其他的解释。

8. 研究文献中 t 检验的结果报告都会使用统一的格式，例如"$t(24)=2.80$，$p<0.05$"。

主要术语

t 检验	自由度（df）	重复测量设计
单样本 t 检验	t 分布	相关样本 t 检验
有偏估计	t 值表	差异分数
总体方差的无偏估计（S^2）	t 值	前提假设

示例

单样本 t 检验

8名被试者参加一项实验，实验之后对8名被试者进行测试。他们测得的分数分别是14，8，6，5，13，10，10，6。总体（包括未参加实验的人）呈正态分布，总体平均数为6。采用0.05显著性水平的双侧检验，探究实验程序对测试成绩是否有显著影响。(a) 写出假设检验的五个步骤，并 (b) 简要画出结果分布图。

答案

(a) 假设检验的步骤：

①重新将问题表述为关于总体的研究假设和虚无假设。这里有两个总体：

总体1：参加实验的人群。

总体2：普通人群。

研究假设为总体1与总体2的分数有差异。虚无假设为总体1与总体2的分数没有差异。

②确定比较分布的特征。均值分布的平均数为6（已知总体平均数）。为计算出总体方差估计值，你必须首先计算出样本平均数，即 $(14+8+6+5+13+10+10+6)/8=72/8=9$。则总体方差估计值 $S^2=[\sum(X-M)^2]/df=78/7=11.4$；均值分布的方差 $S_M^2=S^2/N=11.14/8=1.39$。均值分布的标准差 $S_M=\sqrt{S_M^2}=\sqrt{1.39}=1.18$。其形态为 $df=7$ 的 t 分布。

③确定当虚无假设被拒绝时比较分布中的临界值。由表A-2可知，0.05显著性水平、自由度为7的双侧 t 检验的临界值是2.365和-2.365。

④计算比较分布中的样本分数。$t=$（$M-$总体 M）$/S_M=(9-6)/1.18=3/1.18=2.54$。

⑤决定是否拒绝虚无假设。t 值2.54远大于2.365。因此拒绝虚无假设，支持研究假设，即实验确实导致了差异。

（b）分布图见图 8-6。

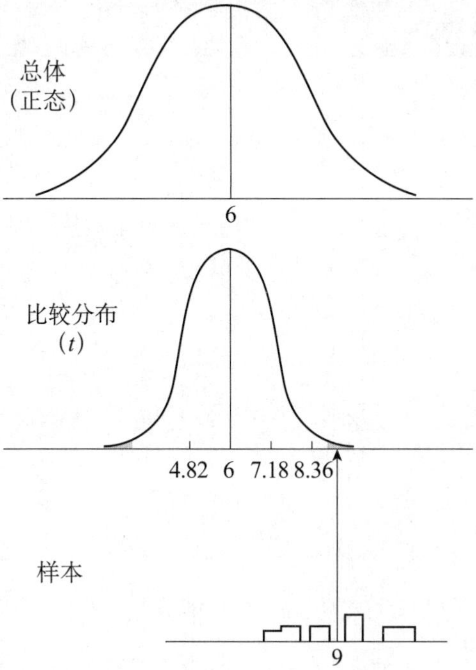

图 8-6　单样本 t 检验示例中的分布图

相关样本 t 检验

一位研究者对 10 名被试者实验前后的数据进行了记录。结果如下所示。

被试者	前测	后测
1	10.4	10.8
2	12.6	12.1
3	11.2	12.1
4	10.9	11.4
5	14.3	13.9
6	13.2	13.5
7	9.7	10.9
8	11.5	11.5
9	10.8	10.4
10	13.1	12.5

在 0.05 的显著性水平上检验实验使测试分数提升的假设。（a）写出假设检验的五个步骤，并（b）简要画出结果分布图。

答案

（a）表 8-11 列出了差异分数，以及相关样本 t 检验所需的其他计算结果。检验步骤如下：

表 8-11 相关样本 t 检验例题的数据

被试者	分数		差异（后测一前测）	离均差（差异一M）	离均差的平方
	前测	后测			
1	10.4	10.8	0.4	0.260	0.068
2	12.6	12.1	−0.5	−0.640	0.410
3	11.2	12.1	0.9	0.760	0.578
4	10.9	11.4	0.5	0.360	0.130
5	14.3	13.9	−0.4	−0.540	0.292
6	13.2	13.5	0.3	0.160	0.026
7	9.7	10.9	1.2	1.060	1.124
8	11.5	11.5	0.0	−0.140	0.020
9	10.8	10.4	−0.4	−0.540	0.292
10	13.1	12.5	−0.6	−0.740	0.548
Σ:	117.7	119.1	1.4		3.488

对于差异分数：

$M=1.4/10=0.140$。

总体 $M=0$。

$S^2=[\sum(X-M)^2]/df=3.488/(10-1)=3.488/9=0.388$。

$S_M^2=S^2/N=0.388/10=0.039$。

$S_M=\sqrt{S_M^2}=\sqrt{0.039}=0.197$。

t 检验的 $df=9$，显著性水平为 0.05，单侧检验（临界值）$=1.833$。

$t=(M-\text{总体}\ M)/S_M=(0.140-0)/0.197=0.71$。

结论：不拒绝虚无假设。

①重新将问题表述为关于总体的研究假设和虚无假设。这里有两个总体：

总体 1：参加实验的人群。

总体 2：测试前后没有变化的人群。

研究假设为总体 1 差异分数的平均数（用实验后数据减去实验前数据）比总体 2 差异分数的平均数大。虚无假设为总体 1 差异分数的平均数不大于总体 2 的。

②确定比较分布的特征。总体 2 差异分数的平均数为 0。据表 8-11，差异分数的总体方差估计值为 0.388。差异分数的均值分布的标准差 S_M 为 0.197。因此，比较分布的平均数为 0，标准差为 0.197，呈 $df=9$ 的 t 分布。

③确定当虚无假设被拒绝时比较分布中的临界值。对于 0.05 显著性水平、$df=9$ 的单侧检验，临界值为 1.833。（临界值为正的原因在于研究假设中总体 1 差异分数的平均数比总体 2 的大。）

④计算比较分布中的样本分数。样本差异分数的平均数 0.140 在均值分布中超过 0 的标准差个数为 0.71。也就是说，$t=(M-\text{总体}\ M)/S_M=(0.140-0)/0.197=0.71$。

⑤决定是否拒绝虚无假设。样本 t 值 0.71 比临界值 1.833 小。因此无法拒绝虚无假设，这项研究结论是不确定的。

(b) 分布图见图 8-7。

写关于单样本 t 检验的文章时，需要做以下说明

1. 描述单样本假设检验的核心原理。当已知一个样本的数据，想将该样本的平均数与方差未知的总体平均数进行比较时，用单样本 t 检验进行假设检验。解释其研究假设和虚无假设的统计含义。

2. 描述根据样本数据估计总体方差的原理。解释总体方差的有偏估计和无偏估计的概念，描述估计总体方差的公式，并解释其与一般方差公式不同的原因。

3. 描述单样本 t 检验所对应的比较分布（t 分布），并说明它与正态曲线的区别及原因。解释为什么将 t 分布（而非正态曲线）用作比较分布。

4. 描述在比较分布中，判断拒绝虚无假设的临界值的原理及过程。

5. 描述为什么及如何在比较分布中计算样本平均数的 t 值。

6. 解释在假设检验中如何比较第③步和第④步的值，以及比较的原因。结合具体研究对其虚无假设进行检验，解释比较结果的含义。

写关于相关样本 t 检验的文章时，需要做以下说明

1. 描述相关样本假设检验的核心原理。对每个个体都有两个数据的样本，用相关样本 t 检验进行假设检验。解释研究假设和虚无假设的含义。解释计算差异分数的原理和过程。

2. 解释为什么比较分布的平均数是 0。

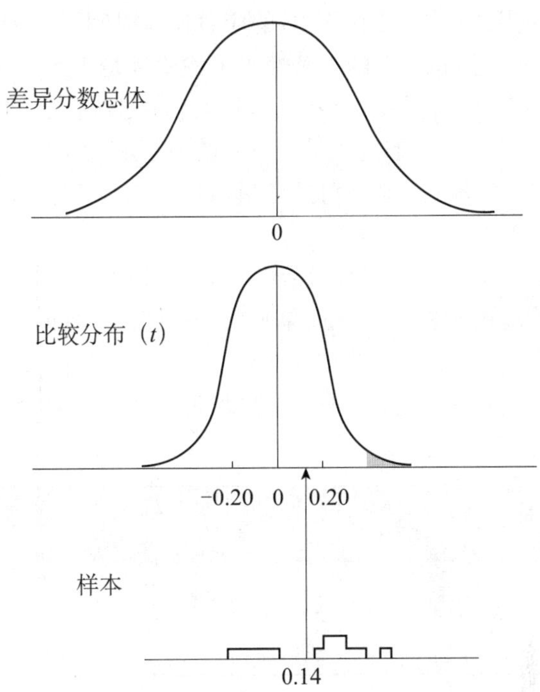

图 8-7　相关样本 t 检验示例中的分布图

3. 描述根据样本分数估计差异分数总体方差的原理。解释总体方差的有偏估计和无偏估计的概念，并描述估计总体方差的公式。描述如何计算差异分数均值分布的标准差。

4. 描述相关样本 t 检验所对应的比较分布（t 分布）。解释为什么将 t 分布（而非正态曲线）用作比较分布。

5. 描述在比较分布中，判断拒绝虚无假设的临界值的原理及过程。

6. 描述为什么及如何在比较分布中计算样本平均数的 t 值。

7. 解释在假设检验中如何比较第③步和第④步的值，以及比较的原因。结合具体研究对其虚无假设进行检验，解释比较结果的含义。

练习题

以下练习题涉及计算。虽然在现实生活中，绝大多数统计问题是借助于特殊的统计软件用计算机完成的，但是即便你有这些软件，也要动手解决这些问题以便加深对所学方法的理解。如果想学习如何使用计算机解决本章中所遇到的统计问题，可以参考本章的“SPSS 应用”。

练习题中所使用的数据，除非指明来源，否则给出的所有数据都是虚构的。

第Ⅰ组（答案请参阅附录 B）

1. 在下面的所有研究中，都是用单样本的平均数与一个平均数已知方差未知的总体相比。判断每项研究的结果是否显著（写出所有计算过程）。

研究	样本容量（N）	总体平均数	估计的总体方差（S^2）	样本平均数（M）	单侧还是双侧检验	显著性水平
(a)	64	12.40	9.00	11.00	单侧（预测高）	0.05
(b)	49	1 006.35	317.91	1 009.72	双侧	0.01
(c)	400	52.00	7.02	52.41	单侧（预测低）	0.01

2. 假设一位州长竞选人声称，现任州长的应急反应时间为 30 分钟，而她要将该时间降至 30 分钟以下。由于没有历史记录，无法判断这样的应急反应时间的实际标准差。幸运的是，在竞选中，她成

功当选州长。第一个月的应急反应时间（分钟）为26，30，28，29，25，28，32，35，24，23。

运用0.05的显著性水平检验她是否履行了承诺。(a) 运用假设检验五步法。(b) 简要画出分布图。(c) 将你的结果向一个从未学过统计学的人解释。

3. 一个研究人员让5名被试者先观看付费的特定议题的政治广告，再接受一项关于该议题的多选测试。5名被试者答对的题目数量分别是48，41，40，51，50。但完全不了解该议题的人通常能够答对40道题。

运用0.05显著性水平的双侧检验，分析看过广告的被试者是否在测试中表现更佳。(a) 运用假设检验的步骤。(b) 简单画出分布图。(c) 向一个了解 Z 检验（第6章）却不了解 t 检验的人解释你的答案。

4. 用相关样本 t 检验来检验下列运用差异分数的研究的显著性，并计算出每个研究的效应量估计值。

研究	样本中差异分数的个数	样本差异分数的平均数	差异分数总体方差的估计值	单侧还是双侧检验	显著性水平
(a)	20	1.7	8.29	单侧（预测高）	0.05
(b)	164	2.3	414.53	双侧	0.05
(c)	15	−2.2	4.00	单侧（预测低）	0.01

5. 加州中心谷四个城市自2009年起开展了一项减少乱扔垃圾的项目。街道上垃圾总量（每个街区每天清扫的垃圾量）在项目开展前的7月份进行过一次测量，在项目开展一年后的7月份再次进行了测量。其结果如下：

城市	2009年7月	2010年7月
Fresno	9	2
Merced	10	4
Bakersfield	8	9
Stockton	9	1

运用0.01的显著性水平，分析垃圾总量是否有显著下降。(a) 运用假设检验五步法。(b) 简要画出分布图。(c) 向一个了解平均数、标准差、方差但不了解其他统计学知识的人解释你的计算结果。

6. 一位研究人员测试了五位病人经过激素治疗前后血液中特殊激素的水平。结果如下：

病人	前测	后测
A	0.20	0.18
B	0.16	0.16
C	0.24	0.20
D	0.22	0.19
E	0.17	0.16

运用0.05的显著性水平，分析这些病人的激素水平是否有明显变化。(a) 运用假设检验五步法。(b) 简要画出分布图。(c) 向一个了解单样本 t 检验但不了解相关样本 t 检验的人解释你的计算结果。

7. 计算出下列研究的效应量估计值，并指出其更接近大、中等、小哪个级别。

研究	平均变化	S
(a)	20	32
(b)	5	10
(c)	0.1	0.4
(d)	100	500

8. 运用相关样本 t 检验（基于 0.05 的显著性水平），求下列研究的统计检验力。

研究	效应量	N	单侧还是双侧检验
(a)	小	20	单侧
(b)	中等	20	单侧
(c)	中等	30	单侧
(d)	中等	30	双侧
(e)	大	30	双侧

9. 对于下表中的研究，若使用 $p<0.05$ 的相关样本 t 检验并达到 80%的统计检验力，需要多少名被试者？

研究	预测的效应量	单侧还是双侧检验
(a)	中等	双侧
(b)	大	单侧
(c)	小	单侧

10. Weller 和 Weller（1997）进行了一项研究，调查住在一起的女性（如姐妹）其月经周期是否会趋同。在获得的统计学数据分析中，他们通过将住在一起的几对姐妹月经同步性的测量值与随机同步性等级期望值（数值越低即同步性等级越高）进行了对比。他们将样本中 30 对室友姐妹的同步性值 6.32 与期望同步性值 7.76 相比（结果在表中列出，此处不再重复），然后算出差异分数的 t 值是 2.27。这项统计结果在 $p<0.05$ 水平上显著。向一个了解已知总体方差的假设检验但不了解单样本 t 检验人解释这个结果。

11. 一位研究人员对两种不同照明条件下的错觉进行了研究。20 名被试者在两种不同照明条件下分别做了测试。实验者报告如下："在明亮的情况下，有效错觉值为 6.72；在昏暗情况下，有效错觉值为 6.85。两者差异并不显著，$t(19)=1.62$。"向一个从未学过统计学的人解释你的结果，同时确保用上答案中的分布草图。

第Ⅱ组

12. 在下面的所有研究中，都是用一个单样本的平均数和一个平均数已知而方差未知的总体相比。判断每项研究的结果是否显著。

研究	样本容量（N）	总体平均数	总体标准差的估计值（S）	样本平均数（M）	单侧还是双侧检验	显著性水平
(a)	16	100.31	2.00	100.98	单侧（预测高）	0.05
(b)	16	0.47	4.00	0.00	双侧	0.05
(c)	16	68.90	9.00	34.00	单侧（预测低）	0.01

13. 进化论通常强调适者生存。其中一个理论假设为，即使在没有阳光的条件下，人也会自然地顺应 24 小时的作息循环周期。为了检验该假设，8 名有偿志愿者（分别）被安排在一个既没有阳光照射，也没有时钟或其他指示时间的物品的房间中。他们可以随意开关灯。在这样的房间中生活一个月后，每个人都会形成一个固定的作息循环周期。最终他们的作息循环周期如下：25，27，25，23，24，25，26，25。

运用 0.05 的显著性水平，分析能否得出 24 小时就是一个自然的作息循环周期这一结论。（也就是说，这些研究条件下的平均作息周期时长，是否与 24 小时有显著不同？）（a）运用假设检验五步法。（b）简单画出分布图。（c）向一个从未学过统计学的人解释你的结果。

14. 在某个国家，大四学生在大学四年中平均有 2.2 次坠入爱河。在一个由五名大四学生组成的样本中，五名学生均来自该国却在美国上大学。当被询问他们在大学生活中谈过几次恋爱时，他们给出的答案为：2，3，5，5，2。运用0.05的显著性水平，分析在美国上大学的学生是否比在本国上大学的学生谈恋爱次数多。(a) 运用假设检验五步法。(b) 简单画出分布图。(c) 向一个了解 Z 检验（第6章）但不了解单样本 t 检验的人解释你的结果。

15. 用相关样本 t 检验来检验下列运用差异分数的研究的显著性。

研究	样本中差异分数的个数	样本中差异分数的平均数	差异分数总体方差的估计值	单侧还是双侧检验	显著性水平
(a)	10	3.8	50	单侧（预测高）	0.05
(b)	100	3.8	50	单侧（预测高）	0.05
(c)	100	1.9	50	单侧（预测高）	0.05
(d)	100	1.9	50	双侧	0.05
(e)	100	1.9	25	双侧	0.05

16. 四个胆固醇高的人接受了一项特殊的饮食安排，来避免高胆固醇食物以及其他特殊的供给。他们接受饮食安排前后的胆固醇水平如下：

被试者	前测	后测
J. K.	287	255
L. M. M.	305	269
A. K.	243	245
R. O. S.	309	247

运用0.05的显著性水平，分析胆固醇水平是否有显著的改变。(a) 运用假设检验五步法。(b) 简单画出分布图。(c) 向一个从未学过统计学的人解释你的结果。

17. 法院安排五个被指控超速的人到学校进修。这五个人的车上都被放置了一项特殊的装置，来检测参加此进修班前后两周的车速。参加此进修班前后两周的车速最大值如下所示：

被试	前测	后测
L. B.	65	58
J. K.	62	65
R. C.	60	56
R. T.	70	66
J. M.	68	60

运用0.05的显著性水平，分析我们是否能够得出参加进修班的人开车速度有所下降的结论。(a) 运用假设检验五步法。(b) 简单画出分布图。(c) 向一个了解已知总体的假设检验但完全不了解 t 检验的人解释你的结果。

18. 下面是五个大二学生在接受基本语法指导前后的英语成绩：

学生	前测	后测
A	20	18
B	18	22
C	17	15
D	16	17
E	12	9

是否能够得出以下结论，即这五名学生接受指导后获得了更高的英语成绩？运用0.05的显著性水平进行检验。(a) 运用假设检验五步法。(b) 简单画出分布图。(c) 向一个只了解平均数、标准差和方差的人解释你的结果。

19. 计算出下列研究的效应量估计值，并指出其更接近大、中等、小哪个级别。

研究	平均变化	S
(a)	8	30
(b)	8	10
(c)	16	30
(d)	16	10

20. 运用相关样本 t 检验（基于 0.05 的显著性水平），求下列研究的统计检验力。

研究	效应量	N	单侧还是双侧检验
(a)	小	50	双侧
(b)	中等	50	双侧
(c)	大	50	双侧
(d)	小	10	双侧
(e)	小	40	双侧
(f)	小	100	双侧
(g)	小	100	单侧

21. 对于下表中的研究，若使用 $p<0.05$ 的相关样本 t 检验并达到 80%的统计检验力，需要多少名被试者？

研究	预测的效应量	单侧还是双侧检验
(a)	小	双侧
(b)	中等	单侧
(c)	大	双侧

22. 一项研究对比了 10 个分厂的员工在两个十年中的工会活动。研究者称“工会活动显著增加，$t(9)=3.28$，$p<0.01$”。向一个从未学过统计学的人解释该结果，同时确保用上分布草图。

23. Baker 和 Moore（2008）对 58 名“我的空间”（MySpace）用户首次使用状况（研究人员称此时为“时间 0”）和两个月后的使用状况（此时为“时间 1”）进行了调查。在两个时间点上，研究人员都测量了被试者的社会融合情况。同时，在时间 1，研究人员查看了被试者的“我的空间”文件夹，来观察他们在过去的两个月中是否开始在博客中进行写作。研究人员还运用了相关样本 t 检验（又称配对样本 t 检验）来检验博客使用者和不使用博客的人，在时间 0 到时间 1 内社会融合的情况是否不同。研究者将结果表述如下：“配对样本 t 检验显示，时间 1 的博客使用者的社会融合分数明显较时间 0 高，$t(30)=3.19$，$p<0.01$……而对于不使用博客的人来说则无变化，$t(26)=-0.370$，$p>0.05$。”向一个了解单样本 t 检验但不了解相关样本 t 检验的人解释该结果。

24. 表 8-12 显示了印度 100 名中产阶级父亲的工作和家庭生活的各个方面的等级数据。选择三行你感兴趣的数据并向一个只了解平均数、方差和 Z 分数但不了解其他统计学知识的人解释。

表 8-12　父亲在工作和家庭中的平均心理状态的比较（$N=100$）

维度	范围	环境		工作还是家庭
		工作	家庭	
重要性	0～9	5.98	5.06	6.86***
注意力	0～9	6.15	5.13	7.96***
挑战	0～9	4.11	2.41	11.49***
选择	0～9	4.28	4.74	−3.38***
愿意做其他的事情	0～9	1.50	1.44	0.61
匆忙	0～3	1.80	1.39	3.21**
社会焦虑	0～3	0.81	0.64	3.17**
情感	1～7	4.84	4.98	−2.64**
社会环境	1～7	5.64	5.95	4.17***

注：第三列、第四列的值都是 t 值；对于所有 t 检验，$df=99$。

** $p<0.01$，*** $p<0.001$。

资料来源：Larson, R., Dworkin, J., & Verma, S. (2001). Men's work and family lives in India: The daily organization of time and emotions. *Journal of Family Psychology*, *15*, 206-224.

SPSS 应用

在操作中出现图标时，就表示要单击鼠标。（我们使用 SPSS17.0 版本来运行数据，所以步骤和输出结果可能和其他的 SPSS 版本不太一样。）

单样本 t 检验

①在数据窗口输入一列数据。

② Analyze（分析）。

③ Compare means（比较平均数）。

④ One-sample T test（在 SPSS 中这代表单样本 t 检验）。

⑤ 要进行 t 检验的变量，然后箭头。

⑥在“Test Value”（测试值）框中输入总体平均数。

⑦ OK（确定）。

我们需要通过练习熟悉单样本 t 检验。在上文的计算示例中提及对 8 名接受过实验指导的被试者进行测试，其值分别为：14，8，6，5，13，10，10，6。但测试未接受实验指导的人时，其值的平均数为 6。SPSS 输出窗口如图 8-8 所示。第一个表提供的是变量信息：样本容量 N，平均数 Mean，总体标准差估计值 S（Std. Deviation），均值分布标准差 S_M（Std. Error Mean）。检查表中的值与计算示例中的结果是否一致。第二个表格给出了 t 检验的结果。将表中的 t 值和 df 与计算示例中的值比较一下。双侧 t 检验的精确性在“Sig. 2-tailed”一列中给出。在这项研究中，研究人员使用的是 0.05 的显著性水平。SPSS 给出的显著性水平比 0.05 更极端，换言之，研究人员可以拒绝虚无假设并支持研究假设。

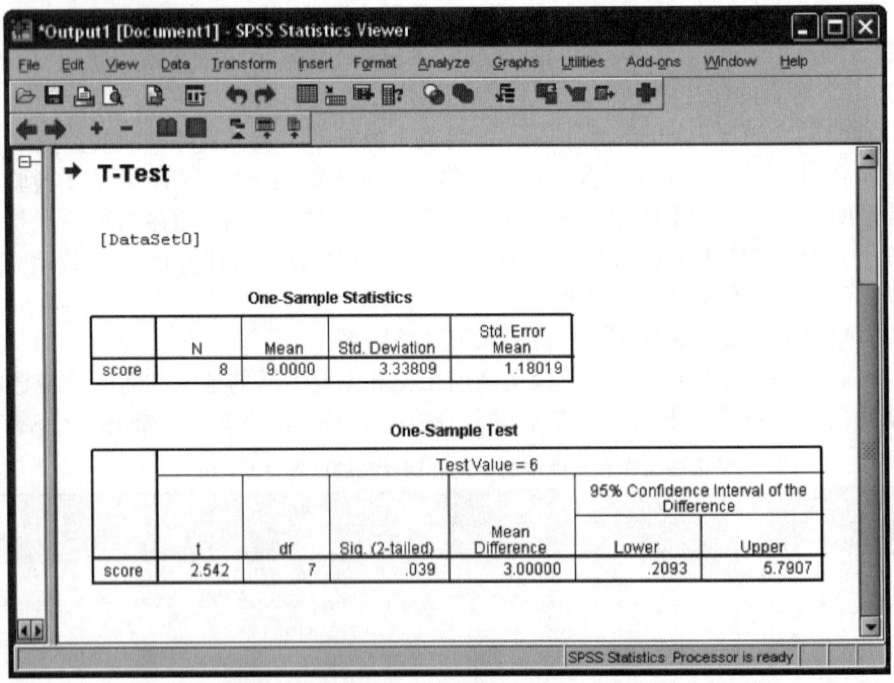

One-Sample Statistics

	N	Mean	Std. Deviation	Std. Error Mean
score	8	9.0000	3.33809	1.18019

One-Sample Test

	Test Value = 6					
					95% Confidence Interval of the Difference	
	t	df	Sig. (2-tailed)	Mean Difference	Lower	Upper
score	2.542	7	.039	3.00000	.2093	5.7907

图 8-8 运用 SPSS 对示例中的研究进行单样本 t 检验的输出结果

相关样本 t 检验

①在数据窗口的第一列输入一组数据（如前测数据）。然后在数据窗口第二列输入另一组数据（如后测数据）。（确保输入的数据顺序与表中所列顺序一致。）因为 SPSS 数据窗口中每一行都代表了一个独立的被试者，所以在分开的两列中输入每个个体的数据很重要。

② Analyze（分析）。

③ Compare means（比较平均数）。

④ Paired-Samples T test（在 SPSS 中，这代表相关样本 t 检验）。

⑤第一个变量，箭头，第二个变量，箭头。这两个变量会在“Paired Variables”（成对变量）框中显示“Pair 1”（第 1 对）的“Variable 1”（变量 1）和“Variable 2”（变量 2）。

⑥ OK（确定）。

我们继续通过 Olthoff（1989）对 19 位接受普通婚前咨询男士的沟通质量进行的研究练习相关样本 t 检验的步骤。其值在表 8－4 中已全部列出。SPSS 输出窗口如 8－9 所示。关键信息包含在第三个表中，标记为“Paired Samples Test”。这个表的最后三列给出了 t 值（4.240）、自由度（18）、双侧 t 检验显著性水平（该例中为 0.000）。显著性水平如此之小，以至于即使四舍五入至小数点后三位依然小于 0.001。因为该显著性水平比我们所设定的 0.05 显著性水平更为极端，你可以拒绝虚无假设。通过对比第一个表中的“before”（前测）变量和“after”（后测）变量，你会发现丈夫婚后的沟通质量（平均数为 104.263 2）较婚前（平均数为 116.315 8）低。不要担心为什么表 8－4 中的 t 值为负值，而在 SPSS 中的输出结果为正。原因是在表 8－4 中，计算差异分数为婚后减婚前测试值，SPSS 却是用婚前减婚后测试值。这两种计算方法在统计学中都是正确的，并且在每个例子中的数据都是一致的。

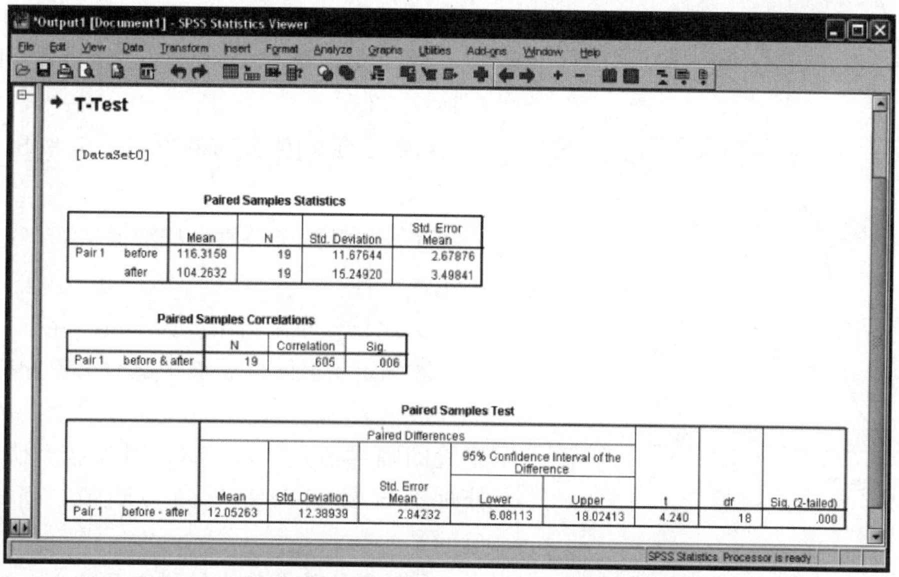

Paired Samples Statistics

		Mean	N	Std. Deviation	Std. Error Mean
Pair 1	before	116.3158	19	11.67644	2.67876
	after	104.2632	19	15.24920	3.49841

Paired Samples Correlations

		N	Correlation	Sig.
Pair 1	before & after	19	.605	.006

Paired Samples Test

		Paired Differences					t	df	Sig. (2-tailed)
		Mean	Std. Deviation	Std. Error Mean	95% Confidence Interval of the Difference Lower	Upper			
Pair 1	before - after	12.05263	12.38939	2.84232	6.08113	18.02413	4.240	18	.000

图 8－9　运用 SPSS 对 Olthoff（1989）例子中 19 名男士接受普通婚前咨询前后的沟通质量进行相关样本 t 检验的输出结果

“你学会了吗?”答案

8.1

1. 一般情况下，样本的方差会比样本所在总体的方差小。

2. 在一般的计算总体方差公式中，分母是样本容量 N；在基于样本观测值计算总体方差的公式中，分母是样本容量减 1（$N-1$）。

3. (a) 自由度是可以自由变化的样本观测值的数目。(b) 在单样本 t 检验中自由度是样本观测值的数量减 1。(c) 在估计总体方差的时候，公式是离均差的平方和除以自由度。(d) t 分布根据自由度的不同而变化。

4. (a) t 分布不同于正态曲线，它有较长的尾巴，即在其两端有更多的值。(b) 自由度越大，形态（包括尾巴）越接近正态曲线。(c) t 分布中的临界值比正态曲线上的临界值更极端。

5. 在 t 检验中，(a) 基于样本估计总体方差（总体方差未知）；(b) 根据自由度在 t 值表中查阅其临界值（不能用正态曲线表）；（c）在比较分布是 t 分布（不是正态曲线）时的样本分数，叫作 t 值（不是 Z 分数）。

6.（a）假设检验的步骤：

①重新将问题表述为关于总体的研究假设和虚无假设。这里有两个总体：

总体1：接受实验处理的人群。

总体2：普通人群。

研究假设是总体1的观测值将比总体2的低。

虚无假设是总体1的观测值将不比总体2的低。

②确定比较分布的特征。

a. 均值分布的平均数是23。

b. 标准差计算如下：

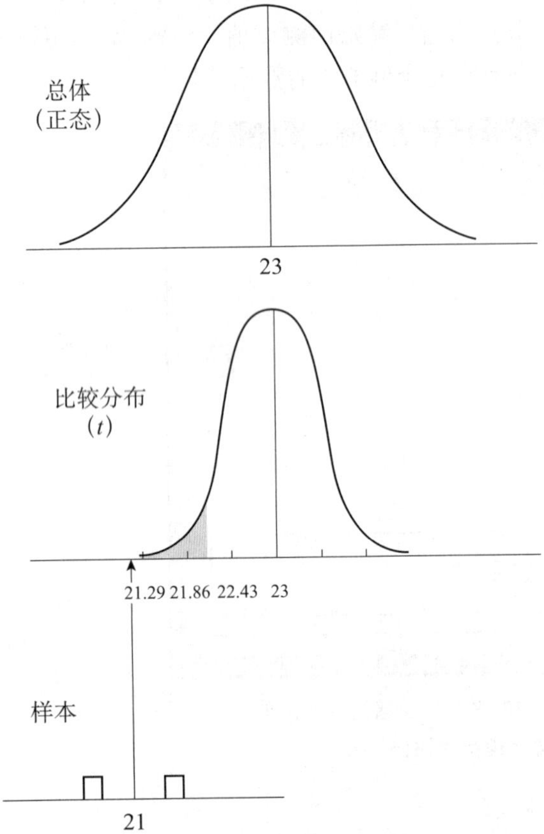

图8-10 "你学会了吗？"（8.1）第6b题的答案

（A）计算总体方差的估计值。你首先需要计算样本平均数，$(20+22+22+20)/4=84/4=21$。总体方差的估计值是 $S^2=[\sum(X-M)^2]/df=[(20-21)^2+(22-21)^2+(22-21)^2+(20-21)^2]/(4-1)=[(-1)^2+1^2+1^2+(-1)^2]/3=(1+1+1+1)/3=4/3=1.33$。

（B）计算均值分布的方差：$S_M^2=S^2/N=1.33/4=0.33$。

（C）计算均值分布的标准差：$S_M=\sqrt{S_M^2}=\sqrt{0.33}=0.57$。

c. 比较分布是自由度为3的 t 分布。

③确定当虚无假设被拒绝时比较分布中的临界值。

根据表A-2，在0.05水平上，$df=3$，单侧 t 检验的临界值是 -2.353。因为这个研究假设是实验处理会导致一个更低的观测值，所以临界 t 值是负的。

④计算比较分布中的样本分数。

$t=(M-\text{总体}\ M)/S_M=(21-23)/0.57=-2/0.57=-3.51$。

⑤决定是否拒绝虚无假设。

t 值 -3.51 比临界值 -2.353 更加极端。所以，应该拒绝虚无假设，支持研究假设。

（b）分布情况见图8-10。

8.2

1. 在进行相关样本 t 检验时，每个被试者都有两个分数（如前测分数和后测分数），且总体方差未知。

2. 在进行相关样本 t 检验时，将每个被试者的一个分数减去另一个分数，形成差异（增值）分数。然后用这些差异（增值）分数做 t 检验。

3.（a）已知总体（总体2）的平均数是0。（b）把样本同没有差异的总体，即差异分数平均数为0的总体进行比较。

4. 假设检验的步骤（所有计算见表 8-13）：

①重新将问题表述为关于总体的研究假设和虚无假设。

此处有两个总体：

总体 1： 进行了实验程序且前后测得分存在差异的人群。

总体 2： 进行了实验程序但前后测得分没有差异的人群。

这项调查的研究假设是总体 1 的差异分数（后测一前测）平均数与总体 2 不同。虚无假设是总体 1 的差异分数平均数与总体 2 相同。

②确定比较分布的特征。

差异分数均值分布（比较分布）的平均数是 0，差异分数均值分布的标准差是 6，是自由度为 4 的 t 分布。

③确定当虚无假设被拒绝时比较分布中的临界值。

在 0.05 的显著性水平上，进行双侧检验。临界 t 值为 ± 2.776。

④计算比较分布中的样本分数。

$t=(4-0)/6=0.67$。

⑤决定是否拒绝虚无假设。

样本的 t 值为 0.67，并不比临界 t 值 ± 2.776 极端，因此不拒绝虚无假设。

分布情况见图 8-11。

表 8-13　“你学会了吗?”(8.2) 第 4a 题的答案

被试者编号	分数		差异分数（后测—前测）	离均差（差异—M）	离均差的平方
	前测	后测			
1	20	30	10	6	36
2	30	50	20	16	256
3	20	10	−10	−14	196
4	40	30	−10	−14	196
5	30	40	10	6	36
Σ：	140	160	20		720

对于差异分数：

$M=20/5=4$。

总体 $M=0$。

$S^2=[\Sigma(X-M)^2]/df=720/(5-1)=720/4=180$。

$S_M^2=S^2/N=180/5=36$。

$S_M=\sqrt{S_M^2}=\sqrt{36}=6$。

t 检验的 $df=4$，显著性水平为 0.05，双侧检验（临界值）$=\pm 2.776$。

$t=(M-\text{总体}\ M)/S_M=(4-0)/6=0.67$。

结论：不能拒绝虚无假设。

5. 正如表 8-7 所示，总体方差是否已知，决定了你应该对一个单样本进行 Z 检验还是 t 检验。当总体方差已知，进行 Z 检验；当总体方差未知，进行单样本 t 检验。

6. 正如表 8-7 所示，当总体方差未知，你用 t 检验。如果每个被试者只有一个分数，进行单样本 t 检验；当你不知道总体平均数，且每个被试者均有两个分数时，进行相关样本 t 检验。

8.3

1. (a) 假设检验的前提假设必须与假设检验结果准确的要求相一致。(b) 假设个体差异分数的总

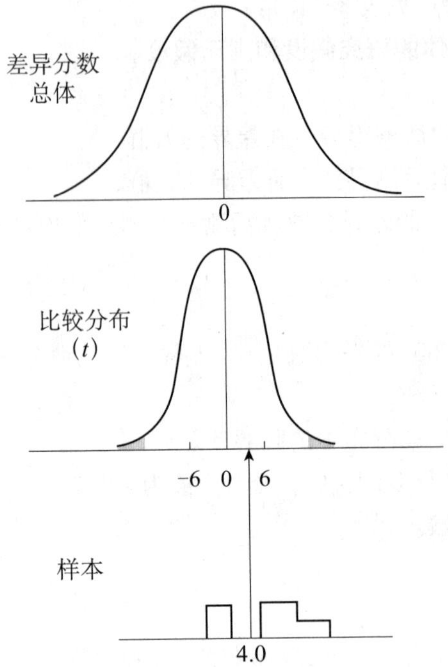

图 8-11 “你学会了吗?”(8.3) 第 4b 题的答案

体呈正态分布。(c) 来自 t 值表的显著性水平的临界值是不准确的。(d) 当进行单侧检验且总体分布是高偏态时，相关样本 t 检验可能给出一个非常失真的结果。

2. (a) 估计的效应量$=M/S$。(b) M 是差异分数的平均数。S 是差异分数总体标准差估计值。

3. (a) 这个研究的检验力是 0.71。(b) 80%检验力所需的被试者数量：26。

4. (a) 重复测量设计有更大的检验力，是因为差异分数的标准差通常很低（使得相应的效应量很高，从而增大检验力）。(b) 即使重复测量研究发现了显著差异，也会存在许多其他可以解释差异的原因。

第 9 章

独立样本 t 检验

本章内容提要

- ☆ 均值差异分布
- ☆ 估计总体方差
- ☆ 独立样本 t 检验的假设检验
- ☆ 独立样本 t 检验的前提假设
- ☆ 独立样本 t 检验的效应量和检验力
- ☆ 回顾与比较三种不同的 t 检验
- ☆ 研究文献中的独立样本 t 检验
- ☆ 本章点拨
  - 小结
  - 主要术语
  - 示例
  - 练习题
  - SPSS 应用
  - “你学会了吗?” 答案

成功小贴士

在学习这一章之前，你要对第 8 章的内容（尤其是单样本 t 检验的逻辑和程序）十分熟悉。

在上一章，你已经学习了如何利用相关样本 t 检验去比较同一组被试者的两组数据的差异（比如比较同一组男性接受婚姻咨询前后的沟通情况）。这一章，你将学习如何运用 t 检验对完全不同的两个组进行比较。这在行为与社会科学研究中很常见，比如，有研究想比较实验组与控制组之间分数的差异（另一个例子是比较男女之间的差异）。由于比较的两个组是相互独立的，本章所学的这种检验方法叫作**独立样本 t 检验**（t test for independent means）。

独立样本 t 检验 有两个独立组，且两总体方差未知时使用的假设检验。

让我们来看一个例子：有研究者想要研究写下有关负面生活事件的想法和感觉是否会影响人们的身体健康。这种写作方式被称为“表达性写作”。假设研究人员招募了一批大学生来参加这项研究，然后将他们随机分配到表达性写作组与控制组中。要求表达性写作组的同学，连续 4 天，每天都花 20 分钟来写一篇关于自身负面生活事件的文章。要求控制组的同学也连续 4 天，每天花 20 分钟时间写作，内容为他们当天的计划。一个月后，研究者要求学生对他们的身体状况进行评价（0 为非常不好，100 为非常好）。在这项研究中表达性写作组与控制组由不同的学生组成。这样，研究者需要对这两个独立样本进行 t 检验，来评估表达性写作对身体健康是否有影响。我们会在本章后面的部分再谈到这个例子，在这之前你要了解独立样本 t 检验的逻辑，也要了解一种新的分布（均值差异分布）。

成功小贴士

相关样本 t 检验与独立样本 t 检验的比较分布描述很相似：分别是差异分数的均值分布和均值差异分布。因此，很容易将这两种不同的分布搞混。区分这两种分布的方法是牢牢记住每种 t 检验的逻辑。相关样本 t 检验包含差异分数。因此比较分布是差异分数的均值分布。独立样本 t 检验包含平均数差异。因此比较分布是均值差异分布。

均值差异分布

在上一章，你已经学习了如何处理相关平均数的 t 检验的逻辑以及计算方法。相关平均数的 t 检验，说的是对同一组人而言，每个人都有诸如前测和后测两个分数，因此你可以计算每个人的两个分数之间的差值。之后就可以对这个差值进行假设检验。假设检验用到的比较分布是差异分数的均值分布。

在本章，你需要面对包含两组被试者的情况，其中每个被试者只有一个分数，而不是成对的分数。因此，在这种情况下，求差异分数是没有意义的，就不能再使用“差异分数”假设检验的方法。然而，当两组被试者中的个体均只有一个分数时，所能比较的是两组被试者的平均数。

均值差异分布 样本平均数间差异的分布中，每个平均数来自不同总体；独立样本 t 检验中的比较分布。

因此，独立样本 t 检验关注的是两个组之间平均数的差异。这种假设检验的程序与之前学到的大多数假设检验的程序基本相似，主要区别是独立样本 t 检验主要关注平均数之间的差异，所以这种比较分布叫作**均值差异分布**（distribution of differences between means）。

从某种意义上说，形成平均数间差异的分布需要两步：第一，知道样本所在总体的均值分布；第二，知道两样本平均数间差异的分布。

想象一下由以下步骤建立起来的均值差异分布：（1）从第一个总体的均值分布中随机抽取一个平均数，（2）再从第二个总体的均值分布中随机抽取一个平均数，（3）最后相减（用第一个平均数减去第二个平均数）。这样得出了一个由两个平均数之差构成的差异分数。然后重复这个过程。这样得出由两个平均数相减得来的分数。大量重复这个过程就可得到一个均值差异分布。你绝不会真的用这种烦琐的方法来得到这个分布（有一种简便的方法可以完成同样的工作）。但是上述方法清晰地展示了均值差异分布是如何形成的。

逻辑与可视图

图 9－1 说明了均值差异分布的内在逻辑。最上面是两个总体分布。我们不知道这两个总体分布的特征值。但是我们知道如果虚无假设为真，这两个总体平均数是相同的。也就是说，虚无假设为总体 M_1＝总体 M_2。基于相同的样本信息，我们也能估计出总体的方差（方差分别为 S_1^2 和 S_2^2）。

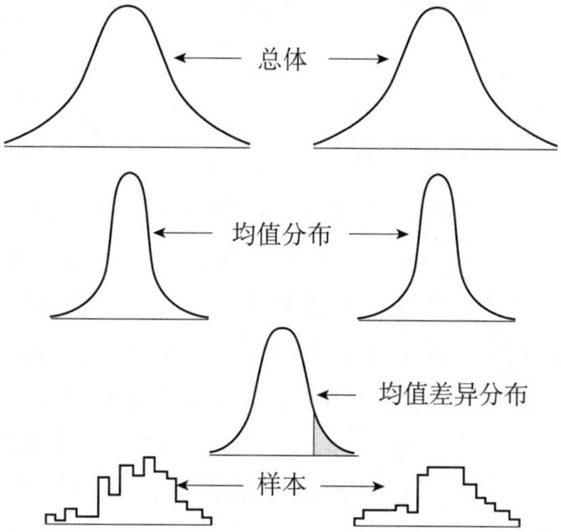

图 9－1　均值差异分布的逻辑图

在总体分布图的下面是总体的均值分布。用总体方差和每一个样本的容量大小，可以计算出每一个均值分布的方差。即用总体的方差除以样本容量。

在这两个均值分布图的下面，是以此为基础得出的至关重要的*均值差异分布*。这个均值差异分布的方差，是在估计出的总体方差的基础上得出来的。我们可以将它看作一个 t 分布。t 检验的目的是判断两个样本平均数的差异是否落在均值差异分布的置信区间内。最下方的直方图就是两个进行比较的样本。

这个检验程序的确是这个领域中比较复杂的部分。将这个过程记在头脑中可以帮助我们在实际研究中进行判断。在这个过程中进行计算用到的具体数值是两个样本中的实际分数，用两个样本的分数来计算出总体方差。均值分布方差的计算完全基于总体方差和样本容量。你可以直观地看到，均值差异分布的特征都是基于两个均值分布。

这是一个很有效的检验程序，有着严密的逻辑和数学基础。这有助于你在实际研究的具体问题基础上建立一种宏观的认识。

复习完基础逻辑之后，现在我们要转向六个关键细节：（1）均值差异分布的平均数，（2）总体方差的估计值，（3）两个均值分布的方差，（4）均值差异分布的方差和标准差，（5）均值差异分布的形态，（6）要比较的两个平均数差异的 t 值。

均值差异分布的平均数

独立样本 t 检验需要对两个总体进行比较。比如，实验组的总体和控制组的总体。实际上你不知道任何一个总体的平均数。但是如果虚无假设为真，那么两个总体的平均数是相等的。而且，如果两个总体平均数相等，两个均值分布也有相同的平均数（这是因为每个均值分布与总体有相同的平均数）。最后，如果你从两个平均数相同的分布中随机抽取样本，随机样本平均数的差最后趋向于 0。因此和其他研究一样，如果虚无假设为真，均值差异分布的平均数为 0。

9.1 你学会了吗？

1. (a) 什么时候用到独立样本 t 检验？(b) 独立样本 t 检验与相关样本 t 检验有什么不同？

2. (a) 独立样本 t 检验中的比较分布是何种分布？(b) 与相关样本 t 检验中的比较分布有何不同？

3. (a) 在独立样本 t 检验中，如何用两个样本的分数来计算比较分布的方差。(b) 用图来解释你的回答。(c) 为什么此分布的平均数为0？

估计总体方差

总体方差合并估计值（$S^2_{合并}$） 在独立样本 t 检验中，合并方差是用两个样本分别计算得到总体方差再进行加权平均的结果（用每一个样本的自由度除以总自由度进行加权）。

在第8章我们已经学习了如何通过样本数据离均差的平方和除以自由度的方法来计算总体方差。在独立样本 t 检验中，只有两个样本来自方差相同的总体时才有意义。（如果虚无假设为真，它们的平均数也相同。但无论虚无假设是否为真，都必须假设两个总体方差相同。）因此无论你用哪个样本的数据来计算总体方差，得到的结果都应该一样。但是在实际操作过程中，由两个样本估计出的方差并不会完全相同。考虑到两个样本都用来估计总体方差，最好的解决办法是取两个结果的平均数以得到最精确的结果，所得结果称为**总体方差合并估计值**（pooled estimate of the population variance），记为 $S^2_{合并}$。

加权平均数 在计算平均数时，由于用到的数据对总体的影响不同，所以要进行加权计算。比如独立样本 t 检验的合并方差的计算。

在计算这个平均数时，你必须要考虑两个样本的容量是否相同。如果一个样本的容量大于另一个，那么计算结果会更准确（因为参考信息更多）。一方面，如果两个样本的容量完全相同，便可以用普通的方法对两个值计算平均数。另一方面，当样本容量不同时，在计算平均数时则需要进行调整，给大样本更大的权重。这时就需要根据每个样本提供的信息量进行加权，求得**加权平均数**（weighted average）。

为了使结果更加准确，每个样本提供的信息量取决于自由度而非样本容量。因此加权平均数是依据样本的自由度进行计算的。为了得到加权平均数，需要计算每个样本自由度占总自由度的比例，然后乘以基于每个样本的总体方差。最后将这两个结果相加得到加权后的合并方差。公式如下：

总体方差合并估计值的计算等于第一个样本的自由度除以总自由度再乘以基于第一个样本的方差，加上第二个样本的自由度除以总自由度再乘以基于第二个样本的方差。

$$S^2_{合并}=\frac{df_1}{df_{总}}(S_1^2)+\frac{df_2}{df_{总}}(S_2^2) \qquad (9-1)$$

在这个公式中，$S^2_{合并}$ 是合并方差。df_1 是样本1的自由度，df_2 是样本2的自由度（记住，每个样本的 df 都是其数据的数量减1）。因此，$df_1/df_{总}$=研究中第一个样本自由度占总体自由度的比例。S_1^2 是基于样本1计算出的总体方差，S_2^2 是基于样本2计算出的总体方差。

假设有一项研究包含由11人组成的实验组，计算所得总体方差为60；由31个人组成的控制组，计算所得总体方差为80。实验组的自由度为10(11−1)，控制组的自由度为30(31−1)。基于以上信息，在这个例子中总体的自由度为40(10+30)。因此，实验组的自由度占总自由度的1/4(10/40)，控制组的自由度占总自由度的3/4(30/40)。

然后将实验组总体的方差与实验组的自由度比例相乘得到15(60×1/4)。再将控制组总体的方差与控制组的自由度比例相乘得到60(80×3/4)。最后将计算得到的方差相加得到75(15+60)。用公式计算如下：

$$S^2_{合并}=\frac{df_1}{df_{总}}(S_1^2)+\frac{df_2}{df_{总}}(S_2^2)=\frac{10}{40}\times 60+\frac{30}{40}\times 80=\frac{1}{4}\times 60+\frac{3}{4}\times 80=15+60=75$$

注意这个计算过程给出的结果与传统的未加权平均的结果并不完全相同。传统的未加权平均得到的结果为 70([60＋80]/2＝70)。加权平均后计算出的合并方差 75 更接近于单独计算控制组得出的总体方差，而不是单独计算实验组得出的总体方差。事实上就应该如此，因为在本案例中，和实验组相比，控制组为估计的总体方差提供了更多的信息。

成功小贴士

如果合并方差的计算没有用到两个总体方差，那么你的计算就是错误的。而且当计算的结果并非更趋近于依据大样本计算的结果时，计算结果有时也是错误的。

分别计算两个均值分布的方差

合并方差是由两个样本得出的总体方差的最好估计值（记住，进行独立样本 t 检验时，必须保证两总体方差相同）。但是，即使两总体方差一致，如果样本容量不同，均值分布的方差也不相同。这是因为均值分布的方差是合并方差除以样本容量得来的。公式如下：

$$S_{M_1}^2=\frac{S_{合并}^2}{N_1} \tag{9-2}$$

第一个均值分布的方差等于合并方差除以其样本容量。

$$S_{M_2}^2=\frac{S_{合并}^2}{N_2} \tag{9-3}$$

第二个均值分布的方差等于合并方差除以其样本容量。

再次回顾前面的案例，我们计算出合并方差为 75。因此对于实验组，均值分布的方差为 75/11＝6.82，控制组均值分布的方差为 75/31＝2.42。用公式计算如下：

$$S_{M_1}^2=\frac{S_{合并}^2}{N_1}=\frac{75}{11}=6.82$$

$$S_{M_2}^2=\frac{S_{合并}^2}{N_2}=\frac{75}{31}=2.42$$

成功小贴士

谨记：在计算合并方差时除以的是自由度，在计算均值分布的方差时除以的是样本容量。

均值差异分布的方差与标准差

均值差异分布的方差（variance of the distribution of difference between means，$S_{差异}^2$）表示第一个均值分布的方差与第二个均值分布方差之和。（因为比较两个数的差异，每个变异都会对总变异产生影响。这就像从一个运动的目标中选择一个运动的数字一样。）用公式表示为：

$$S_{差异}^2=S_{M_1}^2+S_{M_2}^2 \tag{9-4}$$

均值差异分布的方差等于第一个均值分布的方差加上第二个均值分布的方差。

均值差异分布的标准差（standard deviation of the distribution of differences between means，$S_{差异}$）是均值差异分布方差的平方根：

$$S_{差异}=\sqrt{S_{差异}^2} \tag{9-5}$$

均值差异分布的标准差等于均值差异分布的方差的平方根。

在前面我们提到的例子中，实验组均值分布的方差为 6.82，控制组均值分布的方差为 2.42。均值差异分布的方差为 6.82 加上 2.42，等于 9.24。将方差 9.24 开方，得到标准差 3.04。

$$S_{差异}^2=S_{M_1}^2+S_{M_2}^2=6.82+2.42=9.24$$

$$S_{差异}=\sqrt{S_{差异}^2}=\sqrt{9.24}=3.04$$

均值差异分布的方差（$S_{差异}^2$） 每一个数值的计算都是独立样本 t 检验的一部分；等于两个均值分布的方差之和，与两个样本相关。

计算均值差异分布的标准差的步骤

Ⓐ根据每个样本估计总体方差。即用如下公式估计出每一个总体的方差。

$$S^2=[\sum(X-M)^2]/(N-1)$$

均值差异分布的标准差（$S_{差异}$） 在独立样本 t 检验中，均值差异分布的标准差是由均值差异分布方差开方得到的。

Ⓑ计算合并方差：

$$S^2_{合并}=\frac{df_1}{df_{总}}(S^2_1)+\frac{df_1}{df_{总}}(S^2_2)$$

$$df_1=N_1-1,\ df_2=N_2-1,\ df_{总}=df_1+df_2$$

Ⓒ计算每个均值分布的方差：

$$S^2_{M_1}=S^2_{合并}/N_1,\ S^2_{M_2}=S^2_{合并}/N_2$$

Ⓓ计算均值差异分布的方差：

$$S^2_{差异}=S^2_{M_1}+S^2_{M_2}$$

Ⓔ计算均值差异分布的标准差：

$$S_{差异}=\sqrt{S^2_{差异}}$$

均值差异分布的形态

根据估计的总体方差可以知道均值差异分布。因此，均值差异分布服从 t 分布。均值差异分布的方差是根据两个样本估计出的总体方差得来的，因此 t 分布的自由度为两个样本自由度相加之和。公式如下：

总自由度等于第一个样本的自由度加上第二个样本的自由度。

$$df_{总}=df_1+df_2 \tag{9-6}$$

在我们提到过的由11个被试者组成实验组、31个被试者组成控制组的例子中，我们可以看出总自由度为40（11－1＝10；31－1＝30；10＋30＝40）。在判断 t 值的显著性时，需要在 t 值表自由度40那一行查找临界值。假设进行单侧检验，选择0.05的显著性水平。从附录中的表A-2可以查到自由度为40的情况下，临界值是1.684。就是说，平均数差异的 t 值至少要达到1.684，才说明结果显著。

计算均值差异的 t 值

这一部分是进行假设检验的第④步，即计算 t 值。首先，计算两个样本平均数的差（一个样本的平均数减去另一个样本的平均数），然后确定这个差异在均值差异分布中的具体位置。通过平均数的差除以该分布的标准差计算得到。公式如下：

t 值等于两个样本平均数的差除以均值差异分布的标准差。

$$t=\frac{M_1-M_2}{S_{差异}} \tag{9-7}$$

在上述的例子中，第一个样本的平均数为198，第二个样本的平均数为190。两个样本平均数的差为8（198－190＝8）。之前已经计算出了均值差异分布的标准差为3.04。t 值就为2.63（8/3.04＝2.63）。用公式计算如下：

$$t=\frac{M_1-M_2}{S_{差异}}=\frac{198-190}{3.04}=2.63$$

9.2 你学会了吗？

1. 根据描述写下公式：(a) 总体方差合并估计值，(b) 第一个总体均值分布的方差，(c) 均值差异分布的方差，(d) 独立样本 t 检验中的 t 值。(e) 对公式中用到的所有符号进行定义。

2. 解释下列问题：(a) 为什么独立样本 t 检验只用到一个估计的合并方差？(b) 为什么要对总体方差进行加权？(c) 怎样进行加权？

3. 一项研究要比较两个样本的平均数，第一个样本有21个被试者，总体方差为100；第二个样本有31个被试者，总体方差为200。(a) 均值差异分布的标准差是多少？(b) 它的平均数是多少？(c) 分布的形态是怎样的？(d) 用图描述你答案。

独立样本 t 检验的假设检验

回顾假设检验的五个步骤，对独立样本 t 检验来说有三个新问题：（1）比较分布是均值差异分布（影响独立样本 t 检验的第②步）；（2）根据两个样本的情况来查找自由度所对应的临界值（影响独立样本 t 检验的第③步）；（3）根据两个平均数之间的差异计算比较分布中的 t 值（影响第④步）。

独立样本 t 检验的范例

我们回到本章开头提到的表达性写作的例子中。有 20 名被试者参加了这项研究。10 名学生被随机分配到表达性写作组，并被要求写出令他们痛苦的事件的相关想法与感受。另外 10 名学生被随机分配到控制组，并被要求写出他们的日常计划。一个月后，所有的学生用一个百分比量表（0 表示非常不好，100 表示非常好）来评估自己的身体健康状况。（尽管这个例子是一个真实的研究，我们仍然要虚构数据，以使数据尽量简单方便。最重要的是实际研究通常有很大的样本，实际研究也会用很多其他客观的方法来评估健康水平，比如看医生的次数和请假的次数。）

表 9－1 显示的是 t 检验的相关数据和计算过程。图 9－2 显示的是其分布。我们用这个例子来复习假设检验的五个步骤。

表 9－1　　表达性写作影响健康状况研究中的独立样本 t 检验

表达性写作组			控制组		
分数	离均差（分数－M）	离均差的平方	分数	离均差（分数－M）	离均差的平方
77	－2	4	87	19	361
88	9	81	77	9	81
77	－2	4	71	3	9
90	11	121	70	2	4
68	－11	121	63	－5	25
74	－5	25	50	－18	324
62	－17	289	58	－10	100
93	14	196	63	－5	25
82	3	9	76	8	64
79	0	0	65	－3	9
Σ：790		850	680		1 002

$M_1=79.00$；$S_1^2=850/9=94.44$；$M_2=68.00$；$S_2^2=1\,002/9=111.33$。

$N_1=10$；$df_1=N_1-1=9$；$N_2=10$；$df_2=N_2-1=9$。

$df_{总}=df_1+df_2=9+9=18$。

$S^2_{合并}=df_1(S_1^2)/df_{总}+df_2(S_2^2)/df_{总}=(9\times94.44)/18+(9\times111.33)/18=47.22+55.67=102.89$。

$S^2_{M_1}=S^2_{合并}/N_1=102.89/10=10.29$。

$S^2_{M_2}=S^2_{合并}/N_2=102.89/10=10.29$。

$S^2_{差异}=S^2_{M_1}+S^2_{M_2}=10.29+10.29=20.58$。

$S_{差异}=\sqrt{S^2_{差异}}=\sqrt{20.58}=4.54$。

t 分布的 $df=18$，显著性水平为 0.05，双侧检验（临界值）$=\pm2.101$。

$t=(M_1-M_2)/S_{差异}=(79.00-68.00)/4.45=2.42$。

结论：拒绝虚无假设。

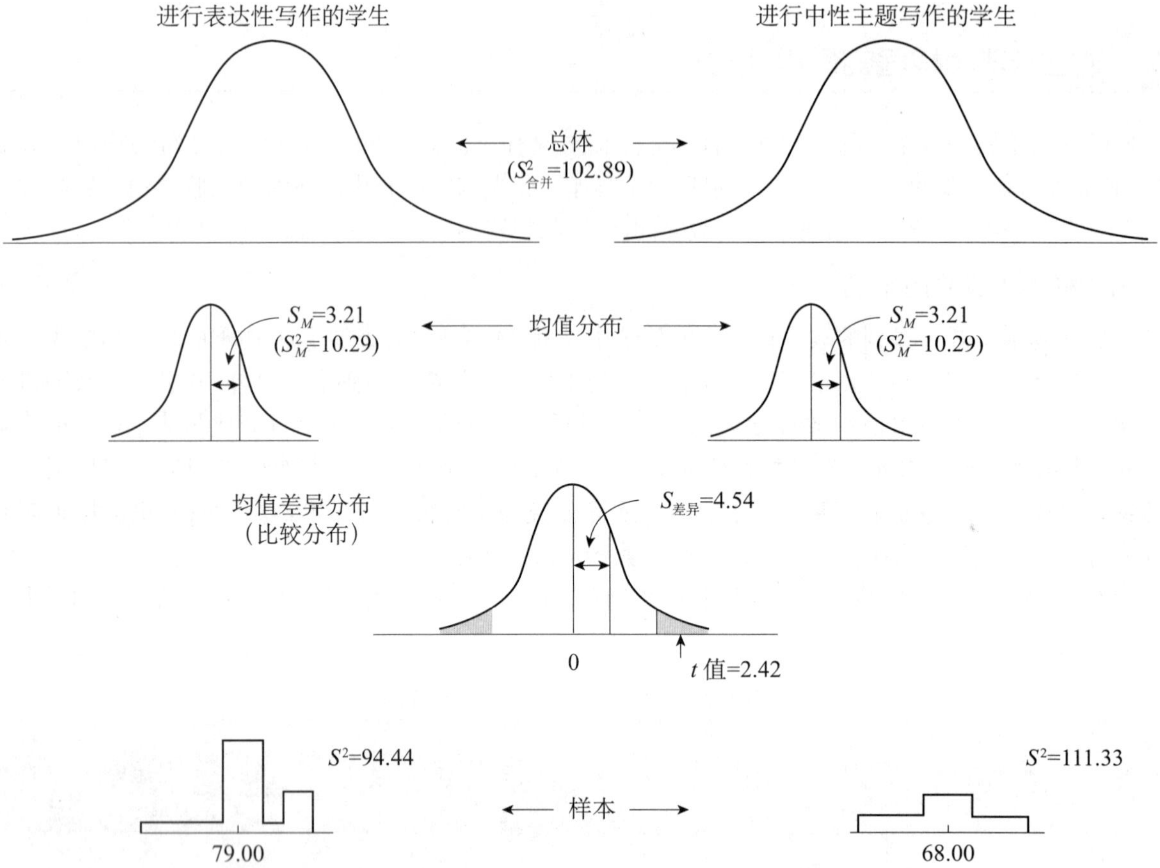

图 9－2　表达性写作例子中独立样本 t 检验所涉及的分布

①**重新将问题表述为关于总体的研究假设和虚无假设。**有两个总体：

总体 1：进行表达性写作的学生。

总体 2：写下中性主题（日常计划）的学生。

研究者所关注的是表达性写作对健康状况是否有影响。因此，研究假设为表达性写作组（总体 1）评估的健康状况，与中性主题组（总体 2）评估的健康状况不同（双侧检验）。虚无假设是总体 1 与总体 2 的学生评估的健康状况相同。

②**确定比较分布的特征。**比较分布是均值差异分布：

(a) 平均数为 0（在独立样本 t 检验中大部分情况下是这样的，因为我们所关注的是两个总体之间的差异是否大于 0）。

(b) 计算标准差。

Ⓐ**根据每个样本估计总体方差。**如表 9－1 所示，$S_1^2=94.44$，$S_2^2=111.33$。

Ⓑ**计算合并方差。**如表 9－1 所示，合并方差为 $S^2_{合并}=102.89$。

> **成功小贴士**
>
> 在这个例子中，$S^2_{M_1}$ 与 $S^2_{M_2}$ 的值相同，因为两个样本的容量相同。如果两个样本的容量不同，那么这两个值也不同。

Ⓒ**计算每个均值分布的方差。**用合并方差除以每个样本的容量，得到如表 9－1 所示的方差：$S^2_{M_1}=10.29$，$S^2_{M_2}=10.29$。

Ⓓ**计算均值差异分布的方差。**将两个均值分布的方差相加。如表 9－1 所示，结果为：$S^2_{差异}=20.58$。

Ⓔ**计算均值差异分布的标准差。**$S_{差异}=\sqrt{S^2_{差异}}=\sqrt{20.58}=4.45$。

比较分布为总自由度为 18 的 t 分布。

③**确定当虚无假设被拒绝时比较分布中的临界值。**研究者关注的是结果在任意一侧的差异，因此

采用双侧检验。如附录表 A-2 所示，0.05 显著性水平上临界值为 2.101 或者 −2.101。

④计算比较分布中的样本分数。 t 值是用两个样本平均数差异（79.00−68.00=11.00），除以均值差异分布的标准差（4.45），结果为 2.42。

⑤决定是否拒绝虚无假设。 t 值为 2.42，大于临界值 2.101，可以拒绝虚无假设。结果支持研究假设：实验组学生（写下情绪表达语句的学生）的健康水平高于控制组学生（写下日常计划的学生）。

研究中的数值是虚构的。但是在实际的研究中，自我报告的结果，以及医生的观察和心理幸福感指数都表明情绪表达对身体状况有益（如 Pennebaker & Beall，1986；Warner et al.，2006；Frattaroli，2006）。

独立样本 t 检验步骤小结

表 9-2 总结了独立样本 t 检验的步骤。①

表 9-2　**独立样本 t 检验步骤**

①重新将问题表述为关于总体的研究假设和虚无假设。
②确定比较分布的特征。
a. 平均数为 0。
b. 计算标准差。
Ⓐ根据每个样本估计总体方差。 对于每一个总体有：$S^2=[\sum(X-M)^2]/(N-1)$。
Ⓑ计算合并方差： $S^2_{合并}=df_1(S_1^2)/df_{总}+df_2(S_2^2)/df_{总}$（$df_1=N_1-1$；$df_2=N_2-1$；$df_{总}=df_1+df_2$）。
Ⓒ计算每个均值分布的方差： $S^2_{M_1}=S^2_{合并}/N_1$，$S^2_{M_2}=S^2_{合并}/N_2$。
Ⓓ计算均值差异分布的方差： $S^2_{差异}=S^2_{M_1}+S^2_{M_2}$。
Ⓔ计算均值差异分布的标准差： $S_{差异}=\sqrt{S^2_{差异}}$。
c. 分布为 t 分布，自由度为 $df_{总}$。
③确定当虚无假设被拒绝时比较分布中的临界值。
a. 确定自由度（$df_{总}$）、期望的显著性水平，以及是单侧还是双侧检验。
b. 查阅 t 值表找出合适的临界值；如果具体的 df 没有给出，则使用比自由度更小且最接近的值。
④计算比较分布中的样本分数： $t=(M_1-M_2)/S_{差异}$。
⑤决定是否拒绝虚无假设： 比较第③步和第④步的值。

独立样本 t 检验的另一个范例

假设研究者想要研究对难以胜任工作的职员进行特殊工作技能培训的效果。14 名难以胜任当前工作的职员愿意参加研究。研究者随机选出 6 名被试者作为实验组，接受特殊的职业技能培训。其他 8 名被试者作为控制组，接受普通的职业技能培训。两个组的被试者完成培训后，同时投入同样的工作。

一个月以后，每名被试者的雇主在 9 点量表上评价员工在工作中的表现。t 检验的相关数据和计算过程如表 9-3 所示。图 9-3 显示的是涉及的分布。我们根据假设检验的五个步骤来进行分析。

---

① 计算均值差异分布标准差的步骤可以合并为一个总的计算公式：

$$S_{差异}=\sqrt{\frac{(N_1-1)(S_1^2)+(N_2-1)(S_2^2)}{N_1+N_2-1}\left(\frac{1}{N_1}+\frac{1}{N_2}\right)} \quad (9-8)$$

像往常一样，在做本书中的练习题时，使用全套步骤和规则的定义公式将有助于你学习基本原则。然而，如果统计软件不可用，并且你必须手工进行一个独立样本 t 检验，那么这个计算公式将非常有用。

表 9 - 3　　工作技能培训例子中 t 检验的步骤

实验组（接受特殊的培训）			控制组（接受普通的培训）		
分数	离均差	离均差的平方	分数	离均差	离均差的平方
6	0	0	6	3	9
4	−2	4	1	−2	4
9	3	9	5	2	4
7	1	1	3	0	0
7	1	1	1	−2	4
3	−3	9	1	−2	4
Σ：36	0	24	4	1	1
			3	0	0
			Σ：24	0	26

$M_1=36/6$；$S_1^2=24/5=4.8$；$M_2=24/8=3$；$S_2^2=26/7=3.71$。

$N_1=6$；$df_1=6-1=5$；$N_2=8$；$df_2=8-1=7$。

$df_{总}=df_1+df_2=5+7=12$。

$S_{合并}^2=df_1(S_1^2)/df_{总}+df_2(S_2^2)/df_{总}=(5\times4.8)/12+(7\times3.71)/12=2+2.16=4.16$。

$S_{M_1}^2=S_{合并}^2/N_1=4.16/6=0.69$。

$S_{M_2}^2=S_{合并}^2/N_2=4.16/8=0.52$。

$S_{差异}^2=S_{M_1}^2+S_{M_2}^2=0.69+0.52=1.21$。

$S_{差异}=\sqrt{S_{差异}^2}=1.10$。

t 分布的 $df=12$，显著性水平为 0.05，双侧检验（临界值）$=\pm2.179$。

$t=(M_1-M_2)/S_{差异}=(6-3)/1.10=3/1.10=2.73$。

结论：拒绝虚无假设，支持研究假设。

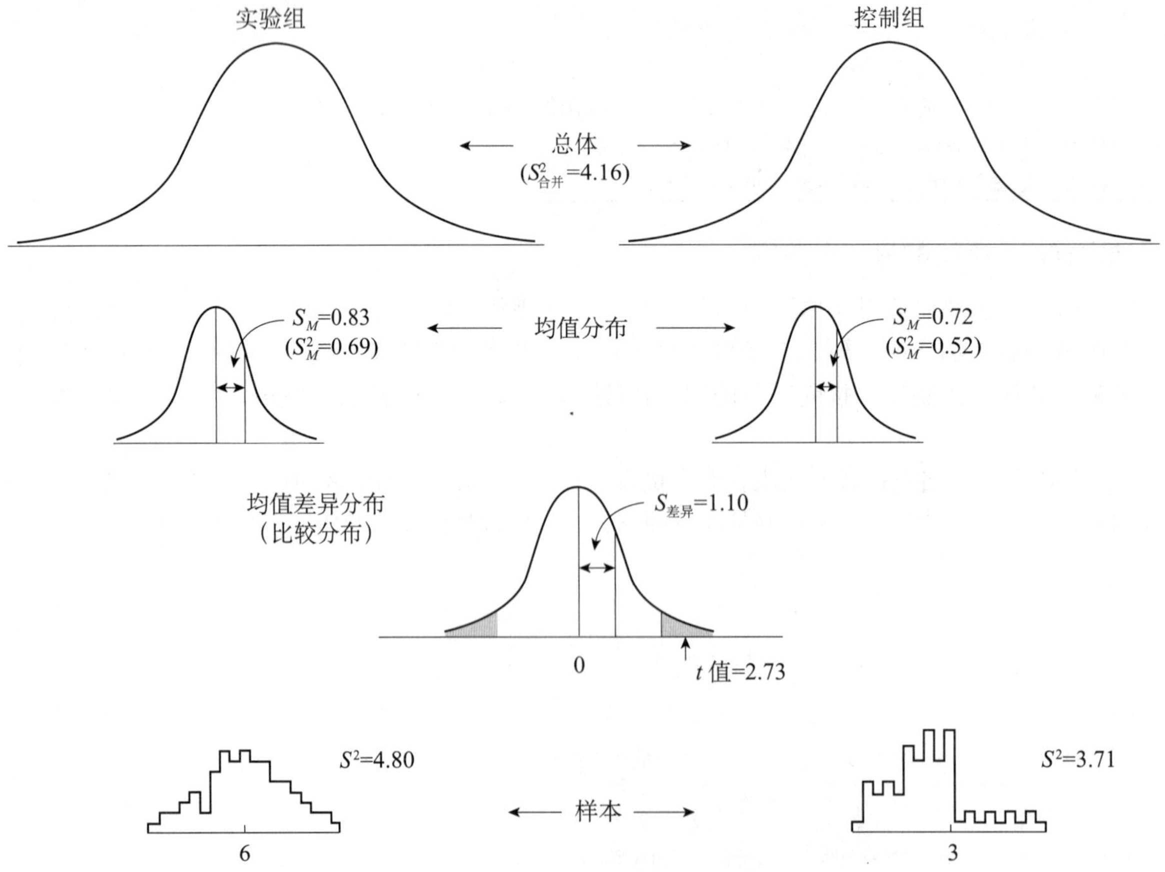

图 9 - 3　工作技能培训例子中独立样本 t 检验所涉及的分布

①重新将问题表述为关于总体的研究假设和虚无假设。有两个总体：

总体1：接受特殊技能培训的不能胜任现有工作的个体。

总体2：接受普通技能培训的不能胜任现有工作的个体。

接受特殊技能培训与接受普通技能培训相比，可能有积极的作用，也可能有消极的作用，这都是我们所要研究的。因此，研究假设为总体1与总体2的平均数不相同。这是无方向的假设。虚无假设是总体1与总体2的平均数相同。

②确定比较分布的特征。

a. 平均数为0。

b. 确定其标准差。

Ⓐ根据每个样本估计总体方差。$S_1^2=4.8$，$S_2^2=3.71$。

Ⓑ计算合并方差。合并方差为 $S^2_{合并}=4.16$。

Ⓒ计算每个均值分布的方差。用合并方差除以每个样本的容量，得到方差：$S^2_{M_1}=0.69$；$S^2_{M_2}=0.52$。

Ⓓ计算均值差异分布的方差。将两个均值分布的方差相加。结果为：$S^2_{差异}=1.21$。

Ⓔ计算均值差异分布的标准差。$S_{差异}=\sqrt{S^2_{差异}}=\sqrt{1.21}=1.10$。

c. 比较分布是总自由度为12的 t 分布。

③确定当虚无假设被拒绝时比较分布中的临界值。研究者关注的是结果在任意一侧的差异，因此采用双侧检验。如附录表A-2所示，0.05显著性水平上临界值为2.179或者−2.179。

④计算比较分布中的样本分数。t 值是两个样本平均数间的差异除以均值差异分布的标准差，结果为2.73（$t=3.00/1.10=2.73$）。

⑤决定是否拒绝虚无假设。t 值为2.73，大于临界值2.179。可以拒绝虚无假设。结果支持研究假设：特殊的技能培训比普通的技能培训有更大的作用。

9.3 你学会了吗？

1. 列举独立样本 t 检验与相关样本 t 检验在（a）第②步、（b）第③步、（c）第④步上的差异。

2. 在0.05显著性水平上，采用双侧检验，假设实验组的分数小于控制组的分数。实验组的平均数为8，方差为12，有26名被试者。控制组的平均数等于5，方差为10，有36名被试者。（a）使用假设检验的五个步骤。（b）简要画出所涉及的分布。

独立样本 t 检验的前提假设

独立样本 t 检验的第一个假设与其他 t 检验的假设相同，要求每个总体必须符合正态分布。实际上，只有在两个总体分布存在非常严重的偏态时，独立样本 t 检验才会有问题。一般情况下，即使总体为偏态，t 检验也会得到很好的结果。

除此之外，独立样本 t 检验还要满足两个总体方差相同的假设。当你基于样本估计总体方差时，你可以充分利用这个假设。与正态分布假设一样，即使总体方差差异很大，尤其是两个样本的容量相同或相近时，t 检验同样可以有较好的结果。

但是，t 检验在以下情况下会产生错误结果：（a）样本所在总体与正态分布偏离很大（显著偏态分布）；（b）方差不齐；（c）两个问题都有。在这种情况下，我们可以考虑用将在第11章学到的方法代替普通的 t 检验。

大多数进行独立样本 t 检验的软件会提供两个结果。一个是假设总体方差齐性时 t 检验的结果，即采用本章学到的标准检验方法得到的结果。另一个是假设方差不齐时用替代方法计算得到的 t 检验结果（但是仍假设总体服从正态分布）。本章最后的"SPSS 应用"部分有这两个结果的举例（图 9-7）。但是，在大多数情况下我们可以假设总体方差一致。因此，大多数研究中用标准程序来进行 t 检验。用替代方法的优点是你不用担心检验是否满足方差齐性假设，但其缺点是如果检验满足假设，用这种替代方法得到的统计检验力就会减小。也就是说，如果满足假设，用替代方法得到显著结果的可能性较小。

独立样本 t 检验的效应量和检验力

效应量

独立样本 t 检验的效应量的计算由总体平均数的差除以标准差得出。当在一个复杂研究中进行 t 检验时，我们用样本平均数的差除以合并标准差的结果作为效应量大小（合并标准差是合并方差的平方根）。公式如下：

独立样本 t 检验的效应量大小等于两个样本平均数的差除以合并标准差。

$$效应量估计值=\frac{M_1-M_2}{S_{合并}} \quad (9-9)$$

根据科恩（1988）的标准，一般情况下独立样本 t 检验效应量的大小如下：0.20 表示效应量较小，0.50 表示效应量中等，0.80 表示效应量较大。

回顾我们提到的特殊技能培训效果的例子。参加特殊技能培训个体的样本平均数为 6.00。参加普通技能培训个体的样本平均数为 3.00。计算得到的合并方差为 4.16，因此合并标准差为 2.04。效应量大小为平均数的差 3 除以 2.04 的结果，为 1.47。这是一个大的效应量。用公式计算如下：

$$效应量估计值=\frac{M_1-M_2}{S_{合并}}=\frac{6.00-3.00}{2.04}=1.47$$

检验力

独立样本 t 检验的统计检验力可以通过查表、软件包或者计算器计算得到。表 9-4 给出了 0.05 显著性水平上，效应量为小、中等、大时，单侧或双侧检验的统计检验力的值。[①]

表 9-4　在 0.05 显著性水平上，采用独立样本 t 检验进行假设检验时研究的效应量的近似值

每组被试者个数	效应量		
	小（0.20）	中等（0.50）	大（0.80）
单侧检验			
10	0.11	0.29	0.53
20	0.15	0.46	0.80
30	0.19	0.61	0.92
40	0.22	0.72	0.97
50	0.26	0.80	0.99
100	0.41	0.97	*
双侧检验			
10	0.07	0.18	0.39
20	0.09	0.33	0.69
30	0.12	0.47	0.86
40	0.14	0.60	0.94
50	0.17	0.70	0.98
100	0.29	0.94	*

*表示接近 1。

① 科恩（1988，pp. 28-39）提供了更详细的表格，包括被试者数量、效应量大小和显著性水平。注意，科恩用字母 α 来描述显著性水平，下标为 1 或 2，表示单侧或双侧检验。例如，"$\alpha_1=0.05$"意味着这是单侧检验，$p<0.05$。

比如，假如一项研究中每个组有 40 个被试者，在 0.05 显著性水平上进行双侧独立样本 t 检验，结果不显著。我们可以说总体间的确不存在差异吗？这样的推论显然是不合理的。表 9－4 表明对于较小的效应量来说，统计检验力只有 0.14，这就是说，效应量较小，研究结果不太可能是显著的。然而，两总体间可能的确存在差异，只是这个差异不会太大。表 9－4 显示了效应量较大的时候有 0.94 的统计检验力，这就是说如果 t 检验有一个大的效应量，那么结果显著的可能性很大。

样本容量不相等时的检验力

对于给定被试者数量的研究来说，将被试者分成数量相等的两个组时统计检验力最大。回顾本章开头提到的例子，将 42 名被试者分成了 11 人的实验组和 33 人的控制组。这个研究结果的统计检验力，比将 42 名被试者分成每组 21 人的两个样本的统计检验力要小。

专栏 9－1　两位对性别和统计做出贡献的女性

2007 年，Barbara Tabachnick 和 Linda Fidell 合作出版了一本对高级统计来说相当有价值的著作——《使用多元统计》(*Using Multivariate Statistics*)。这两位实验心理学家都在加利福尼亚州立大学北岭分校工作。Tabachnick 入职不久，她们就在一个午餐会上认识了。Fidell 回忆道：

> 1975 年时我有一个庞大的数据集需要处理，运行出的结果非常平均，但我不确定这些数据的含义，甚至不能确定这是否违反了某些假设。我到密歇根大学访问，我知道方差分析。但是在那个时候没有人告诉我们如何进行多元分析。需要很复杂的程序来处理这些数据，到底该如何做呢？

Tabachnick 和 Fidell 各自进行学习和研究，学习一些必要的课程，阅读大量文献，向在软件方面更擅长的人寻求帮助，想弄清楚使用多元统计的方法来处理数据会出现什么结果。现在她们会问每一个人：为什么这个过程如此复杂？为什么要重复数据？她们决定把她们的研究出版成书。

经过很多年的合作，这本书终于问世，并且已经更新至第五版，销量一直很好。在 Fidell 看来，统计学是一个让女性感觉舒服并且擅长的领域。

当样本容量不同时，通过查表得知结果显著的可能性就会产生问题。（软件包和计算器要求提供确切的样本容量，在计算时要用到。）大多数检验力表，如表 9－4 所示，都假设两个组样本容量相同。当样本容量不同时该怎么办呢？可以用两个样本的**调和平均数**（harmonic mean）代替样本的平均数。调和平均数的公式如下：

$$\text{调和平均数}=\frac{(2)(N_1)(N_2)}{N_1+N_2} \tag{9-10}$$

调和平均数等于 2 乘以第一个样本的样本容量再乘以第二个样本的样本容量，再除以两个样本容量之和。

在一组样本容量为 11、一组样本容量为 31 的例子中，调和平均数为 16.24。

$$\text{调和平均数}=\frac{(2)(N_1)(N_2)}{N_1+N_2}=\frac{(2\times11\times31)}{11+31}=16.24$$

调和平均数　一种特殊的平均数，受较小数值的影响更大。在独立样本 t 检验中，如果两个样本的容量不同，用调和平均数来判断效应量的大小。

因此，即使一共有 42 个被试，t 检验的统计检验力与每组只有 16 个被试者，但两个组样本容量相同的统计检验力相同（意思是说与一项只有 32 名被试者，但被试者被分成数量相同的两个组的统计检验力相同）。

计划样本容量

表 9－5 给出了在 0.05 显著性水平上，单侧检验与双侧检验在效应量小、中等、大的情况下，统计

检验力为80%时的大约样本容量。[①] 假设一项研究，采用0.05的显著性水平，单侧检验，希望结果有中等效应量，根据表9-5，每组需要有50个被试者（一共需要100个被试者）才有80%的检验力。但是，如果仍在0.05水平上，期望有较大的效应量，那么每组只需要20个被试者（一共需要40个被试者）。

表9-5　在0.05的显著性水平上，采用独立样本t检验进行假设检验，要想研究的统计检验力达到80%，每组（假定样本容量相同）所需要的大致被试者数量

	效应量		
	小（0.20）	中等（0.50）	大（0.80）
单侧检验	310	50	20
双侧检验	393	64	26

9.4　你学会了吗？

1. 写出独立样本t检验的两个假设，并给出违反这两个假设时出现的问题。
2. 为什么我们需要假设方差齐性？
3. 总体1的平均数为17，总体2的平均数为25，合并标准差等于20，效应量为多少？
4. 在独立样本t检验中，双侧检验，0.05显著性水平上，每组20个被试者，要想达到较大的效应量，统计检验力为多少？
5. 在一项研究中将被试者分成两组，一组有6名，另一组为34名。在0.05显著性水平上进行双侧检验，独立样本t检验的统计检验力为多少？
6. 在一项研究中，在0.05显著性水平、单侧检验、效应量较小的情况下，如果希望独立样本t检验的统计检验力为0.8，需要多少名被试者？

回顾与比较三种不同的t检验

成功小贴士

希望你花一些时间仔细阅读表9-6。通过浏览这个表格并尝试回忆表格中的信息来检验你对三种检验方式的理解。如果你对表格中的某些信息不完全确定，一定要复习第8章或本章。

现在我们已经学习了3种t检验，在第8章学习了单样本t检验与相关样本t检验，本章学习了独立样本t检验。表9-6给出了三种t检验的回顾及比较。如你在表9-6中所看到的，每一种检验的总体方差都未知，并且比较分布都是t分布。当要比较已知的总体平均数与单一样本的平均数时，用单样本t检验。但是，在多数行为与社会科学研究中，通常总体平均数是未知的。如果总体平均数未知，相关样本t检验近似于每个被试者有两个分数（如前测和后测）的t检验，并且如你所希望的，一般来说被试者的成对分数是有差异的。独立样本t检验用来比较两个不同组被试者（如实验组与控制组）的平均数。

表9-6　三种t检验类型的回顾与比较

t检验的特征	t检验类型		
	单样本	相关样本	独立样本
总体方差已知	否	否	否
总体平均数已知	是	否	否
被试者分数的个数	1	2	1

① 科恩（1988，pp.54-55）提供了更完整的表格，其中说明了统计检验力不是80%所需的样本容量，效应量不是0.20、0.50和0.80以及其他显著性水平所需的被试者人数。

续前表

t 检验的特征	t 检验类型		
	单样本	相关样本	独立样本
运用差异分数进行 t 检验	否	是	否
比较分布的形态	t 分布	t 分布	t 分布
自由度的公式	$df=N-1$	$df=N-1$	$df_{总}=df_1+df_2$ $df_1=N_1-1$ $df_2=N_2-1$
t 值的公式	$t=(M-总体\ M)/S_M$	$t=(M-总体\ M)/S_M$	$t=(M_1-M_2)/S_{差异}$

研究文献中的独立样本 t 检验

在研究中通常会报告两个样本的平均数（有时是标准差）和某一 t 值，比如用 $t(18)=4.72$，$p<0.01$ 来描述相关样本 t 检验。（回忆一下，括号中的数字代表总自由度。）情绪表达对健康的影响的研究结果可以表示为："表达性写作组自我报告健康水平的平均数为 79.00($SD=9.72$)，控制组的平均数为 68.00($SD=1.55$)，$t(18)=2.42$，$p<0.05$。"（在大多数研究中，一般默认双侧检验无须报告，单侧检验时需要报告。）

这里有另外一个例子。Muise、Christofides 和 Desmarais（2009）以 Facebook 社交网站中的 308 名大学生为被试者进行了一项研究。参与研究的学生要回答各自用 Facebook 的频率，以及一份包含 27 道题目的研究者自编的 Facebook 嫉妒量表（7 点量表）。比如："你在 Facebook 上关注同学的可能性是多少?"下面是从研究结果中摘出的一部分："被试者报告每天登录 Facebook 的平均频率为 38.93 分钟（$SD=32.13$），有 25～1 000 名 Facebook 朋友（$M=296.19$，$SD=172.04$）……在我们的研究中女性（$M=40.57$，$SD=26.76$）比男性（$M=29.83$，$SD=23.73$）在 Facebook 上花费的时间更多；$t(305)=-3.32$，$p<0.01$。并且女性（$M=3.29$，$SD=1.24$）在 Facebook 嫉妒量表上的得分显著高于男性（$M=2.81$，$SD=1.09$）；$t(305)=-3.32$，$p<0.01$。"研究结果与你跟朋友应用 Facebook 的情况相同吗?

表 9－7 是许多研究给出 t 检验结果的一个例子。这个表来源于 Gibbons、Wilson 和 Rufener（2006）的研究。有 152 名危地马拉的大学生参与他们的研究，所有被试者回答他们关于男子气概（男性特征的一个表现）的理解、他们对女性的态度，以及对收养的看法。如表 9－7 所示，研究者用三个独立样本 t 检验来考察男性与女性在这些观点上是否存在差异。对量表进行计分后，分数越高表示对男子气概持更积极的态度，对性别持中性态度（用女性态度量表青少年版测量，在表中缩写为AWSA），对收养持更积极的态度。表第一行表明男性（平均数为 1.32）对男子气概的态度比女性（平均数为 1.17）更积极，t 值为 4.77，在 0.001 水平上显著。表 9－7 的结果表明女性对女性的态度比男性更积极，女性对收养的态度比男性更积极。

表 9－7　在男子气概、对女性的态度、对收养的看法上男女得分的平均数和标准差

	女性 ($n=64$)	男性 ($n=88$)	t	p
男子气概	1.17±0.15	1.32±0.20	4.77	<0.001
AWSA	3.26±0.31	2.98±0.35	5.00	<0.001
收养	3.10±0.39	2.85±0.41	3.07	<0.01

资料来源：Gibbons，J. L.，Wilson，S. L，& Rufener，C. A.（2006）. Gender attitudes mediate gender differences in attitudes towards adoption in Guatemala. *Sex Roles*，*54*，139－145.

本章点拨

小结

1. 当样本由两个完全分开的群体组成时，要用独立样本 t 检验来进行假设检验。独立样本 t 检验中的比较分布，是两个样本平均数差异所组成的分布。要形成这个分布需要每一个总体产生一个均值分布，然后将从这两个均值分布中得到的两个平均数相减，即可得到均值差异分布。

2. 均值差异分布服从平均数为 0、自由度为两样本自由度之和的 t 分布。计算标准差的步骤为：

A. 根据每个样本估计总体方差。

B. 计算合并方差。

C. 计算每个均值分布的方差。

D. 计算均值差异分布的方差。

E. 计算均值差异分布的标准差。

3. 独立样本 t 检验假设两个总体都服从正态分布且方差齐性。但是当实际情况与假设差异不太大的时候，也能给出较为准确的结果。

4. 独立样本 t 检验的效应量是两个样本的平均数之差，除以合并标准差的商数。当两个样本的容量相同时，t 检验结果显著的可能性最大。当两个样本的容量不同时，用调和平均数来代替平均数去查表。独立样本 t 检验的统计检验力可以通过检验力表（表 9 - 4）、检验力软件包或网络检验力计算器确定。

5. 在研究报告中，独立样本 t 检验通常会报告平均数、总自由度、t 值和显著性水平。有时也会用表来呈现结果。

主要术语

独立样本 t 检验

均值差异分布

总体方差合并估计值（$S^2_{合并}$）

加权平均数

均值差异分布的方差（$S^2_{差异}$）

均值差异分布的标准差（$S_{差异}$）

调和平均数

示例

计算均值差异分布的标准差

根据下列信息计算 $S_{差异}$：$N_1 = 40$，$S_1^2 = 15$，$N_2 = 60$，$S_2^2 = 12$。

答案

Ⓐ根据每个样本估计总体方差。

$$S_1^2=15，S_2^2=12$$

Ⓑ计算合并方差。

$$df_1=N_1-1=40-1=39，df_2=N_2-1=60-1=59，df_{总}=df_1+df_2=39+59=98$$

$$S^2_{合并}=\frac{df_1}{df_{总}}(S_1^2)+\frac{df_2}{df_{总}}(S_2^2)=\frac{39}{98}\times15+\frac{59}{98}\times12=5.97+7.22=13.19$$

Ⓒ计算每个均值分布的方差。

$$S^2_{M_1}=\frac{S^2_{合并}}{N_1}=\frac{13.19}{40}=0.33，S^2_{M_2}=\frac{S^2_{合并}}{N_2}=\frac{13.19}{60}=0.22$$

Ⓓ计算均值差异分布的方差。

$$S_{差异}^2 = S_{M_1}^2 + S_{M_2}^2 = 0.33 + 0.22 = 0.55$$

Ⓔ计算均值差异分布的标准差。

$$S_{差异} = \sqrt{S_{差异}^2} = \sqrt{0.55} = 0.74$$

使用独立样本 t 检验进行假设检验

一位研究者随机分配 5 名被试者到实验组，另外 5 名到控制组。在研究的最后，对 10 名被试者进行测评。实验组得分分别为 7，6，9，7，6。控制组得分分别为 5，2，4，3，6。在 0.05 显著性水平上采用独立样本 t 检验进行双侧检验。列出假设检验的步骤并简要画出所涉及的分布。

答案

计算过程如表 9 - 8 所示，分布形态如图 9 - 4 所示。以下是独立样本 t 检验的步骤：

表 9 - 8　　示例中独立样本 t 检验的计算过程

实验组			控制组		
分数	离均差	离均差的平方	分数	离均差	离均差的平方
7	0	0	5	1	1
6	−1	1	2	−2	4
9	2	4	4	0	0
7	0	0	3	−1	1
6	−1	1	6	2	4
Σ：35	0	6	20	0	10

$M_1=7$；$S_1^2=6/4=1.50$；$M_2=4$；$S_2^2=10/4=2.50$。

$N_1=5$；$df_1=N_1-1=4$；$N_2=5$；$df_2=N_2-1=4$。

$df_{总}=df_1+df_2=4+4=8$。

$S_{合并}^2=df_1(S_1^2)/df_{总}+df_2(S_2^2)/df_{总}=(4\times1.50)/8+(4\times2.50)/8=0.75+1.25=2.00$。

$S_{M_1}^2=S_{合并}^2/N_1=2.00/5=0.40$。

$S_{M_2}^2=S_{合并}^2/N_2=2.00/5=0.40$。

$S_{差异}^2=S_{M_1}^2+S_{M_2}^2=0.40+0.40=0.80$。

$S_{差异}=\sqrt{S_{差异}^2}=\sqrt{0.08}=0.89$。

t 分布的 $df=8$，显著性水平为 0.05，双侧检验（临界值）$=\pm2.306$。

$t=(M_1-M_2)/S_{差异}=(7-4)/0.89=3/0.89=3.37$。

结论：拒绝虚无假设，支持研究假设。

①重新将问题表述为关于总体的研究假设和虚无假设。有两个总体：

总体 1：实验组的人群。

总体 2：控制组的人群。

研究假设是总体 1 与总体 2 的平均数不同。虚无假设是总体 1 与总体 2 的平均数相同。

②确定比较分布的特征。

a. 平均数为 0。

b. 确定其标准差。

Ⓐ根据每个样本估计总体方差。$S_1^2=1.50$，$S_2^2=2.50$。

Ⓑ计算合并方差。$S_{合并}^2=2.00$。

Ⓒ计算每个均值分布的方差。$S_{M_1}^2=0.40$，$S_{M_2}^2=0.40$。

Ⓓ计算均值差异分布的方差。$S_{差异}^2=0.80$。

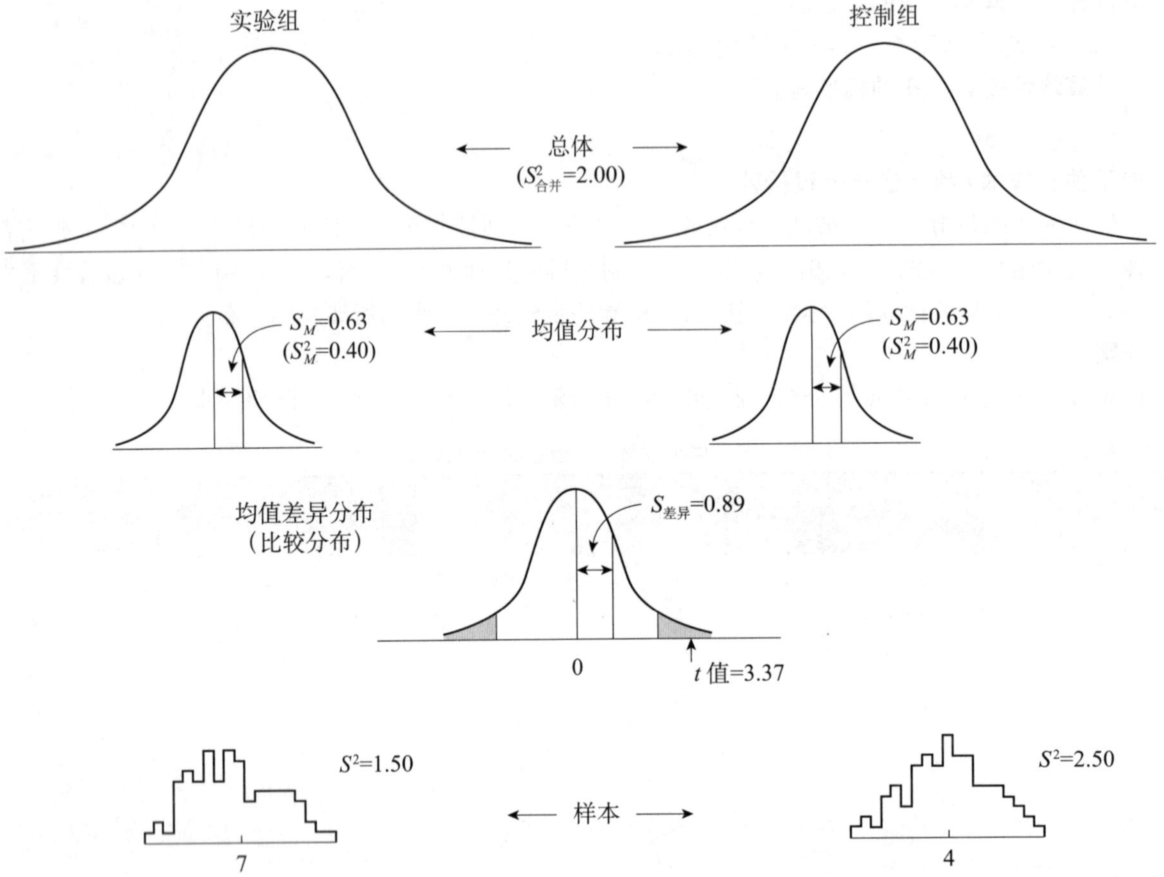

图 9-4　示例中独立样本 t 检验所涉及的分布

Ⓔ计算均值差异分布的标准差。$S_{差异}=0.89$。

c. 比较分布的形态是总自由度为 8 的 t 分布。

③确定当虚无假设被拒绝时比较分布中的临界值。0.05 显著性水平上，自由度为 8，双侧检验的临界值为−2.306 和 2.306。

④计算比较分布中的样本分数。$t=(M_1-M_2)/S_{差异}=(7-4)/0.89=3.37$。

⑤决定是否拒绝虚无假设。t 值为 3.37，比临界值±2.306 极端。可以拒绝虚无假设，支持研究假设。

计算样本的容量不同时的检验力

假设有一项研究期望获得较小的效应量，一组的样本容量为 22，另一组为 51。在 0.05 的显著性水平上，计算单侧检验的统计检验力。

答案

调和平均数 $=[(2)(N_1)(N_2)]/(N_1+N_2)=(2\times22\times51)/(22+51)=2\,244/73=30.7$。

查表 9-4，当每组有 30 名被试者时，单侧检验，较小效应量对应的统计检验力为 0.19。

写有关独立样本 t 检验的文章时，需要做以下说明

1. 描述该情况下假设检验的逻辑。明确所要检验的两个样本完全独立时使用独立样本 t 检验进行假设检验。解释研究假设与虚无假设的具体含义。

2. 解释独立样本 t 检验中比较分布的内在逻辑（均值差异分布）。说明为什么其平均数为 0（这一点和第三点是文章中最长的部分）。

3. 描述计算两个均值分布的方差和总体方差的逻辑。说明均值差异分布的标准差如何计算。

4. 解释为什么独立样本 t 检验中的比较分布的形态是 t 分布（不是正态曲线）。

5. 描述如何查找拒绝虚无假设所需的临界值。

6. 阐述为什么和如何计算比较分布中的 t 值。

7. 解释如何和为什么要比较假设检验第③步和第④步的结果，以及在实际的研究中进行这种比较以及检验虚无假设的意义。

练习题

以下练习题涉及计算。虽然在现实生活中，绝大多数统计问题是借助于特殊的统计软件用计算机完成的，但是即便你有这些软件，也要动手解决这些问题以便加深对所学方法的理解。如果想学习如何使用计算机解决本章中所遇到的统计问题，可以参考本章的“SPSS应用”。

练习题中所使用的数据，除非指明来源，否则给出的所有数据都是虚构的。

第Ⅰ组（答案请参阅附录B）

1. 判断下列研究应该用独立样本 t 检验，还是相关样本 t 检验进行假设检验。

（a）一位教育研究者随机让47名四年级的学生接受新的课后数学辅导，另外48名学生接受标准的课后数学辅导，然后对所有学生进行数学测试。

（b）一位市场研究者评估了100名医药销售在被患者问到关于某一特殊药物的情况的次数。在发布新药物广告之前的月初及之后的月底各进行一次测评。

（c）某研究者对某一组14名被试者的反应时进行了两次测量，一次是在高温房间内，另一次是在常规温度房间内。

2. 计算下列每一项研究的 $S_{差异}$。

研究	N_1	S_1^2	N_2	S_2^2
(a)	20	1	20	2
(b)	20	1	40	2
(c)	40	1	20	2
(d)	40	1	40	2
(e)	40	1	40	4

3. 确定下列每一项研究在0.05的显著性水平上结果是否显著（双侧）。

研究	实验组			控制组		
	N	M	S^2	N	M	S^2
(a)	30	12.0	2.4	30	11.1	2.8
(b)	20	12.0	2.4	40	11.1	2.8
(c)	30	12.0	2.2	30	11.1	3.0

4. 一位研究者将82名志愿者随机分配到两个实验组。61名志愿者在一个月内只通过电视接收信息，另外21名志愿者在一个月内只通过网络接收信息。在这个月结束的时候，所有的志愿者都接受衡量他们对时事了解程度的评估。研究者事先并未对哪一种方式能够接收更多的信息进行假设，他只是认为这两种方式会有所不同。下面是研究结果：电视组，$M=24$，$S^2=4$；网络组，$M=26$，$S^2=6$。在0.01显著性水平上，研究者可以得出什么结论？（a）按步骤进行假设检验。（b）简要画出所涉及的分布。（c）将结果向一个了解单样本 t 检验但不了解独立样本 t 检验的人解释。

5. 一位教师对在读故事时用学生的真名，是否能够让学生注意力更集中感兴趣。6名学生被随机分配读普通故事（用小明、小红等作为主人公的名字）。另外5名学生阅读相同的故事，只是故事的人物名字用学生的真名代替。这位教师对学生阅读故事的时间进行了仔细测量。结果如下表所示。在0.05显著性水平上，用学生的真名阅读注意力会有所不同吗？（a）按步骤进行假设检验。（b）简要画出所涉及的分布。（c）将结果向一个给从未学过统计学的人解释。

普通故事		包含自己名字的故事	
学生	阅读时间	学生	阅读时间
A	2	G	4
B	5	H	8
C	7	I	10
D	9	J	9
E	6	K	8
F	7		

6. 一位发展心理学家比较了4岁儿童与8岁儿童理解故事中类比推理的能力。5位4岁儿童的成绩分别为7，6，2，3，8；3位8岁儿童的成绩分别为9，2，5。在0.05显著性水平上，年龄大的孩子是否能够更好地理解故事中的类比推理？（a）按步骤进行假设检验。（b）简要画出所涉及的分布。（c）将结果向一个了解单样本t检验但不了解独立样本t检验的人解释。

7. 计算第4、5、6题中效应量的大小。将第4题的计算过程向一个了解独立样本t检验但不了解效应量的人解释。

8. 如果下列研究均采用独立样本t检验，那么在0.05显著性水平、单侧检验、效应量较小的情况下，统计检验力的大小分别是多少？

研究	N_1	N_2
(a)	3	57
(b)	10	50
(c)	20	40
(d)	30	30

9. 假设下列每项研究中的两个样本的容量相同，在0.05显著性水平上，要想结果有0.8的统计检验力，每项研究分别需要多少名被试者？（给出一共需要多少被试者，而不仅仅是每组所需的被试者数量。）

研究	期望平均数		期望 $S_{合并}$	单侧还是双侧检验
	M_1	M_2		
(a)	107.0	149.0	84.0	单侧
(b)	22.5	16.2	31.5	双侧
(c)	14.0	12.0	2.5	单侧
(d)	480.0	520.0	50.0	双侧

10. Van Aken 和 Asendorpf（1997）对139名12岁德国儿童进行了研究。所有儿童都要完成自我价值问卷测验，以及关于他们从父母、同学那里得到的支持多少的访谈。研究者随后对自我价值问卷得分的高分组与低分组进行了比较。研究结果表明："低自我价值的学生得到的来自母亲的支持[$t(137)=4.52$，$p<0.001$，$d=0.78$]和父亲的支持[$t(137)=4.03$，$p<0.001$，$d=0.69$]更少。低自我价值的学生得到的来自同伴的支持[$t(137)=2.04$，$p<0.05$，$d=0.35$]也较少。"（d是效应量的符号。）（a）将结果的含义向一个从未学过统计学的人解释。（b）对统计检验力进行讨论。（计算检验力时，你可以假定每组的样本容量相同。）

11. Gallagher-Thompson、Dal Canto、Jacob 和 Thompson（2001）对 27 名照顾过患阿尔兹海默病丈夫的妇女，与 27 名其丈夫从未得过阿尔兹海默病的妇女进行了比较。两组妇女在年龄、结婚时间和社会地位方面均大致相同。表 9－9 是他们的研究结果。将表第一行与最后一行的结果向一个了解单样本 t 检验但不了解独立样本 t 检验的人解释。

表 9－9　　看护组与非看护组妻子在一些心理社会变量上的比较

	看护组妻子（n=27）			非看护组妻子（n=27）			t	p
	M	SD	范围	M	SD	范围		
老年抑郁量表[a]	9.42	6.59	1～25	2.37	2.54	0～8	5.14	0.000 1
压力感知量表[b]	22.29	8.34	6～36	15.33	6.36	7～30	3.44	0.001
希望问卷[c]								
动力性	11.88	1.63	9～16	13.23	1.39	10～16	3.20	0.002
心理弹性	11.89	0.91	10～14	13.08	1.60	10～16	3.31	0.002
总计	23.77	2.03	21～29	26.31	2.56	22～31	3.97	0.000 1
同一性量表[d]								
亲密性	3.51	0.81	0.33～4	3.70	0.41	2.67～4	−1.02	0.315
相互关系	2.25	1.19	0.17～4	3.25	0.55	1.67～4	−3.68	0.001
共同乐趣	2.65	1.00	0～4	3.52	0.61	1.75～4	−3.66	0.001
共同价值观	3.15	0.89	0～4	3.46	0.45	2.4～4	−1.51	0.138

注：对于所有的测量，较高的分数表明更多的结构被测量。

[a]最高分是 30 分。

[b]最高分是 56 分。

[c]每个子量表有四个问题，总分最高为 32 分。

[d]每个子量表的最大平均数为 4。

资料来源：Gallagher-Thompson, D., Dal Canto, P. G., Jacob, T., & Thompson, L. W. (2001). A comparison of marital interaction patterns between couples in which the husband does or does not have Alzheimer's disease. *The Journals of Gerontology Series B: Psychological Sciences and Social Sciences*, *56*, S140－S150.

第Ⅱ组

12. 虚构一个可以用独立样本 t 检验进行分析的例子（不是出自教材或实证研究）。

13. 判断下列研究应该用独立样本 t 检验还是相关样本 t 检验进行假设检验。

(a) 一位研究者测量了 40 名在家庭中是头生子的大学生的身高，有 15 名来自大家庭，25 名来自较小的家庭。

(b) 一位研究者对 250 名被试者在一天之内参加了管理测验焦虑的讨论班之前和之后的数学技能的测验成绩进行了比较。

(c) 一位研究者将 15 名心脏病患者接受某种药物治疗后的结果与 48 名未接受这种药物治疗的心脏病患者的情况进行了比较。

14. 计算下列每一项研究的 $S_{差异}$。

研究	N_1	S_1^2	N_2	S_2^2
(a)	30	5	20	4
(b)	30	5	30	4
(c)	30	5	50	4
(d)	20	5	30	4
(e)	30	5	20	2

15. 确定下列每一项研究在 0.05 的显著性水平上结果是否显著（双侧检验）。

研究	实验组			控制组		
	N	M	S^2	N	M	S^2
(a)	10	604	60	10	607	50
(b)	40	604	60	40	607	50
(c)	10	604	20	40	607	16

16. 有理论认为人在刚吃过大餐的情况下听力更好。6名被试者被随机分到饭菜丰盛组和饭菜不丰盛组。在吃完饭后，对他们的听力进行测试。听力测试的结果如下表所示。在0.05的显著性水平上，结果是否支持了研究者的理论？(a) 按步骤进行假设检验。(b) 简要画出所涉及的分布。(c) 将结果向一个从未学过统计学的人解释。

饭菜丰盛组		饭菜不丰盛组	
被试者	听力	被试者	听力
A	22	D	19
B	25	E	23
C	25	F	21

17. 20名被试者被随机分到实验组接受系统的课程，30名被试者被分到不接受系统课程培训的控制组。6个月之后，对两组被试者的知识水平进行测试。实验组的平均数为38，估计的总体标准差为3；控制组的平均数为35，估计的总体标准差为5。在0.05显著性水平上，我们可以得出什么样的结论？(a) 按步骤进行假设检验。(b) 简要画出所涉及的分布。(c) 将结果向一个了解单样本 t 检验但不了解独立样本 t 检验的人解释。

18. 一项研究讨论了颜色对焦虑的缓解作用。研究比较了在柔和的黄色纸上作画和在亮绿色纸上作画的焦虑水平。在柔和的黄色纸上作画的5名被试者的成绩分别为17，19，28，21，8。在亮绿色纸上作画的4名被试者的成绩分别为20，26，17，24。在0.05显著性水平上进行单侧检验（假设在黄色纸上作画的焦虑程度更低），结果是否支持研究者的假设？(a) 按步骤进行假设检验。(b) 简要画出所涉及的分布。(c) 将结果向一个熟悉单样本 t 检验但不熟悉独立样本 t 检验的人解释。

19. 计算第16、17、18题中效应量的大小。将第16题的计算过程向一个了解独立样本 t 检验但不了解效应量的人解释。

20. 如果下列研究均采用独立样本 t 检验，那么在0.05显著性水平、双侧检验、效应量中等的情况下，统计检验力的大小分别是多少？

研究	N_1	N_2
(a)	90	10
(b)	50	50
(c)	6	34
(d)	20	20

21. 假设下列每项研究的两个样本的容量相同，在0.05显著性水平上，要想有0.8的统计检验力，每项研究分别需要多少名被试者？（给出一共需要多少被试者，而不仅仅是每组所需的被试者数量。）

研究	期望平均数		期望 $S_{合并}$	单侧还是双侧检验
	M_1	M_2		
(a)	10	15	25	单侧
(b)	10	30	25	单侧
(c)	10	30	40	单侧
(d)	10	15	25	双侧

22. Escudero、Rogers 和 Gutierrez（1997）对 30 对夫妇在实验室中讨论某一问题的情形进行了录像。之后系统地评估了影响夫妇沟通的各个方面，比如专制跋扈，夫妻之间的情感表达是积极还是消极。研究主要比较的是有夫妻沟通问题和没有夫妻沟通问题的夫妇之间的差异。18 对有夫妻沟通问题并且其中曾接受临床帮助的夫妇为一组，另有一组 12 对夫妇是没有夫妻沟通问题的。（在实际研究中这两个组在夫妻关系满意度上有显著差异。）表 9－10 呈现了部分研究结果。（你可以忽略箭头和加减号。还可以忽略分数的转换。）(a) 将第一行和第三行的结果向一个从未学过统计学的人解释。(b) 讨论效应量和统计检验力的大小（假设两个样本的容量相同）。

表 9－10　临床组和非临床组夫妇在按比例表示的关系控制、非言语情感编码上的基准（括号中为 *SDs*）

	夫妇状态		两组间差异
	临床平均数	非临床平均数	t
专制跋扈（↑）	0.452 (0.107)	0.307 (0.152)	3.06*
均衡（→）	0.305 (0.061)	0.438 (0.065)	5.77**
顺从服从（↓）	0.183 (0.097)	0.226 (0.111)	1.12
双代码	0.050 (0.028)	0.024 (0.017)	2.92*
积极影响（＋）	0.127 (0.090)	0.280 (0.173)	3.22*
消极影响（－）	0.509 (0.192)	0.127 (0.133)	5.38**
中性影响（0）	0.344 (0.110)	0.582 (0.089)	6.44**
双代码（＋/－）	0.019 (0.028)	0.008 (0.017)	2.96*

注：每项控制和情感编码的比例都是使用 arcsine 转换来进行组间比较的。* $p<0.01$，** $p<0.001$ ($df=28$)。

资料来源：Escudero，V.，Rogers，L. E.，& Gutierrez，E. (1997). Patterns of relational control and nonverbal affect in clinic and nonclinic couples. *Journal of Social and Personal Relationships*，*14*，5－29.

23. Jackson、Ervin、Gardner 和 Schmitt（2011）对大学生的网络使用率进行了问卷调查。表 9－11 是对男生和女生比较的结果。(a) 分别挑选显著与不显著两种结果向一个不了解独立样本 t 检验的人解释。(b) 讨论效应量和统计检验力的大小（假设两个样本的容量相同）。

表 9－11　网络使用的性别差异和潜在的中介变量

	男性[a]	女性[b]	t 值	df	p 值
电子邮箱的使用	4.16 (0.66)	4.30 (0.57)	2.81	626	0.005
网页的使用	3.57 (0.67)	3.30 (0.67)	－4.84	627	0.000
整体网络的使用	3.86 (0.58)	3.80 (0.53)	－1.44	627	0.130
计算机焦虑	1.67 (0.56)	1.80 (0.57)	4.03	612	0.000
计算机自我效能	3.89 (0.52)	3.71 (0.62)	－3.49	608	0.001
孤独	2.06 (0.64)	1.96 (0.64)	－1.88	607	0.061
抑郁	1.22 (0.32)	1.28 (0.34)	2.36	609	0.019
电子邮箱隐私	4.04 (0.78)	4.10 (0.69)	－0.97	609	0.516
电子邮箱信任	3.50 (0.77)	3.46 (0.75)	－0.65	610	0.516
网页隐私	4.06 (0.74)	4.09 (0.71)	0.62	623	0.534
网页信任	3.14 (0.73)	3.12 (0.73)	－0.28	624	0.780
网页搜索成功率	4.05 (0.85)	4.13 (0.81)	1.12	568	0.262
计算机技能的重要性	2.54 (1.03)	2.31 (0.90)	－2.57	477	0.011
计算机导致的健康问题	2.67 (1.00)	3.00 (1.08)	3.36	476	0.001
对计算机技能的性别刻板印象	3.45 (1.15)	4.33 (0.96)	8.95	476	0.000
对计算机技能的种族/民族的刻板印象	3.63 (1.17)	3.99 (1.07)	3.40	477	0.001
计算机接受程度	3.08 (1.19)	2.87 (1.08)	－1.89	476	0.059

注：对于态度项，1＝非常同意，2＝强烈反对。对于性别，1＝男性，2＝女性。括号中的数字是标准差。

[a] $n=227$.

[b] $n=403$.

资料来源：Jackson，L. A.，Ervin，K. S.，Gardner，P. D.，& Schmitt，N. (2001). Gender and Internet：Women communicating and men searching. *Sex Roles*，*44*，363－379.

SPSS 应用

在操作中出现图标时，就表示要单击鼠标。（我们使用 SPSS17.0 版本来运行数据，所以步骤和输出结果可能和其他的 SPSS 版本不太一样。）

独立样本 t 检验

使用实际数值学习这些步骤比较容易，因此我们将使用本章前面的表达性写作示例。该示例的分数显示在表 9-1 中。

①将分数输入 SPSS。SPSS 假设一行中的所有分数都来自同一个人。在本例中，每个人只在两个组中的其中一个组（表达性写作组或控制组）。因此，为了显示 SPSS 每个组中有哪些人，你应该按图 9-5 所示输入数字。在第一列［标记为“group”（组）］，我们用数字“1”表示一个人在表达性写作组，用数字“2”表示一个人在控制组。每个人在健康指标上的得分列在第二列［标记为“health”（健康）］。

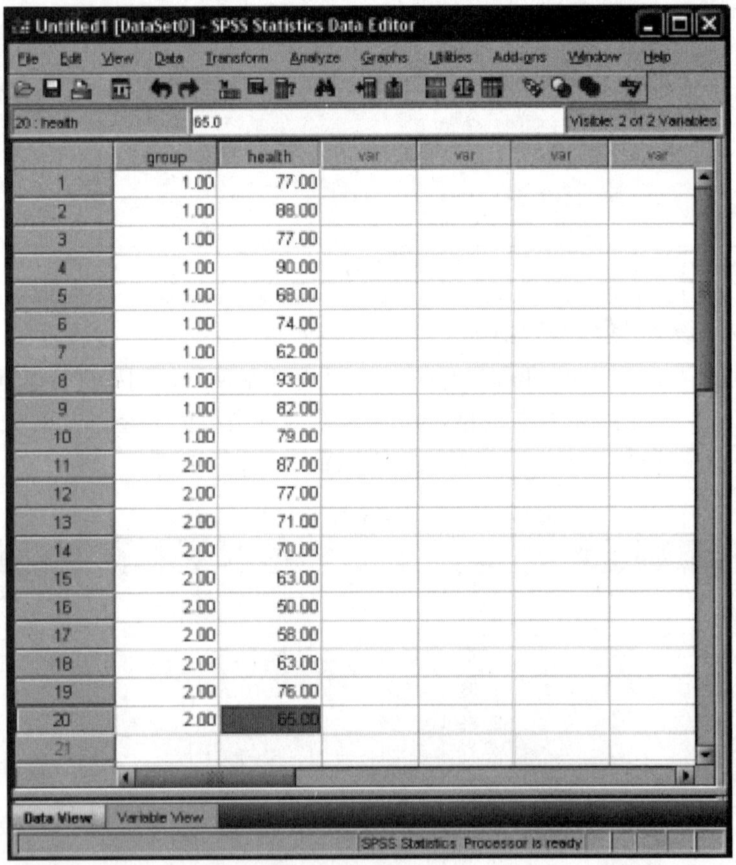

图 9-5　表达性写作示例的 SPSS 数据编辑窗口

注：有 20 名学生被随机分配到表达性写作组或控制组。

② Analyze（分析）。

③ Compare means（比较平均数）。

④ Independent-Samples T Test（这是 SPSS 中用于独立样本 t 检验的名称）。

⑤ “health”（健康）这一变量，再指向“Test Variable(s)”（检验变量）的箭头，这是告诉 SPSS 执行 t 检验应该计算“health”变量得分。

⑥ “group”（组）这一变量，再指向“Grouping Variable”（分组变量）的箭头，这是告诉 SPSS “group”变量显示每一个被试者在哪一个组。 Define Groups（定义组）。你现在是告诉 SPSS 你标记的每

个组的值。在“Group 1”（组 1）框中填“1”，“Group 2”（组 2）框中填“2”。屏幕现在应该如图 9－6 所示。✎ Continue（继续）。

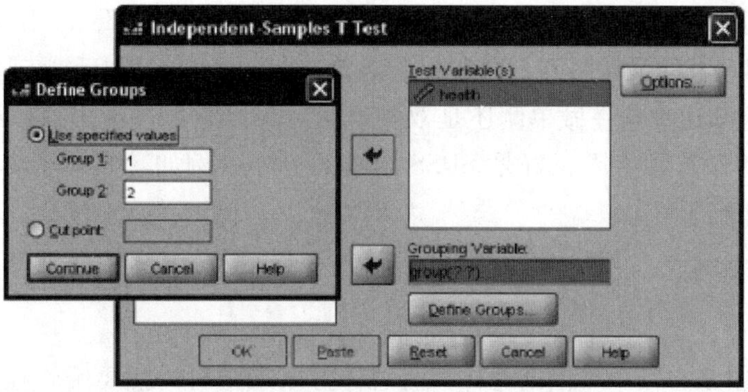

图 9－6　表达性写作例子中独立样本 t 检验的 SPSS 窗口

⑦✎ OK（确定）。此时你的 SPSS 输出窗口应该如图 9－7 所示。

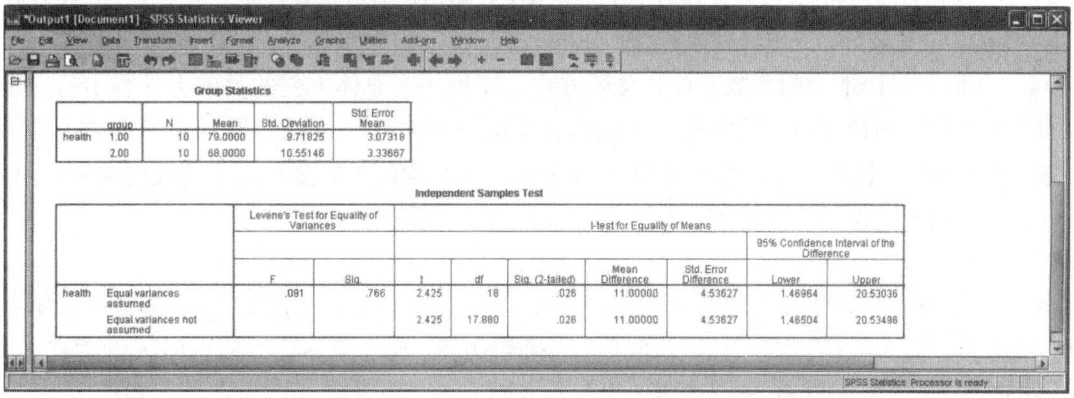

Group Statistics

	group	N	Mean	Std. Deviation	Std. Error Mean
health	1.00	10	79.0000	9.71825	3.07318
	2.00	10	68.0000	10.55146	3.33667

Independent Samples Test

		Levene's Test for Equality of Variances		t-test for Equality of Means						
									95% Confidence Interval of the Difference	
		F	Sig.	t	df	Sig. (2-tailed)	Mean Difference	Std. Error Difference	Lower	Upper
health	Equal variances assumed	.091	.766	2.425	18	.026	11.00000	4.53627	1.46964	20.53036
	Equal variances not assumed			2.425	17.880	.026	11.00000	4.53627	1.46504	20.53496

图 9－7　表达性写作例子中独立样本 t 检验的 SPSS 输出窗口

SPSS 输出中的第一个表提供了有关这两个变量的信息。第一列给出了分组变量的值（1 和 2，分别表示表达性写作组和控制组）。第二、第三和第四列分别给出每组的个体数（N）、平均数（M）和估计的总体标准差（S）。第五列标记为“Std. Error Mean”，是每组均值分布的标准差（S_M）。注意，这些均值分布标准差是基于每一个总体的方差估计值而不是合并方差估计值得到的，所以它们并不完全是每一组 S_M^2 的平方根。（此示例的计算参见表 9－1。）

SPSS 输出的第二个表显示了独立样本 t 检验的实际结果。在 t 检验结果之前，SPSS 显示了“Levene's Test for Equality of Variances”的结果，这是对两个总体的方差是否相同的检验。这个检验很重要，主要是检查是否满足方差齐性的假设（回顾本章“独立样本 t 检验的前提假设”）。如果 Levene 检验是显著的（即，如果“Sig.”列中的值小于 0.05），则对总体方差齐性的假设提出质疑。然而，在这个例子中，结果显然不显著（0.766 远高于 0.05），所以我们没有理由拒绝方差齐性的假设。因此，我们可以更加确信，我们从 t 检验中得出的任何结论都是准确的。

t 检验结果以标记为“t”的那一列开始。请注意，有两行 t 检验结果。第一行（t 为 2.425，df 为 18，等等）标记为“Equal variances assumed”（在表的左侧），显示假设总体方差齐性。第二行（t 为 2.425，df 为 17.880，等等）标记为“Equal variances not assumed”，即如果我们不假设总体方差齐性的 t 检验结果。在本例中（与大多数实际情况一样），Levene 检验不显著，因此我们使用假设方差齐性的 t 检验结果。将图 9－7 中“t”（样本 t 值）、“df”（自由度）和“Std. Error Difference”（均值差异分布的标准差，$S_{差异}$）的值与我们在表9-1中手工计算的各自值进行比较。标记为"Sig.(2-tailed)"的列显示样本t值的显著性水平。对于本例，显著性水平0.026小于我们的临界值0.05，这意味着你可以拒绝虚无假设，并且支持研究假设[你可以忽略表中的"95% Confidence Interval of the Difference"（差异的95%置信区间）下的最后两列，这些列是指与t分布前2.5%和后2.5%的t值相对应的原始分数]。请注意，SPSS不知道你是在做单侧还是双侧检验，所以它总是给出双侧检验的结果。如果你做的是单侧检验，真正的显著性水平正好是SPSS给出的一半（例如，如果给出的显著性水平为0.16，则对于单侧检验，这相当于0.08）。

"你学会了吗?"答案

9.1

1.（a）当两个样本来自两个不同的总体并且总体方差未知时，就要用到独立样本t检验。（b）在相关样本t检验中，虽然是对个体的两个分数进行比较，但两个分数来自一个总体。

2.（a）独立样本t检验中的比较分布是均值差异分布。（b）相关样本t检验比较的是来自同一组的两个分数，比如前测和后测的分数，计算出一个差异分数，然后用假设检验程序来检验这些差异分数。因此，相关样本t检验中的比较分布是差异分数的均值分布。

3.（a）我们通过样本中的分数来计算总体方差，在每一个总体方差的基础上计算出每一个总体均值分布的方差，然后用计算得到的两个总体均值分布的方差来计算均值差异分布的方差，均值差异分布是独立样本t检验的比较分布。（b）如图9-1所示。（c）均值差异分布的平均数应该为0。因为如果虚无假设为真，两个总体平均数相等，即平均数差异的平均数也为0。

9.2

1.（a）总体方差合并估计值的公式：$S^2_{合并}=(df_1/df_{总})(S^2_1)+(df_2/df_{总})(S^2_2)$。（b）第一个总体均值分布的方差：$S^2_{M_1}=S^2_{合并}/N_1$。（c）均值差异分布的方差：$S^2_{差异}=S^2_{M_1}+S^2_{M_2}$。（d）独立样本$t$检验的$t$值：$t=(M_1-M_2)/S_{差异}$。（e）$S^2_{合并}$是估计的合并方差，$df_1$和$df_2$分别是样本1和样本2的自由度，$df_{总}$表示总自由度，$S^2_1$和$S^2_2$分别表示基于第一个样本估计得出的总体方差和基于第二个样本估计得出的总体方差。$S^2_{M_1}$指的是基于总体方差合并估计值得到的第一个总体均值分布的方差，N_1指的是第一个样本的容量。$S^2_{差异}$指的是均值差异分布的方差。t指的是独立样本t检验的t值，M_1和M_2分别指第一个样本的平均数和第二个样本的平均数。$S_{差异}$指的是均值差异分布的标准差。

2.（a）我们假设两个总体有相同的方差，因此只用到一个估计的数值。（b）加权是因为较大的样本包含更多的信息，因此更为准确。（c）加权的方式是用每个样本的自由度除以总自由度，再将这两个结果相加。

3.（a）均值差异分布的标准差：$S^2_{合并}=20/50\times100+30/50\times200=40+120=160$；$S^2_{M_1}=160/21=7.62$，$S^2_{M_2}=160/31=5.16$；$S^2_{差异}=7.62+5.16=12.78$；$S_{差异}=\sqrt{12.78}=3.57$。（b）平均数为0。（c）形态为$t$分布，自由度为50。（d）详细步骤见图9-1。

9.3

1.（a）独立样本t检验的比较分布是均值差异分布。（b）独立样本t检验的自由度是两个样本自由度之和。（c）独立样本t检验的t值是两个平均数之间的差异除以均值差异分布的标准差。

2.（a）假设检验的步骤如下：

①重新将问题表述为关于总体的研究假设和虚无假设。有两个总体：

总体1：接受实验程序的人群。

总体2：接受控制程序的人群。

研究假设是总体1的平均数小于总体2的平均数。虚无假设是总体1与总体2的平均数相同。

②确定比较分布的特征。

a. 平均数为 0。

b. 计算其标准差。

Ⓐ根据每个样本估计总体方差。$S_1^2=10$，$S_2^2=12$。

Ⓑ计算合并方差。$S_{合并}^2=(25/60)\times10+(35/60)\times12=4.17+7.00=11.17$。

Ⓒ计算每个均值分布的方差。$S_{M_1}^2=11.17/26=0.43$，$S_{M_2}^2=11.17/36=0.31$。

Ⓓ计算均值差异分布的方差。$S_{差异}^2=0.43+0.31=0.74$。

Ⓔ计算均值差异分布的标准差。$S_{差异}=\sqrt{S_{差异}^2}=\sqrt{0.74}=0.86$。

c. 比较分布是总自由度为 60 的 t 分布。

③确定当虚无假设被拒绝时比较分布中的临界值。0.05 显著性水平上，自由度为 60，单侧检验临界值为-1.671。研究假设是总体 1 的平均数小于总体 2，因此临界值为负 t 值。

④计算比较分布中的样本分数。$t=(M_1-M_2)/S_{差异}=(5-8)/0.86=-3.49$。

⑤决定是否拒绝虚无假设。t 值为-3.49，比临界值-1.671 极端。可以拒绝虚无假设。

（b）结果见图 9-8。

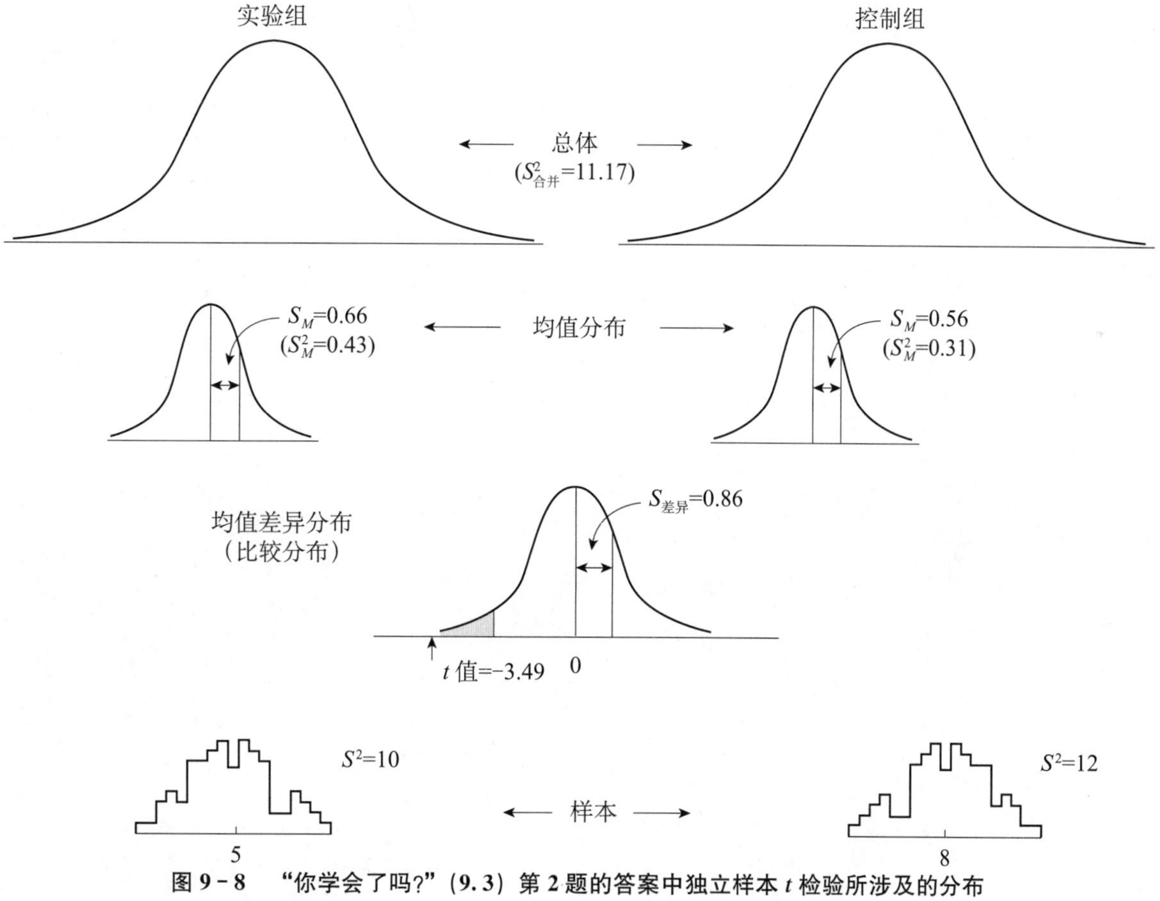

图 9-8　“你学会了吗?”（9.3）第 2 题的答案中独立样本 t 检验所涉及的分布

9.4

1. 假设一是两个总体呈正态分布，当两个总体呈极其严重的偏态分布时，就出现第一个问题。假设二是两个总体方差相同，如果两个样本的容量不同，且方差有很大差异，就出现第二个问题。

2. 因为我们要计算合并方差，所以假设方差齐性。如果两个样本所在总体的方差差异很大，那么我们就不能用前面提到的方式来计算合并方差。

3. 效应量 $= (17-25)/20 = -8/20 = -0.40$。

4. 统计检验力为 0.69。

5. 调和平均数 $= (2\times6\times34)/(6+34) = 408/40 = 10.2$，每组有 10 名被试者的情况下统计检验力为 0.39。

6. 310 名被试者。

第 10 章

方差分析导论

本章内容提要

☆ 方差分析的基本逻辑
☆ 实施方差分析
☆ 使用方差分析进行假设检验
☆ 方差分析的前提假设
☆ 事后比较
☆ 方差分析的效应量和检验力
☆ 因素方差分析
☆ 识别和解释交互作用
☆ 研究文献中的方差分析
☆ 本章点拨
　小结
　主要术语
　示例
　练习题
　SPSS 应用
　“你学会了吗?”答案

成功小贴士

在学习本章之前，你首先要理解第5、6、8、9章中关于假设检验与 t 检验的相关知识，尤其是关于均值分布的知识。

在第9章，你已经学习了独立样本 t 检验。我们可以用独立样本 t 检验对来自完全不同的总体的两个组（比如实验组和控制组、男性和女性）进行比较。在这一章，我们将要学习如何对来自不同总体的两个以上组别进行比较。

我们借助一个例子开始学习。在一项经典研究中，Cindy Hazan 和 Phillip Shaver（1987）在《落基山新闻》（*Rocky Mountain News*，丹佛地区知名报纸）上刊登了一则用于研究的消息。这项研究包括表10-1中的问题，用以测量依恋的类型。选择的第一个选项为“安全型依恋”，第二个选项为“回避型依恋”，第三个选项为“矛盾型依恋”。他们认为早期的教养方式影响依恋类型的形成，依恋类型不同的人在行为与思想上有所不同（Mikulincer & Shaver，2007）。读者也要回答关于爱的各个方面的问题，包括对他们常联系的人或者新朋友的嫉妒。Hazan 和 Shaver 对三种依恋类型的人关于嫉妒的答案进行了比较。

表10-1　Hazan 和 Shaver（1987）的报纸调查中使用的问题

下面哪个描述更符合你的情况？（选择其中一项）
[ ] 一般情况下，我觉得自己很容易与他人亲近，并且我认为依赖他人和被他人依赖使我觉得舒服。我从未担心自己被抛弃或者担心他人靠得太近。
[ ] 有时我觉得与他人靠得太近会不舒服。我很难完全相信他人，很难去依赖他们。当有人靠我太近时我会紧张，而且有时候恋人希望更亲密而我却觉得很不舒服。
[ ] 我觉得大家很难达到我喜欢的亲密程度。我经常担心我的爱人不是真的爱我，不是真的愿意和我在一起。我希望与他人完全融合，但是有时候这会把别人吓跑。

方差分析(ANOVA)　比较三组及以上组别之间差异的假设检验程序。

Hazan 和 Shaver 运用独立样本 t 检验可以对任意两种依恋类型的嫉妒报告得分进行比较。但是，他们的目的是对三种依恋类型进行比较。在统计学中，对两组以上平均数的变异进行的检验叫作**方差分析**（analysis of variance），缩写为 **ANOVA**。（你可以用方差分析对两个组进行比较，但是 t 检验更简便，并且可以得到同样的结果。）

在这一章，我们学习方差分析的重点在于基础逻辑，学习如何进行基本的方差分析，以及在阅读文献时对类型更复杂的方差分析有更深的理解。

方差分析的基本逻辑

方差分析中的虚无假设是指所有比较的总体有相同的平均数。比如在依恋类型测验中，虚无假设为安全型、回避型和矛盾型依恋三个总体在嫉妒水平上是相同的。研究假设是三个总体的嫉妒水平是不同的。

方差分析中的假设检验是，如果虚无假设为真，样本间的平均数差异是否超过你所预期的。方差分析可以帮助我们解决平均数差异的问题。另外，当你想要知道平均数之间差异有多大时，你应该探究平均数的变异。

要了解方差分析，我们首先要学习什么是方差。通常情况下我们会从讨论两种估计总体方差的不同方法开始。如你所见，方差分析是对两种估计总体方差方法的结果之间的比较。

用每一个样本内的变异来估计总体方差

与 t 检验一样，在方差分析中总体方差也是未知的。在 t 检验中，你可以通过样本中的分数推知总体方差。同样，在进行方差分析时也可以假设所有的总体有相同的方差。这样就可以基于每个样本求出每个总体方差并取平均，得到一个合并方差，这称为**总体方差的组内估计值**（within-groups estimate of the population variance），即通过计算所有样本得到的平均数。

在进行总体方差的组内估计时最重要的一点是，这种方法不受虚无假设是否为真的影响。总体平均数都相同（虚无假设为真）或者总体平均数不同（虚无假设为假），计算结果都是一样的。计算结果相同是因为它只关注总体内部的变异，因此总体平均数间的差异并不重要。

总体方差的组内估计值（$S^2_{组内}$） 在方差分析中，根据每组内的变异计算出的总体方差。

如果每一个样本的变异都不受虚无假设是否为真的影响，那怎样求出组内变异呢？随机因素（研究者不了解的因素）可以解释为什么在同一个组中不同被试者有不同分数。这些随机因素包括不同的人对同一情境或测试有不同反应，或者与研究目的相关的实验误差。因此，我们可以将组内变异的估计看作随机因素的估计，这些因素导致不同的人在研究中有不同的得分。

用样本平均数间的变异来估计总体方差

用样本平均数间的变异来估计总体方差又有两种情况。每一个样本平均数在这个样本中只是一个数字。如果有多个样本，就会有多个这样的数字，并且这些数字间会有变异。利用这些平均数间的变异可以估计总体方差。这个过程有些烦琐，因此仔细看下面两个部分。

虚无假设为真 首先要明确在什么情况下虚无假设为真。当虚无假设为真时，所有样本来自的总体平均数相同，通常情况下我们假设所有总体的方差也相同（以及所有总体呈正态分布）。因此，如果虚无假设为真，所有总体是相同的，这意味着这些总体有相同的平均数、方差和分布。

然而，即使总体相同（即虚无假设为真），样本也会有所不同。如果样本不同，样本平均数也会不同。那么样本平均数会有什么样的差异呢？这取决于每个总体内的变异。如果总体内的变异很小，那么来自这些总体的样本平均数之间就会非常接近。当虚无假设为真时，样本平均数间的变异受随机因素的影响，这些随机因素同样影响每个样本分数的变异。

当几个相同的总体（平均数相同）各自的分数变异很大时会怎样呢？在这种情况下，如果在每一个总体中抽取一个样本，样本平均数之间会有很大差异。由于平均数完全不同，平均数间的变异会非常大。关键是，当你从每个总体随机抽取样本时，几个相同总体内的变异越大，样本平均数之间的差异就越大。

假设你从三个大型游乐场（这个例子中的总体）中各抽取六个孩子。如果每个游乐场中的孩子都是 7～8 岁，那么三个样本的平均数都在 7 和 8 之间，这些平均数之间的差异并不大。但是如果每个游乐场中的孩子年龄为 3～12 岁，三个样本的平均数则不尽相同。这个例子说明样本平均数间的变异直接受到其所在总体的影响。总体内的变异越大，从中抽取的样本平均数间的变异越大。

这个规律可以从图 10－1 中看出。左边三个总体的方差很小，右边三个总体的方差很大。左右两边的总体平均数完全相同，但是从中抽取的样本平均数却不同。可以看出，取自总体方差较小的总体的样本的平均数更接近，取自总体方差较大的总体的样本的平均数差异则较大。

成功小贴士

你可能要多读几遍才能完全明白方差分析的原理。

由此我们可以知道，取自相同总体的样本平均数间的变异直接受到其所在总体变异的影响。这包含一个很重要的信息：由样本平均数间的变异可以估计总体方差。

这个估计值称为**总体方差的组间估计值**（between-groups estimate of the population variance）。[之所以这样命名是因为总体方差的估计依据的是样本（组）平均数间的变异。文法上，它其实应该是 *among* groups，但 *between* groups 更传统。] 在这一章你即将学习如何进行计算。

总体方差的组间估计值（$S^2_{组间}$） 在方差分析中，通过所研究各组的平均数间的变异所估计的总体方差。

至此，我们已经学习到的逻辑可以总结为：如果虚无假设为真，那么总体平均数没有差异。下面我们来学习虚无假设为假时如何进行计算。

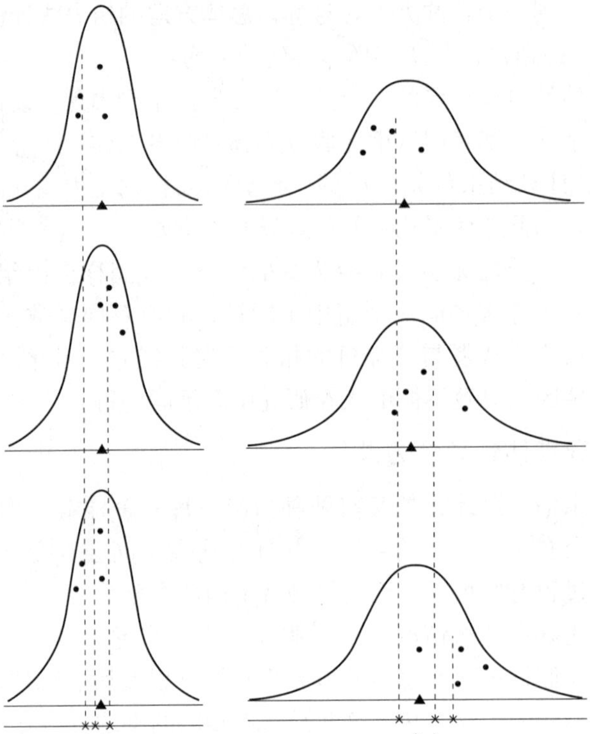

图 10-1　来自相同总体的样本的平均数不同

注：(a) 来自变异较小总体的样本，平均数变化更小；(b) 来自变异较大总体的样本，平均数变化更大。(图中的三角形代表总体平均数，* 代表样本平均数。)

虚无假设为假　如果虚无假设为假（这意味着研究假设为真），即总体平均数不相同。在这种情况下，归属于这些总体的样本的平均数的差异依然受到随机因素的影响，这些因素是引起总体内差异的因素。因此总体内差异越大，归属于这些总体的样本平均数的差异越大。但是，在研究假设为真的情况下，总体平均数的差异也导致样本平均数的不同。你可以将这种情况理解为由实验效应引起的结果——每组接受的实验处理导致了组间平均数的差异。因此，当研究假设为真时，样本平均数的差异有两个来源：(1) 由随机因素引起的总体内的差异；(2) 由实验处理引起的总体平均数间的差异。如图 10-2 左侧所示，具有相同平

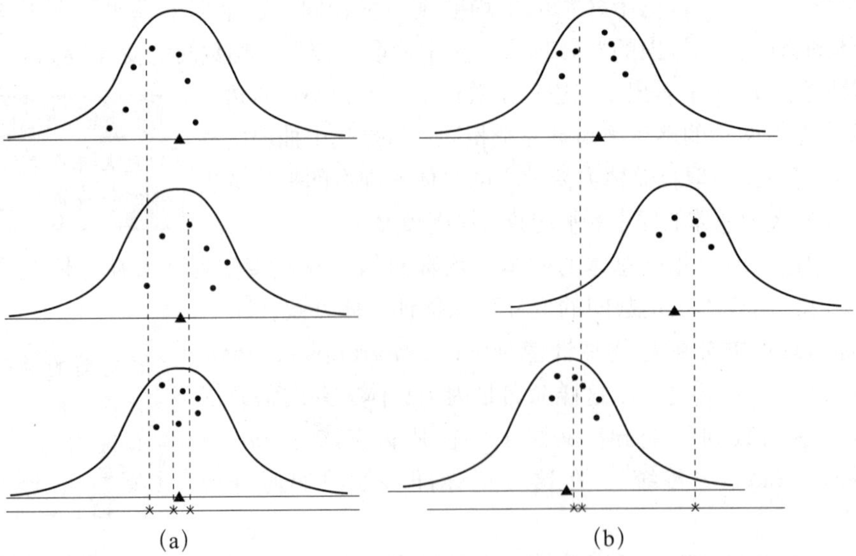

图 10-2　来自平均数不同的总体的样本的平均数差异 (b) 比来自平均数相同的总体的样本的平均数差异 (a) 更大

注：图中的三角形代表总体平均数，* 代表样本平均数。

均数的总体和取自这些总体的样本的平均数，这与图 10－1 的情况相同。图 10－2 右侧则显示的是平均数不同的总体和取自这些总体的样本的平均数（这是我们这部分所讨论的情况）。我们注意到在图 10－2 右侧的情况下样本平均数的差异很大，尽管图 10－2 的左侧和右侧的总体变异相同。图右侧增加的平均数的变异是由总体平均数不同导致的。

总之，总体方差的组间估计值是根据样本平均数间的变异来计算的。如果虚无假设为真，这种估计方法明确告诉我们总体内变异（是由随机因素导致的）。但是如果虚无假设不为真，这种估计方法告诉我们总体方差不仅来源于总体内变异（是由随机因素导致的），还来源于总体平均数间的变异（是由实验处理导致的）。这种情况下我们不能给出明确的总体内变异，因为它也受到总体间变异的影响。这两种情况的区别有很重要的意义。因此方差分析是考察多组平均数之间是否存在差异的假设检验方法。

比较组内和组间总体方差估计值

表 10－2 总结了我们之前学到的在虚无假设为真和研究假设为真的情况下组内和组间总体方差的估计。我们先看一下虚无假设为真的情况。在这种情况下，组内与组间总体方差的估计都建立在总体内变异的基础上。实际上，它们是相同总体方差的估计值。因此，当虚无假设为真时，两种估计是相同的。还有另一种方式可以描述在虚无假设为真的情况下组间与组内总体方差的估计方法，即组内与组间估计值之比大约是 1∶1。比如，如果组内估计值是 107.5，那么组间估计值大约也是 107.5。

> **成功小贴士**
>
> 表 10－2 总结了方差分析的基本思想。在不查书的情况下解释表中的内容，以此来检验你是否真正理解了书中的内容。或者你可以写下来与你的同学分享。

表 10－2　组内与组间方差估计值的变异来源

	总体内变异（随机因素）	总体间变异（实验处理）
虚无假设为真		
组内估计值反映了	√	
组间估计值反映了	√	
研究假设为真		
组内估计值反映了	√	
组间估计值反映了	√	√

现在看一下表 10－2 的下半部分，即研究假设为真的情况。这种情况下组间方差与组内方差差别很大。当研究假设为真时，组间总体方差的估计受两个因素的影响：（1）每个总体内的变异（随机因素导致的）；（2）每个总体平均数间的变异（实验处理导致的）。而且，即使研究假设为真，组内方差的估计仍然只受到总体内变异的影响。因此，当研究假设为真时，组间估计值应当比组内估计值大。

在这种情况下，因为研究假设为真，组间估计值与组内估计值之比大于 1。比如，组间估计值是 638.9，组内估计值是 107.5，用 638.9 除以 107.5 得到 5.94。我们用大的数除以小的数，得到的数不是 1，而是比 1 大。在这个例子中，组间估计值约是组内估计值的 6 倍。

这是方差分析的基本假设：当虚无假设为真时，组间估计值与组内估计值之比为 1；当研究假设为真时，组间估计值与组内估计值之比大于 1。如果你计算出组间估计值与组内估计值之比的结果大于 1，那么就可以拒绝虚无假设。这说明，虚无假设不可能为真，组间估计值比组内估计值大。

F 值

在组间总体方差与组内总体方差的估计中，至关重要的值是 ***F* 值**（*F* ratio）。［*F* 代表著名统计学家罗纳德·费希尔爵士（Sir Ronald Fisher），他发展了方差分析；见专栏 10－1。］

> ***F* 值**　总体方差的组间估计值除以总体方差的组内估计值得到的商数；方差分析中比较分布（*F* 分布）上的一个值；记为 *F*。

F 分布与 *F* 值表

我们知道如果组间估计值与组内估计值之比，即 *F* 值大于 1，我们就可以拒绝虚无假设。下面的问题是：*F* 值会比 1 大多少？

专栏 10－1　罗纳德·费希尔爵士：刻薄的统计学天才

费希尔和皮尔逊是对统计学做出最杰出贡献的英国学者。在写 300 篇文章和 7 本书的过程中，费希尔创立了许多现代统计学的名词：方差、方差分析、显著性水平、虚无假设，甚至所有研究设计的基本概念，包括随机性原则。在对统计学做出杰出贡献的同时，他在遗传学领域也有一定建树。

费希尔于 1890 年出生，在他 3 岁的时候就表现出了过人的数学天赋。有一天他坐在高椅子上吃早餐，他问他的保姆："一半的一半是多少？"保姆告诉他是四分之一。他又问："那四分之一的一半是多少？"得到答案之后他又继续追问八分之一的一半是多少。再次得到结果之后他考虑了一会儿说："我猜十六分之一（a sixteenth）的一半肯定是 a thirty-toof。"这只是当他还是个 3 岁孩子时的故事。

然而，作为一个成年人，费希尔看起来一点也不可爱。一些观察人士将此归咎于他有一位冷漠无情的母亲，但无论出于何种原因，他一生都卷入了激烈的争斗中，甚至包括与他以前最亲密的盟友，当然也应该是研究伙伴的争斗。

费希尔微薄的同理心也扩展到了他的读者；他的作品不仅晦涩得令人绝望，而且常常无法提供重要的假设和证据。戈塞说，当费希尔用"显而易见"这个词开始一个句子时，它的意思是在人们能够明白为什么这一点是明显的之前，要花两个小时努力工作。

事实上，他那微薄的同理心可以扩展到全人类。和高尔顿一样，费希尔也喜欢优生学，支持任何可能提高上层、专业阶层和熟练技工出生率的措施。他不仅仅认为避孕是个糟糕的主意——担心最不受欢迎的人会最少使用它——也认为杀婴是一种进化功能。也许他进行育种试验的机会从来没有超出他自己的孩子和土豆、小麦等作物的范围。

尽管费希尔最终成为优生学高尔顿教授，但对他最有影响力的任命可能是在 1931 年和 1936 年的夏季他被邀请至位于埃姆斯的艾奥瓦州立学院（据说他在那儿热得透不过气来，所以他把床单整天都放在冰箱里）。在埃姆斯，费希尔给 George Snedecor 留下了深刻的印象，后者是美国的一位数学教授，也研究农业问题。Snedecor 编写了一本农业统计教材，大量借鉴了费希尔的著作。这本书普及了费希尔关于统计和研究设计的思想，其第二版卖出了 10 万册。

你可以点击下面的网址了解更多有关费希尔的信息：http：//www-history. mcs. st-and. ac. uk/～history/Biographis/Fisher. html。

资料来源：Peters (1987)，Salsburg (2001)，Stigler (1986)，Tankard (1984)，Wright (2009).

> **F 分布**　方差分析中的比较分布；当虚无假设为真时 *F* 值的分布。
> **F 值表**　不同置信度水平和自由度下 *F* 分布中的临界值表。

统计学家已经研究出了 ***F* 分布**（*F* distribution）和 *F* 值表。在任何情况下，你仅需要查 ***F* 值表**（*F* table）来确定 *F* 值多大才能拒绝虚无假设，我们一般以 0.05 为显著性水平。在这一章后面的部分我们会学习如何使用 *F* 值表。

我们以依恋类型的研究为例来学习 *F* 值。关于嫉妒的研究结果如下：组间总体方差估计值是 23.27，组内总体方差估计值是 0.53。（后面你将学到怎样快速地进行这些计算。）组间总体方差估计值与组内总体方差估计值的比为 43.91，即 $F=43.91$。这个 *F* 值大于 1。在 0.05 水平上拒绝虚无假设所需的值为 3.01。因此，我们可以拒绝虚无假设并推断三种依恋类型间的嫉妒水平不同。（嫉妒平均水平：安全型 2.17，回避型 2.57，矛盾型 2.88。问题为："我太爱____以至于我经常嫉妒。"回答者填写一个重要的所爱之人的名字。答案为 1～4，代表十分不同意到十分同意。）

一个类比

有一个类比可以帮助一些同学更好地理解方差分析。这个类比就是工程师所说的“信噪比”。比如，你在一次手机通话中辨认出一些词，辨认的依据是信号的强度和噪声的大小。对于方差分析中的 F 值，样本平均数间的变异就像信号——是我们想要的信息。样本内部的变异就像噪声。当样本平均数间的变异显著大于样本内部的变异时，你可以推断实验处理效果显著。

10.1　你学会了吗?

1. 什么时候使用方差分析?
2. (a) 根据什么来推算组内方差? (b) 虚无假设的真假如何影响组内方差的估计? (c) 为什么?
3. (a) 根据什么来计算组间方差? (b) 虚无假设的真假如何影响组间方差的估计? (c) 为什么?
4. 组间方差受哪两种因素的影响?
5. (a) 什么是 F 值? (b) 为什么虚无假设为真时 F 值为 1? (c) 为什么虚无假设为假时 F 值通常会大于 1?

成功小贴士

这一部分课后题是对方差分析的一次有效总结。一定要复习书中的相关部分以保证你的确完全理解了方差分析的基本思想。

实施方差分析

我们已经学习了方差分析的基本假设，接下来我们通过一个例子来说明一些细节问题。(我们用一个虚构的研究，这样可以使数字比较简单。)

假设研究者想要进行一项关于被告是否有犯罪前科对陪审团意见的影响的研究。研究者招募了 15 名志愿者，这些志愿者被选作陪审员（但还没有接受训练)。研究者给他们播放 4 个小时的 DVD，内容为一名妇女因传递空头支票而被控告。但是，在观看 DVD 之前，所有的志愿者都有一份关于被告的“背景资料”，包括年龄、婚姻状况、学历和一些关于被告妇女的信息。提供给 15 名志愿者的资料大部分是一样的，只有一项不同。其中 5 名志愿者所看资料的最后一部分说这名妇女在此之前已经数次被判传递空头支票，我们可以称这几名志愿者为*犯罪记录组*。还有 5 名志愿者所看资料的最后一部分说这名妇女在这个问题上从没有过此类犯罪情况，称为*无犯罪记录组*。剩下的 5 名志愿者所看资料上则没有提及这方面的信息，称为*无信息组*。

志愿者被随机分配到各组。在观看 DVD 后，15 名志愿者都要在一个 10 点量表上进行判定，即从该妇女完全无罪（1）到十分确定她有罪（10)。虚构的研究结果如表 10-3 所示。正如你所看到的，三个组的平均数并不相同（8，4，5)。而且三个组的组内变异也不同。基于这三个组的三个总体的方差也不同，分别为 4.5，5.0，6.5。

表 10-3　　犯罪记录研究的结果（虚构数据)

	犯罪记录组			无犯罪记录组			无信息组		
	评级	离均差	离均差的平方	评级	离均差	离均差的平方	评级	离均差	离均差的平方
	10	2	4	5	1	1	4	−1	1
	7	−1	1	1	−3	9	6	1	1
	5	−3	9	3	−1	1	9	4	16
	10	2	4	7	3	9	3	−2	4
	8	0	0	4	0	0	3	−2	4
Σ:	40	0	18	20	0	20	25	0	26
	$M=40/5=8$			$M=20/5=4$			$M=25/5=5$		
	$S^2=18/4=4.5$			$S^2=20/4=5$			$S^2=26/4=6.5$		

你需要计算出以下内容以对三个总体是否有差异进行检验：(a) 组内的总体方差估计值；(b) 组间的总体方差估计值；(c) 两者的比，即 F 值。(另外，我们需要查 F 值表得到临界值。)

计算组内的总体方差估计值

你可以从任意一个组开始，用普遍适用的计算总体方差的方法来计算方差。首先要计算出离差平方和。第一步，计算出每个得分与平均数的差，然后求出差的平方，最后将所有的平方求和。第二步，用平方和除以每个组的自由度。(自由度是每个组的样本容量减 1)。如表 10－3 所示，计算出的犯罪记录组的方差为 4.5，无犯罪记录组的方差为 5，无信息组的方差为 6.5。

和 t 检验一样，在方差分析中，我们也假设每个总体的方差相同。基于每个样本得到的方差，估计值是对相同总体方差的估计。在这个例子中样本容量是相同的，所以对每个组的方差进行估计所依据的信息量是相同的。这样你可以直接用算术平均的方法来计算方差。通过组内变异我们可以推算出总方差为 5.33。(4.5、5.0、6.5 的和 16 除以组数 3。)

总的来说，计算组内方差的两步为：

Ⓐ根据每个组的分数计算总体方差。

Ⓑ求方差的平均数。

根据每个组的分数来估计总体方差的方法称为组内方差估计法。组内方差估计值用 $S^2_{组内}$ 表示。当样本容量相同时，公式如下：

总体方差的组内估计值等于基于每个样本的总体方差相加，再除以组数。

$$S^2_{组内} = \frac{S^2_1 + S^2_2 + \cdots + S^2_{最后一组}}{N_{组}} \qquad (10-1)$$

式中，S^2_1 是基于第一组（取自总体 1）计算出的总体的方差，S^2_2 是基于第二组的方差，$S^2_{最后一组}$ 是基于最后一组的方差。(公式中的省略号代表计算需要用到的基于其他组的方差。) $N_{组}$ 是组数。用这个公式进行例子中的计算，得到：

$$S^2_{组内} = \frac{S^2_1 + S^2_2 + \cdots + S^2_{最后一组}}{N_{组}} = \frac{4.5 + 5.0 + 6.5}{3} = \frac{16}{3} = 5.33$$

计算组间的总体方差估计值

计算组间方差同样有两个步骤（但是与计算组内方差有很大差异）。首先，根据每组的平均数计算均值分布的方差。其次，在均值分布方差的基础上，计算个体所在总体的方差。具体方法为：

Ⓐ计算均值分布的方差：所有样本平均数减总平均数的差的平方和除以自由度。

你可以把样本平均数看成取自均值分布。依据这些平均数，你可以采用标准的方法来计算样本所在总体的方差。在这种情况下，你可以把样本平均数看作分数，把均值分布看作这些分数所在总体的分布。这些步骤可以归结为：第一步，计算离均差的平方和。(计算样本平均数的平均数，称为总平均数，用每个样本的平均数减去总平均数求得离均差，把这些离均差平方，最后求和。) 第二步，用离差均的平方和除以自由度（样本平均数的数量减 1）。当样本容量相同时，公式如下：

均值分布方差的估计值等于每个样本平均数与总平均数之差的平方和除以组间自由度。

$$S^2_M = \frac{\sum(M-GM)^2}{df_{组间}} \qquad (10-2)$$

式中，S^2_M 是均值分布的方差（依据研究中样本平均数计算得到的）。M 是每个样本的平均数。***GM* 是总平均数**（grand mean），即所有样本平均数的平均数。$df_{组间}$ 是组间估计的自由度，即组数减 1。公式如下：

总平均数(*GM*) 方差分析中所有分数的平均数，不管这些分数取自哪个组；只要各组样本容量相同，就将每组平均数相加再平均求得。

组间自由度等于组数减 1。

$$df_{组间} = N_{组} - 1 \qquad (10-3)$$

$N_{组}$ 是组数。

在这个犯罪记录的例子中，三个平均数分别为 8，4，5。S_M^2 的计算如表 10－4 所示：

表 10－4　　依据犯罪记录研究中三个实验组的平均数计算的均值分布的方差

	样本平均数 (M)	离均差 ($M-GM$)	离均差的平方 $(M-GM)^2$
	4	−1.67	2.79
	8	2.33	5.43
	5	−0.67	0.45
Σ：	17	−0.01	8.67

$GM=(\sum M)/N_{组}=17/3=5.67$；$S_M^2=[\sum(M-GM)^2]/df_{组间}=8.67/2=4.34$

Ⓑ**计算总体方差：**均值分布的方差乘以每个组分数的个数。

我们在第Ⓐ步中，根据每组的平均数计算出均值分布的方差，在此基础上我们想要计算出总体（个体的分布）的方差。在第 6 章我们知道均值分布的方差小于所在总体的方差。这是因为个体得分比平均数极端。并且在第 6 章我们知道均值分布的方差是总体方差除以每个样本的容量。

但是，现在我们要反转第 6 章所学的知识。在第 6 章你通过将总体方差除以样本容量得到均值分布的方差。现在是用均值分布的方差乘以样本容量来计算总体方差（见表 10－5）。这意味着为了计算总体方差，要用计算得到的均值分布的方差乘以每个组的样本容量。公式如下：

$$S_{组间}^2=(S_M^2)(n) \qquad (10-4)$$

总体方差的组间估计值等于均值分布的方差乘于每组样本容量。

式中，$S_{组间}^2$ 是根据平均数间的变异计算得到的组间方差。n 是每个样本中被试者的数量。

回到我们的例子中。每个组有 5 名志愿者，均值分布的方差为 4.34。在这个例子中，用 4.34 乘以 5 得到组间方差为 21.70。用公式计算如下：

$$S_{组间}^2=(S_M^2)(n)=4.34\times5=21.70$$

总的来说，根据组平均数间的变异计算总体方差的步骤为：(a) 计算均值分布的方差，(b) 用这个方差乘以每组的样本容量。

表 10－5　　根据均值分布的方差计算个体分布的方差和反过来计算之间的比较

从个体分布到均值分布：$S_M^2=S^2/n$	
从均值分布到个体分布：$S^2=(S_M^2)(n)$	

计算 *F* 值

F 值是用组间方差除以组内方差得到的。公式如下：

$$F=\frac{S_{组间}^2}{S_{组内}^2} \qquad (10-5)$$

F 值等于总体方差的组间估计值除以总体方差的组内估计值。

在这个例子中，组间方差与组内方差分别为 21.70 和 5.33。计算得到 F 值为 4.07。用公式计算如下：

$$F=\frac{S_{组间}^2}{S_{组内}^2}=\frac{21.07}{5.33}=4.07$$

成功小贴士

在计算 F 值时最常出现的一个错误就是将公式上下颠倒。就像记住黑和白一样记住 F 值是总体方差的组间估计值除以总体方差的组内估计值。

F 分布

只是完成上面的计算还不够，还需要知道拒绝虚无假设所需 F 值的临界值。这需要一个可以用来找出 F 值的临界值分布。

在练习中，你可以在表中简单找到需要的临界值（或者在计算机输出的结果中读到精确的显著性水平）。为了了解表中数字的来源，你需要理解什么是 F 分布。一个简单的办法是参考 F 值的计算过程。

对于三个相同的总体，从每个总体中随机选出 5 个数。然后，基于这三个样本计算出 F 值。（用这些数计算出组内方差和组间方差，然后用组间方差除以组内方差。）假设你这样做了，计算出的 F 值为 1.36。现在你随机选择 5 个数组成新的样本并用这三个新样本计算出 F 值，假设你得到的 F 值为 0.93。如果你重复这个过程多次，最终会得到许多 F 值。通过这种方式得到的 F 值所组成的分布即 F 分布。图 10－3 显示了一个 F 分布的例子。（有许多不同的 F 分布，每一个分布的形态都有细微的差别。准确的分布形态取决于你进行了多少次样本的计算和每个样本的容量。一般的分布如图 10－3 所示。）

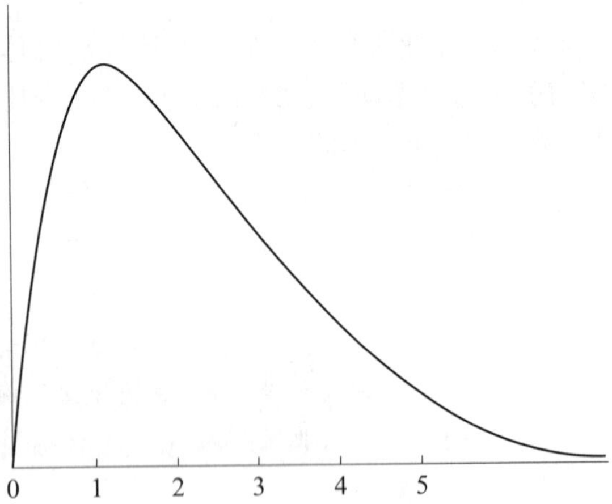

图 10－3　一个 F 分布

实际上没有人会真的用这种方法来绘制 F 分布。从 F 值的公式中可以得出 F 分布的数学特点。统计学家也证明如果你有足够的耐心花费很长时间按照这种方法抽取随机样本并计算 F 值，也可以得到与用公式精确计算一样的结果。

正如你在图 10－3 中看到的一样，F 分布并不是对称的，在右侧有一个长尾巴。这种正偏态的原因是 F 分布是方差比值的分布。方差总是正数。（方差是离均差的平方，任何数的平方都是正数。）一个正数与一个正数的商不可能是负数。并且这个数值可以无限大。因此 F 值的分布比零大并且可以很大。（大多数 F 值接近 1，并且 F 值的分布向正方向无限延伸。）

F 值表

> **组间自由度（$df_{组间}$）** 方差分析中计算总体方差的组间估计值时所用到的自由度，是用组数减 1 得到的。

F 值表比 t 值表稍微复杂一些。因为 F 分布的计算既要用到组间自由度又要用到组内自由度。这意味着在查临界值时，你必须考虑两个自由度。一个是**组间自由度**（between-groups degrees of freedom），也叫作分子自由度。这个自由度是你计算组间方差时用到的自由度，在 F 值公式中作为分子。在公式（10－3）中你也可以看到，组间方差的自由度是组数减 1（$df_{组间}=N_{组}-1$）。

另一个需要用到的自由度是**组内自由度**（with-groups degrees of freedom），也称作分母自由度。它是在你计算组内方差时用到的每个样本自由度的和，在 F 值公式中是分母。公式如下：

> **组内自由度是计算 F 值中的组内方差所用到的自由度，是每个样本自由度之和。**

$$df_{组内}=df_1+df_2+\cdots+df_{最后一组} \tag{10-6}$$

在犯罪记录的例子中，组间自由度为 2（有三个平均数，减 1）。用公式计算如下：

> **组内自由度（$df_{组内}$）** 方差分析中估计组内总体方差的自由度（F 值公式的分母）；在研究组内总体方差估计值时自由变化的得分数量（每组的得分数量减去 1，总计所有组的得分数量）；等于分母自由度。

$$df_{组间}=N_{组}-1=3-1=2$$

组内自由度等于 12。因为每个组的自由度是 4（5－1），一共有三个组，自由度之和为 12。用公式计算如下：

$$df_{组内}=df_1+df_2+\cdots+df_{最后一组}=(5-1)+(5-1)+(5-1)=4+4+4=12$$

你需要依据自由度“2 和 12”在 F 分布中查阅临界值。如表 10－6

所示，在 0.05 水平上，拒绝虚无假设所需的临界 F 值为 3.89。（完整表格见附录表 A-3）。

表 10-6　　F 分布临界值表节选

分母自由度	显著性水平	分子自由度					
		1	2	3	4	5	6
10	0.01	10.05	7.56	6.55	6.00	5.64	5.39
	0.05	4.97	4.10	3.71	3.48	3.33	3.22
	0.10	3.29	2.93	2.73	2.61	2.52	2.46
11	0.01	9.65	7.21	6.22	5.67	5.32	5.07
	0.05	4.85	3.98	3.59	3.36	3.20	3.10
	0.10	3.23	2.86	2.66	2.54	2.45	2.39
12	0.01	9.33	6.93	5.95	5.41	5.07	4.82
	0.05	4.75	3.89	3.49	3.26	3.11	3.00
	0.10	3.18	2.81	2.61	2.48	2.40	2.33
13	0.01	9.07	6.70	5.74	5.21	4.86	4.62
	0.05	4.67	3.81	3.41	3.18	3.03	2.92
	0.10	3.14	2.76	2.56	2.43	2.35	2.28

注：深灰强调处为犯罪记录研究中的临界值。

10.2　你学会了吗？

每道题的第三问都用下面三个样本的分数进行计算：样本 1 的分数为 5，7（平均数为 6）；样本 2 的分数为 6，9（平均数为 7.5）；样本 3 的分数为 8、9（平均数为 8.5）。

1. (a) 写出组内方差的公式，(b) 对公式中的每一个符号进行定义，(c) 根据样本分数计算组内方差。

2. (a) 写出方差分析中均值分布方差的公式，(b) 对公式中的每一个符号进行定义，(c) 根据样本分数计算均值分布的方差。

3. (a) 写出组间方差的公式，(b) 对公式中的每一个符号进行定义，(c) 根据样本分数计算组间方差。

4. (a) 写出 F 值的公式，(b) 对公式中的每一个符号进行定义并解释公式的含义，(c) 根据样本分数计算 F 值。

5. (a) 写出组间自由度与组内自由度的公式，(b) 对公式中的每一个符号进行定义，(c) 根据样本分数计算组间自由度和组内自由度。

6. (a) 什么是 F 分布？(b) 为什么 F 分布是正偏态的？(c) 根据给出的数据，在 0.05 显著性水平上临界 F 值是多少？

使用方差分析进行假设检验

这是犯罪记录的影响研究中假设检验的五个步骤：

①重新将问题表述为关于总体的研究假设和虚无假设。这里有三个总体：

总体 1：被告知被告有犯罪记录的陪审员。

总体 2：被告知被告从没有过犯罪记录的陪审员。

总体 3：不知道被告犯罪记录信息的陪审员。

虚无假设为三个总体的平均数相同。研究假设是三个总体的平均数不相同。

②确定比较分布的特征。比较分布为自由度为2和12的F分布。

③确定当虚无假设被拒绝时比较分布中的临界值。当显著性水平为0.05时，查F值表得到临界值为3.89。

④计算比较分布中的样本分数。在方差分析中，比较分布为F分布，在这个例子中样本分数为F值，为4.07。

⑤决定是否拒绝虚无假设。在这个例子中，F值为4.07，大于0.05显著性水平上的临界值3.89。因此，研究者可以拒绝虚无假设（三个样本所在的总体的平均数相同）。这表明，三个样本来自平均数不同的总体：在例子中，人们知道（或不知道）被告是否有犯罪记录，会使他们在判定被告是否有罪时做出不同的反应。

也许你想知道一些关于知道被告有无犯罪记录是否会影响定罪的可能性的真实研究（如Steblay，Hosch，Culhane，& McWethy，2006）。研究结果似乎与我们用虚构数据所得的结果一致。

使用方差分析进行假设检验步骤小结

表10-7总结了我们在这一章学到的方差分析的步骤。[①]

表10-7　方差分析的步骤（各组样本容量相同）

①重新将问题表述为关于总体的虚无假设和研究假设。
②确定比较分布的特征。
a. 比较分布为F分布。
b. 组间（分子）自由度为组数减1：$df_{组间}=N_{组}-1$。
c. 组内（分母）自由度等于各个组自由度（组内个体数减去1）之和：$df_{组内}=df_1+df_2+\cdots+df_{最后一组}$。
③确定当虚无假设被拒绝时比较分布中的临界值。
a. 确定显著性水平。
b. 利用第②步中的自由度查阅F值表找出合适的临界值。
④计算比较分布中的样本分数。这个值为F值。
a. 计算组间方差（$S^2_{组间}$）。
计算每组的平均数。
Ⓐ计算均值分布的方差：$S^2_M=[\sum(M-GM)^2]/df_{组间}$。
Ⓑ计算总体方差：$S^2_{组间}=(S^2_M)(n)$。
b. 计算组内方差（$S^2_{组内}$）。
i. 根据每个组的分数计算总体方差，对每个组来说：$S^2=[\sum(X-M)^2]/(n-1)$。
ii. 求方差的平均数：$S^2_{组内}=(S^2_1+S^2_2+\cdots+S^2_{最后一组})/N_{组}$。
c. 计算F值：$F=S^2_{组间}/S^2_{组内}$。
⑤决定是否拒绝虚无假设：比较第③步和第④步的值。

① 通常情况下我们根据公式用计算机来进行方差分析。在一些不常见的情境中，如在实际研究中你必须手算方差，这些知识会被用到。但是，在一些普遍情境中也会很有用。在这一章你的计算都是在每个组的样本容量相同的情况下进行的，当样本容量不同时，计算机同样可以计算。这些公式要求你先计算出两个方差的中间值，称为“平方和”，缩写为SS。对于组间估计值，$S^2_{组间}=SS_{组间}/df_{组间}$。$SS_{组间}$的公式如下：

$$SS_{组间}=\frac{(\sum X_1)^2}{n_1}+\frac{(\sum X_2)^2}{n_2}+\cdots+\frac{(\sum X_{最后一组})^2}{n_{最后一组}}-\frac{(\sum X)^2}{N} \quad (10-7)$$

对于组内估计值，$S^2_{组内}=SS_{组内}/df_{组内}$，$SS_{组内}$的公式如下：

$$SS_{组内}=\sum X^2-\frac{(\sum X)^2}{N}-SS_{组间} \quad (10-8)$$

但是，通常情况下，我们建议你用之前提供的定义公式来解决一般问题。定义公式更接近于计算步骤的含义。用定义公式来解决问题有助于理解方差分析的含义。

方差分析的前提假设

方差分析的前提假设与独立样本 t 检验的前提假设基本相同。只有当总体服从正态分布并且方差齐性时才能直接计算结果。像 t 检验一样，在练习中甚至当总体不服从正态分布、方差不齐性时，你仍然会得到可以接受的结果。根据一般规律，如果最大方差不足最小方差的 4 倍或 5 倍，并且样本容量相同，则 F 分布的结论是不准确的。在第 11 章，我们将学习当总体不能满足这些条件时怎么办。

事后比较

在方差分析中，当你拒绝虚无假设时就说明每个总体的平均数不相同。但是，究竟是哪些总体的平均数不同还不清楚。比如，在犯罪记录的研究中，犯罪记录组陪审员判定被告有罪的等级最高（$M=8$），无信息组陪审员判定被告有罪的等级其次（$M=5$），无犯罪记录组陪审员判定被告有罪的等级最低（$M=4$）。依据方差分析的结果，我们可以推断三个样本所属总体的平均数不同。但是，我们并不知道哪个总体的平均数显著不同于其他总体。

由于这个原因，研究者在得到方差分析显著性检验结果后通常会进一步进行分析。他们会继续进行两两比较。比如，有三个组，先比较组 1 和组 2，再比较组 1 和组 3，最后比较组 2 和组 3。你可以用独立样本 t 检验重复进行这样的比较。但是，用 t 检验进行比较存在一个问题：在 0.05 水平上你进行了 3 次比较。至少有一次结果显著的可能性大概是 0.15。

> **保守 t 检验**　在方差分析中，当 F 检验达到显著性水平时所进行的 t 检验的两两比较。

有些统计学家认为在这种情况下进行 3 次 t 检验是正确的，因为我们在此之前已经验证了总的方差分析的结果是显著的。这种方法被称为**保守 t 检验**（protected t tests）。我们避免了在整个方差分析结果显著的情况下犯更大的错误。但是，更多的统计学家认为保守 t 检验不够保险。更高级的统计检验给出了更保险的检验程序。（对于这种情况，许多统计软件包括 SPSS 都提供了多种多样的、进行更保险的方差分析的选项。最常用的方法为 Tukey's HSD 检验。）

10.3　你学会了吗?

1. 有一项研究对三个均包含 16 名被试者的组别进行了实验处理，分别是 A、B、C 处理，在实验结束后对他们的表现进行了标准测验。标准测验的结果如下：第一组，$M=20$，$S^2=8$；第二组，$M=22$，$S^2=9$；第三组，$M=18$，$S^2=7$。在 0.01 的显著性水平上按照假设检验的步骤比较三个组所接受的实验处理结果是否有所不同。
2. 给出方差分析的两个前提假设。
3. 为什么我们需要方差齐性假设?
4. 违背方差齐性假设会导致检验结果严重不准确，那么方差差异到什么程度我们就说违背方差齐性假设了呢?
5. 为什么在方差分析结果显著时，研究者都会对每个组再进行两两比较?

方差分析的效应量和检验力

效应量

方差分析的统计检验力比 t 检验稍微复杂一点。在 t 检验中，计算方法是用两个平均数之差除以总体的标准差。在方差分析中，我们有两个以上的平均数，很显然这与只有两个平均数的差是不同的（平均数之差在计算效应量时作为分子）。因此，在这一部分我们要用到一种不同的效应量，称为**方差解释量**（proportion of variance accounted for），记为 R^2。

方差解释量(R^2) 方差分析的效应量的指标。

R^2是组间方差与总方差之比。（换句话讲，你要考虑在被测变量中存在多少变异，比如判定犯罪等级的例子中，变量可以用每组的变量来表示，比如每组处于何种实验情境。）公式如下：

方差解释量等于总体方差的组间估计值乘以组间自由度，再除以总体方差的组间估计值乘以组间自由度加上组内估计值乘以组内自由度。

$$R^2 = \frac{(S^2_{组间})(df_{组间})}{(S^2_{组间})(df_{组间})+(S^2_{组内})(df_{组内})} \tag{10-9}$$

组间自由度和组内自由度可用来解释在研究中用到的志愿者的组数和人数。但是这个公式看上去比实际要复杂。实际上分子是组间方差的函数，分母是总方差的函数。

再次回到犯罪记录的研究中。在这个例子中，$S^2_{组间}=21.70$，$df_{组间}=2$，$S^2_{组内}=5.33$，$df_{组内}=12$。总方差能被组间方差解释的比例为$(21.70\times2)/(21.70\times2+5.33\times12)=0.40$（或者 40%）。用公式计算如下：

$$R^2 = \frac{(S^2_{组间})(df_{组间})}{(S^2_{组间})(df_{组间})+(S^2_{组内})(df_{组内})} = \frac{21.70\times2}{21.70\times2+5.33\times12} = \frac{43.40}{107.36} = 0.40$$

方差解释量是效应量的一个可行的测量指标，因为它是对效应量的一种直接测量。（另外，在多元回归和多元相关中，研究者经常用到 R^2 及其平方根 R。参阅第 3 章“高级主题”部分。）R^2 的最小值为 0，最大值为 1。但是，在实际研究，尤其是行为与社会科学研究的方差分析中，R^2 很少高于 0.2。科恩（1988）的 R^2 公约表明：$R^2=0.01$ 为较小的效应量，$R^2=0.06$ 为中等水平的效应量，$R^2=0.14$ 为较大的效应量。（除 R^2 之外，另外一个类似的测量效应量的方法称为 η^2 。）

检验力

表 10-8 表明了在 0.05 显著性水平上，每组样本容量为 10、20、30、40、50、100，有 3、4、5 个组，小、中等和大效应量对应的统计检验力的近似值。[①]

表 10-8　在 0.05 的显著性水平上采用方差分析进行假设检验时统计检验力的近似值

每组被试者（n）	效应量		
	小（$R^2=0.01$）	中等（$R^2=0.06$）	大（$R^2=0.14$）
3 组（$df_{组间}=2$）			
10	0.07	0.20	0.45
20	0.09	0.38	0.78
30	0.12	0.55	0.93
40	0.15	0.68	0.98
50	0.18	0.79	0.99
100	0.32	0.98	*

① 详细表格见科恩（1988，pp. 289-354）。当用这个表时，注意 u 值指的是组间自由度，在单因素方差分析中为组数减 1，而不是表 10-8 中的组数。

续前表

每组被试者 (n)	效应量		
	小 ($R^2=0.01$)	中等 ($R^2=0.06$)	大 ($R^2=0.14$)
4 组 ($df_{组间}=3$)			
10	0.07	0.21	0.51
20	0.10	0.43	0.85
30	0.13	0.61	0.96
40	0.16	0.76	0.99
50	0.19	0.85	*
100	0.36	0.99	*
5 组 ($df_{组间}=4$)			
10	0.07	0.23	0.56
20	0.10	0.47	0.90
30	0.13	0.67	0.98
40	0.17	0.81	*
50	0.21	0.90	*
100	0.40	*	*

* 表示接近 1。

假设有一项研究，每组有 10 名被试者，共 5 个组，期望得到一个较大的效应量（0.14）。那么，在 0.05 显著性水平上，结果显著的可能性为 0.56。因此，即使研究假设为真且有很大的效应量，结果显著的可能性也不太可能高于 56%。

在前面的章节我们已经提到，在结果不显著时统计检验力对解释结果的实际意义尤为重要。比如，你读到一个研究，共有 4 个组，每组有 30 名被试者，在 0.05 水平上方差分析结果不显著。表 10-8 表明，当效应量较小时方差分析的统计检验力只有 0.13。这表明，如果只能解释总体的一小部分，研究结果很难显著。但是表中数据表明效应量较大的情况下，方差分析结果显著的可能性为 0.96，这说明如果效应量较大，那么几乎可以确定研究结果会显著。

计划样本容量

表 10-9 给出了有 3、4、5 个组，在 0.05 显著性水平上，效应量小、中等、大时，方差分析结果显著的可能性要想达到 80%所需要的样本容量。[①]

表 10-9　在 0.05 显著性水平上，单因素方差分析（假设样本容量相同）保证结果显著的可能性有 80%时每组所需被试者数量的近似值

	效应量		
	小 ($R^2=0.01$)	中等 ($R^2=0.06$)	大 ($R^2=0.14$)
3 组 ($df_{组间}=2$)	322	52	21
4 组 ($df_{组间}=3$)	274	45	18
5 组 ($df_{组间}=4$)	240	39	16

举个例子，假如你计划进行一个包括 4 个组的研究，希望在显著性水平为 0.05 时有一个较小的效应量。那么每组需要有 274 人，一共 1 096 人参加研究才能保证有 80%的可能性方差分析结果显著。但是，如果你可以调整研究计划以使方差分析的结果有更高的效应量（比如用更准确的研究方法和更强的实验处理），那么你也可以设计每组只有 18 名被试者，这样一共需要 72 名被试者。

① 完整的表格见科恩（1988，pp. 381-389），使用方法参见上页脚注。

10.4 你学会了吗？

1. (a) 写出方差分析效应量的公式；(b) 对公式中的每一个符号进行解释；(c) 计算当组间方差为12.22、组内方差为7.20，组间自由度为2、组内自由度为8的情况下效应量的大小。

2. 在0.05显著性水平上，如果一项研究每组有40名被试者，共4个组，研究者预期有一个大的效应量，那么统计检验力的大小应该是多少？

3. 在0.05显著性水平上，如果你希望结果有80%的可能性是显著的，有5个组，中等效应量，那么每组需要多少名被试者？

因素方差分析

因素方差分析 因素研究设计中的一种方差分析方法。

因素方差分析（factorial analysis of variance）是已经学到的方法的扩展。在进行多类型实验研究的分析时，它是一种非常灵活且有效的方法。实际进行因素方差分析的方法超出了我们入门级教材学到的知识。学习这一部分的目的是要了解基本的逻辑和概念来帮助你更好地理解研究文献。

我们用一个例子来讲解因素方差分析。E. Aron 和 A. Aron（1997）认为人先天的感受性有所不同，他们称之为"感觉加工敏感度"，这种差异在四分之一的人类和一些动物中都存在。在进行信息加工时这种特质尤为明显。表10-10是从他们的"个体高敏感度"量表中选取的六个问题。如果你在这个量表上得分较高，那么你就属于那25%拥有"高敏感度"的人群。

表10-10　　从"个体高敏感度"量表中选取的问题

1. 突然拥有很多东西是否会让你不愉快？
2. 在很忙碌的时候，你是否会想逃避退缩，比如上床睡觉、去一个黑暗的房子里，又或者是任何你能拥有隐私和免除刺激干扰的地方？
3. 你是否容易被很强的光、很浓的气味、粗糙的纤维或接近的鸣笛声弄得不知所措？
4. 当你在一段很短的时间内要完成很多事情的时候你是否会觉得很慌乱？
5. 生活中的改变会不会影响到你？
6. 你是否会被强烈的刺激打扰，比如很大的噪声、混乱的环境？

注：1表示"一点也不"，7表示"非常"。

资料来源：Aron, E., & Aron, A. (1997). Sensory-processing sensitivity and its relation to introversion and emotionality. *Journal of Personality and Social Psychology*, *73*, 345-368.

根据这个模型，高敏感度的人有一个特征：他们比其他人更容易受到成功或者失败的影响。这是因为他们对信息进行了更全面的加工。所以研究者假设高敏感度的人在成功的时候更高兴，在失败的时候更伤心。为了验证这一假设，E. Aron、A. Aron 和 Davies（2005）设计了一个实验。在这个实验中，学生首先回答表10-10中的问题。（这使研究者可以根据这个结果将学生分成高敏感度组和非高敏感度组。）然后，作为一系列态度和其他主题的测验的一部分，每一个学生都接受了一项有时间限制的"应用推理能力"的测验，这对大多数学生来说很重要。但是在他们不知情的情况下，有一半学生的题目非常简单，另一半学生的题目非常难，甚至没有正确答案。问卷轮流分发给学生（从哪一排开始发是随机的）。因此，一方面，如果你的问卷题目非常难，你旁边的同学的题目会非常简单，你可以感觉到当你还在挣扎的时候他已经很快完成了。另一方面，如果你的题目非常简单，那么你旁边的同学的题目会非常难，并且你可以感觉到当你很轻松地完成题目时，他仍然在做着你以为和你一样的题目。

测验结束后，每个人都会被问到他们在做题时的情绪，比如压抑、焦虑和悲伤的程度。（关于情绪的题目被隐藏在其他题目当中。）将被试者对各情绪题项的回答的得分进行平均，求得负面情绪的测量值。

这个研究最终发现了两个不同的影响负面情绪的因素：（1）一个人是否具有高敏感度，（2）他做的是简单题（使他觉得成功）还是难题（使他觉得失败）。

Aron 和他的同事本来可以进行两项分析：一项是对具有高敏感度的人和不具有高敏感度的人进行比较，另一项是将做简单题和难题的人进行比较。然而，他们在一个单一研究中考察了敏感度和难度对情绪的影响。在这种设置下，参加者被分成 4 组（见表 10 - 11）：（1）完成简单题的非高敏感度组，（2）完成简单题的高敏感度组，（3）完成难题的非高敏感度组，（4）完成难题的高敏感度组。

表 10 - 11　E. Aron 及其同事采用的因素研究设计

		题目难度	
		简单	难
敏感度	非高	a	c
	高	b	d

因素研究设计

E. Aron 及其同事（2005）的研究就是**因素研究设计**（factorial research design）的一个例子。因素研究设计中两个或更多变量的结果是在同一时间通过分组被测量的。在这个例子中，敏感度有两个水平（高和非高），题目难度也有两个水平（简单和难）。研究者在这个研究中将这些水平进行结合，共分成四组。

因素研究设计比对每一个变量进行独立研究有一个最大的好处，那就是效率高。运用因素研究设计你可以同时进行两变量的研究，而不需要对相同数量的被试者施测两次。在这个例子中，E. Aron 及其同事可以用一个组的被试者来研究敏感度和题目难度对负面情绪的影响。

因素研究设计　一次性对两个及以上变量进行考察，即对一群被试者同时进行两个及以上变量的考察。不同的组接受同一变量不同水平的处理。

交互作用　方差分析中变量组合所产生的效应，这种效应无法由单个变量所预测。

交互作用

因素研究设计还有一个更重要的优点。因素研究设计使你可以对两个及更多变量结合产生的影响进行研究。在这个例子中，敏感度和题目难度可能以一种简单叠加的方式对负面情绪产生影响。如果有两个或两个以上变量，那么总效应是所有单独效应的和。比如，假设高敏感度使人更多地体验到负面情绪，同样，题目较难使人更多地体验到负面情绪。如果这两个效应相加，那么完成较难题目的高敏感度组最有可能体验到负面情绪，完成较简单题目的非高敏感度组体验到的负面情绪最少，其余两个组体验到负面情绪的可能性中等。

可能是其中一个变量而不是其他变量对负面情绪有影响；也可能每个变量都没有影响。在单纯相加的情况下，当只有一个变量有影响或者两个变量都没有影响时，单纯将两个变量进行结合不会给出有意义的信息。

但是，两个变量结合之后有可能改变结果。实际上，正如前面提到的，E. Aron 及其同事（2005）假设高敏感度在完成较难题目的情况下作用更大。变量结合所产生的新的作用称为**交互作用**（interaction effect）。交互作用是指一个变量的不同水平（分组）的作用在另一个变量的不同水平上有所不同。

在 E. Aron 及其同事（2005）的研究中存在交互作用，如表 10 - 12 所示。研究结果为完成较难题目的高敏感度组的负面情绪最高，完成较简单题目的高敏感度组的负面情绪最低。负面情绪的水平在另两个组中差不多，都居于高敏感度组中间。结果表明题目难度对负面情绪的影响因敏感度的不同而不同：对非高敏感度学生来说，他们的负面情绪水平受题目难（2.56）或简单（2.43）的影响很小；但是对高敏感度学生来说，他们的负面情绪水平受题目难（3.01）或简单（2.19）的影响则比较大。

表 10-12 E. Aron 和同事（2005）的研究中负面情绪的平均水平

		题目难度	
		简单	难
敏感度	非高	2.43	2.56
	高	2.19	3.01

假设研究者将敏感度和题目难度分别进行研究。在敏感度研究中（假设每组样本容量相同），他们可以推论出敏感度对负面情绪的影响不大：非高敏感度学生的负面情绪的平均水平为 2.50（2.43 与 2.56 的平均数），高敏感度学生的负面情绪的平均水平为 2.60（2.19 与 3.01 的平均数）。在题目难度的研究中（仍然假设每组的样本容量相同），可以推论出当学生完成较简单题目时比完成较难题目时体验到的负面情绪更少：完成较简单题目学生的负面情绪平均水平为 2.31（2.43 与 2.19 的平均数），完成较难题目学生的负面情绪平均水平为 2.79（2.56 与 3.01 的平均数）。因此，如果研究者将两个变量分别进行研究，就会遗漏掉最重要的信息。最重要的结果需要将两个变量结合起来进行研究才能发现。

一些术语

两因素研究设计 用两个变量来分组的因素设计。

分组变量 方差分析中被分为若干水平的某一个变量。

自变量 引起其他因素变化的变量。

两因素方差分析 对包含两个自变量的研究所进行的方差分析。

单因素方差分析 对仅包含一个自变量的研究所进行的方差分析。

主效应 在因素方差分析中，忽略另一个变量对结果的影响而单独考察一个变量对结果的影响。

单元格 在因素研究设计中，自变量的不同水平的结合。

单元格均值 变量不同水平的结合的平均数。

边缘均值 在因素设计中，所有被试者在某一自变量某一水平上得分的平均数。

因变量 受自变量影响的变量。

E. Aron 及其同事的研究被称为**两因素方差分析**（two-way analysis of variance）[它使用了**两因素研究设计**（two-way factorial research design）]，因为他们研究了两个用于分组的变量的作用。这些变量称为**分组变量**（grouping variables），也称为**自变量**（independent variables）。对比我们之前提到的情况（依恋类型或者犯罪记录的研究），只进行了一次方差分析，称为**单因素方差分析**（one-way analysis of variance），因为只考虑了一个自变量的影响（比如个人的依恋类型或者犯罪记录的信息）。

在两因素方差分析中，每个自变量都有可能存在**主效应**（main effect）。如果一个自变量两个组的平均数有显著差异，则存在主效应。这与以变量结合为基础的交互作用完全不同。在 E. Aron 及其同事（2005）的两因素研究中，有可能存在两个主效应和一个交互作用。两个可能的主效应中，一个是敏感度的作用，另一个是题目难度的作用。可能的交互作用来自敏感度与题目难度的结合。在一个两因素方差分析中，通常检验两个可能的主效应和一个可能的交互作用。

在因素研究设计中，每个结合的组称为**单元格**（cell）。每个单元格的平均数称为**单元格均值**（cell mean）。在 E. Aron 及其同事的研究中，有四个单元格和四个单元格均值，每个单元格都是敏感度与题目难度的结合。一个单元格是完成简单题目的非高敏感度组（见表 10-12，其单元格均值是 2.43），一个单元格是完成简单题目的高敏感度组（2.19），一个单元格是完成较难题目的非高敏感度组（2.56），最后一个是完成较难题目的高敏感度组（3.01）。

每个自变量单独的平均数称为**边缘均值**（marginal means）。比如在 E. Aron 及其同事的研究中，每个自变量有两个边缘均值。对敏感度这个自变量来说，所有非高敏感度学生都有一个边缘均值（2.50），所有高敏感度学生都有一个边缘均值（2.60）。对题目难度这个自变量来说，完成简单题目的学生的边缘均值为 2.31，完成较难题目的学生的边缘均值为 2.79。（我们主要是对交互作用感兴趣，因此没有在表格中呈现这些边缘均值。）如果要研究主效应，你要关注每个自变量的边缘均值。如果是研究交互作用，则应关注每个单元格的模式。

每个单元格均值和边缘均值是在研究中被测量变量的平均数。在 E. Aron 及其同事的研究中，该变量是被试者报告的负面情绪的水平。如果一个变量受实验处理的影响，则这个变量称为**因变量**（dependent variable)。每个被试者报告的分数依赖于所在的实验情境。

10.5 你学会了吗?

1. (a) 什么是因素研究设计? [(b) 和 (c)] 给出与两个分开的单因素研究设计相比两因素研究设计的优点。

2. 在因素研究设计中, (a) 什么是主效应, (b) 什么是交互作用?

3. 下面的表格给出了一项关于在不同主题下被试者画作创造性的研究结果。指出每一个数值的含义。

	当代	文艺复兴时期	总的
风景画	6.5	5.5	6
肖像画	3.5	2.5	3
总的	5	4	

4. 在下面的每一项研究中, 均对不同情境下被试者的表现及每一组表现的不同进行了比较。对于下列每一项研究, 画出研究设计的图示, 并说明它们是单因素研究还是两因素研究: (a) 一项研究设置了高压力情境和低压力情境, 在每一情境下被试者又被分为单独作业和与其他人一同作业两种情况。(b) 一项研究比较了物理学专业、化学专业和工程学专业学生的区别。(c) 一项研究比较了被试者在高温、低温下的工作情况, 每一种温度下又有一半被试者是右利手, 一半被试者是左利手。(如果研究是两因素设计, 那么要像表 10-12 那样展示, 但无须填入平均数; 如果研究是单因素设计, 那么应该只有一行数据。)

识别和解释交互作用

理解交互作用是十分重要的。在许多实验和其他类型的研究中 (比如环境与遗传的关系), 交互作用是研究中的主要问题。正如我们所知, 交互作用是指一个自变量的作用依赖于其他自变量的不同水平。你可以用三种方式来描述和理解交互作用: 语言描述、数字表示或者用图表示。注意, 在交互作用这一部分用到的例子中, 所有的交互作用和主效应都被看作统计上显著。(但在实际情况中, 你需要按照假设检验的步骤来检验结果是否显著。) 在这一部分提到这个问题是希望你在理解文献时能关注交互作用的思想。

用语言和数字表示交互作用

你可以这样来定义交互作用: 当一个自变量的作用在其他自变量的不同水平上有所不同时, 就说明出现了交互作用。在 E. Aron 及其同事 (2005) 所做研究的例子中, 题目难度 (难和简单) 的作用依赖于敏感度 (高和非高)。这就是说, 题目难度的作用, 对高敏感度的个体和非高敏感度的个体来说是不同的。(你也可以从另一个分组变量来讨论交互作用, 因此你也可以说敏感度的作用依赖于题目难度, 即从任何一个自变量开始来讨论交互作用结果是完全一样的。)

你可以通过单元格均值表来说明交互作用。如果存在交互作用, 那么单元格均值表一行的差异模式与另一行不同。(同样, 你也可以说单元格均值表一列的差异模式与另一列不同。但这里我们主要研究行。) 在 E. Aron 及其同事的研究中, 在非高敏感度行中, 完成简单题目的学生的负面情绪 (2.43) 只比完成较难题目学生的负面情绪 (2.56) 低一点, 差异仅为 −0.13 (2.43−2.56=−0.13)。但对于高敏感度这一行来说, 完成简单题目学生的负面情绪 (2.19) 则比完成较难题目学生的负面情绪 (3.01) 低了很多, 他们的差异 −0.82 与非高敏感度组的差异 −0.13 显著不同。当单元格均值表出现这种不同的差异模式时，说明存在交互作用。

表10－13虚构了年龄与教育程度（自变量）对收入（因变量）的影响这个两因素研究的结果，并给出了可能出现的六种可能结果的单元格均值和边缘均值。年龄自变量有两个水平（青年，25～34岁；中年，35～44岁），教育程度自变量也有两个水平（高中毕业和大学毕业）。为了使交互作用和主效应更显著，我们在虚构数据时夸大了这种可能性。在看这六个可能的结果之前，花一分钟时间想一想我们期望的结果是什么。比如，你希望大学毕业的人比高中毕业的人的收入多还是少？你希望青年人比中年人收入多还是少？最重要的是交互作用（如果我们想要研究交互作用）可能是什么样的？你认为教育程度在年龄的不同水平上会有所不同吗？现在我们来看一下这六个结果，然后分析一下这些结果告诉了我们什么。

表10－13　一项关于年龄和教育程度对收入（单位为千美元）的影响研究的可能结果均值

	结果A			结果B			结果C		
年龄	高中	大学	总的	高中	大学	总的	高中	大学	总的
青年	50	50	50	70	50	60	30	70	50
中年	50	70	60	50	70	60	50	90	70
总的	50	60		60	60		40	80	
	结果D			结果E			结果F		
年龄	高中	大学	总的	高中	大学	总的	高中	大学	总的
青年	30	30	30	50	70	60	40	55	47.5
中年	130	130	130	50	90	70	45	70	57.5
总的	80	80		50	80		42.5	62.5	

成功小贴士

记住，我们可以通过比较单元格均值模式来判断是否存在交互作用。当某一行的单元格均值模式与另一行有显著差异时，则说明存在交互作用。

成功小贴士

我们可以通过比较边缘均值来判断是否存在主效应。表10－13中的边缘均值是“总的”对应行与列两个数的均值。如果某一自变量的不同水平上的边缘均值不同，就说明存在主效应。

结果A：存在交互作用。注意，在青年这一行中，教育程度没有区别；但是在中年这一行中，大学毕业这一格的均值比高中这一格的均值要高很多。换句话说，在青年这一组中，教育程度对收入没有影响；但在中年这一组中，大学毕业的人比高中毕业的人收入要高。同样也存在两个主效应：总的来说中年人比青年人收入高，大学毕业的人比高中毕业的人收入高。

结果B：存在交互作用。这是因为青年这一行中，高中毕业者的平均收入比大学毕业者的平均收入高，但是在中年这一行中，高中毕业者的收入比大学毕业者收入低。换句话说，在青年人中，只有高中学历的人挣得更多（可能是因为他们参加工作比较早或者他们从事的工作收入起点比较高）；但是在中年人中，大学毕业者比高中毕业者挣得多。（在这个结果中不存在主效应，因为两行的边缘均值是相同的，两列的边缘均值也是相同的。）

结果C：不存在交互作用。在青年这一行中，高中毕业者的平均收入比大学毕业者低很多；在中年这一行中也一样。换句话说，不论是青年还是中年，大学毕业者比高中毕业者都平均多挣40 000美元。（这说明，教育程度和年龄都存在主效应。）

结果D：不存在交互作用。两行的平均收入之间不存在差异。忽略教育程度，中年人比青年人平均多挣100 000美元。（这说明，存在年龄主效应，但不存在教育程度的主效应。）

结果E：存在交互作用。在青年这一行中，大学毕业者的平均收入比高中毕业者高出20 000美元；但是在中年这一行中，大学毕业者的平均收入比高中毕业者平均收入高出40 000美元。因此在青年人中，大学毕业者平均收入只比高中毕业者高一点；但在中年人中，大学毕业者平均收入比高中毕业者高很多。（年龄和教育程度都存在主效应。）

结果 F： 存在交互作用。青年人行中高中毕业者与大学毕业者平均收入的差异仅比中年人行中高中毕业者与大学毕业者平均收入的差异小一点。如结果 E 所示，对大学毕业者来说，随着年龄增长，收入的增加比高中毕业者要多。①

用图表示交互作用

另一种常用的表示交互作用的方法是用图来表示单元格均值。虽然有时也用线形图，但条形图更为常用。图 10－4 是用条形图表示的 E. Aron 及其同事的研究的结果。图 10－5 表示的是年龄和教育程度对收入之影响的虚构数据的结果（同表 10－13）。

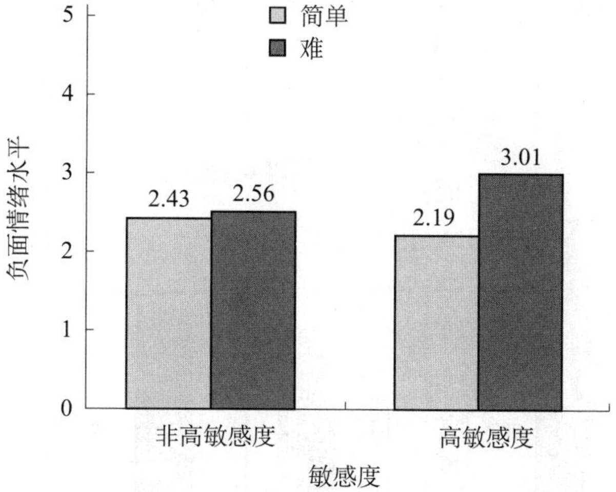

图 10－4　敏感度（非高或高）和题目难度（简单或难）对负面情绪水平的影响条形图

资料来源：Based on Aron，E.，Aron，A.，& Davies，K. M.（2005）. Adult shyness：The interaction of temperamental sensitivity and an adverse childhood environment. *Personality and Social Psychology Bulletin*，No. 2，181－197.

在这种图中我们要注意：只要存在交互作用，条形图一部分的形状与另一部分的形状就会不同。因此，在图 10－4 中，在非高敏感度组，两个直条的高度差异很小；但是在高敏感度组，两个直条的高度差异很大。条形图只是用图形的变化来说明一行单元格均值的差异与另一行的是不同的。

我们再来看一下根据年龄和教育程度例子虚构的图 10－5。首先看一下结果 C 和 D。在结果 C 中，青年组和中年组直条的变化相同，都是高出 40。在结果 D 中，青年组和中年组直条都是平的。这就是说结果 C 和 D 的直条形状变化相同。这种形状说明*不存在交互作用*。除此之外的其他结果则表明存在交互作用，青年组与中年组直条的变化是不同的。比如，在结果 A 中，青年组中两个直条齐平，但在中年组中则有高度的差异。在结果 B 中，青年组高中学历的直条比大学学历的直条高，但中年组高中学历的直条则比大学学历的直条矮。在结果 E 和 F 中，青年组和中年组都是高中学历的直条比大学学历的直条矮，但青年组直条之间的高度差异比中年组小。

你也可以从这些条形图中看出*主效应*。在图 10－5 中，年龄的主效应可以通过青年组的直条高于或低于中年组的直条看出。比如，在结果 C 中，中年组的直条明显高于青年组。这个例子中受教育程度的主效应怎样用条形图表示呢？你需要知道条形图的整体趋势是上升还是下降。比如在结果 C 中，教育程度的主效应同样存在，因为不论是青年组还是中年组，高中学历到大学学历的整体趋势都是上升

---

① 根据美国人口普查局 1997—1999 年的统计数据（可获得的最近一段时间的统计数据），美国的实际情况最接近结果 F(Day & Newberger，2002)。在这两个年龄组中，受过大学教育的人比只受过高中教育的人挣得更多，但老年组的差别要大一些。[你可能有兴趣知道，根据 2008 年的数据，在美国拥有大学学历的人平均每年比那些只有高中学历的人多挣 26 000 美元（U. S. Census Bureau，2008）。然而，重要的是，要记住，人们是否接受了大学教育，也与父母的社会阶层和其他因素有关，这些因素可能比教育对收入的影响更大或更多。]

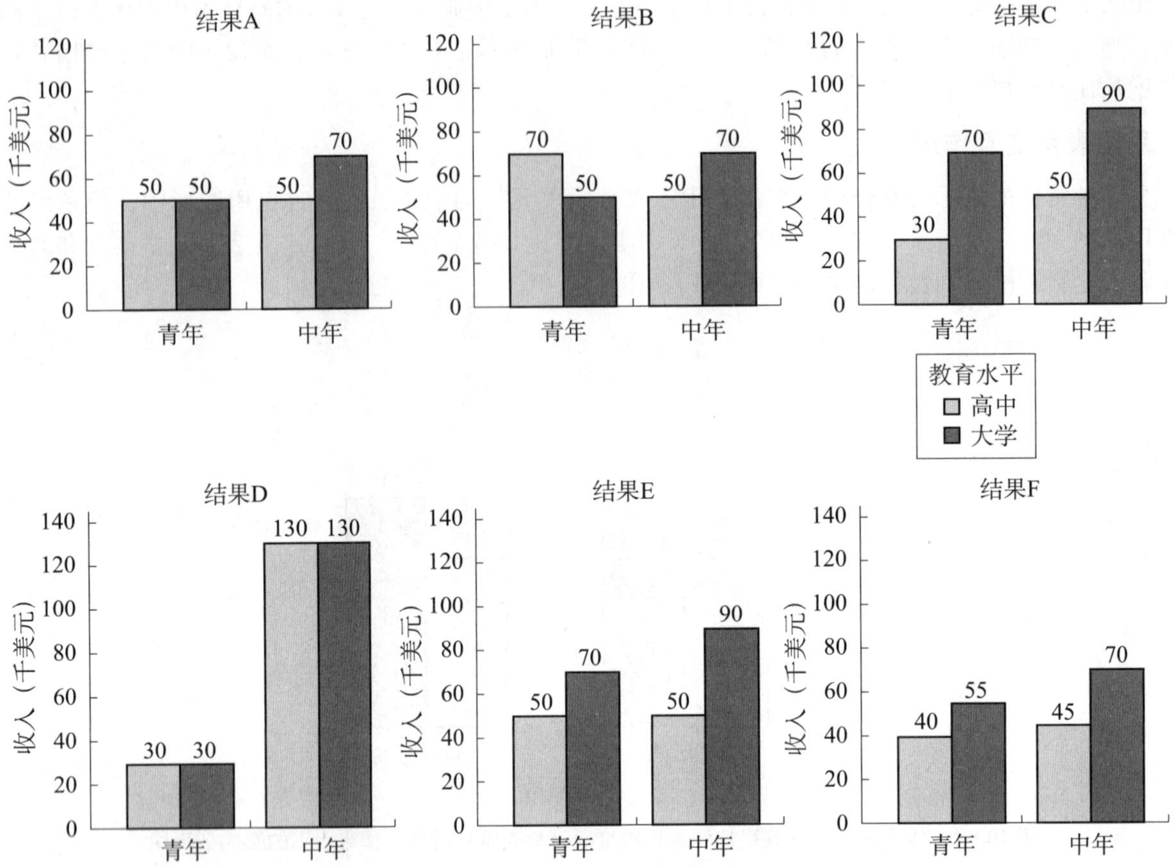

图 10－5 表 10－13 虚构结果的条形图

的。结果 D 显示了年龄的主效应（中年组明显高于青年组）。但是结果 D 没有显示教育程度的主效应：无论是青年组还是中年组，教育程度对收入的影响都是相同的。

主效应与交互作用的关系

一项研究中可能有多种主效应与交互作用显著的情况。比如，主效应与交互作用可能同时显著。如表 10－13 或图 10－5 中结果 F 所示，中年组比青年组收入高（年龄主效应），大学学历者比高中学历者收入高（教育程度主效应），大学学历者比高中学历者收入高多少则取决于年龄水平（交互作用）。

也有可能存在交互作用但没有主效应。如表 10－13 中结果 B 所示，青年组与中年组收入的平均水平是相同的（不存在年龄主效应），高中学历者与大学学历者的平均收入也是相同的（不存在教育程度主效应）。

也有可能存在一个主效应和一个交互作用，仅存在一个主效应或者既没有主效应也没有交互作用。你可以在表 10－13 或图 10－5 中看到这几种情况。

当没有交互作用时，主效应的意义十分明确。但是，主效应和交互作用都显著时，那么情况就要复杂一些。因为主效应可能只是由自变量的某一个水平引起的。比如，在结果 A 中，教育程度对收入水平的影响只在中年组中发生。因此，如果你没有提到只有当你是中年人时教育程度才有作用，而只是说教育程度对收入水平产生影响，则会令人误解。

另外，即使存在交互作用，有时候主效应也还是比交互作用的影响更大。比如，结果 F 中很显然年龄的主效应比交互作用更大。这意味着不论有没有大学学历，中年人都比青年人挣得多。（当然，交互作用依然存在，因为中年人的收入比青年人多多少取决于学历。）

因素方差分析的扩展和特例

方差分析是非常常用的。因素设计可以扩展到三因素或者多因素的设计（考察三个或更多自变量），也可以用来处理同一批被试者多次施测的情况。这类似于相关样本 t 检验中对两个以上测验的处理。这种方法称为重复测量的方差分析。

10.6 你学会了吗?

根据下面的信息回答第 1～3 题。一项虚构的研究考察了在回顾例子时例子的生动性和长度（自变量）对回忆量（因变量）的影响，研究结果如下：

例子长度	生动性		
	低	高	总的
短	5	7	6
长	3	1	2
总的	4	4	

1. 用文字描述研究结果。
2. 根据表中数值解释结果。
3. 用条形图表示下列结果：一个图中横轴表示例子生动性，直条表示长例子和短例子；另一个图中横轴表示例子长度，直条表示低生动性和高生动性。
4. 在两因素设计中，主效应和交互作用的关系有可能是什么样的?
5. 当同时存在交互作用和主效应时，(a) 在什么情况下应该注意解释主效应，(b) 在什么情况下你可以通过边缘均值来解释主效应?

研究文献中的方差分析

研究报告中通常用 F 值、自由度和显著性水平来描述单因素方差分析的结果。比如，$F(3, 68)=5.12$，$p<0.01$。这些数据通常是用表格的形式给出的。但是，如果只有很少的组和几次测量，结果通常会像上文那样在文中直接给出。比如在犯罪记录的研究中，我们可以这样来描述方差分析的结果："犯罪记录组、无犯罪记录组和无信息组的平均数分别为 7.0、4.0 和 5.0，平均数间存在显著差异 $F(2, 12)=4.07$，$p<0.05$。"

在因素方差分析中，研究者通常会在文中以文字加图或表的形式呈现。报告中给出 F 值和有关交互作用和主效应的信息。表给出单元格均值，有时也给出边缘均值。比如，E. Aron 及其同事（2005）这样描述我们用到的例子："根据假设检验……敏感度和题目难度的交互作用会对负面情绪产生影响……$t(155)=1.72$，$p<0.05$。"我们用图 10-4 呈现了这个结果。

这里有另外一个例子。Shao 和 Skarlicki（2009）在学习 MBA 课程的学生中进行了一项研究，旨在考察警觉性和性别（两个分组变量）对学业成绩（因变量）的影响中是否存在交互作用。警觉性的定义为"一个人对此时此刻发生事情的反应倾向"（Brown & Rgan，2003，p. 822），研究者用 15 个题目对此进行了测试。根据神经科学家对大脑两半球警觉性与性别差异的研究，研究者假设女性警觉性与学业成绩之间的正相关比男性更显著。研究结果如图 10-6 所示。正如你在图 10-6 中看到的，研究结果支持了研究者的假设：高警觉性女性比低警觉性女性的学业成绩好，在男性中则并非如此（需要注意的是实际上在男性群体中警觉性与学业成绩相关不显著）。由于图 10-6 中两条线不平行，因此你可以说警觉性与性别存在交互作用。用表格表示同样可以看出两行之间的单元格均值变化不同。

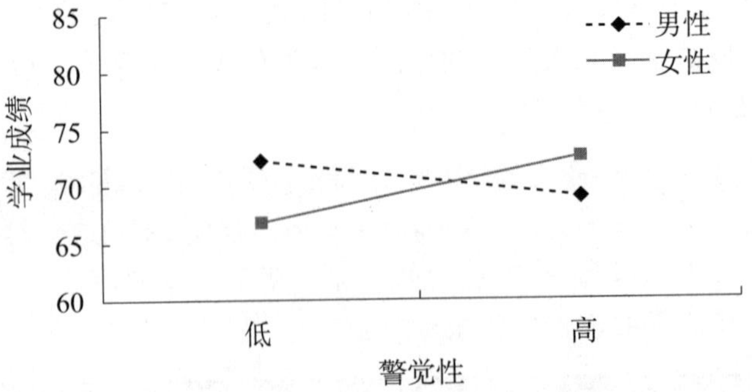

图10-6　警觉性与性别对学业成绩影响的两因素交互作用

资料来源：Shao, R., & Skarlicki, D. P. (2009). The role of mindfulness in prediction individual performance. *Canadian Journal of Behavioral Science*, *41*, 195-201.

本章点拨

小结

1. 当需要比较两个以上组别的平均数差异时用方差分析。比较的是两个总体方差：一个是组内方差，即依据每个组计算的总体方差的平均数；一个是组间方差，基于各组样本平均数间的变异估计得出。

2. F 值是组间方差与组内方差的比值。虚无假设是组间方差与组内方差一致。当虚无假设为真时，F 值为1。因为计算所用到的两个方差数值相同。如果研究假设为真，那么 F 值大于1。因为组间方差受到随机因素和实验因素的双重影响，而组内方差只受到随机因素的影响。

3. 当样本容量相同时，组内方差是所有总体方差的平均数。组间方差通过两个步骤就可以计算出来。第一步是计算基于各组样本平均数的均值分布的方差，第二步是用均值分布的方差乘以每组的样本容量。这个步骤将均值分布的方差转换为个体分布的方差。

4. 当虚无假设为真时，F 分布为正偏态分布。根据组间自由度、组内自由度查 F 值表可以查出拒绝虚无假设所需的临界 F 值。组间自由度是组数减1，组内自由度是所有样本自由度的和。

5. 方差分析的前提假设与 t 检验相同。一是总体必须服从正态分布，二是方差齐性。与 t 检验相同，当不能满足这些假设时，在一定范围内方差分析的结果仍然是可以接受的。

6. 方差解释量（R^2）是方差分析效应量的指标（也叫 η^2）。它表示被测量变量中的变异在多大程度上能够被分组变量解释。根据效应量、样本容量、显著性水平、组数可以得出结果显著的可能性。

7. 在因素研究设计中，根据研究需要将被试者分为几组。在这种设计中，可以研究两个以上的分组变量（自变量）对因变量（被测变量）的影响而不需要两倍的被试者。并且还可以研究两个分组变量结合的作用。

8. 当一个变量的反应在另一个变量的不同水平上有所不同时，就说明出现了交互作用。主效应是指只考虑某一变量的效应，忽略其他变量的效应。可以用文字、图表等方式来描述交互作用和主效应。

9. 方差分析通常用下面的标准模式来表示：$F(3, 68)=5.12$，$p<0.01$。在实际的方差分析中，也会加入表格来进行描述，有时也会用图形来描述显著的交互作用。

主要术语

方差分析（ANOVA）	因素研究设计
总体方差的组内估计值（$S^2_{组内}$）	交互作用
总体方差的组间估计值（$S^2_{组间}$）	两因素研究设计
F 值	分组变量
F 分布	自变量
F 值表	两因素方差分析
总平均数（GM）	单因素方差分析
组间自由度（$df_{组间}$）	主效应
组内自由度（$df_{组内}$）	单元格
保守 t 检验	单元格均值
方差解释量（R^2）	边缘均值
因素方差分析	因变量

示例

总的方差分析

一项实验比较了四个因素的影响，每种实验处理下有 20 名被试者，对每名被试者的表现进行标准化测量。标准化测量的结果如下：处理 1，$M=15$，$S^2=20$；处理 2，$M=12$，$S^2=25$；处理 3，$M=18$，$S^2=14$；处理 4，$M=15$，$S^2=27$。在 0.05 的显著性水平上按照假设检验的五个步骤比较四种处理的结果是否有所不同。

答案

方差分析的步骤如下：

①重新将问题表述为关于总体的研究假设和虚无假设。这里有 4 个总体：

总体 1：接受第一种处理的人群。

总体 2：接受第二种处理的人群。

总体 3：接受第三种处理的人群。

总体 4：接受第四种处理的人群。

虚无假设为 4 个总体的平均数相同。研究假设是 4 个总体的平均数不相同。

②确定比较分布的特征。比较分布为 F 分布。

$$df_{组间}=N_{组数}-1=4-1=3$$

$$df_{组内}=df_1+df_2+\cdots+df_{最后一组}=19+19+19+19=76$$

③确定当虚无假设被拒绝时比较分布中的临界值。当显著性水平为 0.05 时，根据组间自由度 3 和组内自由度 76，查 F 值表得到临界值为 2.73。

④计算比较分布中的样本分数。

a. 计算组间方差（$S^2_{组间}$）：每组的平均数分别为 15，12，18，15。

Ⓐ计算均值分布的方差：每组平均数与总平均数的离均差的平方和除以组间自由度。

$$GM=(15+12+18+15)/4=15$$

$$S^2_M=[\sum(M-GM)^2]/df_{组间}=[(15-15)^2+(12-15)^2+(18-15)^2+(15-15)^2]/(4-1)$$
$$=(0+9+9+0)/3=6$$

Ⓑ计算总体方差：均值分布的方差乘以每组的样本容量。

$$S^2_{组间}=(S^2_M)(n)=6\times 20=120$$

b. 计算组内方差（$S^2_{组内}$）。

i. 根据每个组的分数计算总体方差：第一组，$S^2=20$；第二组，$S^2=25$；第三组，$S^2=14$，第四组，$S^2=27$。

ii. 求方差的平均数：

$$S^2_{组内}=(S^2_1+S^2_2+\cdots+S^2_{最后一组})/N_{组数}=(20+25+17+27)/4=21.5$$

c. F 值是组间方差与组内方差的商：

$$F=S^2_{组间}/S^2_{组内}=120/21.5=5.58$$

⑤决定是否拒绝虚无假设。计算得到的 F 值 5.58 比在 0.05 显著性水平上的临界值 2.73 要大，因此拒绝虚无假设。结果支持研究假设：不同实验处理的结果有所不同。

计算方差分析的效应量

计算上面问题的效应量。

答案

$$R^2=\frac{(S^2_{组间})(df_{组间})}{(S^2_{组间})(df_{组间})+(S^2_{组内})(df_{组内})}=\frac{120\times 3}{120\times 3+21.5\times 76}=360/(360+1\,634)=0.18$$

写有关单因素方差分析的文章时，需要做以下说明

1. 首先说明单因素方差分析是应用于有三组及以上处理情况的假设检验方法。解释清楚虚无假设与研究假设。

2. 说明在这种情况下假设检验的含义。一定要说明方差分析中要对两个方差进行比较：一个是根据每个样本内的变异计算出来的组内方差，一个是根据样本平均数间的变异计算出来的组间方差。交代清楚一些细节问题，比如如何计算，为什么要这样计算，在虚无假设为真或研究假设为真时会出现什么样的结果。解释为什么要计算 F 值以及如何计算 F 值。

3. 解释单因素方差分析中比较分布的特征，即 F 分布的特征。

4. 解释如何根据样本查出拒绝虚无假设所需的临界 F 值。

5. 解释为什么以及如何对假设检验第③、④步的结果进行比较。说明比较结果的含义。

练习题

以下练习题涉及计算。虽然在现实生活中，绝大多数统计问题是借助于特殊的统计软件用计算机完成的，但是即便你有这些软件，也要动手解决这些问题以便加深对所学方法的理解。如果想学习如何使用计算机解决本章中所遇到的统计问题，可以参考本章的“SPSS应用”。

练习题中所使用的数据，除非指明来源，否则给出的所有数据都是虚构的。

第Ⅰ组（答案请参阅附录B）

1. 下列研究在 0.05 显著性水平上是否可以拒绝虚无假设，即每一组来自相同的总体。计算每项研究的效应量和统计检验力。注意，研究（b）和（c）给出的是 S 而不是 S^2。

(a)	组1	组2	组3
n	10	10	10
M	7.4	6.8	6.8
S^2	0.82	0.90	0.80

(b)	组1	组2	组3	组4
n	25	25	25	25
M	94	101	124	105
S	24	28	31	25

(c)	组1	组2	组3	组4	组5
n	25	25	25	25	25
M	94	101	124	105	106
S	24	28	31	25	27

2. 下列研究在 0.01 显著性水平上是否可以拒绝虚无假设，即每一组来自相同的总体。计算每项研究的效应量。（写出完整的计算过程。）

(a)	组 1	组 2	组 3
	8	6	4
	8	6	4
	7	5	3
	9	7	5

(b)	组 1	组 2	组 3
	12	10	8
	4	2	0
	12	10	8
	4	2	0

3. 一位在医院工作的社会工作者想要比较不同科室病人等待时间的长短是否有显著差异。下面是 4 位病人在 3 个主要科室等待诊断的时间。

诊断类型		
情感障碍	人格障碍	与药品相关的情况
8	12	8
6	8	10
4	9	12
6	11	10

（a）在 0.05 显著性水平上，根据假设检验的步骤判断不同科室之间等待诊断的时间是否有所不同。（b）计算该研究的效应量。（c）将问题（a）的结果向一个了解独立样本 t 检验但不了解方差分析的人解释。

4. 一项研究比较了不同暗恋程度对亲密感的影响：50 名被试者经常暗恋，$M=3.5$，$S^2=5.2$；50 名被试者自述曾陷入暗恋，$M=3.2$，$S^2=5.8$；50 名被试者表示从未体会过暗恋，$M=3.8$，$S^2=4.8$。（a）在 0.05 显著性水平上，根据假设检验的步骤判断不同组之间的亲密感是否存在差异。（b）计算该研究的效应量和统计检验力。（c）将问题（a）的结果向一个从未学过统计学的人解释。

5. 研究者研究了不同基因类型的老鼠在走迷宫任务中的表现。每种基因类型选用了 8 只老鼠。四种类型老鼠的表现如下：

品种	平均数	S
J	41	3.5
M	38	4.6
Q	14	3.8
W	37	4.9

（a）在 0.01 显著性水平上，根据假设检验的步骤判断不同基因类型的老鼠的任务表现是否存在差异。（b）计算该研究的效应量。（c）将问题（a）的结果向一个了解如何在总体未知的情况下进行假设检验但不了解 t 检验和方差分析的人解释。

6. 在 0.05 显著性水平上，利用方差分析计算下列研究的统计检验力。

	预测的效应量	组数	每组的被试者数量
(a)	小	3	20
(b)	小	3	30
(c)	小	4	20
(d)	中等	3	20

7. 在0.05显著性水平上，利用方差分析，如果希望有80％的可能性结果显著，下列研究中每组需要多少名被试者？

	预测的效应量	组数
(a)	小	3
(b)	大	3
(c)	小	4
(d)	中等	3

8. 下面是用表格表示的因素设计的结果。假设每一个表格的数据都是有显著差异的。［(a) 和 (b)］分别用两个条形图表示表格中的结果。(c) 说明存在哪些效应（主效应和交互作用）。(d) 用文字解释研究结果。

i. 因变量：收入（数千美元）

		年龄	
		年轻	年长
地位	低	25	40
	高	30	110

ii. 因变量：成绩

		专业	
		科学	艺术
大学	社区大学	2.1	2.8
	文理学院	2.8	2.1

iii. 因变量：每月生病的天数

		性别	
		女性	男性
组别	实验组	2.0	2.5
	控制组	3.1	3.6

9. 下面是用表格表示的因素设计的结果。假设每一个表格的数据都是有显著差异的。［(a) 和 (b)］分别用两个条形图表示表格中的结果。(c) 说明存在哪些效应（主效应和交互作用）。(d) 用文字解释研究结果。

i. 因变量：交流时间

		话题	
		非个人的	个人的
关系	朋友	16	20
	父母	10	6

ii. 因变量：常去的餐厅级别

		城市		
		纽约	芝加哥	温哥华
花费	昂贵	9	5	7
	一般	6	4	6
	便宜	4	3	5

iii. 因变量：喜爱程度

		咖啡品牌		
		X	Y	Z
类型	普通	7	4	6
	脱咖啡因	5	2	6

10. Grilo、Walker、Becker、Edell 和 McGlashan（1997）设计了一项研究以考察抑郁和药物滥用与人格失调的关系。人格失调表现为超出个体差异的持久的、有问题的特质和行为。研究者对青少年失调者进行了访谈，发现他们除了都有身体上的疾病外还存在下面三个问题之一：抑郁、药物滥用或者二者都有。三组的失调数值如下：抑郁组，$M=1.0$；药物滥用组，$M=0.7$；二者都有组，$M=1.9$。研究者发现三种特质对失调的影响程度是不同的，$F(2, 112)=10.18$，$p<0.0001$。将结果向一个了解如何在总体未知的情况下进行假设检验但不了解 t 检验和方差分析的人解释。

11. 一位研究者想要研究不同类型的犯人需要健康治疗的程度。研究者从三种不同类型的犯人中各随机抽取了 40 名被试者并对他们是否需要健康治疗进行了检查。在研究报告中，研究者报告了每组的平均数并且认为三种不同类型的犯人在健康治疗方面有显著差异，$F(2, 112)=5.26$，$p<0.01$。将结果向一个从未学过统计学的人解释。

12. 哪一种英语单词最长？名词、动词，还是形容词？翻开一本至少 400 页的英文书，从中随机选取一页，阅读这页的单词直到读到第一个名词为止。记下单词长度（同时记下第几页）。重复这个过程，记下 10 个名词。用同样的方法选取 10 个动词和 10 个形容词。在 0.05 的显著性水平上，利用方差分析对三种类型的单词进行比较。（一定要记下你所用书的全部信息：作者、名字、出版日期、出版社以及出版地。）

73，320，179，379，323，219，176，167，102，228，352，4，335，118，12，333，123，38，49，399，17，188，264，342，89，13，77，178，223，92，77，152，34，214，75，83，198，210

第Ⅱ组

13. 下列研究在 0.05 显著性水平上是否可以拒绝虚无假设，即每个组来自相同的总体。

(a)	组 1	组 2	组 3
n	5	5	5
M	10	12	14
S^2	4	6	5

(b)	组 1	组 2	组 3
n	10	10	10
M	10	12	14
S^2	4	6	5

(c)	组 1	组 2	组 3
n	5	5	5
M	10	14	18
S^2	4	6	5

(d)	组 1	组 2	组 3
n	5	5	5
M	10	12	14
S^2	2	3	2.5

14. 下列研究在 0.01 显著性水平上是否可以拒绝虚无假设，即每个组来自相同的总体。计算每项研究的效应量。

(a)	组 1	组 2	组 3
	1	1	8
	2	2	7
	1	1	8
	2	2	7

(b)	组 1	组 2	组 3
	1	4	8
	2	5	7
	1	4	8
	2	5	7

15. 一位组织学研究者想要探讨在公司不同部门工作的员工对公司的态度是否会有所不同。三名在设计部工作的员工的测试结果分别为 10，12，11；三名在市场部工作的员工的测试结果分别为 6，6，8；三名在会计部工作的员工的测试结果分别为 7，4，7；三名在生产部工作的员工的测试结果分别为 14，16，13（数字越高表明对公司的态度越积极）。在 0.05 的显著性水平上，不同部门员工对公司的态度是否有所不同？(a) 按照步骤进行假设检验，(b) 计算效应量，(c) 将问题 (a) 的结果向一个了解独立样本 t 检验但不了解方差分析的人解释。

16. 不同种类大学的学生在社交能力方面是否有差异？在某地区的三所大学中随机抽取了 25 名被试者并对他们每天与人交往的时间进行了统计。X 大学的测试结果为：$M=5$，$S^2=2$；Y 大学的测试结果为：$M=4$，$S^2=1.5$；Z 大学的测试结果为：$M=6$，$S^2=2.5$。通过这些数据可以得出什么结果呢？在 0.05 的显著性水平上，(a) 按照步骤进行假设检验，(b) 计算效应量，(c) 将问题 (a) 和 (b) 的结果向一个了解独立样本 t 检验但不了解方差分析的人解释。

17. 一位研究者计划将 45 名艺术家分配到三种情境下，考察他们在看到一系列完全不了解的抽象作品时的表现。15 名被分到"著名组"，这组的被试者认为他们看到的作品都是名作，他们对作品的喜爱程度结果为：$M=6.5$，$S=3.5$。15 名被分到"批评组"，他们认为这些作品不仅不出名而且受到了很多批评，他们对作品的喜爱程度结果为：$M=8.5$，$S=4.2$。15 名被分到"控制组"，他们没有接收到任何关于作品的信息，他们对作品的喜爱程度结果为：$M=3.1$，$S=2.9$。在 0.05 的显著性水平上，在人们接收到不同的信息时，对作品的喜爱程度会有所不同吗？(a) 按照步骤进行假设检验，(b) 计算效应量，(c) 将问题 (a) 的结果向一个了解独立样本 t 检验但不了解差分析的人解释。

18. 在 0.05 显著性水平上，利用方差分析计算下列研究的统计检验力。

	预测的效应量	组数	每组的被试者数量
(a)	小	4	50
(b)	中等	4	50
(c)	大	4	50
(d)	中等	5	50

19. 在 0.05 显著性水平上，利用方差分析，如果希望有 80%的可能性结果显著，下列研究中每组需要多少名被试者？

	预测的效应量	组数
(a)	小	5
(b)	中等	5
(c)	大	5
(d)	中等	3

20. 下面是用表格表示的因素设计的结果。假设每一个表格的数据都是有显著差异的。[(a) 和 (b)] 分别用两个条形图表示表格中的结果（其中一个图中用一个变量对直条进行分组，另一个图中用另一个变量对直条进行分组）。(c) 说明存在哪些效应（主效应和交互作用）。(d) 用文字解释研究结果。

i. 因变量：对他人成功的嫉妒水平

		成功程度	
		大	小
他人身份	朋友	8	5
	陌生人	1	4

ii. 因变量：观测到的活动的投入程度

		游戏活动	
		积木	化妆
情境	独自一人	4.5	2.5
	有陪伴者	2.5	4.5

iii. 因变量：注意强度

		活动	
		天鹅湖	现代舞
芭蕾舞演员类型	专职人员	20	15
	业余人员	15	15
	新手	10	5

21. 下面是用表格表示的因素设计的结果。假设每一个表格的数据都是有显著差异的。[(a) 和 (b)] 分别用两个条形图表示表格中的结果。(c) 说明存在哪些效应（主效应和交互作用）。(d) 用文字解释研究结果。

i. 因变量：在回忆任务中大脑右前部分神经的活动水平

		回忆项目	
		文字	图片
呈现次数	一次	45	68
	两次	30	30

ii. 因变量：美国总统的支持率

		地区			
		西部	东部	中西部	南部
阶层	中产	70	45	55	50
	低收入	50	25	35	30

iii. 因变量：对教育的满意度

		性别	
		女性	男性
获得学士学位之后的时间	一个月	3	3
	一年	4	4
	五年	9	9

22. 一项研究让60名被试者完成一份人格测验，但是没有告诉他们谁会给他们判卷。15名被试者被告知他们的母亲会给他们批改，15名被试者被告知他们的父亲会给他们批改，15名被试者被告知他们最好的朋友会给他们批改，15名被试者被告知是由他们知道的最优秀的老师来给他们批改。表10－14给出了实验结果。将结果向一个从未学过统计学的人解释。

表10－14　在每种实验条件下几种主要人格维度的均值

维度	母亲	父亲	朋友	老师	$F(3, 56)$
一致性	24	21	12	16	4.21**
外向性	14	13	15	13	2.05
成熟度	15	15	22	19	3.11*
自信	38	42	27	32	3.58*

* $p<0.05$，** $p<0.01$.

23. Sinclair和Kunda（2002）提出，如果你把某个人（比如背后曾说你好话的人）想得好一点，你在对他们进行评价时，就会较少受到刻板印象的影响。所有的被试者都填写了一份关于社交技能的问卷并接受来自一位男性或者女性“培训主管”的反馈。关于他们社交技能的问卷反馈被动了手脚，这样就有一半的被试者被告知负面结果，另一半得到正面反馈。被试者然后对他们进行评价的主管的技能进行评价。问题是人们被给予正面评价是否会减弱女性是欠佳的管理者的刻板印象。研究结果如下：

> 研究采用了2（反馈）×2（主管性别）的因素设计。被试者对给予正面反馈的主管（$M=9.08$）比给予负面反馈的主管（$M=7.46$）评价更高，$F(1, 46)=19.44$，$p<0.0001$。但是如图10－7所示，研究存在一个显著的交互作用，$F(1, 46)=4.71$，$p<0.05$……（pp. 1335－1336）

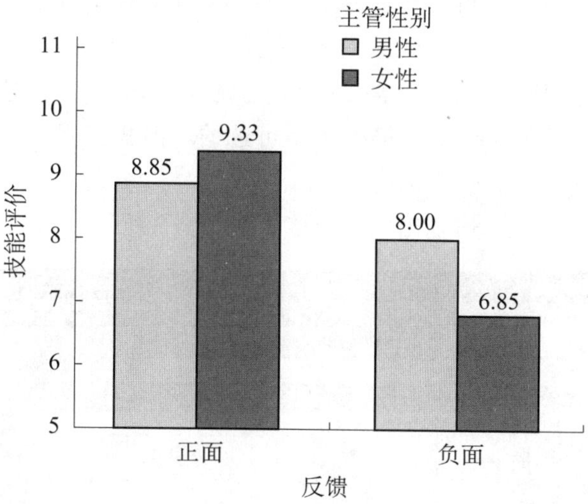

图 10-7 被试者根据反馈好评度和主管性别对主管技能的评级（研究 2）

资料来源：Sinclair，L.，& Kunda，Z.(2000). Motivated stereotyping of women：She's fine if she praised me but incompetent if she criticized me. *Personality and Social Psychology Bulletin*，*26*，*11*，1329-1342.

将结果向一个从未学过统计学的人解释。（不用讨论计算的细节，仅仅讨论均值模式的基本逻辑，以及重要结果的含义就可以。）

24. 剪下 100 张大小差不多的小纸条，16 张写“1”，34 张写“2”，34 张写“3”，16 张写“4”。（你正在创造一个近似正态的分布。）把纸条放进碗里或帽子里，将它们混合起来，拿出两张，把数字写下来，放回去。然后再抽出两张，写下它们的数字，放回去。最后再抽出两张，写下它们的数字，放回去。（严格地说，你应该用“替换”这个词，意思是在写下数字后把每一张而不是两张放回去。但我们想为你节省一点时间，在这种情况下应该不会有太大的差异。）对这三个随机选择的组别（每组两张）进行方差分析。记下 F 值，重复整个抽取过程，并再次进行方差分析。整个过程至少做 20 次。

SPSS 应用

在操作中出现✎图标时，就表示要单击鼠标。（我们使用 SPSS17.0 版本来运行数据，所以步骤和输出结果可能和其他的 SPSS 版本不太一样。）

单因素方差分析

使用实际数据学习这些步骤比较容易，因此我们使用本章前面的犯罪记录示例。该示例的分数显示在表 10-3 中。

①将分数输入 SPSS。SPSS 假设一行中的所有分数都来自同一个人。在本例中，每个人只属于三个组中的一个（犯罪记录组、无犯罪记录组或无信息组）。因此，要告诉 SPSS 每个组中有哪些人，输入如图 10-8 所示的数字。在第一列（标记为“group”），我们使用数字“1”表示某人在犯罪记录组，使用数字“2”表示某人在无犯罪记录组，使用数字“3”表示某人在无信息组。

②✎ Analyze（分析）。

③✎ Compare means（比较平均数）。

④✎ One-Way ANOVA（单因素方差分析）。

⑤✎“guilt”（犯罪）这一变量，再✎“Dependent List”（因变量列表）的箭头（这是 SPSS 用来表示被测变量的名称），这告诉 SPSS 方差分析应该计算“guilt”变量得分。

⑥✎"group"（组）这一变量，再✎"Factor"（因素）的箭头，这告诉SPSS"group"变量显示每一个被试者在哪一个组。

⑦✎Options（选择），✎Descriptive（描述性），这就要求SPSS为每组提供描述性统计数据（如平均数和标准差）。✎Continue（继续）。（第⑦步是可选的，但我们强烈建议对任何假设进行描述性统计。）

⑧✎OK（确定），此时你的SPSS输出窗口应该如图10－9所示。

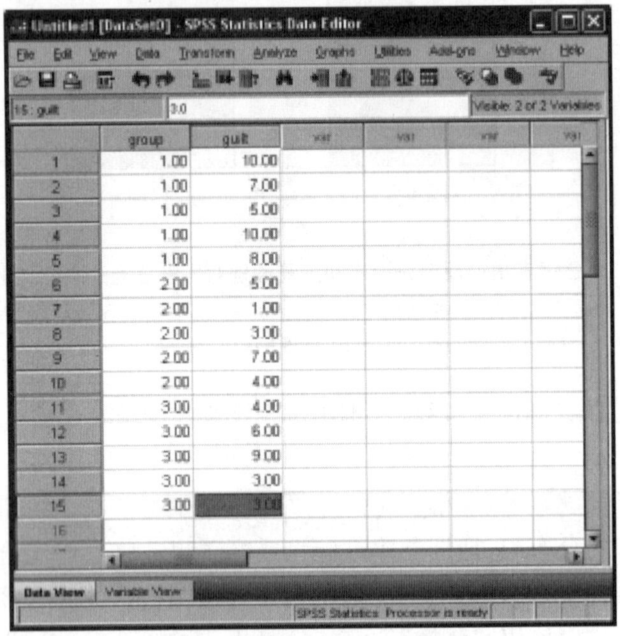

	group	guilt
1	1.00	10.00
2	1.00	7.00
3	1.00	5.00
4	1.00	10.00
5	1.00	8.00
6	2.00	5.00
7	2.00	1.00
8	2.00	3.00
9	2.00	7.00
10	2.00	4.00
11	3.00	4.00
12	3.00	6.00
13	3.00	9.00
14	3.00	3.00
15	3.00	3.00

图10－8　犯罪记录研究示例的SPSS数据编辑窗口

注：15个人在被随机分配到三个组中的一个组后，对被告进行了有罪评级，这三个组分别获得了关于被告以前犯罪记录的不同信息。

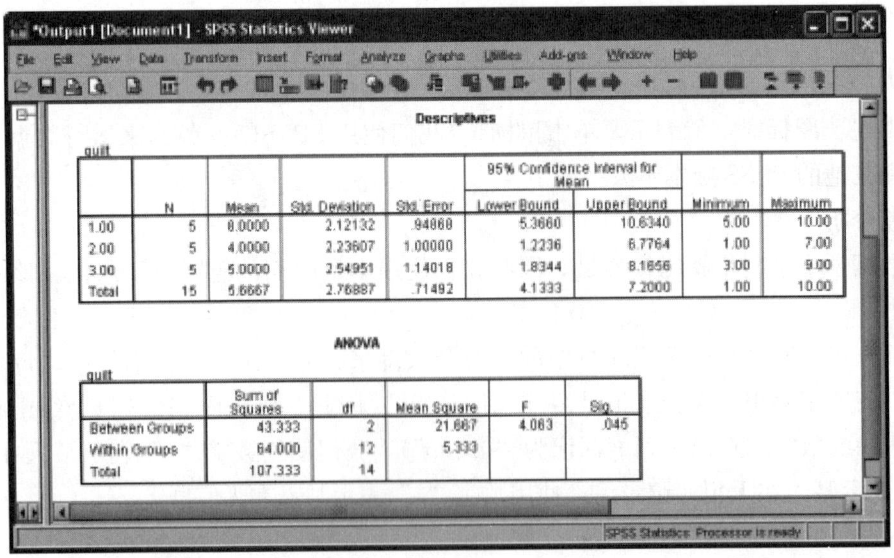

Descriptives

guilt

	N	Mean	Std. Deviation	Std. Error	95% Confidence Interval for Mean Lower Bound	Upper Bound	Minimum	Maximum
1.00	5	8.0000	2.12132	.94868	5.3660	10.6340	5.00	10.00
2.00	5	4.0000	2.23607	1.00000	1.2236	6.7764	1.00	7.00
3.00	5	5.0000	2.54951	1.14018	1.8344	8.1656	3.00	9.00
Total	15	5.6667	2.76887	.71492	4.1333	7.2000	1.00	10.00

ANOVA

guilt

	Sum of Squares	df	Mean Square	F	Sig.
Between Groups	43.333	2	21.667	4.063	.045
Within Groups	64.000	12	5.333		
Total	107.333	14			

图10－9　犯罪记录研究示例单因素方差分析的SPSS输出窗口

SPSS输出中的第一个表提供了三个组中每个组的"guilt"得分的描述性统计数据（人数、平均数、估计的总体标准差和其他统计数据）。

SPSS输出的第二个表显示了实际的单因素方差分析结果。第一列列出了总体方差估计的类型（组间和组内）。出于我们的目的，可以忽略第二列［标记为“Sum of Squares”（平方和）］。第三列“df”给出了自由度。$df_{组间}$对应“组间”，$df_{组内}$对应“组内”，第四列的“Mean Square”（均方）给出了总体方差估计值（$S^2_{组间}$和 $S^2_{组内}$），其中先是组间估计，然后是组内估计。下一列给出了方差分析的 F 值。考虑到精确度误差，“df”“Mean Square”“F”的值与本章前面给出的值相同。最后一列“Sig.”显示了 F 值的显著性水平。对于本例，0.045 的显著性水平小于临界值 0.05。因此，拒绝虚无假设，并且支持研究假设（即，结果统计上显著）。

“你学会了吗?”答案

10.1

1. 当要比较三个及以上组别之间的差异时用方差分析。

2. (a) 根据组内个体得分间的变异来推算组内方差。(b) 虚无假设是否为真不会影响组内方差的估计。(c) 虚无假设是否为真会影响总体平均数是否存在差异。而组内方差的估计不受虚无假设是否为真的影响。这是因为总体内的变异（是每个样本内变异的基础）不受总体平均数差异的影响。

3. (a) 根据组间平均数的差异来推算组间方差。(b) 当虚无假设为假时，组间方差更大。(c) 虚无假设是否为真会影响组间方差的估计。当虚无假设为假时，总体平均数存在差异。因此当虚无假设为假时，组间方差会更大。这是因为当总体平均数不同时，总体平均数间的变异会更大。

4. 组间方差受两个因素的影响：一个是组间变异，一个是组内变异。

5. (a) F 值是组间方差与组内方差的商数。(b) 组内方差和组间方差都只受到组内变异的影响。(c) 当虚无假设为假时，组间方差不仅受到组内变异的影响，还受到组间变异的影响，而组内方差只受组内变异的影响。因此，当虚无假设为假时（总体平均数存在差异），组间方差的估计值要大于组内方差的估计值。

10.2

1. (a) 组内方差的公式为：$S^2_{组内}=(S^2_1+S^2_2+\cdots+S^2_{最后一组})/N_{组数}$。(b) 式中，$S^2_1$ 是基于第一个样本估计的总体方差，S^2_2 是基于第二个样本估计的总体方差，$S^2_{最后一组}$ 是基于最后一个样本估计的总体方差。公式中的省略号代表计算需要用到的其他组的方差。$N_{组数}$ 是组数。(c) $S^2_1=[(5-6)^2+(7-6)^2]/(2-1)=(1+1)/1=2$；$S^2_2=[(6-7.5)^2+(9-7.5)^2]/(2-1)=(2.25+2.25)/1=4.5$；$S^2_3=[(8-8.5)^2+(9-8.5)^2]/(2-1)=(0.25+0.25)/1=0.5$；$S^2_{组内}=(S^2_1+S^2_2+\cdots+S^2_{最后一组})/N_{组数}=(2+4.5+0.5)/3=7/3=2.33$。

2. (a) $S^2_M=[\sum(M-GM)^2]/df_{组间}$。(b) 式中，$S^2_M$ 是均值分布的方差（依据研究中样本平均数计算得到）。M 是每个样本的平均数。GM 是总平均数，即所有样本平均数的平均数。$df_{组间}$ 是计算组间估计值时的自由度，是组数减 1。(c) 总平均数（GM）$=(6+7.5+8.5)/3=7.33$。$S^2_M=[\sum(M-GM)^2]/df_{组间}=[(6-7.33)^2+(7.5-7.33)^2+(8.5-7.33)^2]/(3-1)=(1.77+0.03+1.37)/2=3.17/2=1.585$。

3. (a) 组间方差的公式为：$S^2_{组间}=(S^2_M)(n)$。(b) 式中，$S^2_{组间}$ 是组间方差。n 是每个样本中被试者的数量。S^2_M 是均值分布的方差。(c) $S^2_{组间}=(S^2_M)(n)=1.585\times2=3.17$。

4. (a) F 值的公式为：$F=S^2_{组间}/S^2_{组内}$。(b) F 表示 F 值，$S^2_{组间}$ 是组间方差，$S^2_{组内}$ 是组内方差。虚无假设是所有样本都来自平均数相同的总体。如果虚无假设为真，那么 F 值等于 1。因为组间方差和组内方差的计算所基于的东西是相同的，即总体内变异（由于随机因素）。如果研究假设为真，那么样本来自平均数不同的总体，F 值应该大于 1。因为组间方差受到随机因素和实验因素的双重影响，但是组内方差只受到随机因素的影响。(c) $F=S^2_{组间}/S^2_{组内}=3.17/2.33=1.36$。

5.（a）组间自由度与组内自由度的公式分别为：$df_{组间}=N_{组数}-1$；$df_{组内}=df_1+df_2+\cdots+df_{最后一组}$。（b）$df_{组间}$ 是组间自由度，$N_{组数}$ 是组数。$df_{组内}$ 是组内自由度，df_1 是第一个样本的自由度，df_2 是第二个样本的自由度，$df_{最后一组}$ 是最后一个样本的自由度。（c）$df_{组间}=N_{组数}-1=3-1=2$；$df_{组内}=df_1+df_2+\cdots+df_{最后一组}=1+1+1=3$。

6.（a）F 分布是通过随机抽样计算出的 F 值的分布。（b）因为 F 值是方差的比值，通常情况下方差是平方数的平均，平方数都为正数。F 值是由两个平方数相除得到的，其值也应该是正数，并且右侧向正方向无限延伸，左侧无限趋近于0。（c）在0.05显著性水平上，根据上面几题计算的结果，临界值为9.55。

10.3

1. 方差分析的步骤如下：

①重新将问题表述为关于总体的研究假设和虚无假设。 这里有三个总体：

总体1： 接受A处理的人群。

总体2： 接受B处理的人群。

总体3： 接受C处理的人群。

虚无假设为三个总体的平均数相同。研究假设为三个总体的平均数不相同。

②确定比较分布的特征。 比较分布是F分布。自由度如下：有三个组，所以组间自由度为2；每组有16名被试者，所以每个组的自由度为15，组内自由度为45。

③确定当虚无假设被拒绝时比较分布中的临界值。 当显著性水平为0.01时，根据组间自由度2和组内自由度45查F值表得到临界值为5.11。

④计算比较分布中的样本分数。

a. 计算组间方差（$S^2_{组间}$）：首先，计算每个组的平均数，分别为20，22，18。

Ⓐ计算均值分布的方差： $S^2_M=[\sum(M-GM)^2]/df_{组间}=[(20-20)^2+(22-20)^2+(18-20)^2]/(3-1)=(0+4+4)/2=4$。

Ⓑ计算总体方差： $S^2_{组间}=(S^2_M)(n)=4\times16=64$。

b. 计算组内方差（$S^2_{组内}$）。

Ⓐ根据每个组的分数计算总体方差： 第一组，$S^2=8$；第二组，$S^2=9$；第三组，$S^2=7$。

Ⓑ求方差的平均数： $S^2_{组内}=(S^2_1+S^2_2+\cdots+S^2_{最后一组})/N_{组数}=(8+9+7)/3=8$。

F 值是组间方差与组内方差的商，$F=64/8=8$。

⑤决定是否拒绝虚无假设。

计算得到的 F 值比在0.01显著性水平上的临界值要大，因此拒绝虚无假设。结果支持研究假设：三种实验处理的结果有所不同。

2. 方差分析的两个前提假设分别为方差齐性和总体呈正态分布。

3. 在计算组内方差要用到每组的数值，方差齐性假设确保我们的计算是合理的。

4. 当最大的方差不足最小的方差4倍或5倍时就认为不符合方差齐性假设。如果方差不齐，那么我们计算的组内方差是不准确的。

5. 当方差分析结果显著时研究者仍然要进一步进行两两比较是为了确定是哪两个总体平均数的差异导致了方差分析结果显著。

10.4

1.（a）方差分析效应量的公式为：$R^2=[(S^2_{组间})(df_{组间})]/[(S^2_{组间})(df_{组间})+(S^2_{组内})(df_{组内})]$。（b）$R^2$ 是方差解释量；$S^2_{组间}$ 是组间方差；$df_{组间}$ 是组间自由度；$S^2_{组内}$ 是组内方差；$df_{组内}$ 是组内自由度。

(c) $R^2 = (12.22 \times 2)/(12.22 \times 2 + 7.20 \times 8) = 24.44/(24.44 + 57.6) = 0.30$。

2. 统计检验力为0.99。

3. 每组需要39名被试者。

10.5

1. (a) 因素研究设计是通过将每一个变量分为不同水平来一次性考察两个或两个以上变量的设计。(b) 因素研究设计更有效率。比如仅用一组被试者，你可以同时考察两个变量的效应。(c) 因素研究设计还可以考察交互作用。

2. (a) 主效应是在因素研究设计中，忽略另一个变量对结果的影响的情况下单独一个变量对结果的影响。(b) 交互作用是指一个变量在另一个变量不同水平上的不同影响。

3. 6.5是当代风景画组的单元格均值。5.5是文艺复兴时期风景画组的单元格均值。6是风景画组的边缘均值。3.5是当代肖像画组的单元格均值。2.5是文艺复兴时期肖像画组的单元格均值。3是肖像画组的边缘均值。5是当代组的边缘均值。4是文艺复兴时期组的边缘均值。

4. (a) 两因素设计：

任务	压力	
	高	低
独自完成		
与他人合作		

(b) 单因素设计：

专业		
物理	化学	工程学

(c) 两因素设计：

利手	房间温度	
	高温	低温
左利手		
右利手		

10.6

1. 例子长度存在主效应，较短的例子回忆量更高。例子生动性不存在主效应。例子生动性和长度之间存在交互作用：当例子较为生动时，较短的例子回忆量显著高于较长的例子。

2. 通过较短例子的均值6和较长例子的均值2可以看出例子长度存在主效应。在例子生动性中，低生动性和高生动性例子的均值均为4，因此不存在主效应。在低生动性时例子长度差异对应的回忆量差别为2，在高生动性时例子长度差异对应的回忆量差别为6，因此存在交互作用。

3. 见图10-10。

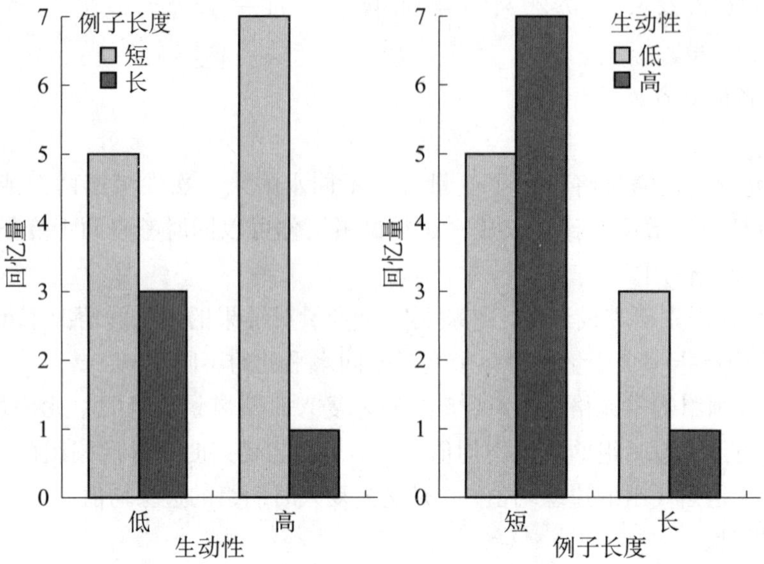

图 10-10 "你学会了吗?"(10.6) 第3题的答案

4. 无主效应，无交互作用；有一个主效应，无交互作用；无主效应，有交互作用；有一个主效应，有交互作用；有两个主效应，无交互作用；有两个主效应，有交互作用。

5. (a) 存在交互作用且一个自变量只在另一个自变量某一水平上有主效应时，应小心解释主效应。(b) 当某一自变量在另一自变量的任一水平上都存在主效应时，可以只根据边缘均值解释主效应。

第 11 章

卡方检验以及总体分布非正态时的检验方法

本章内容提要

☆ 卡方检验
☆ 卡方值和拟合度卡方检验
☆ 独立性卡方检验
☆ 卡方检验的前提假设
☆ 独立性卡方检验的效应量和检验力
☆ 总体分布非正态时的假设检验方法
☆ 数据转换
☆ 秩次检验
☆ 方法比较
☆ 研究文献中的卡方检验、数据转换和秩次检验
☆ 本章点拨
小结
主要术语
示例
练习题
SPSS 应用
“你学会了吗?” 答案

成功小贴士

本章假定你对假设检验有扎实的基础，并且熟悉 t 检验和方差分析，特别是其前提假设。另外，你还要复习一下第一章中关于变量类型和分布形态的内容。

你在前几章所学的假设检验程序（t 检验和方差分析）是非常通用的，但在某些研究情况下这些方法并不适用。其中一种情况是对类别变量进行假设检验，比如个人所在国家的地区、宗教偏好或头发颜色。

t 检验和方差分析都要求被测变量取值是数值型数据，比如在7点量表上的得分或者担任市长的年数等。另一个不能适用 t 检验和方差分析的情况是总体分布非正态的情况。

本章探讨在这两种情况下的假设检验，在这两种情况下，常规的假设检验程序并不适用。本章的前半部分主要讨论**卡方检验**（chi-square tests）。卡方检验应用于所研究的变量为称名变量的情况（即类别变量）。（Chi 是希腊字母 χ。）因此，这种情况下的分数表示频数：有多少人或观察结果被分入不同的类别。卡方检验最初由卡尔·皮尔逊（Karl Pearson）提出（见专栏11-1），因此有时也被称为皮尔逊卡方（Pearson chi-square）。本章的后半部分主要讨论总体分布非正态时进行假设检验的方法。

卡方检验 当要考察的变量是称名变量时所用的假设检验方法。

卡方检验

先看一个例子。Black、Marola、Littman、Chrisler 和 Neace（2009）对麦片包装盒上更可能出现男性人物而非女性人物的程度感兴趣。已有研究表明，在以小孩为目标群体的媒体中，包括图书、电子游戏和电视节目，男性出现的次数比女性更多。研究者指出："麦片盒……描述过多人物用于同时向儿童和成年人营销产品"，以及"人们每天吃早饭时，都会将这些麦片盒放在餐桌上，这可能比之前研究过的其他媒体形式在家庭中更为普遍。因此，麦片盒上的人物性别和呈现方式可能会影响人们的性别图式"（pp. 882-883）。当前的研究假设是男性人物比女性人物出现在麦片盒上的频率更高。为了验证这个假设，研究者让学生对美国东北部大型购物超市中的每种麦片盒上的人物性别进行编码。研究人员对编码过程的描述如下："用［F］（female，女性）或者［M］（male，男性）表示性别。编码者以衣着（如裙子）、发型（如马尾辫）、面部特征（如胡子）和姓名（如托尼虎）为线索进行编码。"（p. 885）学生编码的217个麦片盒中，有166个盒子上有一个或者多个人物。在1 386个性别确定的人物中，有996名男性和390名女性。用百分比表示为：男性占72%，女性占28%。

假设这些人物是男性和女性的概率是相等的。那么应该大约有693个（1 386的一半）人物为男性，另外693个人物是女性。这些信息呈现在表11-1的"观察频数"和"期望频数"列中。观察频数列显示的是实际观察到的人物性别的分类。期望频数列显示的是假设男性和女性比例完全相等时你所预期的分类结果。（请注意，并非所有情况下都期望不同类别中的数目相等。在其他情况下，每个类别中的期望频数可能要基于理论，或基于其他研究或情况确定的分布。）

表11-1　麦片包装盒上人物性别的期望频数和观察频数

性别	观察频数 (O)	期望频数 (E)	差值 ($O-E$)	差值平方 $(O-E)^2$	差值平方除以期望频数 $(O-E)^2/E$
男	996	693	303	91 809	132.48
女	390	693	−303	91 809	132.48

资料来源：Black et al. (2009).

专栏 11-1　皮尔逊：卡方的发明者和争论的中心

皮尔逊出生于 1857 年，有时被称为统计学的创立者。他的优点和缺点可以从他向同事 Julia Bell 讲述的事看出。这是他最早的记忆：他坐在高脚椅上吮吸拇指，这时有人告诉他拿开拇指不然他的拇指就会萎缩。皮尔逊默默地思考着："我看不出我吮吸的拇指比其他人的小，我怀疑她是否在对我撒谎。"从这里我们就可以看出皮尔逊对自己的信心、对客观证据的信心，以及对权威的拒绝。我们也看到他倾向于怀疑与他意见相左的人。

皮尔逊在剑桥大学学习数学。他刚到不久，就请求准许他不去参加强制性的礼拜。然而，他的请求一得到批准，他就出现在教堂里。教务长把他叫去讲明理由，皮尔逊宣称，他请求的不是不参加礼拜，而是"不参加**强制性的**礼拜"。

毕业后，皮尔逊到德国学习，成为一名社会学家和自称的"自由思想家"。回到英国后，他将自己的名字 Carl 改为 Karl，并用笔名写了一篇抨击基督教的文章。1885 年他成立了一个提倡男女平等的组织。1982 年他出版了《科学语法》(*The Grammar of Science*)，这本书后来影响了阿尔伯特·爱因斯坦的相对论。

1893 年到 1901 年间，皮尔逊大部分的研究集中在遗传规律领域，但是他需要更好的统计方法，这引发了他最著名的贡献——卡方检验。他还发明了现在使用的相关检验，并创造了**直方图**、**偏态**和**假相关**等术语。当他感到生物学杂志不能理解他的工作时，他就创办了著名的杂志《生物统计学》(*Biometrika*)。

但遗憾的是，皮尔逊是优生学的狂热爱好者。他的研究成果后来被纳粹用来作为他们对待犹太人的正当理由。然而，在他生命的最后，他写了一篇论文，用清晰的逻辑和来自世界各地的犹太人和非犹太人的数据来证明纳粹的想法完全是胡说八道。

实际上，在皮尔逊的一生中，他的强硬见解给他带来了众多敌人，尤其是当他拒绝在《生物统计学》上发表其他年轻的统计学家的文章时。威廉·希利·戈塞是他的朋友之一。罗纳德·费希尔爵士是皮尔逊平生最大的敌人之一。善良的戈塞总是设法使他们之间的关系变得融洽。1933 年，皮尔逊终于退休了，费希尔接替了他的职位——伦敦大学学院优生学高尔顿教授。1936 年，两位开始了从未有过的最激烈的争论；也是在这一年，皮尔逊去世。

想要了解更多关于皮尔逊的知识，请登录 http：//en. wikipedia. org/wiki/Karl _ Pearson 和 http：//human-nature. com/nibbs/03/kpearson. html 网站查询。

资料来源：Peters (1987)，Salsburg (2001)，Stigler (1986)，Tankard (1984)，Wright (2009)．

很显然，观察频数与期望频数之间有差异。问题在于：我们能否认为，这种差异仅仅如我们期望的那样是由样本容量的偶然性决定的？假设所有麦片盒上人物（这指的是麦片盒的全部总体，而不只是学生在超市中看到的样本）是男性和女性的比例是相同的。在这种情况下，你并不会期望在任意一个商店进行检验的麦片盒样本中的人物男女比例完全相等。但是，如果麦片盒样本中的男女比例相差甚远，那么你就会怀疑麦片盒上的总体性别比例是否真的相等。换句话说，和在前几章所要思考的问题一样，我们要对差异进行假设检验。但与之也有很大的不同。

在前面章节的例子中，许多研究的得分都是数值型的，比如标准学业测验分数、恋爱时间的长短、雇主在 9 点量表上对雇员工作绩效的评分等；我们通常会计算出这些数值的平均数。相比之下，麦片盒子上的人物性别是一个*称名变量*（或*类别变量*）。称名变量是指每个类别中的人数或者观测值。因此，称名变量的数值是频数（而不是平均数）；频数表示被分在该变量每一类别下的人数或观测值。我们之所以使用*称名变量*这个术语，是因为变量的不同类别或级别都有名称，而不是数字。我们用卡方检验来进行称名变量的假设检验。

卡方值和拟合度卡方检验

拟合度卡方检验 一种假设检验方法，检验观察到的单个称名变量的频数分布是否符合某些期望的频数模式。

独立性卡方检验 一种假设检验方法，检验在一个称名变量类别上的频数分布是否与在另一个称名变量类别上的频数分布无关（相互独立）。

观察频数 卡方检验中，在研究中实际发现的每个类别或单元格中的个体数量。

期望频数 卡方检验中，虚无假设为真时，每个类别或单元格中期望的人数。

卡方检验的基本思想是，比较观察到的人员分类或观测值分类在多大程度上符合某些预期的分类（例如均等分类）。在本章中，你将学习两种卡方检验方法。一种是**拟合度卡方检验**（chi-square test for goodness of fit），这种卡方检验涉及单个称名变量的不同水平。本章的后半部分，你将学习**独立性卡方检验**（chi-square test for independence），适用于当称名变量有两个，且每个变量都有多个类别时。

以麦片盒上的人物为例——有一个带有两类别（男性和女性）的单一称名变量——你将观察频数 996 和 390，与每种性别的期望频数 693 进行比较。每个类别中期望的数量分类实际上是一个频数分布。因此，卡方检验更多地被描述为观察频数分布和期望频数分布的比较。关键的思想是：这个假设检验包括先计算观察频数与期望频数之间的差异值，然后再看差异值是否大于偶然的期望值。这也是将其称为拟合度卡方检验的原因：这个检验表明了**观察频数**（observed frequency）分布与**期望频数**（expected frequency）分布的拟合程度。

我们从如何计算观察频数与期望频数的差异值开始。任何一个类别的观察频数与期望频数之间的差异值都是观察频数减去期望频数。比如，在 Black 等(2009) 的研究中，对于男性人物来说，观察频数 996 比期望频数 693 大 303；对于女性人物来说，差异为－303（即 390－693＝－303）。见表 11－1 中"差值"一列。

这些差值不能直接使用。一个原因是这些差值有些是正数有些是负数，因此会相互抵消。为了避免这种情况，要对每个差值进行平方（与第 2 章中计算方差时处理差值的方法相同）。在我们的例子中，男性人物的差值的平方是 303 的平方，即 91 809；女性人物是－303 的平方，即 91 809。见表 11－1 中"差值平方"一列。

在 Black 等(2009) 的例子中，每个类别中的期望频数相同。但是在其他研究情境下，不同类别的期望频数可能是不同的。根据期望频数的大小，观察频数与期望频数之间的差值具有不同的重要性。比如，观察频数与期望频数的差值为 8，期望频数为 1 000 比期望频数为 10 的拟合度要好很多。如果期望频数是 10，差值为 8 意味着观察频数为 18 或者 2，频数与 10 明显不同。但是如果期望频数为 1 000，那么差值为 8 只是略微有些差异。这意味着观察频数为 1 008 或者 992，与 1 000 只有细微的不同。

成功小贴士

注意在卡方检验的公式中，首先要求出每个类别的观察频数与期望频数的差的平方，再除以期望频数，最后将所有的值相加。这种计算方法与前面几章所学的方法有所不同（之前是首先对一系列平方值求和，然后再除以某个值），因此请务必仔细遵循公式。

你该如何调整特定类别的观察值与期望值之间的差异（差值的平方）呢？你需要做的是调整或加权这一差异，以考虑到该类别的期望频数。你可以通过将一个类别的差值的平方除以该类别的期望频数来做到这一点。因此，如果某个特定类别的期望频数是 10，则将差值平方除以 10。如果该类别的期望频数是 1 000，则将差值平方除以 1 000。用这种方法，你用期望频数来加权每个差值平方。这种加权使差值平方更适合进行比较。

回到我们的例子。对于男性人物来说，你可以通过将 91 809 这一差值平方除以 693 来对差异进行加权，得到 132.48；对于女性人物来说，91 809 除以 693 得到 132.48。这些调整后的差异结果（差值平方经过了期望频数加权）见表 11－1

的最右边一列。

接下来要做的是求出观察频数与期望频数差异值之和。最后一步的计算是将所有类别中的差异值相加。具体步骤就是用第一个类别的差值平方除以期望频数所得的结果，加上第二个类别的差值平方除以期望频数所得的结果，依此类推。在 Black 等(2009) 的例子中，只有两个类别，将两个类别的结果 132.48 与 132.48 相加，得到总和为 264.96。最终的数字是期望频数与观察频数之间的差异的总和，称为**卡方值**（chi-square statistic）。公式如下：

$$\chi^2=\sum\frac{(O-E)^2}{E} \tag{11-1}$$

卡方值等于每个类别或单元格中观察频数与期望频数之差的平方除以期望频数，再将所有商数相加。

式中，χ^2 即为卡方值。$\sum$ 为求和的标志，表示所有类别的差异总和。O 表示观察频数，E 表示期望频数。

根据公式，Black 等(2009) 的例子的计算结果为：

$$\chi^2=\sum\frac{(O-E)^2}{E}=\frac{(996-693)^2}{693}+\frac{(390-693)^2}{693}=264.96$$

计算卡方值的步骤

现将我们学到的计算卡方值的步骤总结如下：

Ⓐ确定每个类别的实际的观察频数。

Ⓑ确定每个类别的期望频数。

Ⓒ对于每个类别，用观察频数减去期望频数。

Ⓓ将每个差值平方。

Ⓔ用每个类别的差值平方除以该类别的期望频数。

Ⓕ将第Ⓔ步中计算得到的所有类别的结果相加。

卡方值（χ^2）　反映期望频数和观察频数之间总差异的统计数据：每个类别的观察频数和期望频数之差的平方除以期望频数，再将所有商数相加得到的所有类别差异的总和。

卡方分布

现在我们的问题是，你计算出的卡方值所代表的差异是否大于随机差异。要回答这个问题，就要知道不同大小的随机样本的卡方值出现的概率各是多少。也就是说，你需要知道卡方值的随机分布。在研究中只要你有足够的有效被试者，卡方值的分布就十分接近一个已知的数学分布——**卡方分布**（chi-square distribution）。

卡方分布　数学家定义的卡方检验中的比较分布。这个分布是由若干卡方值组成的。

卡方分布的具体形态取决于自由度。对卡方检验来说，自由度是给出总数之后，可以自由变化的类别数。以麦片盒上的人物性别为例，有两个类别（男性和女性）。如果你知道麦片盒的总数，并且知道任意一个类别的数量，你就可以计算另外一个类别的数量——因此，只有一个类别可以自由变化。就是说，在类似这样的研究中（使用拟合度卡方检验），如果有两个类别，就有一个自由度。公式如下：

$$df=N_{类别}-1 \tag{11-2}$$

拟合度卡方检验中的自由度等于类别数减 1。

不同自由度下的卡方分布如图 11-1 所示。注意，所有的分布都是向右倾斜的。这是因为所有卡方值都必须大于 0 且可以无穷大。(卡方值必须为正数，因为卡方值是一组分数的和，分子和分母都为正数。分子必为正数，因为是平方值。分母必为正数是因为给定类别中的期望频数不可能为负，期望频数也不可能为 0!)

卡方表

对于假设检验来说，卡方分布中最重要的是卡方的临界值，它需要极端到足以拒绝虚无假设。例如，假设你使用的是 0.05 的显著性水平。在这种情况下，你想要知道卡方分布中 5%的卡方值都处于该点

卡方表 在不同自由度水平和显著性水平上卡方分布的临界值表。

以上的那个临界点。**卡方表**（chi-square table）给出了不同显著性水平和不同自由度水平上的卡方临界值。表11-2是从附录表A-4中摘出来的一部分。在我们的例子中，当自由度为1、显著性水平为0.05时，卡方临界值为3.841。（当然，和其他假设检验一样，当你用SPSS来计算卡方值时，你将得到一个精确的概率水平，你要检验它是否小于你在本研究中设置的临界值，比如0.05或者0.01。）

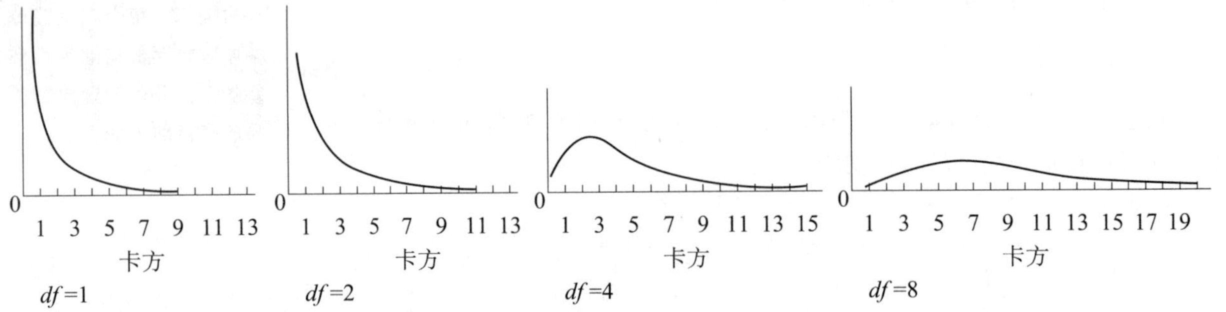

图11-1 不同自由度下的卡方分布示例

表11-2 **卡方表节选**

df	显著性水平		
	0.10	**0.05**	**0.01**
1	2.706	3.841	6.635
2	4.605	5.992	9.211
3	6.252	7.815	11.345
4	7.780	9.488	13.277
5	9.237	11.071	15.087

注：完整表格见附录A中的表A-4。深灰强调处为Black等人示例中的临界值。

拟合度卡方检验

在Black等(2009)的例子中，我们计算出的卡方值为264.96。这个值明显大于0.05显著性水平上的卡方临界值3.841（如图11-2所示）。因此，研究者可以拒绝虚无假设。也就是说，如果所有麦片盒上的人物男性和女性数量相等，那么几乎不可能出现观察频数与期望频数有差异的情况。我们可以合理地得出结论：麦片盒上的人物性别的确存在比例差异。

我们刚刚对Black等(2009)的例子进行了完整的假设检验。这个例子涉及一个特定的称名变量的两个水平（麦片盒上的人物性别）的不同观察值。像我们之前提到的，这种包含单个称名变量的不同水平的卡方检验称为拟合度卡方检验。

假设检验的步骤

成功小贴士

请记住，总体2指的是当虚无假设为真时应有的分布情况。研究想要探讨的是麦片盒上男性人物与女性人物的比例，因此总体2由比例相同的男性和女性人物构成。

让我们总结一下拟合度卡方检验的步骤，并以之前的例子为示范，按照五个标准步骤系统地进行假设检验。在这个学习过程中我们会提到一些具体的知识点。

①重新将问题表述为关于总体的研究假设和虚无假设。有两个总体：

总体1：研究中麦片盒上的人物。

总体2：男性与女性比例相同的麦片盒上的人物。

研究假设为两个总体观察类别的分布是不同的，虚无假设为两个总体观察类别的分布是相同的。

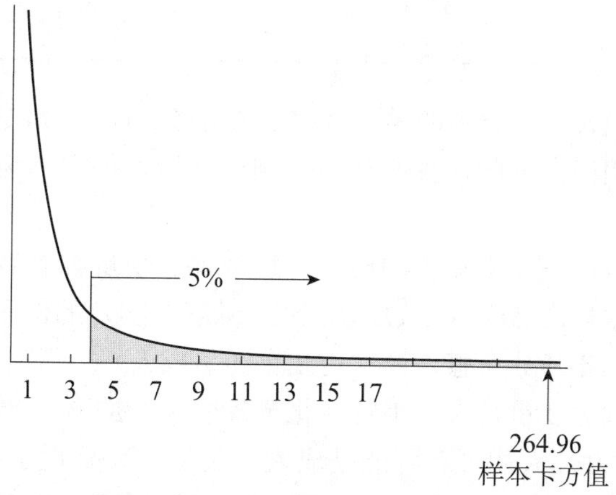

图 11－2 Black 等(2009) 的例子中的卡方分布 (df =1)

注：图中显示了在 0.05 的显著性水平上拒绝虚无假设所需的临界值以及样本卡方值（请注意，样本卡方值实际上会更靠右）。

②确定比较分布的特征。 这个例子中的比较分布是自由度为 1 的卡方分布。（一旦你知道总数，就只有一个类别的数量可以自由变化。）

③确定当虚无假设被拒绝时比较分布中的临界值。 根据研究所需的显著性水平和自由度查卡方表得到这个临界值。在麦片盒的例子中，我们采用 0.05 显著性水平和第②步中确定的自由度 1。根据以上信息查卡方表得到卡方临界值为 3.841。

④计算比较分布中的样本分数。 样本分数是根据样本计算得到的卡方值。换句话说，这就是计算的整个过程。

Ⓐ确定每个类别的实际的观察频数。 如表 11－1 第二列所示。

Ⓑ确定每个类别的期望频数。 我们预期 1 386 个人物是均等分布的，因此我们得到每个类别的期望频数是 693。

Ⓒ对于每个类别，用观察频数减去期望频数。 如表 11－1 第四列所示。

Ⓓ将每个差值平方。 如表 11－1 第五列所示。

Ⓔ用每个类别的差值平方除以该类别的期望频数。 如表 11－1 第六列所示。

Ⓕ将第Ⓔ步中计算得到的所有类别的结果相加。 例子中我们之前计算所得（264.96）即为例子的卡方值。如图 11－2 所示。

⑤决定是否拒绝虚无假设。 拒绝虚无假设所需的卡方临界值为 3.841，例子中计算得到的卡方值为 264.96。因此，你可以拒绝虚无假设，从而证实了两个总体不同的研究假设。就是说，与假设一致，Black 等(2009) 可以得出结论：麦片盒上的人物更可能是男性而不是女性。现在看一下你家中的麦片盒，看看上面的人物是否男性多于女性。要确保你看过了麦片盒上前后两面所有的人物。

成功小贴士

千万别被这里出现的专业名词所迷惑。比较分布是我们用来比较总结了整个结果模式的值的分布。在 t 检验中，这个值为 t 值，我们使用 t 分布。在方差分析中，这个值是 F 值，我们使用 F 分布。在卡方检验中，我们的比较分布是由卡方值组成的分布。这里可能会让你有些疑惑，因为当我们使用卡方检验时，我们是比较观察频数与期望频数的分布。但是期望频数的分布并不是我们在假设检验的第②步中所使用的比较分布。

11.1 你学会了吗?

1. 什么情况下适用拟合度卡方检验?
2. 写出计算卡方值的步骤，并解释每一步背后的逻辑。
3. 写出卡方值的公式，并阐明每个符号的含义。
4. (a) 什么是卡方分布? (b) 卡方分布的形态是什么样的? (c) 为什么会是这种形态?
5. 使用假设检验的步骤对一个样本进行拟合度卡方检验（使用 0.05 的显著性水平），这个样本中一个类别有 15 人，另一个类别有 35 人，第一个类别预计有 60%的人，第二个类别预计有 40%的人。

独立性卡方检验

至此，我们已经了解了包含多个类别的单一称名变量的分布，比如麦片盒上人物性别的分类。实际上，在研究中这种情况是相当少见的。我们从一个例子开始，把它作为垫脚石，了解研究中更常见的实际情况。

最常用的卡方检验是进行两个称名变量的检验，每个称名变量都有若干类别。这种假设检验称为独立性卡方检验。为什么要这样命名呢？比如，在 Black 等（2009）的例子中，他们不仅对麦片盒上的人物性别感兴趣，也对人物的年龄分布感兴趣（是儿童还是成人）。这样，就有两个称名变量。人物性别（男性或女性）是第一个称名变量，人物年龄（儿童或成人）是第二个称名变量。根据之前的研究，Black 等人假设，男性人物比女性人物更有可能是成人。表 11－3 呈现了结果。请注意两个称名变量：性别（两个水平）和年龄（两个水平）。在这部分研究中，研究者重点研究了选取的 222 个人物，学生研究助理对这些人物进行了详细的性别和年龄编码。

表 11－3　麦片盒上人物的不同性别和年龄的观察频数的列联表

		性别		总计
		男性	女性	
年龄	儿童	28	30	58（26.1%）
	成人	125	39	164（73.9%）
	总计	153	69	222（100%）

资料来源：Black et al.（2009）.

列联表　显示了两个称名变量类别的每种组合中的频数的两维度表格，存在于独立性卡方检验中。

列联表

表 11－3 是一个**列联表**（contingency table）——这个表可以呈现两个称名变量的分布，这样就可以看到两个变量组合的频数及总数。因此，表 11－3 中，男性/成人组合中的 125 是成年男性人物的数量。（列联表类似于第 10 章所学的方差分析表，其中每个单元格是几个人得分的均值；但是在列联表中，单元格中的不是均值，而是变量组合后人员或观测值的数量。）

表 11－3 被称为 2×2 列联表，因为它有两个变量，一个变量的两个水平与另一个变量的两个水平相互交叉（先命名哪个维度并不重要）。数量更大的列联表也是可以的，比如 2×3 列联表，甚至 4×7、6×18 列联表都可以。但类似于 2×2 这样较小的列联表更为常见。

独立性

独立性　两个变量之间没有关系的情况。通常用于有两个称名变量的独立性卡方检验。

这个例子中的问题是，性别和年龄之间是否有关系。如果不相关，那么在男性和女性水平上，成人和儿童人物的比例应当相同。换句话说，如果不相关，在成人和儿童水平上，男性和女性人物的比例应当相同。无论你如何描述它，在列联表中两个变量没有关系的情况都称为**独立性**（independence）。[①]

样本与总体

从例子中可以看出，儿童和成人人物的比例随男性和女性人物的不同而变化。对于男性人物来说，

① 独立性通常用来描述两个称名变量之间缺乏联系。然而，将独立性大致等同于无相关性的情况（$r=0$）可能会有所帮助。

18.3%的人物是儿童，81.7%的人物是成人；但是，对于女性人物来说，43.5%的人物是儿童，56.5%的人物是成人。因此，研究者假设：相较于女性人物，男性人物中更多的是成人。然而，样本只有 222 个人物。因此，也有可能在麦片盒的更大总体中，人物性别和年龄是相互独立的。更关键的问题是样本中独立性的缺失是否足够大到可以拒绝总体独立性的虚无假设。要回答这个问题，你需要进行卡方检验。

单元格 在卡方中，列联表中两变量类别的特殊组合。

确定期望频数

独立性卡方检验中一个新问题是，你现在必须确定每个类别组合中［即列联表的每个**单元格**（cell）］，观察频数与期望频数之间的差异。（当只有一个称名变量时，你只需为该单一称名变量的每个类别计算出这些差异。）表 11-4 是麦片盒例子的列联表，显示了每个单元格的期望频数（括号中）。

> **成功小贴士**
>
> 始终确保期望频数的数目与观察频数的数目相同。例如，在一个 2×2 的列联表中，将有 4 个观察频数和 4 个相应的期望频数。在表 11-4 中，我们在每个观察频数旁边加上了期望频数（在括号中）。

表 11-4　麦片盒上人物的不同性别和年龄的观察频数（和期望频数）的列联表

		性别		总计
		男性	女性	
年龄	儿童	28 (39.9)[a]	30 (18.0)	58 (26.1%)
	成人	125 (113.1)	39 (51.0)	164 (73.9%)
	总计	153	69	222 (100%)

[a]括号内为期望频数。

资料来源：Black et al. (2009).

通过列联表计算期望频数的一个关键在于，要以两个变量相互独立为前提。如果两个变量是相互独立的，那么每一列的单元格上下的比例应该是相同的。在这个例子中，总计来看，有 26.1%的人物是儿童，有 73.9%的人物是成人。因此，如果人物性别与人物年龄相独立，那么每一列（男性和女性）的比例都应当是 26.1%和 73.9%。首先，对于男性人物来说，26.1%和 73.9%的比例应该是成立的。这将使得 153 个（男性人物总数）中的 26.1%（即 39.9 个）出现在男性儿童单元格中。（不要担心 39.9 不是一个整数；虽然不可能有 0.9 个人，但这是有意义的，因为它是一个期望值或理论值。）男性成人的期望频数为 113.1（即 153 的 73.9%是 113.1）。对于女性人物一列也适用相同的原则：69 个女性人物也符合 26.1%-73.9%的比例，女性儿童的期望频数为 18.0（即 69 个人物中的 26.1%为 18.0），女性成人的期望频数为 51.0（即 69 个人物中的 73.9%为 51.0）。

我们将所学计算步骤总结如下：

ⅰ确定总数的每一行的百分比。

ⅱ每个单元格中，用行百分比乘以该列的总数。

以左上角的单元格为例应用上述步骤（男性儿童人物）：

ⅰ确定总数的每一行的百分比。儿童这一行的 58 个人物，占人物总数 222 的 26.1%（58/222=26.1%）。

ⅱ每个单元格中，用行百分比乘以该列的总数。男性人物这一列的总数为 153，153 的 26.1%为 39.9（即 26.1%×153=39.9）。

> **成功小贴士**
>
> 请确保为每个单元格选择了正确的行百分比和列总数。在计算卡方值时，选择了错误的值是一个常见的错误。

公式表示如下：

$$E=\left(\frac{R}{N}\right)(C) \tag{11-3}$$

一个单元格的期望频数等于该单元格行的数值除以总人数，再乘以列的数值。

式中，E 表示具体某个单元格的期望频数，R 表示单元格所在一行的观察到的人数（或观测值）。N 表示总人数或总观测值。（因此，R 除以 N 是这一行的总人数或总观测值的比例。）C 表示单元格所在这一列的观察到的人数（或观测值）。

左上角单元格通过公式计算的结果为：

$$E=\left(\frac{R}{N}\right)(C)=\frac{58}{222}\times153=0.216\times153=39.9$$

查看整个表 11-4，请注意在每一列（以及总计列）中，期望频数之和与观察频数之和相等。（这是应该的，因为期望频数只是划分列总数的另一种方式。）例如，在第一列（男性人物）中，期望频数 39.9 和 113.1 相加为 153，就像在该列中的观察频数之和（28+125=153）一样。同样，在上部的行（儿童人物）中，期望频数 39.9 和 18 加起来等于 57.9，与观察频数 28 与 30 之和一样（考虑四舍五入误差）。

计算卡方值

与拟合度卡方检验的计算方式基本一样，不同之处是计算每个单元格的加权差值平方，然后把它们相加。下面是我们的例子的计算：

$$\chi^2=\sum\frac{(O-E)^2}{E}=\frac{(28-39.9)^2}{39.9}+\frac{(30-18)^2}{18}+\frac{(125-113.1)^2}{113.1}+\frac{(39-51)^2}{51}$$

$$=3.55+8+1.25+2.82=15.62$$

自由度

包含多个单元格的列联表可能具有相对较小的自由度。在我们的例子中，有 4 个单元格，但自由度为 1。回想一下，自由度是总数已知的情况下，可以自由变化的类别数。对于独立性卡方检验来说，类别数就是单元格数；总数包括行和列的总数——如果你知道了行和列的总数，就能得到很多信息。

回顾一下麦片盒上人物性别和年龄的例子。例如，假设你知道第一行第一个单元格的频数，并且知道行和列的总数。仅用减法你就可以计算出所有其他单元格的频数。表 11-5 显示了这个例子的列联表，其中只有行和列总数，以及第一个单元格的频数。我们从计算儿童/女性单元格开始。总共有 58 个人物是儿童，另一个儿童单元格有 28 人。因此儿童/女性单元格仅仅剩下 30 人。现在看一下两个成人人物单元格。你知道所有儿童人物单元格的频数和每一列（男性和女性）的总频数。因此，成人人物的每个单元格的频数就是某一列的总频数减去该列中儿童人物的频数。比如，有 153 个男性人物，其中 28 个是儿童人物。因此，剩下的 125 个必须是成人人物。

表 11-5　根据列联表中的边缘和一个单元格观察频数计算自由度

		性别		总计
		男性	女性	
年龄	儿童	28	—	58（26.1%）
	成人	—	—	164（73.9%）
	总计	153	69	222（100%）

资料来源：Black et al.（2009）.

你可以看出，只要知道一个单元格的频数，你就可以计算出其他所有单元格的频数。因此，尽管有 4 个单元格，但只有 1 个自由度——一旦我们知道了所有行和列的总数，只有两个单元格的频数是可以真正自由变化的。

但是，与其每次都要考虑这些问题，还有一个简便捷径。在独立性卡方检验中，自由度为行数减 1 与列数减 1 的乘积。公式表示如下：

独立性卡方检验的自由度等于行数减 1 与列数减 1 的乘积。

$$df=(N_{列}-1)(N_{行}-1) \tag{11-4}$$

$N_{列}$ 表示列数，$N_{行}$ 表示行数。

在我们的研究中使用这个公式计算：

$df=(N_{列}-1)(N_{行}-1)=(2-1)\times(2-1)=1$

从表 11－2（或表 A－4）可以看出，当显著性水平为 0.05、自由度为 1 时，卡方检验的临界值是 3.841。例子中计算得到的卡方值为 15.62，远大于临界值。因此，我们可以拒绝虚无假设，即总体中两个变量相互独立。

假设检验的步骤

现在重新回顾一下例子，总结假设检验的步骤。

①重新将问题表述为关于总体的研究假设和虚无假设。有两个总体：

总体 1：研究中麦片盒上的人物。

总体 2：人物的性别分布和年龄分布相互独立的麦片盒上的人物。

虚无假设是，两个总体是相同的——一般情况下，无论对于男性人物还是女性人物，麦片盒上人物是儿童和成人的比例都是相同的。研究假设是，两个总体是不同的——对于男性人物和女性人物，麦片盒上儿童和成人的比例是不同的。

换句话说，虚无假设为两个变量相互独立（彼此不相关）。研究假设为两个变量不相互独立（即彼此相关）。

②确定比较分布的特征。比较分布是自由度为 1 的卡方分布（行数减 1 乘以列数减 1）。

③确定当虚无假设被拒绝时比较分布中的临界值。可以用相同的表来进行卡方检验。该例子中，当自由度为 1、显著性水平为 0.05 时，临界值为 3.841。

④计算比较分布中的样本分数。

Ⓐ确定每个单元格的实际的观察频数。如表 11－3 所示。

Ⓑ确定每个单元格的期望频数。如表 11－4 所示。以右下角的单元格为例（成人/女性单元格）：

ⅰ确定总数的每一行的百分比。成人行中，164 个人物占总人物数 222 的 73.9%（164/222＝73.9%）。

ⅱ每个单元格中，用行百分比乘以该列的总数。女性列的总数为 69；73.9%乘以 69 得到 51.0（0.739×69＝51.0）。

Ⓒ对于每个单元格，用观察频数减去期望频数。比如，对于成人/女性单元格来说，结果为－12（39－51＝－12）。

Ⓓ将每个差值平方。同样以成人/女性单元格为例，结果为 144 [$(-12)^2=144$]。

Ⓔ用每个单元格的差值平方除以该单元格的期望频数。成人/女性单元格的计算结果为 2.82（144/51.0＝2.82）。

Ⓕ将第Ⓔ步中计算得到的所有单元格的结果相加。结果为 15.62。

⑤决定是否拒绝虚无假设。拒绝虚无假设所需的卡方值为 3.841，样本中计算得到的卡方值为 15.62（见图 11－3）。因此可以拒绝虚无假设。两个变量在总体中并不相互独立这一研究假设得到了支持。也就是说，对于男性人物和女性人物，儿童和成人的比例是不同的。

另一个范例

Riehl（1994）研究了家族中第一代大学生的大学生活经历。将这些学生与其他不是家族中第一代大学生的个体进行比较（所有参加研究的学生都来自印第安纳大学）。Riehl 测量的一个变量是这些学生是否在第一学期辍学。

表 11－6 显示了根据百分比计算出的期望频数的结果（在括号中显示）。列联表下面是独立性卡方检验的计算。

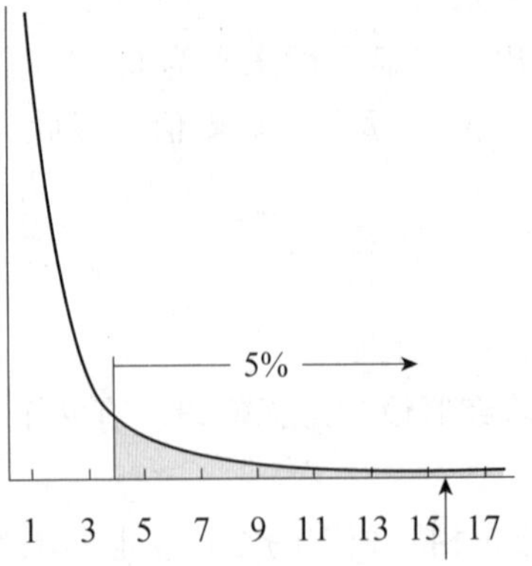

图 11-3 Black 等(2009) 的例子中的卡方分布（$df=1$）

注：图中显示了在 0.05 显著性水平上拒绝虚无假设所需的临界值以及样本卡方值。

表 11-6 比较第一代大学生和其他学生的第一学期辍学情况是否有差异的独立性卡方检验的结果及计算

	第几代大学生		总计
	第一代Ⓐ	其他Ⓑ	
辍学	73 (57.7)	89 (103.9)	162 (7.9%)
未辍学	657 (672.3)	1 226 (1 211.1)	1 883 (92.1%)
总计	730	1 315	2 045

$df=(N_{列}-1)(N_{行}-1)=(2-1)\times(2-1)=1$。②

临界值：6.635（$df=1$，0.01 的显著性水平）。③

$$\chi^2=\sum\frac{(O-E)^2}{E}=\frac{(73-57.7)^2}{57.7}+\frac{(89-103.9)^2}{103.9}+\frac{(657-672.3)^2}{672.3}+\frac{(1\,226-1\,211.1)^2}{1\,211.1}$$

Ⓒ$=\frac{15.3^2}{57.7}+\frac{(-14.9)^2}{103.9}+\frac{(-15.3)^2}{672.3}+\frac{14.9^2}{1\,211.1}$

Ⓓ$=\frac{234.1}{57.7}+\frac{222}{103.9}+\frac{234.1}{672.3}+\frac{222}{1\,211.1}$

Ⓔ$=4.06+2.14+0.35+0.18$

Ⓕ$=6.73$。

结论：拒绝虚无假设。

注：1. 通过 2×2 的分析，四个单元格中的差值和差值平方（分子）都相同。在本例中，由于四舍五入误差，单元格略有不同。2. 资料来源于 Riehl (1994)。由于四舍五入误差，精确的卡方值（6.73）与文献中报告的卡方值（7.2）略有不同。

①重新将问题表述为关于总体的研究假设和虚无假设。有两个总体：

总体 1：被研究的学生。

总体 2：第一个学期辍学或继续上大学与是否为家族中的第一代大学生无关的学生。

虚无假设是，两个总体是一样的——一般来说，学生是否辍学与他们是否为家族中第一代大学生无关。研究假设为，两个总体是不一致的。换句话说，研究假设是所研究的学生与假设的总体不同，在假设的总体中辍学与是否为第一代大学生无关。

②确定比较分布的特征。比较分布是自由度为 1 的卡方分布。

③确定当虚无假设被拒绝时比较分布中的临界值。查附录表 A-4，0.01 显著性水平上，自由度为 1 时，临界值为 6.635。

④计算比较分布中的样本分数。

Ⓐ确定每个单元格的实际的观察频数。如表 11-6 所示。

Ⓑ**确定每个单元格的期望频数。**如表 11－6 所示。以左上角的单元格为例（第一代/辍学单元格）：

ⓘ**确定总数的每一行的百分比。**辍学行中，162 个人占总人数 2 045 的 7.9%（162/2 045=7.9%）。

ⓘⓘ**每个单元格中，用行百分比乘以该列的总数。**第一代列的总数为 730；7.9%乘以 730 得到 57.7（0.079×730=57.7）。

Ⓒ**对于每个单元格，用观察频数减去期望频数。**如表 11－6 所示。比如，对第一代/辍学单元格来说，结果为 15.3（73－57.7=15.3）。

Ⓓ**将每个差值平方。**如表 11－6 所示。例如，以第一代/辍学单元格为例，结果为 234.1（15.3^2=234.1）。

Ⓔ**用每个单元格的差值平方除以该单元格的期望频数。**同样，如表 11－6 所示。例如，第一代/辍学单元格的计算结果为 4.06（234.1/57.7=4.06）。

Ⓕ**将第Ⓔ步中计算得到的所有单元格的结果相加。**如表 11－6 所示，结果为 6.73。其在卡方分布中的位置如图 11－4 所示。

⑤**决定是否拒绝虚无假设。**计算出的卡方值为 6.73，大于临界值 6.635（如图 11－4 所示）。因此可以拒绝虚无假设。对印第安纳大学的 2 045 名学生样本来说，第一代大学生比其他大学生更有可能在第一学期就辍学。（当然，要记住，这个结果可能有很多原因。）Riehl（1994）的研究结果在许多其他大学也得到了验证。例如，一项针对全美大学生的研究也发现，第一代大学生比其他学生更有可能辍学（Chen，2005）。

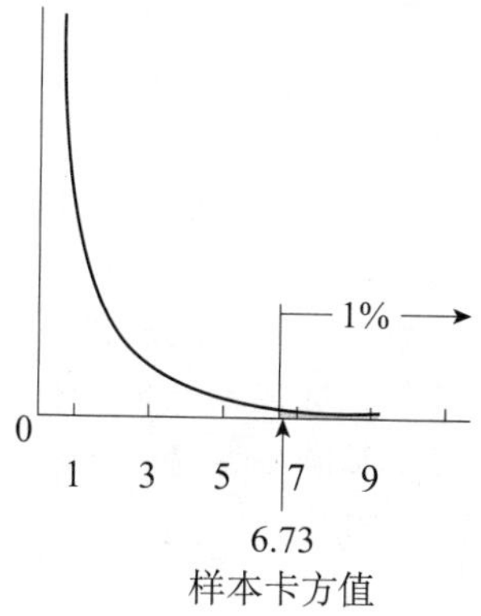

图 11－4　Riehl(1994) 的例子中的卡方分布(df=1)

注：图中显示了在 0.01 显著性水平上拒绝虚无假设所需的临界值以及样本卡方值。

11.2　你学会了吗?

1. (a) 什么时候用独立性卡方检验? (b) 它与拟合度卡方检验的使用条件有何不同?

2. (a) 写出计算列联表中期望频数的步骤。(b) 写出计算期望频数的公式并解释每个符号的含义。

3. (a) 写出独立性卡方检验的自由度公式并解释每个符号的含义。(b) 解释公式背后的逻辑。

4. 用假设检验的步骤，对下面观察到的分数进行独立性卡方检验（0.01 显著性水平）。得分来自 200 名大学工作人员完成的一项调查，关于他们上班乘坐的交通工具的类型，以及他们是"早起鸟"（早睡早起）还是"夜猫子"（晚睡晚起）。

		交通工具			总计
		公共汽车	拼车	私家车	
睡眠倾向	早起鸟	60	30	30	120
	夜猫子	20	20	40	80
	总计	80	50	70	200

卡方检验的前提假设

无论是拟合度卡方检验还是独立性卡方检验，都不要求总体呈正态分布等前提假设。然而，卡方检验有一个重要的假设：分数之间必须彼此独立。意思是说，如果一个被试者重复接受了多次测量，那么不能对这些分数进行卡方检验。假设有一项对 20 人进行的研究，对这些被试者接受营养培训前后对麦片品牌的选择是否发生了变化进行考察。这项研究就不能应用通常的卡方检验进行数据分析，因为前后测的被试者是同一群人。

独立性卡方检验的效应量和检验力

效应量

在独立性卡方检验中，可以用样本卡方值来表示两个称名变量的关联程度。

ϕ系数（2×2列联表的卡方检验的效应量）等于卡方值除以样本容量的结果的平方根。

在一个2×2列联表中，关联度的指标被称为 **ϕ 系数**（phi coefficient）。公式如下：

$$\phi=\sqrt{\frac{\chi^2}{N}} \tag{11-5}$$

ϕ系数的最小值是0，最大值是1，可以近似地看作相关系数（详见第3章）。[①] 科恩（1988）规定ϕ系数等于0.1具有较小的效应量，ϕ等于0.3具有中等水平的效应量，ϕ等于0.5具有较大的效应量（与相关系数相同）。

ϕ系数 两个二分称名变量间关系的测量；卡方值除以N的结果的平方根；相当于两个变量各自给定数值时的相关系数（例如，两个类别分别用1和0赋值）；2×2列联表的独立性卡方检验的效应量测量。

比如，在Riehl（1994）关于第一代大学生的研究中，卡方值计算结果为6.73。研究中的人数为2 045。代入公式，计算出ϕ系数为：

$$\phi=\sqrt{\frac{\chi^2}{N}}=\sqrt{\frac{6.73}{2\,045}}=\sqrt{0.003\,29}=0.06$$

这个结果的效应量很小。实际上，这个研究中6.73的卡方值显著，表示你所看到的在样本中第一代大学生辍学的可能性更高，这可能不是由样本随机招募了特定的被试者造成的。因此，可以比较自信地说，总体中很可能得出相同结果。但是，ϕ系数较小表示实际的总体趋势可能不是一个很重要的因素。（在第7章我们对结果显著但效应量较小的情况进行过讨论。）

Cramer's ϕ系数 应用于比2×2列联表更复杂的列联表的独立性卡方检验的效应量的测量；计算方法是样本卡方值除以样本容量与表中较小边的自由度的乘积，再对商求平方根；也称为Cramer's V系数，有时写为ϕ_C或者V_C。

只有在2×2列联表中才能使用ϕ系数。**Cramer's ϕ 系数**（Cramer's phi）是对普通ϕ系数的扩展，使其可以应用于比2×2列联表更复杂的列联表。（Cramer's ϕ系数也称为Cramer's V系数，有时写为ϕ_C或者V_C）。计算Cramer's ϕ系数的方法与计算普通ϕ系数的方法一样，除了不是除以N，而是除以N乘以列联表较小边的自由度。公式如下：

Cramer's ϕ系数（独立性卡方检验的效应量）等于样本卡方值除以样本容量与列联表较小边的自由度的乘积，再对商求平方根。

$$\text{Cramer's } \phi=\sqrt{\frac{\chi^2}{(N)(df_{较小})}} \tag{11-6}$$

式中，$df_{较小}$表示列联表较小边的自由度。

比如，在独立性卡方检验的结果中，样本卡方值为16.07，共调查了200名被试者，研究应用3×2列联表。列联表较小边的自由度为1。Cramer's ϕ系数为16.07除以200与1的乘积，结果为0.28。用公式计算如下：

$$\text{Cramer's } \phi=\sqrt{\frac{\chi^2}{(N)(df_{较小})}}=\sqrt{\frac{16.07}{200\times 1}}=\sqrt{0.08}=0.28$$

---

① 实际上等于相关系数。假设取2×2列联表中的两个变量，任意使其中一个取值为1，另一个取值为2（你可以使用任意两个不同的数字）。假设你计算两个变量之间的相关系数。结果会和ϕ系数完全一样。（然而，是正相关还是负相关，取决于每个变量中哪个类别的数字更大。）

Cramer's ϕ 系数效应量的科恩公约（1998），需要依据列联表较小边的自由度。表 11－7 显示的是列联表较小边为 2、3、4 时，Cramer's ϕ 系数效应量的科恩公约。注意，当列联表较小边为 2 时，自由度为 1。因此，这种情况下列联表的效应量与普通的 ϕ 系数应相等。根据这个表格，Cramer's ϕ 系数为 0.28 表示近似中等的效应量。

表 11－7　Cramer's ϕ 系数的科恩公约

列联表较小边	效应量		
	小	中等	大
2（$df_{较小}=1$）	0.10	0.30	0.50
3（$df_{较小}=2$）	0.07	0.21	0.35
4（$df_{较小}=3$）	0.07	0.17	0.29

检验力

表 11－8 显示了在 0.05 显著性水平上，效应量小、中等、大，样本容量分别为 25、50、100 和 200，自由度分别为 1、2、3、4 时，近似的统计检验力大小。①

假设有一个 2×4（$df=3$）的研究，样本容量为 50，预期得到中等的效应量（Cramer's $\phi=0.30$）。研究使用 0.05 的显著性水平。从表 11－8 可以看出这项研究的统计检验力为 0.40。也就是说，如果研究假设为真，的确有中等水平的效应量，有 40％的可能性研究结果显著。独立性卡方检验查表时要注意两个问题：首先，与其他假设检验类似，样本容量越大，统计检验力越大；其次，自由度越大（不同类别之间的交叉越多），统计检验力就越小。因此，要使统计检验力最大化，应尽可能增大样本容量，使列联表尽量简单（即减少每个变量的水平数）。

表 11－8　在 0.05 显著性水平上，独立性卡方检验的近似统计检验力

总 df	总 N	效应量		
		小	中等	大
1	25	0.08	0.32	0.70
	50	0.11	0.56	0.94
	100	0.17	0.85	*
	200	0.29	0.99	*
2	25	0.07	0.25	0.60
	50	0.09	0.46	0.90
	100	0.13	0.77	*
	200	0.23	0.97	*
3	25	0.07	0.21	0.54
	50	0.08	0.40	0.86
	100	0.12	0.71	0.99
	200	0.19	0.96	*
4	25	0.06	0.19	0.50
	50	0.08	0.36	0.82
	100	0.11	0.66	0.99
	200	0.17	0.94	*

* 表示近似于 1。

所需的样本容量

表 11－9 给出了显著性水平为 0.05，独立性卡方检验的自由度分别为 1、2、3、4，效应量分别为

① 科恩（1988，pp. 228－248）给出了更详细的表格。但科恩表是基于一种叫 w 的效应量，它等价于 ϕ 系数，但不等价于 Cramer's ϕ 系数。科恩还提供了一个有用的 Cramer's ϕ 系数到 w 的换算表。

小、中等、大时，要使结果有 80%的检验力，所需的近似样本容量。[1] 假设你设计进行一项有着 3×3 ($df=4$) 列联表的研究。在 0.05 显著性水平上你期望得到大的效应量。根据表格，你只需要 48 名被试者。与前面计算统计检验力时强调的自由度原则一样，在这个例子中，自由度越大，要获得同样的统计检验力所需要的被试者越多。

表 11-9　在 0.05 显著性水平上，独立性卡方检验达到 80%的统计检验力所需的近似样本容量

总 df	效应量		
	小	中等	大
1	785	87	26
2	964	107	39
3	1 090	121	44
4	1 194	133	48

11.3　你学会了吗?

1. 卡方检验的前提假设是什么？

2. (a) 2×2 独立性卡方检验的效应量指标是什么？(b) 写出效应量的公式并解释每个符号的含义。(c) 小、中等、大效应量的科恩公约是什么？(d) 计算在一共有 100 名被试者、卡方值为 12 的情况下 2×2 的独立性卡方检验的效应量。

3. (a) 比 2×2 列联表更复杂的列联表的独立性卡方检验的效应量指标是什么？(b) 写出效应量的公式并解释每个符号的含义。(c) 4×6 列联表小效应量的科恩公约是什么？(d) 计算在一共有 200 名被试者、卡方值为 20 的情况下 4×6 的独立性卡方检验的效应量。

4. 计算在一共有 50 名被试者、预期中等效应量的情况下，设计的 3×3 研究的检验力。

5. 在采用独立性卡方检验的研究中，统计检验力的两个影响因素是什么？

6. 在一个设计的 2×2 研究中，预期一个中等的效应量，使用 0.05 显著性水平，那么你需要多少名被试者才能满足 80%的统计检验力？

总体分布非正态时的假设检验方法

本章的第二个主要部分是，当变量是定量的但显然违反了正态分布假设时，研究者使用的一些策略。(这种正态性假设是大多数普通假设检验程序的一部分，如 t 检验和方差分析。) 首先，我们简要回顾前提假设在标准假设检验过程中的作用。然后，我们学习研究者在前提假设没有得到满足时使用的两种方法：数据转换和秩次检验。

标准假设检验过程中的前提假设

如你在第 8～10 章所学到的一样，必须满足一定的条件（前提假设）才能用 t 检验或者方差分析得到准确结果。在这些假设检验过程中，假定这些数据来自一些更大但未知的总体。必须满足的一个前提假设是总体分布为正态。另一个重要前提假设是总体方差齐性。

在前面的章节也学习了当研究总体大致满足正态分布和方差齐性前提假设时，如何获得相对准确的结果。然而，我们现在关注的是有充分的理由相信总体分布非正态，并且方差非齐性的情况。在这

---

① 科恩（1988，pp. 253-267）提供了更详细的表格。使用这些表时，参见上页脚注。Dunlap 和 Myers（1997）也表明，对于 2×2 的列联表，80%～90%的检验力所需的被试者数量大约是 $8/\phi^2$。

种情况下，如果你用普通的 t 检验或者方差分析，只能得到十分不准确的结果。比如，你可以正确地进行所有计算，然后依据你的计算结果拒绝虚无假设。然而，如果你的总体不满足条件，那么计算出的结果会是错误的——这里的错误并不是指若虚无假设为真，你仅有 5%的可能得到结果，实际上这个概率可能是 15%或者 20%！（也可能是 1%或者 2%。问题是通常的临界值与准确的临界值相差很远，你甚至不知道临界值在哪个方向。）

记住：前提假设是针对总体而不是样本而言的。很有可能样本不服从正态分布，即使它来自一个正态分布的总体。图 11－5 显示的是从一个正态分布总体中随机抽取的样本的直方图。（注意：样本容量越小，看起来越像是来自非正态分布的总体。）当然，非正态分布总体也可能产生这样的样本。不幸的是，研究时的样本经常是这样的。一个检验样本分布的方法是绘制数据的直方图；如果与正态分布差异不是很大，那么研究者就可以假定样本来自正态分布的总体，或者至少接近正态的总体。当考虑正态性时，大多数行为与社会科学家认为分布是正态的，除非已经被证明是非正态的。

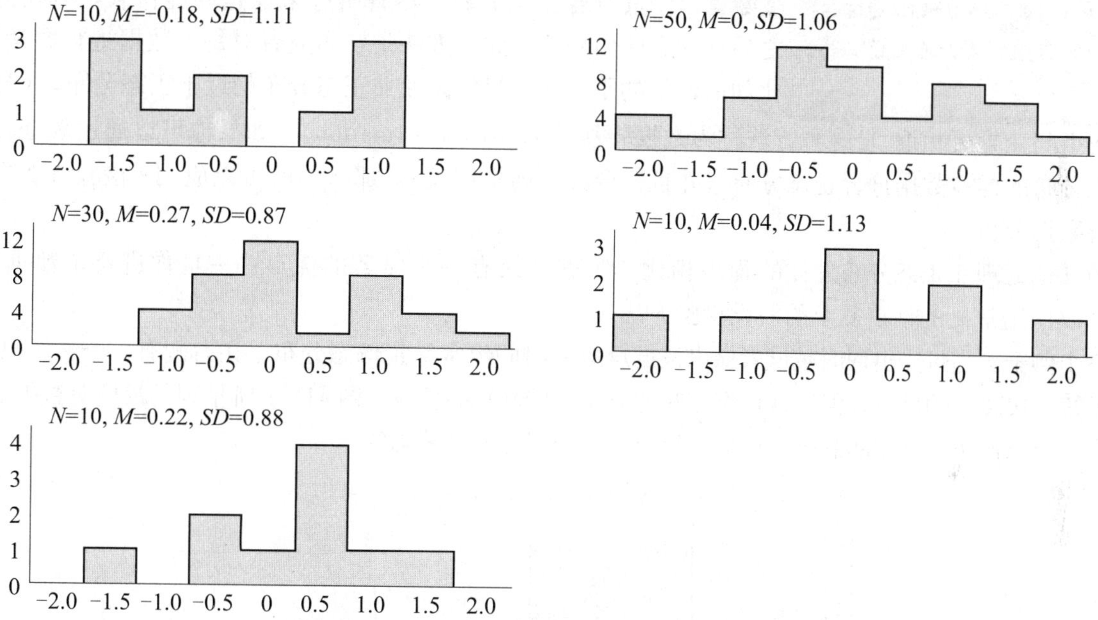

图 11－5　从一个平均数为 0、标准差为 1 的正态分布总体中随机抽取的样本的直方图

一种常见的情形是，当出现天花板效应或地板效应（见第 1 章）时，你可能会怀疑总体服从正态分布的前提假设。另一种常见的、值得怀疑的情形是样本中出现异常值，极端值出现在样本分布的一端或两端。图 11－6 展示了一些包含异常值的分布的例子。在数据分析方法中，异常值是一个大问题。因为这些方法最终要依赖于离均差的平方。偏离平均数的程度越大，异常值对离均差的平方的影响也越大。意思是如果异常值足够极端，就足以极大地改变研究的结果。即使其他所有数据本来不会使结果显著，一个异常

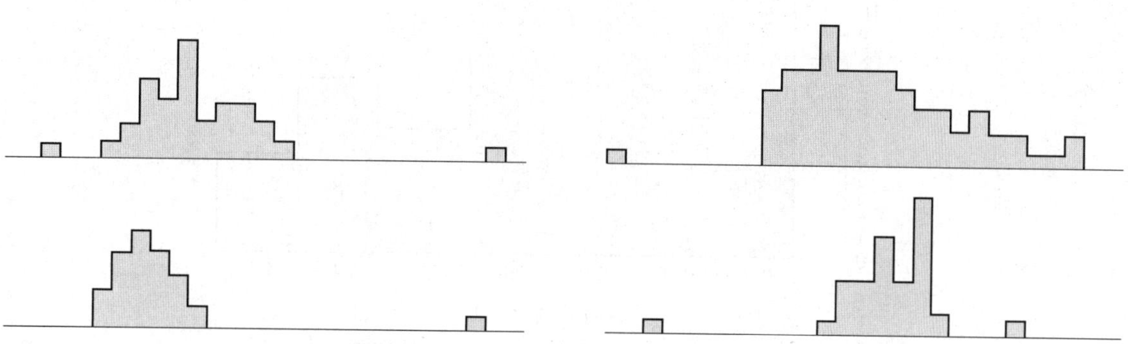

图 11－6　在一端或两端存在异常值的分布

值也可能导致结果显著。也有可能其他数据本来会使结果显著，但异常值却导致结果不显著。

11.4 你学会了吗？

1. t 检验和方差分析的两个主要前提假设是什么？
2. (a) 怎样检查数据是否符合前提假设？(b) 为什么这会成为问题？
3. (a) 什么是异常值？(b) 为什么异常值可能会对大多数统计过程产生特别大的干扰？

数据转换

数据转换 用于每一个样本数据的数学方法（例如取平方根），通常这样做的目的是使样本分布趋于正态分布。

当样本分数似乎来自非正态分布总体时，一个常用的步骤就是改变数据以使其符合正态分布。尽管听起来像是弄虚作假，但我们解释之后你就会明白并非如此。方法是：研究者对每个数据进行数学处理，比如取数值的平方根。目的是使非正态分布趋近于正态分布。（有时也可以使组间变异更相近。）这种方法称为**数据转换**（data transformation）。如果你可以通过数据转换使非正态分布的样本数据符合正态分布（并且符合其他前提假设），那么你就可以应用 t 检验或者方差分析进行数据分析。

与其他处理非正态分布总体的程序相比，数据转换有一个显著的优点：一旦你进行了数据转换，你就可以使用常见的且较复杂的假设检验方法。

举个例子。当灯光出现时被试者做出按键反应的时间经常呈正偏态分布（在右侧有一个长尾巴），有很多短暂（快速）的反应，但通常也有一些耗时长（较慢）的反应。图 11－7 所呈现的反应时数据不太可能来自一个遵循正态分布的总体。反应时得分的分布很可能是偏态的。

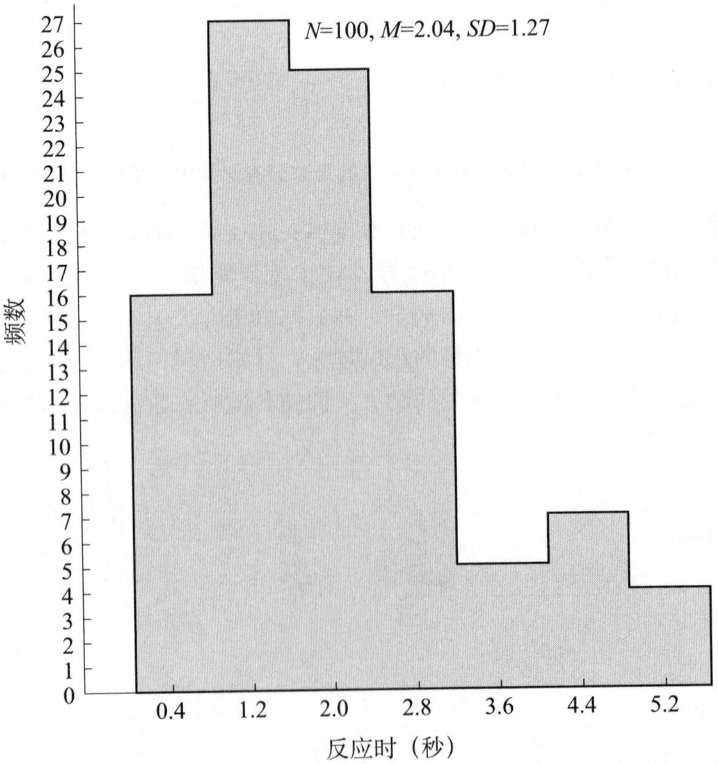

图 11－7 反应时的正偏态分布（虚构数据）

> **平方根转换**　是对每个分数进行开平方的数据转换。

但是，假设你对每个反应时数据进取平方根。大部分反应时只有细微的改变。反应时为 1，平方根也为 1，反应时为 1.5，平方根减小为 1.22。但是，反应时数值越大，即向右偏的程度越大，减小的程度越大。比如，反应时为 9 秒，可以减小为 3；反应时为 16 秒（被试者注意力分散或忘记了任务），可以减小为 4。（当然，如果大部分反应时为 3 或 4，却存在 16 这样的反应时，我们会认为这是异常值。）图 11－8 呈现的是将图 11－7 进行平方根转换后的结果。经过**平方根转换**（square-root transformation），数据分布就比较趋向于正态了。

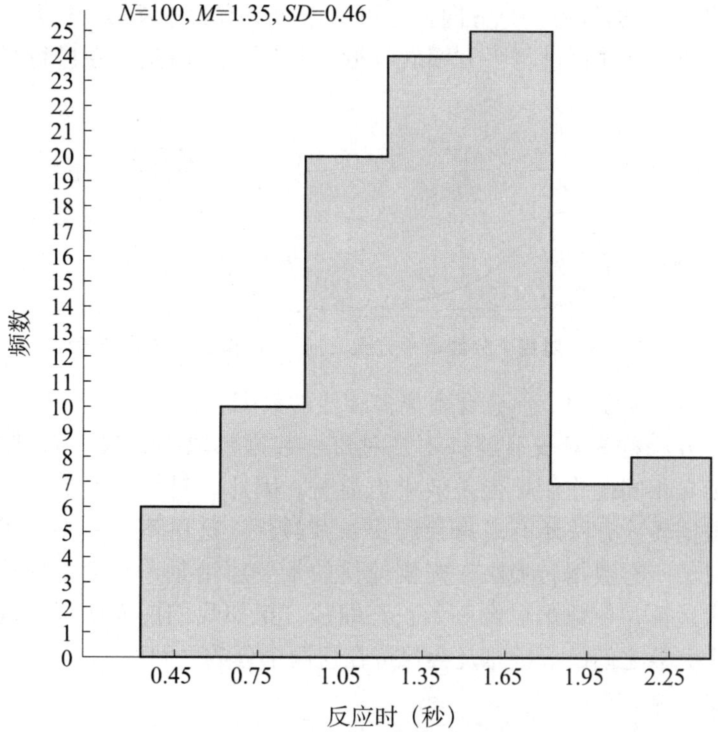

图 11－8　对图 11－7 进行平方根转换后的分数分布

数据转换的依据

你是否觉得这在某种程度上是欺骗？如果你进行数据转换是为了使结果能够符合你的预测，那的确是欺骗。但是，在实际研究中，进行数据收集和录入（及检查数据准确性）之后的首要步骤就是看数据是否符合总体正态假设（详情见第 12 章）。如果样本数据不符合总体正态假设，你就要进行数据转换。只有经过这个检查和转换之后才能够进行假设检验。

请记住，你必须要对某个变量的所有数据进行转换，而不是只转换其中某组的数据。最重要的是，无论使用什么方法进行数据转换，数据顺序都是一样的。如果某个被试者的实际原始分数在另外两个人的原始分数之间，那么经过数据转换后，他的分数仍要在这两个人分数之间。（比如，假设有一项研究，被试者的分数分别为 1，2，3，4；经过平方根转换后，同样的这四个人的分数为 1，1.44，1.67，2。如我们所看到的，原来分数最高的仍是最高的，原来分数第二的仍是第二，依此类推。）

这种方法看上去在某种程度上像是歪曲数据以迎合统计方法。有时候这种担忧是合理的。比如，你要研究美国两个阶层之间的收入差异。你可能不关心两个阶层之间收入平方根的差异。你所关心的是实际收入的差异。

另外，假如你进行了一项研究，要求被试者用 7 点量表（1 代表十分不赞同，7 代表十分赞同）对“我对当地执法部门很满意”进行评级。高分数表示十分赞同，低分数表示不赞同。但是，对不同的被试者来说，量表上每一个点数的增加代表的含义是不同的。同样可能的是，每一个点数的增加的平方根与被试者潜在的赞同水平直接相关。在很多研究情况下，并没有充分的理由认为转换之后的版本比原始的版本对现实的反映更不准确。而且转换后的版本符合正态分布假设。

数据转换的方法

有许多的数据转换方法。我们已经了解了平方根转换法，即用数据的平方根来代替原始数据，并且给出了图11-7和图11-8的例子。总体效果如图11-9所示。如你所见，经过平方根转换后，数据分布由正偏态变为正态。从数值来说，中等数值只有稍稍减小，较高的数值则减小很多。结果，右侧的数据趋向于正中。（如果数据偏另一个方向，你可能希望所有数据*反转*——用一个较大的数字减去所有数据，数据就可以反转。这样再进行平方根转换效果更明确。但是，在进行最后的结果解释时，要注意数据是反转之后的。）

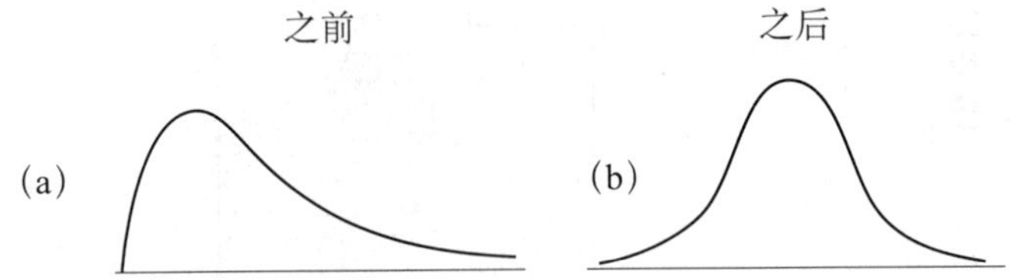

图11-9　对每个分数取平方根之前（a）和之后（b）的分布

在行为与社会科学研究文献中，你会看到很多其他的数据转换方法。平方根转换是最常见的一种。另一种常用的数据转换方法称为*对数转换*：不是对每个数据都取平方根，而是对所有数据都取对数。对数转换与平方根转换有相同的作用，但是效果更显著。因此，对数转换更适用于正偏态分布较严重的数据。其他常见的数据转换方法还有*逆转换*和*反正弦转换*。这里不一一举例了。只要学习平方根变换就能帮助你理解。对于所有数据转换法，需要记住的重要事情是，它们都使用相同的原则，即对每一个分数应用一些算术运算，使数据更像一条正态曲线。正如我们前面所提到的，无论你使用什么数据转换方法，介于两个分数之间的分数总是会保持在这两个分数之间。

数据转换的范例

我们以一项虚构的研究为例。在这项研究中，研究者比较了过去一年里四个在高敏感度测试中得分较高的儿童和四个在高敏感度测试中得分较低的儿童的读书量。（对高敏感者的一般概念的详细描述见Aron，1996，2002；Aron & Aron，1997。）根据已有理论，研究者预测高敏感度的儿童读的书更多。表11-10呈现了研究结果。

表11-10　一项比较高敏感度和非高敏感度的儿童在过去一年读书量的研究的结果（虚构数据）

	高敏感度	
	否	是
	0	17
	3	36
	10	45
	22	75
Σ:	35	173
$M=$	8.75	43.25
$S^2=$	95.58	584.25

通常，这样的研究涉及两个独立组的比较，你会使用独立样本 t 检验。然而，独立样本 t 检验就像你学过的所有假设检验程序（卡方检验除外）一样，要求每个组的得分所在的总体呈正态分布。然而在这项研究中，样本呈强烈的正偏态分布；分数往往集中在左边，留下一条长尾在右边。因此，读书

量（包括高敏感者的和非高敏感者的）总体似乎也呈正偏态分布。根据所测量的数据，总体分布的这种形态似乎也很合理。一个儿童的读书量不可能小于 0，并且一旦他开始读书，很容易在一年内读很多书。

还要注意，基于这两个样本的总体方差估计值存在显著差异，分别为 95.58 和 584.25。这也是另外一个你不能进行 t 检验的原因。

然而，如果你将数据进行平方根转换（见表 11－11），就可以使两个样本都十分接近正态分布；中间的分数相对集中（以高敏感度组为例，6.00 和 6.17），并且异常值（高和低）与平均数都比较接近（4.12 和 8.66）。而且，就数字的含义而言，这种数据转换也是合理的。读书量是衡量对文学兴趣的指标。因此，0 本书和 1 本书的区别比 20 本书和 21 本书的区别大得多。

表 11－11　对表 11－10 中的分数进行平方根转换

高敏感度			
否		是	
X	$\sqrt{X}$	X	$\sqrt{X}$
0	0.00	17	4.12
3	1.73	36	6.00
10	3.16	45	6.17
22	4.69	75	8.66

表 11－12 显示了使用转换后的分数进行的 t 检验分析。

表 11－12　高敏感度和非高敏感度儿童的读书量经平方根转换后的独立样本 t 检验（虚构数据）

在 0.05 显著性水平上，$df=(4-1)+(4-1)=6$，单侧检验，所需要的 t 值为 -1.943。

	高敏感度	
	否	是
	0.00	4.12
	1.73	6.00
	3.16	6.17
	4.69	8.66
Σ：	9.58	25.49
$M=$	$9.58/4=2.40$	$25.49/4=6.37$
$S^2=$	$12.03/3=4.01$	$10.56/3=3.52$
	$S^2_{合并}=3.77$	
$S^2_M=$	$3.77/4=0.94$	$3.77/4=0.94$

$S^2_{差异}=0.94+0.94=1.88$

$S_{差异}=\sqrt{1.88}=1.37$

$t=(2.40-6.37)/1.37=-2.90$

结论：拒绝虚无假设。

11.5　你学会了吗？

1. 什么是数据转换？
2. 为什么要进行数据转换？
3. 什么时候进行数据转换是合理的？
4. 考虑以下数据的分布：4，16，25，25，25，36，64。(a) 这些数据符合正态分布吗？(b) 为什么？(c) 对这些数据进行平方根转换（也就是说，列出平方根转换以后的分数）。(d) 经过转换的数据是否大致符合正态分布？(e) 为什么？

秩次检验

秩次转换 将一系列数据转换为等级（例如，1表示最小的数值，2表示第二小的值，等等）。

另外一种处理非正态分布数据的方法是将数据转换为等级。假设样本分数为4，8，12，64。如果样本所在总体呈正态分布，那么这是一个非常特殊的样本。**秩次转换**（rank-order transformation）是将分数改变为1，2，3，4。1表示样本中最小的数值，2表示第二小的值，依此类推。当样本中出现相同数值时，要进行比较复杂的秩次转换。一个常用的解决办法就是用平均等级表示相同的数值。比如，样本数据分别为12，81，81，107，154。那么，秩次转换后的数据为1，2.5，2.5，4，5。

秩次检验 利用秩次分数的假设检验程序。

对普通数值进行秩次转换是一种很好的数据转换方法。但是与平方根转换法不同的是，秩次转换不能将数据转换为正态分布。经秩次转换后得到的分布是矩形分布，在每个值上都有相同数量的分数。等级有使分数均匀分布的作用。

任意分布检验 对总体分布形态没有明确要求的假设检验程序，又称为非参数检验。

非参数检验 对总体参数没有明确要求的假设检验程序，又称为任意分布检验。

参数检验 普通的假设检验程序，比如t检验和方差分析。这些检验方法对总体形态和其他参数（如方差）有着明确要求。

有一种利用秩次数据的特殊假设检验程序，称为**秩次检验**（rank-order tests）。它还有另外两个名称。你可以将呈任何分布的总体数据转换成等级。因此，这种检验有时称为**任意分布检验**（distribution-free tests）。此外，秩次分数的分布是确切已知的，而不是估计的。因此，秩次检验不需要估计任何参数（总体值）。例如，你不需要估计总体方差，因为如果知道涉及的等级，就可以准确地确定总体方差。因此，基于等级的假设检验程序也称为**非参数检验**（non parametric tests）。

我们已经学过的普通检验程序（t检验和方差分析）都属于**参数检验**（parametric tests）。卡方检验，如秩次检验，属于非参数检验，但其中的数据只在没有对总体分布的形态做任何假设的情况下才是任意分布的。任意分布和非参数这两个术语通常是交替使用的；它们之间细微的差别是统计学家们一直在争论的问题。

当研究数据本身就是等级数据时，秩次检验也有其优点——比如，比较两类毕业生的班级排名。

秩次检验概览

表11-13给出了与你已学过的参数检验程序相对应的秩次检验程序。（中级统计学教材会给出使用这类检验的完整程序。）例如，当总体满足正态分布时，要比较三个组的情况，就要用到单因素方差分析。如果总体不满足正态分布，就要用秩次方差分析——Kruskal-Wallis H检验。

接下来，我们将描述如何以一种通用的方式进行这种检验，并举一个例子。但是，我们实际上并没有提供实际应用时所需的所有信息。我们只是从理论上进行讲解，因为在你所阅读的文献中可能有学者会使用该检验，还因为该检验的逻辑是另一种检验程序的基础。这种检验程序大致上同秩次检验做的是相同的事情，而且这与你已经学过的内容很接近。

表11-13 **主要的参数检验所对应的秩次检验**

普通的参数检验	相对应的秩次检验
相关样本t检验	Wilcoxon符号秩检验
独立样本t检验	Wilcoxon秩和检验或Mann-Whitney U检验
方差分析	Kruskal-Wallis H检验

秩次检验的基本逻辑

假设有一项研究包括实验组和控制组。（如果总体正态分布假设可以满足，这种情况下就会用独立样本 t 检验。）如果你想用秩次检验，首先要将实验组和控制组的所有数据按照从小到大的顺序转换成等级数据。如果两个组的数据随机抽取自一个单一总体，那么每个组的高低等级数量应当是相同的。（即如果虚无假设为真，两个样本的等级分布应无显著差异。）如果实际情况是两个组随机取自相同的分布，那么由于可以精确计算出等级分布，也就可以精确计算出两个组特定等级的概率。

具体的步骤是研究者首先对所有数据进行秩次转换，然后将所有的等级数相加，再与这种分布的临界值进行比较（和一般参数检验一样，该过程可以通过 SPSS 或其他统计软件自动完成）。

秩次检验的范例

表 11－14 使用了高敏感度与非高敏感度儿童读书量的例子，显示了在我们刚刚提到的情况下，转换成等级数据并用 Wilcoxon 秩和检验进行计算的方法。该检验在逻辑上与我们之前用过的假设检验有所区别，因此在我们进行解释之前，请耐心阅读。

表 11－14　用于研究高敏感度与非高敏感度儿童读书量的 Wilcoxon 秩和检验的计算方法（虚构数据）

结果显著的临界值：在 0.05 的显著性水平、单侧检验情况下，非高敏感度组的最大等级总和（秩和）为 11。

高敏感度			
否		是	
X	等级	X	等级
0	1	17	4
3	2	36	6
10	3	45	7
22	5	75	8
$\sum$：	11		

和临界值进行比较：预测组的等级总和为 11，等于但未超过结果显著所需的临界值。

结论：拒绝虚无假设。

请注意，我们首先设置了显著性临界值，就像在所有假设检验程序中都会用到的临界值一样。（这个临界值可以通过一个表格查找，你可以在大多数的中级统计学教材中找到。）

下一步是将所有分数从小到大进行排序，然后将你预期分数较小的组的序数相加，得到较小的总数。然后将较小总数与临界值进行比较。如果这个较小总数小于或等于临界值，则拒绝虚无假设。在这个例子中，较低等级的总等级数实际上等于临界值，因此拒绝虚无假设。

> **成功小贴士**
>
> 请记住，当将普通分数转换为等级数据时，所有的分数都是从最低到最高排列的，而不用考虑分数在哪个组里（例如，实验组与控制组）。

对经秩次转换后的数据进行参数检验

有两个统计学家（Conover & Iman，1981）发现，不使用秩次检验程序，如果你先将数据转换成等级数据，然后用 t 检验或者单因素方差分析，那么你得到的结果会与用秩次检验程序所得到的结果基本一致。

简便方法（用参数检验的方法对经过秩次转换的数据进行检验）的结果不如普通的参数检验或秩次检验结果精确。这是因为你违反了总体正态分布假设。和我们前面所提到的一样，当你用秩次转换时，总体实际上呈矩形分布（每一个等级中有相同的数据个数）。这种简便方法不如秩次检验精确，是因为这种方法用的是 t 或 F 分布，而不是秩次检验所用的特殊分布，后者基于进行某些等级划分后的确切概率。但是，事实证明，在实践中，使用简单参数检验计算出的结果与用技术上合适的程序计算出的真实准确的结果十分接近。[①] 表 11－15 显示的是在使用每个儿童的读书量排名而不是实际读书量情况下，高敏感度和非高敏感度儿童的虚构数据的独立样本 t 检验的计算。我们再次得出了显著的结果。[在实践中，通过一个非常小的样本对已被转换为等级的分数执行一个普通的程序（如 t 检验）是最不准确的。但是在这里，我们使用小样本来简化示例。]

表 11－15　在高敏感度儿童与非高敏感度儿童读书量的研究中，利用等级数据取代原始数据后独立样本 t 检验的计算（虚构数据）

在 0.05 显著性水平上，$df=(4-1)+(4-1)=6$，单侧检验，所需要的 t 值$=-1.943$。

	高敏感度	
	否	是
	1	4
	2	6
	3	7
	5	8
Σ	11	25
$M=$	$11/4=2.75$	$25/4=6.25$
$S^2=$	$8.75/3=2.92$	$8.75/3=2.92$
	$S^2_{合并}=2.92$	
$S^2_M=$	$2.92/4=0.73$	$2.92/4=0.73$

$S^2_{差异}=0.73+0.73=1.46$

$S_{差异}=\sqrt{1.46}=1.21$

$t=(2.75-6.25)/1.21=-2.89$

结论：拒绝虚无假设。

方法比较

我们已经介绍了当总体分布非正态时进行假设检验的两种方法：数据转换与秩次检验。那么如何决定用哪一种呢？

优缺点

数据转换的优点是允许你使用经过转换的数据进行参数检验。而且转换的结果与实际含义非常接近。但是有时不能使用数据转换法。比如在方差分析中，可能没有合适的转换方法使数据转为正态分布或者使所有的组方差都相等。有时数据转换法会在某种程度上歪曲数据，导致丢失数据的原始含义。

秩次检验可以忽略原始分数的分布形态。而且当原始数据是等级数据时，尤其适合应用秩次检验。当分数不严格遵从简单的数值模式（例如等距）时，应用秩次检验是很有用的，这种情况在一些行为与社会科学家看来是很常见的。另外，秩次检验的逻辑非常简单直接，不需要详细构建假设分布和待估参数。

① 如果你想要非常准确的结果，对于 t 检验或单因素方差分析来说，可以将结果转换成所谓的 L 值，并查卡方表（Puri & Sen, 1985）。t 检验的 L 值为 $[(N-1)t^2]/[t^2+(N-2)]$，使用 $df=1$ 的卡方分布。单因素方差分析的 L 值为 $[(N-1)(df_{组间})F]/[(df_{组间})F+df_{组内}]$，使用 $df=df_{组间}$ 的卡方分布。相关的显著性检验的 L 值为 $(N-1)r^2$，使用 $df=1$ 的卡方表。对更高级的参数化程序如因素方差分析（第 10 章）和多元回归（第 3 章）使用秩次转换数据时，使用 L 值尤为重要。Thomas、Nelson 和 Thomas（1999）给出了充分的例子进行说明。

但是，对于研究的读者来说，秩次检验法不是很熟悉，而且难以应用于复杂情境中。另一个问题是当等级间有关联时，秩次检验的简单逻辑就会出现问题。最后，与数据转换法一样，秩次检验法也会歪曲数据并丢失一些数据信息。比如，在同样的样本中，6.1 与 6.2 的差值是 1 个等级，3.4 与 5.8 的差值也是 1 个等级。

Ⅰ型错误与Ⅱ型错误的相对风险

不同方法在 0.05 显著性水平上表示有 5%的可能性拒绝虚无假设（Ⅰ型错误），准确性如何？不同方法如何影响统计检验力？

当参数检验的前提假设可以满足时，参数检验比任何其他的替代方法都好。这可以同时避免Ⅰ型错误和Ⅱ型错误。这是意料之中的，因为这些是设计参数检验的条件。

但是，当假设检验的前提假设不能满足时，替代方法（数据转换和秩次检验）的相对差异则不是很明确。事实上，不同检验程序的相对优势仍是每年统计类期刊中许多文章激烈争论的话题之一。

11.6　你学会了吗?

1. (a) 什么是秩次转换？(b) 为什么要这样做？(c) 什么是秩次检验？

2. 将下列数据转换成等级：5，18，3，9，2。

3. (a) 如果要用标准的秩次检验来代替独立样本 t 检验，应该如何做？(b) 写出这种检验的步骤。

4. (a) 如果你将数据转换成等级，并用转换后的等级进行参数检验，会有什么结果？(b) 为什么即使等级转换是合理的结果也不十分准确？(c) 为什么结果不如标准秩次检验结果准确？

5. 如果条件不符合，不足以做参数检验，(a) 数据转换相比于秩次检验，有什么优点？(b) 有什么缺点？(c) 秩次检验相比于数据转换，有什么优点？(d) 有什么缺点？

研究文献中的卡方检验、数据转换和秩次检验

卡方检验

在研究文献中，拟合度卡方检验通常会报告每个类别或单元格的频数、自由度、被试者数量、样本卡方值和显著性水平。比如，Black 等(2009) 报告了麦片盒上人物性别的研究结果："拟合度卡方检验结果依据可辨别性别的人物总数（n=1 386）得出。72%（n=996）为男性人物，28%（n=390）为女性人物，差异统计上显著，$\chi^2(1)=264.96$，$p<0.001$。"(p. 886)

另外一个关于拟合度卡方检验的例子来自 Sandra Moriarty 和 Shu-Ling Everett（1994）进行的一项关于看电视的研究。在该研究中，研究人员去到 55 个不同的家庭中观察人们看电视的情况，每次观察进行 45 分钟。在研究结果的其中一部分，他们比较了他们观察到的四类中每类的人数：

> 翻转型（快速换台）是活跃度最高、频率最高的行为类型，占总数的 33%（n=18)。放养型（浏览频道）占 24%（n=13)，各有 22%的人属于持续型和延展型（n=12)。差异在统计上不显著。$\chi^2=1.79$，$df=3$，$p>0.05$。(p. 349)

发表的独立性卡方检验报告提供了同样的基本卡方信息。比如，Durkin 和 Barber（2003）在密歇根州对 16 岁高中生进行了一项研究，考察玩电脑游戏与积极发展行为（比如与家庭成员亲密、参与活动、心理健康和对父母的低疏远度）的关系。作为研究的一部分，研究者考察了在玩电脑游戏的频率上男性和女性是否有差异。被试者用 7 点量表来报告玩游戏的频率，从从不（1）到每天（7)。下面是

研究者报告的结果：

> 根据被试者玩游戏的频率将其分为三组："没有"表示从来不玩游戏的被试者，包括用电脑但从来不玩游戏的被试者；"低"表示选择2、3、4、5来代表玩游戏频率的被试者；"高"表示选择6、7来表示玩游戏频率的被试者。[独立性] 卡方检验证明，男性和女性在这三个类别中分布不均匀 [$\chi^2(2, N=1\ 043)=62.39$，$p<0.001$]。在从不玩游戏组中，女性（50.6%）远多于男性（29.4%）比例。在高频率组中，男性（23.8%）是女性（9.9%）的两倍多。在低频率组中，男性（46.8%）与女性（39.4%）频率相当。(p. 381)

你可能希望读到研究者根据结果做出的推论："没有证据表明，玩游戏的人会有消极后果。通过几项测量——包括……[之前提到的所有的积极发展结果]——玩游戏的人比同龄人中从来不玩游戏的人成绩更好。能得出这样的结论：玩电脑游戏可以成为健康发展的青少年的一个积极特征。"(Durkin & Barber，2002，p. 373）研究者继续研究电脑游戏的潜在影响，越来越多的研究开始关注游戏的危害。正如Greitemeyer和Osswald（2010）所提到的，"已有多项研究的证据表明，接触电脑游戏会增加攻击行为，同时减少亲社会行为"（p. 121）。然而，同样有证据表明，玩亲社会类电脑游戏（在游戏中主要内容是帮助另一游戏角色）会有积极的影响。例如，基于几项大学生玩该类游戏的研究结果，Greitemeyer和Osswald得出结论："……玩亲社会类游戏的被试者，在看到别人遇到困难时更可能提供帮助，更愿意（也投入了更多时间）在接下来的实验中提供支持与帮助，并更常在遇到性骚扰的情况下寻求干预。"(p. 211)

Black等(2009) 报告了他们的独立性卡方检验的结果，即麦片盒上人物的性别和年龄之间的相关性："假设是男性人物比女性人物更可能是成人……卡方分析检验了性别与年龄的关联程度……女性人物比男性人物更可能被描绘成儿童……男性人物比女性人物更可能被描述成成人 [$\chi^2(1)=15.62$，$p<0.001$]。"(p. 886)

数据转换

数据转换通常在结果部分提到。例如，Sugerman和Carey（2007）研究了学生的酒精摄入量与他们控制饮酒策略的使用之间的关系。（他们研究的策略包括：随着时间的推移间隔饮酒，饮酒时交替饮用含酒精和不含酒精的饮料。）在呈现主要结果之前，研究人员提道：

> 生成汇总统计信息来评估变量的分布，并识别可能需要转换的偏态问题。为了纠正由正偏态造成的非正态分布，我们对以下变量进行了平方根转换：每周平均饮酒量、平均BAC（血液酒精含量）和最大BAC。(p. 341)

秩次检验

下面是Schwitzgebel、Huang和Zhou（2007）报告的一个秩次检验的例子。研究者对影响人们梦到颜色频率的因素进行了研究。被试者是中国东部300名高中生和大学生。在回答"你在梦中看到颜色了吗?"这一问题时，学生们使用了从不、很少、偶尔、频繁和非常频繁等选项。研究者在文献研究结果部分的开头指出："数据被视为有等级的和非参数。"(p. 38）还进一步说明："童年主要在城市度过的受访者（中位数为偶尔），与在农村地区长大的受访者（中位数为很少）相比，会报告显著更多的有颜色的梦（Mann-Whitney，单侧，$p<0.000\ 1$）。"(p. 40)

你梦到颜色有多频繁？下面是对加利福尼亚南部124名大学生被试者进行研究的结果：4.7%，从不；14.3%，很少；24.4%，偶尔；27.8%，频繁；28.7%，非常频繁（Schwitzgebel，2003）。

本章点拨

小结

1. 卡方检验是对称名变量进行假设检验的方法。样本的卡方值（χ^2）反映的是各类别期望频数与观察频数的差别。计算方法是写出每个类别或类别组合观察频数和期望频数的差，然后求差值的平方（消除正负号），再除以期望频数（使平方与所涉及的数字更成比例），最后将求得的每个类别或类别组合的商数相加。卡方值的分布是已知的，可以在标准卡方表中查到临界值。

2. 拟合度卡方检验用来检验一个单一称名变量的两个或更多类别的频数分布是否符合期望分布的假设。（例如，期望频数是基于理论或另一项研究或环境中的分布。）在这个检验中，期望频数是预先给定的，或者基于一些预期的百分比（例如在所有组中的相同百分比）。自由度是类别数减 1。

3. 独立性卡方检验用于检验两个称名变量之间的关系的假设，即某一变量不同类别的划分是否与另一变量的类别划分具有相同的比例。在列联表中记录频数，其中两个变量交叉，每个组合中的数字被放置在每个结果单元格中。如果两个变量是独立的，则一个单元格的期望频数是该单元格所在行中所有人的百分比乘以该单元格所在列总人数。独立性卡方检验的自由度是列数减 1 乘以行数减 1。

4. 卡方检验对变量的正态分布不做任何假设，但要求每个个体不能在一个以上类别或单元格中被计算。

5. 2×2 列联表的独立性（即关联度）卡方检验的预测效应量为 ϕ 系数。更大的列联表对应 Cramer's ϕ 系数。ϕ 系数是卡方值除以样本容量的商数的平方根。Cramer's ϕ 系数是卡方值除以样本容量与列联表较小边的自由度的乘积的商数的平方根。这些系数的范围是从 0 到 1。

6. t 检验、方差分析以及其他标准的参数检验都假设总体服从正态分布且方差齐性。当样本表明总体远远非正态时（比如当它们高度偏态或有异常值时），使用普通的程序会得到不正确的结果。

7. 当总体呈非正态分布时，一种方法是对分数进行转换，例如对每个分数取平方根或取对数，这样转换后的分数就呈正态分布。然后就可以使用普通的假设检验程序了。

8. 另一种方法是对一项研究中的所有分数进行排序。特殊的秩次检验（有时称为非参数检验或任意分布检验）使用概率的基本原理来确定在组中等级不均匀分布的可能性。然而，在许多情况下，在一个普通的参数检验中使用等级转换分数，会得到一个很好的近似结果。

9. 数据转换允许你使用熟悉的参数化技术，但不能总是使用，可能会歪曲分数的含义。你几乎可以在任何情况下使用秩次方法；它特别适合用于等级或类似的数据，并且有一个简单的概念基础。但是，该方法并没有得到广泛的应用，也没有发展出适合更复杂数据的统计检验方法。与数据转换一样，使用秩次方法可能会导致信息丢失或含义扭曲。

10. 在研究报告中用下面的标准格式来报告卡方检验的结果：例如，$\chi^2(3, N=196)=9.22$，$p<0.05$。研究文献通常会在数据分析前描述数据转换，秩次方法的描述与任何其他类型的假设检验描述方式相似。

主要术语

卡方检验	卡方值（χ^2）	单元格
拟合度卡方检验	卡方分布	ϕ 系数
独立性卡方检验	卡方表	Cramer's ϕ 系数
观察频数	列联表	数据转换
期望频数	独立性	平方根转换

秩次转换　　任意分布检验　　参数检验
秩次检验　　非参数检验

示例

拟合度卡方检验

学生考试成绩等级服从正态分布，得分的期望频数分别为：A：2.5%；B：14%；C：67%；D：14%；F：2.5%。某一班级采用新的评分系统进行了考试，得分如下：A：10人；B：34人；C：140人；D：10人；F：6人。用假设检验程序评估新系统产生的等级分布，是否与之前的等级分布存在差异（0.01显著性水平）。

答案

表11-16展示了观察频数和期望频数，以及卡方检验的计算。

表11-16　示例中的拟合度卡方检验计算

等级	观测Ⓐ	期望Ⓑ
A	10	5 (2.5% × 200)
B	34	28 (14.0% × 200)
C	140	134 (67.0% × 200)
D	10	28 (14.0% × 200)
F	6	5 (2.5% × 200)

$df=N_{类别}-1=5-1=4$。②

卡方临界值（$df=4$，0.01的显著性水平）：13.277。③

$$\chi^2=\sum\frac{(O-E)^2}{E}=\frac{(10-5)^2}{5}+\frac{(34-28)^2}{28}+\frac{(140-134)^2}{134}+\frac{(10-28)^2}{28}+\frac{(6-5)^2}{5}$$

$$=\frac{5^2}{5}+\frac{6^2}{28}+\frac{6^2}{134}+\frac{(-18)^2}{28}Ⓒ+\frac{1^2}{5}$$

$$=\frac{25}{5}+\frac{36}{28}+\frac{36}{134}Ⓓ+\frac{324}{28}+\frac{1}{5}$$

$$=5+1.29+0.27+11.57+0.20=18.33。Ⓕ$$

Ⓔ

结论：拒绝虚无假设。⑤

①重新将问题表述为关于总体的研究假设和虚无假设。有两个总体：

总体1：新系统中所有的学生。

总体2：旧系统中所有的学生。

虚无假设是两个总体是一样的。研究假设为两个总体是不一致的。

②确定比较分布的特征。比较分布为自由度为4（类别数减1）的卡方分布。

③确定当虚无假设被拒绝时比较分布中的临界值。查附录表A-4，在0.01显著性水平上，自由度为4时，临界值为13.277。

④计算比较分布中的样本分数。卡方值为18.33。

⑤决定是否拒绝虚无假设。计算出的卡方值为18.33，大于临界值13.277。因此，可以拒绝虚无假设。

独立性卡方检验

Steil和Hay（1997）研究了不同学科的教授（法学、医学、金融等）在与他人比较时如何评价自己的工作状况（工资、福利、责任、地位等）。研究者关心的一个问题是有多少教授是与同性进行比较，又有多少是与异性进行比较，或两个性别都进行比较。下面是研究结果：

比较群体	被试者性别	
	男性	女性
同性	29	17
异性	4	14
双性	26	28

用假设检验的步骤，推断研究者是否可以说人们会根据自己的性别来确定他们会与什么性别的人进行比较（0.05 显著性水平）。

答案

表 11－17 展示了卡方检验的计算。

表 11－17　　**示例中卡方检验的计算**

		被试者性别		总计
		男性Ⓐ	女性Ⓑ	
对照	同性	29 (23)	17 (23)	46 (39.0%)
	异性	4 (9)	14 (9)	18 (15.3%)
	双性	26 (27)	28 (27)	54 (45.8%)
	总计	59	59	118

$df=(N_{列}-1)(N_{行}-1)=(2-1)\times(3-1)=1\times2=2$。②

卡方临界值（$df=2$，0.05 的显著性水平）：5.992。③

$$\chi^2=\sum\frac{(O-E)^2}{E}=\frac{(29-23)^2}{23}+\frac{(17-23)^2}{23}+\frac{(4-9)^2}{9}+\frac{(14-9)^2}{9}+\frac{(26-27)^2}{27}+\frac{(28-27)^2}{27}$$

$$=\frac{6^2}{23}+\frac{(-6)^2}{23}+\frac{(-5)^2}{9}+\frac{5^2}{9}\text{Ⓒ}+\frac{(-1)^2}{27}+\frac{1^2}{27}$$

$$=\frac{36}{23}+\frac{36}{23}+\frac{25}{9}+\frac{25}{9}\text{Ⓓ Ⓔ}+\frac{1}{27}+\frac{1}{27}$$

$$=1.57+1.57+2.78+2.78+0.04+0.04=8.78\text{。Ⓕ}$$

结论：拒绝虚无假设。⑤

注：资料来源于 Stell 和 Hay（1997）。计算得出的卡方值（8.78）因为存在四舍五入误差，所以跟文章中所报告的卡方值（8.76）有略微的差异。

①重新将问题表述为关于总体的研究假设和虚无假设。有两个总体：

总体 1：与研究中的教授相似的教授群体。

总体 2：那些自己的性别与他们要进行工作比较的人性别相互独立的教授群体。

虚无假设是两个总体是一样的，就是说无论男教授还是女教授，在进行工作比较时，在性别上没有差异。研究假设为两个总体是不一致的，即研究中与假设中的教授在进行工作比较时有性别差异。

②确定比较分布的特征。比较分布是自由度为 2 的卡方分布。

③确定当虚无假设被拒绝时比较分布中的临界值。查附录表 A－4，在 0.05 显著性水平上，自由度为 2 时，临界值为 5.992。

④计算比较分布中的样本分数。卡方值为 8.78。

⑤决定是否拒绝虚无假设。计算出的卡方值为 8.78，大于临界值 5.992。因此，可以拒绝虚无假设。

计算 2×2 列联表独立性卡方检验的效应量

有 85 名被试者，卡方值为 14.41，请计算效应量。

答案

$$\phi=\sqrt{\chi^2/\mathrm{N}}=\sqrt{14.41/85}=\sqrt{0.170}=0.41$$

计算列联表大于 2×2 时独立性卡方检验的效应量

以 Steil 和 Hay（1997）的研究为例进行计算。

答案

$$\text{Cramer's } \phi=\sqrt{\frac{\chi^2}{(\mathrm{N})(\mathrm{df}_{\text{较小}})}}=\sqrt{\frac{8.78}{118\times1}}=\sqrt{0.074}=0.27$$

写有关拟合度卡方检验的文章时，需要做以下说明

1. 说明卡方检验是用于称名变量的假设检验。拟合度卡方检验是为了检验单一变量有两个或以上水平的情况下，观察频数与期望频数分布是否一致。一定要说明研究中的虚无假设与研究假设分别是什么。

2. 解释这种情况下假设检验的基本思想。确定提到了要比较的是观察频数（实际研究中观察到的频数）和期望频数（基于某个理论或之前研究的频数）。二者之间差异的大小决定了是否拒绝虚无假设。

3. 说明比较分布是卡方分布。一定要明确卡方分布是由自由度决定的。说明如何计算自由度以及如何查表得出临界值。

4. 说明如何计算样本的卡方值。主要目的是计算出能代表研究中的观察频数与根据某个假设（如所有组数值相等）得出的期望频数间的总差异的数值。得到这个数值的方法是首先计算出观察频数与期望频数的差，将这个差值平方，然后除以期望频数。最后将计算得到的所有值相加。

5. 解释为什么要比较假设检验第③步与第④步的结果，以及如何比较。说明比较的意义和是否拒绝虚无假设。

写有关独立性卡方检验的文章时，需要做以下说明

与写有关拟合度卡方检验文章时的情况基本相同。需要注意的是独立性卡方检验针对的是两个称名变量间的关系。以研究中的真实数据进行举例，解释独立性的含义并计算每个单元格的期望频数的依据（每一列某个单元格占列总数的比例与这个单元格所在行总数占全部总数的比例相同）。

平方根转换

将下列数据进行平方根转换：

组 A	组 B	组 C
15	21	18
4	16	19
12	49	11
14	17	22

答案

组 A	组 B	组 C
3.88	4.58	4.24
2.00	4.00	4.36
3.46	7.00	3.32
3.74	4.12	4.69

秩次转换

将上面的数据进行秩次转换。

答案

组 A	组 B	组 C
5	10	8
1	6	9
3	12	2
4	7	11

练习题

以下练习题涉及计算。虽然在现实生活中，绝大多数统计问题是借助于特殊的统计软件用计算机完成的，但是即便你有这些软件，也要动手解决这些问题以便加深对所学方法的理解。如果想学习如何使用计算机解决本章中所遇到的统计问题，可以参考本章的“SPSS 应用”。

练习题中所使用的数据，除非指明来源，否则给出的所有数据都是虚构的。

第Ⅰ组（答案请参阅附录 B）

1. 在 0.05 显著性水平上用拟合度卡方检验对下列数据进行分析：

(a)	类别	期望	观察
	A	20%	19
	B	20%	11
	C	40%	10
	D	10%	5
	E	10%	5

(b)	类别	期望	观察
	Ⅰ	30%	100
	Ⅱ	50%	100
	Ⅲ	20%	100

(c)	类别	过去	观察
	1	100	38
	2	300	124
	3	50	22
	4	50	16

2. 一个社会服务中心计划雇用临时工来帮助完成工作。在计划时，服务中心需要知道在不同的季节雇用临时工是否有不同。去年冬天有 28 名新顾客，春天有 33 名，夏天有 16 名，秋天有 51 名。根据去年的数据，研究者能否认为季节会造成不同影响？（使用 0.05 显著性水平。）(a) 按照步骤进行拟合度卡方检验。(b) 将结果向一个从未学过统计学的人解释。

3. 在 0.01 显著性水平上对下面列联表进行独立性卡方检验，并计算每个列联表效应量的大小。

(a)

10	16
16	10

(b)

100	106
106	100

(c)

100	160
160	100

(d)

10	16	10
16	10	10

(e)

10	16	16
16	10	16

(f)

10	16	10
16	10	16

4. 一位政治分析家想要研究一个人居住的社区是否会影响他在即将到来的节约用水投票中的想法。研究通过电话访问了 90 名被试者。研究结果如下表所示。在 0.05 显著性水平上个人观点与其所居住社区有关吗？(a) 写出假设检验的步骤。(b) 计算 Cramer's ϕ 系数和统计检验力。(c) 将问题 (a) 和 (b) 的结果向一个从未学过统计学的人解释。

	社区 A	社区 B	社区 C
支持	12	6	3
反对	18	3	15
中立	12	9	12

5. 计算下列研究的效应量。

	N	卡方值	设计
(a)	100	16	2 × 2
(b)	100	16	2 × 5
(c)	100	16	3 × 3
(d)	100	8	2 × 2
(e)	200	16	2 × 2

6. 在 0.05 显著性水平上下列研究独立性卡方检验的统计检验力是多少？

	预测的效应量	设计	N
(a)	小	2 × 2	25
(b)	中等	2 × 2	25
(c)	小	2 × 2	50
(d)	小	2 × 3	25
(e)	小	3 × 3	25
(f)	小	2 × 5	25

7. 在 0.05 显著性水平上要使有 80%的可能性独立性卡方检验结果显著，需要多少名被试者？

	预测的效应量	设计
(a)	中等	2 × 2
(b)	大	2 × 2
(c)	中等	2 × 5
(d)	中等	3 × 3
(e)	大	2 ×3

8. Lydon、Pierce 和 O'Regan（1997）比较了异地恋爱与本地恋爱的差别。研究者首先对一组刚离开家一个月到麦吉尔大学开始第一学期课程学习的新生进行了问卷施测。一些大学生的恋人在麦吉尔，另一些的则在远离麦吉尔的地区。研究者在秋季学期对这些学生又一次施测，访问他们是否还与恋人保持联系。研究结果如下：

> 69 名被试者中 55 名是异地恋爱，14 名是本地恋爱（200 千米以内）。在第二次测试中，14 名本地恋爱中有 12 名被试者仍保持联系（86%），55 名异地恋爱中只有 28 名仍保持联系（51%），$\chi^2(1, N=69)=5.55$，$p<0.02$。(p.108)

(a) 计算卡方值（在误差范围内，结果应该一致）。(b) 计算效应量。(c) 将问题 (a) 和 (b) 的结果向一个从未学过统计学的人解释。

9. 将下列数据进行平方根转换。

(a) 16，4，9，25，36

(b) 35，14.3，13，12.9，18

10. 研究者比较了 10 种文化下的家庭大小，其中 5 个家庭属于 A 语言组，另 5 个家庭属于 B 语言组。组 A 的结果为：1.2，2.5，4.3，3.8，7.2。组 B 的结果为：2.1，9.2，5.7，6.7，4.8。10 种文化、不同语言组家庭大小是否有差别？（使用 0.05 显著性水平。）(a) 用原始数据进行独立样本 t 检验。(b) 将数据进行平方根转换。(c) 用转换后的数据进行独立样本 t 检验。(d) 将这样做的原因及实施过程向一个了解 t 检验但不了解平方根转换的人解释。

11. 研究者将被试者随机分配到 3 种电影类型小组中：一种是让人悲伤的电影，一种是让人生气的电影，一种是让人兴奋的电影。然后给被试者一系列照片，让他们评估照片中人物有多诚实。悲伤电影组的结果为：201，523，614。生气电影组的结果为：136，340，301。兴奋电影组的结果为：838，911，1 007。(a) 对原始数据进行方差分析（使用 $p<0.01$）。(b) 将数据进行平方根转换。(c) 用转换后的数据进行方差分析。(d) 将这样做的原因以及实施过程向一个了解方差分析但不了解平方根转换的人解释。

12. Miller (1997) 考察了恋爱承诺与人们对其他有吸引力个体的注意时间的关系。在这项研究中，向被试者展示一系列有吸引力的个体的照片。在报告的结果的最开始部分，Miller 指出："人们对其他有吸引力的个体的注意时间呈正偏态分布，所以对数据进行了对数转换。"(p. 760) 解释这段话的含义及进行对数转换的原因，并向一个了解一般参数检验但不了解数据转换的人解释。

第Ⅱ组

13. 在 0.01 显著性水平上用拟合度卡方检验对下列数据进行分析：

(a)	类别	期望	观察
	1	2%	5
	2	14%	15
	3	34%	90
	4	34%	120
	5	14%	50
	6	2%	20

(b)	类别	期望比例	观察
	A	1/3	10
	B	1/6	10
	C	1/2	10

14. 一位研究者想要知道他的样本选取是否符合其所在社区族裔的分布情况。他的研究包含 300 名白人、80 名非洲裔美国人、100 名拉美裔美国人、40 名亚裔美国人和 80 名其他。在他的社区中，根据前人研究，理论分布应为：48%白人，12%非洲裔美国人，18%拉美裔美国人，9%亚裔美国人，13%其他。他的研究样本是否符合总体分布？(使用 0.05 显著性水平。) (a) 按步骤进行拟合度卡方检验。(b) 将结果向一个从未学过统计学的人解释。

15. 在 0.05 显著性水平上，对下列列联表进行独立性卡方检验并计算每个列联表的效应量。

(a)

0	18
18	0

(b)

0	0	18
9	9	0

(c)

0	0	9	9
9	9	0	0

(d)

20	40
0	40

16. 下列结果是从某研究中抽取出来的。研究考察了人们买芭蕾舞票是否与座位类型和观看频率有关。结果是否显著？(使用 0.05 显著性水平。) (a) 写出假设检验的步骤。(b) 计算效应量。(c) 将问题 (a) 和 (b) 的结果向一个从未学过统计学的人解释。

		观看频率	
		经常	偶尔
座位类型	乐队演奏处	20	80
	特等席	20	20
	包厢	40	80

17. 计算下列研究的效应量。

	N	卡方值	设计
(a)	40	10	2×2
(b)	400	10	2×2
(c)	40	10	4×4
(d)	400	10	4×4
(e)	40	20	2×2

18. 使用 $p<0.05$ 的独立性卡方检验，下列计划的研究的统计检验力是多少？

	预测的效应量	设计	N
(a)	中等	2×2	100
(b)	中等	2×3	100
(c)	大	2×2	100
(d)	中等	2×2	200
(e)	中等	2×3	50
(f)	小	3×3	25

19. 使用 $p<0.05$ 的独立性卡方检验，要使独立性卡方检验的结果有 80%的统计检验力，需要多少名被试者？

	预测的效应量	设计
(a)	小	2×2
(b)	中等	2×2
(c)	大	2×2
(d)	小	3×3
(e)	中等	3×3
(f)	大	3×3

20. Everett、Price、Bedell 和 Telljohann（1997）随机向病人发送邮件。如果回答问卷则给予 1 美元奖励（实验组），另一半是无奖励控制组。研究想要知道是否很小的奖励也有助于人们回答问卷。研究结果如下：

> 300 名被试者组成实验组，39 名没有回复，2 名没有完整回复，164 名给予了完整回复。实验组回复率为 63% [164/(300−39)=0.63]。300 名被试者组成的控制组中 40 名没有回复，118 名给予完整回复，控制组的回复率为 45% [118/(300−40)=0.45]。对实验组和控制组进行卡方检验，结果表明实验组回复率显著高于控制组 [$\chi^2(1, N=521)=16.0$，$p<0.001$]。

(a) 计算卡方值（在误差范围内，结果应该一致）。(b) 计算效应量。(c) 将问题（a）和（b）的结果向一个从未学过统计学的人解释。

21. 将下列数据进行平方根转换。

(a) 100，1，64，81，121

(b) 45，30，17.4，16.8，47

22. 一项研究比较了五年级学生在一项新任务上的表现，他们要么独自完成任务，要么在陌生人面前完成任务，要么在朋友面前完成任务。单独状态的学生得分为：1，1，0；陌生人状态的学生得分为：2，6，1；朋友状态的学生得分为：3，9，10。(a) 在 0.05 显著性水平上使用实际分数进行方差分析。(b) 对分数进行平方根转换（为保持简单，将转换后的分数四舍五入到小数点后一位）。(c) 使用转换后的差异分数进行方差分析。(d) 将你所做的事情以及原因向一个了解方差分析但不了解数据转换的人解释。

23. 一名研究人员围绕美国总统的一次重要电视讲话进行了一项实验。演讲结束后，三名被试者被随机分配听电视台政治评论员的评论。另外三个人被分配在同一时间关上电视，静静地思考演讲内容。然后，对两组被试者都进行问卷调查，评估他们准确记住演讲内容的情况。听到评论员评论的那组人的分数为 4，0，1。安静思考的那组人的分数分别是 9，3，8。听到评论会影响记忆吗？使用 0.05 显著性水平，单侧检验，预测安静思考组的分数更高。(a) 用实际分数进行独立样本 t 检验。(b) 对分数进行平方根转换（为保持简单，将转换后的分数四舍五入到小数点后一位）。(c) 使用转换后的分数进行独立样本 t 检验。(d) 将你所做的事情以及原因向一个了解独立样本 t 检验但不了解数据转换的人解释。

24. 作为一项较大规模研究的一部分，Betsch、Plessner、Schwieren 和 Gutig（2001）操纵了对电视广告中呈现的信息的注意力，然后向被试者提出关于广告内容的问题，以此来检查他们的操纵成功与否。他们报告说：

> 被指示注意广告的被试者正确回答了 51.5%的问题。在其他情况下，只有 41.1%的问题被正确回答了。根据 Mann-Whitney U 检验，该差异是显著的，$U(84)=2\,317.0$，$p<0.01$。这表明注意力操纵是有效的。(p. 248)

向一个熟悉 t 检验但不熟悉秩次检验的人解释这些研究人员这么做的思想（以及为什么他们没有使用普通的 t 检验）。

SPSS 应用

在操作中出现图标时，就表示要单击鼠标。（我们使用 SPSS17.0 版本来运行数据，所以步骤和输出结果可能和其他的 SPSS 版本不太一样。）

使用实际数据学习卡方检验的 SPSS 步骤更容易。举个例子，假设你是一个 20 人班级的学生，你想确定这个班级的学生是否在大一和大二学生中平均分配（这个班级不向其他年级的学生开放）。我们将使用拟合度卡方检验来回答这个问题。图 11-10 的第一列显示了每个学生在大学的学年。

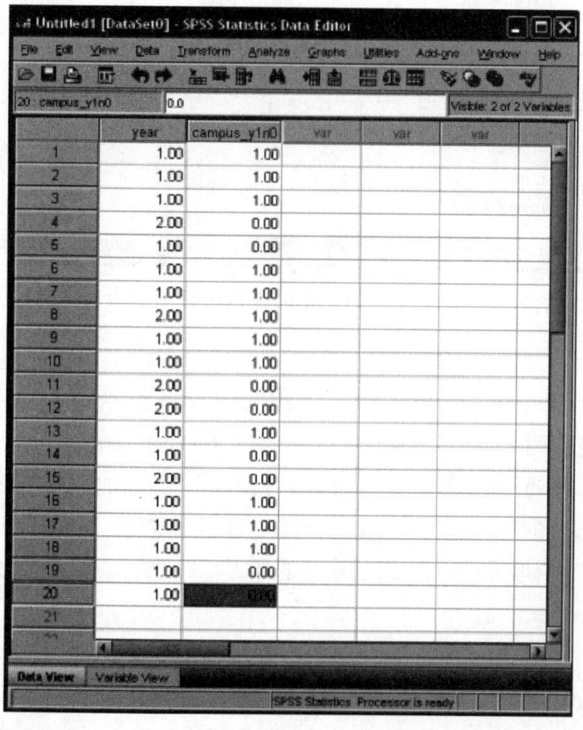

	year	campus_y1n0	var	var	var
1	1.00	1.00			
2	1.00	1.00			
3	1.00	1.00			
4	2.00	0.00			
5	1.00	0.00			
6	1.00	1.00			
7	1.00	1.00			
8	2.00	1.00			
9	1.00	1.00			
10	1.00	1.00			
11	2.00	0.00			
12	2.00	0.00			
13	1.00	1.00			
14	1.00	0.00			
15	2.00	0.00			
16	1.00	1.00			
17	1.00	1.00			
18	1.00	1.00			
19	1.00	0.00			
20	1.00	0.00			
21					

图 11-10　考察特定班级的大一、大二学生的分布及其是否住校的虚构研究中的 SPSS 数据编辑窗口

拟合度卡方检验

①将分数输入SPSS。如图11－10所示，每个人的分数在单独的行中列出。我们将变量标记为“year”（年）。（目前，你可以忽略“campus _ y1n0”变量。）

② Analyze（分析）。

③ Nonparametric Tests（非参数检验）， Chi-Square（卡方）。

④变量“year”，然后标记为“Test Variable List”（检验变量列表）的方框旁边的箭头。这告诉SPSS，应对称名变量“year”的得分进行拟合度卡方检验。请注意，在“Expected Values”（期望值）框中，默认选择了“All categories equal”（所有类别都相等）选项。这意味着SPSS将进行卡方分析，将你从样本中观察到的频数分布与基于类别间分数平均分布的期望频数分布进行比较。如果你希望使用不同的期望频数分布，请选择“Values”（值）选项并输入适当的期望值。

⑤ OK（确定）。你的SPSS输出窗口应该如图11－11所示。

SPSS输出中的第一个表给出了观察频数、期望频数以及观察频数和期望频数之间的差值［在“Residual”（残差）列中］。第二个表给出了卡方值、自由度和确切的显著性水平。0.025的显著性水平（卡方值为5.00）小于0.05的临界值，这意味着可以拒绝虚无假设。因此，你可以得出结论：这个班的学生在大一和大二学生中没有平均分配。

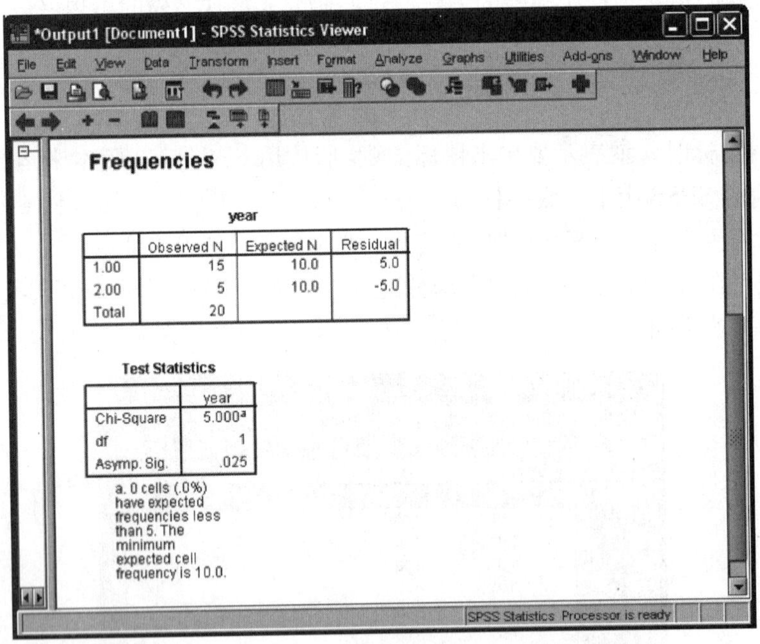

Frequencies

year

	Observed N	Expected N	Residual
1.00	15	10.0	5.0
2.00	5	10.0	-5.0
Total	20		

Test Statistics

	year
Chi-Square	5.000a
df	1
Asymp. Sig.	.025

a. 0 cells (.0%) have expected frequencies less than 5. The minimum expected cell frequency is 10.0.

图11－11 考察特定班级的大一、大二学生的分布的虚构研究中拟合度卡方检验的SPSS结果输出窗口

独立性卡方检验

使用与拟合度卡方检验相同的例子来检验，让我们假设你感兴趣的是，对于这个特定的班级，住在校园里的学生和不住在校园里的学生，大一和大二学生的分布是否不同。

为了回答这个问题（涉及两个称名变量），我们将使用独立性卡方检验来检验。

①将分数输入SPSS。如图11－10所示，每个人的得分列在单独的一行中。我们将变量标记为“year”和“campus _ y1n0”。（我们给住在校园里的学生赋值为“1”，给不住在校园里的学生赋值为“0”。）

② Analyze（分析）。

③ Descriptive Statistics（描述性统计）， Crosstabs（交叉表）。

④名为“campus _ yln0”的变量，然后标记为“Row(s)”（行）的方框旁边的箭头，名为

“year”的变量，然后标记为“Column(s)”（列）的方框旁边的箭头。（不管哪个变量分配给行，哪个变量分配给列，结果是一样的。）

⑤ Statistic（统计量）。标记为“Chi-square”（卡方）的方框（勾选此框）。 Continue（继续）。

⑥ OK（确定）。你的 SPSS 输出窗口应该如图 11－12 所示。

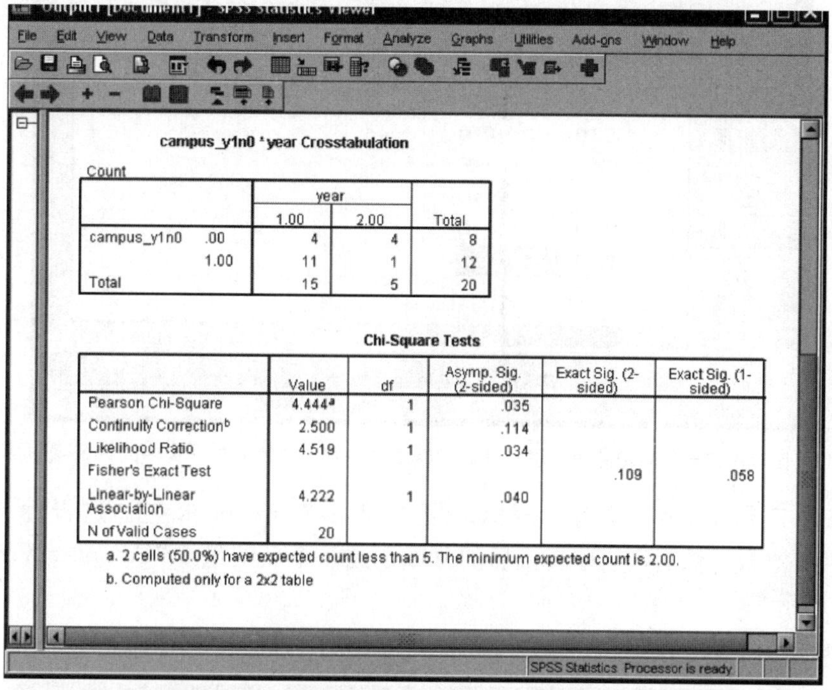

campus_y1n0 * year Crosstabulation

Count

		year 1.00	year 2.00	Total
campus_y1n0	.00	4	4	8
	1.00	11	1	12
Total		15	5	20

Chi-Square Tests

	Value	df	Asymp. Sig. (2-sided)	Exact Sig. (2-sided)	Exact Sig. (1-sided)
Pearson Chi-Square	4.444[a]	1	.035		
Continuity Correction[b]	2.500	1	.114		
Likelihood Ratio	4.519	1	.034		
Fisher's Exact Test				.109	.058
Linear-by-Linear Association	4.222	1	.040		
N of Valid Cases	20				

a. 2 cells (50.0%) have expected count less than 5. The minimum expected count is 2.00.

b. Computed only for a 2x2 table

图 11－12　考察特定班级的大一、大二学生的分布及其是否住校的虚构研究中独立性卡方检验的 SPSS 结果输出窗口

SPSS 输出中的第一个表（图 11－12 中没有显示）给出了每个变量对应的个体数，以及是否有缺失的分数。第二个表（标记为“campus _ y1n0 * year Crosstabulation”）给出了两个称名变量（“campus _ y1n0”和“year”）观测值的列联表。第三个表（标记为“Chi-Square Tests”）显示了独立性卡方检验的实际结果，以及其他检验的结果。独立性卡方检验的结果在第一行提供（标记为“Pearson Chi-Square”），显示卡方值、自由度和确切的显著性水平。0.035 的显著性水平（卡方值为 4.444）低于我们的临界值 0.05。因此，你可以拒绝虚无假设。这意味着你可以得出结论：根据学生住在校内还是校外，大一和大二学生的分布是不同的。

数据转换

我们将使用比较高敏感度儿童和非高敏感度儿童在过去一年读书量的分数的平方根转换的例子（见表 11－10 和表 11－11）。

①将分数输入 SPSS。如图 11－13 所示，每个孩子的分数显示在“books”（书籍）一列中。“sensitive”（敏感度）一列的得分显示孩子是非高敏感度（得分为“0”）或高敏感度（得分为“1”）。虽然数据转换不需要“sensitive”分数，但它们对计算转换后分数的独立样本 t 检验很重要（见表 11－12）。

② Transform（转换）。

③ Compute Variable（计算变量）。这将打开一个“Compute Variable”窗口。

④通过在“Target Variable”（目标变量）框中输入“sqrtbooks”来命名新变量（它将是“books”变量得分的平方根）。（你可以为新变量指定任何名称，但最好为它指定一个描述其计算方式的名称。我们建议将 SPSS 变量名控制在 10～12 个字符以内。）

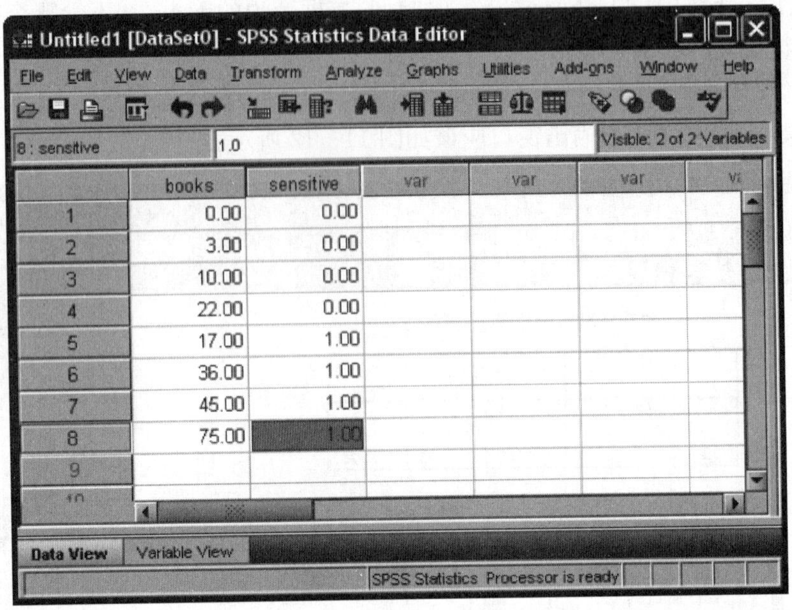

图11-13　比较过去一年高敏感度儿童和非高敏感度儿童读书量的虚构研究中的SPSS数据编辑窗口

⑤在"Numeric Expression"（数字表达式）框中键入"sqrt(books)"。这告诉SPSS为"books"变量取每个分数的平方根，然后用这些转换后的分数创建一个新变量。"Compute Variable"窗口现在应该如图11-14所示。

⑥✐OK（确定）。

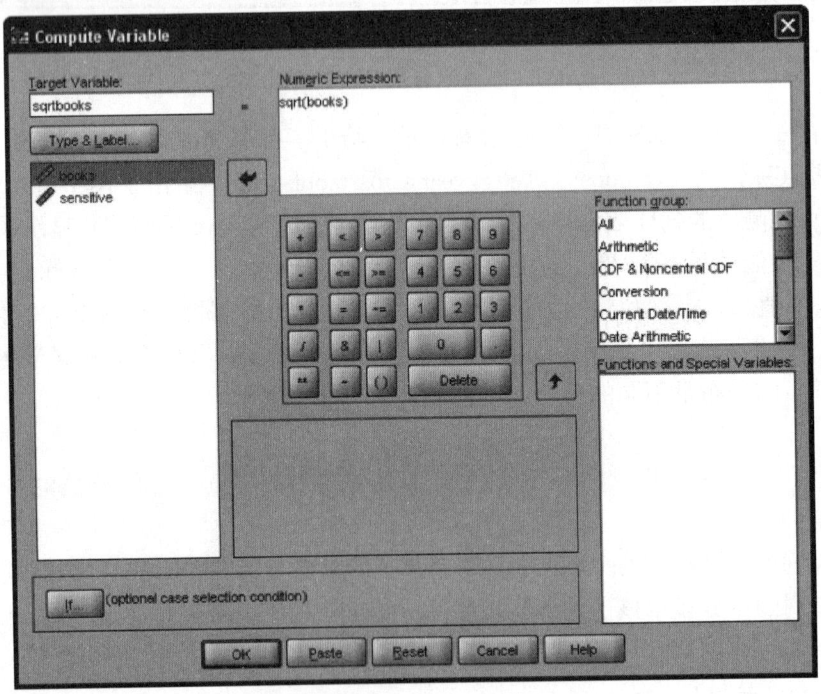

图11-14　比较过去一年高敏感度儿童和非高敏感度儿童读书量的虚构研究中的SPSS变量计算窗口

注：图中正在对"book"变量分数进行平方根运算。

你的SPSS数据编辑器窗口现在应该如图11-15所示。你现在可以使用独立样本t检验中的"sqrtbooks"得分来比较非高敏感度儿童和高敏感度儿童的得分。在图11-16中，我们展示了独立样本t检验的SPSS输出结果。该t检验的结果与表11-12相同（在四舍五入误差内）。

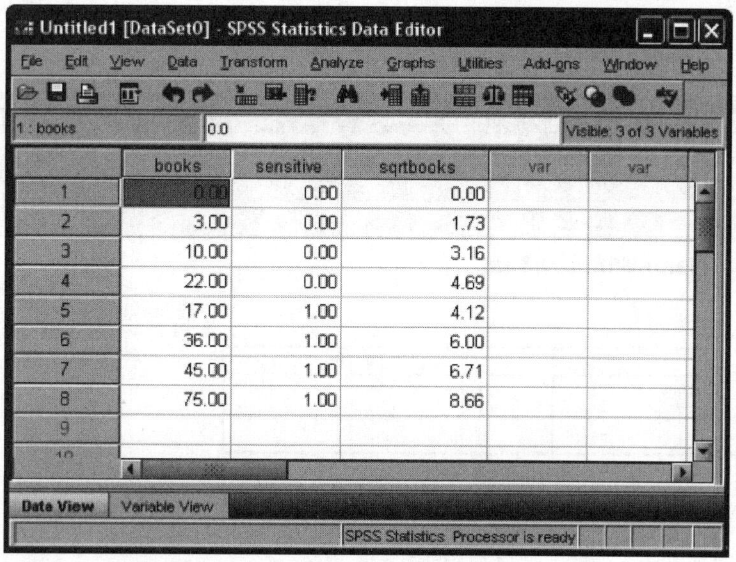

图 11-15　比较过去一年高敏感度儿童和非高敏感度儿童读书量的虚构研究中的 SPSS 数据编辑窗口

注：图中包括对"book"变量分数进行平方根转换之后的数据。

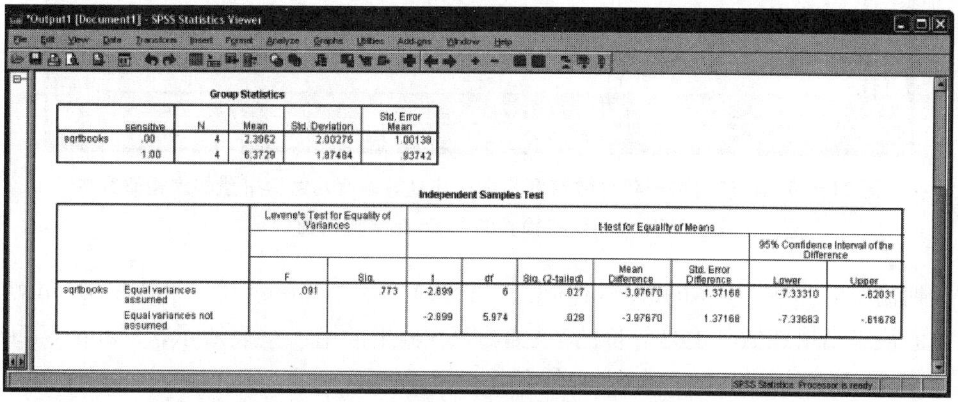

图 11-16　比较过去一年高敏感度儿童和非高敏感度儿童读书量的虚构研究中独立样本 *t* 检验的 SPSS 结果输出窗口

秩次检验

我们将以 Wilcoxon 秩和检验为例，比较高敏感度儿童和非高敏感度儿童在过去一年的读书量（见表 11-14）。

①将分数输入 SPSS。如图 11-13 所示，每个孩子的分数都显示在"books"（书籍）一列中。"sensitive"（敏感度）一列的得分显示孩子是非高敏感度（得分为"0"）或高敏感度（得分为"1"）。

②✎ Analyze（分析）。

③✎ Nonparametric tests（非参数检验）。

④✎ 2 Independent Samples（两个独立样本）。

⑤✎名为"books"的变量，然后✎标记为"Test Variable List"（检验变量列表）的方框旁边的箭头，这告诉 SPSS 应该对"books"变量的得分进行秩次检验。

⑥✎名为"sensitive"的变量，然后✎标记为"Grouping Variable"（分组变量）的方框旁边的箭头，这告诉 SPSS，一个叫"sensitive"的变量显示了哪一个人属于哪一组。✎ Define Groups（定义组）。你现在告诉 SPSS 你用来标记每个组的值。将"0"键入组 1 的方框中，将"1"键入组 2 的方框

中。✐Continue（继续）。

⑦✐OK（确定）。你的 SPSS 输出窗口应该如图 11－17 所示。

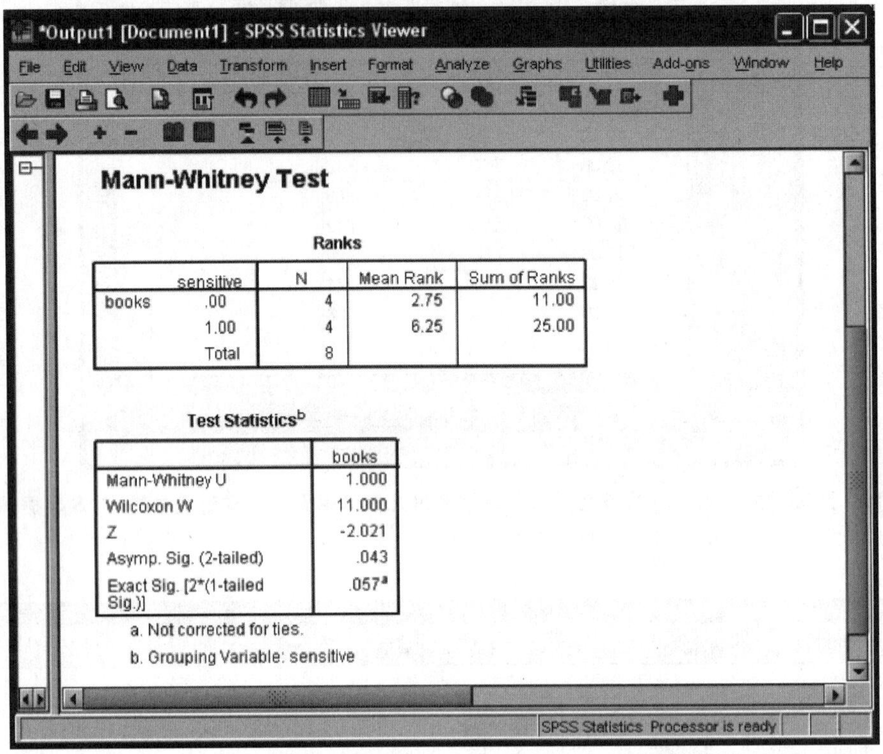

Mann-Whitney Test

Ranks

	sensitive	N	Mean Rank	Sum of Ranks
books	.00	4	2.75	11.00
	1.00	4	6.25	25.00
	Total	8		

Test Statistics[b]

	books
Mann-Whitney U	1.000
Wilcoxon W	11.000
Z	-2.021
Asymp. Sig. (2-tailed)	.043
Exact Sig. [2*(1-tailed Sig.)]	.057[a]

a. Not corrected for ties.

b. Grouping Variable: sensitive

图 11－17　比较过去一年高敏感度儿童和非高敏感度儿童读书量的虚构研究中 Wilcoxon 秩和检验的 SPSS 结果输出窗口

你将注意到输出的标题为“Mann-Whitney Test”。Mann Whitney 检验和 Wilcoxon 秩和检验的计算方法不同，但最终结果在数学上是等价的。（如 SPSS 输出的第二个表所示，Mann-Whitney 和 Wilcoxon 秩和检验的显著性水平相同。）SPSS 输出的第一个表（标记为“Ranks”）提供了关于这两个变量的信息。第一列给出了“sensitive”分组变量的级别（0 和 1，分别表示非高敏感度组和高敏感度组）。第二、第三和第四列分别给出了每组的个体数、平均秩，以及每组的秩和。

SPSS 输出（标记为“Test Statistics”）的第二个表显示了非参数秩次检验的实际结果。我们在这里关注的是 Wilcoxon 秩和检验的结果（但是总体显著性水平和结论是相同的，不管你考虑的是哪种检验结果）。注意，值 11.000 与非高敏感度组的等级总和（秩和）相同，如表 11－14 所示。此结果的确切显著性水平为 0.043［显示在“Asymp. Sig.(2-tailed)”行中］，用于双侧检验。在这个例子中，我们使用的是单侧检验，所以双侧显著性为 0.043 代表单侧显著性为 0.043/2，也就是 0.021 5。0.021 5 的显著性水平低于本例的临界值 0.05。这意味着你可以拒绝虚无假设，研究假设得到支持。

“你学会了吗?”答案

11.1

1. 当你想要检验多种类别中人员（或观测值）的样本分布是否能够代表多种类别中人员（或观测值）的预期总体分布（这个总体与另一个总体存在显著差异）时，你可以使用拟合度卡方检验。

2. Ⓐ**确定每个类别的实际的观察频数。**这是所研究的样本的关键信息。

Ⓑ**确定每个类别的期望频数。**知道了期望频数，就可能对观察频数进行直接比较。

Ⓒ**对于每个类别，用观察频数减去期望频数。**这是样本的分布和代表预期总体的分布的直接比较。

Ⓓ将每个差值平方。通过这种方式去掉差值的方向性（因为我们感兴趣的只是差值的大小）

Ⓔ用每个类别的差值平方除以该类别的期望频数。这是根据期望频数的绝对大小调整差异程度。

Ⓕ将第Ⓔ步中计算得到的所有类别的结果相加。这是为你提供总差异程度的统计值。

3. 卡方值公式：$\chi^2=\sum (O-E)^2/E$。式中，χ^2 即为卡方值。$\sum$为求和的标志，表示所有类别的差异总和。O 表示观察频数，E 表示期望频数。

4.（a）卡方分布是指对于任何特定数目的类别，你从一个总体中计算出大量的样本卡方值时，其中被试者在不同类别上的分布是你所期望的分布。（b）卡方分布是正偏态分布。（c）因为卡方值不可能小于 0（因为分子是平方数，一定是正数，而分母是期望的个体数目，也一定是正数），但是卡方值可以是无限大的。

5. **①重新将问题表述为关于总体的研究假设和虚无假设。**有两个总体：

总体 1：如例子中所示的人群。

总体 2：第一个类别占 60%、第二个类别占 40%的人群。

研究假设为第一个类别理论上分布 60%的人，第二个类别理论上分布 40%的人。虚无假设为第一个类别的人数分布不是 60%，第二个类别也不是 40%。

②确定比较分布的特征。这个例子中的比较分布是自由度为 1 的卡方分布（$df=N_{类别}-1=2-1=1$）。

③确定当虚无假设被拒绝时比较分布中的临界值。$df=1$，在 0.05 的显著性水平上，卡方临界值为 3.841。

④计算比较分布中的样本分数。

Ⓐ确定每个类别的实际的观察频数。如题所示，为 15 和 35。

Ⓑ确定每个类别的期望频数。总共有 50 人，预期按 60%- 40%分配，那么两个类别的期望频数分别为 30 和 20。

Ⓒ对于每个类别，用观察频数减去期望频数。结果是-15（即 $15-30=-15$）和 15（即 $35-20=15$）。

Ⓓ将每个差值平方。两者都是 225［即 $(-15)^2=225$，$15^2=225$］。

Ⓔ用每个类别的差值平方除以该类别的期望频数。第一个类别的结果为 7.5（即 225/30=7.5），第二个类别的结果为 11.25（即 225/20=11.25）。

Ⓕ将第Ⓔ步中计算得到的所有类别的结果相加。$7.5+11.25=18.75$。

⑤决定是否拒绝虚无假设。样本的卡方值 18.75 比临界值 3.841 更极端，拒绝虚无假设；样本中的人不是按 60%- 40%分配的。

11.2

1.（a）独立性卡方检验主要用于，当你知道两个称名变量水平的各种组合内的人数，并且你想要检验样本的非独立性是否足以拒绝总体的独立性这一虚无假设时。（b）独立性卡方检验关注的是两个称名变量的独立性。而在拟合度卡方检验中，关注的是一个单一称名变量的不同类别上的人数分布。

2.（a）**①确定总数的每一行的百分比。②每个单元格中，用行百分比乘以该列的总数。**（b）$E=(R/N)(C)$。E 表示具体某个单元格的期望频数，R 表示单元格所在一行的观察到的人数。N 表示总人数。C 表示单元格所在一列的观察到的人数。

3.（a）$df=(N_{列}-1)(N_{行}-1)$。df 表示自由度，$N_{行}$表示列数，$N_{列}$表示行数。（b）自由度是指在行和列总数都规定好之后，可以自由变化的单元格总数。如果你知道除某一列之外的所有列的总数，则可以通过减法计算剩余列单元格中的总数。类似地，如果你知道除某一行之外的所有行的总数，则可以通过减法计算剩余行单元格中的总数。

4. **①重新将问题表述为关于总体的研究假设和虚无假设。**有两个总体：

总体1：本研究中的人群。

总体2：是早起鸟还是夜猫子与乘坐何种交通工具上班相互独立的人群。

虚无假设是，这两个总体是相同的（一般来说，早起鸟和夜猫子使用不同类型的交通工具的比例是相同的）；研究假设是，这两个总体是不同的（一般来说，早起鸟和夜猫子使用不同类型的交通工具的比例是不同的）。

②确定比较分布的特征。这个卡方分布的自由度为2。$df=(N_{列}-1)(N_{行}-1)=(3-1)\times(2-1)=2$。

③确定当虚无假设被拒绝时比较分布中的临界值。查附录表A-4，在0.01显著性水平上，自由度为2时，临界值为9.221。

④计算比较分布中的样本分数。

Ⓐ确定每个单元格的实际的观察频数。如问题中的列联表所示。

Ⓑ确定每个单元格的期望频数。以右下角的单元格（夜猫子/私家车单元格）为例。

ⅰ确定总数的每一行的百分比。夜猫子一行的80人占总人数200人的40%。

ⅱ每个单元格中，用行百分比乘以该列的总数。私家车一列的总数为70人；70的40%为28（40%×70=28）。

Ⓒ对于每个单元格，用观察频数减去期望频数。比如，对于夜猫子/私家车单元格来说，结果为12（40－28=12）。

Ⓓ将每个差值平方。比如，对于夜猫子/私家车单元格来说，结果为144（$12^2=144$）。

Ⓔ用每个单元格的差值平方除以该单元格的期望频数。比如，对于夜猫子/私家车单元格来说，结果为5.14（144/28=5.14）。

Ⓕ将第Ⓔ步中计算得到的所有单元格的结果相加。3+0+3.43+4.5+0+5.14=16.07。

⑤决定是否拒绝虚无假设。样本卡方值16.07大于临界值9.221。因此，你可以拒绝虚无假设，支持在总体中这两个变量不独立的研究假设。也就是说，早起鸟和夜猫子所用的上班交通工具类型所占的比例是不同的。

11.3

1. 卡方检验唯一的前提假设是每个类别或单元格中的值是来自不同的被试者。

2. (a) 2×2独立性卡方检验的效应量指标是ϕ系数。(b) 效应量的公式为：$\phi=\sqrt{\chi^2/N}$。ϕ表示ϕ系数（2×2列联表独立性卡方检验的效应量）；χ^2表示样本卡方值；N表示研究中的被试者数量。(c) 科恩公约：ϕ系数等于0.10表示较小的效应量，ϕ等于0.30表示中等水平的效应量，ϕ等于0.50表示较大的效应量。(d) 效应量：$\phi=\sqrt{\chi^2/N}=\sqrt{12/100}=0.35$。

3. (a) Cramer's ϕ系数。(b) 公式：Cramer's $\phi=\sqrt{\chi^2/[(N)(df_{较小})]}$。Cramer's ϕ表示Cramer's ϕ系数（独立性卡方检验的效应量）；χ^2表示样本卡方值；N表示研究中的被试者总数，$df_{较小}$表示列联表较小边的自由度。(c) 科恩公约：0.06。(d) Cramer's $\phi=\sqrt{\chi^2/[(N)(df_{较小})]}=\sqrt{20/(200\times3)}=0.18$。

4. 检验力：0.36。

5. 在采用独立性卡方检验的研究中，统计检验力的两个影响因素：被试者数量和自由度。（还有一个因素我们在这里不讨论，但是它在任何显著性检验中都影响卡方检验的统计检验力，它就是所选的显著性水平。）

6. 需要87名被试者。

11.4

1. t检验和方差分析的两个主要前提假设是总体正态分布和方差齐性。

2. (a) 观察样本分布。(b) 样本（尤其是较小的样本）可能与总体会有相当不同的分布形态和变异。

3.（a）异常值就是极端数据。（b）异常值可能会对大多数统计过程产生特别大的干扰，是因为大多数统计过程是以离均差的平方为基础的。因此，当异常值导致了大的离均差的平方时，异常值的极端性就会成倍影响统计过程。

11.5

1. 数据转换就是按照一定的规则对每一个数据进行相同的改变（比如取平方根或取对数）。

2. 进行数据转换是为了让分布更像一条正态曲线（或使组间的变异更接近相等）。

3. 对所有的分数都这样处理是合理的，而不是为了让结果符合研究者的预测，而且分数间距离的潜在含义是任意的。

4.（a）数据不符合正态分布。（b）因为数据呈正偏态分布。（c）对数据进行平方根转换，转换之后的结果为：2，4，5，5，5，6，8。（d）转换后的数据符合正态分布。（e）因为中间的数据集中在中间，两个极端值平均分布在两侧。

11.6

1.（a）秩次转换是将所有数据都按照从小到大的顺序进行排列的数据转换方法。（b）进行这样的转换是为了让数据分布有一个标准的形态。（c）秩次检验是对等级数据进行的一种特殊的显著性检验程序。

2. 5＝3，18＝5，3＝2，9＝4，2＝1。（也就是说，等级是 3，5，2，4，1。）

3.（a）用 Wilcoxon 秩和检验或者 Mann-Whitney U 检验。（b）按照显著性检验表找出最大的等级之和（秩和）临界值，之后将所有的数据转换成等级，将各组的等级数相加，将等级数之和最小组的等级和与查找到的临界值进行比较。

4.（a）对数据进行等级转换然后进行参数检验，得到的结果与标准参数检验的结果相似。（b）总体分布不符合正态分布。（c）秩次检验是在明确总体分布的情况下才进行的，并在此基础上使用精确的概率。

5.（a）优点：你可以用熟悉的参数检验的方法，并且转换使结果更接近测量的真实含义。（b）缺点：该方法并不总是有效，可能歪曲测量的本质意义。（c）优点：可以不考虑分布，并且等级顺序（秩次）可以更好地反映测量的真实含义。（d）缺点：这种方法并不常见，并且到目前为止并没有开发出适合更复杂条件的统计方法来进行计算，此外等级间的关联（普遍存在）会歪曲检验的准确性。

第 12 章

统计方法在实际研究中的应用

本章内容提要

☆ 研究设计：选择统计检验方法
☆ 计算检验力以及所需的样本容量
☆ 实施研究
☆ 数据筛选
☆ 进行主要分析
☆ 撰写结果
☆ 结束语
☆ 本章点拨
小结
主要术语

这一章会帮助你将之前所学的知识应用到自己的研究中。我们将用简洁的语言为你的研究提供更多实用的建议。

成功小贴士

学习本章之前，你应该确保自己已经掌握了前面几章的内容，已经掌握了前面有关章节所附带的“SPSS 应用”。

现在就要开始你的研究设计了。你已充分了解行为与社会科学研究中几种主要的统计方法，并且也能够理解学术论文中所用的统计方法。为了帮助你更熟练地将所学的方法应用到研究中，我们会在这章提供一些其他的方法。这一章重点会从研究设计的统计方面（确定恰当的统计方法和所需的样本容量）入手，然后转向结果处理：录入数据，检查并处理缺失数据（比如，被试者漏答题目），确定是否每一个变量的分数都符合你的研究假设（如果不符合该如何做），进行分析并得出研究结果。以上这些都是从研究课题的统计分析方面来说的。Web Chapter W1（参见 www.pearsonhighered.com）对研究方法有更加简要的概括。

研究设计：选择统计检验方法

一旦你对某一研究问题有了想法，接下来就是针对该问题制定详细的研究设计。理想的实验设计涉及平衡实验组和控制组，平衡实验情境、外部效度以及测量方法。

在进行一项新的研究之前，有经验的研究者就会考虑在研究中使用何种统计方法。否则你会发现没有可用的统计方法或者统计方法由于种种原因不能完全满足你的设计。你还要事先想好使用什么统计检验，进而确定研究需要的被试者数量（样本容量）以及研究的统计检验力。

等距数据的检验方法

在大多数研究中，分数是通过近似等距量表测量得到的（详见第 1 章对“测量水平”的讨论）。图 12－1 显示的是在这种情况下决定采用何种统计方法的决策图。你可以通过回答决策图中的问题选出合适的统计方法。决策图中的第一个问题：你要检验的是不同平均数间的差异还是变量之间的关联？比如，假设有一项研究比较不同颜色字体对阅读时间的影响。这项研究关心的是不同颜色对应所用阅读时间平均数间的差异。而另一项研究关注的是母亲的年龄与其第一胎子女年级的关系（换句话说，通过母亲的年龄是否可以预测其第一胎子女所读年级），这项研究关心的是变量间的相关关系。

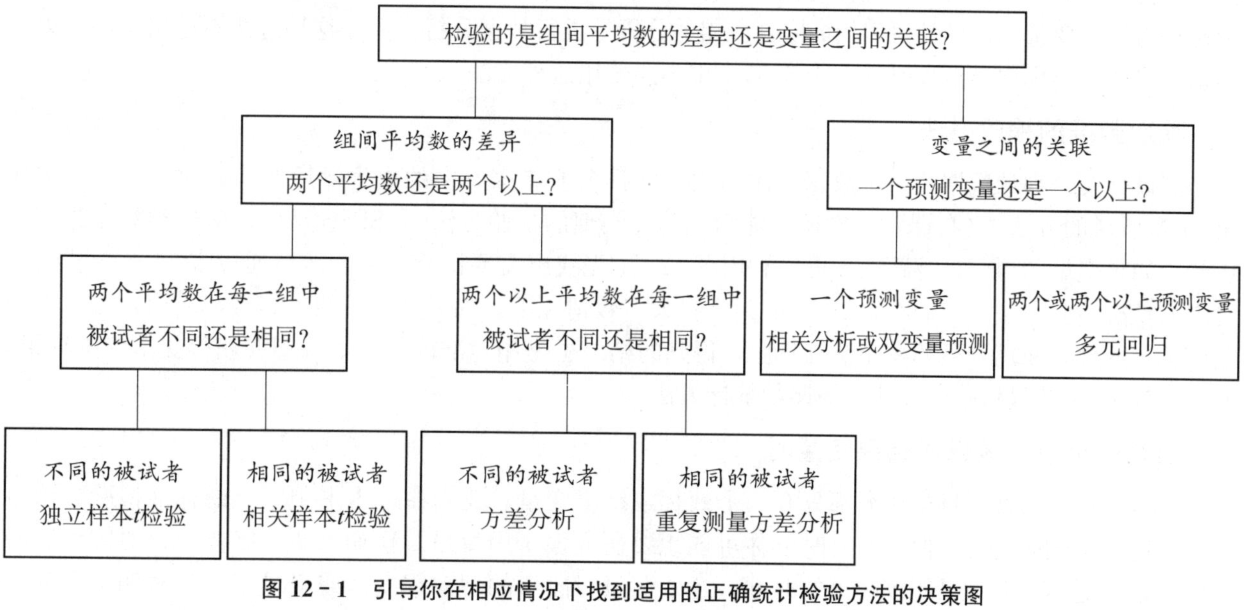

图 12－1　引导你在相应情况下找到适用的正确统计检验方法的决策图

被试间设计　每个人只接受一种测验，然后比较两组个体的差异的一种研究策略。

假设你的研究关注的是平均数间的差异。下一个问题就是比较两个平均数（比如红色字体和黑色字体）还是三个及以上的平均数（比如红色、黑色、绿色、蓝色字体）。两个平均数的比较应选用 t 检验；当比较三个及以上平均数时应选用方差分析。一旦决定使用 t 检验或者方差分析，需要做出下一步的选择。接下来你要决定是使用**被试间设计**（between-subject design）还是重复测量设计（也称为被试内设计）。在被试间设计中，每个组的被试者不同（比如，一些被试者读黑色字体的故事，另一些被试者读红色字体的故事）。在被试内设计中，每组被试者相同（比如，每一个被试者既读红色字体的故事又读黑色字体的故事）。

如果你的研究关注的是变量之间的关联呢？在这种情况下，下一步要回答的问题是一个变量是否与另一个变量相关或可以预测另一个变量（比如，从妈妈的年龄可以预测其第一胎子女所读的年级，或与第一胎子女所读年级有相关关系），或者是多个变量是否与其他变量有相关关系或有预测作用（比如，妈妈的年龄和爸爸的年龄可以预测第一胎子女所读年级或与第一胎子女所读年级有相关关系）。当只有一个预测变量时用相关分析或双变量预测。当有多个变量时用多元回归。注意，在所有情况下我们都只是对单变量进行预测。就是说只有一个效标（比如，第一胎子女所读年级）。后面我们将对这一情况进行更多说明。

图 12－1 可指导你在每一种情境下使用正确的统计检验方法。

等级顺序数据的检验方法

假设你要研究的是类别变量（即称名变量）。像居民最喜欢哪个候选人或者学生会选哪个专业这样的数据就属于类别变量。通常这种情况下会选用拟合度卡方检验和独立性卡方检验（第 11 章）。但是，卡方检验只适用于每个被试者只属于某一称名变量上一个类别的情况。比如，你不能用卡方检验来处理男性和女性在观看某一广告前后所选的最喜欢的洗发水牌子这类数据。此外，当你有一个三维或多维的列联表时，需要用更高级的统计方法（如对数线性卡方），而且在任何情况下都不能非常直接地回答你可能提出的问题。因此，如果你设计了一个有称名变量的研究，任何人都可以在一个特定的称名变量上属于多个类别，或者是数据呈多维列联表，那么我们建议你重新设计你的研究，比如用等距方法来代替。

顺便说一句，当你的称名变量只有两个类别时（如男、女，或者可以将类别最终合成为两个，如艺术和科学）有一个诀窍。在这种情况下，你可以给这两个类别随意命名（如 1 和 2），然后将这些变量转换为等距变量，这样就可以用 t 检验、相关分析等进行数据分析。但是这种方法不适用于两个以上类别，当两个类别差异很大时（大于 80%）也不能使用这种方法。

秩次数据的检验方法

假设你要处理的数据是秩次数据，比如比赛的排名或者家庭中的出生顺序等。此时，通常会采用第 11 章所说的方法。（在课堂上你还可能学到与此类似的检验方法。）SPSS 是可以对这类数据进行分析的。如果变量的得分是等距的，可以利用图 12－1 先找出需要检验什么，然后通过表 11－13 找出相对应的秩次检验方法。我们在第 11 章讲到，在大多数情况下，如果你将等级（1，2，3，4）看作等距数据进行处理，使用普通的等距统计程序，得到的结果也是相对准确的。如果想要获得更精确的结果，就要用到第 11 章最后一个脚注所描述的统计方法。

当有一个以上效标或结果变量时

大多数行为与社会科学研究都只有一个效标或结果变量，我们在这本书中学到的标准检验方法也是针对这种情况而言的。但是，有时候你可能想要研究多个因变量。比如，研究字体颜色对阅读影响的实验，可能不仅要测量阅读故事的时间，还要测量对故事的理解程度。或者母亲年龄对四个方面的预测作用：其长子/女分别在小学、初中、高中、大学的成绩。我们用三种方法来解决这种情况：单因素分析法、平均法和多元统计检验。

单因素分析　这种情况下的一种解决办法就是用普通的单因素分析。你可能用 t 检验来单独比较不同字体颜色对阅读时间的影响，然后再用 t 检验来比较不同字体颜色对阅读理解程度的影响。同样，你也可以用回归分析的方法分别检验母亲年龄对头生子小学年级的预测、对初中年级的预测等等。

平均法　另一种解决办法就是将几个效标或因变量整合为一个单一的变量。（如果几个变量之间相关程度较高，将其结合起来进行测量是可以接受的。）比如，你可以求四类年级的平均数。然而，在某些情况下，并不是这么简单。想象一下如果你简单地对阅读时间与阅读理解程度求平均数会出现什么结果。你就会发现阅读时间短更好，而阅读理解程度高更好。因此，在求平均数之前，你需要将其中一项数据进行反转。比如，如果阅读时间是从 200 秒到 300 秒，你可以用 300 减去每一个分数；然后一个高分表示阅读时间成绩更好，低分表示阅读时间成绩较差。在这个例子中还有另外一个问题就是两个变量可能计分方式不同：比如，阅读时间（转换后）为 0～100，理解程度成绩可能是 1～7。因此，如果你将它们进行结合，阅读时间比理解程度对总分有更大的影响力。这时就要将两个变量都进行标准化，然后求其 Z 分数的平均数。这样不同的计分就可以进行合并。

多元统计检验　还有一种方法是将所有的效标或因变量放在一起进行分析。这种方法称为**多元统计检验**（multivariate statistical tests）。我们在 Web Chapter W2（www. personhighered. com）中对其进行了简单介绍。读过这一章之后，你将能够理解这种检验方法检验了什么及检验结果。你可以通过更高级的统计课程来进一步学习多元统计法。因此，在你学习这类课程之前，最好采用你所了解的方法分别进行检验或者合并求平均数。（事实上，即使对已经掌握高级统计方法、经验丰富的研究者而言，我们仍然有充分的理由建议采用简单可行的统计方法。因为越是简单的统计方法越容易为读者所理解，不仅如此，越简单的统计方法，对研究者而言也越不容易出错。）

> **多元统计检验**　对有一个以上维度或结果的变量进行的分析。

计算检验力以及所需的样本容量

如第 7 章所说的，在进行一项研究前一个重要问题是确定是否有足够的统计检验力。统计检验力是指，如果研究假设为真，有多大的可能性结果显著。为计算一项研究的统计检验力，首先要确定需要的统计方法，然后算出效应量。在第 7 章我们讨论过效应量如何计算，你会根据以前相似的研究，大概确定你的研究的效应量是小、中等还是大，有可能很小的效应量对你的研究也是很重要的。如果你的研究要用到学过的检验程序，每一章都有检验力表。如果你用的是本书没有提到的更高级的检验程序，那么你可能要参照科恩（1988）提供的表或者使用检验力软件包或网络检验力计算器来确定相关数值。如果你的研究只有很小的统计检验力（小于 80%），表 7-4 给出了几种调整数据以提高统计检验力的方法——比如增加被试者数量。

你也可以从样本容量入手，从表中查出要达到 80%的统计检验力需要达到多少被试者数量，但是这通常会因样本容量太大而难以实施。尤其是被试者不容易招募时，所招募的被试者不一定都是合格的，但如果改变施测情境，却有可能在第一次测试之后遗失被试者。因此，你可能需要用表 A-5 中其他的方法来提高检验力或者改变研究本身。

专栏 12-1　统计学的黄金时代

四位英国的统计学家创立了四种最常用的统计方法，他们的年龄差均未超过 68 岁。高尔顿、费希尔、皮尔逊都在伦敦附近工作，最后一位戈塞在都柏林的啤酒厂工作，但是也从未与外界失去联系。

显然，他们的亲近和交流为统计学的黄金时代做出了贡献。在个人的研究中，他们都碰到了一些问题和“异常现象”，促使他们去解决这些问题。

当然，生物计量学也扮演着重要的角色，它试图在数学上论证进化论。在开始阶段，工业和农业会雇用受过高级数学技能训练的大学毕业生。大多数是剑桥大学的毕业生，他们会在英国的工厂里传播他们的知识，也一直通过通讯录保持联系，在有突破性进展时他们常常会彻夜不眠。

现在也是统计学快速发展的时期，尤其是对行为与社会科学来说。计算机处理技术的飞速发展，使许多新的统计方法成为可能。随着行为与社会科学家开始开拓更前沿的研究和多学科研究（例如，将社会、认知、基因和神经科学的方法结合起来），也需要新的统计方法作为支撑。黄金时代基础知识的发展主要是你在本书所学习到的。然而，在基础知识迅速发展的当代我们能做什么？——对于行为与社会科学家来说，他们可以对研究进行革新。斯坦福大学的Bradley Efron教授（2007）认为对现在的统计学领域来说，“这是一个信息化的时代，统计学是主要的信息科学，有理由相信在不久的将来会有统计学的一席之地……我敢打赌，一个新的统计学黄金时代马上就会出现”。

实施研究

从数据分析的角度，我们在收集数据时需要注意三点：（a）在编制问卷或录入数据时，考虑以何种方式将数据录入计算机较为方便；（b）将所有的问卷或数据记录表放在安全的地方；（c）确定已经记录好所有重要信息，比如研究的日期、时间、实验场所和其他被试者没有完整填写的内容。在测量过程中记录被试者的任何异常表现也是非常重要的。

录入数据

说到录入数据，我们根据自己的长期经验提供了一些建议以使这个过程尽可能简便且准确。

设置电子表格 用SPSS或其他统计软件，你用一行表示被试者、一列表示每个变量的表格来录入数据。在建立表格前先思考一下。比如，变量在表格中的出现顺序与在问卷或数据记录表中的要相同。

变量名称 给每个变量命名是十分重要的。用一个名字来描述某一变量，比如“年龄”和“性别”比“变量1”或“问题2”要好。几年前，SPSS将变量的字符数限制在8个。现在SPSS允许更长的变量名，但我们仍建议你所用的变量名不要超过10～12个字符。（变量名太长不方便阅读，输出的结果也很长。）

求和与编码 为减小工作量和避免误差，直接录入数据并让计算机根据需要进行计算。比如，假如你有一个包含10个题目的问卷，直接录入每个被试者在每个题目上的得分并让计算机计算总分或者平均数是比较好的。同样，如果需要将以文字或字母进行编码的数据通过计算机转换成以数字编码的数据——例如用“f”或“m”表示性别——那么就用计算机进行数据转换。这种方式可以减少你的错误。而且过后你也不会忘记数值的含义。你也可用数字来标明变量。比如，第11章“SPSS应用”中，我们用“campus _ y1n0”来命名变量。“y1n0”用简短的方式来提醒命名为“1”的被试者居住在校园，命名为“0”的被试者不在校园居住。

保存数据 整理所有材料并保存。如果可能，一次将所有数据录完。经常保存录完的数据。记录异常值（比如，某个被试者在7点量表上回答“8”）或者你所做的任何决定（比如某个被试者对两个点都进行了标记，你决定选用较高的值）。录完数据之后，确定在不同的地方备份数据（比如在计算机、CD或硬盘中）。

检查 准确性是非常重要的。如果可能，再找一个人进行录入——至少要双录一部分被试者的数据以进行检查。

用计算机化和网络方法来实施研究

行为与社会科学家经常运用计算机化的方法进行研究（比如通过计算机来呈现不同的刺激，记录反应时）或者通过网络来收集数据。像用纸笔进行问卷测试一样，检查通过计算机或网络收集的数据是否准确，数据结果的编码能否满足你处理数据的要求是十分重要的。你还需要确定编码得到的处理结果是否包含时间、日期等一系列信息来检验被试者是否参加过类似的其他计算机或纸笔形式的测试（比如在纵向研究中，每个被试者不止参与过一次测试）。如果你要进行计算机化或网络研究，必须参考一些有用的信息。

数据筛选

有经验的研究者通常不会在数据录入之后立刻进行数据分析。首先，为了确保数据的准确性，他们会筛选数据，查找缺失值，确定研究假设所要用到的检验方法是否得到满足。在数据筛选过程中，由筛选结果所得结论既不会引起他们的兴奋，也不会导致其沮丧。之后会发现数据筛选所得结论与真实结论之间没有任何关系，而且这一切往往都得再来一次。

数据检查

即使你已经进行了双录检查，错误也可能仍然存在。这么多的数据，很容易出错（很多情况都会导致数据的改变，比如摁住 0 太长时间导致将 10 录成了 100）。按照检查每一个变量的样本容量、平均数、标准差和全距的列表顺序来检查数据是很重要的。（在 SPSS 中，你可以通过选择 Analyze—Descriptive Statistics—Descriptive 得到这个列表，然后选择你所要检查的内容并点击 OK。）如果你有一个以上的组，比如实验组和控制组，你可能想要将两个组分开进行检验。（在 SPSS 中，你可以通过选择 Data—Split File—Organize output by groups，然后选择分组变量，点击 OK，分别进行两个组的检验。）

一旦你有了这个列表，从以下方面进行每个变量的检查：（a）样本容量，确保每个被试者或者大多数被试者的得分都录入了。（b）最大值，确保没有高出可能范围的值（比如在 7 点量表上出现 70）。（c）最小值，确保没有低于可能范围的值。（d）平均数和标准差，根据你研究中所涉及的其他类似变量，以及变量是如何测量的，确保这些平均数和标准差没有问题。比如，假设你让 70 名被试者用 10 点量表（1 表示很低，10 表示很高）来测量个体观看暴力影片后的焦虑水平。图 12－2 是 SPSS 输出的描述统计结果。结果表明在 70 名被试者中获得了 68 名被试者的结果。然后，你要进一步进行检验确定剩余两名被试者的确没有显示焦虑水平的结果。最大值这一栏里出现了最大值 100，对于 10 点量表而言这是不可能的。即使存在这个异常值，平均数 6.48 看上去仍然是可接受的。但是，你需要注意的是 10 点量表分数分布的标准差是否可以是 11.70。记住，简单来说，标准差表示的是分数与平均数的差异。因此，10 点量表分数分布的标准差不可能为 11.70。知道分数 100 是不准确的，你要回到数据界面来进行排查将其改为 10。然后再用 SPSS 进行一次分析。图 12－3 展示了数据分析结果。如你所看到的，现在所有的描述统计值都比较正常了。

如果研究中有称名变量，你可以用类似的方法来检验每个变量中有多少被试者进入每个单元格。在全距很小时（比如 5 点量表），这也是一个好办法。（在 SPSS 中，你可以选择 Analyze—Descriptive Statistics—Frequencies，然后选择预期的变量，点击 OK 来获得这样一个列表。）对每个变量来说，检查每一类别中的数量是否合理。

缺失值

经常出现下列情况：被试者没有回答问卷中所有的问题，观察者漏掉了一个重要的行为，机器编

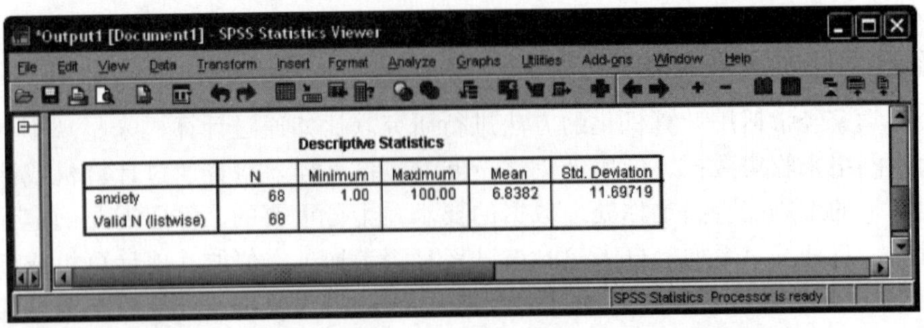

Descriptive Statistics

	N	Minimum	Maximum	Mean	Std. Deviation
anxiety	68	1.00	100.00	6.8382	11.69719
Valid N (listwise)	68				

图 12-2　对将焦虑变量上的分数 10 错输为 100 的描述性统计

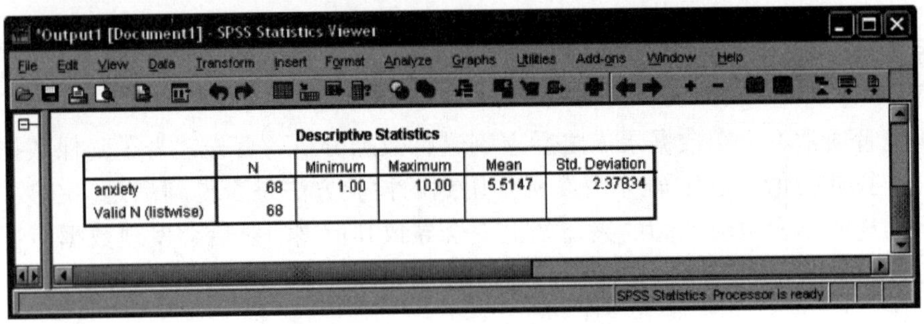

Descriptive Statistics

	N	Minimum	Maximum	Mean	Std. Deviation
anxiety	68	1.00	10.00	5.5147	2.37834
Valid N (listwise)	68				

图 12-3　对将焦虑变量上的所有分数正确输入的描述性统计

码失败或者被试结果丢失。这些情况会导致出现“缺失值”。(在录入数据时，最好让这些缺失值空着。如果你用 999 或者－1 代替，在运行结果时会停止计算。)

你可以通过异常值列表检查每个变量有多少缺失值，也可以通过在计算机上显示数据文件或者将其打印出来进行检查（在 SPSS 中，选择 File—Print)。你可以看出缺失数据是分布在几个特定被试者中还是不同被试者都存在该问题。

总的来说，如何处理缺失值要看是某些系统原因造成的还是随机造成的缺失。比如，如果是敏感的问题，那些不愿意回答的人和那些愿意回答的人一定会存在着显著的不同。在这种情况下，你有两个选择：不对所涉及的变量做任何处理或者只用回答问题的被试者进行分析。这时你就要注意你所分析出的结果只适用于回答问题的这部分被试者。

假设只有很少的缺失值或者数据的缺少看起来是随机的。在这种情况下，常用的方法是用平均数或者其他某个被试者的得分来代替缺失值。(你让这些数值保持缺失，意味着你会排除在某个变量上有缺失值的被试者——在 SPSS 分析中会自动这样做——有时结果会缺失大多数被试者的数据。）在 SPSS 中，选择 Transform—Replace Missing Values，再选择合适的变量，然后点击 OK（在 SPSS 中，如果你不特别选择某个选项，它会自动用平均数来代替缺失值)。如果研究需要分组，你可以用每组的平均数来代替缺失值。如果一个被试者缺失的题目是多项测量中的一部分（比如在一个有 12 个题目的焦虑量表中有一个题目没有回答)，你需要用这个被试者在所有题目中得分的平均数来代替缺失值。一个比较好的替代缺失值的办法是创建一个新的包含被替代变量的变量，然后让原始变量保持原状。这样可以保证你不论替代或者不替代缺失值都可以追踪到准确数据。

检查正态性

大多数统计分析要求数据总体呈正态分布（见第 11 章)。许多检验程序对前提假设还有要求，比如总体方差一致，这都需要在进行分析前进行检查。但是我们在这里关注的几乎所有统计分析都要求是正态分布。

检查偏态情况　偏态意味着数据分布不是正态的，因为数据会在某一侧有一个长尾巴（见第 1

章）。因此，对偏态分布的数据你要检查其偏离的程度。首先，计算每个变量的偏离数值；正态分布数值是 0。（在 SPSS 中，你可以选择 Analyze—Descriptive Statistics—Descriptive—Options—Skewness，然后点击 OK 来检查偏离水平。）对于某些有很高或很低偏离水平的变量——偏离值超过±1——通过画直方图来确定是否的确有很大程度的偏离。（在 SPSS 中，选择 Graphs—Legacy Dialogs—Histogram 来实现。）

怎样处理重度偏态的分布 偏态分布不是由一个或几个极端个案导致的，你可以用第 11 章所提到的方法来进行校正，比如进行数据转换或者使用秩次法。

检查极端值 许多检验方法只要数据不是极端偏态就能够进行统计分析。分布偏态的一个主要原因就是有极端值。对几乎所有统计检验来说极端值都是一个问题。你可以通过偏态分布或者长尾巴或者直方图的分离数据来检查极端值。另一个方法是计算变量的 Z 分数。（在 SPSS 中，你可以通过选择 Analyze—Descriptive Statistics—Descriptive—Save standardized value as variables，然后点击 OK 来获得 Z 分数。）通过这种处理，每一个变量都生成含有 Z 分数的新一列。（这与我们在第 2 章所学的计算 Z 分数的方法是不一样，因为第 2 章所用的方法是用 $N-1$ 公式来计算标准误。）然后你可以通过检查 Z 分数那一列来确定是否有极端值。比如，除非你的样本容量非常大，否则绝对值大于 3 的 Z 分数就称为极端值。

如何处理极端值 如果你发现一个极端值，检查原始问卷或者数据记录以确定是否在录入数据时出现了错误。然后考虑被试者是不是来自你不想把数据结果应用到的那个群体。（比如在大学生被试者群体中，45 岁超出了 18～22 岁这个范围。）在这种情况下，你可以简单去掉这个被试者的数据。如果被试者的确属于你所要考察的群体，一个办法就是用秩次检验。另一个常用的方法就是给极端值编码直到极端值只是比第二高的数值大一点。（比如，一个被试者的阅读时间是 300 秒，第二个最高值是 141 秒，你可以将这个被试者的数值编码为 142。）许多研究者都用这种经验方法来排除极端值。不论你采用什么样的方法，在研究报告中说明你是如何做的，以及为什么这样做都非常重要。（在分析结果之前检查数据是很有优势的，你可以有更好的角度做出你的决定，也不用担心你无意识中得出有偏向的结果。）

进行主要分析

这里重申一遍，在数据分析前确保你已经完全检查了你的数据。一旦你检查好数据，下一个重要步骤就是观察数据。用直方图、散点图等来观察每一个组及全部的平均数，以及变量间的相关模式。

下一步，写出一个系统的分析计划，包括你将进行什么分析、进行的顺序，然后按计划做。希望你在进行实际研究之前就已经进行了规划。确保你的计划关注的是研究假设或研究问题。

在获得最后的结果之前，你要确保你所用的变量、被试者、进行的分析都是你计算使用的。

一旦你完成主要的分析得到结果，就要进行探测性分析。但即使是到这一步，列出一个你想要做探索性分析的内容清单仍然是明智的做法。大多数行为与社会科学领域的重要发现并非出自前提假设，而是在探索性分析中意外得到的。记住，探索性分析的发现很可能是偶然的。就像第 10 章所说的 t 检验的许多问题，多次重复检验，有可能会偶然出现显著的结果。探索性分析的发现在报告中应该标出。除非这些结果在新的研究中得到证实，否则都是不确定的。

撰写结果

你的研究结果通常是以论文或报告的形式呈现，通常分为以下几部分：引言、研究方法、研究结果和研究讨论。一部分研究结果会呈现在方法部分，包括被试者的信息（被试者年龄的平均数和标准差、其他相关的背景信息、每种性别的人数等）和问卷的信度（参见 Web Chapter W2）。研究结果的其余部分呈现在结果中。通常是先呈现描述统计部分——主要变量的平均数和标准差。然后对每一种分析进行系统的描述，包括研究假设、研究问题以及进行的探索性分析。对于每一种分析，你都要明确分析的问题或假设或者探索的问题是什么；描述所进行的分析（分析种类，比如是相关分析还是独立样本 t 检验，都涉及哪些变量）；给出结果，包括平均数、标准差、显著性（自由度和 p 值）以及效应量。无论在哪里呈现，使用图表都可以使结果变得清晰。每一章的“研究文献中……”部分都介绍了该如何做。

结果部分之后，通常会有一个讨论部分来总结主要结论，即结果在多大程度上符合研究设计（让我们知道你现在所做的研究与你之前做的研究有什么不同，你的研究又是如何来佐证已有的研究和理论的），还要注意你研究的不足和异常的结果。在这一部分不要过分沉溺于解释不显著的结果，使用简短的论述代替是很重要的。记住，不显著的结果意味着没有结论而不是没有差异（除非检验力很高）。最后，提出研究展望。以上都是写在讨论部分的，在讨论部分应用图表也是很重要的。在研究方法课程里你会学到更多关于研究结果的写作方式。我们强烈建议你参加一门或多门这样的课程。还有一些其他的资源，比如写作方法与指导，可以帮助你提高研究报告的写作水平（如 American Psychological Association，2009；Landrum，2008；Nicol & Paxman，2010a，2010b）。

结束语

恭喜你进入本书正文的最后！我们希望你喜欢这本书和你的课程。你已经对一个复杂话题进行了全面了解。这会让你完全有信心，只要花一点时间和精力，你就可以对统计学有进一步的理解。我们希望你将来能继续学习统计学。同时，预祝你获得成功。

本章点拨

小结

1. 在进行研究之前，你要考虑用什么统计方法对结果进行分析。

2. 当数据是等距数据时，必须先确定是考察平均数间的差异还是变量间的联系。如果是要考察平均数间的差异，那么要对两个数据进行比较（t 检验）还是对三个或更多的数据进行比较（方差分析）。还要考虑是采用被试间设计还是重复测量设计（被试内设计）。如果目的是要考察变量间的联系，那么要看是一个变量还是一个以上变量与另一个预测变量的相关或预测关系（前者应用相关分析或双变量预测，对于后者多元回归是合适的检验方法）。

3. 当数据是类别变量时，用卡方检验，但只有所有数据都来自不同被试者时才可以使用。当数据是用秩次量表测得时可以用第 11 章提到的秩次检验。

4. 当有一个或多个因变量时，有三种方法可以处理这种情况：(a) 对变量的每一个结果分别进行分析，(b) 求结果的平均数再进行分析，(c) 用多元统计方法同时对这些结果进行分析。

5. 在进行实际的研究之前估计该研究的统计检验力是十分重要的。

6. 在将研究数据录入计算机时要注意以下几个方面：创建表格时要仔细，用合适的变量名，用计算机进行求和计算或者变量编码，仔细地录入数据，最后要进行检查。如果是用计算机收集的数据，要确保数据收集的准确性以及结果要以你能够理解的形式呈现。

7. 在进行主要的统计分析前，你要检查数据的准确度，确认并处理缺失值，还要明确数据的分布形态。

8. 在实施完你计划的统计分析后，可能还要做一些探索性分析。

9. 在写研究报告时，统计分析的结果通常会呈现在论文或研究报告的结果部分，也有一些关于被试者的信息会在统计方法部分进行介绍。讨论部分主要是写结果分析和结论。

主要术语

被试间设计　　　　多元统计检验

附录 A：表格

表 A-1　　正态曲线面积表：平均数与 Z 分数之间的百分比以及 Z 分数到尾部的百分比

Z	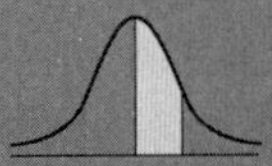 平均数到 Z 的%	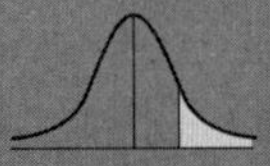 Z 到尾部的%	Z	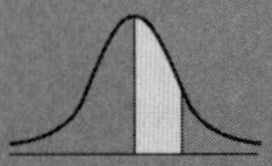 平均数到 Z 的%	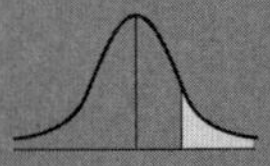 Z 到尾部的%
0.00	0.00	50.00	0.30	11.79	38.21
0.01	0.40	49.60	0.31	12.17	37.83
0.02	0.80	49.20	0.32	12.55	37.45
0.03	1.20	48.80	0.33	12.93	37.07
0.04	1.60	48.40	0.34	13.31	36.69
0.05	1.99	48.01	0.35	13.68	36.32
0.06	2.39	47.61	0.36	14.06	35.94
0.07	2.79	47.21	0.37	14.43	35.57
0.08	3.19	46.81	0.38	14.80	35.20
0.09	3.59	46.41	0.39	15.17	34.83
0.10	3.98	46.02	0.40	15.54	34.46
0.11	4.38	45.62	0.41	15.91	34.09
0.12	4.78	45.22	0.42	16.28	33.72
0.13	5.17	44.83	0.43	16.64	33.36
0.14	5.57	44.43	0.44	17.00	33.00
0.15	5.96	44.04	0.45	17.36	32.64
0.16	6.36	43.64	0.46	17.72	32.28
0.17	6.75	43.25	0.47	18.08	31.92
0.18	7.14	42.86	0.48	18.44	31.56
0.19	7.53	42.47	0.49	18.79	31.21
0.20	7.93	42.07	0.50	19.15	30.85
0.21	8.32	41.68	0.51	19.50	30.50
0.22	8.71	41.29	0.52	19.85	30.15
0.23	9.10	40.90	0.53	20.19	29.81
0.24	9.48	40.52	0.54	20.54	29.46
0.25	9.87	40.13	0.55	20.88	29.12
0.26	10.26	39.74	0.56	21.23	28.77
0.27	10.64	39.36	0.57	21.57	28.43
0.28	11.03	38.97	0.58	21.90	28.10
0.29	11.41	38.59	0.59	22.24	27.76

续前表

Z	平均数 Z 平均数到 Z 的%	平均数 Z Z 到尾部的%	Z	平均数 Z 平均数到 Z 的%	平均数 Z Z 到尾部的%
0.60	22.57	27.43	1.03	34.85	15.15
0.61	22.91	27.09	1.04	35.08	14.92
0.62	23.24	26.76	1.05	35.31	14.69
0.63	23.57	26.43	1.06	35.54	14.46
0.64	23.89	26.11	1.07	35.77	14.23
0.65	24.22	25.78	1.08	35.99	14.01
0.66	24.54	25.46	1.09	36.21	13.79
0.67	24.86	25.14	1.10	36.43	13.57
0.68	25.17	24.83	1.11	36.65	13.35
0.69	25.49	24.51	1.12	36.86	13.14
0.70	25.80	24.20	1.13	37.08	12.92
0.71	26.11	23.89	1.14	37.29	12.71
0.72	26.42	23.58	1.15	37.49	12.51
0.73	26.73	23.27	1.16	37.70	12.30
0.74	27.04	22.96	1.17	37.90	12.10
0.75	27.34	22.66	1.18	38.10	11.90
0.76	27.64	22.36	1.19	38.30	11.70
0.77	27.94	22.06	1.20	38.49	11.51
0.78	28.23	21.77	1.21	38.69	11.31
0.79	28.52	21.48	1.22	38.88	11.12
0.80	28.81	21.19	1.23	39.07	10.93
0.81	29.10	20.90	1.24	39.25	10.75
0.82	29.39	20.61	1.25	39.44	10.56
0.83	29.67	20.33	1.26	39.62	10.38
0.84	29.95	20.05	1.27	39.80	10.20
0.85	30.23	19.77	1.28	39.97	10.03
0.86	30.51	19.49	1.29	40.15	9.85
0.87	30.78	19.22	1.30	40.32	9.68
0.88	31.06	18.94	1.31	40.49	9.51
0.89	31.33	18.67	1.32	40.66	9.34
0.90	31.59	18.41	1.33	40.82	9.18
0.91	31.86	18.14	1.34	40.99	9.01
0.92	32.12	17.88	1.35	41.15	8.85
0.93	32.38	17.62	1.36	41.31	8.69
0.94	32.64	17.36	1.37	41.47	8.53
0.95	32.89	17.11	1.38	41.62	8.38
0.96	33.15	16.85	1.39	41.77	8.23
0.97	33.40	16.60	1.40	41.92	8.08
0.98	33.65	16.35	1.41	42.07	7.93
0.99	33.89	16.11	1.42	42.22	7.78
1.00	34.13	15.87	1.43	42.36	7.64
1.01	34.38	15.62	1.44	42.51	7.49
1.02	34.61	15.39	1.45	42.65	7.35

续前表

Z	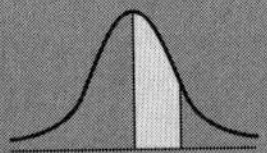 平均数 Z 平均数到 Z 的%	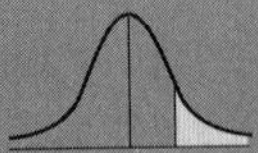 平均数 Z Z 到尾部的%	Z	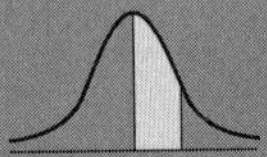 平均数 Z 平均数到 Z 的%	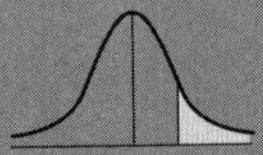 平均数 Z Z 到尾部的%
1.46	42.79	7.21	1.88	46.99	3.01
1.47	42.92	7.08	1.89	47.06	2.94
1.48	43.06	6.94	1.90	47.13	2.87
1.49	43.19	6.81	1.91	47.19	2.81
1.50	43.32	6.68	1.92	47.26	2.74
1.51	43.45	6.55	1.93	47.32	2.68
1.52	43.57	6.43	1.94	47.38	2.62
1.53	43.70	6.30	1.95	47.44	2.56
1.54	43.82	6.18	1.96	47.50	2.50
1.55	43.94	6.06	1.97	47.56	2.44
1.56	44.06	5.94	1.98	47.61	2.39
1.57	44.18	5.82	1.99	47.67	2.33
1.58	44.29	5.71	2.00	47.72	2.28
1.59	44.41	5.59	2.01	47.78	2.22
1.60	44.52	5.48	2.02	47.83	2.17
1.61	44.63	5.37	2.03	47.88	2.12
1.62	44.74	5.26	2.04	47.93	2.07
1.63	44.84	5.16	2.05	47.98	2.02
1.64	44.95	5.05	2.06	48.03	1.97
1.65	45.05	4.95	2.07	48.08	1.92
1.66	45.15	4.85	2.08	48.12	1.88
1.67	45.25	4.75	2.09	48.17	1.83
1.68	45.35	4.65	2.10	48.21	1.79
1.69	45.45	4.55	2.11	48.26	1.74
1.70	45.54	4.46	2.12	48.30	1.70
1.71	45.64	4.36	2.13	48.34	1.66
1.72	45.73	4.27	2.14	48.38	1.62
1.73	45.82	4.18	2.15	48.42	1.58
1.74	45.91	4.09	2.16	48.46	1.54
1.75	45.99	4.01	2.17	48.50	1.50
1.76	46.08	3.92	2.18	48.54	1.46
1.77	46.16	3.84	2.19	48.57	1.43
1.78	46.25	3.75	2.20	48.61	1.39
1.79	46.33	3.67	2.21	48.64	1.36
1.80	46.41	3.59	2.22	48.68	1.32
1.81	46.49	3.51	2.23	48.71	1.29
1.82	46.56	3.44	2.24	48.75	1.25
1.83	46.64	3.36	2.25	48.78	1.22
1.84	46.71	3.29	2.26	48.81	1.19
1.85	46.78	3.22	2.27	48.84	1.16
1.86	46.86	3.14	2.28	48.87	1.13
1.87	46.93	3.07	2.29	48.90	1.10

续前表

Z	平均数 Z 平均数到 Z 的%	平均数 Z Z 到尾部的%
2.30	48.93	1.07
2.31	48.96	1.04
2.32	48.98	1.02
2.33	49.01	0.99
2.34	49.04	0.96
2.35	49.06	0.94
2.36	49.09	0.91
2.37	49.11	0.89
2.38	49.13	0.87
2.39	49.16	0.84
2.40	49.18	0.82
2.41	49.20	0.80
2.42	49.22	0.78
2.43	49.25	0.75
2.44	49.27	0.73
2.45	49.29	0.71
2.46	49.31	0.69
2.47	49.32	0.68
2.48	49.34	0.66
2.49	49.36	0.64
2.50	49.38	0.62
2.51	49.40	0.60
2.52	49.41	0.59
2.53	49.43	0.57
2.54	49.45	0.55
2.55	49.46	0.54
2.56	49.48	0.52
2.57	49.49	0.51
2.58	49.51	0.49
2.59	49.52	0.48
2.60	49.53	0.47
2.61	49.55	0.45
2.62	49.56	0.44
2.63	49.57	0.43
2.64	49.59	0.41
2.65	49.60	0.40
2.66	49.61	0.39
2.67	49.62	0.38
2.68	49.63	0.37
2.69	49.64	0.36
2.70	49.65	0.35
2.71	49.66	0.34
2.72	49.67	0.33
2.73	49.68	0.32
2.74	49.69	0.31
2.75	49.70	0.30
2.76	49.71	0.29
2.77	49.72	0.28
2.78	49.73	0.27
2.79	49.74	0.26
2.80	49.74	0.26
2.81	49.75	0.25
2.82	49.76	0.24
2.83	49.77	0.23
2.84	49.77	0.23
2.85	49.78	0.22
2.86	49.79	0.21
2.87	49.79	0.21
2.88	49.80	0.20
2.89	49.81	0.19
2.90	49.81	0.19
2.91	49.82	0.18
2.92	49.82	0.18
2.93	49.83	0.17
2.94	49.84	0.16
2.95	49.84	0.16
2.96	49.85	0.15
2.97	49.85	0.15
2.98	49.86	0.14
2.99	49.86	0.14
3.00	49.87	0.13
3.50	49.98	0.02
4.00	50.00	0.00
4.50	50.00	0.00

表 A-2 **t 分布临界值**

	单侧检验			双侧检验		
	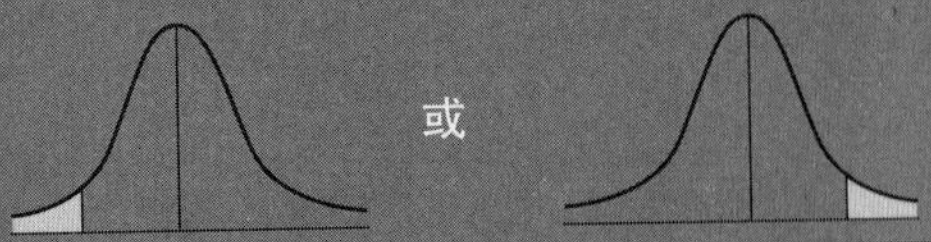 或			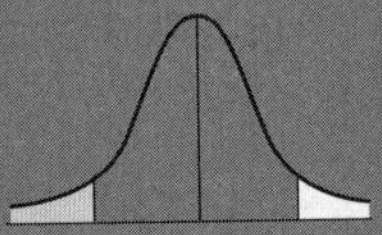		
df	0.1	0.05	0.01	0.1	0.05	0.01
1	3.078	6.314	31.821	6.314	12.706	63.657
2	1.886	2.920	6.965	2.920	4.303	9.925
3	1.638	2.353	4.541	2.353	3.182	5.841
4	1.533	2.132	3.747	2.132	2.776	4.604
5	1.476	2.015	3.365	2.015	2.571	4.032
6	1.440	1.943	3.143	1.943	2.447	3.708
7	1.415	1.895	2.998	1.895	2.365	3.500
8	1.397	1.860	2.897	1.860	2.306	3.356
9	1.383	1.833	2.822	1.833	2.262	3.250
10	1.372	1.813	2.764	1.813	2.228	3.170
11	1.364	1.796	2.718	1.796	2.201	3.106
12	1.356	1.783	2.681	1.783	2.179	3.055
13	1.350	1.771	2.651	1.771	2.161	3.013
14	1.345	1.762	2.625	1.762	2.145	2.977
15	1.341	1.753	2.603	1.753	2.132	2.947
16	1.337	1.746	2.584	1.746	2.120	2.921
17	1.334	1.740	2.567	1.740	2.110	2.898
18	1.331	1.734	2.553	1.734	2.101	2.879
19	1.328	1.729	2.540	1.729	2.093	2.861
20	1.326	1.725	2.528	1.725	2.086	2.846
21	1.323	1.721	2.518	1.721	2.080	2.832
22	1.321	1.717	2.509	1.717	2.074	2.819
23	1.320	1.714	2.500	1.714	2.069	2.808
24	1.318	1.711	2.492	1.711	2.064	2.797
25	1.317	1.708	2.485	1.708	2.060	2.788
26	1.315	1.706	2.479	1.706	2.056	2.779
27	1.314	1.704	2.473	1.704	2.052	2.771
28	1.313	1.701	2.467	1.701	2.049	2.764
29	1.312	1.699	2.462	1.699	2.045	2.757
30	1.311	1.698	2.458	1.698	2.043	2.750
35	1.306	1.690	2.438	1.690	2.030	2.724
40	1.303	1.684	2.424	1.684	2.021	2.705
45	1.301	1.680	2.412	1.680	2.014	2.690
50	1.299	1.676	2.404	1.676	2.009	2.678
55	1.297	1.673	2.396	1.673	2.004	2.668
60	1.296	1.671	2.390	1.671	2.001	2.661
65	1.295	1.669	2.385	1.669	1.997	2.654
70	1.294	1.667	2.381	1.667	1.995	2.648
75	1.293	1.666	2.377	1.666	1.992	2.643
80	1.292	1.664	2.374	1.664	1.990	2.639
85	1.292	1.663	2.371	1.663	1.989	2.635
90	1.291	1.662	2.369	1.662	1.987	2.632
95	1.291	1.661	2.366	1.661	1.986	2.629
100	1.290	1.660	2.364	1.660	1.984	2.626
∞	1.282	1.645	2.327	1.645	1.960	2.576

表 A-3　　**F 分布临界值**

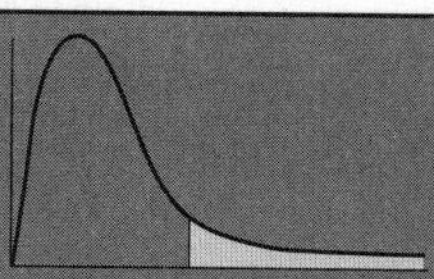

分母 df	显著性水平	分子自由度 1	2	3	4	5	6
1	0.01	4 052	5 000	5 404	5 625	5 764	5 859
	0.05	162	200	216	225	230	234
	0.10	39.9	49.5	53.6	55.8	57.2	58.2
2	0.01	98.50	99.00	99.17	99.25	99.30	99.33
	0.05	18.51	19.00	19.17	19.25	19.30	19.33
	0.10	8.53	9.00	9.16	9.24	9.29	9.33
3	0.01	34.12	30.82	29.46	28.71	28.24	27.91
	0.05	10.13	9.55	9.28	9.12	9.01	8.94
	0.10	5.54	5.46	5.39	5.34	5.31	5.28
4	0.01	21.20	18.00	16.70	15.98	15.52	15.21
	0.05	7.71	6.95	6.59	6.39	6.26	6.16
	0.10	4.55	4.33	4.19	4.11	4.05	4.01
5	0.01	16.26	13.27	12.06	11.39	10.97	10.67
	0.05	6.61	5.79	5.41	5.19	5.05	4.95
	0.10	4.06	3.78	3.62	3.52	3.45	3.41
6	0.01	13.75	10.93	9.78	9.15	8.75	8.47
	0.05	5.99	5.14	4.76	4.53	4.39	4.28
	0.10	3.78	3.46	3.29	3.18	3.11	3.06
7	0.01	12.25	9.55	8.45	7.85	7.46	7.19
	0.05	5.59	4.74	4.35	4.12	3.97	3.87
	0.10	3.59	3.26	3.08	2.96	2.88	2.83
8	0.01	11.26	8.65	7.59	7.01	6.63	6.37
	0.05	5.32	4.46	4.07	3.84	3.69	3.58
	0.10	3.46	3.11	2.92	2.81	2.73	2.67
9	0.01	10.56	8.02	6.99	6.42	6.06	5.80
	0.05	5.12	4.26	3.86	3.63	3.48	3.37
	0.10	3.36	3.01	2.81	2.69	2.61	2.55
10	0.01	10.05	7.56	6.55	6.00	5.64	5.39
	0.05	4.97	4.10	3.71	3.48	3.33	3.22
	0.10	3.29	2.93	2.73	2.61	2.52	2.46
11	0.01	9.65	7.21	6.22	5.67	5.32	5.07
	0.05	4.85	3.98	3.59	3.36	3.20	3.10
	0.10	3.23	2.86	2.66	2.54	2.45	2.39
12	0.01	9.33	6.93	5.95	5.41	5.07	4.82
	0.05	4.75	3.89	3.49	3.26	3.11	3.00
	0.10	3.18	2.81	2.61	2.48	2.40	2.33
13	0.01	9.07	6.70	5.74	5.21	4.86	4.62
	0.05	4.67	3.81	3.41	3.18	3.03	2.92
	0.10	3.14	2.76	2.56	2.43	2.35	2.28
14	0.01	8.86	6.52	5.56	5.04	4.70	4.46
	0.05	4.60	3.74	3.34	3.11	2.96	2.85
	0.10	3.10	2.73	2.52	2.40	2.31	2.24

续前表

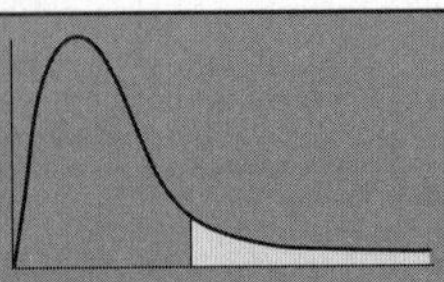

分母 df	显著性水平	分子自由度 1	2	3	4	5	6
15	0.01	8.68	6.36	5.42	4.89	4.56	4.32
	0.05	4.54	3.68	3.29	3.06	2.90	2.79
	0.10	3.07	2.70	2.49	2.36	2.27	2.21
16	0.01	8.53	6.23	5.29	4.77	4.44	4.20
	0.05	4.49	3.63	3.24	3.01	2.85	2.74
	0.10	3.05	2.67	2.46	2.33	2.24	2.18
17	0.01	8.40	6.11	5.19	4.67	4.34	4.10
	0.05	4.45	3.59	3.20	2.97	2.81	2.70
	0.10	3.03	2.65	2.44	2.31	2.22	2.15
18	0.01	8.29	6.01	5.09	4.58	4.25	4.02
	0.05	4.41	3.56	3.16	2.93	2.77	2.66
	0.10	3.01	2.62	2.42	2.29	2.20	2.13
19	0.01	8.19	5.93	5.01	4.50	4.17	3.94
	0.05	4.38	3.52	3.13	2.90	2.74	2.63
	0.10	2.99	2.61	2.40	2.27	2.18	2.11
20	0.01	8.10	5.85	4.94	4.43	4.10	3.87
	0.05	4.35	3.49	3.10	2.87	2.71	2.60
	0.10	2.98	2.59	2.38	2.25	2.16	2.09
21	0.01	8.02	5.78	4.88	4.37	4.04	3.81
	0.05	4.33	3.47	3.07	2.84	2.69	2.57
	0.10	2.96	2.58	2.37	2.23	2.14	2.08
22	0.01	7.95	5.72	4.82	4.31	3.99	3.76
	0.05	4.30	3.44	3.05	2.82	2.66	2.55
	0.10	2.95	2.56	2.35	2.22	2.13	2.06
23	0.01	7.88	5.66	4.77	4.26	3.94	3.71
	0.05	4.28	3.42	3.03	2.80	2.64	2.53
	0.10	2.94	2.55	2.34	2.21	2.12	2.05
24	0.01	7.82	5.61	4.72	4.22	3.90	3.67
	0.05	4.26	3.40	3.01	2.78	2.62	2.51
	0.10	2.93	2.54	2.33	2.20	2.10	2.04
25	0.01	7.77	5.57	4.68	4.18	3.86	3.63
	0.05	4.24	3.39	2.99	2.76	2.60	2.49
	0.10	2.92	2.53	2.32	2.19	2.09	2.03
26	0.01	7.72	5.53	4.64	4.14	3.82	3.59
	0.05	4.23	3.37	2.98	2.74	2.59	2.48
	0.10	2.91	2.52	2.31	2.18	2.08	2.01
27	0.01	7.68	5.49	4.60	4.11	3.79	3.56
	0.05	4.21	3.36	2.96	2.73	2.57	2.46
	0.10	2.90	2.51	2.30	2.17	2.07	2.01
28	0.01	7.64	5.45	4.57	4.08	3.75	3.53
	0.05	4.20	3.34	2.95	2.72	2.56	2.45
	0.10	2.89	2.50	2.29	2.16	2.07	2.00

续前表

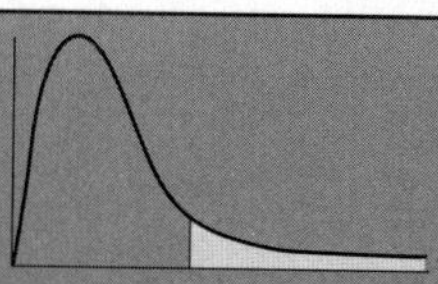

分母 *df*	显著性水平	分子自由度					
		1	2	3	4	5	6
29	0.01	7.60	5.42	4.54	4.05	3.73	3.50
	0.05	4.18	3.33	2.94	2.70	2.55	2.43
	0.10	2.89	2.50	2.28	2.15	2.06	1.99
30	0.01	7.56	5.39	4.51	4.02	3.70	3.47
	0.05	4.17	3.32	2.92	2.69	2.53	2.42
	0.10	2.88	2.49	2.28	2.14	2.05	1.98
35	0.01	7.42	5.27	4.40	3.91	3.59	3.37
	0.05	4.12	3.27	2.88	2.64	2.49	2.37
	0.10	2.86	2.46	2.25	2.11	2.02	1.95
40	0.01	7.32	5.18	4.31	3.83	3.51	3.29
	0.05	4.09	3.23	2.84	2.61	2.45	2.34
	0.10	2.84	2.44	2.23	2.09	2.00	1.93
45	0.01	7.23	5.11	4.25	3.77	3.46	3.23
	0.05	4.06	3.21	2.81	2.58	2.42	2.31
	0.10	2.82	2.43	2.21	2.08	1.98	1.91
50	0.01	7.17	5.06	4.20	3.72	3.41	3.19
	0.05	4.04	3.18	2.79	2.56	2.40	2.29
	0.10	2.81	2.41	2.20	2.06	1.97	1.90
55	0.01	7.12	5.01	4.16	3.68	3.37	3.15
	0.05	4.02	3.17	2.77	2.54	2.38	2.27
	0.10	2.80	2.40	2.19	2.05	1.96	1.89
60	0.01	7.08	4.98	4.13	3.65	3.34	3.12
	0.05	4.00	3.15	2.76	2.53	2.37	2.26
	0.10	2.79	2.39	2.18	2.04	1.95	1.88
65	0.01	7.04	4.95	4.10	3.62	3.31	3.09
	0.05	3.99	3.14	2.75	2.51	2.36	2.24
	0.10	2.79	2.39	2.17	2.03	1.94	1.87
70	0.01	7.01	4.92	4.08	3.60	3.29	3.07
	0.05	3.98	3.13	2.74	2.50	2.35	2.23
	0.10	2.78	2.38	2.16	2.03	1.93	1.86
75	0.01	6.99	4.90	4.06	3.58	3.27	3.05
	0.05	3.97	3.12	2.73	2.49	2.34	2.22
	0.10	2.77	2.38	2.16	2.02	1.93	1.86
80	0.01	6.96	4.88	4.04	3.56	3.26	3.04
	0.05	3.96	3.11	2.72	2.49	2.33	2.22
	0.10	2.77	2.37	2.15	2.02	1.92	1.85
85	0.01	6.94	4.86	4.02	3.55	3.24	3.02
	0.05	3.95	3.10	2.71	2.48	2.32	2.21
	0.10	2.77	2.37	2.15	2.01	1.92	1.85
90	0.01	6.93	4.85	4.01	3.54	3.23	3.01
	0.05	3.95	3.10	2.71	2.47	2.32	2.20
	0.10	2.76	2.36	2.15	2.01	1.91	1.84

续前表

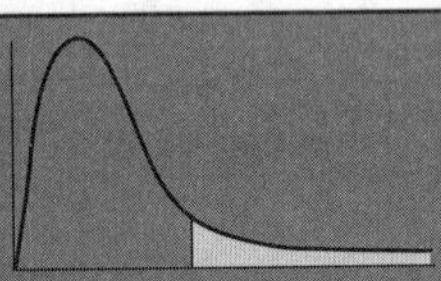

分母 df	显著性水平	分子自由度					
		1	2	3	4	5	6
95	0.01	6.91	4.84	4.00	3.52	3.22	3.00
	0.05	3.94	3.09	2.70	2.47	2.31	2.20
	0.10	2.76	2.36	2.14	2.01	1.91	1.84
100	0.01	6.90	4.82	3.98	3.51	3.21	2.99
	0.05	3.94	3.09	2.70	2.46	2.31	2.19
	0.10	2.76	2.36	2.14	2.00	1.91	1.83
∞	0.01	6.64	4.61	3.78	3.32	3.02	2.80
	0.05	3.84	3.00	2.61	2.37	2.22	2.10
	0.10	2.71	2.30	2.08	1.95	1.85	1.78

表 A-4 **卡方分布临界值**

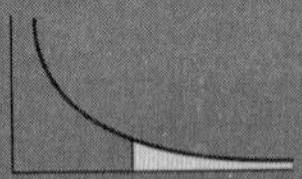

df	显著性水平		
	0.10	**0.05**	**0.01**
1	2.706	3.841	6.635
2	4.605	5.992	9.211
3	6.252	7.815	11.345
4	7.780	9.488	13.277
5	9.237	11.071	15.087
6	10.645	12.592	16.812
7	12.017	14.067	18.475
8	13.362	15.507	20.090
9	14.684	16.919	21.666
10	15.987	18.307	23.209

表 A-5 **80%检验力所需的检验力表和被试者数表索引**

假设检验过程	章	检验力表	被试者数表
相关系数（r）	3	表 3-13	表 3-14
相关样本 t 检验	8	表 8-9	表 8-10
独立样本 t 检验	9	表 9-4	表 9-5
单因素方差分析	10	表 10-8	表 10-9
独立性卡方检验	11	表 11-8	表 11-9

附录B：第Ⅰ组练习题答案

第1章

1.（a）对职业咨询师的满意度；（b）1，2，3，4；（c）3。

2.（a）投票的可能性；（b）1，2，3，4，5；（c）5。

3.（a）称名（或类别）变量；（b）数值（或定量）变量——更确切地说是等距变量；（c）数值（或定量）变量——更确切地说是顺序变量。

4.（a）频数表：

孩子数	频数	百分比
0	4	20
1	5	25
2	7	35
3	2	10
4	1	5
5	0	0
6	1	5

（b）直方图：

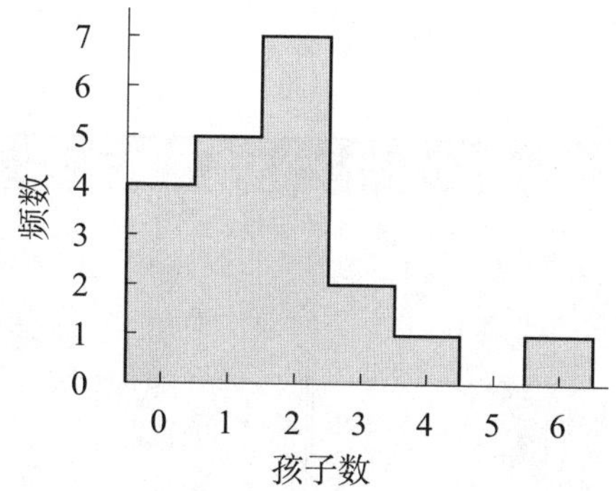

（c）单峰，右偏态。

5.（a）频数表：

小时数	频数	百分比	小时数	频数	百分比
0	1	2	10	5	10
1	1	2	11	3	6
2	2	4	12	1	2
3	4	8	13	2	4
4	3	6	14	0	0
5	2	4	15	1	2
6	4	8	16	0	0
7	11	22	17	0	0
8	5	10	18	1	2
9	4	8			

（b）根据频数表，参照第4b题的答案。

（c）近似单峰，轻微的右偏态。

6.（a）频数表：

速度	频数	百分比	速度	频数	百分比
15	1	3	34	4	10
16	0	0	35	2	5
17	0	0	36	6	15
18	0	0	37	2	5
19	0	0	38	1	3
20	1	3	39	0	0
21	0	0	40	3	8
22	0	0	41	0	0
23	1	3	42	1	3
24	1	3	43	0	0
25	0	0	44	0	0
26	0	0	45	1	3
27	1	3	46	1	3
28	1	3	47	0	0
29	0	0	48	0	0
30	3	8	49	0	0
31	3	8	50	0	0
32	3	8	51	0	0
33	3	8	52	2	5

（b）根据频数表，参照第4b题的答案。

（c）单峰，近似对称。

7.（a）频数表：

成绩	频数	百分比	成绩	频数	百分比
50	1	4	67	1	4
51	0	0	68	2	8
52	0	0	69	1	4
53	0	0	70	1	4
54	0	0	71	1	4
55	0	0	72	0	0
56	0	0	73	1	4
57	0	0	74	1	4
58	0	0	75	2	8
59	1	4	76	2	8
60	0	0	77	0	0
61	0	0	78	0	0
62	0	0	79	0	0
63	0	0	80	1	4
64	2	8	81	1	4
65	0	0	82	0	0
66	0	0	83	2	8

续前表

成绩	频数	百分比	成绩	频数	百分比
84	0	0	91	1	4
85	1	4	92	1	4
86	0	0	93	0	0
87	1	4	94	0	0
88	0	0	95	0	0
89	0	0	96	1	4
90	0	0			

（b）根据频数表，参照第4b题的答案。

（c）分组频数表：

区组	频数	百分比
50～59	2	8
60～69	6	24
70～79	8	32
80～89	6	24
90～99	3	12

（d）根据（c）中频数表，参照第4b题的答案。

（e）单峰，近似对称（轻微负偏态）。

8.（a）类似于第7a题的答案。

（b）分组频数表：

区组	频数	百分比
20～29	7	20.6
30～39	7	20.6
40～49	5	14.7
50～59	0	0.0
60～69	5	14.7
70～79	0	0.0
80～89	10	29.4

（c）直方图：

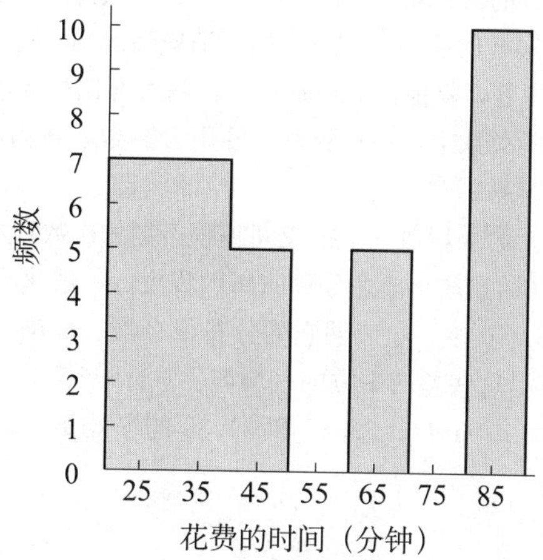

（d）近似矩形。

9.（a）双峰；（b）近似正态（单峰或对称）；（c）多峰。

10.（a）频数分布用于显示一组数据的分布情况。你可以用图来描述频数分布，即直方图——一种条形图，每一个直条对应着一个值，直条的高度代表这个值出现的次数；在直方图中，分布呈对称的形态（左右两半对折可以重叠）。单峰分布就是在图中，只有一个峰点，峰点周围的值都比它小。（b）负偏态单峰分布只有一个峰点，不是对称的，它的长而低的尾巴是朝向左边的（低分集中的区域）。

11. 天花板效应描述的是这样一种情况：很多得分都集中在分布的高分端，因为不会再有更高的得分了。这通常会引起负偏态分布（左偏）。

12.（a）这之所以被称为频数表，是因为它列出了这九种分类中每个类别出现的频数。频数表使数据的形态一目了然。比如，本研究中的90名大学生，有19人会谈论家庭关系的坏消息（第一种分类）。表格同样给出了百分比。例如，这19名学生所占的百分比是21.1%（19/90）。（b）在这九种分类中，以下四个方面是最常说的坏消息：与家庭的关系，与女（男）朋友或准女（男）朋友的关系，与朋友的关系，家人或朋友的健康。所有的分类都是与家人或朋友有关的，大部分是关系；其他分类是很少见的（很少直接与家人或朋友有关）。

第2章

1.（a）$M=(\sum X)/N=261/9=29$；（b）28；（c）$\sum(X-M)^2=(32-29)^2+(28-29)^2+(24-29)^2+(28-29)^2+(28-29)^2+(31-29)^2+(35-29)^2+(29-29)^2+(26-29)^2=86$；（d）$SD^2=[\sum(X-M)^2]/N=86/9=9.56$；（e）$SD=\sqrt{SD^2}=\sqrt{9.56}=3.09$。

2.（a）4；（b）4；（c）26；（d）3.25；（e）1.80。

3. 平均数（一般平均数）是指将10个数相加并除以10，得出5摄氏度。如果把温度从低到高排列，中间的两个数就是5和6，那么，中位数就是5.5摄氏度。出现次数最多的那个温度就是众数——众数是6摄氏度。

至于变异性，一种方法是方差——每个温度与平均温度的差的平方的平均数，也就是7.0。如果你把方差开方，就可直观地了解这组数据的离散程度，这就是标准差——7.0的平方根是2.65。这就意味着，每天的度数与平均气温5摄氏度相差2.65摄氏度。

4.（a）0.40；（b）0.14；（c）类似于第3题的答案。

5.（a）$Z=(X-M)/SD=(91-79)/12=1$；（b）-0.92；（c）2。

6.（a）$Z=(X-M)/SD=(-13.12+11.46)/2.28=-0.73$；（b）1.84；（c）0.10。

7.（a）$X=(Z)(SD)+M=0\times19+145=145$；（b）172.17；（c）96.74。

8. 妻子：$Z=(X-M)/SD=(63-60)/6=0.5$。丈夫：$(59-55)/4=1$。丈夫在与其他离婚男性的关系上比妻子在与其他离婚女性的关系上适应得更好。

对于妻子来说，得分为63意味着比一般离婚女性平均适应性得分60，高出3分。（本题的"平均数"是指一般平均数——原始分数的总和除以总个数。）当然，离婚女性的得分存在差异。女性的分数与平均数的平均差大约是6分——这是问题中提到的*SD*（标准差）。（*SD*只是距离平均数的平均量。精确地说，*SD*就是离均差平方的平均数的平方根。）因此，该妻子的得分超出妻子总分平均数的值只是*SD*的一半。其*Z*分数为0.5，根据这个可以看出，与其他离婚女性相比，该妻子在*Z*分数量尺中的位置。同样的逻辑，丈夫离婚后适应情况与所有男性距离平均数的平均量是一样的；也就是说，他的*Z*分数是1。这一切都意味着，就他们的性别而言，两人都比平均水平适应得更好，但丈夫在与其他离婚男性的关系上比妻子在与其他离婚女性的关系上适应得更好。使用*Z*分数，我们可以将男性和女性的原始分数放在相同的量尺上，这使得比较他们的分数更加容易。

9."平均数"就是通常所讲的数学上的平均数——把夜间睡眠不足的次数相加，然后再除以学生的数量。这4周内夜间睡眠不足的平均数就是6.84。*SD*（标准差）描述分数的离散程度。一般来说，标准差就是夜间睡眠不足次数与平均数差异的平均值——本题中，是3.18个夜晚。这表明它的分布很分散。准确地说，你可以用每个人夜间睡眠不足的次数减去6.84，然后再平方；标准差就是这些差的平方的平均值的平方根。

10. 类似于第9题的答案，计算5.02、5.11、32.27和31.36的平均数，以及2.16、2.08、20.36和21.08的标准差。

第3章

1.（a）曲线；（b）线性，正，强；（c）线性，负，强；（d）线性，正，强；（e）线性，正，弱到中等；（f）无相关。

2.（a）数据组A：

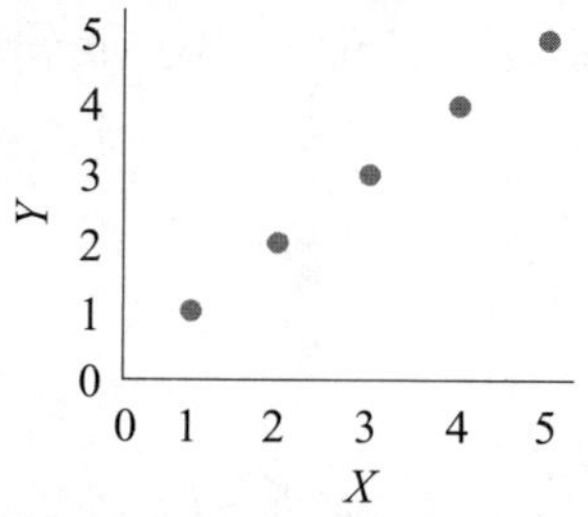

X		Y		Z分数的交叉乘积
原始	Z	原始	Z	
1	−1.41	1	−1.41	2.0
2	−0.71	2	−0.71	0.5
3	0.00	3	0.00	0.0
4	0.71	4	0.71	0.5
5	1.41	5	1.41	2.0
M=3；SD=1.41				5.0
				r=5.0/5=1.00

数据组B：r=4.5/5=0.90；数据组C：r=−3.0/5=−0.60；数据组D：r=3.0/5=0.60。

（b）在数据组A中，所有配对的X和Y的分数是相同的，因此在数据间是完全正相关。在数据组B中，配对的数据并不是全部相同，但是它们紧密相关，低分、中等分数、高分一一对应。因此，数据组B有很强的正相关（r=0.90）。对于数据组C，在通常的配对中，低分与高分一起变化，中等的与中等的一起变化，高分与低分一起变化。然而该部分并非完全如此（例如，X轴上的2与Y轴上的2相配对），因此r=−0.60的相关是说得通的。对于数据组D，在通常的配对中，低分与低分一起变化，中等的与中等的一起变化，高分与高分一起变化。然而该部分并非完全如此（例如X=2时，Y=4），因此r=0.60的相关是说得通的。

3. 可能性A：

服药		感冒		Z分数的交叉乘积
原始	Z	原始	Z	
0	−1	1	1	−1
0	−1	1	1	−1
0	−1	1	1	−1
0	−1	1	1	−1
1	1	0	−1	−1
1	1	0	−1	−1
1	1	0	−1	−1
1	1	0	−1	−1
				−8
				r=−8/8=−1.00

可能性B：r=−4/8=−0.50；可能性C：r=0/8=0.00；可能性D：r=−6.2/8=−0.78。

4.（a）以第2题答案为例；（b）线性，负，中等。

(c)

大致年龄（年）		驻足观看的人数		Z分数的交叉乘积
X	Z_X	Y	Z_Y	$Z_X Z_Y$
480	1.39	68	−0.69	−0.96
530	1.71	71	−0.59	−1.01
255	−0.09	123	1.19	−0.11
122	−0.96	112	0.82	−0.79
391	0.80	48	−1.38	−1.10
370	0.67	84	−0.14	−0.09
155	−0.74	66	−0.76	0.56
130	−0.91	148	2.05	−1.87
137	−0.86	71	−0.59	0.51
114	−1.01	91	0.10	−0.10
				−4.94
				$r=-4.94/10=-0.49$

5. (a) 以第2题的答案为例；(b) 线性，无相关（或极低的正相关）。

(c)

整洁程度评分		考试成绩		Z分数的交叉乘积
X	Z_X	Y	Z_Y	$Z_X Z_Y$
18	−0.52	60	−0.66	0.34
24	1.43	58	−1.09	−1.56
14	−1.82	70	1.47	−2.68
19	−0.20	58	−1.09	0.22
20	0.13	66	0.62	0.08
23	1.11	68	1.04	1.15
20	0.13	65	0.40	0.05
22	0.78	68	1.04	0.81
15	−1.50	56	−1.51	2.27
21	0.46	62	−1.23	−0.11
				0.57
				$r=0.57/10=0.06$

6. (a) 以第2题的答案为例；(b) 线性，正，强。

(c)

每周看暴力电视的时间（小时）		对玩伴实施暴力或攻击行为的次数		Z分数的交叉乘积
X	Z_X	Y	Z_Y	$Z_X Z_Y$
14	1.27	9	0.97	1.23
8	−0.63	6	0.00	0.00
6	−1.27	1	−1.62	2.06
12	0.63	8	0.65	0.41
$\Sigma=40$		$\Sigma=24$		$\Sigma=3.70$
$M=10$		$M=6$		
$SD=3.16$		$SD=3.08$		$r=3.70/4=0.93$

(d) 首先需要画一个散点图，然后设置坐标轴变量，并将对应的点放置于坐标轴相应位置。这幅图可以展示两个变

量之间的关系。在这个案例中，高分和低分均同向变化。各部分分数相对称，说明数据呈相关趋势，高低分同向变化说明相关为正。图中所有的点均分布在一条直线附近，说明数据间的相关为线性。点都分布在直线周围非常靠近直线，说明为强正向线性相关。

接下来计算相关系数，这个数字描述了每周看暴力电视的时间与对玩伴实施暴力或攻击行为的次数之间的线性关系程度（正相关中，高低分同向变化）。在该研究中，Z 分数可以表明该分数在总体分布中的位置，因此先将所有原始分数转换成 Z 分数。然后计算相关系数，即先将每个被试者所得两个 Z 分数相乘，将乘积相加除以被试者人数。如果高分和高分一起变化，低分和低分一起变化，这会是一个较大的值，因为对于 Z 分数来说，高分意味着正数，正数乘以正数还是正数，低分意味着负数，负数乘以负数也是正数。按照这个程序，如果两个变量完全相关，得到的值是 1。如果两个变量之间没有线性关系，结果可能是 0（因为高分有时乘以高分有时乘以低分，就是说正数和负数的混合乘积，这样就抵消了）。

在这个例子中，Z 分数的乘积合计 3.70，除以儿童的数量后是 0.93。这表示皮尔逊相关系数（r）为 0.93，表明数据间呈正向强线性相关，即每周看暴力电视的时间与对玩伴实施暴力或攻击行为的次数之间有正向线性相关。

(e) 对于因果关系，有三种遵循逻辑的可能方向：(i) 观看暴力电视使儿童对玩伴表现出更多攻击性；(ii) 变得有攻击性使得儿童更乐于观看暴力电视；(iii) 第三个因素——生活在一个暴力家庭的环境中——使得儿童更有兴趣观看暴力电视和对玩伴表现出更多攻击性。

(f) 公式：预测的 $Z_Y = (\beta)(Z_X)$；预测的 $Y = (SD_Y)$（预测的 Z_Y）$+ M_Y$。

$Z_X = -2$：预测的 $Z_Y = 0.93 \times (-2) = -1.86$；预测的 $Y = 3.08 \times (-1.86) + 6 = 0.27$。

$Z_X = -1$：预测的 $Z_Y = 0.93 \times (-1) = -0.93$；预测的 $Y = 3.08 \times (-0.93) + 6 = 3.14$。

$Z_X = 0$：预测的 $Z_Y = 0.93 \times 0 = 0$；预测的 $Y = 3.08 \times 0 + 6 = 6.00$。

$Z_X = 1$：预测的 $Z_Y = 0.93 \times 1 = 0.93$；预测的 $Y = 3.08 \times 0.93 + 6 = 8.86$。

$Z_X = 2$：预测的 $Z_Y = 0.93 \times 2 = 1.86$；预测的 $Y = 3.08 \times 1.86 + 6 = 11.73$。

(g) $r^2 = 0.93^2 = 0.86$。

7. (a) 以第 2 题的答案为例；(b) 线性，正，强。

(c)

市政厅会议的次数		能说出候选人名字的人数占比		Z 分数的交叉乘积
X	Z_X	Y	Z_Y	$Z_X Z_Y$
4	0.63	70	0.36	0.23
5	1.26	94	1.45	1.83
2	−0.63	36	−1.17	0.74
1	−1.26	48	−0.63	0.79
$\Sigma=12$		$\Sigma=248$		$\Sigma=3.59$
$M=3$		$M=62$		
$SD=1.58$		$SD=22.14$		$r=3.59/4=0.90$

(d) 参照第 6d 题的答案。

(e) 对于因果关系，有三种遵循逻辑的可能方向：(i) 该候选人多次参与市政厅会议，会使很多人知道他；(ii) 该候选人已经很知名，会使其更多地参与市政厅会议；(iii) 第三个因素——该候选人有足够丰厚的竞选资金——使这个候选人可以负担得起更多的市政厅会议并且使得人们注意到他（也可能是因为该候选人有能力承担巨额的广告费用）。

(f) 公式：预测的 $Z_Y = (\beta)(Z_X)$；预测的 $Y = (SD_Y)$（预测的 Z_Y）$+ M_Y$。

$Z_X = -2$：预测的 $Z_Y = 0.90 \times (-2) = -1.80$；预测的 $Y = 22.14 \times (-1.80) + 62 = 22.15$。

$Z_X = -1$：预测的 $Z_Y = 0.90 \times (-1) = -0.90$；预测的 $Y = 22.14 \times (-0.90) + 62 = 42.07$。

$Z_X = 0$：预测的 $Z_Y = 0.90 \times 0 = 0$；预测的 $Y = 22.14 \times 0 + 62 = 62.00$。

$Z_X = 1$：预测的 $Z_Y = 0.90 \times 1 = 0.90$；预测的 $Y = 22.14 \times 0.90 + 62 = 81.93$。

$Z_X = 2$：预测的 $Z_Y = 0.90 \times 2 = 1.80$；预测的 $Y = 22.14 \times 1.80 + 62 = 101.85$。

(g) $r^2=0.90^2=0.81$。

8.（a）这个表格说明的是孕妇与其伴侣在几项测量上得分之间的相关程度。（就像上面的第6d题一样，这里仍然是一个与相关系数有关的案例，在这个案例中你仍然需要解释平均数、标准差和Z分数——和你在第2章回答问题的方法是一样的。）该案例中女性和男性压力报告间的相关系数是0.17，这说明这两个量数之间相关性很低。也就是说孕妇所实际承受的压力与其伴侣所认为的压力之间为低相关。另外，0.50的相关（接近相关中第一列的中间）说明孕妇报告的压力与其在第二次采访中表现出来的抑郁情绪有很大的关系。也就是说，自我报告处于压力中的女性也有可能会报告处于抑郁中，那些报告没有压力的女性有可能也会报告没有感到抑郁。

（b）总体上，在这个表中压力、支持和情绪间相关程度很高；这些变量和个人背景（年龄、种族等）之间的相关相对弱一些。伴侣的支持看上去与压力和情绪有很强烈的关系，第二次采访中的抑郁情绪与其他变量也呈高相关。

（c）如果研究结果显示变量间存在相关，即使是高相关，也不能表明相关的方向。例如，在第一次采访中伴侣的支持与第二次采访中的抑郁情绪之间存在极强的负相关。对于因果关系，有三种遵循逻辑的可能方向：（i）支持会降低抑郁水平；（ii）比较低的抑郁能够引起支持；（iii）某个第三种因素可以同时引发这两种状态。由于未来事件（抑郁）无法引发过去状态（支持），可以先排除第二种假设，保留其他两个假设。伴侣支持可以帮助降低抑郁看上去较为可信。但也有可能是其他因素导致了这种情况，例如收入水平。也许当一对夫妇有更多的收入的时候，伴侣会有更多的时间和精力来提供支持，并获得更好、更舒适的生活方式，以降低抑郁水平。

9.（a）体能训练原理性知识得分；（b）随后几年受伤的次数；（c）4；（d）预测的 $Z_{受伤}=0.4\times Z_{得分}$；（e）$0.4\times(-2)=-0.8$；（f）-0.4；（g）0；（h）0.4；（i）0.8。

10. 该研究运用了多元回归的统计方法。该程序通过公式来预测个体在效标（在这个案例中是三年级学生的文段理解能力）变量上的得分，依据的是个体在一系列预测变量（在该案例中是关于阅读能力的三种特定测量）上的得分。该表格数据是由个人在预测变量上的得分乘以回归系数（或β）所得。该方法可以得出该类研究最精确的结果。

在这个案例中，“文段理解”Z分数的预测方法是用-0.227乘以“字母-单词识别”的Z分数，加上0.299乘以“猜词义”的Z分数，加上0.671乘以“口语阅读流利度”的Z分数。（这些数字是在β一列中。）

这些回归系数表明文段理解能力和口语阅读流利度有极强的相关，和猜词义也有一定的正相关。然而，该预测公式表明，文段理解和字母-单词识别呈一定的负相关。这就意味着在口语阅读流利度和猜词义的所有水平上，三年级学生在字母-单词识别上表现越好，在文段理解上的表现越差。

这很值得关注。预测变量的回归系数反映出了其对整体得分的贡献。如果我们考虑每个预测变量和效标变量之间的关系，它们的重要性会有很大差异。（然而这些相关未提供。）

这个表格中另一个重要的信息是R^2。该数字表明三个变量对效标变量变异的解释比例。本研究中也就是指三种特定阅读能力可以解释三年级学生文段理解能力变量变异的53.4%，等价于文段理解能力和三个变量之间的相关为0.73（0.534的平方根）。

11.（a）预测的 $Z_{理解}=-0.227\times Z_{识别}+0.299\times Z_{猜词义}+0.671\times Z_{流利度}$；（b）A：预测的 $Z_{理解}=-0.227\times1+0.299\times1+0.671\times1=0.743$；B：预测的 $Z_{理解}=0$；C：预测的 $Z_{理解}=-0.743$；D：预测的 $Z_{理解}=-0.227$；E：预测的 $Z_{理解}=0.299$；F：预测的 $Z_{理解}=0.671$；G：预测的 $Z_{理解}=0.289$；H：预测的 $Z_{理解}=1.341$；I：预测的 $Z_{理解}=1.631$。

第4章

1.（a）50%；（b）16%；（c）98%；（d）84%；（e）50%；（f）84%；（g）2%；（h）16%。

2.（a）50；（b）45；（c）40；（d）35；（e）30。

3.（a）由正态曲线表可知，有43.32%（0.433 2）的人Z分数处于平均数和1.5之间。按定义，50%的人Z分数位于平均数之下。因此Z分数低于1.5的总百分比为50%+43.32%=93.32%。（b）6.68%。（c）6.68%。（d）93.32%。（e）1.79%。（f）98.21%。（g）32.64%。（h）3.75%。（i）4.65%。

4.（a）$Z=(16-15)/5=0.2$；从正态曲线表可知，Z分数0.2对应的尾部的百分比是42.07%。（b）34.46%。（c）27.43%。（d）72.57%。（e）42.07%。

5.（a）前40%意味着尾部的40%；在正态曲线上最靠近40%的Z分数是0.25；Z分数0.25对应的原始分数为$0.25\times5+15=16.25$。（b）17.6。（c）19.2。

6.（a）21.90%；（b）22.24%；（c）42.79%；（d）44.06%；（e）21.90%。

7.（a）后30%意味着尾部的30%；在正态曲线上最靠近30%的 Z 分数是－0.52。（b）－1.88。

8.（a）前10%意味着尾部的10%；在正态曲线上最靠近10%的 Z 分数是1.28。（b）2.33。

9.（a）需要 $Z=1.64$，相应的原始分数为 $1.64\times10+50=66.4$。（b）在自然界和行为与社会科学中测得的许多数据都符合正态曲线。正态曲线上的分数大都分布在中间，两边很少。正态曲线为数学概念，其各部分得分均可精确计算并列在特定表格中。（然后像第2章练习题的答案一样，解释平均数、标准差和 Z 分数。）正态曲线表说明了在正态曲线上，平均数和所有 Z 分数之间的百分比；也说明了某一特定 Z 分数到尾部的百分比。

协调测验的得分遵循正态曲线。因此，你可以在正态曲线表中找出尾部5%得分起始点的 Z 分数。Z 分数是1.64（确切地说，对于尾部的5%，在表格中没有确切的点，所以只能用1.64或1.65）。标准差为10，Z 分数为1.64，就是说高于平均数16.4个单位。将它与平均数50相加，计算出来是66.4。

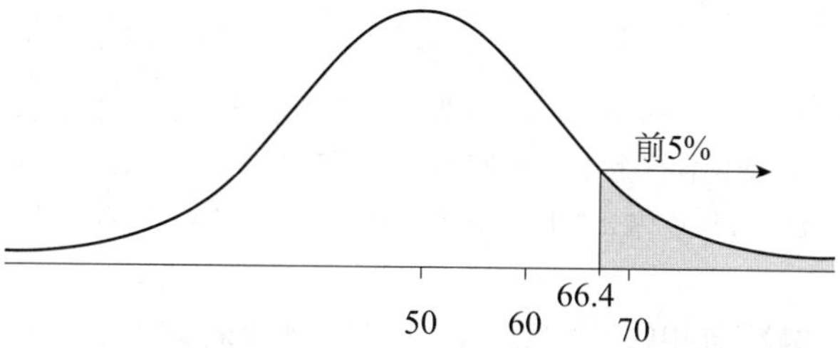

10. 样本是指研究的一个群组，用来描述想要研究的整体，称为总体。（该案例中是所有的澳大利亚高中生。）研究样本是因为研究整个总体是不切实际或者不可能的。确保样本是总体典型代表的一种方式就是进行随机取样。随机取样并不等于随意取样。如果抽样只选取容易获得的被试者就会变成随意取样。很可能出现样本无法有效代表总体的问题。完全随机取样应是要求澳大利亚全体高中生按名称编号，然后根据号码随机抽取足够数量的学生。

11. 类似于第10题的答案。

12.（a）10/50：$p=10/50=0.2$。（b）0.4。（c）$(10+20)/50=0.6$。（d）0.6。（e）1。（f）可能成功事件发生的可能性等于该事件可能发生的次数除以所有可能事件可能发生的次数。对于（a），你从50个人中，可以抽取到10人属于"药物/酒精"。因此，该事件发生的可能性是10/50＝0.2。

第5章

1.（a）当虚无假设为真时，确定你的研究可能得出某一特定结果的逻辑性、统计性程序。（b）当虚无假设为真时，得出特定结果的可能性低于5%，此时你可以拒绝虚无假设的一种假设检验情形。（c）假设检验中的一种程序，此时研究假设没有指出特定方向——用来检验极端的结果偶然地比期望的或高或低。

2. 研究假设有可能是正确的，但是特定样本中的结果没有足够极端到可以拒绝虚无假设。

3.（i）（a）总体1：加拿大图书管理员的孩子；总体2：所有加拿大的儿童。（b）总体1的儿童比总体2的儿童的阅读能力的平均水平要高。（c）总体1的儿童的阅读能力的平均水平不高于总体2。（d）单侧，因为这个问题为是否他们的"分数更高"，所以该研究的兴趣点只有一个方向。

（ii）（a）总体1：住在特定城市的人；总体2：居住在某一地区的所有人。（b）总体1和总体2的收入平均数不同。（c）总体1和总体2收入平均数相同。（d）双侧，因为问题为是否居住在特定城市的人的收入"不同于"整个地区的，所以该研究的兴趣点包含两个方向。

（iii）（a）总体1：经历过地震的人；总体2：所有人。（b）总体1和总体2的自信平均水平不同。（c）总体1和总体2的自信平均水平相同。（d）双侧，因为问题指定了"高于还是低于"，所以该研究的兴趣点包含两个方向。

4.

研究	临界值	比较分布中的 Z 分数	决策
A	+1.64	2	拒绝虚无假设
B	±1.96	2	拒绝虚无假设
C	+2.33	2	不确定
D	±2.57	2	不确定
E	+1.64	1	不确定

5.

研究	临界值	比较分布中的 Z 分数	决策
A	+1.64	1	不确定
B	±2.57	4	拒绝虚无假设
C	±2.57	3	拒绝虚无假设
D	±2.57	3.5	拒绝虚无假设
E	+1.64	−1	不确定

6.（a）**①重新将问题表述为关于总体的研究假设和虚无假设。**这里有两个总体：

总体 1：不被允许使用嗅觉的学生。

总体 2：所有普通学生。

研究假设是不被允许使用嗅觉的学生（总体 1）在辨别食物任务上比普通学生（总体 2）成绩差。虚无假设是不被允许使用嗅觉的学生（总体 1）在辨别食物任务上与普通学生（总体 2）没有差异。

②确定比较分布的特征。比较分布与总体 2 相同。在本题中，总体 $M = 14$ 和总体 $SD = 4$。我们假设它遵循正态曲线。

③确定当虚无假设被拒绝时比较分布中的临界值。对于 0.05 水平上的单侧检验，临界值是−1.64。（这个临界值是负值，因为研究假设是在任务上总体 1 会比总体 2 成绩差——总体 1 在该任务上的得分低于总体 2。）

④计算比较分布中的样本分数。样本原始分数是 5。$Z=(5-14)/4=-2.25$。

⑤决定是否拒绝虚无假设。Z 分数−2.25 比临界值−1.64 更加极端。因此，你可以拒绝虚无假设。支持研究假设——不被允许使用嗅觉会使辨识正确率变低。

（b）简言之，你是通过考虑是否允许使用嗅觉之间存在差异的可能性来解决该问题。如果无差异，被试者得出特定正确数目的概率等于普通学生。我们已知普通学生得出正确数目的分布，因此可以计算该概率。结果显示完全相同的可能性只有 5%——所以不被允许使用嗅觉确实会产生不同。

说得更详细一点，关键问题就是确定概率。我们假设普通学生回答正确的食物数目遵循正态曲线——一种特殊的钟形数学模型，其中大部分的得分在中间，也有处于更高或更低的位置。表格可以确切地表述正态曲线上中间数与特定一个 Z 分数间的比例。

当考虑研究结论时，研究者通常有一个惯例：如果结果发生的可能性低于 5%，那么该结果就会被认为是不可能发生的。正态曲线表显示处于其前 5%的最小 Z 分数为 1.64。由于正态曲线完全对称，因此尾部 5%的 Z 分数小于−1.64。因此，研究者可能得出这样的结论：如果正确数目小于−1.64（一般通过学生的平均数和标准差转换成 Z 分数），不被允许使用嗅觉时无差异就会被认为是不可能发生的。

不被允许使用嗅觉的学生的正确数目是 5。普通学生正态曲线的平均数是 14，标准差为 4。因此不被允许使用嗅觉学生的平均正确数目比普通学生少 9 种。由于标准差为 4，它低于平均数 9/4 个标准差。Z 分数−2.25 比−1.64更加极端。因此研究者可以得出结论：是否允许使用嗅觉之间确实是存在差异的。如下图所示：

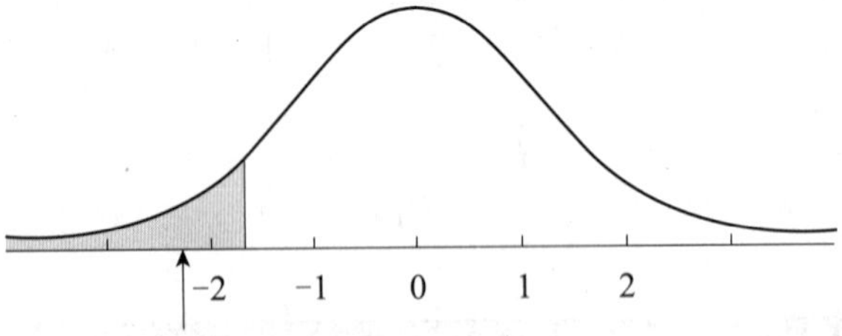

7. 临界值（0.01 水平，单侧）＝−2.33；对于被研究的病人，比较分布中的 Z 分数＝−1.6；该实验结论是不确定的。假设检验的步骤、解释和图示参考第 6 题的答案。

8. 这两个 M（5.7 和 4.8）和 $p < 0.05$ 是关键。M 就是平均数，某特定群体的平均分数。高自恋者每天照镜子的平均次数是 5.7，低自恋者每天的平均次数是 4.8。$p<0.05$ 告诉我们这个不同在 0.05 的水平上统计显著。这意味着如果一个人的自恋水平对这个人照镜子的频率没有影响，只有 5%的可能性找到两组存在差异的被试者。因此，你可以得

出自恋水平会影响照镜子频率的结论。

9. 类似于第8题的答案。

10. (a)

		真实情境	
		虚无假设为真	研究假设为真
检验的结论	支持研究假设（拒绝虚无假设）	Ⅰ型错误 确定增加休息时间会改善表现，但是这没有用	正确决策 确定增加休息时间会改善表现，而且是真的有用
	研究不确定（不拒绝虚无假设）	正确决策 确定增加休息时间会改善表现没有展示在这个研究中，实际上更多的休息时间没有改善表现	Ⅱ型错误 确定增加休息时间会改善表现没有展示在这个研究中，实际上更多的休息时间会改善表现

[(b)和(c)]与(a)类似。

11. 你永远无法确切地知道自己是否犯了(a)Ⅰ型或(b)Ⅱ错误。

第6章

1. 和个体分数相比，不同样本平均数间的变异更小。这是因为在随机抽取样本时，同时抽取到处于同一方向的两个极端值的概率要小于单独抽取到某一极端值。

2. (a) 总体 $SD^2=10^2=100$；总体 $SD_M^2=$ 总体 $SD^2/N=100/2=50$；总体 $SD_M=\sqrt{总体\ SD_M^2}=\sqrt{50}=7.07$。(b) 5.77。(c) 5。(d) 3.33。

3. (a) 总体 $SD^2=20^2=400$；总体 $SD_M^2=$ 总体 $SD^2/N=400/2=200$；总体 $SD_M=\sqrt{总体\ SD_M^2}=\sqrt{200}=14.14$。(b) 11.55。(c) 10。(d) 6.67。

4. (a) 对总体平均数最好的估计是样本平均数100。对于第2a题，均值分布的标准差（总体 SD_M）是7.07。对于95%的置信界限，要得到的 Z 分数是±1.96。置信下限 $=-1.96\times7.07+100=86.14$。置信上限 $=1.96\times7.07+100=113.86$。(b) 88.69，111.31。(c) 90.2，109.8。(d) 93.47，106.53。

5. (a) 对总体平均数最好的估计是样本平均数10。对于第3a题，均值分布的标准差（总体 SD_M）是14.14。对于99%的置信界限，你要得到的 Z 分数是±2.57。置信下限 $=-2.57\times14.14+10=-26.34$。置信上限 $=2.57\times14.14+10=46.34$。(b) −19.68，39.68。(c) −15.70，35.70。(d) −7.14，27.14。

6. (a) **①重新将问题表述为关于总体的研究假设和虚无假设。**这两个总体是：

总体1：接受实验处理的人。

总体2：普通人（没有接受实验处理的人）。

研究假设是接受实验处理的人（总体1）的平均数与普通人（总体2）的平均数不同。虚无假设是总体1与总体2的平均数相等。

②确定比较分布的特征。比较分布是从总体2中挑选的10个样本的均值分布。总体 $M_M=$ 总体 $M=40$。总体 $SD_M^2=$ 总体 $SD^2/N=6^2/10=3.6$。总体 $SD_M=\sqrt{总体\ SD_M^2}=\sqrt{3.6}=1.90$。因为总体分布为正态，所以均值分布也是正态。

③确定当虚无假设被拒绝时比较分布中的临界值。对于0.05显著性水平上的双侧检验，临界值是−1.96和1.96。

④计算比较分布中的样本分数。$Z=(44-40)/1.90=-2.11$。

⑤决定是否拒绝虚无假设。2.11比1.96更加极端，因此可以拒绝虚无假设。支持研究假设，即接受实验处理的人与普通人的分数不同。分布如后图所示。

(b) 与上面(a)假设检验的步骤类似。总体 $SD_M=6$；$Z=(48-40)/6=1.33$；不能拒绝虚无假设；对于是否接受实验处理的人会与一般总体不同，该研究无法得出明确结论。

(c) 对于(a)部分，95%的置信区间：下限 $=-1.96\times1.9+44=40.28$；上限 $=1.96\times1.9+44=47.72$；对于(b)部分，95%的置信区间：36.24到59.76。

7. 假设检验的步骤和图示与第6题的答案类似。(a) 总体 $SD_M=0.8$；$Z=(82-81)/0.8=1.25$；不能拒绝虚无假

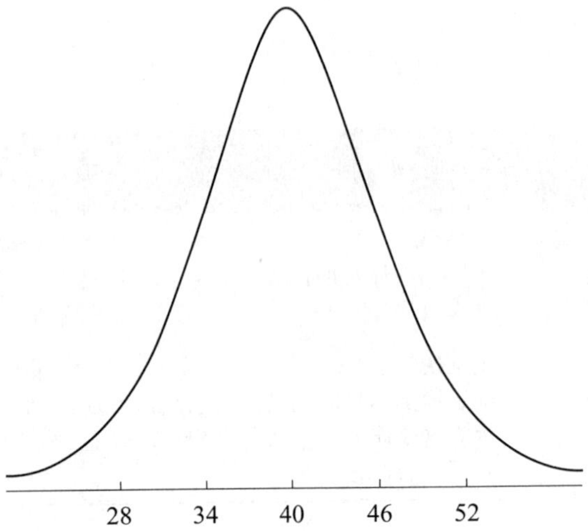

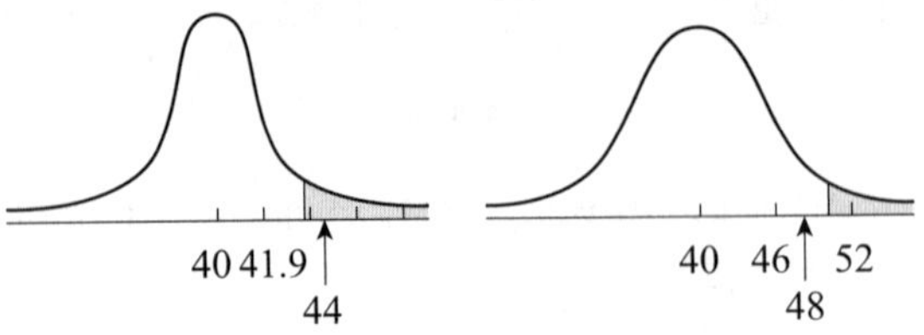

(a)　　(b)

设。(b) 总体 $SD_M=2.53$；$Z=(84-81)/2.53=1.19$；不能拒绝虚无假设。(c) 对于 (a) 部分，99%的置信区间：79.94 到 84.06；对于 (b) 部分，99%的置信区间：77.50 到 90.50。

8. 对于 (a) 和 (b)，假设检验的步骤和图示与第 6 题的答案类似。总体 $SD_M=0.1$；$Z=(1.5-1.8)/0.1=-3$；拒绝虚无假设。

(c) 这是一个有一项特殊情况的标准的假设检验问题。你不能将单个女性的反应时分布与一组 25 位女性的直接进行对比。一组分数偶然出现极端平均数的概率远小于任何一个人偶然出现极端平均数的概率。(当随机抽取一组分数的时候，任何极端的个人分数都可能会被不极端的或者相反方向的极端分数所平衡。) 因此，你需要将 25 个人的得分与多次随机抽取 25 个被试者并计算其平均数所得的分布进行比较。

像这样多个样本平均数的分布等于个体分数原始分布的情况很常见（不可否认）。然而，由于出现极端值的可能性较小，这条曲线相对而言较为狭窄。实际上，其方差等于个体原始分布的方差除以每个样本中分数的数量。该案例中，均值分布的平均数是 1.8，标准差是 0.1（0.5^2 除以 25，再求平方根），为正态分布，因为许多平均数都来自一个正态分布的总体。

用 0.01 的显著性水平和单侧检验，差异显著的临界值是 −2.33。这组参加了特殊项目的 25 位女性平均反应时为 1.5，比均值分布的平均数低了 3 个标准差，可以很明确地得出其比临界值更加极端。因此你可以拒绝虚无假设并得出结论：参与特殊项目的年长女性的反应时更短。

(d) 99%的置信区间：1.24 到 1.76。置信区间是基于样本平均数和均值分布的标准差推测出来的。它估计的是可能包含真正总体平均数的范围。(研究样本是总体 1。在这个案例中，研究样本是参加特殊项目的女性。) 99%的置信区间是指你确信 99%的可能性会包含总体平均数的区间。该区间的下限（这个案例中是 1.24）是最低均值分布的平均数，有 99%的可能性会包含这个样本平均数；该区间的上限（这个案例中是 1.76）是最高均值分布的平均数，有 99%的可能性包含这个样本平均数。

计算置信区间，你首先考虑对总体 1 的平均数的最佳估计值是样本平均数（在这里是 1.5）。然后你假设对于这个总体均值分布的标准差与已知总体（我们之前计算的 0.1）是一样的。在这些信息的基础上，如果真正的总体平均数是 1.5，99%的置信区间，样本平均数会在 Z 分数 −2.57（正态曲线上的一个点，它包含了平均数之下 49.5%的分数）和 2.57 之间。在我们的案例中，这些 Z 分数相应的原始分数为 1.24 到 1.76。

这就证明置信区间用这种方式计算是有限制的（上限和下限）。为什么？假设真正的总体平均数是 1.24。在这个案例中，只有 0.5%的概率可以得出一个大于等于 1.5 的平均数。（即平均数 1.24 和标准差 0.1，1.5 大于平均数 2.57 个标准差。符合曲线上前 0.5%的临界值。）同样，如果真正的总体平均数是 1.76，那么将会只有 0.5%的概率得到一个平均数小于 1.5。

9. 对于（a）和（b），假设检验的步骤和图示与第 6 题的答案类似。总体 $SD_M=0.2$；$Z=(5.9-5.5)/0.2=2$；拒绝虚无假设。（c）与第 8 题的答案类似，另外加上先前章节中对假设检验、正态曲线、平均数和标准差的解释。（d）95%的置信区间：5.51 到 6.29。

10. 误差条是在每个直条顶部上方和下方的线。这些误差条显示的是，对于每一个特定的群体，有如该群体的人群的均值分布的标准差。（然后像第 8c 题的答案那样解释均值分布。）

11. 与第 8d 题答案中置信区间的部分类似。

第 7 章

1. （a）效应量 ＝（总体 1 *M*－总体 2 *M*）/总体 $SD=(19-25)/12=-0.50$，中等效应量；（b）－0.25，小效应量；（c）0，无效应；（d）0.42，中等效应量；（e）0.83，大效应量。

2. （a）预测的效应量 ＝（总体 1 *M*－总体 2 *M*）/总体 $SD=(50-50)/5=0$，无效应；（b）0.40，中等效应量；（c）0.80，大效应量；（d）1.2，大效应量；（e）－0.60，中等效应量。

3. （a）预测的效应量 ＝（总体 1 *M*－总体 2 *M*）/总体 $SD=(91-90)/4=-0.25$；（b）0.50；（c）1.00；（d）－1.00。

4. （a）不影响。（b）可能不重要。（c）对于情况（a），显著性表示如果虚无假设为真，则得到结果的可能性；在计算显著性时已经考虑了样本容量。对于情况（b），如果样本容量很大，那么即使实际的效应很小，得到一个显著结果也是有可能的——比如当样本平均数（接受实验处理的总体的平均数的最佳估计值）仅仅略高于已知总体的平均数时。这是有可能的，因为显著性是基于样本平均数和已知总体平均数之间的差值然后除以均值分布的标准差。如果样本容量非常大，那么均值分布的标准差会非常小。（这是因为它是通过总体方差除以样本容量再求平方根来计算的。）因此，即使平均数之间的差异很小，当它除以一个非常小的分母时，也能得到一个较大的总结果，从而使研究显著。

5. 统计检验力就是当研究假设为真时拒绝虚无假设的可能性。换句话说，当研究假设为真时，研究的统计检验力反映了如果研究假设实际上是真的，你在研究中获得统计上的显著结果的可能性。理想情况下，研究应该有 80%或更大的统计检验力。如果一个研究的统计检验力较低且结果不显著，则该研究结果将是完全不确定的。这是因为很难明确结果不显著的原因，到底是因为统计检验力低，还是研究假设本身就是假的。

效应量可以看作分布不重叠的程度。效应量越大，统计检验力越大。正如研究文献引文中所指出的那样，该研究对较大、中等效应的检测具有较高的统计检验力（大约 90%）。考虑到这种较高的统计检验力，研究者能够得出结论，认为结果不显著最有可能是因为研究假设本身就是假的。正如研究者所指出的，在如此大的检验力下，如果实际上在总体中存在中等或较大的效应，那么研究结果就不太可能不显著。由于较小的效应量与较低检验力相关，研究者要注意不能排除在总体中存在较小的效应的可能性（由于识别小的效应量的统计检验力更低，所以可能在研究中没能被发现）。

6. （a）增大检验力；（b）降低检验力；（c）增大检验力；（d）降低检验力；（e）降低检验力。

7. 在设计研究时可能会出现一种情况，即统计检验力过高或过低的情况。如果统计检验力过低，你可能要通过多种方式来改变原有计划（甚至是彻底放弃原有方案），或者如果统计检验力过高，已超出了合理需求，你可以通过调整方案降低研究成本，如减少被试者数量。另一种情况是当研究完成后，研究结果并不显著时的统计检验力的计算。如果你计算得出研究中统计检验力较高，你就可以很自信地得出总体虚无假设为真，意味着实际总体中的差异的确小于你用来计算统计检验力的效应量。但是如果你计算出研究的统计检验力很低，这就说明结果真的模棱两可，而且我们仍然有理由相信未来检验这一假设的研究可能会得出显著结果。第三种可能性是研究做完并得到显著的结果后计算了统计检验力，但没给出效应量。如果研究有高统计检验力（当它使用一个大样本时），这就告诉你效应量也许会较小，因此该效应对实际应用并不是很重要。但是如果研究看上去统计检验力比较低（比如有一个小样本），这就说明效应量一定很大才得到了显著的结果。

第 8 章

1. （a）$t_{临界值}$（$df=63$，$p<0.05$，单侧）$=-1.671$；$S_M^2=S^2/N=9/64=0.141$。$S_M=\sqrt{S_M^2}=\sqrt{0.141}=0.38$；$t=(M-总体\ M)/S_M=(11-12.40)/0.38=-3.68$；拒绝虚无假设。（b）$t_{临界值}=2.690$；$S_M=2.55$；$t=1.32$；不能拒绝虚无假

设。(c) $t_{临界值}=2.364$；$S_M=0.13$；$t=3.15$；拒绝虚无假设。

2. (a) **①重新将问题表述为关于总体的研究假设和虚无假设。**有两个总体：

总体 1：新州长的应急反应时间。

总体 2：现任州长的应急反应时间。

研究假设是新州长的应急反应时间比现任州长的应急反应时间要短。虚无假设是新州长的应急反应时间不短于现任州长的应急反应时间。

②确定比较分布的特征。总体 2：分布形态近似正态；总体 $M=30$；总体方差的估计值 $S^2=\sum[(X-M)^2]/df=124/(10-1)=13.78$，均值分布为 $df=9$ 的 t 分布，均值分布的平均数=30，均值分布的方差=$S_M^2=S^2/N=13.78/10=1.378$，均值分布的标准差 $S_M=\sqrt{S_M^2}=\sqrt{1.378}=1.17$。

③确定当虚无假设被拒绝时比较分布中的临界值。$t_{临界值}$（$df=9$，$p<0.05$，单侧）$=-1.833$。

④计算比较分布中的样本分数。$M=(\sum X)/N=280/10=28$；$t=(M-总体\ M)/S_M=(28-30)/1.17=-1.71$。

⑤决定是否拒绝虚无假设。-1.71 大于 -1.833，未到达临界值，不能拒绝虚无假设。

(b)

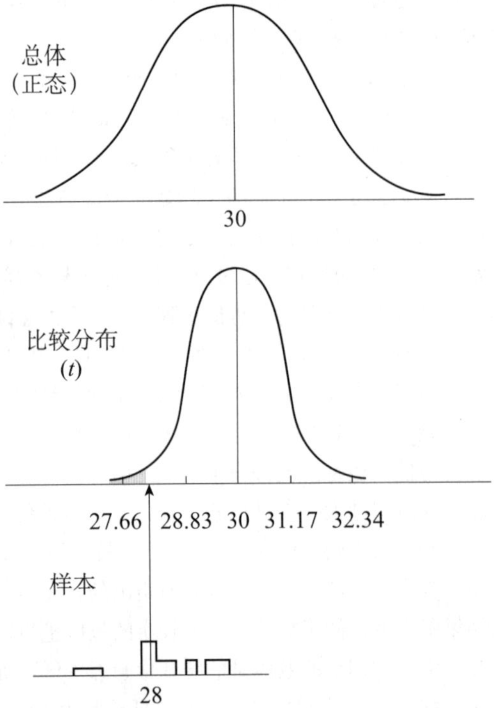

(c) 除了使用实际分数而不是差异分数，期望的总体平均数是 30 分钟，即新州长承诺要比现任州长做得更好，其他与第 5c 题的答案类似。

3. 对于 (a) 和 (b)，假设检验步骤和图示与第 2a、2b 题的答案类似；$t_{临界值}=2.776$；$t=(M-总体\ M)/S_M=(46-40)/2.3=2.61$；不能拒绝虚无假设。(c) 除了使用实际分数而不是差异分数，期望的总体平均数是人们通常答对 40 个问题，其他与第 5c 题的答案类似。

4. (a) $t_{临界值}$（$df=19$，$p<0.05$，单侧）$=1.729$；$S_M^2=S^2/N=8.29/20=0.415$；$S_M=\sqrt{S_M^2}=\sqrt{0.415}=0.64$；$t=(M-总体\ M)/S_M=(1.7-0)/0.64=2.66$；拒绝虚无假设。效应量估计值$=M/S=1.7/\sqrt{8.29}=0.59$。

(b) $t_{临界值}=-1.984$，1.984；$S_M^2=S^2/N=414.53/164=2.53$；$S_M=\sqrt{S_M^2}=\sqrt{2.53}=1.59$；$t=(2.3-0)/1.59=1.45$；不能拒绝虚无假设。效应量估计值$=0.10$。

(c) $t_{临界值}=-2.625$；$S_M^2=S^2/N=4/15=0.27$；$S_M=\sqrt{S_M^2}=\sqrt{0.27}=0.52$；$t=-4.23$；拒绝虚无假设。效应量估计值$=-1.10$。

5. (a) **①重新将问题表述为关于总体的研究假设和虚无假设。**有两个总体：

总体 1：参加减少乱扔垃圾项目的城市。

总体 2：这 1 年的时间里扔垃圾的数量没有改变的城市。

研究假设是总体 1 的垃圾量比总体 2 明显减少。虚无假设是总体 1 的垃圾量不比总体 2 明显减少。

②确定比较分布的特征。总体 2 分布为正态，总体平均数等于 0。总体方差估计值是 $S^2=[\sum(X-M)^2]/df=50/(4-1)=16.67$。均值分布是 $df=3$ 的 t 分布，差异分数均值分布的平均数＝0，差异分数均值分布的方差 $S_M^2=S^2/N=16.67/4=4.17$，差异分数均值分布的标准差 $S_M=\sqrt{S_M^2}=\sqrt{4.17}=2.04$。

③确定当虚无假设被拒绝时比较分布中的临界值。$t_{临界值}$（$df=3$，$p<0.01$，单侧）＝-4.541。（临界值是负的，因为我们是用 2010 年的垃圾量减去 2009 年的垃圾量。因此，负值代表值的变化与假设相一致。）

④计算比较分布中的样本分数。差异分数是－7，－6，1，－8；$M=-20/4=-5$；$t=(M-总体\ M)/S_M=(-5-0)/2.04=-2.45$。

⑤决定是否拒绝虚无假设。样本值 $t=-2.45$ 未到达临界值，因此不能拒绝虚无假设。

（b）

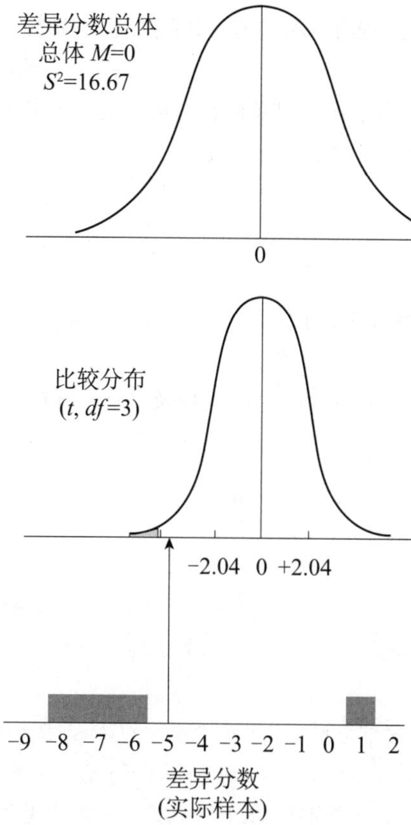

（c）在这种情况下，使用相关样本 t 检验去检验在实施减少乱扔垃圾的项目之后城市的垃圾量是否减少。首先用 2010 年的垃圾量减去 2009 年的垃圾量计算出两年的垃圾量之差。之后计算出差异分数的平均数是－5。这就是说，每天每个街区的垃圾量减少了 5 磅（约 2.27 千克）。

接下来检验从这 4 个城市得到的结果，是否意味着这个项目真正减少了城市垃圾量。因为即使这个项目没有实际效果，4 个城市的垃圾量也有可能减少。也就是说，假设将要实施这个项目的城市的平均垃圾量变化确实是 0，或者研究正好选取了垃圾量正在减少的 4 个城市。

之后考虑这 4 个城市的垃圾量要变化多少，才能认为这 4 个城市的垃圾量变化不是随机导致的。需要计算出平均垃圾量没有发生变化的城市总体分布的特征值。没有变化的平均就是 0 变化的平均数，即 0。因此，将 0 作为比较分布的平均数。由于不知道假设中没有发生变化的总体分布的方差，根据 4 个样本城市的差值数据估计这个总体的方差。如果样本城市是随机取于没有变化的假设分布，那么这些城市的方差应该反映假设分布的方差（即它们的总体方差）。然而，根据从较大总体中抽取的样本计算的方差一般会比真正的总体方差稍小。也就是说，样本方差是总体方差的有偏估计。因此，不得不调整方差公式：通常是方差总和除以分数的个数，这次是方差总和除以自由度。自由度是值的数目减去 1。

在这个例子中，4－1＝3。（这种调整精确地解释了用样本方差估计总体方差的趋势，获得的是总体方差的无偏估计。）如在假设检验的步骤中所示，总体方差的估计值 $S^2=16.67$。

不用分析每个城市的情况，而是将4个城市作为一个组进行分析。因此，需要知道从假设总体中抽取的4个样本的差异分数均值分布的特征。差异分数均值分布的平均数也是0。（这是因为没有理由期望随机选出的这个样本的平均数会系统地高于或者低于0。）然而，这样一个分布的方差会比它的总体方差要小一些。（这是因为4个值的平均数不太可能比总体中的每一个值更极端。）幸运的是，已有数学家证明均值分布的方差等于总体分布的方差除以样本容量。在我们的例子中，就是16.67除以4，等于4.17。分布的标准差是方差4.17的平方根，等于2.04。

如果我们假设差异分数总体呈正态分布（我们也没有理由认为是其他分布），差异分数均值分布有可能是 t 分布。（t 分布类似于正态分布，但是有一条稍粗的尾巴。）因此，查看用 $df=3$ 估计总体方差的 t 值表。表中显示，t 值距离总体平均数－4.541个标准差的概率小于1%。

4个城市的差异分数平均数是－5，低于差异分数均值分布的平均数（0）2.45（即－5/2.04）个标准差。这不如－4.541极端。因此，有超过1%的概率表明这些样本选自没有变化的总体。因此，研究者不会排除这个可能性，其研究结论被认定为不确定。

6. 对于（a）、（b）和（c），假设检验的步骤、图示以及解释与第5题的答案类似。$t_{临界值}=-2.776, 2.776$；$t=(M-总体M)/S_M=(-0.02-0)/0.007=-2.86$；拒绝虚无假设。

7.（a）效应量估计值$=M/S=20/32=0.63$，中等；（b）0.50，中等；（c）0.25，小；（d）0.20，小。

8. 从表8-8可知，（a）0.22；（b）0.71；（c）0.86；（d）0.77；（e）0.99。

9. 从表8-9可知，（a）33；（b）12；（c）156。

10. 结合本题中的研究解释本题结果。本题仅涉及单样本 t 检验，同时要解释假设检验的基本逻辑（只有你不知道总体方差时才需要解释）。除此之外，与第5c题的答案类似。

11. 结合本题中的研究解释本题结果，并介绍平均数、标准差以及方差的相关信息。除此之外，与第5b、5c题的答案类似。

第9章

1.（a）相关；（b）独立；（c）独立。

2.（a）$S^2_{合并}=(df_1/df_{总})(S^2_1)+(df_2/df_{总})(S^2_2)=19/38\times1+19/38\times2=1.5$。$S^2_{M_1}=S^2_{合并}/N_1=1.5/20=0.075$；$S^2_{M_2}=0.075$。$S^2_{差异}=S^2_{M_1}+S^2_{M_2}=0.075+0.075=0.15$。$S_{差异}=0.39$。（b）0.35。（c）0.32。（d）0.27。（e）0.35。

3.（a）$t_{临界值}$（$df=58$，$p<0.05$，双侧）$=-2.004, 2.004$；$S^2_{合并}=(df_1/df_{总})(S^2_1)+(df_2/df_{总})(S^2_2)=29/58\times2.4+29/58\times2.8=2.6$；$S^2_{M_1}=S^2_{合并}/N_1=2.6/30=0.087$，$S^2_{M_2}=0.087$；$S^2_{差异}=S^2_{M_1}+S^2_{M_2}=0.087+0.087=0.174$；$S_{差异}=0.417$；$t=(M_1-M_2)/S_{差异}=(12-11.1)/0.417=2.16$。结论：拒绝虚无假设。差异显著。（b）$S^2_{合并}=2.67$；$S_{差异}=0.45$；$t=2.00$；不拒绝虚无假设。（c）$S^2_{合并}=2.6$；$S_{差异}=0.416$；$t=2.16$；拒绝虚无假设。

4.（a）**①重新将问题表述为关于总体的研究假设和虚无假设。**这两个总体是：

总体1：通过电视接收信息的人。

总体2：通过网络接收信息的人。

研究假设是这两个总体的平均数不相等。虚无假设是这两个总体的平均数相等。

②确定比较分布的特征。$S^2_{合并}=60/80\times4+20/80\times6=4.5$；比较分布（均值差异分布）：$M=0$；$S_{差异}=0.54$；形态$=t(df=80)$。

③确定当虚无假设被拒绝时比较分布中的临界值。$t_{临界值}$（$df=80$，$p<0.01$，双侧）$=-2.639, 2.639$。

④计算比较分布中的样本分数。$t=(24-26)/0.54=-3.70$。

⑤决定是否拒绝虚无假设。－3.70比－2.639更加极端；拒绝虚无假设；实验支持会有一些不同的预测。

（b）见下图：

（c）在这种情况下，要先检验这两个样本是否来自同一总体。对这些相同的总体有两个估计值，每一个来自一个样

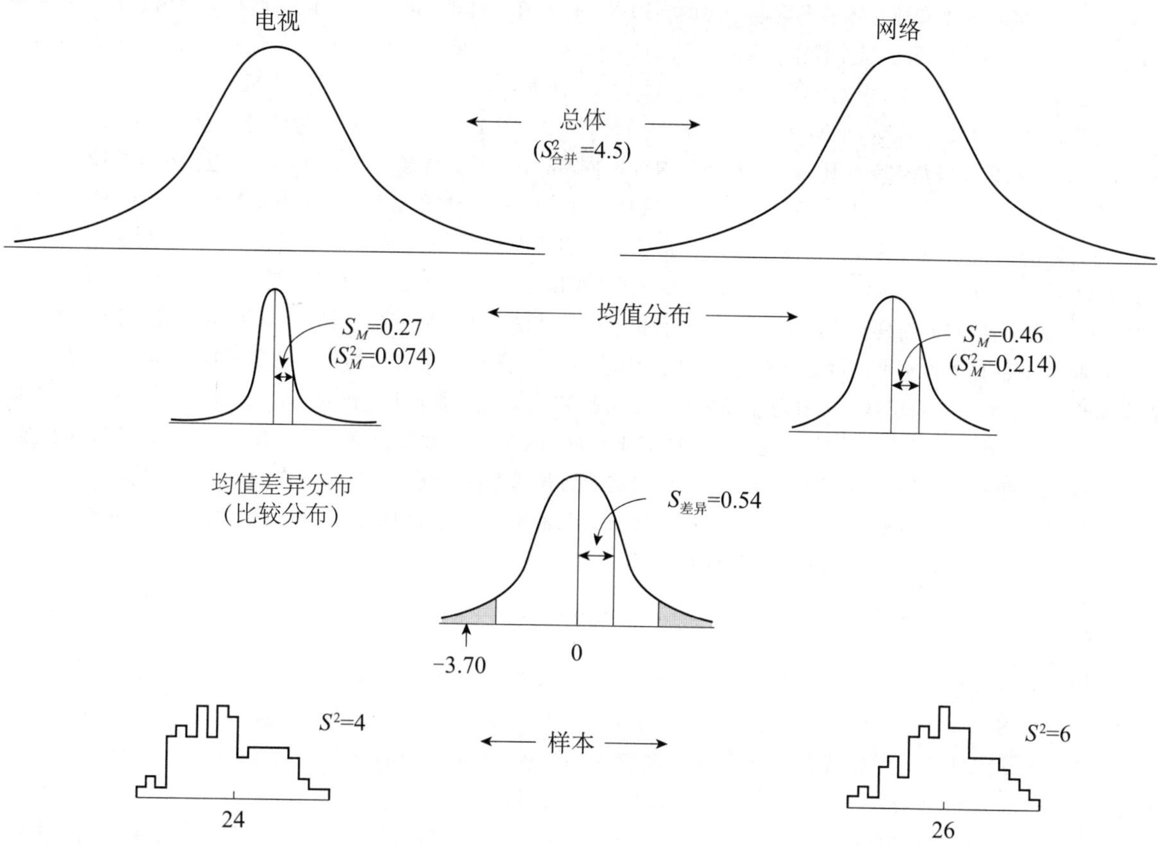

本。因此，为了得到总体方差更精确的估计，计算这两个总体方差估计值的平均数。为了能在大自由度的基础上给出更有效的估计，计算出加权平均数，即用每个估计值乘以它占总自由度的比例，然后相加。合并方差计算出来是 4.5。

应该感兴趣的不是个人分数，而是 61 人组的平均数与 21 人组的平均数之间的差异。因此，需要确定均值差异分布的特征，特别是从估计过方差的两个相同总体中随机抽取的 61 人组和 21 人组的均值差异分布。这需要两步才能完成。第一，用常规方法计算出与每个样本有关的总体的均值分布的特征值，但是运用每个个体总体方差的综合估计。计算出电视组是 0.074，网络组是 0.214。第二步直接关涉均值差异分布。如果你能得到两个均值分布的平均数，并计算出它们之间的差异，你就有可能会得到像这样的一个分布。在多次做完这个后，两个平均数间差异的分布会产生一个新分布，叫作均值差异分布。这个分布对于独立样本 t 检验来说是一个比较分布。我们假设（如果两组间无差异）这两个原始总体有相同的平均数。因为平均来说，电视组和网络组之间的平均数差异应该为 0。（这是因为虽然有时候大小存在差异，但是从长远看波动趋于平衡。）均值分布的变异量会影响均值差异分布的方差。实际上，就等于两者之和。因此，方差是 0.074 加上 0.214，即 0.288。其平方根，即均值差异分布的标准差是 0.54。

因为这个过程以方差估计值为基础，均值分布是一个 t 分布。特别是，这个 t 分布的自由度等于总自由度。在这个案例中，$df=80$。在 t 值表中，0.01 水平上双侧检验的临界值是±2.639。该样本中的 t 值等于两组平均数之差，除以均值差异分布的标准差，即(24−26)/0.54=−3.70。比临界值更加极端，所以可以拒绝虚无假设。

5. 对于（a）、（b）和（c），假设检验的步骤、图示和解释与第 4 题的答案类似（除了还需要包含一些基础的指标，就像前面章节中的答案一样）。$t_{临界值}=-2.262, 2.262$；$S^2_{合并}=5/9\times5.60+4/9\times5.20=5.42$；$S^2_{差异}=0.90+1.08=1.98$；$S_{差异}=1.41$；$t=(6-7.8)/1.41=-1.28$。不拒绝虚无假设；实验结论不确定。

6. 对于（a）、（b）和（c），假设检验的步骤、图示和解释与第 4 题的答案类似。$t_{临界值}=-1.943$；$S^2_{合并}=4/6\times6.7+2/6\times12.33=8.58$；$S^2_{差异}=2.86+1.72=4.58$；$S_{差异}=2.14$；$t=(5.33-5.2)/2.14=0.06$。不拒绝虚无假设；表明不能确定是否年龄大的儿童会在该实验中表现更好。

7. 效应量估计值$=(M_1-M_2)/S_{合并}=(24-26)/\sqrt{4.5}=-0.94$；（b）−0.77；（c）0.04。（d）效应量反映了两个总体不重叠的程度。两个总体不重叠越少，效应量越大。在行为与社会科学研究中，我们想知道的不仅是这个结果是否显著，还应包括其影响有多大。效应量可以测量影响大小。对于独立样本 t 检验，其效应量等于总体平均数之差，除以总体标准差。然而，你不知道总体的平均数。你也不知道个体所在总体的标准差。因此，你必须运用合并方差来进行计算。所以，在（a）部分，效应量是样本平均数之差（24－26＝－2），除以总体标准差的合并估计值（4.5的平方根或2.12）。得出效应量是－0.94，根据科恩公约可知，对于独立样本 t 检验这是一个大的效应量。

8.（a）调和平均数$=2(N_1)(N_2)/(N_1+N_2)=(2\times3\times57)/(3+57)=5.7$；近似统计检验力＝0.11；（b）调和平均数＝16.7，近似统计检验力＝0.15；（c）调和平均数＝26.7，近似统计检验力＝0.19；（d）近似统计检验力＝0.19。

9. 效应量估计值$=(M_1-M_2)/S_{合并}=(107-149)/84=-0.50$，中等效应量；每组需要被试者50人，共需要100人。（b）效应量估计值＝0.20；每组需要被试者393人，共需要786人。（c）效应量估计值＝0.80；每组需要被试者20人，共需要40人。（b）效应量估计值＝－0.80；每组需要被试者26人，共需要52人。

10.（下面的问题和前面第4c题中对所有术语和概念的整体解释以及回答都一样。）对于（a）和（b），这个研究运用了传统的0.05的显著性水平，接受低水平支持的德国儿童——无论是来自他的母亲、父亲还是同学——均显示自我价值感较低。幸运的是，对于从父亲和母亲那里得到的支持差异，效应量确实比较大（0.78和0.69）；但是对于从同学那里得到的支持，效应量较小（0.35）。这可能表明对于儿童感觉到的自我价值感来说，父母的支持比同学的支持更加重要。该研究大效应量的统计检验力是0.98。（假设高支持组和低支持组儿童数量是一样的，双侧检验，每组50人进行计算。）中等效应量的统计检验力是0.70。我们已经知道结果是显著的且效应量已知，因此计算不是很重要。

11. 与第4c题的答案类似，但是这项研究的重点在于结果。

第10章

1.（a）$F_{临界值}(df=2,27;\ p<0.05)=3.36$；$S_M^2=[\sum(M-GM)^2]/df_{组间}=[(7.4-7)^2+(6.8-7)^2+(6.8-7)^2]/2=0.12$；$S_{组间}^2=(S_M^2)(n)=0.12\times10=1.2$；$S_{组内}^2=(S_1^2+S_2^2+\cdots+S_{最后一组}^2)/N_{组数}=(0.82+0.90+0.80)/3=0.84$；$F=1.2/0.84=1.43$；不能拒绝虚无假设；效应量，$R^2=(S_{组间}^2)(df_{组间})/[(S_{组间}^2)(df_{组间})+(S_{组内}^2)(df_{组内})]=1.2\times2/(1.2\times2+0.84\times27)=0.10$；从表10-8得知，统计检验力估计值在0.20和0.45之间。（b）$F_{临界值}(df=3,96;\ p<0.05)=2.70$（确切地说是运用 $df=3,95$）；$S_M^2=164.67$；$S_{组间}^2=164.67\times25=4\ 116.75$；$S_{组内}^2=736.5$；$F=5.59$；拒绝虚无假设；效应量，$R^2=0.15$；统计检验力估计值在0.85和0.96之间。（c）$F_{临界值}(df=4,120;\ p<0.05)=2.46$（确切地说是运用 $df=4,100$）；$S_M^2=123.5$；$S_{组间}^2=123.5\times25=3\ 087.5$；$S_{组内}^2=735$；$F=4.20$；拒绝虚无假设；效应量，$R^2=0.12$；统计检验力估计值在0.90和0.98之间（运用 $R^2=0.14$ 在表10-8中查找）。

2.（a）$F_{临界值}(df=2,9;\ p<0.01)=8.02$；组1：$M=8$，$S^2=0.67$；组2：$M=6$，$S^2=0.67$；组3：$M=4$，$S^2=0.67$；$S_{组间}^2=4\times4=16$；$S_{组内}^2=0.67$；$F=16/0.67=23.88$；拒绝虚无假设；效应量，$R^2=0.84$。（b）$F_{临界值}(df=2,9;\ p<0.01)=8.02$；组1：$M=8$，$S^2=21.33$；组2：$M=6$，$S^2=21.33$；组3：$M=4$，$S^2=21.33$；$S_{组间}^2=4\times4=16$；$S_{组内}^2=2.133$；$F=16/21.33=0.75$；不能拒绝虚无假设；效应量，$R^2=0.14$。

3.（a）**①重新将问题表述为关于总体的研究假设和虚无假设。**这三个总体是：

总体1：有情感障碍的病人。

总体2：有人格障碍的病人。

总体3：有毒品相关问题的病人。

虚无假设是这三个总体平均数相等。研究假设是这三个总体平均数不相等。

②确定比较分布的特征。F 分布自由度为2和9。

③确定当虚无假设被拒绝时比较分布中的临界值。在0.05显著性水平上，$F_{临界值}(2,9)=4.26$。

④计算比较分布中的样本分数。$S_{组间}^2=5.33\times4=21.32$；$S_{组内}^2=(2.67+3.33+2.67)/3=2.89$；$F=21.32/2.89=7.38$。

⑤决定是否拒绝虚无假设。第④步的 F（7.38）比第③步的临界值 F（4.26）更加极端；拒绝虚无假设。

（b）效应量，$R^2=(S_{组间}^2)(df_{组间})/[(S_{组间}^2)(df_{组间})+(S_{组内}^2)(df_{组内})]=0.62$。

（c）本研究三组被试者的分数来自完全不同的总体，该情况适用方差分析。虚无假设是三个组来自三个平均数相同的总体。而且如果使用 t 检验，我们必须假设它们的方差也相等。如果虚无假设为真，你可以通过两种方法对这些相同总体的方差进行检验：

（i）你可从三个组中任何一个的方差开始估计，然后计算其平均数。（除样本由三组变为四组外，其余做法同独立样本 t 检验都一样。而且在 t 检验中你需要根据它们对整个估计贡献的自由度进行加权。然而，因为三个组的被试者数量相等，可以简单求平均值——平均加权。）该案例中三个方差的估计值分别是2.67、3.33和2.67，求得合并估计值是2.89。这叫作总体方差的组内估计值。

（ii）你也可以用三个平均数来估计方差。如果我们假设虚无假设为真，那么三个样本的平均数都是基于从相同总体抽取的样本。相同总体都有同样的均值分布，因此三个平均数间的变异应该可以反映出均值分布中的变异。研究结果中，用三个平均数（6，10，10）来估计均值分布的方差。运用估计总体方差的通用公式，得到5.33。

然而，我们想要的是个体分布的方差。所以问题是：能够产生一个方差为5.33的均值分布（每4个分数）的个体分布是什么样的？为了找出个体分布的均值分布，用个体分布的方差除以样本容量。然而，在我们当前的情况下，你想要反向实施。因此，你用均值分布的方差乘以样本容量来得到个体分布的方差。结果是5.33乘以4，即21.32。这叫作总体方差的组间估计值。

如果虚无假设为真，总体方差的组内和组间估计值应该相等。这是因为它们是对同一事物的估计（所有的假设都一样）。这也就意味着组间估计值与组内估计值之比等于1。

然而，假设虚无假设为假，三个组所在的三个总体的实际上平均数不相等。在那种情况下，基于组间平均数变异的估计值会大于基于组内变异的估计值。这主要是因为：如果虚无假设为真，各组平均数不同的唯一原因是三个组均值分布的差异。但是如果虚无假设是假的，每个均值分布平均数就都不等。因此，平均数变异量归因于每一个均值分布内部的变异（不是相同的均值分布）和均值分布平均数的差异。因此，各组平均数的变异可能增大。如果总体方差估计用了这三个平均数，它将大于虚无假设为真时的数字。但是同时，组内估计值不受三组平均数是否相同的影响。这是因为组内估计值只考虑每个组内部的变异。如果虚无假设是假的，组内估计值也不会变大。这些结果都是当虚无假设为假时，组间估计值和组内估计值的比率会大于1。

组间估计值和组内估计值的比率叫作 F 值。在这个案例中，我们的 F 值是21.32与2.89之比：$21.32/2.89=7.38$。

当你基于从三个相同总体中随机抽取的4个分数来计算 F 值时，统计学家已经制作了相关的表格。这是当虚无假设为真时的情况：观察这些表格，它证明了该情况下有小于5%的概率会获得一个比4.26更大的 F 值。我们实际的 F 值比这个更大，我们可以拒绝虚无假设。

4. 对于（a）、（b）和（c），假设检验的步骤、效应量估计和解释与第3题的答案类似［除了（c）部分你还需要包含一些内容，就像前面章节练习题答案中的内容一样］。$F_{临界值}$（$df=2$，147；$p<0.05$）$=3.09$（实际使用 $df=2$，100）；$S^2_{组间}=0.09\times 50=4.5$；$S^2_{组内}=(5.2+5.8+4.8)/3=5.27$；$F=0.85$；不拒绝虚无假设；效应量，$R^2=0.01$。

5. 对于（a）、（b）和（c），假设检验的步骤、效应量估计和解释与第3题的答案类似［除了（c）部分你还需要包含一些内容，就像前面章节练习题答案中的内容一样］。$F_{临界值}$（$df=3$，28；$p<0.01$）$=4.57$；$S^2_{组间}=155\times 8=1\ 240$；$S^2_{组内}=(3.5^2+4.6^2+3.8^2+3.8^2+4.9^2)/4=17.97$；$F=69.0$；拒绝虚无假设；效应量，$R^2=0.88$。

6. 从表10-8可知，（a）0.09；（b）0.12；（c）0.10；（d）0.38。

7. 从表10-9可知，（a）322；（b）21；（c）274；（d）52。

8. （i）（a）和（b）

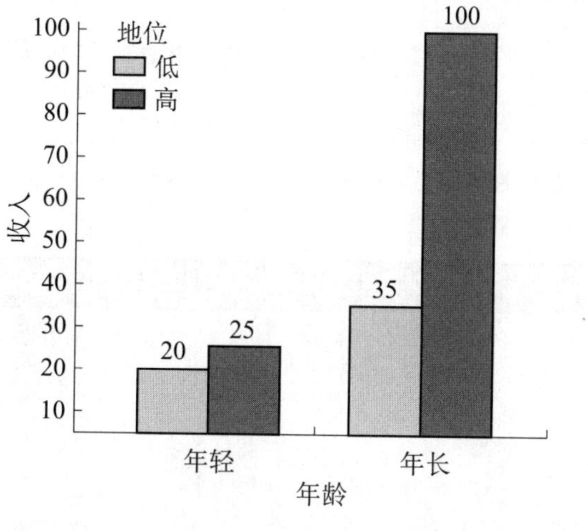

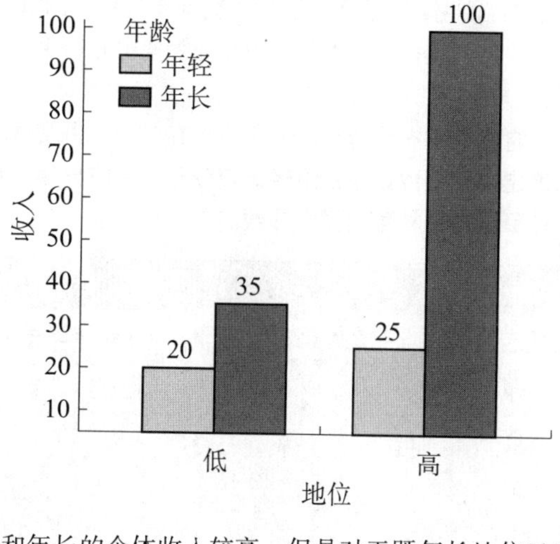

（c）地位和年龄的主效应显著，有交互作用；（d）地位较高和年长的个体收入较高，但是对于既年长地位又高的个

体来说其收入比只受一种变量影响的个体更高。

(ii)(a)和(b)的图与(i)中(a)和(b)是一种类型；(c)没有主效应，有交互作用；(d)大学类型和专业类型本身都不能预测学生的成绩，但如果综合考虑这两个因素，就会发现一个明显的规律：社区大学艺术专业和文理学院科学专业的学生成绩最高。

(iii)(a)和(b)的图与(i)中(a)和(b)是一种类型；(c)两种主效应显著，没有交互作用；(d)女性每个月生病的天数略少于男性；实验组每个月生病的天数略少于控制组。变量组合将遗失每个变量单独变化时生病的天数。

9. (i)(a)和(b)的图与第8题(i)中(a)和(b)是一种类型；(c)存在关系主效应和交互作用；(d)和朋友的交流时间比较长；个人话题比非个人话题差异大。

(ii)(a)和(b)的图与第8题(i)中(a)和(b)是一种类型；(c)存在城市和花费的主效应和交互作用；(d)不同城市餐厅的级别不同，纽约最高，芝加哥最低。不同级别餐厅的花费也不同，花费多的最高，花费少的最低。这两个因素不能简单结合，然而和其他城市相比，纽约的价格差异更大。

(iii)(a)和(b)的图与第8题(i)中(a)和(b)是一种类型；(c)存在品牌和类型的主效应和交互作用；(d)对普通咖啡比脱咖啡因咖啡的喜爱程度更高，而且Z牌子和X牌子均比Y牌子更受欢迎。然而，交互作用显示，Z牌子的普通咖啡和脱咖啡因咖啡没有区别，但X和Y牌子的普通咖啡的评分要高出脱咖啡因咖啡2分。

10. 与第3c题的答案类似（也包含第9章的相关内容），但是重点在于研究结果。

11. 与第3c题的答案类似（也包含前面章节的相关内容），但是重点在于研究结果。

第11章

1. (a) $\chi^2_{临界值}$ ($df=5-1=4$；$p<0.05$) $=9.488$。

类别	O	期望	$O-E$	$(O-E)^2$	$(O-E)^2/E$
A	19	0.2×50=10	9	81	8.10
B	11	0.2×50=10	1	1	0.10
C	10	0.4×50=20	−10	100	5.00
D	5	0.1×50=5	0	0	0.00
E	5	0.1×50=5	0	0	0.00
总计	50	50	0		$\chi^2=13.20$
结论：拒绝虚无假设。					

(b) $\chi^2_{临界值}=5.992$；$\chi^2=44.45$，拒绝虚无假设。

(c) $\chi^2_{临界值}=7.815$；$\chi^2=1.23$，不拒绝虚无假设。

2. (a) **①重新将问题表述为关于总体的研究假设和虚无假设。**这两个总体是：

总体1：使用社会服务中心时受到季节影响的顾客。

总体2：使用社会服务中心时不会受季节影响的顾客。

研究假设是顾客不同季节使用社会服务中心的次数有所不同。虚无假设是顾客不同季节使用社会服务中心的次数没有不同。

②确定比较分布的特征。卡方分布有3个自由度($df=N_{类别}-1=4-1=3$)。

③确定当虚无假设被拒绝时比较分布中的临界值。在0.05显著性水平上，$df=3$：$\chi^2_{临界值}=7.815$。

④计算比较分布中的样本分数。

季节	O	期望	$O-E$	$(O-E)^2$	$(O-E)^2/E$
冬	28	1/4×128=32	−4	16	0.50
春	33	1/4×128=32	1	1	0.03
夏	16	1/4×128=32	−16	256	8.00
秋	51	1/4×128=32	19	361	11.28
总计	128	128	0		$\chi^2=19.81$

⑤决定是否拒绝虚无假设。19.81 比 7.815 更大；拒绝虚无假设；支持研究假设。

（b）该研究中假设检验仅包含一个称名变量（即类别变量），该情况下最适合的方法为拟合度卡方检验。本案例中检验的是顾客四个季节拜访社会服务中心的次数是否一致。（总体 1 是使用社会服务中心时受到季节影响的顾客；总体 2 是使用社会服务中心时不会受季节影响的顾客。）虚无假设是顾客不同季节使用社会服务中心的次数没有差异。如果季节没有造成差异，那么每个季节大约有 25%的顾客使用社会服务中心。（去年是 128 名顾客，所以如果在季节上分布没有什么不同，我们预计 128 人中有 25%的人会在每个季节使用它，也就是 32 人。）去年每个季节的确切数字为 28、33、16 和 51，可以很明显地看出不符合每个季节 32 人的预期。通过观察这种差异能否得出顾客对社会服务中心的使用次数在季节上并不相等？卡方统计量反映出观察到的数据（研究中确切看到的数字）与期望的数据之间的差距。这个数字叫作频数，因为它能反映事情发生的频率（例如，去年冬天观察到的频数是 28 名顾客）。对于每一个类别（像四个季节），你要计算观察到的与期望的差距，将其平方，再除以期望频数；然后计算这些结果的总数。用差值的平方计算卡方值，这样就不会被差异方向所影响。除以期望数目可以减少该案例原始数据的影响。将这种方法运用到当前的案例，以冬季为例，28 减去 32 是−4，−4 的平方是 16，16 除以 32 是 0.50。其他三个季节依此类推。最后统计其总数，为 19.81。

统计人员从数学上确定了如果你以固定比例从总体中抽取无限数量的样本会发生什么，并为每个样本算出了卡方值。该分布只取决于能够自由选择期望值的类别。（期望频数总和等于该案例总数；因此如果你知道任何三个类别的数值，你就可以计算出第四个。）当三个类别可以自由变化时，卡方分布表显示，如果虚无假设为真，则仅有 5%的机会获得一个大于等于 7.815 的卡方值。我们求得的卡方值大于 7.815，观察结果不同于期望值，且高于偶然推测的数值，因此新顾客的数量从长远看四个季节不相等。

3. 对于（a）、（b）和（c），$df=(N_{列}-1)(N_{行}-1)=(2-1)\times(2-1)=1$；$\chi^2_{临界值}=6.635$。

（a）

10（13）	16（13）	26	（50%）
16（13）	10（13）	26	（50%）
26	26	52	

$\chi^2=(10-13)^2/13+(16-13)^2/13+(16-13)^2/13+(10-13)^2/13=2.77$。不能拒绝虚无假设。效应量，$\phi=\sqrt{\chi^2/N}=\sqrt{2.77/52}=\sqrt{0.053}=0.23$。

（b）$\chi^2=0.36$，不能拒绝虚无假设，效应量，$\phi=0.03$。

（c）$\chi^2=27.68$，拒绝虚无假设，效应量，$\phi=0.23$。

对于（d）、（e）和（f），$df=(N_{列}-1)(N_{行}-1)=(3-1)\times(2-1)=2$；$\chi^2_{临界值}=9.211$。

（d）$\chi^2=2.76$，不能拒绝虚无假设，效应量，Cramer's $\phi=\sqrt{\chi^2/[(N)(df_{较小})]}=\sqrt{2.76/(72\times1)}=\sqrt{0.0383}=0.20$。

（e）$\chi^2=2.76$，不能拒绝虚无假设，效应量，Cramer's $\phi=0.18$。

（f）$\chi^2=3.71$，不能拒绝虚无假设，效应量，Cramer's $\phi=0.22$。

4.（a）**①重新将问题表述为关于总体的研究假设和虚无假设。**这两个总体是：

总体 1：诸如被调查的人。

总体 2：居住的社区独立于对即将到来的投票活动的意见的人。

研究假设是这两个总体不同。虚无假设是两个总体相同。

②确定比较分布的特征。卡方分布自由度为 4。$df=(N_{列}-1)(N_{行}-1)=(3-1)\times(3-1)=4$。

③确定当虚无假设被拒绝时比较分布中的临界值。0.05 显著性水平，$df=4$：$\chi^2_{临界值}=9.488$。

④计算比较分布中的样本分数。

	社区			总计
	A	B	C	
支持	12（9.8）	6（4.2）	3（7）	21（23.33%）
反对	18（16.8）	3（7.2）	15（12）	36（40.00%）
中立	12（15.4）	9（6.6）	12（11）	33（36.67%）
总计	42	18	30	90

$\chi^2=(12-9.8)^2/9.8+(6-4.2)^2/4.2+(3-7)^2/7+(18-16.8)^2/16.8+(3-7.2)^2/7.2+(15-12)^2/12+(12-15.4)^2/15.4+(9-6.6)^2/6.6+(12-11)^2/11=0.49+0.77+2.29+0.09+2.45+0.75+0.75+0.87+0.09=8.55$。

⑤决定是否拒绝虚无假设。第④步的 χ^2（8.55）不比第③步的临界值 χ^2（9.488）极端。因此，不拒绝虚无假设，研究结论不确定。

（b）Cramer's $\phi=\sqrt{8.55/(90\times2)}=\sqrt{8.55/180}=\sqrt{0.05}=0.22$。

从表11-8可知，中等效应量和 $N=100$（在研究中最接近 $N=90$）的适当统计检验力是0.66。

（c）在研究中，我们检验了有两个称名变量的假设（即变量的值是类别）。适合于这种情况的统计检验是独立性卡方检验。这个检验将会估计人们居住的社区是否对他们在即将到来的投票中的意见有影响。研究假设是人们居住的社区对即将到来的投票意见有影响。虚无假设是人们居住的社区对即将到来的投票意见无影响。在这个案例中，支持人数占总调查对象的23.33%。因此，如果居住社区与个人意见无关，每个社区应该有23.33%的人支持。例如，C社区有42人参与调查就应该有9.8人支持。调查结果与期望值不相符，我们能否得出人们居住的社区与他们对即将到来的投票意见有关的结论？

卡方是对观察结果和期望结果之间差异程度的测量。对于每一个3×3排列的组合，都可以计算出观测值与期望值之间的差异，进行平方，然后除以期望数值，并计算结果。在A社区的组合中，12减去9.8是2.2，平方为4.84，除以9.8是0.49（四舍五入）。其他八种组合计算方式同上，相加之和为8.55。

卡方计算运用的是差值平方，因此结果不会受方向影响。它是通过除以期望的结果来调整组合中相对不同的期望数目。如果你在一个按一定比例混合的总体中抽取无限可能个样本，并计算所有样本的方差值，可以获得统计计量学上的结果。该分布只取决于能够自由选择期望值的组数。我们通常假设你已经了解所有行和列的数值。因此，对于每个社区，如果你知道了支持和反对的数值，就可以计算出结果。幸运的是，你只需要知道两个社区——A和B——对于任何特定的意见，通过在原始总体中减去这些就可以计算出第三个的情况。所以只有四种组合——A社区和B社区的支持和反对——是可以"自由改变的"。

一个四组自由变化的卡方分布表说明，当虚无假设为真时，得到一个大于等于9.488的卡方值的概率只有5%。因为我们的研究结果所得卡方值小于9.488，各类别观察到的数目与期望的数目不同，且差异不足以拒绝假设，我们不能拒绝个人意见与其所居住社区无关的虚无假设。该调查结论是不确定的。

然而，我们能估计出调查的被试者中居住社区与个人意见之间的确切关系。其值叫作"Cramer's ϕ 系数"，通过卡方值除以分析中人数与列联表较小边的自由度的乘积，然后求平方根计算得到。在这个案例中，计算出来是0.22。

统计量取值范围从0（完全无关）到1（完全相关——知道一个维度上一个人的立场，就像他们来自哪个社区，在另一个维度上可以很好地预测他们的立场，如个人意见）。因此，即使给出了其他影响因素，0.22也显示一个相当低的关系。在行为与社会科学研究中，Cramer's ϕ 系数0.22是一个中等关系。（更确切地说，Cramer's ϕ 系数0.21对应于中等效应量。）

与此同时，如果在总体中居住社区和个人意见之间真的存在中等关系，那么整个研究过程得出正向结论的可能性是多少？统计表中已经给出了这个可能性。在这种情况下，证明大概是有66%的概率。如果总体中真的存在一个大的效应（它的Cramer's ϕ 系数大约是0.35），有99%的概率我们可以得出一个正向的结论。因此，该研究结果显示，即使存在某种关系，也几乎可以确定不会有很大相关。

5.（a）$\phi=\sqrt{\chi^2/N}=\sqrt{16/100}=0.40$。（b）Cramer's $\phi=\sqrt{\chi^2/[(N)(df_{较小})]}=\sqrt{16/(100\times1)}=0.40$。（c）Cramer's $\phi=0.28$；（d）$\phi=0.28$；（e）$\phi=0.28$。

6. 从表11-8可知，（a）0.08；（b）0.32；（c）0.11；（d）0.07；（e）0.06；（f）0.06。

7. 从表11-9可知，（a）87；（b）26；（c）133；（d）133；（e）39。

8.（a）你应该在四舍五入误差内得到相同的结果；（b）$\phi=\sqrt{\chi^2/N}=\sqrt{5.55/69}=0.28$；（c）与第4c题的答案类似，但是重点在于研究结果。

9.（a）4，2，3，5，6；（b）5.92，3.78，3.61，3.59，4.24。

10.（a）$t_{临界值}(df=8, p<0.05$，双侧$)=-2.306, 2.306$；组A：$M=3.8$，$S^2=5.06$；组B：$M=5.7$，$S^2=6.76$；$S^2_{合并}=5.91$；$S_{差异}=1.54$；$t=-1.23$；不拒绝虚无假设。（b）组A：1.1，1.6，2.1，1.9，2.7；组B：1.4，3.0，2.4，2.6，2.2。（c）$t_{临界值}=-2.306, 2.306$；组A：$M=1.88$，$S^2=0.35$；组B：$M=2.32$，$S^2=0.35$；$S^2_{合并}=0.35$；$S_{差异}=0.37$；$t=-1.19$；不拒绝虚无假设。（d）研究中两个语言组均为偏态分布，严格来讲其总体也应该为偏态分布，

应用未经转换的数据进行 t 检验缺乏相应支持。因为很明显其违背了实施 t 检验的基础，即总体分布为正态的前提假设。因此，计算所有分数的平方根，这能够使样本分布更接近于正态。家庭大小（family size）的平方根的总体分布很可能也接近正态分布。对每个家庭大小求平方根可能会曲解其原先含义。但是该影响对于增加孩子的家庭可能不相同。也就是说，从没有孩子到有一个孩子可能有巨大的影响。从一个到两个有小的不同，而且继续从七个到八个可能会给家庭带来更小的不同。无论如何，已经得到了每个分数的平方根，使用这些从分数转换来的平方根能够进行一个普通的独立样本 t 检验。正如一般的 t 检验，结果是不确定的（不可以拒绝虚无假设）——但是至少能自信地说所做的分析是正确的。

11. $F_{临界值}(df=2,6;\ p<0.01)=10.93$；悲伤：$M=446$，$S^2=47\,089$；生气：$M=259$，$S^2=11\,727$；兴奋：$M=918.67$，$S^2=7\,184$；$S^2_{组间}=346\,775.22$；$S^2_{组内}=22\,000$；$F=15.76$；拒绝虚无假设。(b) 14.2，22.9，24.8；11.7，18.4，17.3；28.9，30.2，31.7。(c) $M=20.63$，$S^2=31.94$；$M=15.8$，$S^2=12.91$；$M=30.27$，$S^2=1.96$；$M=30.27$，$S^2=1.96$；$S^2_{组间}=162.82$；$S^2_{组内}=15.60$；$F=10.44$；不拒绝虚无假设。(d) 与第 10d 题的答案类似，特别注意平方根转换不能解决偏态的问题，它也制造了一个违背总体方差齐性的前提假设的分布。

12. Miller 想要估计他研究的变量之间的关系，其中可能涉及不同参数的假设检验技术，如 t 检验或方差分析。这些过程都基于一个假设，即总体中的变量分布为正态。然而，Miller 首先检验了研究中的变量分布，发现得分在两个主要测量上为偏态分布，表明这些变量的总体分布可能会违背正态分布的前提假设。(其余部分与第 10d 题的答案类似。)

主要术语

括号内的数字表示所在章节。

α 犯Ⅰ型错误的概率，同显著性水平。(7)

方差分析(ANOVA) 比较三组及以上组别之间差异的假设检验程序。(10)

前提假设 进行任何一种假设检验的前提条件，如总体正态分布；精确选取表格确定临界值的部分数学基础。(8～11)

β 同标准回归系数。(3)

组间自由度($df_{组间}$) 用于方差分析中组间总体方差估计的自由度（F 值的分子）；在计算组间总体方差估计值时，可自由变化的分数的数目（平均数个数减1)；同分子自由度。(10)

总体方差的组间估计值($S^2_{组间}$) 方差分析中基于组间平均数的变异来估计总体的方差。(10)

被试间设计 每个被试者（组）只接受一个自变量水平的处理，对另一被试者（组）进行另一实验处理的实验设计；如可以进行独立样本 t 检验。(12)

有偏估计 总体参数的估计系统地高于或者低于其真实值。SD^2 是对总体方差的一个有偏估计（它会系统地低估总体方差)。(8)

双峰分布 频数分布中有两个近似相等的高点，每一个都比其他高。(1)

类别变量 同称名变量。(1，11)

天花板效应 分数集中分布于高分端的现象（左偏态），因为不可能获得更高的分数。(1，11)

单元格 因素研究设计中，运用变量水平的特定组合来划分不同的组。(10) 卡方检验中，列联表就是对两个不同类别变量特定的组合。(11)

单元格均值 在方差分析的因素设计中，用变量水平的特定组合来划分单元格，每个单元格的均值叫单元格均值。(10)

中心极限定理 从任意个体分布中随机抽取的分数的总和（或平均数）的分布趋向于一条正态曲线。(4，6)

集中趋势 数据分布中大量数据向某方向集中的程度，可以用平均数、中位数或众数来描述。(2)

增值分数 后测分数减去前测分数，差异分数的一种。(8)

卡方分布 数理上定义的曲线，用于描绘卡方检验中数据的比较分布。(11)

卡方值(χ^2) 反映期望频数与观察频数之间总体不匹配的统计量；在所有类别或单元格中，观察频数与期望频数之差的平方除以期望频数。(11)

卡方表 不同自由度和显著性水平时卡方分布的临界值表。(11)

卡方检验 用卡方分布作为比较分析的假设检验程序。(11)

拟合度卡方检验 检验单一称名变量的实际观察频数与某期望频数是否有差异的假设检验程序。(11)

独立性卡方检验 检验两个称名变量的频数分布是否具有关联性和依存性的假设检验程序。(11)

比较分布 假设检验中用到的分布。它描述的是当虚无假设为真时的总体情况，是以样本结果为基础的与总体情况进行比较的分布。它由与样本结果同样类型的数据构成（例如样本平均数、样本平均数之间的差值、F 值或卡方)。(5)

计算公式 与数学上的定义公式等价的方程。手动运算时使用更容易，但是它不能直接显示出程序的含义。(2)

置信区间 简单地说，是指分数（介于一个较高和较低之间）的区域，应该包括真实的总体平均数；更确切地说，是指基于你已获得的样本平均数，总体平均数所在的合理范围。(6)

置信界限 置信水平的最大值或最小值。(6)

列联表 一种二维表，表示两个类别变量每个类别结合（单元格）的频数，如独立性卡方检验。(11)

常用的显著性水平($p<0.05$，$p<0.01$) 行为与社会科学研究中广泛应用的显著性水平。(5，7)

相关 两变量间的关系。(3)

相关系数(r) 测量两个变量之间的线性相关程度，范围从−1（完全负线性相关）到0（无相关）到1（完全正线性相关）；它是两个变量的Z分数的交叉乘积的平均数；一个变量中的总方差被其他变量所解释的比例的平方根。(3)

相关矩阵 一种在文献中常见的报告多个变量之间相关系数的方法；在表中，变量在表格顶部或沿着一侧被命名，变量之间的相关也都会显示出来（通常只填入结果方形图的一半，在对角线上方或下方，另一半则是多余的）。(3)

Cramer's ϕ 系数 表示两称名变量之间的关联程度；是列联表比2×2大时独立性卡方检验的效应量指标；是卡方值与人数与列联表较小边自由度之积的商的平方根；也可称Cramer's V系数（Cramer's V），有时写作ϕ_C或V_C。(11)

效标变量(通常表示为Y) 回归模型中被预测的变量，又叫因变量。(3)

Z分数的交叉乘积 同一被试者在一个变量上的Z分数与在另一个变量上的Z分数的乘积；对于每一个组，Z分数的交叉乘积的平均就是两个变量之间的相关系数。(3)

曲线相关 用散点图表示的两个变量之间的非线性关系；两个变量之间除了线性之外的关系。(3)

临界样本分数 又叫临界值，假设检验中比较分布上的点，如果值达到或者超过该点你就可以拒绝虚无假设。(5)

数据转换 样本数据的处理，如取平方根就是为了使数据分布更接近正态。(11)

决策错误 真实（但是未知）情境中假设检验的错误结论，例如当虚无假设为真时，判定它是假的。(5)

定义公式 统计程序的方程，可以直接显示程序的含义。(2)

自由度(df) 估计总体参数时，可以自由变化的数据的个数；通常是估计公式的一部分，如在单样本总体方差估计中，自由度的计算方法就是样本容量减1。(8～11)

分母自由度($df_{组内}$) 同组内自由度。(10)

因变量 受自变量影响的变量。(10)

描述统计 整合数据的全貌，表达事物的性质，使之易于理解。(1)

离均差 分数减去平均数的差值。(2)

差异分数 同一个被试者在一个测验和另一个测验间的分数的差异；通常是后面的分数减去前面的分数，这种情况下它也叫增值分数。(8)

维度 因素研究设计中，与另一分组变量交叉的分组变量之一；列联表中的称名变量之一。(10，11)

因果关系方向 因果效应的路径：如果认为X导致Y，那么因果关系的方向即从X到Y。(3)

有方向的假设 研究假设对总体间的差异预测了一个特定的方向——例如，预测研究样本所在总体的平均数比普通总体平均数更高。(5)

均值差异分布 几对样本平均数差异的分布或来自不同总体的一对平均数的差异分布；独立样本t检验的比较分布。(9)

均值分布 来自同一总体的不同样本的平均数分布；涉及超过一个个体的单样本假设检验的比较分布。(6～10)

任意分布检验 对总体分布形态不需要做任何前提假设的检验程序，同非参数检验。(11)

效应量 在涉及一个组或两个组的平均数的研究中对总体差异的测量；行为与社会科学中常用的标准化效应量测量值随平均数之间的差异增大而增大，随总体标准差的增大而减小，但不受样本容量的影响。对于其他类型的研究（相关、方差分析和卡方检验情况），也有常规的效应量度量；这些描述了总体的标准化关联程度。(7)

效应量公约 小、中等和大的效应量的标准规定，是在典型的行为与社会科学研究的基础上形成的；也被称为“科恩公约”。(7)

等距变量 测得的数据之间间距单位相等的变量。(1)

期望频数(E) 在卡方检验中，虚无假设为真时，每个类别或单元格中预期的人数。(11)

期望相对频次 计算概率时，如果你无限次重复实验，成功事件发生的次数除以你所预期的所有事件发生的次数。(4)

F分布 数理统计定义的曲线，用来描述方差分析中的比较分布；当虚无假设为真时，F值的分布。(10)

F值 方差分析中，组间方差与组内方差的比值；方差分析中比较分布上的值；或被简单地认为是F。(10)

F值表 不同自由度和显著性水平时F分布的临界值表。(10)

因素方差分析 因素研究设计中的方差分析。(10)

因素研究设计 一次性对两个及以上变量进行考察，即对一群被试者同时进行两个及以上变量的考察，不同的组接受同一变量不同水平的处理。如在一个2×2的因素研究设计中，共4个组：第一组接受高变量1高变量2的实验处理，第二组接受高变量1低变量2的实验处理，第三组接受低变量1高变量2的实验处理，第四组接受低变量1低变量2的实验处理。(10)

地板效应 数据集中分布在低分端（右偏态），因为没有更低的分数了。(1)

频数分布 显示一组数据的分布情况，频数表和直方图描述的就是频数分布。(1)

频数表 个体数量的有序列表，反映了每个个体在某一变量上有不同的值。(1)

总平均数(*GM*) 方差分析中，各组所有值的整体平均数；当组规模相等时，总平均数等于组平均数的平均数。(10)

分组频数表 给出了每个值间隔的个体数（频数）的频数表。(1)

分组变量 方差分析（t 检验）中可以用于分组的变量；另见自变量。(10)

随意取样 选择研究的样本个体的程序，通过随意抽取或者基于恰巧出现在列表中的第一个而获得，但是不应该使之与真正的随机取样混淆。(4)

调和平均数 一种特殊的平均数，受较小数值的影响更大。在独立样本 t 检验中，如果两个样本容量不同，用调和平均数来判断解释量的大小。(9)

重尾分布 区别于正态曲线，分布过于分散，很多分数分布在直方图的两端。(1)

直方图 频数分布的条形图，以矩形的面积表示连续性随机变量频数分布；每个矩形之间在水平轴上是连续的，没有间隔。(1)

假设 研究所要验证的预测。该预测通常基于观察、先前的研究或某种理论。(5)

假设检验 验证研究结果（由样本推断得到）是否支持某一特定理论或实践创新（由样本得到的结果是否能够完全推广到总体）的过程。(5)

独立性 两变量之间没有关系，该术语常用于两称名变量独立性卡方检验。(11)

自变量 常被视为一个原因，如分组情况（使用 t 检验还是方差分析），另见分组变量。(10)

推论统计 依据所研究样本数据提供的信息推断总体情形。(1，4)

交互作用 因素方差分析中，除两变量各自的主效应之外，还有两变量结合共同产生的效应；一个变量对因变量的影响受另一变量水平的影响。(10)

组距 在分组频数表中，同一组内数值的变化范围。(比如，如果组距是10，可能就有一组数据是从10到19。) (1)

组距大小 分组频数表中，前一组的起点与后一组起点的差值。(1)

逆转换 用每个分数的倒数进行数据转换。(11)

测量水平 通过测量得到的基础数据信息的类型，如等距数据、顺序数据或称名数据。(1，11，12)

轻尾分布 一种不同于正态曲线的分布，它的分布太陡峭以至于分布的直方图的两个尾巴上分布着很少的数据。(1)

线性相关 两个变量之间的关系，在散点图上表现为散点大致落在一条直线上；相关系数（r）不等于0。(3)

对数转换 用每个分数的对数进行数据转换。(11)

纵向研究 一种人们用两个或两个以上的时间点来测量的研究类型。(3)

概率的长期相对频次解释 如果多次重复实验，你将得到的概率是一个特定的结果。(4)

主效应 方差分析中一个分组变量上各组之间的差异；一个分组变量的结果平均在另一个分组变量的各个水平上。(10)

边缘均值 在因素设计中，所有被试者在某一自变量某一水平上得分的平均数。(10)

平均数(*M*) 一组数值的算术平均数；数据总和除以数据个数。(2)

均值分布的平均数(总体 M_M) 来自特定总体的样本的均值分布的平均数；同总体平均数。(6)

中位数 所有数据从低到高排列，处于中间位置上的数值。(2)

元分析 将不同研究中的效应量相整合的统计方法。(7)

众数 分布中有最大频数的那个值。(2)

多峰分布 一种频数分布，有两个或更多的高频数值，这些高频数值被低频数值隔开；双峰分布是一个拥有两个高频数值的特例。(1)

多元相关 一个效标变量与两个或两个以上预测变量的相关。(3)

多元相关系数(*R*) 用于多元相关程度的测量。多元回归分析中方差解释量的正平方根。(3)

多元回归 基于一个效标变量和两个及两个以上预测变量的关系做出的预测。(3)

多元统计检验 包括超过一个效标变量或结果变量的统计程序。(12)

负相关 两个变量之间的关系是这样的：一个变量的分数高，则另一个变量的分数就低；一个变量的分数是中等的，则另一个变量的分数也是中等的；一个变量的分数低，则另一个变量的分数就高；散点图上的点几乎都落在一条直线

上，这条直线是左高右低；相关系数小于0。(3)

95%的置信区间 大致来说，指有95%的可能性总体平均数会落在这个区间内。(6)

99%的置信区间 大致来说，指有99%的可能性总体平均数会落在这个区间内。(6)

无相关 两个变量之间没有系统的关系，相关系数为0。(3)

称名变量 变量的取值是类别（即，其取值更多的是一个名称而不是数字）；同类别变量。(1，11)

无方向的假设 研究假设不能预测样本所代表的总体和真正总体之间差异的方向。(5)

非参数检验 不需要对总体参数做前提假设的检验程序。同任意分布检验。(11)

正态曲线 具体的，用数学方法界定的，对称的、单峰的钟形频数分布；与在自然界和研究的观察中得到的分布是很接近的。(1，4)

正态曲线表 显示了正态曲线中各分数所对应的百分比的表格；该表通常包括介于平均数与平均数以上数个标准差之间的分数的百分比，也包括大于平均数以上数个标准差的分数的百分比。(4)

正态分布 遵循正态曲线的频数分布。(4)

虚无假设 与研究假设相反的总体间的关系；包括两个总体间无显著差异（或者与预期假设方向相反）；用来检验其作为假设检验的一部分是否会被拒绝。(5)

分子自由度($df_{组间}$) 同组间自由度。(10)

数值变量 变量的值是数字（与称名变量相对）。(1)

观察频数(O) 卡方检验中，在研究中实际发现的每个类别或单元格中的个体数量。(11)

单侧检验 对一个有方向的假设进行假设检验的过程；对于单侧检验而言，拒绝虚无假设的比较分布的区域都在分布的一侧（尾侧）。(5)

单因素方差分析 对仅包含一个分组变量的研究所进行的方差分析（区别于因素方差分析，如双因素或三因素分析）。(10)

顺序变量 同等级顺序变量。(1，11)

事件 在讨论中使用的表示概率的实验结果术语（或任何不知结果的情境，如硬币正面朝上或明天会下雨）。(4)

异常值 相对于分布中其他的数据而言，这个数据是个极端值（非常高或非常低）。(2，11)

参数检验 普通的假设检验程序，如t检验或方差分析，对数据形态或其他一些参数（如方差）有要求。(11)

完全相关 两个变量在散点图上的点完全重合为一条线；$R=1.00$和$R=-1.00$；在这种情况下，个体在两个变量上的Z分数是完全一样的。(3)

ϕ系数 两个称名变量之间的关系测量；卡方值除以N，再求平方根；如果有给定的数值（例如，对于两个类别，表示为1和0），相当于两个变量的相关系数；一个2×2列联表的独立性卡方检验的效应量测量。(11)

总体方差合并估计值($S^2_{合并}$) 在独立样本t检验中，基于两个样本的总体方差估计值的加权平均（每个样本的自由度除以总自由度再进行加权）。(9)

总体 研究者想要通过研究调查的整体；对较大总体的研究一般是基于某一特定人群（即样本）进行的。(4)

总体平均数 总体的平均数（通常未知）。(4)

总体参数 总体的平均数、标准差等（总体参数通常是未知的，往往是基于样本信息来估计）。(4)

总体标准差 总体的标准差（通常是未知的）。(4)

总体方差 总体的方差（通常是未知的）。(4)

正相关 一个变量的高分、低分分别与另一个变量的高分、低分相对应；在散点图上，其直线斜向右上方；相关系数(r)大于0。(3)

检验力 同统计检验力。(7)

检验力表 与假设检验程序相关，能够显示各种效应量和样本容量下检验力的表。(7～11)

预测模型 用于预测的公式或规则；即根据一个或多个预测变量的得分来预测一个人在效标变量上的得分的公式。(3)

预测变量（通常表示为X） 用于预测的变量（回归），预测个体在另一个变量上的分数。(3)

概率(p) 一个特定事件的期望相对频次；成功事件占所有事件的比例。(4)

方差解释量(r^2或R^2) 用于比较不同研究或变量间的相关；相关系数的平方或多元相关系数的平方；一个变量中的总方差被其他变量所解释的比例；方差分析的效应量测量。(3，10)

保守 t 检验 在方差分析中，当 F 检验达到显著性水平时所进行的 t 检验的两两比较。(10)

定量变量 同数值变量。(1)

随机取样 真正的随机选取样本的方法（通常意味着群体中每个人都有同等机会被选中）；该程序是研究者在总体中随机选择一组数据；不要与随意取样相混。(4)

秩次检验 假设检验的程序，使用等级顺序（秩次）数据。(11)

秩次转换 将一组数据转换为等级（例如，最低分数是1，次低分数是2，等等）。(11)

等级顺序变量 取值为等级的数值变量，如班级排名或比赛排名；也被称为顺序变量。(1，11)

原始分数 常规分数（或任何其他未经 Z 分数转换或其他转换的分数）。(2)

矩形分布 任意相同间隔所对应的频数都近似相等的分布。(1)

回归系数 作为预测模型的一部分，由个体在预测变量上的分数相乘而得的数字。(3)

重复测量方差分析 在方差分析中，对同样的人来说，每个个体都接受不止一次的测试，且是不同时间的同类型测试。(10)

重复测量设计 研究中的每个人进行一次以上测试；同被试内设计。(8)

研究假设 关于总体关系的预测假设（通常意味着预测总体之间的差异）。(5)

样本 研究的特定群体的分数；通常被认为可以代表某个更大总体中的分数。(4)

样本统计量 所研究样本特定群体信息的描述统计量，如平均数、标准差。(4)

散点图 表现两变量间关系的图形：预测变量的值以横轴为准，结果变量的值以纵轴为准；每一个分数在这个二维坐标中表示为一个点。(3)

得分 特定个体在一个变量的值。(1)

均值分布的形态 均值分布的直方图轮廓，如正态或偏态。一般来说，均值分布是单峰、对称并且通常是正态分布。(6)

显著性水平 如果虚无假设为真，其达到数理统计上显著性的概率；犯Ⅰ型错误的概率。(5)

偏态 频数分布中，更多的数值位于两端而不是中间。(1)

偏态分布 分数堆积在一侧或是另一侧；分布不对称。(1，11)

平方根转换 用每个分数进行开平方的数据转换。(11)

离均差的平方 分数与平均数差的平方。(2)

标准差(SD) 方差的平方根；最常见的离散描述统计量；近似地看作分布中的分数与平均数的平均波动量。(2)

均值差异分布的标准差($S_{差异}$) 独立样本 t 检验中，均值差异分布的方差的平方根。(9)

均值分布的标准差(总体 SD_M) 均值分布方差的平方根；同标准误(SE)。(6)

差异分数均值分布的标准差(S_M) 相关样本 t 检验中，差异分数均值分布的方差的平方根。(8)

标准误(SE) 同均值分布的标准差；又称为平均数的标准误（SEM）。(6)

标准分数 同 Z 分数。(3)

标准回归系数(β) 使用 Z 分数预测模型的回归系数。(3)

统计检验力 如果研究假设为真，研究得出显著结果的概率。(7)

统计显著 研究样本推论的总体和普通总体间绝对存在差异；研究结果是拒绝虚无假设。(3，5)

统计学 着重于对一组数据进行组织、分析和解释的一个数学分支。(1)

离差平方和 所有数值与平均数差的平方的和。(2)

对称分布 分布图示中左右两侧数值对称的分布。(1)

t 分布 数理统计定义的曲线，用于 t 检验的比较分布。(8)

t 值 t 分布中表示偏离平均数多少个标准差（如 Z 分数，但这是在 t 分布中）。(8)

t 值表 不同自由度和显著性水平时的 t 分布，单侧或双侧检验的临界值表。(8)

t 检验 总体方差未知的假设检验程序；将样本 t 值与 t 分布临界值进行比较的程序。(8，9，11)

相关样本 t 检验 总体方差未知时，对同一个个体的两个分数的假设检验程序；也称配对样本 t 检验。(8)

独立样本 t 检验 总体方差未知时，对两个独立样本的假设检验程序。(9)

单样本 t 检验 总体方差未知时，对样本平均数与总体平均数差异的假设检验程序。(8)

理论 试图解释一个或多个现象、关系和事件的一系列原则；行为与社会科学研究者通常从已有理论中提出特定预测（即假设），然后通过研究来验证这些假设。(5)

真实验 一种研究类型，将被试者随机分配到任何一个分组或预测变量的水平上接受实验处理，然后测量结果变量的值。(3)

双侧检验 没有方向的假设检验程序；其比较分布的虚无假设的拒绝域在分布的两侧。(5)

两因素方差分析 因素分析中双因素的方差分析。(10)

两因素研究设计 两变量的因素设计，每个变量都划分了几组。(10)

Ⅰ型错误 虚无假设为真时却被拒绝；研究假设为假时却显示结果显著。

Ⅱ型错误 虚无假设为假时却未被拒绝；研究假设为真时却未得到显著的结果。

总体方差的无偏估计(S^2) 依据样本数值正确估计了总体方差，既没有高估也没有低估总体方差；计算程序上，改变了以往直接除以样本容量的方法，用样本方差之和除以样本容量减 1 求得。(8)

单峰分布 只有一个高频数值的频数分布。(1)

值 数字或类别。(1)

变量 具有不同取值的情境或者事物特征。(1)

方差(SD^2) 数据分布情况的测量；离差平方和的平均数；标准差的平方。(2)

均值差异分布的方差($S^2_{差异}$) 一个需要计算的数字，是独立样本 t 检验的一部分；等于与两个样本相关的均值分布方差之和。(9)

均值分布的方差(总体 SD^2_M) 总体方差除以每个样本中的分数数量。(6)

差异分数均值分布的方差(S^2_M) 一个需要计算的数字，是相关样本 t 检验的一部分；等于差异分数的总体方差除以样本容量。(8)

加权平均数 一种平均数，各变量的值在构成整体时权重并不相等所以要进行加权，正如独立样本 t 检验中合并方差的估计。(9)

组内自由度($df_{组内}$) 方差分析中，计算总体方差的组内估计值时用到的自由度；估计组内方差时，可以自由变化的分数数目；同分母自由度。(10)

总体方差的组内估计值($S^2_{组内}$) 方差分析中，基于分组研究中每个被试者分数间的变异估计出的组内总体方差。(10)

被试内设计 同重复测量设计。(8)

Z 分数 一个分数距离平均数的标准差个数；将原始分数转换成 Z 分数，可以更好地描述该分数在正态分布中的位置。(2)

Z 检验 单样本和总体方差已知情况下的假设检验程序。(6)

符号术语

α　显著性水平；犯Ⅰ型错误的概率。(5)

β　标准回归系数。(3)

Σ　和；所有数据之和。(2)

ϕ　一个 2×2 列联表的独立性卡方检验的效应量。(11)

ϕ_C　Cramer's ϕ 系数；比 2×2 列联表更大的独立性卡方检验的效应量。(11)

χ^2　卡方值。(11)

df　自由度。(8～11)

df_1，df_2，等等　组 1 自由度、组 2 自由度，及剩余各组自由度。(9，10)

$df_{组间}$　方差分析中的组间自由度。(10)

$df_{较小}$　独立性卡方检验中，具有较少类别的称名变量（列联表中的列或者行）的自由度。(11)

$df_{总}$　总自由度。(9、10)

$df_{组内}$　方差分析中的组内自由度。(10)

F 值　方差分析中组间总体方差估计值与组内总体方差估计值的比值。(10)

GM　总平均数；方差分析中所有分数的平均数。(10)

M　平均数。(2)

M_1，M_2，等等　组 1 平均数、组 2 平均数，及剩余各组平均数。(9，10)

n　方差分析中各组的分数个数。(10)

N　所研究数据的总量。(2)

N_1，N_2，等等　组 1 数据总量、组 2 数据总量，及剩余各组数据总量。(9，10)

$N_{类别}$　拟合度卡方检验中的类别数。(11)

$N_{列}$　列联表中的列数。(11)

$N_{组}$　方差分析中的组数。(11)

$N_{行}$　列联表中的行数。(11)

p　概率。(4)

r　相关系数。(3)

r^2，R^2　方差解释量。(3，10)

R　多元相关系数。(3，12)

S　总体标准差的无偏估计。(8)

S^2　总体方差的无偏估计。(8)

S_1^2，S_2^2，等等　组 1 方差的无偏估计、组 2 方差的无偏估计，及剩余各组方差的无偏估计。(9，10)

$S^2_{组间}$　总体方差的组间估计值。(10)

$S_{差异}$　均值差异分布的标准差。(9)

$S^2_{差异}$　均值差异分布的方差。(9)

SE　标准误（均值分布的标准差，S_M）。(6)

S_M　基于总体方差估计的均值分布的标准差，同标准误（SE）。(8)

S_M^2　t 检验中基于总体方差估计的均值分布的方差，或者方差分析中基于组间平均数变异的估计。(8，10)

$S^2_{M_1}$，$S^2_{M_2}$，等等　基于总体方差合并估计值估计的均值分布的方差，分别对应于组 1、组 2 等。(9)

$\boldsymbol{S_{合并}}$ 总体标准差合并估计值。(9)

$\boldsymbol{S^2_{合并}}$ 总体方差合并估计值。(9)

$\boldsymbol{S^2_{组内}}$ 总体方差的组内估计值。(10)

SD 标准差。(2)

$\boldsymbol{SD^2}$ 方差。(2)

***t* 值** *t* 分布中偏离平均数的标准差个数。(8)

X 特定变量的得分；在预测（回归）中，*X* 通常作为预测变量。(1～3)

$\boldsymbol{X_1}$**，**$\boldsymbol{X_2}$**，等等** 第一个预测变量、第二个预测变量，等等。(3)

Y 特定变量的得分；在预测（回归）中，*Y* 通常作为效标变量。(1～3)

Z 给定分数距离平均数的标准差个数。(2)

$\boldsymbol{Z_X}$ 变量 *X* 的 *Z* 分数。(3)

$\boldsymbol{Z_Y}$ 变量 *Y* 的 *Z* 分数。(3)

主要公式

公式序号

文字说明	公式	公式序号
平均数就是所有分数的总和除以分数的总个数。	$M=\frac{\sum X}{N}$	(2-1)
方差就是离差平方和除以分数的总个数。	$SD^2=\frac{\sum(X-M)^2}{N}$	(2-2)
Z 分数就是用原始分数减去平均数，然后再除以标准差。	$Z=\frac{X-M}{SD}$	(2-5)
相关系数就是研究中所有被试者各自的两个 Z 分数的交叉乘积之和除以总人数。	$r=\frac{\sum Z_X Z_Y}{N}$	(3-1)
某人在效标变量上的 Z 分数等于标准回归系数乘以其在预测变量上的 Z 分数。	预测的 $Z_Y=(\beta)(Z_X)$	(3-3)
均值分布的方差等于由个体组成的总体的方差除以样本容量。	总体 $SD_M^2=\frac{总体\ SD^2}{N}$	(6-2)
两平均数间差异的标准化效应量等于两总体平均数之差除以总体标准差。	效应量$=\frac{总体\ 1\ M-总体\ 2\ M}{总体\ SD}$	(7-1)
总体方差的估计值等于样本中各数据与样本平均数的差的平方和，再除以样本容量减 1。	$S^2=\frac{\sum(X-M)^2}{N-1}$	(8-1)
均值分布的方差等于总体方差的估计值除以样本容量。	$S_M^2=\frac{S^2}{N}$	(8-4)
t 值等于样本平均数减去总体平均数的差，再除以均值分布的标准差。	$t=\frac{M-总体\ M}{S_M}$	(8-6)
总体方差合并估计值等于第一个样本的自由度除以总自由度再乘以基于第一个样本的方差，加上第二个样本的自由度除以总自由度再乘以基于第二个样本的方差。	$S_{合并}^2=\frac{df_1}{df_{总}}(S_1^2)+\frac{df_2}{df_{总}}(S_2^2)$	(9-1)
第一个均值分布的方差等于合并方差除以其样本容量。	$S_{M_1}^2=\frac{S_{合并}^2}{N_1}$	(9-2)

均值差异分布的方差等于第一个均值分布的方差加上第二个均值分布的方差。	$S^2_{差异} = S^2_{M_1} + S^2_{M_2}$	(9-4)
t 值等于两个样本平均数的差除以均值差异分布的标准差。	$t = \frac{M_1 - M_2}{S_{差异}}$	(9-7)
总体方差的组内估计值等于基于每个样本的总体方差相加，再除以组数。	$S^2_{组内} = \frac{S^2_1 + S^2_2 + \cdots + S^2_{最后一组}}{N_{组}}$	(10-1)
均值分布方差的估计值等于每个样本平均数与总平均数之差的平方和除以组间自由度。	$S^2_M = \frac{\sum (M - GM)^2}{df_{组间}}$	(10-2)
总体方差的组间估计值等于均值分布的方差乘于每组样本容量。	$S^2_{组间} = (S^2_M)(n)$	(10-4)
F 值等于总体方差的组间估计值除以总体方差的组内估计值。	$F = \frac{S^2_{组间}}{S^2_{组内}}$	(10-5)
卡方值等于每个类别或单元格中观察频数与期望频数之差的平方除以期望频数，再将所有商数相加。	$\chi^2 = \sum \frac{(O-E)^2}{E}$	(11-1)
一个单元格的期望频数等于该单元格行的数值除以总人数，再乘以列的数值。	$E = \left(\frac{R}{N}\right)(C)$	(11-3)

主要假设检验程序的步骤

Z 检验（第 6 章）

❶重新将问题表述为关于总体的研究假设和虚无假设。

❷确定比较分布的特征。

（a）总体 M_M＝总体 M。

（b）总体 SD_M^2＝总体 SD^2/N；总体 $SD_M=\sqrt{SD_M^2}$。

（c）当样本容量≥30，或个体所在总体的分布呈正态时，均值分布为近似正态分布。

❸确定当虚无假设被拒绝时比较分布中的临界值。查正态曲线表。

❹计算比较分布中的样本分数。$Z=(M-$总体 $M_M)/$总体 SD_M。

❺决定是否拒绝虚无假设。比较第❸步与第❹步的数据。

单样本 t 检验（第 8 章）

❶重新将问题表述为关于总体的研究假设和虚无假设。

❷确定比较分布的特征。

（a）均值分布的平均数与总体平均数相同。

（b）计算标准差：

Ⓐ $S^2=[\sum(X-M)^2]/df$

Ⓑ $S_M^2=S^2/N$

Ⓒ $S_M=\sqrt{S_M^2}$

（c）t 分布，$df=N-1$。

❸确定当虚无假设被拒绝时比较分布中的临界值。查 t 值表。

❹计算比较分布中的样本分数。$t=(M-$总体 $M)/S_M$。

❺决定是否拒绝虚无假设。比较第❸步与第❹步的数据。

相关样本 t 检验（第 8 章）

❶重新将问题表述为关于总体的研究假设和虚无假设。

❷确定比较分布的特征。

（a）整个检验都是基于差异分数。

（b）计算差异分数的平均数。

（c）差异分数均值分布的平均数为 0。

（d）计算标准差：

Ⓐ $S^2=[\sum(X-M)^2]/df$

Ⓑ $S_M^2=S^2/N$

Ⓒ $S_M=\sqrt{S_M^2}$

（e）t 分布，$df=N-1$。

❸确定当虚无假设被拒绝时比较分布中的临界值。查 t 值表。

❹计算比较分布中的样本分数。$t=(M-$总体 $M)/S_M$。

❺决定是否拒绝虚无假设。比较第❸步与第❹步的数据。

独立样本 t 检验（第 9 章）

❶**重新将问题表述为关于总体的研究假设和虚无假设。**

❷**确定比较分布的特征。**

（a）平均数为 0。

（b）计算标准差：

Ⓐ 对每个总体而言，$S^2=[\sum(X-M)^2]/(N-1)$

Ⓑ $S^2_{合并}=df_1(S^2_1)/df_{总}+df_2(S^2_2)/df_{总}$

（$df_1=N_1-1$，$df_2=N_2-1$；$df_{总}=df_1+df_2$）

Ⓒ $S^2_{M_1}=S^2_{合并}/N_1$；$S^2_{M_2}=S^2_{合并}/N_2$

Ⓓ $S^2_{差异}=S^2_{M_1}+S^2_{M_2}$

Ⓔ $S_{差异}=\sqrt{S^2_{差异}}$

（c）t 分布，$df=df_{总}$。

❸**确定当虚无假设被拒绝时比较分布中的临界值。**查 t 值表。

❹**计算比较分布中的样本分数。**$t=(M_1-M_2)/S_{差异}$。

❺**决定是否拒绝虚无假设。**比较第❸步与第❹步的数据。

单因素方差分析（第 10 章）

❶**重新将问题表述为关于总体的研究假设和虚无假设。**

❷**确定比较分布的特征。**

（a）F 分布。

（b）$df_{组间}=N_{组数}-1$。

（c）$df_{组内}=df_1+df_2+\cdots+df_{最后一组}$。

❸**确定当虚无假设被拒绝时比较分布中的临界值。**查 F 值表。

❹**计算比较分布中的样本分数。**

（a）计算组间方差（$S^2_{组间}$）：计算每组的平均数。

Ⓐ $S^2_M=[\sum(M-GM)^2]/df_{组间}$

Ⓑ $S^2_{组间}=(S^2_M)(n)$

（b）计算组内方差（$S^2_{组内}$）。(i) 对每个组而言，$S^2=[\sum(X-M)^2]/(n-1)$；(ii) $S^2_{组内}=(S^2_1+S^2_2+\cdots+S^2_{最后一组})/N_{组}$。

（c）$F=S^2_{组间}/S^2_{组内}$。

❺**决定是否拒绝虚无假设。**比较第❸步与第❹步的数据。

拟合度卡方检验（第 11 章）

❶**重新将问题表述为关于总体的研究假设和虚无假设。**

❷**确定比较分布的特征。**卡方分布，$df=N_{类别}-1$。

❸**确定当虚无假设被拒绝时比较分布中的临界值。**查卡方表。

❹**计算比较分布中的样本分数。**

Ⓐ 确定每个类别的观察频数。

Ⓑ 确定每个类别的期望频数。

Ⓒ 在每个类别中，用观察频数减去期望频数。

Ⓓ 将每个差值平方。

Ⓔ 用每个类别的差值平方除以该类别的期望频数。

Ⓕ 将第Ⓔ步中计算得到的所有类别的结果相加。

❺**决定是否拒绝虚无假设。**比较第❸步与第❹步的数据。

独立性卡方检验（第11章）

❶重新将问题表述为关于总体的研究假设和虚无假设。

❷确定比较分布的特征。卡方分布，$df=(N_{列}-1)(N_{行}-1)$。

❸确定当虚无假设被拒绝时比较分布中的临界值。查卡方表。

❹计算比较分布中的样本分数。$E=(R/N)(C)$；$\chi^2=\sum[(O-E)^2/E]$。

Ⓐ 确定每个单元格的实际的观察频数。

Ⓑ 确定每个单元格的期望频数：ⅰ确定总数的每一行的百分比；ⅱ 每个单元格中，用行百分比乘以该列的总数。

Ⓒ 对于每个单元格，用观察频数减去期望频数。

Ⓓ 将每个差值平方。

Ⓔ 用每个单元格的差值平方除以该单元格的期望频数。

Ⓕ 将第Ⓔ步中计算得到的所有单元格的结果相加。

❺决定是否拒绝虚无假设。比较第❸步与第❹步的数据。

参考文献

Alter, A. L., Aronson, J., Darley, J. M., Rodriguez, C., & Ruble, D. N. (2010). Rising to the threat: Reducing stereotype threat by reframing the threat as a challenge. *Journal of Experimental Social Psychology, 46,* 166–171.

American Association for Public Opinion Research. (2001). *Standard definitions: Final dispositions of case codes and outcome rates for surveys.* Lenexa, KS: Author.

American Psychological Association. (2009). *Publication manual of the American Psychological Association* (6th ed.). Washington, DC: American Psychological Association.

Anderson, J. E., Carey, J. W., & Taveras, S. (2000). HIV testing among the general US population and persons at increased risk: Information from national surveys, 1987–1996. *American Journal of Public Health, 90,* 1089–1095.

Aron, A., & Aron, E. N. (1994). *Statistics for Psychology* (1st edition). Upper Saddle River, NJ: Pearson.

Aron, A., & Aron, E. N. (1999). *Statistics for Psychology* (2nd edition). Upper Saddle River, NJ: Pearson.

Aron, A., & Aron, E. N. (2003). *Statistics for Psychology* (3rd edition). Upper Saddle River, NJ: Pearson.

Aron, A., Aron, E. N., & Coups, E. J. (2006). *Statistics for Psychology* (4th edition). Upper Saddle River, NJ: Pearson.

Aron, A., Aron, E. N., & Coups, E. J. (2009). *Statistics for Psychology* (5th edition). Upper Saddle River, NJ: Pearson.

Aron, A., Aron, E. N., & Smollan, D. (1992). Inclusion of Other in the Self Scale and the structure of interpersonal closeness. *Journal of Personality and Social Psychology, 63,* 596–612.

Aron, A., Fisher, H. E., Mashek, D. J., Strong, S., Li, H.-F., & Brown, L. L. (2005). Reward, motivation and emotion systems associated with early-stage intense romantic love. *Journal of Neurophysiology, 94,* 327–337.

Aron, A., Melinat, E., Aron, E. N., Vallone, R., & Bator, R. (1997). The experimental generation of interpersonal closeness: A procedure and some preliminary findings. *Personality and Social Psychology Bulletin, 23,* 363–377.

Aron, A., Norman, C. C., Aron, E. N., McKenna, C., & Heyman, R. E. (2000). Couples' shared participation in novel and arousing activities and experienced relationship quality. *Journal of Personality and Social Psychology, 78,* 273–284.

Aron, A., Paris, M., & Aron, E. N. (1995). Falling in love: Prospective studies of self-concept change. *Journal of Personality and Social Psychology, 69,* 1102–1112.

Aron, E. N. (1996). *The highly sensitive person: How to thrive when the world overwhelms you.* New York: Birch/Lane.

Aron, E. N. (2002). *The highly sensitive child.* New York: Broadway Books.

Aron, E. N., & Aron, A. (1997). Sensory processing sensitivity and its relation to introversion and emotionality. *Journal of Personality and Social Psychology, 73,* 345–368.

Aron, E., Aron, A., & Davies, K. M. (2005). Adult shyness: The interaction of temporal sensitivity and an adverse childhood environment. *Personality and Social Psychology Bulletin, 31,* 181–197.

Bakeman, R. (2006). The practical importance of findings. *Monographs of the Society for Research in Child Development, 71,* 127–145.

Baker, J. R., & Moore, S. M. (2008). Blogging as a social tool: A psychological examination of the effects of blogging. *CyberPsychology & Behavior, 11,* 747–749.

Belsky, J., Bakermans-Kranenburg, M. J., & Van Ijzendoorn, M. H. (2007). For better and for worse differential susceptibility to environmental influences. *Current Directions in Psychological Science, 16,* 300–304.

Bennett, G. G., Wolin, K. Y., Puleo, E. M., Mâsse, L. C., & Atienza, A. A. (2009). Awareness of national physical activity recommendations for health promotion among US adults. *Medicine & Science in Sports and Exercise, 41,* 1849–1855.

Betsch, T., Plessner, H., Schwieren, C., & Gutig, R. (2001). I like it but I don't know why: A value-account approach to implicit attitude formation. *Personality and Social Psychology Bulletin, 27,* 242–253.

Black, K. A., Marola, J. A., Littman, A. I., Chrisler, J. C., & Neace, W. P. (2009). Gender and form of cereal box characters: Different medium, same disparity. *Sex Roles, 60,* 882–889.

Block, N. (1995). How heritability misleads about race. *Cognition, 56,* 99–128.

Bourgeois, M. M. (1997). A powerful, effective statistics text. [Review of A. Aron & E. N. Aron, *Statistics for Psychology,* 1st edition.] *Contemporary Psychology, 42,* 993–994.

Brown, K. W., & Ryan, R. M. (2003). The benefits of being present: Mindfulness and its role in psychological well-being. *Journal of Personality and Social Psychology, 84,* 822–848.

Buboltz, W. C., Jr., Johnson, P., & Woller, K. M. P. (2003). Psychological reactance in college students: Family-of-origin predictors. *Journal of Counseling and Development, 81,* 311–317.

Caspi, A., Begg, D., Dickson, N., Harrington, H., Langley, J., Moffitt, T. E., et al. (1997). Personality differences predict health-risk behaviors in young adulthood: Evidence from a longitudinal study. *Journal of Personality and Social Psychology, 73,* 1052–1063.

Chambless, D. L., & Hollon, S. D. (1998). Defining empirically supported therapies. *Journal of Consulting and Clinical Psychology, 66,* 7–19.

Chapman, H. A., Hobfoll, S. E., & Ritter, C. (1997). Partners' stress underestimations lead to women's distress: A study of pregnant inner-city women. *Journal of Personality and Social Psychology, 73,* 418–425.

Chen, X. (2005). *First generation students in postsecondary education: A look at their college transcripts* (NCES 2005-171). U.S. Department of Education, National Center for Education Statistics. Washington, DC: U.S. Government Printing Office.

Cohen, J. (1988). *Statistical power analysis for the behavioral sciences.* Hillsdale, NJ: Erlbaum.

Cohen, J. (1990). Things I have learned (so far). *American Psychologist, 45,* 1304–1312.

Cohen, J. (1992). A power primer. *Psychological Bulletin, 112,* 155–159.

Conover, W., & Iman, R. L. (1981). Rank transformations as a bridge between parametric and nonparametric statistics. *American Statistician, 35,* 124–129.

Cooper, S. E., & Robinson, D. A. G. (1989). The influence of gender and anxiety on mathematics performance. *Journal of College Student Development, 30,* 459–461.

Davies, K., Tropp, L. R., Aron, A., Pettigrew, T. F., & Wright, S. C. (2010). Cross-group friendships and intergroup attitudes: A meta-analytic review. *Personality and Social Psychology Review.* Manuscript under review.

Day, J. C., & Newberger E. C. (2002). The big payoff: Educational attainment and synthetic estimates of work-life earnings. *Current Population Reports,* Series P23-210. Washington, DC: U.S. Government Printing Office. Available at http://www.census.gov/prod/

2002pubs/p23-210.pdf.
DeCarlo, L. T. (1997). On the meaning and use of kurtosis. *Psychological Methods, 2,* 292–307.
Denenberg, V. H. (1999). A critique of Mody, Studdert-Kennedy, and Brady's "Speech perception deficits in poor readers: Auditory processing or phonological coding?" *Journal of Learning Disabilities, 32,* 379–383.
Dunlap, W. P., & Myers, L. (1997). Approximating power for significance tests with one degree of freedom. *Psychological Methods, 2,* 186–191.
Durkin, K., & Barber, B. (2003). Not so doomed: Computer game play and positive adolescent development. *Applied Developmental Psychology, 23,* 373–392.
Dwinell, P. E., & Higbee, J. L. (1991). Affective variables related to mathematics achievement among high-risk college freshmen. *Psychological Reports, 69,* 399–403.
Efron, B. (2007). *The future of statistics.* Unpublished manuscript.
Eisenman, D. P., Glik, D., Ong, M., Zhou, Q., Tseng, C-H., Long, A., et al. (2009). Terrorism-related fear and avoidance behavior in a multiethnic urban population. *American Journal of Public Health, 99,* 168–174.
Ellis, B. J., Essex, M. J., & Boyce, W. T. (2005). Biological sensitivity to context: II. Empirical explorations of an evolutionary-developmental theory. *Development and Psychopathology, 17,* 303–328.
Eppley, K. R., Abrams, A. I., & Shear, J. (1989). Differential effects of relaxation techniques on trait anxiety: A meta-analysis. *Journal of Clinical Psychology, 45,* 957–974.
Escudero, V., Rogers, L. E., & Gutierrez, E. (1997). Patterns of relational control and nonverbal affect in clinic and nonclinic couples. *Journal of Social and Personal Relationships, 14,* 5–29.
Everett, S. A., Price, J. H., Bedell, A. W., & Telljohann, S. K. (1997). The effect of a monetary incentive in increasing the return rate of a survey to family physicians. *Evaluation and the Health Professions, 20,* 207–214.
Fidler, F., Cumming, G., Thomason, N., Pannuzzo, D., Smith, J., Fyffe, P., et al. (2005). Toward improved statistical reporting in the *Journal of Consulting and Clinical Psychology. Journal of Consulting and Clinical Psychology, 73,* 136–143.
Fielding, N. G., Lee, R. M., & Blank, G. (Eds.). (2008). *The handbook of online research methods.* London: Sage.
Frattaroli, J. (2006). Experimental disclosure and its moderators: A meta-analysis. *Psychological Bulletin, 132,* 823–865.
Frick, R. W. (1995). Accepting the null hypothesis. *Memory and Cognition, 23,* 132–138.
Gable, S., & Lutz, S. (2000). Household, parent, and child contributions to childhood obesity. *Family Relations, 49,* 293–300.
Gaiser, T. J., & Schreiner, A. E. (2009). *A guide to conducting online research.* London: Sage.
Gallagher-Thompson, D., Dal Canto, P. G., Jacob, T., & Thompson, L. W. (2001). A comparison of marital interaction patterns between couples in which the husband does or does not have Alzheimer's disease. *Journals of Gerontology Series B: Psychological Sciences and Social Sciences, 56,* S140–S150.
Gallup, D. G. H. (1972). *The Gallup poll: Public opinion, 1935–1971.* New York: Random House.
Gentile, D. (2009). Pathological video-game use among youth ages 8 to 18. *Psychological Science, 20,* 594–602.
Gibbons, J. L., Wilson, S. L., & Rufener, C. A. (2006). Gender attitudes mediate gender differences in attitudes towards adoption in Guatemala. *Sex Roles, 54,* 139–145.
Goidel, H. K., & Langley, R. E. (1995). Media coverage of the economy and aggregate economic evaluations: Uncovering evidence of indirect media effects. *Political Research Quarterly, 48,* 313–328.
Gonzaga, G. C., Keltner, D., Londahl, E. A., & Smith, M. D. (2001). Love and the commitment problem in romantic relations and friendship. *Journal of Personality and Social Psychology, 81,* 247–262.
Gosling, S. D., & Johnson, J. A. (Eds.). (2010). *Advanced methods for conducting online behavioral research.* Washington, DC: American Psychological Association.
Greenwald, A. G. (1975). Consequences of prejudice against the null hypothesis. *Psychological Bulletin, 82,* 1–19.
Greitemeyer, T., & Osswald, S. (2010). Effects of prosocial video games on prosocial behavior. *Journal of Personality and Social Psychology, 98,* 211–221.
Grilo, C. M., Walker, M. L., Becker, D. F., Edell, W. S., & McGlashan, T. H. (1997). Personality disorders in adolescents with major depression, substance use disorders, and coexisting major depression and substance use disorders. *Journal of Consulting and Clinical Psychology, 65,* 328–332.
Gump, B. B., Reihman, J. Stewart, P., Lonky, E., Darvill, T., & Matthews, K. A. (2007). Blood lead (Pb) levels: A potential environmental mechanism explaining the relation between socioeconomic status and cardiovascular reactivity in children. *Health Psychology, 26,* 296–304.
Gunn, B., Biglan, A., Smolkowski, K., & Ary, D. (2000). The efficacy of supplemental instruction in decoding skills for Hispanic and non-Hispanic students in early elementary school. *Journal of Special Education, 34,* 90–103.
Hahlweg, K., Fiegenbaum, W., Frank, M., Schroeder, B., & von Witzleben, I. (2001). Short- and long-term effectiveness of an empirically supported treatment of agoraphobia. *Journal of Consulting and Clinical Psychology, 69,* 375–382.
Halpern, D. F., & Wai, J. (2007). The world of competitive Scrabble: Novice and expert differences in visuospatial and verbal abilities. *Journal of Experimental Psychology: Applied, 13,* 79–84.
Hazan, C., & Shaver, P. (1987). Romantic love conceptualized as an attachment process. *Journal of Personality and Social Psychology, 52,* 511–524.
Hindley, C., Filliozat, A., Klackenberg, G., Nicolet-Meister, D., & Sand, E. (1966). Differences in age of walking in five European longitudinal samples. *Human Biology, 38,* 364–379.
Huey, S. J., Jr., & Polo, A. J. (2008). Evidence-based psychosocial treatments for ethnic minority youth. *Journal of Clinical Child and Adolescent Psychology, 37,* 262–301.
Hyde, J. S., & Mertz, J. E. (2009). Gender, culture, and mathematics performance. *Proceedings of the National Academy of Sciences of the United States of America, 106,* 8801–8807.
Jackson, L. A., Ervin, K. S., Gardner, P. D., & Schmitt, N. (2001). Gender and the Internet: Women communicating and men searching. *Sex Roles, 44,* 363–379.
Jagiellowicz, J., Xu, M. Aron, A., Aron, E. N., Cao, G., Feng, T., et al. (2010). The trait of sensory processing sensitivity and neural responses to changes in visual scenes. *Social Cognitive and Affective Neuroscience.*
Kraemer, H. C., & Thiemann, S. (1987). *How many subjects?: Statistical power analysis in research.* Newbury Park, CA: Sage.
Landrum, R. E. (2008). *Undergraduate writing in psychology: Learning to tell the scientific story.* Washington, DC: American Psychological Association.
Larson, R., Dworkin, J., & Verma, S. (2001). Men's work and family lives in India: The daily organization of time and emotions. *Journal of Family Psychology, 15,* 206–224.
Lee, K., Byatt, G., & Rhodes, G. (2000). Caricature effects, distinctiveness, and identification: Testing the face-space framework. *Psychological Science, 11,* 379–385.
Li, N. P., Bailey, J. M., Kenrick, D. T., & Linsenmeier, J. A. W. (2002). The necessities and luxuries of mate preferences: Testing the tradeoffs. *Journal of Personality and Social Psychology, 82,* 947–955.
Lydon, J., Pierce, T., & O'Regan, S. (1997). Coping with moral commitment to long-distance dating relationships. *Journal of Personality and Social Psychology, 73,* 104–113.
Maier, M. A., Elliot, A. J., & Lichtenfeld, S. (2008). Mediation of the negative effect of red on intellectual performance. *Personality and Social Psychology Bulletin, 34,* 1530–1540.
Martens, A., Johns, M., Greenberg, J., & Schimel, J. (2005). Combatting stereotype threat: The effect of self-affirmation on women's intellectual performance. *Journal of Experimental Social Psychology, 42,* 236–243.
McKee, T. L. E., & Ptacek, J. T. (2001). I'm afraid I have something bad to tell you: Breaking bad news from the perspective of the giver.

Journal of Applied Social Psychology, 31, 246–273.

McLaughlin-Volpe, T., Aron, A., & Reis, H. T. (2001, February). *Closeness during interethnic social interactions and prejudice: A diary study.* Paper presented at the annual meeting of the Society for Personality and Social Psychology, San Antonio, TX.

Mikulincer, M., & Shaver, P. R. (2007). *Attachment in adulthood: Structure, dynamics, and change.* New York: Guilford Press.

Miller, R. S. (1997). Inattentive and contented: Relationship commitment and attention to alternatives. *Journal of Personality and Social Psychology, 73,* 758–766.

Mirvis, P., & Lawler, E. (1977). Measuring the financial impact of employee attitudes. *Journal of Applied Psychology, 62,* 1–8.

Mody, M., Studdert-Kennedy, M., & Brady, S. (1997). Speech perception deficits in poor readers: Auditory processing or phonological coding? *Journal of Experimental Child Psychology, 64,* 1–33.

Morehouse, E., & Tobler, N. S. (2000). Preventing and reducing substance use among institutionalized adolescents. *Adolescence, 35,* 1–28.

Morey, M. C., Snyder, D. C., Sloane, R., Cohen, H. J., Peterson, B., Hartman, T. J., et al. (2009). Effects of home-based diet and exercise on functional outcomes among older, overweight long-term cancer survivors: RENEW: A randomized controlled trial. *Journal of the American Medical Association, 301,* 1883–1891.

Moriarty, S. E., & Everett, S-L. (1994). Commercial breaks: A viewing behavior study. *Journalism Quarterly, 71,* 346–355.

Morris, S. A., Gullekson, N. L., Morse, B. J., & Popovich, P. M. (2009). Updating the attitudes toward computer usage scale using American undergraduate students. *Computers in Human Behavior, 25,* 535–543.

Mouradian, V. E. (2001). Applying schema theory to intimate aggression: Individual and gender differences in representation of contexts and goals. *Journal of Applied Social Psychology, 31,* 376–408.

Muise, A. Christofides, E., & Desmarais, S. (2009). More information than you ever wanted: Does Facebook bring out the green-eyed monster of jealousy? *CyberPsychology & Behavior, 12,* 441–444.

Murphy, K. R. (1998). Obituary. The passing of giants: Raymond B. Cattell and Jacob Cohen. *The Industrial-Organizational Psychologist, 35*(4). Available at: http://siop.org/tip/backissues/TIPApril98/obituary.aspx.

Nicol, A. A. M., & Paxman, P. M. (2010a). *Displaying your findings: A practical guide for creating figures, posters, and presentations* (6th ed.). Washington, DC: American Psychological Association.

Nicol, A. A. M., & Paxman, P. M. (2010b). *Presenting your findings: A practical guide for creating tables* (6th ed.). Washington, DC: American Psychological Association.

Norcross, J. C., Kohout, J. L., & Wicherski, M. (2005). Graduate study in psychology: 1971 to 2004. *American Psychologist, 60,* 959–975.

Nownes, A. J. (2000). Policy conflict and the structure of interest communities: A comparative state analysis. *American Politics Quarterly, 28,* 309–327.

Olthoff, R. K. (1989). *The effectiveness of premarital communication training.* Unpublished doctoral dissertation, California Graduate School of Family Psychology, San Francisco.

Pennebaker, J. W., & Beall, S. K. (1986). Confronting a traumatic event: Towards an understanding of inhibition and disease. *Journal of Abnormal Psychology, 95,* 274–281.

Perna, F. M., Antoni, M. H., Baum, A., Gordon, P., & Schneiderman, N. (2003). Cognitive behavioral stress management effects on injury and illness among competitive athletes: A randomized clinical trial. *Annals of Behavioral Medicine, 25,* 66–73.

Peters, W. S. (1987). *Counting for something: Statistical principles and personalities.* New York: Springer-Verlag.

Puri, M. L., & Sen, P. K. (1985). *Nonparametric methods in general linear models.* New York: Wiley.

Rashotte, L. S., & Webster, M., Jr. (2005). Gender status beliefs. *Social Science Research, 34,* 618–633.

Raskauskas, J., & Stoltz, A. D. (2007). Involvement in traditional and electronic bullying among adolescents. *Developmental Psychology, 43,* 564–575.

Reber, P. J., & Kotovsky, K. (1997). Implicit learning in problem solving: The role of working memory capacity. *Journal of Experimental Psychology: General, 126,* 178–203.

Reynolds, R. A., Woods, R., & Baker, J. D. (Eds.). (2007). *Handbook of research on electronic surveys and measurements.* Hershey, PA: Idea Group.

Riehl, R. J. (1994). Academic preparation, aspirations, and first-year performance of first-generation students. *College and University, 70,* 14–19.

Robins, R. W., & John, O. P. (1997). Effects of visual perspective and narcissism on self-perception: Is seeing believing? *Psychological Science, 8,* 37–42.

Russell, D., Peplau, L. A., & Cutrona, C. E. (1980). The revised UCLA Loneliness Scale: Concurrent and discriminant validity evidence. *Journal of Personality and Social Psychology, 39,* 472–480.

Salsburg, D. (2001). *The lady tasting tea: How statistics revolutionized science in the twentieth century.* New York: Freeman.

Schuster, M. A., Stein, B. D., Jaycox, L. H., Collins, R. L., Marshall, G. N., Elliott, M. N., et al. (2001). A national survey of stress reactions after the September 11, 2001, terrorist attacks. *New England Journal of Medicine, 345,* 1507–1512.

Schwitzgebel, E. (2003). Why did we think we dreamed in black and white? *Studies in History and Philosophy of Science, 33,* 649–660.

Schwitzgebel, E., Huang, C., & Zhou, Y. (2006). Do we dream in color?; Cultural variations and skepticism. *Dreaming, 16,* 36–42.

Selwyn, N. (2007). Hi-tech = guy-tech?: An exploration of undergraduate students' gendered perceptions of information and communication technologies. *Sex Roles, 56,* 525–536.

Shao, R., & Skarlicki, D. P. (2009). The role of mindfulness in predicting individual performance. *Canadian Journal of Behavioral Science, 41,* 195–201.

Shevlin, M. (2005). Review of A. Aron & E. N. Aron, *Statistics for Psychology,* 3rd edition. *Psychology Learning and Teaching, 4,* issue 2.

Shrout, P. E. (2001). Jacob Cohen (1923–1998). *American Psychologist, 56,* 166.

Siegel, M., & Biener, L. (1997). Evaluating the impact of statewide anti-tobacco campaigns: The Massachusetts and California Tobacco Control Programs. *Journal of Social Issues, 53,* 147–168.

Sinclair, L., & Kunda, Z. (2000). Motivated stereotyping of women: She's fine if she praised me but incompetent if she criticized me. *Personality and Social Psychology Bulletin, 26,* 1329–1342.

Skinner, B. F. (1956). A case history in scientific method. *American Psychologist, 11,* 221–233.

Song, H., & Schwarz, N. (2009). If it's difficult to pronounce, it must be risky. Fluency, familiarity, and risk perception. *Psychological Science, 20,* 135–138.

Speed, A., & Gangestad, S. W. (1997). Romantic popularity and mate preferences: A peer-nomination study. *Personality and Social Psychology Bulletin, 23,* 928–937.

Spencer, S. J., Steele, C. M., & Quinn, D. M. (1999). Stereotype threat and women's math performance. *Journal of Experimental Social Psychology, 35,* 4–28.

Stankiewicz, B. J., Legge, G. E., Mansfield, J. S., & Schlicht, E. J. (2006). Lost in virtual space: Studies in human and ideal spatial navigation. *Journal of Experimental Psychology: Human Perception and Performance, 32,* 688–704.

Stanley, S. M., Amato, P. R., Johnson, C. A., & Markman, H. J. (2006). Premarital education, marital quality, and marital stability: Findings from a large, random household survey. *Journal of Family Psychology, 20,* 117–126.

Steblay, N., Hosch, H. M., Culhane, S. E., & McWethy, A. (2006). The impact on juror verdicts of judicial instruction to disregard inadmissible evidence: A meta-analysis. *Law and Human Behavior, 30,* 469–492.

Steele, C. M. (1997). A threat in the air: How stereotypes shape intellectual identity and performance. *American Psychologist, 52,* 613–629.

Steen, L. A. (1987). Foreword. In S. Tobias, *Succeed with math: Every student's guide to conquering math anxiety* (pp. xvii–xviii). New York: College Entrance Examination Board.

Steil, J. M., & Hay, J. L. (1997). Social comparison in the work place: A study of 60 dual-career couples. *Personality and Social Psy-*

chology Bulletin, 23, 427–438.

Stigler, S. M. (1986). *The history of statistics.* Cambridge, MA: Belknap Press.

Sugerman, D. E., & Carey, K. B. (2007). The relationship between drinking control strategies and college student alcohol use. *Psychology of Addictive Behaviors, 21,* 338–345.

Tabachnick, B. G., & Fidell, L. S. (2007). *Using multivariate statistics* (5th ed.). Boston: Allyn & Bacon.

Tankard, J. W., Jr. (1984). *The statistical pioneers.* Cambridge, MA: Schenkman.

Tankard, J., Jr. (1984). *The statisticol pioneers.* Cambridge, MA: Schenkman.

Tanski, S. E., Stoolmiller, M., Dal Cin, S., Worth, K., Gibson, J., & Sargent, J. D. (2009). Movie character smoking and adolescent smoking: who matters more, good guys or bad guys? *Pediatrics, 124,* 135–143.

Thomas, J. R., Nelson, J. K., & Thomas, K. T. (1999). A generalized rank-order method for nonparametric analysis of data from exercise science: A tutorial. *Research Quarterly for Exercise and Sport, 70,* 11–27.

Tobias, S. (1995). *Overcoming math anxiety.* New York: W. W. Norton.

Tsang, R., Colley, L., & Lynd, L. D. (2009). Inadequate statistical power to detect clinically significant differences in adverse event rates in randomized controlled trials. *Journal of Clinical Epidemiology, 62,* 609–616.

Tsapelas, I., Aron, A., & Orbuch, T. (2009). Marital boredom now predicts less satisfaction 9 years later. *Psychological Science, 20,* 543–545.

U.S. Census Bureau. (2008). *Current Population Survey, 2008 Annual Social and Economic (ASEC) Supplement.* Washington, DC: Author (producer and distributor).

Van Aken, M. A. G., & Asendorpf, J. B. (1997). Support by parents, classmates, friends, and siblings in preadolescence: Covariation and compensation across relationships. *Journal of Social and Personal Relationships, 14,* 79–93.

VanLaningham, J., Johnson, D. R., & Amato, P. (2001). Marital happiness, marital duration, and the U-shaped curve: Evidence from a five-wave panel study. *Social Forces,* 79, 1313–1341.

Von Franz, M. L. (1979). *The problem of puer aeternus.* New York: Springer-Verlag.

Walberg, H. J., & Lai, J.-S. (1999). Meta-analytic effects for policy. In G. J. Cizek (Ed.,), *Handbook of educational policy* (pp. 419–453). San Diego, CA: Academic Press.

Walton, K. G., Schneider, R. H., Nidich, S. I., Salerno, J. W., Nordstrom, C. K., & Bairey Merz, C. N. (2002). Psychosocial stress and cardiovascular disease part 2: Effectiveness of the Transcendental Meditation program in treatment and prevention. *Behavioral Medicine, 28,* 106–123.

Warner, L. J., Lumley, M. A., Casey, R. J., Pierantoni, W., Salazar, R., Zoratti, E. M., et al. (2006). Health effects of written emotional disclosure in adolescents with asthma: A randomized, controlled trial. *Journal of Pediatric Psycholology, 31,* 557–568.

Weller, A., & Weller, L. (1997). Menstrual synchrony under optimal conditions: Bedouin families. *Journal of Comparative Psychology, 111,* 143–151.

Willig, C., & Stainton-Rogers, W. (Eds.). (2008). *The Sage handbook of qualitative research in psychology.* London: Sage.

Wiseman, H. (1997). Interpersonal relatedness and self-definition in the experience of loneliness during the transition to university. *Personal Relationships, 4,* 285–299.

Wolf, M., Van Doorn, S., & Weissing, F. J. (2008). Evolutionary emergence of responsive and unresponsive personalities. *Proceedings of the National Academy of Sciences of the United States of America,* 105, 15825–15830.

Wright, D. B. (2009). Ten statisticians and their impacts for psychologists. *Perspectives on Psychological Science, 4,* 587–597.

Xu, X., Aron, A., Fisher, H., Brown, L.L., Cao, G., Feng, T., et al. (2007, May). *Reward/motivation systems associated with early stage romantic love in Chinese students: An fMRI study.* Paper presented at the Neural Systems of Social Behavioral Conference, Austin, TX.

Yorges, S. L., Bloom, A. J., & Difonzo, K. M. (2007). Great expectations? Student reactions when courses don't measure up. *Psychology and Education: An Interdisciplinary Journal, 44,* 18–29.

Zeidner, M. (1991). Statistics and mathematics anxiety in social science students: Some interesting parallels. *British Journal of Education, 61,* 319–329.

译后记

如果做一个调查，询问学生学习统计学的最大感受是什么，则最有可能的回答是“难”：理解难，应用难。因此，一本好的统计学教材必须有助于消除或减少学生这种“难”的感受。Aron 等人所著的这本教材，在这方面表现得尤为抢眼。具体表现为以下 5 点。

1. 学生感到统计学难学，是因为要面对许多复杂的数学公式，而每一个数学公式背后都隐含着特定的统计逻辑，学生如果能从理解统计逻辑入手，则会在很大程度上降低理解公式的难度。基于此，本书特别强调定义公式的核心地位，通过定义公式培养学生的统计逻辑。因为定义公式是对每一特定计算过程的逻辑原理所做的最简洁明了的归纳总结。

2. 通过多种方式强化巩固学生已经形成的统计逻辑思想。该书对每一种统计方法的介绍都采用数学描述和语言描述两种方式，有时甚至还以直观的视觉形式呈现，从而适应并有助于各种学习偏好学生的理解。

3. 学习是为了应用，就统计学而言，学生学习后首先能够读懂研究文献中的统计分析内容。因此，本书列举了大量最新期刊文献如何应用统计学以及如何呈现统计结果的案例，这在很大程度上能够促进学生对所学知识的应用能力。

4. 注重激发学生的内在动力。首先，教材引用的例子大多涉及学生感兴趣的话题和人群，强调统计学的实用性和工具性，这样不会让学生感觉到他们是为了学习理论而学习理论。其次，教材在解释基础概念的时候尽量使用直接的、系统性的语言，让学生有顿悟的感觉。这种顿悟会让学生学习统计学时更加自信，更愿意进行更深入的学习。

5. 在传授统计学知识的同时，培养学生的科学研究素养。教材在每一章都会介绍一些著名统计学家的奇闻逸事，这样一些统计学发展史方面的资料能让学生更深刻地意识到正是由于科学家的不断努力，才有了那些让研究数据具有意义的统计方法。统计方法不是与生俱来的，是无数科学家不断研究的结果。借此引导，帮助学生形成一种敏锐的敢于质疑的科学态度。

此外，本书虽然对当下科研中经常用到的诸如多水平模型、中介作用、因素分析、结构方程模型、相关分析、多元方差分析等高级统计没有做详细的讲授，但给出了介绍网站。感兴趣的同学在学习掌握了基础统计后，可以自行学习。

正是鉴于本书的上述特点，有理由相信，无论是对于统计学的初学者，还是对于已经学过又欲进一步提高统计学理论水平和应用能力的人，本书都值得一看。“工欲善其事，必先利其器。”愿广大读者通过本书的学习，能够达到利器的目的。

其实，这是一本本应更早就与读者见面的译著，但由于我个人的原因，直至今日才面世。本书的翻译出版，首先要感谢中国人民大学出版社的张宏学女士，正是由于她的宽容、理解和督促、鼓励，我最后才完成了其间多次都想放弃或终止的翻译校对工作。同时也要感谢我的同事闫秀梅博士和侯婷婷老师，是她们在我最困难的时候帮我初校了本书的部分章节；感谢我的学生王倩、王晓颖、马文静、任敏志、杨蕙菁、付可可、吕颖琪、董英朝、李欣蕤、吴佳毅，他们都在不同程度上对本书的翻译工作有所付出；感谢我的学生张文君，她在本书的最后审校中付出极多。如果没有同事和学生的参与和帮助，此书的翻译工作真有可能半途而废。在此，再次真诚地谢谢大家！

限于译者水平，翻译定有不当甚至错误之处，敬请读者和各位专家批评指正。

林丰勋

2020 年 5 月

推荐阅读书目

ISBN	书名	作者	单价（元）
	心理学译丛		
978-7-300-26722-7	心理学（第3版）	［美］斯宾塞·A. 拉瑟斯	79.00
978-7-300-28545-0	心理学的世界	［美］阿比盖尔·A. 贝尔德	79.80
978-7-300-18162-2	心理学改变思维	［美］斯科特·O. 利林菲尔德 等	118.00
978-7-300-12644-9	行动中的心理学（第8版）	［美］卡伦·霍夫曼	89.00
978-7-300-09563-9	现代心理学史（第2版）	［美］C. 詹姆斯·古德温	88.00
978-7-300-13001-9	心理学研究方法（第9版）	［美］尼尔·J. 萨尔金德	68.00
978-7-300-16579-0	质性研究方法导论（第4版）	［美］科瑞恩·格莱斯	48.00
978-7-300-22490-9	行为科学统计精要（第8版）	［美］弗雷德里克·J. 格雷维特 等	68.00
978-7-300-28834-5	**行为与社会科学统计（第5版）**	**［美］亚瑟·阿伦 等**	**98.00**
978-7-300-22245-5	心理统计学（第5版）	［美］亚瑟·阿伦 等	89.00
978-7-300-13306-5	现代心理测量学（第3版）	［英］约翰·罗斯特 等	39.90
978-7-300-17056-5	艾肯心理测量与评估（第12版·英文版）	［美］刘易斯·艾肯 等	69.80
978-7-300-12745-3	人类发展（第8版）	［美］詹姆斯·W. 范德赞登 等	88.00
978-7-300-13307-2	伯克毕生发展心理学:从0岁到青少年(第4版)	［美］劳拉·E. 伯克	89.80
978-7-300-20556-4	阿内特青少年心理学（第5版）	［美］杰弗瑞·简森·阿内特	69.90
978-7-300-18303-9	伯克毕生发展心理学:从青少年到老年(第4版)	［美］劳拉·E. 伯克	55.00
978-7-300-18422-7	社会性发展	［美］罗斯·D. 帕克 等	59.90
978-7-300-21583-9	伍尔福克教育心理学（第12版）	［美］安妮塔·伍尔福克	109.00
978-7-300-16761-9	伍德沃克教育心理学（第11版·英文版）	［美］安妮塔·伍德沃克	75.00
978-7-300-17256-9	教育心理学精要（第3版）	［美］简妮·爱丽丝·奥姆罗德	79.90
978-7-300-18664-1	学习心理学（第6版）	［美］简妮·爱丽丝·奥姆罗德	78.00
978-7-300-23658-2	异常心理学（第6版）	［美］马克·杜兰德 等	139.00
978-7-300-17653-6	临床心理学	［加］沃尔夫冈·林登 等	65.00
978-7-300-18593-4	婴幼儿心理健康手册（第3版）	［美］小查尔斯·H. 泽纳	89.90
978-7-300-19858-3	心理咨询导论（第6版）	［美］塞缪尔·格莱丁	89.90
978-7-300-25883-6	人格心理学入门（第8版）	［美］马修·H. 奥尔森 等	98.00
978-7-300-14062-9	社会与人格心理学研究方法手册	［美］哈里·T. 赖斯 等	89.90
978-7-300-12478-0	女性心理学（第6版）	［美］马格丽特·W. 马特林	58.00
978-7-300-18010-6	消费心理学：无所不在的时尚（第2版）	［美］迈克尔·R. 所罗门 等	79.80
978-7-300-12617-3	社区心理学：联结个体和社区（第2版）	［美］詹姆士·H. 道尔顿 等	69.80
978-7-300-16328-4	跨文化心理学（第4版）	［美］埃里克·B. 希雷	55.00
978-7-300-14110-7	职场人际关系心理学（第12版）	［美］莎伦·伦德·奥尼尔 等	49.00
978-7-300-15678-1	社会交际心理学：人际行为研究	［澳］约瑟夫·P. 福加斯	39.00
978-7-300-13303-4	生涯发展与规划：人生的问题与选择	［美］理查德·S. 沙夫	45.00
978-7-300-18904-8	大学生领导力（第3版）	［美］苏珊·R. 考米维斯 等	39.80

西方心理学大师经典译丛

978-7-300-17807-3	自卑与超越	［奥］阿尔弗雷德·阿德勒	48.00
978-7-300-17774-8	我们时代的神经症人格	［美］卡伦·霍妮	45.00
978-7-300-17806-6	动机与人格（第三版）	［美］亚伯拉罕·马斯洛	58.00
978-7-300-17739-7	人的自我寻求	［美］罗洛·梅	48.00
978-7-300-20299-0	教育心理学简编	［美］爱德华·桑代克	45.00
978-7-300-20342-3	心理物理学纲要	［德］古斯塔夫·费希纳	49.00
978-7-300-18539-2	精神病学的人际关系理论	［美］哈里·沙利文	45.00
978-7-300-20275-4	社会学习理论	［美］阿尔伯特·班杜拉	48.00
978-7-300-20339-3	追求意义的意志	［奥］维克多·弗兰克尔	48.00
978-7-300-17738-0	当事人中心治疗：实践、运用和理论	［美］卡尔·罗杰斯 等	89.00
978-7-300-24518-8	理解人性	［奥］阿尔弗雷德·阿德勒	39.90
978-7-300-24517-1	寻找灵魂的现代人	［瑞士］卡尔·荣格	48.00
978-7-300-23941-5	动力心理学	［美］罗伯特·伍德沃斯	45.00
978-7-300-23940-8	挫折与攻击	［美］约翰·多拉德 等	45.00
978-7-300-26138-6	性学三论与爱情心理学	［奥］西格蒙德·弗洛伊德	38.00
978-7-300-26033-4	人类的遗产："文明社会"的演化与未来	［美］利昂·费斯汀格	55.00
978-7-300-26034-1	实现自我：神经症与人的成长	［美］卡伦·霍妮	65.00
978-7-300-27774-5	压力：评价与应对	［美］理查德·拉扎勒斯 等	85.00
978-7-300-27972-5	心理学与灵魂	［奥］奥托·兰克	48.00
978-7-300-28167-4	习得性无助	［美］马丁·塞利格曼	58.00
978-7-300-27210-8	思维风格	［美］罗伯特·斯滕伯格	49.00
978-7-300-25215-5	超越自由与尊严	［美］B. F. 斯金纳	48.00

当代西方社会心理学名著译丛

978-7-300-28793-5	偏见（第2版）	［英］鲁珀特·布朗	98.00
978-7-300-28542-9	归因动机论	［美］伯纳德·韦纳	59.80
978-7-300-28329-6	欲望的演化（最新修订版）	［美］戴维·巴斯	79.80
978-7-300-28458-3	努力的意义：积极的自我理论	［美］卡罗尔·德韦克	59.90
978-7-300-12765-1	社会支配论	［美］吉姆·斯达纽斯 等	65.00
978-7-300-13004-0	自我归类论	［澳］约翰·特纳 等	45.00
978-7-300-13009-5	社会认同过程	［澳］迈克尔·A. 豪格 等	59.00
978-7-300-13010-1	论辩与思考（新版）	［英］迈克尔·毕利希 等	65.00

* * * *

更多图书信息请登录中国人民大学出版社网站：www. crup. com. cn

Authorized translation from the English language edition, entitled Statistics for the Behavioral and Social Sciences: A Brief Course, 5e, 9780205797257 by Arthur Aron, Elliot J. Coups, Elaine N. Aron, published by Pearson Education, Inc., Copyright © 2011, 2008, 2005 Pearson Education, Inc., publishing as Prentice Hall.

All rights reserved. No part of this book may be reproduced or transmitted in any form or by any means, electronic or mechanical, including photocopying, recording or by any information storage retrieval system, without permission from Pearson Education, Inc.

CHINESE SIMPLIFIED language edition published by CHINA RENMIN UNIVERSITY PRESS CO., LTD., Copyright © 2021.

本书中文简体字版由培生教育出版公司授权中国人民大学出版社出版，未经出版者书面许可，不得以任何形式复制或抄袭本书的任何部分。
本书封面贴有 Pearson Education（培生教育出版集团）激光防伪标签。无标签者不得销售。

图书在版编目（CIP）数据

行为与社会科学统计：第5版/（美）亚瑟·阿伦（Arthur Aron），（美）埃利奥特·库珀斯（Elliot J. Coups），（美）伊莱恩·阿伦（Elaine N. Aron）著；林丰勋等译. --北京：中国人民大学出版社，2021.4

（心理学译丛）

书名原文：Statistics for the Behavioral and Social Sciences：A Brief Course，5e

ISBN 978-7-300-28834-5

Ⅰ.①行… Ⅱ.①亚…②埃…③伊…④林… Ⅲ.①行为科学-统计学 Ⅳ.①C8

中国版本图书馆 CIP 数据核字（2021）第 037114 号

心理学译丛

行为与社会科学统计（第5版）

亚瑟·阿伦
[美] 埃利奥特·库珀斯 著
伊莱恩·阿伦
林丰勋 等 译
Xingwei yu Shehui Kexue Tongji

出版发行	中国人民大学出版社		
社　　址	北京中关村大街31号	**邮政编码**	100080
电　　话	010－62511242（总编室）		010－62511770（质管部）
	010－82501766（邮购部）		010－62514148（门市部）
	010－62515195（发行公司）		010－62515275（盗版举报）
网　　址	http://www.crup.com.cn		
经　　销	新华书店		
印　　刷	三河市恒彩印务有限公司		
规　　格	215 mm×275 mm　16开本	**版　　次**	2021年4月第1版
印　　张	26 插页2	**印　　次**	2021年4月第1次印刷
字　　数	737 000	**定　　价**	98.00元

版权所有　侵权必究　　　印装差错　负责调换

Pearson

尊敬的老师：

您好！

为了确保您及时有效地申请培生整体教学资源，请您务必完整填写如下表格，加盖学院的公章后传真给我们，我们将会在2～3个工作日内为您处理。

请填写所需教辅的开课信息：

采用教材			□ 中文版 □ 英文版 □ 双语版
作　者		出版社	
版　次		ISBN	
课程时间	始于　年　月　日	学生人数	
	止于　年　月　日	学生年级	□ 专　科 □ 本科 1/2 年级 □ 研究生 □ 本科 3/4 年级

请填写您的个人信息：

学　校			
院系/专业			
姓　名		职　称	□ 助教 □ 讲师 □ 副教授 □ 教授
通信地址/邮编			
手　机		电　话	
传　真			
official email（必填） （eg：×××@ruc. edu. cn）		E-mail （eg：×××@163. com）	
是否愿意接受我们定期的新书信息通知：　□ 是　□ 否			

系/院主任：________________（签字）

（系 / 院办公室章）

___年___月___日

资源介绍：

——教材、常规教辅（PPT、教师手册、题库等）资源：请访问 www. pearsonhighered. com/educator。（免费）

——MyLabs/Mastering 系列在线平台：适合老师和学生共同使用；访问需要 Access Code。（付费）

100013　北京市东城区北三环东路 36 号环球贸易中心 D 座 1208 室

电话：（8610）57355003　传真：（8610）58257961

Please send this form to：copub. hed@pearson. com